武汉市地方志编纂委员会办公室　编

武汉都市圈年鉴

WUHAN DUSHIQUAN NIANJIAN

武汉出版社
WUHAN PUBLISHING HOUSE

（鄂）新登字08号
图书在版编目（CIP）数据

武汉都市圈年鉴（2023）/ 武汉市地方志编纂委员会办公室编；王筱武主编.
— 武汉：武汉出版社, 2024.5
ISBN 978-7-5582-6636-2

Ⅰ. ①武… Ⅱ. ①武… ②王… Ⅲ. ①区域经济发展—研究—武汉—2023
Ⅳ. ①F127.631

中国国家版本馆CIP数据核字（2024）第064378号

武汉都市圈年鉴（2023）
WUHAN DUSHIQUAN NIANJIAN（2023）

编　　者：武汉市地方志编纂委员会办公室
主　　编：王筱武
责任编辑：杨　振
助理编辑：杨仪静
封面设计：湖北方志文化传播有限责任公司
出　　版：武汉出版社
社　　址：武汉市江岸区兴业路136号　　邮　　编：430014
电　　话：(027) 85606403　85600625
http://www.whcbs.com　　E-mail: whcbszbs@163.com
印　　刷：武汉市仁大印务有限公司　　经　　销：新华书店
开　　本：787 mm×1092 mm　1/16
印　　张：19.25　　字　　数：620千字　　插　　页：16
版　　次：2024年5月第1版　2024年5月第1次印刷
定　　价：300.00元

《武汉都市圈年鉴（2023）》编纂委员会

《武汉都市圈年鉴（2023）》编辑部

编辑说明

一、《武汉都市圈年鉴》是记述武汉都市圈同城化发展情况的年度资料性文献，由武汉市地方志编纂委员会办公室编，黄石市、鄂州市、孝感市、黄冈市、咸宁市、仙桃市、天门市、潜江市地方志工作机构以及武汉都市圈各城市发改部门协编。

二、《武汉都市圈年鉴（2023）》以马克思列宁主义、毛泽东思想、邓小平理论、“三个代表”重要思想、科学发展观、习近平新时代中国特色社会主义思想为指导，认真贯彻落实党的二十大精神，以服务全省区域发展整体部署、服务武汉都市圈同城化发展为宗旨，全面、系统、客观地反映武汉都市圈同城化、一体化发展的基本情况，为认识、研究和建设武汉都市圈提供具有权威性和较高参考价值的资料。

三、本卷主要收录2022年武汉都市圈同城化、一体化发展的基本情况和信息资料。

四、本卷采用分类编辑法，按类目、分目、条目三个层次编辑，以不同字体、字号及版式设计区分不同层次，条目标题均加【 】标示。本卷共设12个类目：1.专记；2.大事记；3.武汉都市圈概览；4.区域发展布局与规划同编；5.交通同网与基础设施建设；6.科技同兴与创新协调发展；7.产业同链与经济共建发展；8.民生同保与公共服务共享；9.生态环境共治；10.统一市场建设；11.都市圈各城市年度发展概况；12.附录。卷首设专题图集展示年度亮点，卷末设索引以方便读者检索。

五、本卷所有文献资料（含图片）均由武汉都市圈各城市有关部门（单位）采集、提供，湖北省武汉城市圈研究会及武汉都市圈各城市地方志工作机构分别负责相关类目、分目、条目的供稿。

武汉城市圈地图

图　例
省级行政中心
市（州）级行政中心
县（市、区）级行政中心
管委会
乡、镇、街道
机场
山峰
水系
省界
地级界
县级界
高速、环线及编号
在建高速
铁路
国道及编号
在建国道及编号
省道
本图行政界线不作权属划分依据
编图资料依据时间为2022年12月
比例尺：1：1 300 000
武汉市测绘研究院编制　审图号：鄂S(2023)001号
襄阳市
随州市
宜昌市
荆门市
天门市
潜江市
仙桃市
荆州市
岳阳市
宜城市
曾都区
随县
钟祥市
京山市
东宝区
掇刀区
远安县
当阳市
沙洋县
应城市
猇亭区
枝江市
宜都市
荆州区
沙市区
松滋市
公安县
江陵县
监利市
洪湖市
石首市
澧县
华容县
南县
君山区
云溪区
临湘市
岳阳楼区
岳阳县
温峡口水库
漳河水库
长湖
洪湖
洞庭湖
麻安高速
沪蓉高速
沪渝高速
沪渝蓉高速铁（在建）
沪汉蓉高铁
二广高速
枣石高速
许广高速
随岳高速
呼北高速
岳宜高速
监江高速
江北高速
杭瑞高速
京港澳高速
华常高速
长荆铁路
焦柳铁路
浩吉铁路
荆荆铁路（在建）
荆沙铁路
京广铁路
京港高铁
湖南省

河南省
安徽省
江西省
孝感市
武汉市
黄冈市
鄂州市
黄石市
咸宁市
九江市
省政府
商城县
新县
叶集区
金寨县
霍山县
大悟县
孝昌县
红安县
麻城市
罗田县
英山县
黄陂区
新洲区
团风县
浠水县
蕲春县
黄梅县
武穴市
太湖县
宿松县
阳新县
大冶市
通山县
咸安区
武宁县
修水县
瑞昌市
德安县
共青城市
永修县
都昌县
庐山市
浔阳区
濂溪区
柴桑区
黄州区
鄂城区
华容区
梁子湖区
铁山区
下陆区
西塞山区
黄石港区
江夏区
洪山区
武昌区
汉阳区
硚口区
江汉区
江岸区
青山区
（化工区）
东西湖区
蔡甸区
武汉长江新区
武汉新港
武汉东湖新技术开发区
东湖生态旅游风景区
武汉经济技术开发区
汉临空港技术开发区
武汉天河国际机场
武汉东湖
鲇鱼山水库
梅山水库
响洪甸水库
浮桥河水库
白莲河水库
富水水库
王英水库
柘林水库
大冶湖
梁子湖
保安湖
网湖
赤湖
龙感湖
鄱阳湖
大别山
幕阜山
沪汉蓉高铁
沪蓉高速
沪渝高速
福银高速
杭瑞高速
京港澳高速
大广高速
麻阳高速
大庆高速
济广高速
武大高速
黄鄂高速
黄咸高速
武阳高速
咸通高速
永武高速
修平高速
合九铁路
京九铁路
武九铁路
武九客运专线
京港高铁
昌九城铁
黄黄高铁
江北铁路
安九高铁
武孝城铁
至北京
至大庆
至上海
至合肥
至杭州
至南昌
至福州

▲ 武汉藏龙岛国家湿地公园　　胡冬冬/摄

▲ 孝感市城区夜景　　孝感市史志研究中心/供图

◀ **鄂州市吾悦广场夜景**　　鄂州市档案馆/供图

▼ **黄石市沿江大道昔日小码头改造为生态公园**　　周巍/摄

▲ 黄冈市临空经济区远眺　　黄冈市史志研究中心/供图

▲ 潜江市返湾湖一角　　潜江市档案馆/供图

▶ 天门市城区远眺　赵炎柱/摄

▶ 咸宁市城区远眺　咸宁市史志研究中心/供图

▲ 仙桃市城区鸟瞰图　仙桃市史志研究中心/供图

2022年，《武汉新城总体规划》完成编制，《光谷科技创新大走廊区域布局规划（2021—2035年）》印发实施。《湖北花湖机场临空经济区总体规划》《武鄂黄黄规划建设纲要大纲》《黄鄂黄全国性综合交通枢纽城市总体规划》《武鄂黄黄综合交通高质量一体化发展工作方案》《黄鄂黄国家综合货运枢纽补链强链三年实施方案》《湖北省都市圈市域（郊）铁路一期建设规划》等专项规划抓紧研究编制。《黄石市“光芯板屏端网”电子信息产业链“十四五”发展规划》出台，鄂州市正式实施《光谷科技创新大走廊鄂州功能区发展规划（2021—2035年）》。

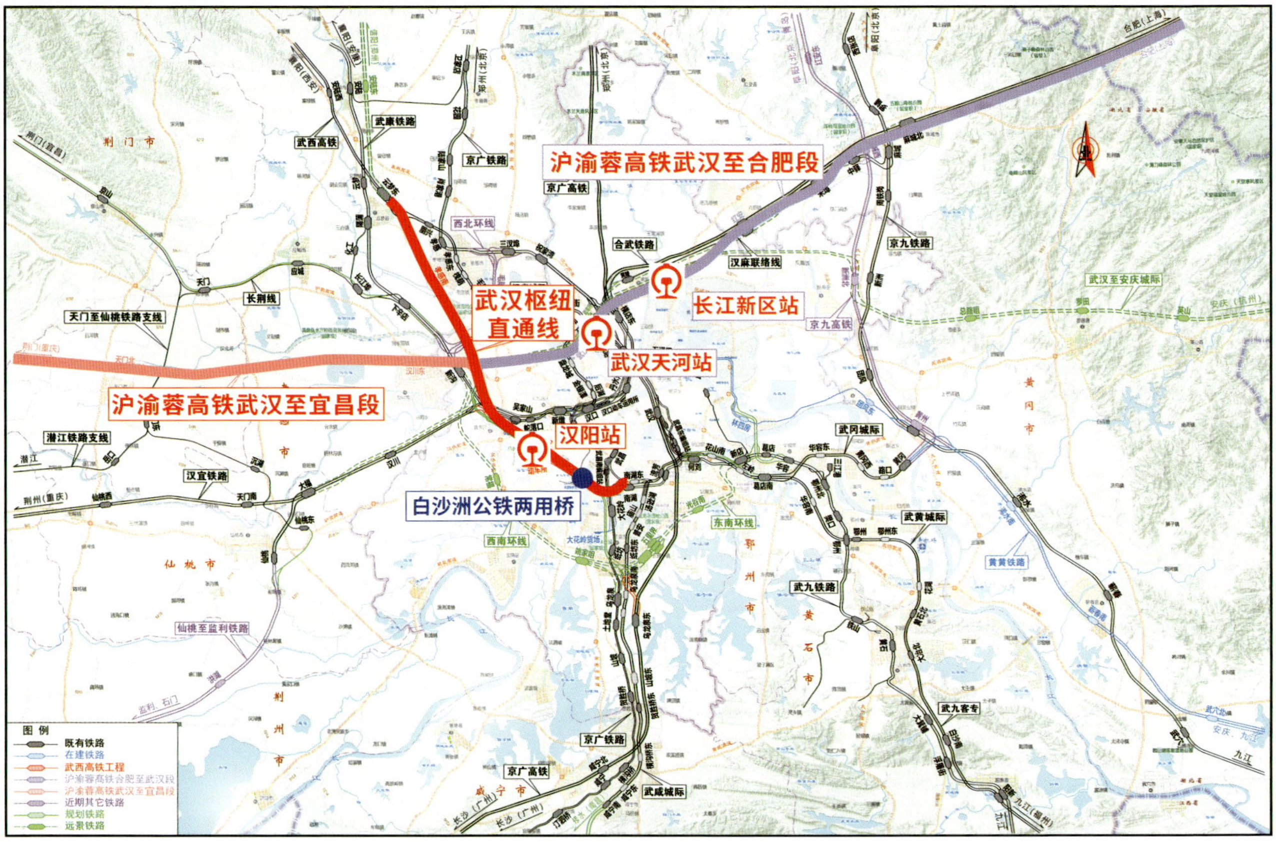

武汉铁路规划“三线三站一桥”空间结构图　武汉综合交通研究院/供图

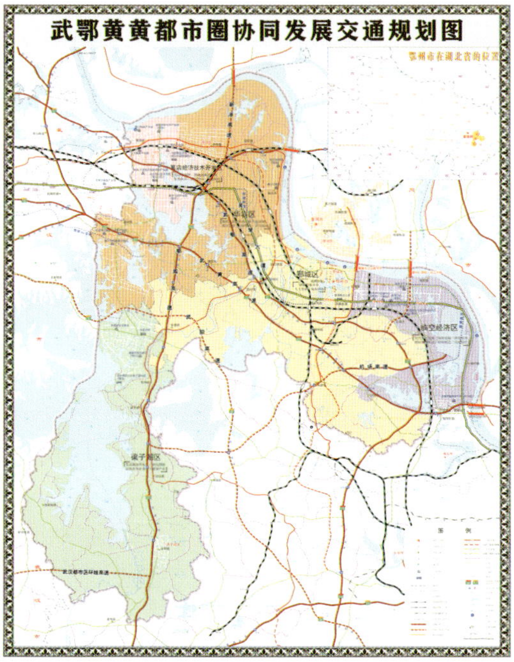

武鄂黄黄都市圈协同发展交通规划图
武汉综合交通研究院/供图

武汉地铁第四期建设规划图
武汉综合交通研究院/供图

武汉至黄冈市域（郊）铁路线路走向示意图　黄冈市史志研究中心/供图

武汉新城空间结构图

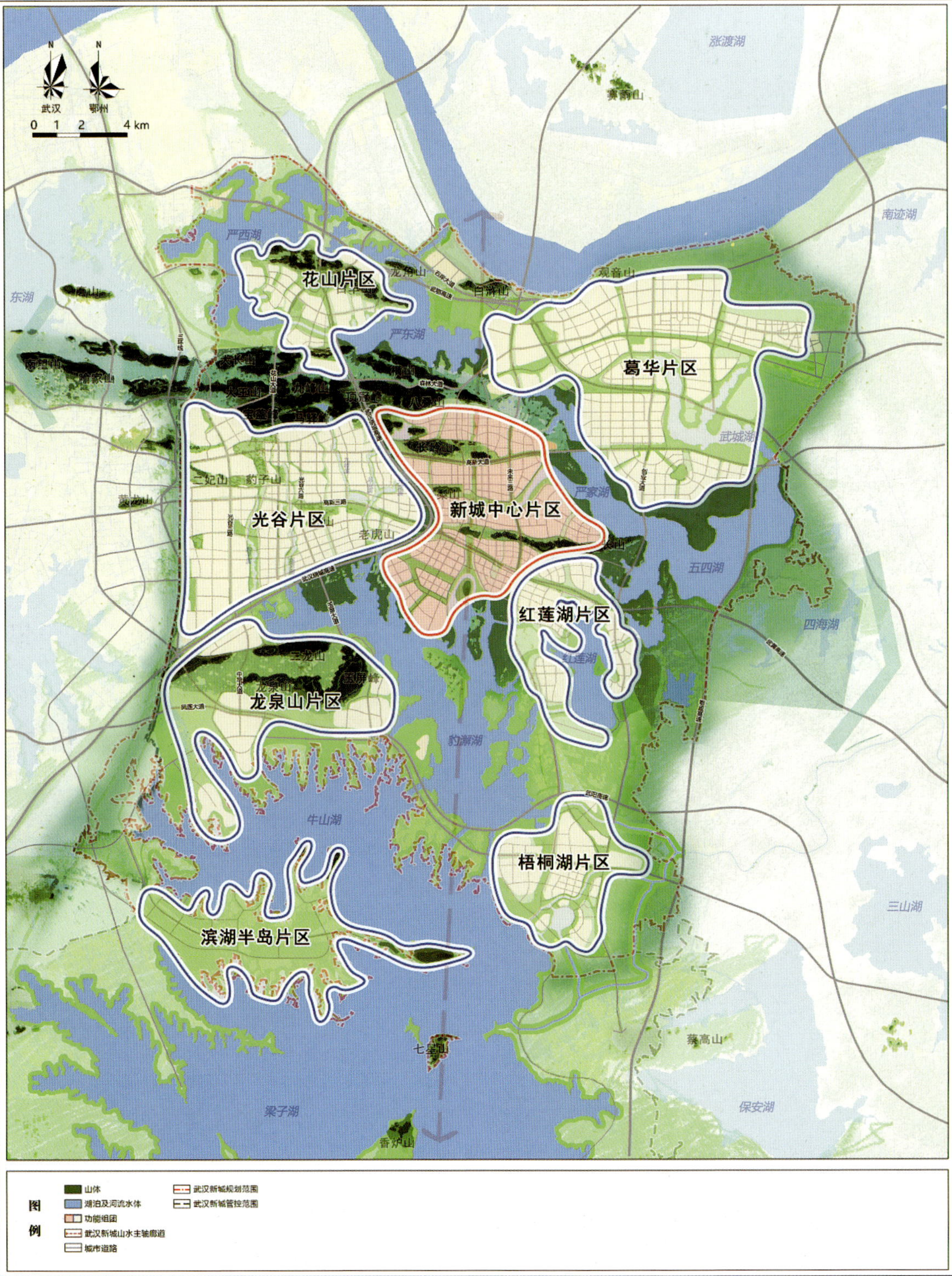

武汉新城空间结构图　　摘自武汉市人民政府网站

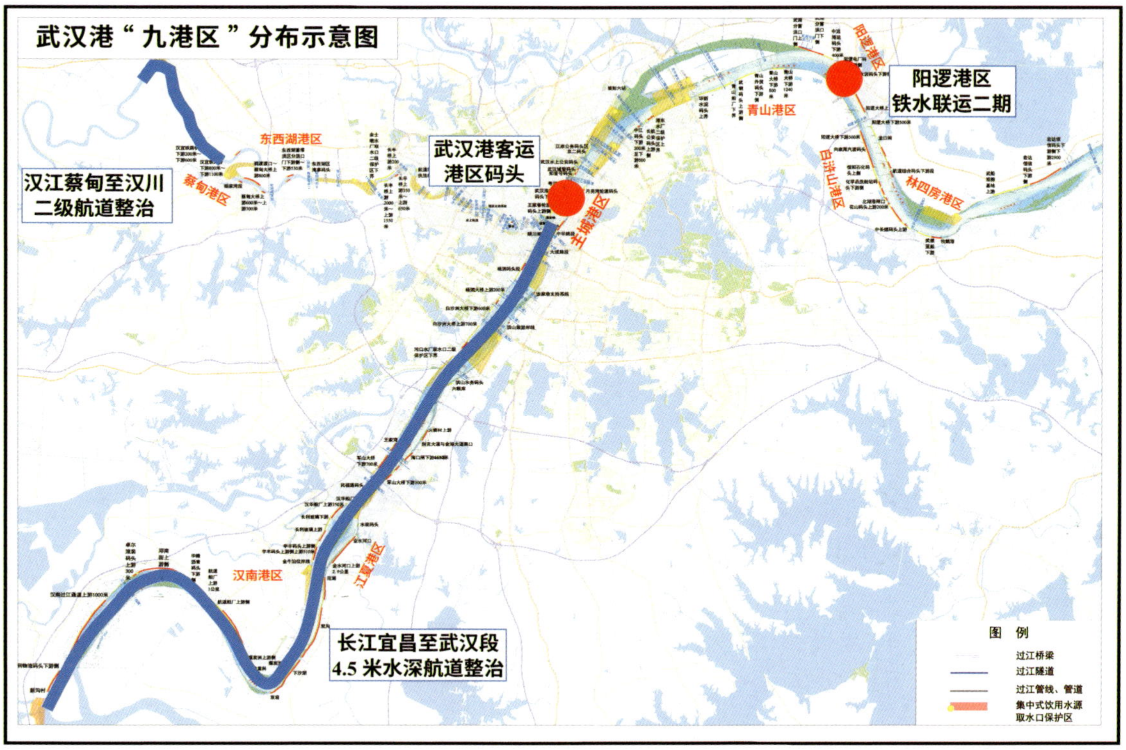

武汉“港九港”区分布示意图　武汉综合交通研究院/供图

光谷科技创新大走廊鄂州功能区空间规划图
鄂州市档案馆/供图

黄石市“光芯板屏端网”电子信息产业空间规划图（2021—2025）　黄石市档案馆/供图

▽ 2022年8月12日，武汉东站建成通车　何小白/摄

2022年，武汉都市圈交通互联互通水平进一步提升。全面推进99个年度重点交通项目，安九高铁、黄黄高铁开通运营，武汉至阳新、武汉至大悟等高速公路建成，汉南长江大桥开工建设；交通“硬联通”项目加快推进，干线铁路、城际铁路、市域（郊）铁路、城市轨道交通“四网”加快融合。专业货运机场花湖机场成功开航，国际航空客货运“双枢纽”格局初步形成。积极构建以武汉港阳逻港区为核心、多个港区为辅助的“1+4+7”港口体系。推进国家物流枢纽建设，加快形成覆盖全国、连通全球的多式联运网络。

▲ 2022年2月17日，武汉新港团风罗霍洲码头货物装船作业现场　杨辉　姜皓文/摄

▲ 2022年10月1日，湖北鄂州花湖机场快速通道S203鄂州段通车　鄂州市档案馆/供图

▼ 2022年7月17日，鄂州花湖机场投入运营　何景星/摄

▲ 2022年，武汉至大悟高速公路建成通车　　孝感市史志研究中心/供图

▲ 2022年3月25日，中欧班列“长江号”在咸宁举行首发仪式
咸宁市史志研究中心/供图

▲ 2022年12月19日，武汉至阳新高速公路黄石段最长隧道——黄坪山隧道左幅顺利贯通　　黄石市档案馆/供图

◀ 2022年5月13日，沪渝蓉高铁天门段卢市制梁场首榀箱梁浇筑施工　伍志尊/摄

▼ 2022年12月30日，247省道潜江汉江大桥建成通车　潜江市档案馆/供图

2022年，武汉都市圈建立科技信息资源共享机制，持续推进"32232"科技合作工程，组建一批新型研发机构，建立跨区域科技成果转化、创业孵化、联合攻关等合作机制，推进科创资源共享、平台共建、项目共谋、活动共办、主体共育，加快推进"研发在武汉、转化在周边""孵化在武汉、加速在周边"的科技创新和产业发展新模式。

▲ 2022年6月30日，武汉经济技术开发区（汉南区）国家新能源与智能网联汽车基地内正在测试的无人驾驶汽车 王珊/供图

▲ 2022年5月24日，2022年湖北省科技活动周启动仪式在黄石举行　何戈/摄

▲ 2022年，国家数字建造技术创新中心工作人员使用VR展示人与建筑的互动　高勇/摄

▲ 2022年5月17日，湖北大学潜江产业技术研究院揭牌　潜江市档案馆/供图

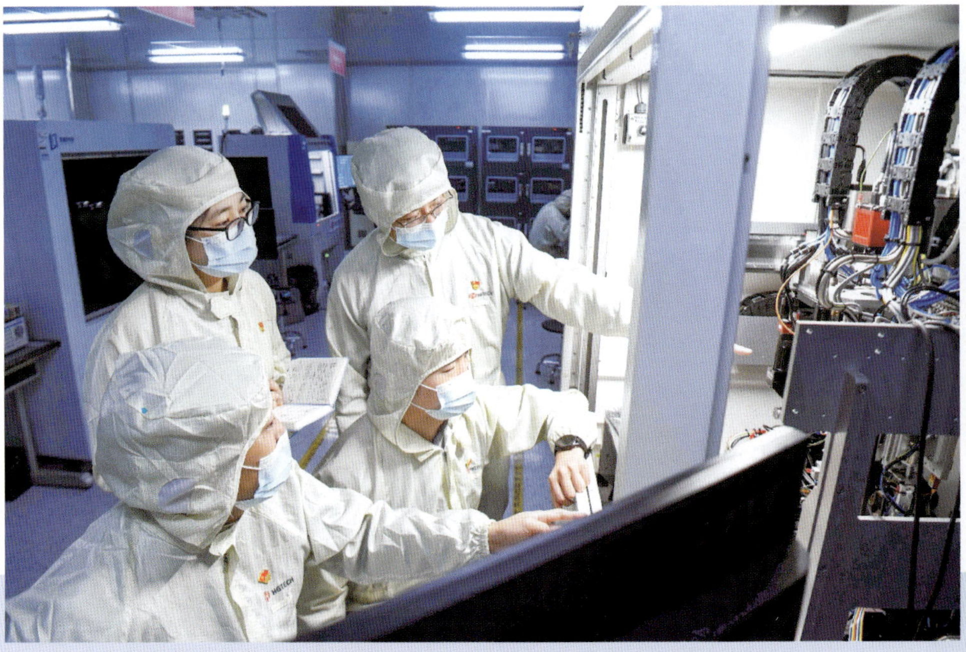

▲ 2022年10月31日，华工科技产业股份有限公司研发工程师开展光路耦合调测实验　高勇/摄

▲ 2022年10月19日，赤壁市高质量发展研究院科研人员在做实验　咸宁市史志研究中心/供图

▲ 2022年，聚芯微电子有限公司研发人员在观察芯片内部结构　高勇/摄

▲ 2022年7月，中国·光谷黄冈科技产业园外景　黄冈市史志研究中心/供图

▲ 2022年，孝感首衡城·华中国际食品产业新城一角　孝感市史志研究中心/供图

▶ 2022年5月19日，湖北瑞华光电Mini LED新型显示项目正式投产　鄂州市档案馆/供图

2022年，武汉都市圈推进高科技产业建链、延链、补链、强链，打造“头部在武汉，链条在都市圈”“主链在武汉，配套在都市圈”一体化发展格局。加快完善都市圈利益共享机制，圈域内重点产业链更趋完善。

▲ 2022年8月25日，第七届“创客中国”湖北省中小企业创新创业大赛（决赛）在黄石举行　张成/摄

◀ 2022年2月10日，湖北华彬食品工业园生产战马饮料　咸宁市史志研究中心/供图

▲ 2022年10月31日，华润电力（仙桃）有限公司发电厂远眺　　仙桃市史志研究中心/供图

▶ 2022年12月20日，2022中国5G+工业互联网大会在中国光谷科技会展中心举办。图为工业安全展台　　高勇/摄

◀ 2022年7月11日，湖北安一辰光电科技有限公司无尘车间　黄冈市史志研究中心/供图

◀ 2022年7月4日，湖北三赢兴光电科技股份有限公司生产线一角　咸宁市史志研究中心/供图

▼ 2022年10月，中国·光谷天门科技城外景　天门市文化和旅游局/供图

2022年，武汉都市圈不断深化政务服务“跨市通办”，民生高频服务事项“跨市通办”达到410项，涉及户政民政、医保社保、商事税务、司法教育、交通出行、文化旅游、出入境、不动产、公积金等。积极开展跨区域联防联控协作，生态共保环境共治进一步走向深入。

▲ **2022年，仙桃市建成区域诊断中心**　　仙桃市史志研究中心/供图

▲ **2022年，市民在孝感市行政服务中心窗口办理业务**　　孝感市史志研究中心/供图

▲ 2022年2月6日，潜江市"春风行动"招聘会在杨市工业园区举行　《潜江日报》记者罗珊珊/摄

▶ 2022年4月10日，黄冈市市场监督管理局窗口服务人员指导客商上传资料　黄冈市史志研究中心/供图

▲ 2022年5月24日，天门市与汉川市联合开展血吸虫病联防联控　天门市文化和旅游局/供图

▶ 2022年6月26日，鄂州市华容区联合武汉亚洲心脏病医院开展大型义诊活动　鄂州市档案馆/供图

2022年9月26日，华中科技大学协和东西湖医院在吴家山街长青社区开展公益医疗义诊活动　　喻志勇/摄

2022年11月16日，大冶市人民政府与鄂州市梁子湖区人民政府签订高桥河跨市断面生态保护补偿协议　　黄石市档案馆/供图

武汉都市圈2022年数读

目 录

重要会议和活动

规划编制与合作对接

交通同网与基础设施建设

区域高速路网建设

轨道交通建设

长江航运中心建设

国际航空客货双枢纽建设

综合交通枢纽建设

能源水利设施建设

科技同兴与创新协调发展

区域创新平台建设

附　录

重要文献选编

统计资料

都市圈论坛

索　引

Contents

专　记

年度发展报告

2022年武汉都市圈同城化发展报告

2022年，武汉都市圈九市大力发展以武鄂黄黄为核心的武汉都市圈，依托武汉超大城市辐射带动能力，统筹推进规划同编、交通同网、科技同兴、产业同链、民生同保、环境同治，武汉都市圈和武汉市综合实力进一步增强（与其他都市圈比较），九市融合水平进一步提高。

一、工作举措

推动《武汉都市圈发展规划》获国家批复。12月7日，《武汉都市圈发展规划》获得国家发展改革委批复同意，成为继南京、福州、成都、长株潭、西安、重庆都市圈规划之后，国家批复的第7个都市圈规划。批复要求，要积极推动武汉辐射带动周边城镇共同发展，加快推进基础设施互联互通、产业专业化分工协作、公共服务共建共享、安全风险联防联控，建立健全同城化发展体制机制，建设现代化都市圈，为长江中游城市群一体化发展提供坚强支撑，更好助推中部地区高质量发展，更好地服务长江经济带发展。要求湖北省统筹做好规划实施指导工作，健全都市圈发展协调推进机制，推动解决规划实施中的突出问题，适时开展规划实施情况评估，及时总结经验做法。武汉市及都市圈内其他城市是都市圈建设的责任主体，要协同推进规划实施，推动各项目标任务落到实处。

召开两次都市圈发展协调机制会议。9月20日，湖北省人民政府省长王忠林主持召开武汉都市圈发展协调机制第一次会议并指出，中共湖北省委作出“大力发展以武鄂黄黄为核心的武汉都市圈”的战略决策，是加快建设全国构建新发展格局先行区的关键之招，是引领长江中游城市群高质量发展的战略之举，是基于武鄂黄黄发展优势提出的务实之策；按照“一年见成效、三年上台阶、五年大跨越、十年翻一番”要求，不断提升规模能级，奋力在全国都市圈第一方阵中争先进位，构筑长江中游城市群的关键支撑，打造引领湖北发展的龙头引擎；明确功能定位，着力建设国际综合交通和物流枢纽、国家制造业中心、国家科技创新中心、专业性金融中心、国际交往中心“一枢纽四中心”；强化分工合作，把武汉当好“主引擎”，加快建设武汉新城，鄂州、黄石、黄冈主动融入、深度融合，其他五市主动找位、竞相出力，形成协同联动、组团发展的格局。会议出台了十大重点工程项目清单。12月29日，省长王忠林主持召开武汉都市圈发展协调机制第二次会议，会议审议通过《武汉都市圈发展协调机制》《武汉都市圈发展协调机制办公室规则》《武汉都市圈发展三年行动方案（2023—2025年）》《武汉都市圈发展2023年工作清单》《武鄂黄黄规划建设纲要大纲》《武汉新城规划》等文件，签署《武鄂黄黄共同推进十大重点工程合作协议》。王忠林指出，要谋定快动、统筹发力，加快推动武汉都市圈发展成势见效；聚焦重点、聚势突破，全面加快武鄂黄黄核心区建设；担当尽责、合力共为，切实推动规划部署落地落实。

推动九市常态化对接。武汉市发挥“一主引领”作用，主要领导亲自推动。中共武汉市委书记郭元强、武汉市人民政府市长程用文两次带队赴八市全覆盖实地调研，推进重点合作项目，召开同城化工作座谈会，达成一批重点合作协议。武汉市人大、武汉市政协主要领导、分管领导围绕协同立法、市政协“1号建议案”、都市圈主席论坛等重点工作，多次赴八市对接磋商。各分管市领导均多次召开专题会议研究调度专项领域工作。八市党政代表团互访交流9批次。武汉都市圈发展协调机制办公室（以下简称“武圈办”）对接八市来访20余批次，印发工作简报6期；九市相关部门之间对接交流300余批次。市直部门全面开展工作对接。交通部门在汉召开武汉城市圈2022年度交通一体化工作推进会，印发《武汉城市圈交通一体化发展三年行动共同宣言》《武汉城市圈综合交通谋划项目清单（2022—2024年）》。九市公积金中心联合组建联络办公室，成员由各中心业务分管领导组成，武汉公积金中心贷款管理处为联络办公室日常工作机构，建立常态化的工作联系机制，推进武汉都市圈住房公积金同城化相关政策落地见效。武汉都市圈生态环境合作暨流域综合治理联席会议在黄石市召开，九市生态环境局签订《武汉都市圈生态环境合作（黄石）框架协议》，成立由九市生态环境局主要负责人任组长，分管负责人为副组长的推进武汉都市圈发展工作领导小组，明确协同推进跨界流域协同治理、大气污染联防联控等重点工作。九市商务部门召开武汉都市圈招商主管部门第二次联席会议，推进年度重点工作协同实施；武汉市与黄石市、咸宁市两地商务部门签订招商引资战略合作协议，邀请鄂州市、黄石市、黄冈市、孝感市加入“长江资本论坛”等活动平台，共同开展联合招商活动。人社部门将劳动保障监察协同纳入同城化发展战略，召开劳动保障监察一体化建设线上推进会。在黄冈市红安县组织召开2022年首次武汉城市圈政企合作对接交流会，现场达成初步意向投资协议8项，意向总投资额超过30亿元。

2022年，江城武汉长江主轴全景俯瞰（张斌　摄）

推动完善顶层设计。九市共同研究拟定《武汉城市圈同城化发展2022年工作要点》，谋划49类168项重点工作（包括发挥辐射引领带动作用10项、规划同编9项、交通同网99项、科技同兴9项、产业同链27项、民生同保12项、推进十大示范工程1项、政策创新1项），挂图作战、按月督办。各专题组分别制定年度工作清单。共同编制一批专项规划。《武汉城市圈空间规划》取得阶段性成果。《武汉城市圈要素市场化配置综合改革试点实施方案》于3月底报送国务院，按照国家相关部委意见进行两轮修改，反馈至国家发展改革委待批。印发实施《光谷科技创新大走廊区域布局规划（2021—2035年）》。编制《湖北花湖机场临空经济区发展总体规划》《武鄂黄黄规划建设纲要大纲》《武汉新城规划》《环梁子湖周边区域空间规划》《环梁子湖周边区域生态环境保护规划》《环梁子湖周边区域城市风貌管控规划》《黄鄂黄全国性综合交通枢纽城市总体规划》《武鄂黄黄综合交通高质量一体化发展工作方案》《黄鄂黄国家综合货运枢纽补链强链三年实施方案》《汉孝同城化发展规划》《湖北省都市圈市域（郊）铁路一期建设规划》等一批规划，启动武汉都市圈流域综合治理规划、国土空间规划、基础设施发展规划、产业发展规划、科技创新协同规划、生态环境建设规划、公共服务高质量发展规划、对外开放高质量发展规划编制工作。共同谋划下一步工作。编制《武汉都市圈发展三年行动计划（2023—2025年）》，作为未来三年武汉都市圈发展的纲领性文件，提出2025年发展目标，推进交通、创新、产业、开放、公共服务、智慧、安澜、绿色、活力、跨界示范区等11个方面重点工作举措。

2022 年 11 月 14 日，国家文化和旅游部发布公告，华新 1907 文化遗址公园入选国家工业旅游示范基地名单。图为华新 1907 文化遗址公园夜景（彭晶 摄）

探索重点领域体制机制创新。探索园区合作共建机制。武圈办组织武汉市财政局、统计局、税务局、经信局等部门以及东湖高新区、武汉经开区负责园区合作共建工作的主要负责人，赴九市 10 个园区开展调研座谈，了解都市圈园区合作发展现状，听取工作意见建议，探索建立园区统计数据、税收等利益共享机制。制定《武汉都市圈园区合作共建利益共享机制的指导意见》，形成《武汉都市圈园区共建高质量发展调研报告》。推动区域协同立法"破题开篇"。8 月 3 日，武汉市第十五届人大常委会第四次会议表决通过《武汉城市圈公共交通一体化促进条例》，作为武汉城市圈区域协同立法的首部地方性法规，报请湖北省人大常委会待批。推动路桥免费通行。推进都市圈一体化发展，降低城市间的交通成本，促进人流、物流畅通流动。自 2022 年 12 月 11 日 0 时起，武黄高速公路（不含鄂东长江公路大桥 3.98 千米共线部分）停止收费，由收费高速公路变成"武鄂黄"城市间的快速路。黄冈市、鄂州市通过《黄冈市人民政府 鄂州市人民政府 湖北交通投资集团有限公司关于落实鄂黄长江公路大桥惠民政策合作协议》，协议规定 2022 年 5 月 1 日 0 时至 2032 年 12 月 13 日 24 时，"安装并使用ETC的一型客车"和"黄冈、鄂州两市通行鄂黄大桥的公交车辆"免费通行鄂黄大桥。

九市合力推进都市圈建设。黄石市按照"西融武汉、鄂州，北接花湖机场，东连黄冈、九江"思路，完善水铁公空多式联运体系，打造武鄂黄黄国际综合交通枢纽重要节点。依托武汉科创优势，打造光谷科创大走廊东部区域协同创新平台，黄石科技城科创中心一期、黄石（上海）离岸科创中心相继开园运营，黄石市西塞山区与华中科技大学共建的黄石科创模具技术研究院、黄石经济技术开发区·铁山区与武汉大学共建的电子信息产业研究院建成运行。黄石（武汉）离岸科创园签约入驻企业和单位总计 77 家，整体入驻率 55%，常驻办公人员 600 余人。打造承接武汉产业转移示范基地，加快推进锐科激光、欣益兴电子、广合科技、联新显示等一批重大产业链项目，建成投产定颖电子、台光电子、宏锐兴封装基板、闻泰科技一期等一批重点项目。发挥城市禀赋优势，打造武汉都市圈东部生态文旅城，建成华新水泥 1907 文化遗址公园、东方山东昌阁、华侨城恐龙水世界等一批文旅项目，与咸宁共同推出鄂东南红色旅游线路、幕阜山乡村旅游线路等特色旅游线路，发布惠民消费券、"引客入黄"奖励政策等旅游惠民政策措施，对周边地区消费产生较好的集聚效应。

鄂州市推进武汉都市圈协同发展示范区建设。鄂州到武汉已有 9 条公路连通。花湖机场高速一期、203 省道建成通车，武阳高速主体工程贯通，燕矶长江大桥开工建设，新港高速鄂州段开建临时建筑工程。高新六路等与东湖高新区市政对接道路顺利贯通。轨道交通每天 43 趟列车（高铁、城铁）途经武鄂两地，始发高铁直达广深。对接东湖科学城，共同培育重大创新平台，沼山时空精密测量原子干涉设施 5 月份获得省科技厅重大科技基础设施预研预制立项，9 月份获得国家发展改革委立项。对接武汉光电国家研究中心和光谷实验室，引进科技成果到华中科技大学鄂州工研院孵化转化，累计引进科技创新项目67个，培育科技型企业62家。对接武汉产业创新发展研究院，谋划开展重大科技创新项目合作。推动容百锂电牵头组建湖北省未来锂电正极材料产业创新联合体。深度融入“光芯屏端网”产业集群。葛店开发区新型显示器件产业集群入选第一批9个省级战略性新兴产业集群名单，三安光电、瑞华光电顺利投产，芯映光电建设、生产同步推进，优炜芯、芯致等一大批光电项目加快建设。

孝感市打造武汉都市圈重要节点城市。着力推进沿江高铁、武西高铁枢纽直通线、京港澳高速改扩建、硚孝高速二期、武汉地铁20号延伸线等22个交通基础设施项目建设。加快推进汉孝临空产业园、汉川长飞科技园、武汉经开区汉川合作示范区共建园区建设。建立孝汉森林病虫害防治、汉江生态环境防控、府河流域生态环境联合执法3项合作机制，签订《汉北河及汈汊湖跨流域上下游突发水环境污染事件联防联控协议》《府河跨流域上下游突发水环境污染事件联防联控协议》，共同打造孝汉绿色生态水廊和武汉北部生态屏障。

黄冈市着力打造武汉都市圈重要功能区。推进燕矶长江大桥及接线、武汉至红安高速建设，347国道举水河大桥、346国道红安县二程至上新集段改建工程等“硬联通”项目开工，武汉至黄冈市域（郊）铁路纳入《湖北省都市圈市域（郊）铁路线网规划》，鄂黄第三过江通道项目委托中铁大桥院开展项目前期研究。引进武汉光电工业技术研究院落户，建立黄冈协同创新中心；加快建设黄冈（光谷）离岸科创中心、光谷科技创新大走廊黄冈功能区。全市与武汉都市圈企业签约1亿元以上项目57个，协议投资额509.78亿元，其中10亿元以上项目11个。与武汉都市圈已实现410个政务服务事项自助服务互通互办，累计办理都市圈职工住房公积金贷款2.41亿元、办理一站式户口迁移1.98万件。团风县与武汉市新洲区建立道观河流域生态补偿机制，实施道观河水源地环境问题共保共建。麻城、红安、新洲“两市三地”联合开展打击非法机制砂生产加工行动。

2022年，长飞汉川市OPGW及光缆生产建设项目（孝感市史志研究中心供图）

咸宁市加快建设武汉都市圈自然生态公园城市。着力打造一小时通勤圈，107国道武汉至咸宁段改扩建工程咸宁段完成工程进度86.7%，通山至武宁高速公路用地资料报自然资源部待批。首发中欧班列（“长江号”），成为武汉都市圈除武汉外第一个首发城市，全年发运4列，货值近1亿元。推进城际铁路公交化进程，开通咸宁至都市圈各城市的直达路线。

仙桃市、天门市、潜江市建设四化同步发展示范区。仙桃市启动武松高速仙桃段项目，开展沪渝高速改扩建工程仙桃段、318国道仙桃市国家级高新区至蔡甸改线工程工可报告编制工作，建设随岳高速剅河互通项目临建工程，完成汉江二桥及接线工程项目专题招投标工作，武仙城际铁路新开通仙桃至天河机场、黄石、咸宁、孝感等线路。天门市沿江高铁天门段、武天高速天门东段开工建设。247省道客潜线潜江汉江大桥天门段连接线项目完工，合作共建天门通用机场、汉江天门港与武汉新港。推进武汉京东方配套产业园建设，武汉国家生物产业基地天门生物产业园引进和储备一批重点项目，生物产业不断壮大。潜江市247省道潜江汉江大桥建成通车，完成汉宜高速潜江东互通工程可行性研究，潜江港泽口港区综合码头工程陆域堆场开工建设。打造武汉都市圈“光芯屏端网”配套产业示范基地，全市“光芯屏端网”关联企业近30家，规上企业有22家，与长江产业基金合作成立30亿元长江（潜江）产业基金，助推晶瑞电材落户潜江。

加快建设武鄂黄黄核心区。编制出台《武鄂黄黄规划建设纲要大纲》《武汉－鄂州空港型国家物流枢纽建设方案》《湖北武汉航空客货运“双枢纽”战略规划》《中国（武汉）光谷建设方案》，重点是推进武鄂黄黄同城一体化发展，加快建设武鄂黄黄综合交通体系，推动建设沿江环湖组团式城镇布局。统筹发展和安全、城乡区域和资源环境协调发展，依据“三区三线”规划成果划定城乡建设空间，统筹推动区域交通等重大基础设施建设。

高标准规划建设武汉新城。编制《武汉新城规划》，明确武汉新城四至范围为东至鄂咸高速，南至梁子湖，西至京广铁路，北至长江南岸，将滨湖半岛纳入规划，总面积约719平方千米；武汉新城管控范围拓展至环梁子湖区域，面积约1689平方千米。总体定位为承担引领科技自立自强、构建重要产业链供应链安全保障中心、支撑长江中游城市群建设内循环关键节点，打造世界级科技创新策源高地、国家战略性新兴产业高地、全国科创金融中心、国际交往中心、中国式现代化宜居韧性智慧城市样板。规划到2035年，武汉新城常住人口规模200万～220万人，城镇建设用地规模240～260平方千米。其中，武汉新城中心片区规模30～50平方千米，建成功能相对完整、尺度相对适宜的核心承载区。谋划武汉新城建设三年行动计划，研究项目合作推进机制，规划2023年武汉新城建设项目244项重点工作，总投资约3056亿元，重点聚焦启动区及主要基础设施。起草《武汉新城管委会组建方案》《关于武汉新城行政管理等有关事项的决定》《武汉新城税收分成办法》等文件。全面加强环梁子湖周边区域项目管控。

二、主要成效

武汉都市圈综合实力进一步增强。武汉都市圈全年实现地区生产总值超过3.2万亿元，占全省59.9%以上，比上年增加2000亿元，增速高出全省平均水平4.5个百分点，继续领跑全省经济社会发展。与同类都市圈比较看，长株潭都市圈、成都都市圈地区生产总值分别为1.84万亿元、2.62万亿元，相当于武汉都市圈的57%和82%，武汉都市圈综合实力优势明显。但同时与沿海都市圈相比差距还很大。

分城市看，武汉都市圈九个城市中，武汉市接近2万亿元，黄冈、孝感、黄石3个城市超过2000亿元，鄂州、咸宁、仙桃3个城市超过1000亿元，潜江、天门2个城市不足1000亿元。其中，武汉市地区生产总值1.88万亿元，位列全国城市第八位，比上年前进一位，GDP增长4%，在前十城市中增速居第一位。黄石市地区生产总值首次突破2000亿元，黄冈市、孝感市即将冲刺3000亿元。仙桃市地区生产总值实现晋级，跻身中部县域经济前十。

武汉都市圈融合水平进一步提高。交通互联互通进一步提升。全面推进99个年度重点交通项目，安九高铁、黄黄高铁开通运营，沿江高铁动工，签署武汉至红安市域铁路建设协议。武汉至阳新、武汉至大悟、硚口至孝感高速（二期）、鄂州机场高速、麻安高速麻城东段等5条高速公路建成，汉南长江大桥开工建设，加快推进武汉都市圈环线双柳长江大桥、武汉至天门高速、武汉至松滋高速、347国道新洲至团风段等项目。《湖北省区

2021—2022年武汉都市圈各市GDP一览表

城市名称	2021年	2022年
武汉	17716.76亿元	18866.43亿元
黄石	1865.68亿元	2041.51亿元
鄂州	1162.3亿元	1264.55亿元
孝感	2562亿元	2776.97亿元
黄冈	2541.31亿元	2747.9亿元
咸宁	1748.24亿元	1875.57亿元
仙桃	929.9亿元	1013.14亿元
潜江	852.74亿元	886.65亿元
天门	718.89亿元	730.05亿元
合计	30101.4亿元	32202.77亿元
占全省比重	60.2%	59.9%

域发展布局交通“硬联通”三年行动方案》涉及武汉 20 个项目，其中 115 省道黄陂区天河至祁家湾段、109 省道蔡孝线柏刘公路至蔡甸城关段等 7 个项目基本建成，105 省道柏林至官桥、115 省道黄陂至孝昌李集互通段等 13 个项目加快推进，潜江汉江大桥主体工程完工。武黄高速停止收费免费通行，鄂黄长江大桥实现 9 座以下客车免费通行。年内新开城际公交线路 2 条，稳定运营武汉至黄冈、孝感等城际公交线路 6 条。武汉市列入空港型国家物流枢纽承载城市。武汉天河机场与鄂州花湖机场形成湖北航空客货运“双枢纽”格局。武汉天河机场新开通国际及地区航线 4 条、全货运航线 3 条、客改货航线 1 条，T2 航站楼改造项目主体工程完工，机场第三跑道、机场保税物流中心（B 型）开工建设，民航中南地区（武汉）空中交通管制能力提升基础设施建设工程进入开工准备阶段。全球第四、亚洲第一的专业货运机场花湖机场于 7 月 17 日开航运营，首批开通 7 条客运航线 9 个通航点、2 条货运航线。

科技策源和圈内转化能力进一步提高。光谷科技创新大走廊建设取得新进展，东湖科学城加快建设。大设施集聚区、实验室集聚区、创新创业示范区等 7 大重点板块建设全面铺开。1 家实验室获批国家实验室，7 家湖北实验室实体运行，光谷实验室创建国家实验室方案上报科技部。作物遗传改良、杂交水稻 2 家实验室进入全国重点实验室名单。推进重大科技基础设施建设，精密重力测量设施筹备验收，深部岩土扰动、作物表型组学、脉冲强磁场优化提升 3 个项目通过国家发展改革委预审，生物医学成像项目启动设备采购，武汉光源项目动工。数字建造、智能设计与数控 2 个国家技术创新中心正式获批。武汉产业创新发展研究院、武汉量子技术研究院等新型研发机构组建运行。全国首个人工智能计算中心算力拓展至 200P，武汉超算中心接入全国算力网络。建立武汉都市圈科技信息资源共享机制。武汉科技成果转化平台、大型仪器设备开放共享平台正有序与其他八市科技部门开放对接。武汉科技成果转化平台向武汉都市圈各城市开放端口，各市科技管理部门通过端口实现共享，年内共享平台发布技术需求 472 项，达成科技成果转化意向 257 家。共建创新服务平台。持续推进黄石（武汉）离岸科创园建设，引导武汉地区高校、科研院所等创新资源导入黄石（武汉）离岸科创园，入驻企业、平台和中介机构共 77 家。武汉纺织大学与天门卓尔商业运营管理有限公司达成合作协议，共建湖北天门纺织服装产业技术研究院，重点围绕纺织服装产业规划、服装设计、材料研发、智能制造等领域开展技术攻关，实现人才、技术和产业的无缝对接。华中科技大学与鄂州市共建华中科技大学鄂州工研院，累计引进科技创新项目 67 个，培育科技型企业 62 家。持续推进“32232”科技合作工程，创建武汉都市圈科技服务品牌。开展武汉都市圈项目对接活动 36 场，现场签约项目总金额 9.23 亿元。安排院士专家、科技副总、博士服务团、科技特派员 708 人次到武汉都市圈除武汉之外的八城市开展技术支持。孝感市引进和选派科技特派员 180 人助力乡村振兴行动；黄冈市引进科技副总 66 人、博士服务团 13 人深入企业开展产学研合作，解决技术难题；潜江市与武汉工程大学、湖北大学等签订市校合作协议。

2022 年，武汉天河机场 T2 航站楼改造项目主体工程完工（摘自中国新闻网）

武汉都市圈重点产业链更加完善。加快发展“光芯屏端网”信息技术产业。黄石市共集聚光电子信息企业171家，拥有全球PCB 50强企业3家、全国电子电路百强企业14家，PCB（Printed Circuit Board）企业数量占全省三分之二，全球每3部智能手机中有1部、每100台新下线汽车中有15台用到黄石的PCB板。鄂州市葛店开发区新型显示器件产业集群入选第一批9个省级战略性新兴产业集群名单，三安光电、瑞华光电顺利投产，芯映光电建设、生产同步推进，优炜芯、芯致等一大批光电项目加快建设。黄冈市签约总投资115亿元的富乐德·长飞黄冈半导体产业园项目。孝感市形成以锐邦科技、楚天实业为代表的汉川光通信产业，以优尼科液晶显示模组生产基地项目为代表的中小尺寸显示面板产业。潜江市唐棕、慧智科技项目进入试生产，晶瑞一期、鼎龙一期、达诺尔、孚诺林、北旭等项目即将竣工投产，长飞光纤五期项目进入主体工程施工阶段，全市“光芯屏端网”关联企业近30家，规上企业有22家。汽车产业中，以武汉经开区为核心载体的“武襄十随”汽车集群入选国家第三批先进制造业集群。东风公司牵头组建湖北省车规级芯片产业技术创新联合体以及湖北车谷实验室。建设长城汽车、融通高科三期、诺德锂电等重点项目，打造500亿元级别汽车及零部件产业集群。仙桃市与武汉经开区联合引进新能源头部企业容百科技，总投资300亿元，规划年产40万吨的高镍锂电池正极材料生产基地。恒信楚能新能源锂电池生产项目落户孝感，总投资675亿元。大健康和生物技术产业中，黄石市积极推进劲牌健康产业园、朗天药业、楚天香妆产业园、毛铺康养综合体、携康医学等重点项目，打造500亿元级别生命健康产业集群。鄂州葛店大健康产业园高标准建设生物医药产业集聚区，完成投资5亿元，新引进武汉海希生物、武汉圣润医疗、武汉普诺赛生命科技、盛世华康生物医药基地等生物医药类项目6个。孝感市重点建设武汉国家生物基地孝感园区、高新区生物医药产业园，佳兆业生命健康产业园。

2022年，武汉市不动产登记“一窗联办”窗口工作人员正在为市民服务（武汉市自然资源和规划局　供图）

公共服务共建共享水平进一步提高。政务服务“跨市通办”不断深化。民生高频服务事项“跨市通办”达到410项，涉及户政民政、医保社保、商事税务、司法教育、交通出行、文化旅游、出入境、不动产、公积金等，前10个月九市合计办件量58万余件，其中武汉市办件量约44万件。住房公积金互认互贷全面拓展。九市“缴存互认、贷款互助、核查互通、催收互帮、信用互享”合作机制进一步建立健全，前11个月共向1898名职工发放公积金异地个人住房贷款7.68亿元，九市之间办理公积金异地转移业务1.6万笔次，金额合计3.42亿元，九市公积金中心互办各项业务621笔。医疗服务跨城共享持续深入。前11个月九市共办理圈内城市异地就医备案26.33万人次，异地就医住院直接结算22.07万人次，医保统筹支付费用18.51亿元；门诊直接结算13.33万人次，医保统筹支付费用9.38万元，医保个人账户支付费用3631.07万元；定点药店购药直接结算25.89万人次，使用医保个人账户支付费用3356.60万元。教育资源共建共享进一步拓展。推进中等职业教育同城化工程，2022年秋季，八市有5046名学生在武汉市中职学校就读；推进武汉市中心城区与对口县（市、区）

中小学、幼儿园之间的结对交流，武汉市9所学校和鄂州市10所中小学（幼儿园）签订结对帮扶协议，开展教学教研等方面结对交流活动10余次。组织华师一附中等20所优质高中和黄冈市团风县总路咀高级中学等16所、咸宁市通山县第一中学等4所高中结对帮扶；建立中小学研学旅行基地（营地）互联互通机制，将武汉都市圈各市优质中小学研学旅行基地（营地）分期分批纳入都市圈研学旅行推荐站点；邀请都市圈八市教师参加教育培训活动，共安排226人次参加武汉市举办的普通高中新课程新教材实施学科教师培训和中小学实践育人学校管理人员专题线上培训；推进教育人才交流，选派10名优秀教师赴黄冈市团风县开展为期1年的支教活动。社保卡一卡通用稳步推进。武汉市与咸宁、鄂州、孝感、黄石等地签订“一卡通”合作协议，推动第三代社保卡加载“武汉通”功能，覆盖范围拓展到黄石、孝感、鄂州等周边12个中小城市，并可享受当地城市公交折扣。开通省内跨地区受理社保卡首次制卡、补换卡业务及一般卡业务，为都市圈及省内异地参保人员提供办卡服务。干部人才双向交流全面开展。九市互派干部挂职和跟班学习66人，其中武汉市选派到都市圈八市挂职20人，八市到武汉市挂职23人、短期跟班学习23人。

生态共保环境共治深入推进。推进跨市域生态补偿。武汉经开区管委会、仙桃市政府签署全省首例跨市河流横向生态补偿协议《通顺河流域跨市断面水质考核生态补偿协议》，黄冈市团风县与武汉市新洲区建立道观河流域生态补偿机制，实施道观河水源地环境问题共保共建。强化流域治理。武汉市与咸宁市、孝感市、天门市签订跨市流域突发水污染事件联防联控协议，与鄂州市签订梁子湖水生态环境保护联防联控共治共管共享协议，与孝感市、随州市签订《统筹推进府澴河流域水污染联防联控　开启水环境共治共管共享模式的框架协议》，与黄冈市、黄石市签订生态环境保护合作协议。黄冈市麻城市、红安县与武汉市新洲区联合开展打击非法机制砂生产加工行动。加强大气污染联防联控。制定《武汉都市圈大气污染联防联治工作方案》《武汉都市圈大气污染联防联控框架协议》，开展都市圈重污染天气消除、臭氧污染防治、柴油货车污染治理三大攻坚战。《湿地公约》第十四届缔约方大会期间，会同武汉都市圈相关城市开展大气污染联防联控，实现湿地大会期间武汉市连续10天空气质量优良。武汉市从2022年7月1日起率先在武汉都市圈实行全域禁止燃放烟花爆竹。九市水务、公安等部门开展协作，联合整治、打击非法捕捞、非法采砂、非法排污违法犯罪行为。

三、主要经验

高规格组建组织机构。中共湖北省委、湖北省人民政府成立推进三大都市圈发展工作领导小组，在领导小组之下建立三个专项协调机制，聚焦三大都市圈功能定位、发展目标、建设任务，负责协调落实领导小组决策部署和工作安排。其中，武汉都市圈发展协调机制由省长王忠林担任召集人，九市党委和政府主要负责人为组成人员，省直成员单位配合，负责推动以武鄂黄黄为核心的武汉都市圈发展。日常工作由武汉市负责。武汉都市圈建立发展协调机制办公室并实体化运行，都市圈各市陆续成立由党政主要负责人任组长的推进都市圈发展工作领导小组。湖北省、都市圈、市三级都市圈发展工作机制基本建立。

高层推动工作落地。中共湖北省委、湖北省人民政府在年初召开2022年全省深入实施区域发展布局暨县域经济发展大会、在下半年召开两次武汉都市圈发展协调机制会议。九市党委和政府又高密度召开会议贯彻落实省委、省政府工作精神。黄石市提出建设武汉都市圈核心城市，鄂州市提出建设武汉都市圈协同发展示范区，其他六市均结合当地实际明确各自的功能定位。

深入开展横向对接合作。武汉市发挥“一主引领”作用，中共武汉市委书记郭元强、武汉市人民政府市长程用文带队赴都市圈八市实地调研推进重点合作项目，召开同城化工作座谈会，达成一批重点合作协议。都市圈八市党政代表团开展密集的互访交流，相互之间都签订了战略合作框架协议，深化交流合作，实现共赢发展。九市人大、政协主要领导、分管领导围绕协同立法、都市圈主席论坛等重点工作，多次对接磋商。九市相关部门之间开展对接交流300余批次。

夯实常设机构职能。九市共同成立武汉都市圈发展协调机制办公室,设立秘书处在汉集中办公。武圈办对接八市来访20余批次,印发工作简报6期。成立武汉都市圈科技创新、交通发展、工业经济、政务服务、生态环境等五个专项工作组,负责推进具体领域工作。

出台制度和规范性文件。都市圈层面出台《武汉都市圈发展三年行动方案(2023—2025年)》《武汉都市圈发展2023年工作清单》《武鄂黄黄规划建设纲要大纲》《武汉新城规划》。九市共同审议和出台《武汉城市圈公共交通一体化促进条例》。各市都编制三年行动方案和年度工作清单,黄石市出台《黄石市推进武汉都市圈同城化发展工作目标考核办法》。

营造良好的舆论氛围。设立武汉都市圈建设网站,《长江日报》刊发武汉都市圈专版,宣传、推广和普及武汉都市圈建设的相关知识和成果,开展武汉都市圈建设的各项活动,让建设都市圈成为各级政府和社会人士的自觉行动。

四、存在问题

周边城市经济实力还不强。武汉都市圈仍然是典型的单极单核型都市圈,与中心城市相比,周边城市规模和实力断层严重,武汉市经济总量占都市圈总量的近60%,武汉市GDP接近2万亿元,其他城市均不足3千亿元,城市体系和结构的不成熟容易导致合作深度和广度不够,影响都市圈的整体发展实力。

产业融合有待深化。圈内产业关联配套不够、耦合度不高。除光电子信息产业与武汉及相邻区域之间有很好的补链强链外,其他产业重复建设、恶性竞争问题较多,产业链条配合不多、高端部分缺失、低端部分扎堆现象比较严重,武汉市引领作用没有得到较好发挥。承接产业转移不多,特别是引进武汉企业占比较低,由汉资控股的企业较少。

协同工作合力有待进一步增强。一批重点合作项目尤其是交通项目在用地、环评、资金筹措、时序安排等方面存在步调不一致现象,致使项目推进工作受阻。例如武咸快速通道天子山大桥项目进展缓慢;与武汉合作共建的产业园区合作基础不牢,缺乏深度合作。

区域协调机制急需完善。都市圈跨区域合作仍面临支持政策、立法、资金、土地、环保等保障机制不完善,利益协调机制不完善等现实挑战。跨地区合作目的仍是追求本地区利益最大化,依靠行政推动的一体化措施,在实际落实过程中效果打折扣。

(湖北省武汉城市圈研究会)

黄石市推进武汉都市圈同城化发展报告

2022年,黄石市全力打造武鄂黄黄国际综合交通枢纽重要节点,打造光谷科创大走廊东部传动轴,打造承接武汉产业转移示范基地和花湖机场配套服务聚集区,加快建设武汉都市圈核心城市。

一、同城化工作进展

立足交通区位优势,打造武鄂黄黄国际综合交通枢纽重要节点。发挥临江、临港、临空、临光谷优势,按照"西融武汉、鄂州,北接花湖机场,东连黄冈、九江"思路,着力完善水铁公空多式联运集疏运体系,打造武鄂黄黄国际综合交通枢纽重要节点。公路按照"一路一策一方案",推进6条市际"断头路""瓶颈路"建设。其中,大广高速东方山互通开工建设,花湖机场高速二期启动项目区临

2022年4月8日,黄石与鄂州开展武汉城市圈同城化发展座谈会(黄石市档案馆 供图)

2022 年 11 月 5 日，黄石（上海）离岸科创中心在上海市松江区海尔智谷创新园正式开园（黄石市档案馆 供图）

空经济区用地范围内的拆迁工作，351 国道阳新县三溪至毛坪段改建工程提前开工，203 省道黄石城区段（沿江大道）主体工程完工，武阳高速黄石段完成项目总投资的 69%。铁路方面，山南铁路适应性改造龙山站完工，黄石沿江疏港铁路二期工程累计完成总投资的 57.2%；谋划武汉—黄石—九江高铁新通道，争取武黄城际“公交化”开行，武鄂黄市域铁路纳入《湖北省都市圈市域（郊）铁路线网规划》。水路方面，全力建设黄石新港“亿吨大港”，加快推进黄石港棋盘洲港区三期、富水富池至排市航港工程。

依托武汉科创优势，打造光谷科创大走廊东部传动轴。推进光谷科创大走廊黄石功能区建设，与武汉的高校、科研院所共建科技园区、产业技术研究院，合作在黄办学，提升黄石创新平台能级和效能。打造区域协同创新平台。谋划科技园区、双创平台、关键技术研发、研发平台四类重大科创项目库，总投资 128.5 亿元。其中，黄石科技城科创中心一期、黄石（上海）离岸科创中心相继开园运营；西塞山区与华中科技大学共建的黄石科创模具技术研究院、开发区·铁山区与武汉大学共建电子信息产业研究院建成运行。黄石（武汉）离岸科创园签约入驻企业和单位 77 家，整体入驻率 55%，常驻办公人员 600 余人。提升科技创新能力。2022 年前 11 个月，新认定科技型中小企业 1288 家，新增高新技术企业 129 家，新增“独角兽”企业 1 家、“瞪羚”科技企业（指创业后迈过死亡谷，以科技创新为支撑进入高成长期，增长速度很快，在市场竞争中有较强竞争力的企业）15 家。

厚植产业基础优势，打造承接武汉产业转移示范基地。依托武汉产业辐射功能，加强产业承接和互补，持续提升产业基础能力和产业链水平。深度对接武汉“光芯屏端网”，推进锐科激光、欣益兴电子、广合科技、联新显示等一批重大产业链项目建设，投产定颖电子、台光电子、宏锐兴封装基板、闻泰科技一期等一批重点项目。集聚光电子信息企业 171 家，拥有全球 PCB50 强企业 3 家、全国电子电路百强企业 14 家，PCB 企业数量占全省三分之二，全球每 3 部智能手机有 1 部、每 100 台新下线汽车有 15 台用到黄石的 PCB 板。积极承接产业转移，加快推进华新新材、中信特钢新材料、大冶有色 40 万吨阴极铜等一批重点项目，打造 2000 亿元级别新材料产业集群；加快推进长城汽车、融通高科三期、诺德锂电等重点项目建设，打造 500 亿元级别汽车及零部件产业集群；推进劲牌健康产业园、朗天药业、楚天香妆产业园、毛铺康养综合体、携康医学等重点项目，打造 500 亿元级别生命健康产业集群。

发挥城市禀赋优势，打造武汉都市圈东部生态文旅城。发挥黄石城市建设、山水资源优势，着力打造武汉“后花园”、武汉都市圈东部生态文旅城。建成华新水泥 1907 文化遗址公园、东方山东昌阁、华侨城恐龙水世界等一批文旅项目，与咸宁共同推出鄂东南红色旅游线路、幕阜山乡村旅游线路等特色旅游线路，发布惠民消费券、“引客入黄”奖励政策等旅游惠民政策措施，对周边地区消费产生较好的集聚效应。坚持民生共建共享。推动 6 所学校与武汉都市圈学校结对交流，组建黄石市龙凤山中小学校外教育活动中心、黄石矿博园、武汉中小学校外教育活动中心4个武汉都市圈研学课程资源基地；黄石市第二医院与武汉协和医院、大冶人民医院与武汉同济医院建立战略伙伴关系，黄石市市中心医院、市妇幼保健院加入以武汉儿童医院为牵头单位的湖北省儿科联盟；全市35家医院和10家零售药店可直接为异地参保人员结算普通门诊费用；加入都市圈药品耗材集中带量采购联盟，全市381个品种、831个品规药价平均降幅为53%，最高降幅98.3%；完成社会保障卡加载“武汉通”功能，建立都市圈内工伤认定、劳动能力鉴定异地委托经办和结论互认机制；19个部门401个事项都市圈内“跨市通办”，截至2022年11月底，共接受圈内群众“跨市通办”咨询43件，办理4307件。

拓展全域临空优势，打造花湖机场配套服务聚集区。优化空间和产业布局，全力打造花湖机场后勤配套承载区、商务服务聚集区。大力发展物流产业。粮食物流园、医药物流园、电商物流园、农产品物流园、快销品物流园等各类物流园区发展到17个，园区数量在全省市（州）中居第一位。全面推动临空经济建设。建设黄石港区临空商务区，聚焦临空服务业；推动下陆区建设临空跨境电商综合试验区，启动临空跨境电商产业园一期项目；推动大冶湖新区建设万科·顺丰港湾，谋划建设集航空教育培训、航空文化展示、航空产业服务、多业态金融及办公、国际航空社区等多功能于一体的航空小镇；推动大冶市建设临空经济区，推进20.3平方千米的起步区建设。

强化通江达海优势，打造武汉都市圈东向开放桥头堡。发挥港口通江达海优势，黄石棋盘洲综合保税区保税口岸作业区通过预验收后，签约项目26个，总投资额超150亿元，年进出口货值近200亿元。争取黄石新港园区纳入湖北自贸区扩容升级范围。持续推进港产城融合发展。加强新港港口码头建设，配套、优化集疏运体系，提升对外开放能级。黄石新港全年吞吐量2930万吨（含集装箱），营业收入2.44亿元，利润6083万元，分别比上年增长44%、28%、126%，均创开港运营以来历史新高；全年散件杂货吞吐量2744.9万吨，增长42%，稳居长江中上游单体港区第二大港。

2022年6月14日，“长江号”中欧班列黄石首发（摘自《长江日报》）

二、存在的主要问题

交通互联有待加速。影响全市经济社会发展的350千米时速高铁、武鄂黄市域铁路等重大交通项目还处于项目前期阶段。武汉新城至黄石新港快速通道、对接武汉新城和鄂州花湖机场的203省道连接线等重点交通项目还未落地。

创新协同有待提升。共建产业技术创新中心、湖北省实验室分支机构等重点创新平台尚未取得突破，产业技术研究院等新型研发机构还不完善。高层次创新人才引进难问题未得到根本解决，领军人才依然匮乏。

产业融合有待深化。除光电子信息产业与武汉及相邻区域之间有很好的补链强链外，其他产业关联配套不够、耦合度不高。承接产业转移不多，引进武汉企业占比较低，由汉资控股的企业较少。

平台机制有待完善。都市圈内没有建立统一的“跨市通办”平台，一些业务办理系统对接不到位、政务数据难共享、办理标准不一致。尚未建立统一开放的人力资源、资本、技术、土地、产权交易等各类要素市场。园区税收利益分享和征管协调机制尚不健全。

三、工作建议

抢抓同城化发展机遇，加快

重大交通项目实施。借助中共湖北省委支持推动武鄂黄黄国际性综合交通枢纽建设契机，主动参与国际综合交通枢纽规划编制，积极谋划350千米时速高铁等重大交通项目，推动对接武汉新城和花湖机场的项目早日实施。

实施创新平台提能行动，加快推进科技体制改革。深度对接都市圈科教资源。推进与8所在汉高校合作协议落实，全力促进科研成果转化落地，打造科技创新共同体。深入实施高校、科研院所招引工程。支持科技领军企业与在汉高校、科研院所共建研发平台、科技成果转化示范基地，支持湖北实验室在黄石建立分中心。持续推进“32232”科技合作工程，加大科技人才引进力度，健全“科研高层次人才、科技实用人才、科技创新团队”多层次人才引育机制。

以产业为导向精准招商，加快推进产业对接合作。围绕培强做大优势产业、特色产业和战略性新兴产业，大力开展产业链精准招商，梳理形成黄石关联企业对接配套清单，分县市区、分产业开展专题对接活动，定期组织全市工业园区、企业与武汉国家级开发区、高新区和龙头企业对接交流。探索总部经济、共建园区、飞地经济、联合招商等合作模式，推进黄石与武汉产业深度融合。

统筹推进都市圈“跨市通办”平台建设，加快推进要素市场化改革。推进都市圈“跨市通办”标准化、规范化建设，着力解决系统联通、数据开放共享不到位，政务服务审批标准不一致、办理结果不能互认等难点问题。共同推进要素市场化改革，争取尽快获批武汉都市圈要素市场化配置综合改革试点。围绕圈内重大投资共同分担、重点项目利益共享、生态补偿、财税分享等方面，大胆探索、先行先试。

（黄石市同城办）

鄂州市推进武汉都市圈同城化发展报告

2022年，鄂州市贯彻落实湖北省第十二次党代会“关于大力推进以武鄂黄黄为核心的武汉都市圈高质量发展”战略部署，扎实推进武汉都市圈协同发展示范区建设，各项工作取得阶段性成果。

一、主要做法

坚持交流同频，共商合作大事。加强组织领导。成立由市委书记、市长任组长的工作领导小组，领导小组下设办公室及交通发展、产业发展、科技创新、生态环境、政务民生、对外开放6个专题工作组，印发《武鄂黄黄共同推进十大重点工程工作任务清单》。开展对接互访。武鄂黄黄四市实现常态化对接互访，共建立跨市水生态环境共保共治、住房公积金深层次互通协作、部门联动执法、共建同城化医疗急救体系等20个领域的合作联系机制。压实工作责任。分解落实《武鄂黄黄共同推进十大重点工程工作任务清单》中的45项工作任务，明确各自牵头单位和责任单位，建立工作台账，挂图作战，确保责任到人，并建立通报和督办机制。

坚持规划同编，共绘发展蓝图。推进同城规划深度融合。参与编制《武汉都市圈发展规划》《武汉都市圈空间规划》。加快编制《武鄂同城化空间规划》《武鄂融合发展示范区城市客厅规划》，推动武鄂交界区域加速融合。推进专项规划全面对接。与黄石市、黄冈市对接《黄鄂黄国家综合交通枢纽城市总体规划》编制工作。全力配合湖北省发展改革委编制《湖北花湖临空经济区发展总体规

2022年5月1日，鄂州花湖机场高速公路正式通车（鄂州市档案馆　供图）

划》，会同武汉编制《武汉—鄂州空港型国家物流枢纽建设方案》。统筹协调全市各部门完成流域综合治理和统筹发展规划编制工作。推进国土空间规划和城市建设规划调整。根据《武鄂黄黄规划建设基本要求》，将重点区域394.2平方千米土地划入城镇开发边界，其中鄂州市110平方千米。推进武汉新城规划编制工作。武鄂两市成立规划编制专班，压茬推进武汉新城规划编制，并形成阶段性成果。

坚持交通同网，共建联运枢纽。公路交通织密织牢。鄂州到武汉共有9条公路连通，花湖机场高速一期、203省道通车，高新六路等与东湖高新区市政对接道路贯通，武阳高速主体工程完工，新港高速鄂州段开建临建工程，燕矶长江大桥动工。轨道交通方便快捷。每天43趟列车（高铁、城铁）途经武鄂两地，始发高铁直达广深。武汉地铁11号线延伸至葛店南站，日均客流量过1万人次，与武汉主城区相当。武鄂市域铁路纳入《湖北省都市圈市域（郊）铁路线网规划》第一期（2021—2025年）建设规划方案，上报省政府审批；武鄂市域铁路和机场铁路“北客南货”设计方案明确。水运交通相辅相成。域内长江岸线五大港区全部纳入武汉新港规划建设范围，可与武汉等周边城市长江码头实现万吨级船舶常年相互停靠。华中地区唯一一所煤产品交易中心——鄂东煤产品交易国际贸易中心落户三江港，三江港示范线路二（钢材线路）和示范线路三（矿石线路）落成。航空枢纽优势互补。花湖机场于7月17日成功开航，首批开通7条客运航线9个通航点，2条货运航线，鄂州市列入空港型国家物流枢纽承载城市。

坚持科技同兴，共筑创新高地。做大创新主体。全市科技型中小企业入库566家，比上年增加118.0%；认定高新技术企业115家，增长79.7%。新增国家级专精特新“小巨人”企业7家、省级专精特新“小巨人”企业20家。做强创新平台。对接东湖科学城，共同培育重大创新平台，沼山时空精密测量原子干涉设施分别获得湖北省科技厅重大科技基础设施预研预制立项和国家发展改革委立项，进入开工前准备阶段。对接武汉光电国家研究中心和光谷实验室，累计引进67项科技创新成果到华中科技大学鄂州工研院孵化转化，培育科技型企业62家。对接武汉产业创新发展研究院，开展重大科技创新项目合作。推动容百锂电牵头组建湖北省未来锂电正极材料产业创新联合体。做实市校合作。与武汉14所高校、科研院所开展产学研合作，新引进武汉高校、科研院所科技成果33项，47家企业与武汉高校、科研院所共建产学研合作平台。鄂州市企业技术需求11项录入武汉市科技成果转化平台。全年引进武汉地区院士专家、科技副总、博士服务团、科技特派员等科技创新人才26人。做优发展环境。升级科技创新创业人才支持政策，出台《鄂州市高层次创新创业人才“梧桐计划”实施办法》等系列人才新政，持续打造人才发展生态。

坚持产业同链，共促转型升级。深度融入“光芯屏端网”产业集群。葛店开发区新型显示器件产业集群入选第一批9个省级战略性新兴产业集群名单，三安光电、瑞华光电投产，芯映光电建设、生产同步推进，优炜芯、芯致等一大批光电项目加快建设。大力发展新能源新材料。南都新能源通过湖北省市场监管局的检验检测机构资质认定。容百锂电、虹润高科可为东风汽车、小鹏汽车配套。总投资逾100亿元的凯矜锂离子电池铝塑膜及铝箔生产项目落户葛店开发区。推动葛店大健康产业园项目建设。高标准建设生物医药产业集聚区，与光谷生物城错位发展，共同打造大健康产业集群。葛店经开区大健康产业园完成投资5亿元，新引进武汉海希生物、武汉圣润医疗、武汉普诺赛生命科技、盛世华康生物医药基地等生物医药类项目6个。推进智能制造产业发展。规上工业企业超过100家，盛隆电气智能制造、华中数控智能装备、铠尔慷智能制造等一批重大工业项目建设稳步推进。布局数字经济。鄂州“工业大脑”正式上线，与湖北联通公司签订“5G数字化赋能与科技创新”战略合作协议，省级“两化”融合试点示范企业达75家。红莲湖大数据云计算产业园、华怡科创物流大数据产业园等一批项目加速建设。

坚持民生同保，共享美好生活。推动教育同保。葛店开发区、临空经济区分别与武汉市签订区域协作办学协议，实现全市基础教育与武汉市协同发展、协作办学。与黄冈市、黄石市开展新高考改革、新课程改革等教改教研协作，持续推进鄂州职业大学与武汉、黄石、黄冈的高校交流合作。落实人社同城。签订2022年武鄂劳务交流协作协议，开发“及时雨”小程序，共享劳动力资源。推进农民工工资信息化监管，率先设立武鄂同城一体化举报投诉窗口，实现欠薪投诉异地联办。推进社保政策相融，调整城乡居民养老保险缴费上限，推动社保服务互认、经办业务协同。筹建武鄂人才集团鄂州分公司，共筑引才育才高地。推动文化互鉴。不断加强武汉都市圈群艺馆之间的交流和信息互通，实现四地群艺馆之间群文咨询互通、线上活动互享。武鄂两地图书馆签订馆际同盟协议，开展馆际间联合编目和馆际间图书互借及传递。鄂州与黄冈、黄石三地图书馆共享讲座资源，联合举办家庭教育讲座；开展图书馆馆际间学术交流活动和博物馆馆藏文物交流展示活动。实施医疗共济。在全省率先实现“五市医保经办服务通办”，58家定点医院均开通异地就医直接结算服务，普通门诊和定点零售药店实现异地刷卡购药。推进医保参保同城化，实现医保关系无障碍转移接续（双向转移）。实现公积金互通。在全国率先探索试行“购房地申请缴存地发放贷款”的异地贷款新模式，四市共同实施住房公积金委托扣划偿还异地贷款业务规程，共建共用一套业务信息系统，实行“信息授权、亮码验真、鉴权存证”、贷款视频“云面签”。

二、存在的困难和问题

产业园合作利益分配机制不完善。产业合作、园区共建的焦点是利益分配问题，都市圈城市之间的重大项目合作和产业园共建尚未建立招商引资、投融资服务、产业链对接协作平台；未共同制定产业地图，对引进项目进行合理布局、错位发展、落地分红；未建立起互利共赢的税收利益分享、征管协调、统一优惠等机制，导致产业园合作共建未能取得实质性进展。

2022年7月26日，武汉职业技术学院负责人到鄂州市梧桐湖新区洽谈合作事宜（鄂州市档案馆　供图）

要素保障供给不充足。鄂州在武汉都市圈中具有一定的区位优势，同城化水平走在前列，但鄂州城市能级有限。花湖机场属国家战略、鄂州担当，机场的主体及配套工程建设，占用大量鄂州本就有限的建设用地指标，导致全市保红线与保发展矛盾突出，自然资源保护与开发格局面临前所未有的挑战，大量基础设施、园区配套工程建设需占用大量土地，导致建设用地供应矛盾突出和政府防范债务风险压力较大。

跨区域协调机制不完善。都市圈跨区域合作仍面临支持政策、立法、资金等保障机制不完善、利益协调机制不完善等现实挑战。跨地区合作目的仍是追求本地区利益最大化，依靠行政推动的一体化措施，在实际落实过程中效果存在折扣。

三、工作建议

进一步完善都市圈共商共建机制。要健全工作对接机制，建立常态化的武鄂和武汉都市圈市际联席会议、专题工作组会商会、各成员单位对口部门碰头会等定期共商共建机制，推动重大事项、重点项目协商有序推进。要强化规划引领机制。锚定时间节点，加快完成《武鄂黄黄规划建设纲要》《武汉新城规划》《鄂州市流域综合治理和统筹发展规划》《鄂黄黄国家综合货运枢纽补链强链三年实施方案》等重大规划编制，推动毗邻地区和跨界区域规划无缝衔接。要创新利益分享机制。建立互利共赢的税收利益分享机制和征管协调机制，推动建立跨区域产业转移、重大基础设施建设、园区合作成本分担和利益共享机制，探索“存量不动＋增量分成”的合作利益分享模式。

支持共建国际航空客货“双枢纽”。要打通天河、花湖机场直通的高速公路和轨道交通，实现“双枢纽”整体布局，构建现代化大型航空枢纽综合“集疏运”体系，发展多式联运等枢纽经济，共同打造国内国际双循环战略重要物流节点。以航空枢纽保障、临空生命健康、临空会展商务等三大产业为先导，与武汉、黄石、黄冈联合打造临空经济带，重点发展空港物流、临空制造、跨境电商等产业。依托武汉天河机场和湖北国际物流核心枢纽，联合建设“武汉－鄂州空港型国家物流枢纽”，全面发展直运、中转、集散等航空物流服务和空铁、空公等多式联运物流服务。加快黄石－鄂州－黄冈全国综合交通枢纽建设，融入武汉枢纽布局，共建交通枢纽集群。

支持共建光谷科技创新大走廊。中共湖北省第十二次代表大会提出“推进以东湖科学城为核心区域的光谷科创大走廊建设”。依据《光谷科创大走廊发展战略规划》，以东湖科学城为核心，以“红莲湖－葛店科创组团”和“鄂州机场临空组团”为重要功能区，加强机场、高铁和港口等重大交通设施统筹，“红莲湖－葛店科创组团”重点布局建设技术中心及产业创新平台，重点发展“光芯屏端网”、数字经济、大健康和智能制造等创新产业带。“鄂州机场临空组团”依托鄂州花湖机场，重点发展生产性服务业。同时根据武汉新城发展规划，强化梧桐湖片区大学城功能、葛华片区承载未来产业功能研究。

（鄂州市同城办）

孝感市推进武汉都市圈同城化发展报告

2022年，孝感市全力打造武汉都市圈重要节点城市，深化孝汉交通畅达、产业协同、要素流通、民生共保和生态共治，完善上下联动、全面对接、考核督办等体制机制，持续推进一批同城化发展重大项目、重大合作事项落地，推动孝汉同城化发展乘势而上。

一、主要做法

强化顶层设计。制定《孝汉同城化发展2022年工作要点》，明确16项主要年度任务，持续推进67个同城化发展重大项目、38个重大合作事项落地，其中49个项目（事项）纳入《武汉城市圈同城化发展2022年工作要点》。印发《关于调整市孝汉同城化发展工作领导小组的通知》，完善和调整孝汉同城化发展工作领导小组组织架构、工作机制、责任分工等。对接武圈办、武汉城市圈研究会，加快推动《孝汉同城化发展规划》编制工作。

推动全面对接。建立常态化的与武汉对接机制，与省级层面和武汉市建立多层次、全方位交流协作机制，不断丰富孝汉同城化发展路径。市委、市政府主要领导分别与湖北省交投集团、武汉城建集团、中国移动湖北有限公司、华为湖北公司、中科大脑股份有限公司、恒信汽车集团等企业对接，谋求产业合作。恒信楚能新能源锂电池生产项目落户孝感，孝感市政府与中科大脑股份有限公司签

2022年7月26日，应城300兆瓦级非补燃压缩空气储能电站示范工程开工现场（孝感市史志研究中心　供图）

订战略合作框架协议。市直部门与省直部门及武汉市对口单位开展常态化工作对接，签署《武汉城市圈城市生态环境合作协议书》《汉孝自然资源和规划同城化高质量发展战略合作框架协议》《汉孝同城税收共治战略合作框架协议》等43项合作协议。市孝汉同城化发展工作领导小组办多次赴武圈办对接，并重新选派人员到武圈办挂职。各县市区分别与武汉各行政区、高校等达成合作协议，建立常态沟通机制。应城市、云梦县、安陆市分别与江汉大学、华中农业大学、武汉科技大学签订战略合作协议。湖北省人民医院与汉川市精神病医院签约成为医联体。

健全工作机制。坚持市级统筹、县市主体、上下联动、全域一体，强化县域实战主体，建立市县两级工作联络机制；专班人员分别对口联系10个实战主体和5个牵头单位，形成贯通融合、执行有力的协作体系。实行周例会和重大事项议事机制，每月制定重点工作计划，月末通报工作进展。印发专班人员管理制度，定岗定责，打通使用。建立市委、市政府主要领导重要指示批示精神和省区域办、武圈办重点交办事项销号机制，建立台账，实行挂号、销号管理，全力抓好跟踪落实。建立孝汉同城化发展2022年重大项目、重大事项清单，明确责任单位，每月调度推进情况。完善《2022年孝汉同城化发展考评办法》，纳入重点督查事项、“五化”管理和年度目标考核，实行定期调度、动态跟踪、严督实查。围绕《2021年武汉城市圈城市融合指数评估报告》《孝感：同城化发展比较分析》两篇报告开展专题研究，具体分析全市同城化发展的现状、差距、原因，并提出可操作可实现的对策和建议。针对“断头路”、“瓶颈路”、产业转移、园区共建开展专题调研。结合市纪委开展“五一”“端午”期间纠治“四风”监督检查，对孝汉同城化发展重点项目开展督查。印发《工作简报》10期，在《孝感通讯》策划“孝汉同城”专栏，及时向武圈办报送信息。《湖北日报》《长江日报》《孝感日报》等媒体相继对孝汉同城化发展进行报道，营造良好舆论氛围。

二、工作成效

交通互联更加便捷。着力推进沿江高铁、武西高铁枢纽直通线、京港澳高速改扩建、硚孝高速二期、孝汉应高速、武大高速、武汉地铁20号延伸线等22个交通基础设施项目建设，陈天大道建成通车，打通“断头路”，畅通“瓶颈路”，实现主城直通、县城畅通、全域联通。

产业协同不断深化。加快推进汉孝临空产业园、汉川长飞科技园、武汉经开区汉川合作示范区共建园区建设，云梦县隔蒲潭工业园获批省级承接盐化工新材料产业转移示范区。加大对汉招商，前10个月签约武汉1亿元以上项目116个，占比34.1%；总投资额1193.7亿元，占比35.0%。汉孝产业同链趋势不断加深。总投资675亿元的恒信楚能新能源锂电池生产项目，成为孝感投资额度最大，科技含量最高的工业项目；总投资42亿元的武汉轻工大学临空校区落地，成为孝感临空区首所国内一流学科建设本科高校。

市场要素加速流通。参与《武汉城市圈要素市场化配置综合改革试点实施方案》编制。持续推进“32232”科技合作工程。组织湖北省“科惠行动·光谷科创大走廊”孝感成果转化线上对接活动。引进院士专家16名、科技副总14名、博士服务团博士7名、省级科技特派员45名。发挥武汉科技成果转化平台共建共享作用，发布揭榜制等技术需求20余项，达成武汉科技成果转化意向60余项。与省直部门、武汉市开展干部互派交流15人次。市政府与中信银行武汉分行、国开行湖北省分行、湖北银行签订战略合作协议，进一步深化政银合作，提供有力金融支撑。

民生共享全面推进。政务服务事项“一圈通办”达400项，全年共受理办件11.09万件，咨询办件2.06万件。其中，汉孝公积金转移业务1273笔，约2333.45万元；孝汉互贷775笔，约3.67亿元。推出免费升级“湖北职工惠游年票（1+8城市圈区域版、全省版）”，人社领域“一卡通”95项应用实现互联互通，新增开通26家异地就医定点医疗机构。《21路孝汉城际公交对接合作协议》《汉孝住房公积金同城化发展合作协议》《设立“武汉大学中南医院心脏大血管外科刘金平教授工作室”合作协议》等公共服务合作协议相继签订。

生态共治初见成效。建立孝汉森林病虫害防治、汉江生态环境防控、府河流域生态环境联合执法3项合作机制，签订《汉北河及汈汊湖跨流域上下游突发水环境污染事件联防联控协议》《府河跨流域上下游突发水环境污染事件联防联控协议》，共同打造孝汉绿色生态水廊和武汉北部生态屏障。

（孝感市同城办）

黄冈市推进武汉都市圈同城化发展报告

2022年，武汉至黄冈城际铁路进一步延伸，武汉至黄梅乘高铁最快仅需1.5小时（黄冈市史志研究中心　供图）

2022年，黄冈市贯彻落实中共湖北省委、湖北省人民政府关于“大力发展以武鄂黄黄为核心的武汉都市圈”的决策部署，着力打造武汉都市圈重要功能区。

建立健全工作机制。成立黄冈市推进武汉都市圈发展工作领导小组，市委书记、市长任组长，市委、市政府相关负责人任副组长；下设科技创新、交通发展、工业经济、政务服务、生态环境五个专项工作组；领导小组办公室设在市发展改革委，承担日常统筹协调工作。印发《黄冈市推进武汉都市圈发展工作领导小组工作规则》《黄冈市推进武汉都市圈发展工作领导小组办公室组建方案》。多次召开武汉都市圈专题会议，研究会商近期重点工作。建立定期调度机制，持续跟踪督办工作进度，编发督查专报8期。

深入开展调查研究。会同第三方智库开展战略研究，找准黄冈在武汉都市圈中的功能定位和实施路径，提出打造武汉都市圈重要功能区和全国革命老区绿色发展示范区，形成《黄冈推进武汉都市圈建设战略研究》调研报告；深入分析武汉光谷、鄂州花湖机场产业特点和布局，结合本地资源禀赋，明确目标定位、空间布局、产业重点以及下步举措，完成《对接武汉光谷（新城中心）、鄂州花湖机场，加快推动黄冈高质量发展》调研报告。开展“武汉都市圈核心区一体化发展调研”“武汉都市圈园区合作共建利益共享机制研究”等调研活动。

编制专项规划方案。配合《武鄂黄黄都市圈核心区规划建设纲要》《武汉新城规划》编制工作，编制黄冈建设用地规划图、山水格局规划图、综合交通规划图，黄冈市主城区纳入武鄂黄黄核心区范畴，武汉至黄冈市域（郊）铁路、鄂黄第三过江通道等项目也纳入规划布局。推动黄冈建设光谷科技创新大走廊产业集聚区，编制印发《贯彻落实〈光谷科技创新大走廊区域布局规划〉工作方案》，明确全市目标定位、实施范围和重点任务，谋划项目90个，总投资1766.59亿元。协同编制《黄鄂黄全国性综合交通枢纽城市总体规划》《黄鄂黄国家综合货运枢纽补链强链三年实施方案》《武鄂黄黄综合交通高质量一体化发展工作方案》等。

全面推进重点工作。编制《黄冈市推进武汉都市圈发展近期重点工作清单》，其中，工作机制2项，重大规划7项，重大项目19项，重大事项19项，共47项，年内基本完成。黄冈（光谷）离岸科创中心进入开园运营准备阶段。《武鄂黄黄共同推进十大重点工程责任清单》中的24项重点工程有序推进中。谋划武汉都市圈发展重大项目143个，总投资2938.8亿元。其中，基础设施项目66个，总投资2015.6亿元；产业项目77个，总投资923.2亿元。

着力推进协同发展。推进燕矶长江大桥及接线、武汉至红安高速项目建设，347国道举水河大桥、346国道红安县二程至上新集段改建工程等“硬联通”项目开工，武汉至黄冈市域（郊）铁路纳入《湖北省都市圈市域（郊）铁路线网规划》，委托中铁大桥院全面开展鄂黄第三过江通道项目前期研究。引进武汉光电工业技术研究院落户黄冈，建立黄冈协同创新中心；加快建设光谷科技创新大走廊黄冈功能区。年内与武汉都市圈企业签约1亿元以上项目57个，协议投资额509.78亿元。其中，10亿元以上项目11个，协议引资383.74亿元。与武汉都市圈各市实现410个政务服务事项自助服务互通互办，累计办理都市圈职工住房公积金贷款2.41亿元、办理一站式户口迁移1.98万件。团风县与武汉市新洲区建立道观河流域生态补偿机制，实施道观河水源地环境问题共保共建。麻城市、红安县与武汉市新洲区联合开展非法机制砂生产加工打击行动。

（黄冈市同城办）

咸宁市推进武汉都市圈同城化发展报告

2022年，咸宁市围绕“武汉都市圈自然生态公园城市”目标定位，聚焦“五同”谋工作，推动武咸同城化发展成势见效，加快融入武汉都市圈。

一、落实组织保障

完善体制机制。成立咸宁市推进区域发展布局实施工作领导小组、咸宁市主动融入武汉都市圈发展工作领导小组、咸宁市打造武汉都市圈自然生态公园城市工作领导小组，由市委、市政府主要领导任组长。调整咸宁市“武咸同城”发展领导小组成员，由市长任组长。同时调整专题工作组设置。

统筹重点工作。召开“武咸同城”发展领导小组办公室会议，印发《“武咸同城”发展2022年工作要点》《武咸同城化发展2022年度重要任务清单推进情况表》《2022年“武咸同城”发展工作目标考核办法》，明确重点任务60条，按照项目化、工程化推进落实。

加强区域合作。2月18日，咸宁市政府与武汉东湖新技术开发区签订《咸宁市人民政府 武汉东湖新技术开发区战略合作协议》等协议。3月29日，与黄石市签订《武汉城市圈同城化发展示范区合作框架协议》，5月19日，咸宁市党政代表团赴黄石考察，在产业合作、景区互惠等方面取得初步成效。6月7日，武汉市党政代表团到咸考察，双方签订《武汉市人民政府 咸宁市人民政府关于武咸同城化发展战略合作协议》。加强武咸干部交流合作，选派6名干部到武汉市挂职。

二、推进“五同”工作

有序推进规划同编。全程参与武汉都市圈发展和空间规划、光谷科创大走廊发展规划等规划的编制工作，进一步明确咸宁的功能定位。

加快推进交通同网。着力打造一小时通勤圈。107国道武汉至咸宁段改扩建工程咸宁段完成投资18亿元，完成率86.7%。通山至武宁高速公路湖北段用地资料报自然资源部待批，累计完成投资48亿元。策划武汉至咸宁、武汉至嘉鱼两条市域（郊）铁路，形成初步研究方案；与武汉地铁集团组建工作专班，共同推进项目前期工作。推进咸宁机场、长江综合门户港、国际陆港等项目建设。3月在咸宁首发中欧班列（“长江号”），咸宁成为武汉都市圈除武汉

2022年12月23日，航拍逐步完善的龙潭湿地公园（咸宁市史志研究中心 供图）

外第一个首发城市，全年共发4列，货值近1亿元。推进城际铁路公交化，8月开通咸宁至都市圈各城市的直达路线。

加快实施科技同兴。加快推进光谷科创大走廊咸宁功能区建设，全年集中开工科技创新和产业发展等项目463个，总投资1734亿元。持续推进“32232”科技合作工程，选派42名省级科技特派员，11名湖北省“三区”科技人才到咸服务；邀请武汉大学、武汉理工大学等专家团队20余人次到咸宁开展技术对接活动5场次；省级12名科技副总全部到岗，为企业解决技术难题40个，促成成果转化24个；引进88名国内外领军人才、583名高学历专业紧缺人才。加快咸宁（武汉）离岸科创园建设，筹措5亿元专项资金，购买武汉光谷8栋共计建筑面积3.66万平方米的研发试验楼，建立咸宁离岸（武汉）科创园，年内进入设计装修阶段。与武汉市科技局对接，开通武汉城市圈科技资源共享平台，完善项目库、专家库等工作；利用国网、省网平台资源，搭建市网平台，初步构建起资源平台共享、仪器设备共用框架，并协商咸黄两地平台合作事宜。推进咸宁高校与武汉企业合作，咸宁职业技术学院与东风汽车集团乘用车公司等47家武汉企业共建校企合作基地，安排639位学生到企业开展课程实训。

加速推进产业同链。全面对接武汉市“965”现代产业体系，制定实施《咸宁市“334产业集群”高质量发展实施意见》。承接武汉产业转移，组建武汉招商专班，围绕东湖高新区、武汉经开区、高校科技园区开展“扫楼”式招商，拜访企业100多家，捕捉项目信息500余条，承接武汉转移项目41个，协议投资总额138.83亿元。持续推进“十大”示范工程，召开电子信息产业技术创新战略联盟成立暨产业招商推介会，成立电子信息产业联盟，聘请南玻光电总经理和三赢兴光电董事长为招商大使，举办6个招商项目现场签约仪式。推进农副产品进武汉，市商务局与武汉市商务局签订商贸流通合作框架协议，支持咸宁名优农产品及农副产品进入武汉市，丰富武汉市“菜篮子”。开展咸宁、武汉农业产业化重点龙头企业与合作意向摸底调查。全力建设赤壁青砖茶等咸宁区域公用品牌，印发《关于促进赤壁青砖茶产业绿色发展的实施意见》，举办2022年国际茶日暨第十四届全民饮茶日“咸宁赤壁青砖茶专场”活动，组团参加武汉茶博会、呼和浩特茶博会。年内，羊楼洞茶业丹禄茶礼（青米砖茶）、赵李桥茶业赵李桥砖茶（青砖米砖组合礼）获得“湖北好茶礼”称号。

深入推进民生同保。持续推进跨市通办，将410项民生政务服务高频事项纳入“跨市通办”，全年办理各类事项6000余件。推进西凉湖分蓄洪区安全区工程、簰洲湾堤除险加固工程，协同武汉推进金水流域综合治理工程，提升流域防洪减灾能力。其中，淦河二期系统治理工程已下达中央资金1000万元。促进旅游业合作共赢，与黄冈、洪湖、武汉等地共同打造武汉都市圈多条精品旅游线路，推进咸宁、黄石同城化旅游区域合作互惠活动，活动期间两地49家旅游景区景点推出免票、折扣等优惠措施，黄石来咸游客量明显增长，全年共接待黄石游客19.6万人次，比上年增长80%以上。协同推进文体事业发展，5月在黄石举办“诗画黄石·山水咸宁”美术作品邀请展，九市图书馆共同举办“亲子共读·陪伴是最好的童年”2022国际儿童节云上嘉年华活动。承接湖北省第十六届运动会群众体育类门球比赛及青少年类的多项赛事。推动圈内重大国际性活动联合承办，协同武汉筹备以“促进长江中游经济圈绿色发展 聚集武汉城市带低碳智慧”为主题的加拿大－武汉都市圈可持续发展与高质量建设研讨会承办工作。加快公积金同城化，在咸宁召开武汉城市圈住房公积金同城化现场会，审议通过《武汉城市圈住房公积金同城化数据互联共享平台技术方案》，制定《武汉城市圈住房公积金委托扣划偿还异地贷款业务操作规程（试行）》，签订《武汉城市圈住房公积金委托扣划偿还异地贷款业务合作协议》，武咸两地公积金中心实现18个高频服务事项“跨市通办”，两地公积金中心实现缴存、提取、贷款等信息互联互通，数据共享共用。推进医疗合作，启动“十四五”期间三级医院对口帮扶工作，武汉协和医院、梨园医院、儿童医院等6家武汉市医院对口帮扶崇阳县、通城县、通山县人民医院、中医医院、妇幼保健院等7家医院。109名医生（含医技人员）、41名护理人员选派到武汉的医院进修学习。推进跨市异地就医直接结算，全市30家医疗机构、176家零售药店纳入省级异地就医定点医药机构，全部实现社会保障卡诊疗、检查、查询、住院、结算和异地就医等就医全过程“一卡通”。推动金融产品和服务同城化，推动中行咸宁分行、湖北银行咸宁分行、农行咸宁分行、邮储银行咸宁分行等多家银行实现对抵押物在武汉的授信业务同城化。其中，中行咸宁分行联动武昌支行为武昌首义学院附属高级中学发放中长期固定资产贷款7000万元，期限6年；湖北银行咸宁分行与武汉东湖学院开展业务合作，对该项目投放项目贷款2.5亿元，期限5年。

三、存在主要问题

咸宁市部分同城化重大项目进展不快，如武咸快速通道天子山大桥项目未取得实质性进展，咸宁（武汉）离岸科创园建设滞后，与武汉合作共建的产业园区进展缓慢等。

（咸宁市同城办）

仙桃市推进武汉都市圈同城化发展报告

2022年，仙桃市加快融入武汉都市圈步伐，深入推进规划同编、交通同网、科技同兴、产业同链、民生同保进程，加快推动建设“四化同步”发展示范区，推动武仙同城发展取得新成效。

一、武仙同城化工作进展

聚焦规划同编。加强与武汉对接，强化区域协同，锚定向东发展的战略方向，坚定不移打“武汉牌”、走“昆山路”，学习借鉴沪昆一体化发展经验，推动武仙同城化发展实现更高层次开放互联、更高质量协同发展。强化顶层设计。印发仙桃市融入武汉都市圈同城化发展实施意见和三年行动方案。规划编制在空间布局、交通设施、产业转移、重要基础设施、汉江中下游生态建设等方面与武汉对接。编制《仙桃市南城新区控制性详细规划》，科学布局教育科研、现代服务、智能制造、休闲经济等城市核心功能，并在仙桃站东规划预留大学城用地。将仙桃国家级高新区作为对接武仙同城化的平台，布局在与武汉蔡甸毗邻的长埫口镇。编制《仙桃高新区启动区建设规划》，仙桃综合保税区项目上报海关总署待审。

强化交通同网。统筹推进铁路、公路、港航、机场等基础设施建设，加快建设便捷都市圈。3月启动武松高速仙桃段项目，项目核准、初步设计均获省直部门批复，正开展征地拆迁及临建工程建设。沪渝高速仙桃段改扩建工程启动高速公路附近建筑物和构筑物调查，并编制南移绕城方案工可报告。随岳高速剅河互通项目完成工可设计、工程招投标、征地拆迁办证，正进行施工图设计修编报批及临建工程建设。318国道仙桃高新区至蔡甸改线工程完成工可编制工作，正开展土地预审。汉江二桥及接线工程项目完成桥位、线位的选定和防洪、通航、环评等相关专题招投标工作。武仙城际铁路新开通仙桃至天河机场、黄石、咸宁、孝感等地线路。仙洪监铁路项目完成可研报告的四项前置要件。仙桃港二期工程完成建设用地征收、立项、规划、设计、图审等。汉江兴隆至蔡甸段2000吨级航道整治工程计划投资10亿元，改造市域内航道88千米，并新建一处陆域服务站，年内完成陆域服务站用地预审和选址意见，报湖北省自然资源厅待批。仙桃机场正式获得民航中南地区管理局颁发的A1级通用机场使用许可证，具备商业载人飞行条件。

做实“产业同链”。推进与武汉三大开发区实质性合作。与武汉经开区共同拟定《仙桃市人民政府与武汉经济开发区管理委员会战略合作框架协议》，正在编制《武仙合作产业园建设发展规划》，并初步商定在仙桃高新区合作共建产业协作先行区，园区面积22.1平方千米；联合引进新能源头部企业容百科技，规划年产40万吨的高镍锂电池正极材料生产基地项目，总投资300亿元；谋划深圳俊领石墨负极材料项目落户仙桃高新区，计划总投资38亿元，以“总部在武汉、生产在仙桃”的模式运营。布局全省首个以氢能为主导的零碳科技产业园，集中签约项目5个，总投资75.7亿元。对接湖北省经信厅、湖北省军民融合办、京东科技等部门和企业，推动防护物资应急储备基地赋能提级，接入国家应急物资供应保障体系。华润仙桃电厂一期2台66万千瓦超超临界燃煤机组并网发电；二期项目3号机组

2022 年，仙桃市南城新区（仙桃市史志研究中心　供图）

（66 万千瓦）纳入湖北省燃煤建设规划，正在开展项目核准前期工作；4 号机组正在开展前期准备工作。推进武汉—仙桃装备制造产业轴线，将仙桃高新区装备制造业作为主打产业建设。推进与武汉经开区的汽车装备产业合作，富士和机械、六合金属、八宜汽配等企业均为武汉相关车企配套。推进武汉—汉川—仙桃—天门纺织服装产业轴线，完成 14.7 平方千米非织造布特色小镇规划，“四基地两中心”正申报国家应急防护产业基地；总面积 200 万平方米的毛嘴服装产业园进驻企业 300 多家，重点承接武汉服装产业转移，年创产值近 70 亿元。

力促“科技同兴”。一是以科技合作带动技术升级。我市创新平台及企业先后与多所武汉高校开展了科技合作。在我市非织造布技术创新中心与湖北瑞康共同发起的全球非织造布技术创新峰会暨石墨烯抗菌抗病毒口罩新品发布会上，该公司与高校联合研发的“TOUCHCARE 超亲”系列“石墨烯抗菌抗病毒口罩”展示了仙桃非织造布领域的新技术、新产品。二是以资源共享推进产业发展。设立技术招商与成果转化服务中心，开展技术项目招引、人才智力引进，形成了招才引智与招商引资相结合的“双招双引”模式，实现了优势产业扩量升级的“仙桃路径”，吸引科技资源向仙桃聚集。2022 年，我市引进了 12 个技术含量高的科技项目。同时，积极做好武汉都市圈科技成果库、企业技术需求库以及专家库等工作。三是以平台建设提升科技实力。立足仙桃科技创新发展规划，重点打造了新材料产业技术研究院、非织造布技术创新中心等一批重点研发机构，推动建设飞地科技创新合作平台，提升我市科技策源能力。

推动民生同保。深入推进更多政务服务事项“一网通办”，让群众享受更多“同城待遇”。对接武汉优质医疗资源。先后与中南医院、湖北省中医院、协和医院、同济医院等武汉知名医院签订协议，加强医疗技术和人才培养合作，促进医疗业务同质化。妇幼健康、居民建档、卫生监督等医疗健康数据与武汉市实现互联共享，24 家定点医院开通异地就医直接结算业务，参保人员可直接结算住院、普通门诊、门诊慢性病医疗费用。全市参保人员在武汉都市圈内异地就医备案 2.47 万人次，发生医疗费用 4.68 亿元，基金支付 2.22 亿元。拓展“跨市通办”服务范围，签订《武汉“1+8”都市圈不动产登记“跨市跨省通办”、电子证照跨区域互认共享合作协议》，形成不动产登记业务跨域通办机制，不动产登记通过湖北政务服务网网上办事平台可实现 99 个事项全国异地办理；通过异地窗口受理，省内与“1+8”都市圈成员城市、省外与湖南攸县等 16 个地市州的窗口代办实现跨域通办。推动社会保障服务资源共享。从 8 月 31 日起，都市圈内城市在跨区域流动就业人员社保转移上实现无缝对接。工伤保险参保范围、参保对象、费率政策均执行全省统一标准，工伤认定和劳动能力鉴定办法、待遇支付标准以及经办流程均按照全省统一政策执行。办事人既可通过“湖北政务服务网”网上办理，也可以到市政务服务大厅“跨市通办”综合窗口和自助终端机上办理。市政务服务中心无偿提供帮办代办服务，并加紧建设“24 小时不打烊”自助服务区。建立横向生态保护补偿机制。武汉经济技术开发区管委会和仙桃市人民政府签署《通顺河流域跨市断面水质考核生态补偿协议》，按照“谁超标、谁赔付，谁受益、谁补偿”原则，实行通顺河流域上下游双向生态补偿办法。即上游来水水质达到或优于目标要求，下游地区向上游地区提供资金奖励；来水水质劣于目标要求，上游地区向下游地区提供污染补偿。每年合计补偿金额上限为1000万元。

二、存在的问题

孤岛效应明显。中共湖北省第十二次代表大会提出“大力发展以武鄂黄黄为核心的武汉都市圈”目标后，政策、资金、项目继续向圈域东部倾斜，仙桃地处西部区域的孤岛效应更加突出，吸引龙头企业、留住科技人才等尤为困难。

要素保障困难。重大项目缺乏融资渠道，导致项目无法落地；有些交通项目土地需求量大，土地指标落实存在较大困难，部分交通、产业一体化项目难以落地，需要省级统筹。

武仙同城化发展堵点较多。行政壁垒、政策限制并存，重点、热点、关键环节一体化推进力度不够，电力部门部分权限改由省管，人事等权限仍隶属荆州管辖；医疗、教育、人才、信息流动等领域，与武汉融合程度低。

产业承接效果不明显。承接武汉转移的产业类型不多，主要集中在劳动密集型、附加值低的食品、纺织服装等产业；企业层次不高，在“三强”企业的引进上，突破不大；辐射带动能力不强，汽车零部件产业延链补链效果不大。反观天门、潜江、黄冈、鄂州等地，对接武汉“光屏芯端网”等高科技优势产业上效果明显，一批好项目、大项目纷纷布局。

科技创新能力不足。全市没有研究型大学、科研机构，制造业企业以民企为主，规模偏小、产值偏低的企业占比较大；高新技术企业数量不多，创新人才缺乏，企业核心竞争力偏弱，科技策源能力不强。建立研发机构的企业占比不高，规模以上工业企业仅占32%，企业转型升级受到制约。

（仙桃市都市圈办）

天门市推进武汉都市圈同城化发展报告

2022年，天门市把融入武汉都市圈作为推动天门经济高质量发展的重要战略举措，找准定位，锚定目标，主动对接、服务、融入武汉，持续深化交通一体、产业协作、创新协同、市场联动、服务共享，着力建设同城化创新发展先行区。

一、主要做法及成效

锚定目标明确路径，同城化推进工作成势见效。加快建设武汉都市圈重要功能区，着力打造“头部在武汉、配套在天门”产业发展协作区、“创新研发在武汉、落地转化在天门”科研成果转化区和“武汉都市圈乡村休闲旅游目的地、绿色食品供应地”品质生活服务区。按照项目化、节点化、清单化，推动武汉城市圈实施方案、三年行动方案、年度工作要点，天门市“五大”示范工程、“十大”示范项目和53个跨区域重大项目落地见效。

改革创新突破突围，同城化进程提速。推行各领域改革创新，全面推进国家级高新区创建，加快推进园区管理体制改革，理顺“一区三园”管理机制，明确园区主导产业，推动园区错位协同发展；建设天门（武汉）离岸科创园，建设五大产业技术研究院，加快提升天门对创新资源、高端人才和高端产业的集聚能力。改革国资国

2022年，天门市北湖公园（天门市文化和旅游局 供图）

企，整合市级国有企业和国有资产，组建天门国投集团、天门高新投集团，提升国有企业市场化专业化运作能力，打造高水平承接产业转移平台和产业合作共建平台。

全速推进项目建设，互联互通进程加快。构建“半小时通勤圈”“一小时经济圈”，建设区域性交通枢纽，优化集疏运体系，持续改善天门交通环境，将区位优势转化为发展优势。全面建设沿江高铁天门段，建设进度领先于同期开工地区。武天高速天门东段9月10日开工建设，247省道客潜线潜江汉江大桥天门段连接线项目完工。全速推进347国道天门市皂市至杨秀段改扩建工程等一批重大项目。与武汉新港合作共建天门通用机场、汉江天门港。

精准招商成效显著，产业同链加速发展。设立“四大主导产业＋新兴产业”5个招商分中心，开展专班招商、精准招商。主动对接武汉“光芯屏端网”产业，芯创电子产业园一期、鸿硕精密电工全面投产，沃格光电、彤兴电子宝昂光电、韩国世俊、华彩光电、应友光电等一批京东方配套企业落户天门，武汉京东方配套产业园建设加快推进，产业集聚效应不断凸显。持续推进武汉国家生物产业基地天门生物产业园建设，引进和储备一批重点项目，重点生物企业发展到75个，在建重点项目共43个，生物产业不断壮大。

深入开展对接合作，共建共享初见成效。各部门与武汉频繁对接，推动科技、政务、人力、社保、住房公积金等共建共享。开设政务服务“跨省·武汉城市圈通办窗口”，实现公安、公积金、民政、人社、医保等16家部门319项高频事项跨市通办，解决群众办事两地跑难题。全年共办理都市圈“跨市通办”件5002件，咨询服务3028件。公积金实现贷款与武汉互认互贷、异地转移接续、委托扣划偿还异地贷款业务。前11个月，天门与都市圈城市之间共办理公积金异地转移业务270笔次，金额486.01万元；自住房公积金委托扣划偿还异地贷款业务平台上线试运行，双向委托扣划偿还异地还贷共24笔（次），金额4.55万元。筹建武汉仲裁委员会天门分会，即将挂牌运行。开展“院士专家企业行”活动和专利技术供需对接活动，8名专家人才与天门8家企业对接服务，解决技术难题15项。与武汉市共建中国·光谷天门科技城、天门科创孵化园、天门－华中科技大学政产学研用合作中心等研发平台，58家企业与高等院校、科研院所合作，23家企业分别与高校、科研院所签约23个专利转化项目。

二、存在的主要问题

互联互通仍在路上。天门市与武汉市不接壤，沿江高铁、武天高速等重大交通基础设施建设尚有时日。港口联动合作也有待深入，仙北港、岳口港实质性合作成果不多。

产业培育不充分。与周边城市产业同质化严重，产业发展短板明显。中共湖北省第十二次代表大会提出“大力发展以武鄂黄黄为核心的武汉都市圈”目标后，政策、资金、项目继续向圈域东部倾斜，天门市获得上级和武汉的政策、项目、资金支持较少，缺乏建设资金，缺乏融资平台，缺乏重大项目带动，加上土地指标等要素保障不力，严重制约天门融入武汉都市圈步伐。

科技服务综合能力较弱。天门市科研平台整体层次偏低，产业技术研究院均为市级平台。研发平台整体层次较低，暂无国家科技企业孵化器、众创空间、双创示范基地等科技服务平台，缺少专业化程度较高的科技服务团队，难以满足企业在创业孵化、成果转化、科技金融等需求。

体制机制仍不顺畅。圈内地区间的合作机制不健全，较为松散。市与市之间全面融合发展缺乏顶层制度设计。横向联系不够，受传统思维影响，仍习惯于跑省直部门，与周边城市特别是武汉市对口部门对接较少，常态化沟通协调机制不健全。

三、相关建议

建设天门（武汉）离岸科创中心缺乏相关工作经验，恳请武汉市在政策支持、园区合作、资源共享、招商引资、人才交流等给予支持，提升科技资源聚集度。

建议支持天门市芯屏产业发展。天门市芯创电子信息产业园已引进芯创半导体、科瑞半导体等一批芯片封测企业，填补了湖北集成电路产业芯片封装测试的空白，形成年产15亿颗芯片的封测能力。恳请加快推进武汉长江存储、武汉新芯半导体与天门芯创半导体封装测试基地合作，共建存储器封装和测试基地，补齐全省存储器封装测试产业链。天门市围绕武汉京东方配套产业，先后引进优光科技、鸿硕精密电工、沃格光电、同跃电子等10余家屏产业龙头企业及配套企业落户，恳请引导更多屏产业配套项目优先落户天门。

建议将天门作为都市圈内纺织服装产业发展重点区域。纺织服装产业作为天门市重点支柱产业，持续向好发展，形成国投产业园、龙腾服装小镇、天门电商产业园、华泰服装电商街等6个纺织服装产业集聚区，有生产类市场主体2064家，规模以上工业企业53家，年纺纱能力100万锭、水刺无纺布生产能力3.5万吨、纺织服装生产能力2.3亿余件、防护服隔离服生产能力6000万件，拥有良好的产业基础。近两年，数十万纺织服装务工人员持续回流，增强了全市纺织服装发展势头，纺织服装生产类市场主体成倍数递增。

（天门市都市圈办）

潜江市推进武汉都市圈同城化发展报告

2022年，潜江市贯彻落实湖北省区域发展布局战略部署，围绕武汉都市圈发展开展了相关工作。

一、同城化工作进展

优先发展交通。稳步推进融入武汉都市圈同城化发展三大重点项目，247省道潜江汉江大桥完工，进入通车准备阶段。汉宜高速潜江东互通完成工程可行性研究，正向上争取将东互通纳入汉宜高速潜江段改扩建一并实施，同时规划新建潜江西、周矶互通，改造提升后湖、丫角2处互通；潜江港泽口港区综合码头工程陆域堆场移交至湖北省港口集团，并于9月份开工建设。

聚焦产业配套。瞄准“光芯屏端网”配套产业“赛道”，全方位承接武汉产业转移，着力打造武汉都市圈“光芯屏端网”配套产业示范基地，探索出一条传统产业蝶变跃升之路。“光芯屏端网”关联企业发展到近30家，规模以上规上企业22家，实现工业总产值121.5亿元，占全市工业总产值的比重为13.9%；完成税收3.03亿元，比上年增长12.6%。聚焦“光芯屏端网”产业资金密集、技术密集、投资大、门槛高等特点，深化与长江产业基金合作，启动“基金＋招商”的模式，与长江产业基金合作成立的30亿元的长江（潜江）产业基金，助推晶瑞电材落户潜江。

铸牢科技融合。向武汉借智借脑，引进湖北省农科院、武汉轻工大学等科研院所10名专家级科技特派员，为企业开展科技服务，建有5个专家工作站和1个院士工作站。开展市校合作，与武汉工程大学共建潜江绿色化工产业技术研究院，与湖北大学共建潜江产业技术研究院，与中国地质大学（武汉）谋划共建湖北地大锂电新能源产业创新研究院。开展研发合作，推动3家企业联合高校申报省级科技项目，促进质每公司与武汉纺织大学签订技术委托开发协议，联合共建生物医药材料应用中心。推动小龙虾加工业向自动化、智能化转型，与武汉大学、华中农业大学等科研院校合作，创新研发小龙虾餐饮熟食菜品、即食产品、调味料等产品，探索小龙虾低聚糖（壳寡糖）在保健食品、化妆品、医药品等领域新应用。

共享公共服务。全力配合建设教育、医疗、社保、医保、公积金、公共交通、旅游、户籍管理、养老等都市圈内基本公共服务标准体系建设。2家医院纳入都市圈职工医保异地普通门诊费用直接结算定点医疗机构，参保人可凭社保卡或医保电子凭证，在试点医疗机构直接结算异地普通门诊费用，无须备案，实现异地门诊结算“一卡通”。取消公积金都市圈内异地转移六个月缴存限制。与武汉工商学院续签战略合作协议，构建产学合作、学研相济、研用结合的开放办学新格局。与天门、仙桃、荆州签署合作协议，实现6类不动产登记业务异地通办。整合3个文旅项目，进入九城优质文旅资源库，并入“武汉都市圈旅游年卡”范围，在旅游观光、文化体验方面实现“同城待遇”。

丰富市民“菜篮子”。利用潜江湖区生态优势发展水生蔬菜，加强与武汉市水生蔬菜研究所技术合作，建设茭白（小龙虾）模式种植养殖基地和特色莲藕基地。加强与武汉各蔬菜批发市场、蔬菜超市合作，开展订单生产与销售，将蔬菜产品销往武汉各大蔬菜批发市场和部分超市。严格推行蔬菜标准化生产和监管，不断提升蔬菜产品质量，打造都市圈内“潜江蔬菜”品牌。

二、存在的主要问题

都市圈内医疗专科联盟、高水平医疗卫生机构医联体尚未建立，独立医疗机构的影像、心电、病理诊断、医学检验等数据尚未实现开放共享，医疗服务体系供给侧改革还不够深入。住房公积金转移接续和异地贷款尚未实现。社保卡为载体的“一卡通”服务管理模式尚待健全。

（潜江市都市圈办）

八大跨界一体化发展示范区建设

【《武汉新城规划》编制】 2022 年底，《武汉新城规划》完成编制，并通过中共湖北省委专题会议审查。武汉新城规划范围东至鄂咸高速路，南至梁子湖，西至京广铁路，北至长江南岸，规划面积约 719 平方千米，其中，光谷地区约 518 平方千米，鄂州地区约 200 平方千米，可利用建设用地 117 平方千米。武汉新城管控范围拓展至环梁子湖区域，规划面积约 1689 平方千米。规划期限至 2035 年。

《武汉新城总体规划》将武汉新城总体定位为打造“两高地、两中心、一样板”，即世界级科技创新策源高地、国家战略性新兴产业高地、全国科创金融中心、国际交往中心、中国式现代化宜居湿地城市样板。武汉新城按照“山水城、家园城、智慧城”三大目标，构建山湖相映、组团发展的空间结构，划分为新城中心片区、光谷片区、葛华片区、花山片区、龙泉山片区、红莲湖片区、梧桐湖片区、滨湖半岛片区共八大片区，形成产城融合、功能复合的空间布局。新城中心片区打造中央商务区和科技服务中心，全面提升高端要素、核心功能、规模人口的集聚能力，重点发展现代金融、高端商务、数字经济、科技服务等功能。光谷片区和葛华片区打造高端制造业及科技创新的综合性片区，建设高精尖产业承载地和技术创新策源地、新兴产业集聚区和未来产业先导区。龙泉山片区、滨湖半岛片区、红莲湖片区、花山片区、梧桐湖片区等，强化特色功能集聚，分别打造科学研究承载区和文化旅游休闲区、国际会客厅和生态绿心、数字创意宜居区、健康智慧宜居区和科教文化宜居区。

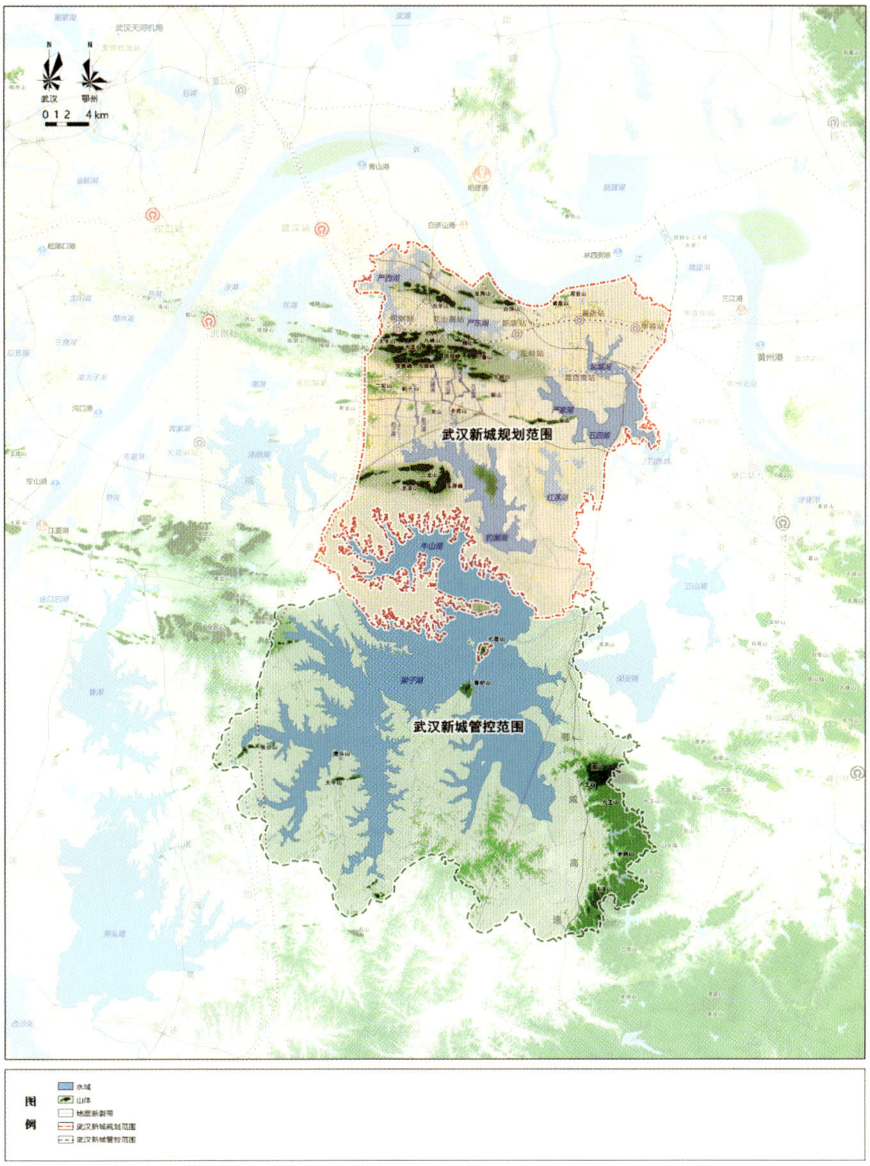

武汉新城规划范围图（摘自武汉市人民政府网站）

（武汉市地方志办）

【花湖临空经济合作区建设】 花湖临空经济合作区以鄂州花湖机场为依托，统筹推动鄂州、黄冈和黄石三地临空临港产业合作，提升先进制造、枢纽物流、现代服务、科教创新功能，推动区域一体化发展。合作区涵盖鄂州—黄冈临江地区、鄂州—黄石临界地区、黄石—黄冈临江地区以及黄冈散花地区、黄石港—西塞山—黄石新港地区，包括黄冈临空经济区、黄冈高新区、光谷黄冈科技产业园、巴河产业园区、鄂州临空经济区、鄂州三江港新区和鄂州花湖开发区、黄石临空经济区和黄石港等园区。

2022年，花湖临空经济合作区内长江南岸鄂州地区总投资87.36亿元，相继开工建设鄂州日邮物流枢纽中心项目，顺丰全球保税维修中心、国际分拨中心、跨境电商中心项目，中康众盛智慧健康科技产业园项目，九州通沃田医药产业园项目，中关村智酷·鄂州人才与产业创新基地项目。顺丰全球保税维修中心、国际分拨中心、跨境电商中心项目总投资6.36亿元。顺丰国际分拨中心项目规划用地4.8万平方米，建设2.5万平方米国际分拨中心，包括建设中心智能化系统、仓储分拨中心、综合服务区、配套功能仓，采购中心运营设备等，总投资2.1亿元；顺丰全球维修中心规划用地2.8万平方米，建设1.5万平方米亚太维修中心，包括建设维修中心、工程改造系统、信息化服务系统、辅助设施，总投资1.3亿元；顺丰跨境电商中心规划用地6.67万平方米，建设3.6万平方米跨境电商中心，包括建设跨境电商软件系统、信息化服务系统、跨境电商查验中心、仓储及园区配套，采购库内运营设备等，总投资3亿元。鄂州日邮物流枢纽中心项目总投资约6亿元，规划一期用地约4.67万平方米，主要经营航空货代物流，其中土地及固定资产投资5.18亿元。中康众盛智慧健康科技园项目总投资50亿元，规划用地18.67万平方米。其中，首期用地5.8万平方米，新建2套现代化植物有效成分提取系统产线、1个GMP车间、1个生物肥车间、2个科创研发中心（植物提取、营养膳食和大数据）、1个药食同源植物培育基地、1个自然生态博物馆（产品展示中心）、1个健康管理科普示范中心和相关公共辅助设施等，投资20亿元。鄂州·中关村智酷人才与产业创新基地项目总投资20亿元，一期用地13.33万平方米，由中化学建设投资集团有限公司、鄂州临空集团合资建设中关村软件园，委托北京中关村智酷双创人才服务股份有限公司运营，发展大信息产业，开展软件信息服务、数据流通服务。

（鄂州市档案馆）

【汉孝临空经济区建设】 2022年，孝感临空经济区（以下简称“临空区”）依托武汉天河机场重要地理优势，着力打造临空经济示范工程，推进汉孝同城深入发展。

积极承接武汉产业转移。临空区重点发展智能装备制造、新能源、大健康、现代服务业等产业，累计签约武汉市企业项目25个、总投资817亿元。其中，投产运营项目10个，累计完成投资超30亿元；在建项目8个，累计完成投资21亿元；已开展前期工作项目7个。交投智谷产业园一期投入运营，多家企业入驻；利亚达电器项目纳入规上工业企业，年产值0.5亿元；总投资675亿元的楚能新能源锂电池项目一期工程3栋厂房完成主体建设，4栋员工宿舍楼封顶，累计完成投资10.5亿元；总投资40亿元的武汉轻工大学临空校区项目进入工程设计阶段。

加强汉孝互连互通。4月，陈天大道临空区至武汉市黄陂区段正式通车，临空区一横一纵两条主干道直接连通武汉市交通干道，临空区至天河机场车程缩短到约10分钟。推进野猪湖大道跨府河南延至武汉市东西湖区、横6#路跨界河东延至黄陂区等跨区域连接通道，进一步加密与武汉市的路网连通。推动公共交通服务同城化，临空区与孝感市交通运输局对接武汉市黄陂区交通运输局，研究2套临空区往返黄陂区盘龙城公交线路开通方案；配合孝感市发展和改革委员会，开展武汉市轨道交通20号线延伸至临空区相关工作。

开展汉孝科研教育合作。由武汉乐群教育投资有限公司建设的湖北孝感美珈学院，总投资约18亿元，年内完成2期招生，学院二期项目主体工程完工，累计完成投资超过10亿元。武汉轻工大学临空校区建设项目建设规模为全日制在校生20000人的普通高等院校，投资概算40亿元，年内已开展征地拆迁和土地规划手续办理工作。

（孝感市史志研究中心）

【武汉西产业转移示范区建设】 武汉西产业转移示范区主要是推进武

汉地区产能向孝感、仙桃、天门、潜江辐射转移，产生优势互补协同发展效应，引领武汉—汉川毗邻区、武汉—仙桃—洪湖临界地区、仙桃—天门—潜江临界地区、武汉—仙桃毗邻区等与都市圈城市临界毗邻地区优先发展、快速发展。

武汉—汉川毗邻区重点建设武汉经济技术开发区汉川合作示范区、武汉新港空港综合保税区等。2022 年，武汉新港空港综合保税区完成一线外贸进出口总货值 251.94 亿元，比上年增长 66%，占全省一线外贸进出口总值的 6.8%，货物进出口量在全省 6 个综保区中占比超 80%。汉川合作示范区全年共签约各类项目 36 个，合同引资额 206.2 亿元。筹建项目 15 个，在建项目 25 个，新投产项目 3 个，纳入孝感和汉川“五化”管理项目 29 个。完成工业产值 523 亿元，比上年增长 16.5%；规模以上工业企业发展到 155 家。

武汉—仙桃—洪湖临界地区重点建设洪湖新滩产业园区等。2022 年，洪湖新滩经济合作区已建成投产项目 63 个。其中，规上工业企业 31 家，在建项目 26 个。初步形成绿色新材料、医药化工、汽车零部件 3 个产业板块，2022 年前 11 个月，共实现产值 60 亿元。

仙桃—天门—潜江临界地区涵盖仙桃高新技术产业园，天门市岳口工业园，潜江市泽口街道、泰丰街道、王场镇、竹根滩镇及城区以东的部分地区。仙桃高新技术产业园 2022 年前 11 个月，新签约项目 10 个，投资总额约 359 亿元；签署框架协议 3 个，约定投资额为 30 亿元。实现规模以上工业增加值增速 37%，完成固定资产投资 30.87 亿元，新增入库项目 12 个，新增规上工业企业、限上商贸企业、规上服务企业各 1 家。实现出口 8.32 亿元，利用外资计划 2898 万美元。天门市岳口工业园完成工业企业技改扩规投资 3.3 亿元，固定资产投资 15.3 亿元，规上工业总产值 42.48 亿元，实现税收 0.52 亿元。潜江市泽口街道依托国家园区循环化改造示范试点，新签约 7 个高精尖项目至园区发展循环产业链中，其中 1 亿元以上项目 3 个，5 亿元以上项目 1 个，10 亿元以上项目 3 个。全年完成规上工业总产值 278 亿元，比上年增长 34%；固定资产投资 40.4 亿元，增长 7. 7%；招商引资到位资金 42.06 亿元，增长 3.2%；入库税收 12.4 亿元，增长 195.6%。潜江市泰丰街道围绕打造中央商务区，依托现代服务业基础，加快酒店、总部、现代物流、商业综合体聚集发展。中邦物流总部经济项目基本建成，五星级酒店希尔顿欢朋试运营，总投资 26 亿元的珑韵古街项目签约落户，招商引资到位资金 18 亿元，新增线上商贸企业 7 家，规上服务业企业 6 家，规上工业企业 1 家，入库税收 1.2 亿元；全年完成固定资产投资 11.2 亿元，规上服务业营业额 4 亿元，规上工业总产值 5.4 亿元。潜江市王场镇累计签约项目 10 个，协议引资 49 亿元。年内，晶瑞、鼎龙、唐棕、慧智、储气库 5 个重点项目全面投产，7 个项目有序建设。竹根滩镇招引 5 个重点项目落户。

武汉—仙桃毗邻区重点建设武汉市侏儒—永安战略预留区、仙桃市毛嘴镇及彭场工业园等。2022 年，仙桃毛嘴镇全力推动仙西服装产业集聚区高质量发展，新增设自动吊挂系统流水生产线 50 条，新增智能化设备 35 台套，大幅提升产品质量和生产效率；新签约落户重点项目 16 个，引资总额 19.7 亿元；新开工项目 20 个，总投资 21.38 亿元；新投产项目 14 个，

2022 年，仙桃市非织造布产业园区一角（仙桃市史志研究中心　供图）

完成投资10.83亿元。招引4家供应链项目，进一步完善毛嘴服装产业链条。仙桃市彭场工业园全力打造非织造布特色小镇，已入园企业70个，总投资163.95亿元；建成投产项目28个，基本完成主体厂房建设、开展设备安装调试项目23个，其余项目均在陆续推进主体厂房建设，年底建成投产项目150万平方米。

（各市地方志机构）

【武汉南绿色发展示范区建设】 武汉南绿色发展示范区主要推进武汉—咸宁临界地区建设，加强武汉至咸宁生态廊道建设，聚焦商贸物流、商务科创、生物医药、食品饮料、医疗器械、康养休闲等产业，重点建设中国光谷·咸宁产业园、咸嘉临港新城、梓山湖生态新城、横沟科学城、咸宁“武汉南”大学城、咸宁农高区等园区。2022年2月18日，武汉东湖高新区与咸宁市签订三项战略合作协议，双方约定在平台构建、园区建设、科技金融等方面展开合作。年内，中国光谷·咸宁产业园入驻企业3家；全市共承接武汉产业转移项目44个，协议总投资额140.5亿元；咸宁功能区集中开工科技创新和产业发展等项目463个，总投资1734亿元。梓山湖生态新城由咸宁市政府与湖北省联合发展投资公司共同建设，规划面积141平方千米（其中水域面积约41平方千米），分三期开发，建设包括高端商务休闲区、滨水居住风貌区、特色文化体验区等，打造3E（Efficiency、Equality、Ecology，即效率、公正、生态）旅游区。横沟科学城规划面积11.16平方千米，全面强化产业功能，主要建设科技产业分类发展示范中心、创新创业服务中心、科技型企业总部中心、试验聚集中心，以及建设教育、医疗卫生、文化娱乐、行政办公等公共服务中心。“武汉南”大学城规划用地面积2平方千米，已落户武汉东湖学院、武昌首义学院2所高校分校，校区工作、就读师生达1.57万人，多所武汉地区大学已开展对接，计划在大学城建立分校。

（咸宁市史志研究中心）

【武汉北红色发展引领区建设】 武汉北红色发展引领区着重发挥武汉作为中心城市对北部毗邻区域的引领带动作用，通过推进红安、麻城、大悟等革命老区基础设施建设，挖掘革命老区红色资源，培育发展红色文化旅游产业，做大做强农副产品加工、医药、能源、装备制造、建材、轻纺、化工等产业，培育革命老区振兴发展新动能，提高经济质量效益和核心竞争力。2022年，大悟县加快建设武汉北红色发展引领区。武大高速公路全面建成通车，基本形成所有乡镇“半小时上高速公路、到高铁站，1小时到武汉”的通勤圈。全力推进京港澳高速“四改八”大悟段建设，成功争取大悟出口北移和大悟南互通项目落地建设。以县城、宣化店镇“双城驱动”为抓手，以点带面促进功能城镇建设。利用红色文化资源，打造宣化店镇“鄂北红色旅游第一镇”。确定实施“和美乡村”项目98个，总投资1.4亿元。年内，完工项目34个，完成投资9770万元。

（孝感市史志研究中心）

【梁子湖水体共保示范区建设】 梁子湖水域面积370平方千米，地跨武汉、鄂州、黄石、咸宁四市，流域面积3265平方千米，汇入河港30余条，是武汉都市圈重要生态屏障。梁子湖水体共保示范区主要探索创建跨界水环境协同治理示范，共建共保跨界重要生态功能区。

2022年，梁子湖水域相关城市探索构建跨部门跨区域联防联控协作机制。武汉和鄂州两地签订《武汉鄂州梁子湖水生态环境保护协议》《武汉鄂州两地统筹推进梁子湖水生态环境保护联防联控共治共管共享协议》。鄂州、黄石、咸宁三地联合开展高桥河跨界河流环境安全隐患检查。设立梁子湖流域河湖长，武汉、鄂州、咸宁、黄石四市轮岗，统筹、协调流域内河湖管理保护、水环境治理、水生态保护与修复等工作，推动各项重点难点工作落地见效。四市聚焦水质严格监测，全面梳理污染源，优化治理措施，实现上下游联动、水岸联治，推动建立梁子湖跨区域生态保护联席联巡联防联控机制。创新“河湖长＋检察长”机制，与环梁子湖4个基层检察院建立跨地域检察协作机制，累计办理生态环境领域各类案件38件。开展饮用水水源地突发环境事件应急演练，检验各相关部门应对突发环境事件的快速响应、协调配合和应急处置能力。

鄂州市出台《鄂州市梁子湖水质改善工作方案》,成立由党政主要负责人任双组长的梁子湖水域改善领导小组,市领导每周现场督办检查并研究解决问题,各成员单位联合推进梁子湖区畜禽养殖粪污综合利用、梁子湖沿岸涵闸排水巡查、“禁磷”检查等工作。出台《关于建立长港河等主要流域上下游生态保护补偿机制的实施意见》《鄂州市长江流域重点水域禁捕及建立补偿制度实施方案》,探索建立梁子湖流域横向生态补偿机制。4月,梁子湖区、鄂城区签订《长港河流域上下游横向生态补偿协议》;11月,华容区人民政府、鄂城区人民政府签订《薛家沟流域上下游横向生态保护补偿协议》;11月16日,鄂州市梁子湖区与黄石市大冶市签订《高桥河跨市断面生态保护补偿协议》。年内,湖北省财政厅下拨省级流域横向生态保护补偿机制建设奖补资金260万元,用于梁子湖“围网种草”水生植被修复实验项目、梁子湖和主要入湖港渠水质调查监测项目。

科学谋划水污染防治、水生态修复项目。全面推动梁子湖鄂州水域流域整体治理和系统治理,开展梁子湖水环境治理和水生态保护修复行动,实施退垸还湖、水系连通等一系列工程,全面修复梁子湖流域生态环境。推进重点项目建设,梧桐湖环境生态环境修复项目和梁子湖区河湖水生态修复(一期)工程即将完工,东井外围退垸还湖生态修复工程完成约90%工程量。全面推动水系连通,实施梁子湖、武城湖水系连通工程,实现梁子湖、梧桐湖、红莲湖、鸭儿湖、武城湖等湖泊连通。争取中央水污染防治项目资金8989万元,其中3270万元用于支持梁子湖流域汪家湖退垸还湖区水生态修复工程项目。

多措并举筑牢水环境安全底线。开展梁子湖入湖排污口溯源整治,46个排污口全部溯源完毕,印发“一口一策”方案,稳步推进整治工作。开展两轮驻点式水污染防治专项行动,市直部门会同梁子湖区排查梁子湖入湖排口、涵闸和沟渠52个,水域面积2453.33万平方米,检查乡镇污水处理厂6座、畜禽养殖单位97个。系统开展高桥河沿线、梁子湖入湖口断面水质调查和无人机飞航监测,定期开展梁子湖和入湖港渠水质监测。推进集中式饮用水水源地规范化建设,设置梁子湖区马龙、狮子口水库岸线围栏10.1千米,树立标识标牌50余块。加强水源地现场监管及应急处置能力,持续开展日常巡查,累计出动人次300余人次,制止违法行为20余起。

(鄂州市档案馆)

【木兰—双峰生态共保区建设】 木兰—双峰生态共保区以木兰山、双峰山为主体,共建共保跨界重要生态功能区。孝感市双峰山东北与武汉市黄陂区的蔡店街道、李集街道相连,西南与孝昌县丰山镇、周巷镇接壤,共有山场林地5200万平方米,植被完好,林木总蓄积量23.8万立方米。

2022年,武汉、孝感两地共建木兰—双峰生态共保区。推动黄孝全域旅游战略合作,加快实施观音湖至清凉寨、115省道孝昌京港澳李集至黄陂泡桐改扩建工程,协调完成武汉都市圈环线高速孝感北段项目前期工作,全面构建畅通一体的黄孝交通旅游大环线。年内,完成10千米双峰山景区主干道绿化美化景观带建设项目。持续开展国土绿化行动,实施200万平方米国有林场幼林抚育、133万平方米村级山场低效林改造工程,培植茶果经济林,开展森林病虫害防治,实施白云河生态环境治理、大砦村矿山修复工程,加快黄孝河综合治理、滑石冲水库监测项目建设。双峰山管委会与孝昌县、武汉市黄陂区联合开展生态环境案件执法,共同打击破坏生态行为。严守生态保护红线,落实生态环境分区管控,建立“多规合一、多审合一、多测合一”审批流程,规范各类开发建设。健全区、局、村三级林湖长管理机制。制定全域污水处理专项规划,开展凉亭水库、滑石冲水库水源地环境整治,确保双峰山天更蓝、山更绿、水更清。组建特色农产品和体验式农旅休闲采摘基地“串珠成线”精品旅游线路,与黄陂木兰景区群、双峰山途居露营地等项目联动互补、错位式发展,加快融入木兰—双峰生态共保区,全力打造“市场游客在武汉、旅游消费在共保区”的武汉都市圈农旅消费重要节点。

(孝感市史志研究中心)

大事记

1 月

5 日

△武汉地铁集团有限公司与黄冈市红安县人民政府签署《武汉红安市域（郊）铁路工程建设框架协议书》。

△东风本田汽车有限公司与武汉经济技术开发区管委会举行新能源工厂项目签约。该项目是东风本田第四家整车生产工厂，也是本田技研工业株式会社在全球的首个新能源标杆整车工厂。

△咸宁市 2022 年《政府工作报告》提出，坚持以武汉都市圈同城化为引领，打造全省高质量发展重要增长极。

△鄂州市 2022 年《政府工作报告》提出，要全面建设武汉都市圈同城化核心区。

5—6 日

天门市党政代表团到仙桃市、潜江市和孝感汉川市学习考察。

6 日

△黄石市 2022 年《政府工作报告》提出，要加快导入武汉"光芯屏端网"万亿产业链，积极推进福银高铁武九新通道、武鄂黄市域铁路、咸宁至黄石新港货运铁路等重大交通项目前期工作。

△黄冈市 2022 年《政府工作报告》提出，系统推进与武汉特别是东湖高新区"五同"对接，更好承接产业和人口。

△孝感市 2022 年《政府工作报告》提出，全力打造武汉都市圈副中心，共建汉孝临界协同区，全面建设武汉新外延。

7 日

鄂州市临空经济区与武汉光谷金融控股集团有限公司签署共建"光谷鄂州光电产业园项目"战略合作框架协议。

11 日

武汉市 2022 年《政府工作报告》提出，推进都市圈同城化发展，要坚持交通互联先行，开展"打通断头路瓶颈路攻坚年"行动，推进城际公交运营一体化，推动武汉都市圈大通道建设。

12 日

沿江高铁天门段首个临建工程——2# 混凝土拌合站动工建设，标志沿江高铁天门段建设正式启动。

13 日

武汉轻工大学孝感临空校区项目与孝感市临空经济区正式签约，筹建国内一流学科本科高校。

14 日

长江日报报业集团与黄石日报社、鄂州市融媒体中心、孝感日报传媒集团、黄冈日报社、咸宁日报传媒集团、仙桃日报社、天门日报社、潜江日报社联合成立武汉城市圈主流媒体联盟，为加快武汉城市圈同城化发展提供舆论支持。

17 日

"湖北省暨武汉市 2022 年世界湿地日"活动宣布，武汉城市圈新添英山张家咀国家湿地公园、云梦涢水国家湿地公园、天门张家湖国家湿地公园 3 座国家级湿地公园，武汉城市圈内国家级湿地公园增加到 30 座。

18 日

华中农业大学和云梦县联合共建的"云梦蔬菜产业研究院"正式成立。

19 日

武汉、鄂州两市自然资源和规划局在汉签订《武鄂自然资源和规划同城化高质量发展战略合作协议》。

24 日

△咸宁市至武汉市江夏区城际公交专线正式开行，无缝对接武汉地铁 7 号线。

△鄂州花湖机场完成全部校飞科目，进入试飞准备阶段。

31 日

由武汉市文化和旅游局指导，武汉市群众艺术馆、武汉市非物质文化遗产保护中心及武汉城市圈各市群众艺术馆、长江网共同主办的“云上年味，剪约荆楚”第二届武汉城市圈剪纸作品征集大赛正式启动。

2 月

8 日

武汉城市圈各市一季度重大项目同步开工，总投资突破 3800 亿元，项目涉及汽车制造、新能源汽车电池、生命健康等产业。

9 日

中共湖北省委副书记、湖北省人民政府省长王忠林到鄂州花湖机场调研。

17 日

湖北省人民医院与汉川市精神病医院签订全方位合作协议，汉川市精神病医院正式成为湖北省人民医院医联体医院。

18 日

咸宁市人民政府与武汉东湖新技术开发区签订战略合作协议，主要围绕建设科技创新中心、共建光谷咸宁产业园、组建光谷科技创新大走廊产业发展基金、共建科技创新平台、建立联席会议机制合作共建。

22 日

鄂州市召开武鄂同城化发展工作领导小组第三次会议，审议《关于加快建成武汉都市圈同城化核心区实施方案》《武鄂同城化 2022 年工作要点》《2022 年武汉鄂州重点对接合作事项》《鄂州市区域发展布局交通“硬联通”三年行动方案（2022—2024 年）》等文件。

28 日

中共湖北省委、湖北省人民政府举行武汉长江新区成立大会，武汉长江新区正式揭牌成立。

3 月

1 日

中共湖北省委书记应勇赴黄冈市调研实施区域发展布局进展情况，并出席推动黄冈建设鄂东省域区域性中心城市座谈会。

5 日

武汉市首个大型新能源汽车电池项目——中创新航动力电池及储能电池武汉基地全面封顶，规划产能 20GWh（千兆瓦时），可装配 25 万台纯电动汽车。

7 日

连接鄂州与黄冈的第二座长江大桥——燕矶长江大桥主体工程正式开工，通车后黄冈到鄂州花湖机场 15 分钟可抵达。

17 日

△中共湖北省委常委、武汉市委书记郭元强率队到鄂州市调研，并召开武汉城市圈同城化发展座谈会。

△武汉市人民政府发布《武汉市生态环境保护“十四五”规划》，推动长江、汉江、通顺河、举水河、道观河、梁子湖、斧头湖等跨区域河湖生态环境共保共治。

△武汉市、鄂州市两地签署《武汉鄂州梁子湖水生态环境保护协议》《武汉鄂州共建武汉城市圈同城化核心区合作协议》，共同推出住房公积金中心 5 项同城化便民措施。

△黄石市人民政府与湖北省卫生健康委员会签订省级区域医疗中心合作协议。

△黄冈市党政代表团到黄石市考察学习同城化发展经验。

17—19 日

鄂州花湖机场顺利完成国内首次由全货机机型执行新机场的试飞任务，机场进入投运通航准备阶段。

22 日

中共湖北省委副书记、湖北省

人民政府省长王忠林到湖北省港口集团有限公司调研港口整合工作并召开现场推进会，强调要对标“四个一流”，加快推动全省港口要素整合、功能聚合、产业融合，打造长江中游航运中心，更好发挥黄金水道优势，服务全省高质量发展。

23 日

武汉至大悟县高速公路重难点控制性工程“同兴隧道”贯通。

25 日

△中欧班列“长江号”在咸宁开通运行。

△孝感、武汉两地签订《21路孝汉城际公交对接合作协议》，孝感公交 21 路终点站从孝南区武英闸延伸至武汉市东西湖区东山大街东风大队（惠民公交 H89 终点站），孝汉两地再添一条城际公交线路。

26 日

武汉市与黄冈市签订生态环境保护合作协议和《武汉黄冈住房公积金同城化发展合作协议》。

26—27 日

中共湖北省委常委、武汉市委书记郭元强率队到黄冈市、黄石市、孝感市调研，并与三市分别举行武汉城市圈同城化发展工作座谈会，分别签订《光谷黄冈科技产业园与武汉光电工业技术研究院共建黄冈协同创新中心》《光谷科技创新大走廊光电子信息产业战略合作协议》《汉孝自然资源和规划同城化高质量发展战略合作框架协议》。

28 日

华新水泥股份有限公司正式登陆香港交易所主板。

29 日

△黄石市党政代表团到咸宁市考察座谈，两地签订《武汉城市圈同城化发展示范区合作框架协议》。

△宁波容百能源科技股份有限公司湖北仙桃基地在仙桃高新区开工，总投资约 300 亿元，规划建设年产 40 万吨高镍正极材料生产基地。同日，容百集团华中区域总部及新能源电池技术研究院落户汉阳，项目总投资 50 亿元。

30 日

黄石（武汉）离岸科创园招商推介会暨入驻项目签约仪式在武汉举行，12 家企业与黄石（武汉）离岸科创园签订入驻协议。

31 日

2022 年武汉城市圈交通一体化工作推进会召开，全面推进公路硬联通建设、开行城际公交、推动交通同网立法等事项。九市谋划 100 个公路项目，分别涉及高速公路 34 个、国省干线 47 个、县乡公路 19 个，总里程 2548 千米。

4 月

1 日

△武汉城市圈住房公积金同城化发展第一批政策正式实施，包括全面深化住房公积金异地互认互贷、进一步优化住房公积金异地转移接续业务、九市住房公积金中心互为业务办理窗口等，同时取消异地转移业务六个月缴存限制。

△黄石市与国家开发银行湖北省分行签订《开发性金融支持黄石市“十四五”时期高质量发展战略合作协议》。

6 日

黄石经济技术开发区·铁山区与武汉市光谷光电子信息产业园建设服务中心签署合作协议，联合建设武汉东湖（黄石）光电子信息产业配套园。

8 日

鄂州市党政代表团到黄石市考察交流武汉城市圈同城化发展示范区建设工作，推动《武汉城市圈同城化发展示范区战略合作框架协议》落地，加快实现路网互联、治理互促、优势互补。

12 日

黄石、鄂州、黄冈、咸宁四市公安局督察支队签订《公安机关网上督察结对共建协议书》。

15 日

连接武汉市黄陂区与孝感市孝南区闵集乡的陈天大道正式通车，从孝感市临空经济区驱车到武汉天河国际机场仅需 15 分钟。

19 日

武汉市数字经济发展委员会

全体会议暨武汉国家新一代人工智能创新发展试验区建设工作领导小组会议召开。

20 日

△武汉城市圈九市知识产权局负责人在 2022 年全国知识产权宣传周启动仪式湖北·武汉分会场上签署知识产权保护合作协议。

△鄂州花湖机场高速公路一期工程完成交工验收。

21 日

△武汉新港高速公路双柳长江大桥及接线工程项目获得湖北省发展和改革委员会批复，武汉市将再添一座长江大桥。

22 日

△黄冈至黄梅高速铁路开通运营，武汉至黄冈城际铁路进一步延伸，武汉至黄梅乘高铁最快仅需 1.5 小时。

△武汉至天门高速公路（武汉至汉川段）项目正式开工建设，通车后天门市将迈入武汉“1 小时经济圈”。

23 日

2022 年武汉市“江城读书节”暨武汉城市圈九城共读活动正式启动。

26 日

中共湖北省委常委、武汉市委书记郭元强到武汉东湖新技术开发区专题调研数字经济发展工作。

27 日

2022 年二季度武汉城市圈九市重大项目集中开工活动举行，集中开工项目 670 个，总投资 2880.14 亿元。

29 日

燕矶长江大桥主体工程进入全面施工阶段。

5 月

1 日

△鄂州花湖机场高速公路正式通车，使用 ETC 的一类客车免费通行鄂黄长江大桥。

△横跨潜江、天门两市的汉江大桥主桥中跨顺利合龙。

△ 5 月 1 日 0 时起，“安装并使用 ETC 的一型客车”以及“黄冈、鄂州两市通行鄂黄大桥的公交车辆”可免费通行鄂黄大桥。

7 日

武汉市人民政府印发《武汉市支持数字经济加快发展若干政策》，明确武汉市未来五年发展数字经济的总体思路、发展目标、重点任务和保障措施。

8 日

△湖北东湖科学城·大健康和生物技术产业基地（光谷创新药产业基地）启动仪式在武汉东湖新技术开发区举行，第一批企业集中签约入驻。

△楚能新能源股份有限公司孝感锂电池生产基地正式开工，规划产能 150 千兆瓦时，总投资 675 亿元。项目分五期建设，其中一期 30 千兆瓦时产能。

△中共湖北省委副书记、湖北省人民政府省长王忠林到孝感市调研经济稳增长、孝汉同城发展、项目建设等工作。

10 日

△咸宁·黄石同城化旅游区域合作互惠活动正式启动。

△武汉市与仙桃市签订《通顺河流域跨市断面水质考核生态补偿协议》。

11 日

武汉市生态环境局到咸宁市生态环境局开展 2022 年生态环境合作调研，双方就斧头湖生态保护、恢复治理，臭氧协同防治，环境审批和审批机构监管资源共享，建立交流联通体制等方面进行研讨。

11—13 日

武汉、宜昌、荆州、咸宁四市开展长江干流河道（湖北省中游段）采砂管理综合整治联合行动，全水域巡查宜昌枝江至武汉江夏段的长江干流河道，共巡查 500 余千米，出动执法艇 15 艘次、执法人员 167 人次。

16 日

武汉都市圈住房公积金委托扣划偿还异地贷款业务专题会议举行。

17 日

△湖北省首趟中老铁路（武

汉—琅勃拉邦）国际货运列车从武汉市滠口物流基地发车，武汉从此打通东南亚方向的国际铁路货运新通道。

△ 2022 年首次武汉城市圈政企合作对接交流会在红安县召开。现场达成初步意向投资协议 8 项，总投资额超过 30 亿元。

△湖北省武汉城市圈研究会发布《2021 年武汉城市圈融合指数评估报告》。

24 日

△武汉市人大常委会主任胡立山率队分别到鄂州市、孝感市调研武汉城市圈区域协同立法工作，听取城市圈公共交通一体化发展的意见建议。

△武汉市生态环境局和黄冈市生态环境局举行武汉都市圈生态环境合作交流座谈会，双方就大气污染防治、跨区域河流流域水环境治理、固体废物处置、影响环境突发事件的联动，以及建立都市圈生态环境常态合作机制等问题进行交流。

26 日

武汉城市圈工会工作同城化发展联席会议在武汉召开，九市总工会负责人共同签署《武汉城市圈工会工作同城化发展合作框架协议》。

27 日

湖北省妇女联合会、武汉东湖新技术开发区管理委员会、武汉市妇女联合会联合在汉主办武汉城市圈女科技工作者交流对接会，成立武汉城市圈女科技工作者联盟。

28 日

△黄石诺德锂电铜箔产业园和闻泰科技智能终端产业园集中开工，总投资分别达到 120 亿元、110 亿元。

△黄冈市唐家渡港区临港新城综合码头开港，“黄冈港—湛江港”江海联运集装箱首航启程。

26 日—6 月 1 日

武汉城市圈同城化发展办公室组织相关市直单位、开发区和智库单位湖北省武汉城市圈研究会到城市圈内城市相关园区进行调研，全面了解武汉城市圈园区合作进展情况。

6 月

7 日

武汉市党政代表团到咸宁市考察座谈，签订《武汉市人民政府咸宁市人民政府关于武咸同城化发展战略合作协议》。两地公积金中心签署《武汉咸宁住房公积金同城化发展合作协议》，明确 5 项合作事项，实现 18 个高频服务事项“跨市通办”。

7—8 日

中共湖北省委常委、武汉市委书记郭元强，中共武汉市委副书记、武汉市人民政府市长程用文率队到咸宁、仙桃、天门、潜江调研武汉城市圈同城化发展情况。

9—10 日

武汉城市圈住房公积金同城化发展数据互联共享平台技术方案及异地委托扣划数据接口现场会议在咸宁市召开，审议并通过《武汉城市圈住房公积金同城化发展数据互联共享平台技术方案》。

11 日

黄石港·浠水园区共建项目在黄石港工业园区正式开工，两地合力打造“一江两岸、一区两园”跨江合作示范区。

12 日

中创新航动力电池及储能系统武汉基地三期项目在武汉经济技术开发区正式启动，湖北省人民政府副省长赵海山宣布项目启动，中共武汉市委副书记、武汉市人民政府市长程用文出席活动。

14 日

“长江号”中欧班列从黄石首发，装载 500 吨大冶特钢的专列抵达武汉吴家山货场集并后，直奔终点站德国汉堡。

17 日

武汉市召开基础设施建设和社会民生三年行动重点项目推介及政银企对接会。

19 日

第二届武汉城市圈剪纸作品征集大赛优秀作品展在武汉市群众艺术馆闭幕，共展示作品 100 多件。

20 日

京广高铁北京至武汉首列高标运营列车正式发车，郑渝高铁湖北段正式开通运营。

22 日

武汉市启动基础设施建设和社会民生发展三年行动计划，2022—2024 年间，共实施城乡建设、综合交通、四水共治、园林绿化、社会民生领域重点项目 2968 个。

24 日

△武汉城市圈九市就业部门负责人在汉签订劳务合作协议，发表《武汉城市圈劳务协作联盟成立宣言》，成立武汉城市圈劳务协作联盟。

△光谷科创大走廊节点项目、TOD 产城综合体标杆项目——双创谷产业园（中建长投·葛店之星）举行“首期葛店双创谷产业园产业沙龙”，葛店经济技术开发区、中国建筑第三工程局有限公司与专业机构、行业协会、意向企业参加活动。

26 日

鄂州花湖机场顺利通过飞行校验。

27 日

《武汉城市圈公共交通一体化促进条例（草案）》提交武汉市第十五届人大常委会第三次会议审议。

28 日

△中共中央总书记、国家主席、中央军委主席习近平在湖北省武汉市考察。

△“九城同心向未来——2022 年武汉城市圈媒体行”在武汉举行，并发布《武汉城市圈主流媒体联盟 2022 年行动计划》。

29 日

△机场与临空经济研究院在鄂州市临空经济区成立。该机构由中国民航机场建设集团有限公司、湖北国际物流机场有限公司、顺丰控股股份有限公司、鄂州市临空经济区共同打造。

△武汉高新六路东湖高新段和鄂州段正式贯通。

7 月

1 日

武汉光谷未来三路正式通车，成为连通武汉未来科技城与鄂州红莲湖大数据产业园的主干道，“武鄂同城”的距离进一步缩短。

2 日

△ 2022 年武汉城市圈侨界乒乓球联谊赛在武汉全民健身中心乒乓球馆开赛。

△ 2022 黄石棋盘洲综合保税区（深圳）投资推介会暨珠三角招商引资重点项目签约仪式活动在深圳举行。现场签约 31 个项目，投资总额 148.62 亿元。

3 日

武汉城市圈九市共同主办的“九城同心向未来——2022 年武汉城市圈媒体行”活动在黄石举行。

6 日

△中国铁建华中总部大厦在长江新区正式开建，规划建设一栋 5A 甲级写字楼，总建筑面积 7.46 万平方米。

△孝感市人民政府与武汉音乐学院签订合作共建框架协议，双方在科研合作与成果转化、人才培养与教育合作、文化建设与战略咨询等方面开展全方位合作。

6—7 日

武汉城市圈区域协同立法第二次联席会议暨《武汉城市圈公共交通一体化促进条例》立法研讨会在鄂州市举行，九市人大常委会负责人参加研讨会。

8 日

鄂州市与湖北中医药大学签订市校共建框架协议，共同推动湖北中医药大学教学科研和鄂州经济社会高质量发展。

8—9 日

第三届荆楚乡村文化旅游节在仙桃市举行。

13 日

孝感市公安局与武汉铁路公安局武汉公安处签订警务协作框架协议。

14 日

黄石市、黄冈市、九江市、安庆市、池州市共同签订《关于长江流域上下游突发水污染事件联防联控工作协议》。

15日

武鄂一体化公共资源交易平台开展试运行，实现武汉、鄂州公共资源交易“一地注册、两地通用”，公共资源交易进入“同城时代”。

17日

△鄂州花湖机场正式投运，北京大兴机场至鄂州花湖机场航线开通运营，顺丰公司波音767-300全货机从鄂州花湖机场起飞前往深圳。武汉城市圈正式形成航空客货运“双枢纽”（天河机场和花湖机场）格局。

△中国科学院院士、华中科技大学同济医学院附属同济医院外科学系主任陈孝平院士专家工作室正式落户湖北航天医院，成为孝感市医疗单位中唯一一家院士工作室。

20日

黄石市与武汉工程大学签署校地战略合作框架协议。

23日

凯矜锂离子电池铝塑膜及铝箔生产基地项目正式签约落户鄂州，总投资101.9亿元。该项目计划分期建设16条铝塑膜生产线和2条软包铝塑膜用铝箔生产线。

25日

中国纺织产业集群协作交流大会暨2022年仙桃服装产业发展大会在仙桃市举行。

30日

中国科学院院士、华中科技大学同济医学院附属同济医院外科学系主任陈孝平院士专家工作室在孝感国家高新技术产业开发区医院揭牌仪式在湖北航天医院举行。

8月

3日

武汉市第十五届人大常委会第四次会议表决通过《武汉城市圈公共交通一体化促进条例》。该条例是武汉城市圈区域协同立法的首部地方性法规，待报请湖北省人大常委会批准后颁布实施。

8日

武汉亚洲心脏病医院同孝昌县第一人民医院签订超声联盟协议，并派出专家开展心脏病义诊活动，申请基金会救助符合救助条件的患者。

10日

鄂州市与湖北农业发展集团有限公司签署战略合作框架协议。

12日

武汉市第四座大型铁路客运站武汉东站开通运营，从此，武汉与鄂州等城市圈五市实现半小时火车直达。

15日

孝感市第一人民医院与武汉亚洲心脏病医院举行心血管超声联盟签收授牌仪式。

16日

《武汉城市圈“跨市通办”政务服务事项清单（2022年）》正式对外发布，新增100余项“跨市通办”事项。

24日

2022年武汉城市圈生态环境合作暨流域综合治理联席会议在黄石市召开，九市共同签订《武汉城市圈生态环境合作（黄石）框架协议》。

25日

咸宁国家高新技术产业开发区光谷科创大走廊产业协同发展创新创业大赛推介大会暨启动仪式在湖北青创园举行。

29日

△中国地质大学（武汉）材料与化学学院与湖北三安光电股份有限公司共建学生实习实践与创新创业基地。至此，该院在武汉城市圈内共建立20个校企协作基地。

△黄梅县与武汉纺织大学签约共建鄂东纺织新材料技术研究院。

31日

武汉汉欧国际物流园暨全省港口重大项目集中开工活动在汉举行，项目总投资49.8亿元。

9月

16日

△武（汉）阳（新）高速黄石段正式开工。该项目由中国能源建设股份有限公司中国葛洲坝集团路桥工程有限公司承建，工期一年。

△武汉市新洲区水务和湖泊局、区河湖长制办公室，黄冈市团风县水利和湖泊局、县河湖长制办公室联合印发《新洲区、团风县开展跨界河湖联席联巡联防联控方案》，双方将建立联合会商、联合巡河、联合治理、联合执法、联合监测、信息共享6项机制。

20日

武汉都市圈发展协调机制办公室在汉召开第一次会议，武汉、鄂州、黄石、黄冈四市共同签署建设十大重点工程合作协议。

26日

华新（阳新）亿吨机制砂项目在阳新县富池镇竣工投产。该项目为全球最大的机制砂生产线，可年产1亿吨绿色机制砂。

27日

△国家市场监督管理总局正式批准在武汉筹建国家通信光器件产品质量检验检测中心，为光纤等通信光器件产品提供检验检测服务。

△黄石棋盘洲综保区保税口岸作业区通过预验收。

29日

△武汉市举行建设世界一流城市电网推进会，220千伏徐东地下变电站成功投产送电。中共武汉市委副书记、武汉市人民政府市长程用文出席活动并讲话。

△湖北国控供应链集团有限公司、湖北楚象供应链集团有限公司在汉揭牌成立。两单位分别由世界500强企业厦门国贸控股集团有限公司、厦门象屿集团有限公司联合有关湖北省属企业及央企子公司共同发起设立。

△首届武汉都市圈建设专家座谈会在汉召开。

△鄂州市召开推进武汉都市圈发展领导小组第一次工作会议，审议《关于成立鄂州市推进武汉都市圈发展工作领导小组方案（审议稿）》《鄂州市推进武汉都市圈发展工作领导小组工作规则（审议稿）》《鄂州市推进武汉都市圈发展工作领导小组办公室工作规则（审议稿）》《武鄂黄黄共同推进十大重点工程工作任务清单（审议稿）》。

10月

1日

203省道鄂州段（鄂州花湖机场快速通道）正式通车。203省道黄石段（沿江大道）黄石城区段、阳新段正在建设中。

9日

武汉市、鄂州市、黄石市、黄冈市等4市共同召开“武鄂黄黄”河湖长制一体化发展工作视频会议，会上签订《武鄂黄黄（武汉都市圈核心区）河湖长制一体化发展工作方案》。

20日

湖北省5G全连接工厂应用场景建设推进会在武汉经济技术开发区（汉南区）举行。

25日

赤壁长江公路大桥东延段项目通过湖北省发展和改革委员会核准，武汉城市圈将新增一条高速通道。

28日

武汉、孝感、随州三市河湖长办公室签订《关于建立府澴河流域河湖长制协作机制的协议》。

30日

武大高速、武阳高速、硚孝高速（二期）三条高速基本建成，武汉将新增3条城市出口道路。

11月

1日

△武汉市举行推进武汉都市圈发展工作领导小组会议，中共湖北省委常委、武汉市委书记、领导小组组长郭元强主持会议。会议要求，加快推进以武鄂黄黄为核心的武汉都市圈建设，打造成为引领湖北、支撑中部、辐射全国、融入世界的重要增长极。

△中央电视台新闻频道聚焦武汉成为全国首批实现“村村通5G”的城市。

△博科医疗智能制造基地暨华中总部项目正式落户武汉黄陂，总投资15亿元。

2日

△武汉东湖新技术开发区发布《“数字光谷”建设三年行动方案（2023—2025年）》，明确“数字光谷”建设未来三年“路线图”。

△武汉东湖新技术开发区与中国信息通信科技集团有限公司就智慧光网和数字经济研发制造产业基地项目合作签署协议，总投资约150亿元。

△武汉至大悟高速公路二标段主线结构全面贯通，该高速作为全省“九纵五横四环”高速公路重点项目，将优化武汉市出口高速公路布局，减缓京港澳高速公路交通压力，促进沿线旅游、物流产业发展，助力革命老区振兴。

△武汉新港江北铁路新洲星谷大道段轨道铺设完成，正式进入电器安装和调试阶段。该铁路是中国“四纵四横”铁路专线规划的一条货运铁路，建成后即可以实现长江中游铁水公多式联运，又可连通京广、京九铁路大动脉。

△黄石市黄石港区与黄冈市浠水县、蕲春县三地河湖长签订共建美丽策湖合作框架协议。

3日

△武汉市人民政府发布《关于支持武汉国家现代农业产业科技创新中心发展若干政策的通知》，通过“黄金十条”政策措施，鼓励“一核两翼一芯两园”（即高农生物园，南湖农业园、中华科技产业园，现代种业小镇，武湖现代农业展示园、武湖淡水渔业科技园）相关产业主体研发、应用，推广农业新品种、新技术、新模式、新装备成果，提升现代农业产业化发展规模和水平。

△2022年中国生物技术创新大会发布“2022年中国医药产业园区发展竞争力评价及分析报告”，位于东湖新技术开发区的武汉国家生物产业基地（“光谷生物城”）排名全国第四位。

4日

△黄梅紫云山抽水蓄能电站正式动工，规划总装机容量140万千瓦，总投资105.8亿元。该项目由国网新源控股有限公司投资建设，电站建成后，主要承担湖北电网调峰、填谷、储能和紧急事故备用等任务。

△2022年武汉都市圈九市举办第四季度重大项目集中开工，“上新”一批新能源重大项目。至此，九市全年在新能源领域投资总额超过1000亿元。

6日

△《湿地公约》第十四届缔约方大会部级高级别会议在武汉闭幕，会议正式通过“武汉宣言”和《2025—2030年全球湿地保护战略框架》等多项重要成果。

△鄂东煤产品交易国际贸易中心在鄂州市三江港揭牌。该中心是华中地区唯一一家煤产品交易中心，是由鄂州市城市发展投资控股集团有限公司、共青城中邦华耀私募基金管理合伙企业、八亿科技有限公司、重庆皓石金科技有限公司合资设立的国资控股公司，主要为能源行业的生产、贸易、运输、存储提供综合性交易服务。

9日

△武鄂黄黄河湖长制一体化发展工作视频会议在武汉、鄂州、黄石、黄冈同时召开，并签订《武鄂黄黄（武汉城市圈核心区）河湖长制一体化发展工作方案》，共同推进跨市河湖治理和管护。

△华润电力仙桃电厂2号机组如期投产，实现一期工程全容量并网目标。

11日

△胡润研究院首次发布中国新能源产业集聚度城市榜，列出新能源产业集聚度最高的中国城市50强，武汉在中国新能源产业集聚度最高的十大城市中列第四位。同时，武汉在新能源投资热度最集聚的五大城市中排名第三。

△华工科技产业股份有限公司与长飞光纤光缆股份有限公司签署战略合作协议，实现光谷两大百亿级企业强强联合。

△“中国光谷”国际光电子信息产业博览会“元宇宙”在武汉光谷上线，这是我国光电子信息领域首个展会“元宇宙”。

14日

△武汉市全面开通生育保险

待遇核准支付事项"跨省通办""全程网办"。

△武汉市发布《武汉市推进国家知识产权强市建设示范城市建设工作方案(2022—2025年)》,计划3年内建成创新引领的全国一流知识产权强市。

16日

△鄂州市梁子湖区与黄石市大冶市签订《高桥河跨市断面生态保护补偿协议》,约定上游来水水质达到或优于目标要求,下游地区向上游地区提供资金奖励,最高补偿金额上限为1000万元。

△鄂州花湖机场(专业性货运枢纽)多式联运示范工程列入全国第四批多式联运示范工程创建项目名单。

20日

2022中国5G+工业互联网大会在武汉开幕,中共湖北省委书记王蒙徽出席大会并讲话。

22日

△2022湖北国际技术交流会在武汉·中国光谷开幕。此活动已连续举办6届,致力于打造技术与产业对接、国内外专家学者与企业家对接的合作交流平台。

△由中国国际贸易促进委员会湖北省委员会和香港贸易发展局合作举办的2022亚洲物流航运及空运会议湖北分会场活动在武汉举行。

△人民控股集团有限公司科创产业园项目落户安陆市,规划建设智慧电网、新型双极性铅系叠层电池、光伏储能、铜材深加工、核心配套企业5个板块,总投资122亿元。

23日

中共湖北省委副书记、湖北省人民政府省长王忠林调研光谷科创大走廊建设,并召开现场推进会。

24日

首届长江大保护司法论坛在武汉开幕。

25日

△武汉东湖新技术开发区知识产权局正式授予黄石(武汉)离岸科创园"东湖高新区知识产权保护工作站"称号,该园区企业知识产权专利数量达1000余项。

△中国信息通信研究院发布《中国县域工业经济发展报告(2022)》,武汉都市圈内仙桃市、大冶市、汉川市三地进入"中国工业百强县"榜。

27日

鄂州花湖机场正式开通鄂州—深圳货运航线。

28日

孝感市孝昌县丰山至武汉市黄陂区泡桐城际公交线路正式开通,这是黄陂区至孝昌县的首条城际公交线路。

29日

华中科技大学和武汉东湖新技术开发区共建的"光电与医疗装备未来产业科技园"入选全国首批试点的"未来产业科技园"。

12月

1日

2022中国武汉·德国投资合作交流暨武汉中德国际产业园推介会在汉举行。该会旨在推动武汉与德国在电子信息技术、生物医药、现代物流、智能制造、贸易投资、科技创新等领域的投资和经贸合作,吸引更多德资企业来汉投资兴业。同日,"武汉市德国企业服务中心"揭牌。

3日

2022年全国供应链创新与应用示范城市和示范企业名单公布,华中港航物流集团有限公司、卓尔智联集团有限公司、湖北安捷物流有限公司三家在汉企业入列。

5日

鄂州花湖机场正式开通鄂州—上海浦东货运航线。

7日

武汉都市圈发展规划获国家发展和改革委员会批复,成为继南京、福州、成都、长株潭、西安、重庆都市圈规划之后,第七个获批的国家级都市圈发展规划。

8日

2022年武汉都市圈政协主席论坛在天门市举行。

11 日

12 月 11 日 0 时起，武黄高速公路（不含鄂东长江公路大桥 3.98 千米共线部分）停止收费，保留既有收费设施按照“零费率”方式照常运营，对通行本路段的所有车辆免收车辆通行费，并代为收取其他路段的车辆通行费。

13 日

△武汉都市圈人才发展联盟第一次全体会议以视频形式召开。

△武汉都市圈住房公积金同城化业务服务平台正式上线。

△工业和信息化部公布 2022 年度国家中小企业公共服务示范平台，武汉欣略科技咨询有限公司、武汉企创惠科技咨询有限公司、湖北技术交易所、武汉网锐检测科技有限公司、湖北省电子信息产品质量监督检验院 5 家企业上榜。

18 日

武汉都市圈环线高速公路汉南长江大桥及接线工程北岸接线桥试桩开钻。

19 日

武汉至阳新高速公路黄石段最长隧道黄坪山隧道左幅提前 3 个月贯通。至此，黄坪山隧道实现双幅贯通。该隧道最大埋深约 505.7 米，左幅全长 3948 米，最大埋深约 488 米。

20 日

“华航汉亚 5 号”轮在青岛造船厂顺利下水，武汉直达日、韩的汉亚直航将再添新运力。武汉直达日本、韩国的汉亚直达航线是长江中上游地区第一条出口航线，也是武汉第一条直达境外的国际水运航线。

21 日

湖北亿咖通科技有限公司与美国 SPAC 公司 Cova Acquisition Corp 完成合并上市交易，成为首家登陆美股的中国汽车智能化初创企业，也是武汉经济技术开发区首家美股上市公司。

23 日

2022 年长江中游三省协同推动高质量发展视频座谈会在长沙、南昌、武汉同步举行，三省省委、省人民政府主要负责人悉数出席，共话协同推动高质量发展。会议线上签约畅通商品流通、产业链供应链协同、基础设施加快联通、能源建设及供应互济等诸多领域共 14 个协议。

28 日

△湖北省十三届人大常委会第三十五次会议在汉召开，会议表决通过《湖北省人民代表大会常务委员会关于大力推动全面实施〈湖北省流域综合治理和统筹发展规划纲要〉的决定》。

△ 21 世纪经济研究院发布《全国经开区高质量发展报告 2022》，武汉经济技术开发区在 2022 年营商环境评价中位列全国第四位。

△新能源电池正极材料行业龙头企业宁波容百能源科技股份有限公司与武汉市汉阳区完成新一体化合作云签约，综合投资超 50 亿元，在汉阳建设容百湖北新能源技术研究院及华中区域总部项目，并设立基金管理公司和 50 亿产业投资基金。

△黄石现代有轨电车一期项目正式通车运营，此为湖北省首条地级市有轨电车线路。

29 日

武汉都市圈发展协调机制第二次会议在汉召开。会议审议通过《武汉都市圈发展三年行动方案（2023—2025 年）》《武汉都市圈发展 2023 年工作清单》《武鄂黄黄规划建设纲要大纲》《武汉新城规划》。

30 日

△武汉轨道交通 7 号线北延线（前川线）一期、16 号线二期工程同步开通试运营。至此，武汉地铁运营里程达 460 千米，站点 291 座，加上 49 千米有轨电车里程，武汉轨道交通运营总里程数达 509 千米。

△湖北省推进三大都市圈发展工作领导小组办公室正式发布《武鄂黄黄规划建设纲要大纲》，规划明确多中心组团式城镇用地布局，沿江环湖构建武汉新城组团、武昌组团、汉口组团、汉阳组团、汤逊湖组团、鄂州主城组团、黄冈主城组团、黄石—大冶组团（含黄石新港）8 大城市组团。

编辑：刘家连

校对：卢永会

武汉都市圈概览

基本情况

【概况】都市圈是城市群内部以超大特大城市或辐射带动功能强的大城市为中心、以1小时通勤圈为基本范围的城镇化空间形态。武汉都市圈空间范围由武汉市和1小时通勤圈内的周边县（市、区）组成，规划范围包括武汉市，鄂州市，黄石市市区（含黄石新港）、大冶市，黄冈市黄州区、团风县、孝感市孝南区、孝昌县、云梦县、汉川市，咸宁市咸安区（含咸宁国家高新技术产业开发区）、嘉鱼县，仙桃市，天门市，面积2.53万平方千米，规划部分任务举措覆盖到潜江、洪湖、京山、广水等联系紧密的周边市县。

2022年3月，国家发展和改革委员会印发《长江中游城市群发展“十四五”实施方案》，对外首度提出“武汉都市圈”概念，要求加快武汉与鄂州、孝感、咸宁、黄冈、黄石等同城化进程，着力打造武汉都市圈，编制出台武汉都市圈发展规划；6月18日召开的中国共产党湖北省第十二次代表大会正式提出大力发展以武鄂黄黄为核心的武汉都市圈，支持武汉建设国家中心城市和国内国际双循环的枢纽，支持孝感打造武汉都市圈重要节点城市，支持咸宁打造武汉都市圈自然生态公园城市，支持仙桃、天门、潜江建设四化同步发展示范区，将武汉都市圈打造成为引领湖北、支撑中部、辐射全国、融入世界的重要增长极，到2035年建设成为人口规模超3000万、GDP超6万亿元的世界城市和都市圈；12月7日，国家发展改革委正式函复《武汉都市圈发展规划》，武汉都市圈成为继南京、福州、成都、长株潭、西安、重庆都市圈发展规划后，第七个获批的国家级都市圈。

2022年，武汉都市圈常住人口3291.60万人，比上年下降0.6%；实现地区生产总值超过3.2万亿元，比上年增加2000亿元；占全省的59%以上，增加4.3个百分点，继续领跑全省经济社会发展。与同类都市圈比较看，长株潭都市圈、成都都市圈地区生产总值分别为18374亿元、26218亿元，相当于武汉都市圈的57%和82%，武汉都市圈综合实力优势明显。分市看，武汉都市圈9个城市中，地区生产总值接近2万亿元的城市1个（武汉），超过2千亿元的城市3个（黄冈、孝感、黄石），千亿元城市3个（鄂州、咸宁、仙桃），千亿元以下城市2个（潜江、天门）。其中，武汉市地区生产总值位列全国城市前八，较2021年前进1位，GDP增长4%，在前十城市中增速第一。黄石市地区生产总值首次突破2千亿元，与黄冈、孝感一起排在2千亿元行列，黄冈、孝感冲刺3千亿元。仙桃市完成地区生产总值1013.14亿元，在3个千亿元以下城市中率先实现晋级，跻身中部县域经济十强，成为湖北首个跨越千亿元关口的县域。

【区域优势】武汉都市圈区域优势明显，连接“东中西”三大地带，是长江经济带和中部崛起两大国家战略区域叠加的中心位置，也是中部地区承接长三角一体化发展能级的重要载体，更是长三角辐射带动长江上游乃至广大中西部的战略链接，在全国区域发展格局中地位十分重要。武汉作为武汉都市圈中心城市，与上海、重庆、广州、北京距离都在1000千米左右，是“交通强国建设试点城市”“综合交通枢纽示范城市”“米字形高铁枢纽城市”“陆港型国家物流枢纽”，已经形成“铁水公空”等多模式齐全的立体交通网络，有“祖国立交桥”之誉，是中国内陆最大的水陆空交通枢纽、长江中游航运中心，其高铁

武汉市交通区位优势示意图（摘自《“十三五”现代综合交通运输体系发展规划》）

网辐射大半个中国，是华中地区唯一可直航全球五大洲的城市。

【自然资源】 武汉都市圈位于江汉平原向大别山南麓低山丘陵过渡地带，地形属残丘性河湖冲积平原，平坦平原和垄岗平原约占圈域面积的一半。圈域内江河纵横，湖泊众多，港汊塘堰和沟渠星罗棋布，形成水资源丰富、水域辽阔的显著特点。长度在5千米以上的河流1000多条，大小湖泊约800个，水域面积约7000平方千米，水资源总量充沛，地下水丰富。矿产资源呈不均匀分布，品类较多。其中，武汉市非金属矿丰富，建筑石料用砂岩、建筑石料用灰岩、建筑用白云岩、建筑用砂、水泥用灰岩、制灰用灰岩、玻璃用砂岩、熔剂用灰岩、冶金用白云岩、冶金用石英岩、膨润土、石膏等12种矿产分布集中度较高，大中型矿床成矿产集中地占资源储量的80%以上，膨润土、熔剂用灰岩、硅石、玻璃用砂岩储量居全省第一，冶金用白云岩、石膏储量居全省第二。黄石市有金属、非金属、能源和水气矿产共4大类、76种，铁、铜、金、锶等14种矿产资源储量居湖北省首位。鄂州市金属矿资源主要有铁、钼等，非金属矿资源有煤、硬石膏、沸石、膨润土、珍珠岩、花岗石等矿种；探明铁矿储量2.5亿吨，居全省第二位，含铁品位45%~60%，平均品位52%，且含铀、钴、镓、金、银等伴生元素。孝感市石膏、岩盐和矿泉水资源比较丰富，矿床埋藏适中，具有良好的开采技术条件；磷矿资源比效丰富，易采易选，但品位较低；石材品种多、质量好，是省内主要萤石产地之一。黄冈市非金属矿资源和地热资源丰富，其中，罗田三里畈温泉自涌水温达81℃。咸宁市有矿产资源50个矿种、69个亚矿种，其中，钽、铍、稀土砂、锑、钾长石、钠长石、白云母、镁白云岩8种矿产储量和地热资源居全省之首。仙桃、天门、潜江三地石油、天然气、岩盐资源丰富。

发展概貌

【产业基础】 武汉都市圈内工业门类齐全，第三产业较为发达。武汉工业基础雄厚，形成以冶金、机械、汽车等为支柱的综合性工业基地。黄石、鄂州凭借其交通优势和资源禀赋，形成以冶金、能源、建材为主的原材料生产基地。咸宁、黄冈二市发挥农业、生态环境、旅游资源等方面的优势，形成绿色农副产品加工、轻纺、机电、中医药生产基地以及面向武汉都市圈的生态旅游、休闲度假基地。孝感及仙桃、潜江、天门四市利用矿产资源及在轻纺、化工等方面的后发优势，形成以优质农产品加工、纺织服装业、化学工业、医药及专用机械生产基地。同时，武汉都市圈在光电子信息、汽车制造和服务、大健康和生物技术等新兴产业领域方面，发展也较为迅速，正在形成世界级产业集群。

【战略推进历程】 武汉都市圈区域发展战略的提出与武汉城市圈的形成与发展有着紧密的联系。2002 年 6 月 10 日，中国共产党湖北省第八次代表大会报告提出：武汉市要着眼于提高综合竞争力，构筑在国际竞争中有比较优势的产业体系和现代化基础设施框架，拓展和完善城市空间布局和功能分区，形成武汉经济圈，更好地发挥对全省的辐射带动作用。2003 年，湖北省先后组织召开加快推进武汉城市圈建设研讨会和专家座谈会，形成了《关于加快推进武汉城市圈建设的若干意见》。2003 年 11 月 8 日，湖北省召开“推进武汉城市圈建设的理论研讨会”，全国人大常委会副委员长丁石孙出席。2004 年 4 月，中共湖北省委、湖北省人民政府发布《关于加快推进武汉城市圈建设的若干意见》，明确提出武汉城市圈建设的基本思路，这标志着武汉城市圈战略从研究论证阶段进入全面推进阶段。2006 年 4 月，国务院出台《关于促进中部地区崛起的若干意见》，“武汉城市圈”列为中部四大城市群之首。2007 年 12 月 14 日，国务院批准武汉城市圈为全国“两型”社会建设综合改革配套试验区。

2013 年，国家发展和改革委员会批复《武汉城市圈区域发展规划（2013—2020 年）》。2020 年 12 月，中共湖北省委十一届八次全会提出，要紧扣一体化和高质量发展要求，着力构建“一主引领、两翼驱动、全域协同”的区域发展布局。

2021 年 3 月，中共湖北省委办公厅、湖北省人民政府办公厅发出《关于成立湖北省推进区域发展布局实施工作领导小组的通知》，明确要求在省推进区域发展布局实施工作领导小组之下，建立武汉城市圈同城化发展协调机制，由武汉市委书记担任召集人，武汉市人民政府市长，黄石市、鄂州市、孝感市、黄冈市、咸宁市、仙桃市、天门市、潜江市党委和政府主要负责人为组成人员，省直成员单位配合。4 月，中共湖北省委、湖北省人民政府印发《关于推进“一主引领、两翼驱动、全域协同”区域发展布局的实施意见》。同月，武汉市成立推进武汉城市圈同城化发展暨武鄂同城化发展工作领导小组。5 月，武汉城市圈同城化发展联席会第一次会议在武汉召开，九市负责人共同签署《武汉城市圈同城化发展合作框架协议》。8 月，湖北省推进区域发展布局实施工作领导小组印发《武汉城市圈同城化发展实施意见》《武汉城市圈同城化发展三年行动方案（2021—2023 年）》《武汉城市圈同城化发展 2021 年度工作要点》《省有关单位支持三个城市圈（群）发展 2021 年度工作清单》。9 月，武汉城市圈同城化发展办公室第一次全体会议在武汉召开，武汉城市圈同城化发展办公室正式揭牌，武汉城市圈一体化发展进程明显加快。然而在武汉城市圈建设发展过程中，出现城市圈空间尺度较大、重点分散、难以聚焦等问题，

武鄂黄黄核心区用地规划图（武圈办　供图）

亟待一个尺度得当、执行有力的空间层次来开展实质性协同工作。2022年6月18日，中国共产党湖北省第十二次代表大会提出，完善“一主引领、两翼驱动、全域协同”区域发展布局，健全区域协调发展政策机制，推动中心城市和都市圈高质量发展。加快建设以武汉、襄阳、宜昌为中心的三大都市圈，增强中心城市及城市群等经济发展优势区域的经济和人口承载能力。作为全省区域协调发展的重要组成部分，武汉都市圈发展战略最终明确。

【目标定位】 2022年12月29日，武汉都市圈发展协调机制第二次会议审议通过《武汉都市圈发展三年行动方案（2023—2025年）》。方案提出，立足新发展阶段，完整准确全面贯彻新发展理念，服务和融入新发展格局，统筹流域综合治理、城乡区域和资源环境，以武鄂黄黄为核心，充分发挥武汉龙头引领作用，围绕“便捷、创新、协同、开放、共享、智慧、安澜、绿色、活力”都市圈建设，推进武汉都市圈基础设施、创新策源、产业协同、对外开放、公共服务、新型智慧、安全发展、生态绿色、要素市场等九个领域发展，加快形成空间结构清晰、经济集聚度高、区域竞争力强、城市功能互补、交通往来顺畅、产业分工协调、公共服务均衡、环境和谐宜居、要素流动有序的现代化都市圈格局，将武汉都市圈打造成为引领湖北、支撑中部、辐射全国、融入世界的重要增长极，以武汉都市圈高质量发展推动湖北建设全国构建新发展格局先行区成势见效。

到2025年，武汉国家中心城市核心功能优化提升，武汉都市圈常住人口城镇化率达到78%以上，人均预期寿命82岁以上。都市圈一小时通勤圈和一日生活圈基本形成。基础设施互联互通水平位居全国前列，基本建成科技创新平台体系、科技成果转化体系和全域创新空间体系，实现研发在武汉、转化在都市圈。战略性新兴产业引领、先进制造业主导、现代服务业驱动的现代产业体系基本形成，产业基础高级化、产业链现代化水平明显提升，实现主链在武汉、配套在都市圈。内陆开放型经济实现突破性发展，营商环境达到国际一流水平。长江大保护成效更加显著，生态环境共保联治水平大幅提升，城乡人居环境持续改善。疾控体系改革和公共卫生体系建设成为全国样板，基本公共服务均等化水平明显提高，共建共治共享的社会治理格局基本形成，人民群众获得感、幸福感、安全感明显增强。

到2035年，武汉全面建成国家中心城市，武汉都市圈同城化发展格局全面形成，武汉和武汉都市圈参与国际分工、聚集全球资源的整体竞争力大幅增强，在支撑长江经济带发展、推动中部地区高质量发展、长江中游城市群等重大战略实施上发挥更强引领作用，成为具有国际影响力的全国重要增长极。

【经济社会发展】 2022年，武汉都市圈在杭州都市圈、成都都市圈、南京都市圈、长株潭都市圈、西安都市圈、重庆都市圈等全国国家级都市圈综合发展能力指数排名中位居前列。中心城市武汉市地区生产总值实现1.77万亿元，比上年增长12.2%。

2022年，武汉都市圈共实现农林牧渔及服务业增加值2891.68亿元，社会消费品零售总额12973.13亿元，进出口总额4664.8亿元，年末各金融机构（含外资）本外币存款余额为5.29万亿元，金融机构（含外资）本外币贷款余额为5.57万亿元。武汉都市圈在校中小学生398.43万人，幼儿园在园幼儿101.05万人；公共图书馆54所，博物馆133所，群众艺术馆（文化馆）246所；卫生事业机构1.74万个，床位24.27万张，卫生技术人员25.64万人。

（湖北省武汉城市圈研究会、武汉市地方志办）

编辑：刘家连

校对：卢永会

区域发展布局与规划同编

机构机制

【湖北省推进三大都市圈发展工作领导小组成立】 2022年8月11日，为贯彻落实中共湖北省第十二次代表大会决策部署，进一步优化全省区域发展布局，湖北省推进三大都市圈发展工作领导小组成立。领导小组由中共湖北省委书记、湖北省人民政府省长任组长，湖北省委副书记、武汉市委书记、湖北省人民政府分管副省长和武汉市人民政府市长、襄阳市委书记、宜昌市委书记任副组长，成员由中共湖北省委、湖北省人民政府有关副秘书长，各地市（州）党委和政府主要负责人，以及湖北省委组织部、湖北省委宣传部等省直部门主要负责人组成。领导小组负责贯彻落实省委、省政府关于实施区域发展布局的决策部署，统筹三大都市圈建设的顶层设计、总体布局、制度供给，强化整体推进、分类指导、督促落实。领导小组之下建立武汉都市圈发展协调机制、宜荆荆都市圈发展协调机制、襄阳都市圈发展协调机制3个专项协调机制，聚焦三大都市圈功能定位、发展目标、建设任务，负责协调落实领导小组决策部署和工作安排。

【武汉都市圈发展协调机制】 2022年9月20日，武汉都市圈发展协调机制第一次会议审议通过武汉都市圈发展协调机制。武汉都市圈发展协调机制由湖北省人民政府省长担任召集人，武汉市、黄石市、鄂州市、孝感市、黄冈市、咸宁市、仙桃市、天门市、潜江市党委和政府主要负责人为组成人员，省直成员单位配合，负责推动以武鄂黄黄为核心的武汉都市圈发展，武汉都市圈各市均成立推进武汉都市圈发展工作领导小组。武汉都市圈同城化发展工作采用两级运行机制，由决策层和协调执行层组成，决策层即武汉都市圈发展协调机制会议，协调执行层包括武汉都市圈发展协调机制办公室和武汉都市圈发展协调机制专题工作组。武汉都市圈发展协调机制会议原则上由召集人组织召开，也可由召集人委托中共武汉市委、武汉市人民政府主要领导组织召开。会议原则上每半年召开一次，可根据工作需要适时召开。

武圈办由九市联合组建。武圈办主任由武汉市人民政府常务副市长兼任，副主任由其他八市人民政府常务副市长兼任，执行副主任由武汉市发展和改革委员会主任兼任，成员由其他八市发展改革委主任组成。主要职责是对口衔接省推进三大都市圈发展工作领导小组办公室，落实协调机制会议重大决策部署，协调推进武汉都市圈发展重大事项；组织编制中长期发展规划、三年行动方案和年度工作清单；指导协调轮值市举办协调机制会议，提出会议方案（议题）报召集人审定实施；统筹协调专题工作组推进本领域有关工作；承担武汉都市圈发展工作日常联络协调和协调机制会议交办的其他事项等。

5个专题工作组分别在科技创新、交通发展、工业经济、政务服务、生态环境5个领域组建。各专题工作组组长由武汉市人民政府分管副市长兼任，副组长由其他八市对口分管副市长兼任，执行副组长由武汉市有关市直部门主要负责人兼任，成员由其他八市有关市直部门单位主要负责人组成。

【各市推进武汉都市圈发展工作领导小组】 2022年9—11月，黄石、鄂州、孝感、黄冈、咸宁、仙桃、天门、潜江八市相继成立对接融入武汉都市圈发展工作领导小组

（以下简称“领导小组”），由各市市委书记、市长任组长，市委和市人民政府组成人员（或相关负责人）为副组长，各职能部门主要负责人为成员。领导小组下设办公室和5~6个专题工作组，主要负责对口衔接武汉都市圈发展协调机制办公室，联络协调对口省直部门和武汉市直部门，组织制定各组（领域）总体工作方案和年度工作要点，谋划和组织实施对接武汉都市圈的重大事项、重大项目、重大改革举措，完成领导小组及办公室交办的其他事项。

（武汉市地方志办）

重要会议和活动

【概况】 2022年，武汉都市圈九市共同推进同城化发展进程。湖北省人民政府先后两次召开武汉都市圈发展协调机制会议，作出“大力发展以武鄂黄黄为核心的武汉都市圈”的战略决策，出台十大重点工程项目清单，审议通过《武汉都市圈发展协调机制》《武汉都市圈发展协调机制办公室规则》《武汉都市圈发展三年行动方案（2023—2025年）》《武汉都市圈发展2023年工作清单》《武鄂黄黄规划建设纲要大纲》《武汉新城规划》等文件，武汉、鄂州、黄冈、黄石四市签署《武鄂黄黄共同推进十大重点工程合作协议》。

武汉都市圈九市开展常态化对接。武汉市发挥“一主引领”作用，推进九市重点合作项目，召开同城化工作座谈会，达成一批重点合作协议。武汉都市圈其他八市党政代表团互访交流9批次。全年武圈办对接八市来访20余批次。九市相关部门之间对接交流300余批次。九市交通部门在汉召开武汉都市圈2022年度交通一体化工作推进会，印发《武汉都市圈交通一体化发展三年行动共同宣言》和《武汉都市圈综合交通谋划项目清单（2022—2024年）》。九市公积金中心联合组建联络办公室，成员由各中心业务分管领导组成，武汉公积金中心贷款管理处为联络办公室日常工作机构，建立常态化的工作联系机制，全年召开多种形式专题会议10余次，推进武汉都市圈住房公积金同城化相关政策落地见效。在黄石市召开生态环境合作暨流域综合治理联席会议，签订《武汉都市圈生态环境合作（黄石）框架协议》，明确协同推进跨界流域协同治理、大气污染联防联控等重点工作。九市人社部门将劳动保障监察协同纳入同城化发展战略，召开劳动保障监察一体化建设线上推进会。九市商务部门召开武汉都市圈招商主管部门第二次联席会议，推进年度重点工作协同实施，武汉市与黄石市、咸宁市商务部门签订招商引资战略合作协议，组织武商集团股份有限公司、武汉城市建设投资开发集团有限公司、武汉城市建设集团有限公司等有关公司负责人到咸宁市考察交流，与咸宁市商务部门就两市产业合作等进行对接交流座谈。鄂州市、黄石市、黄冈市、孝感市依托“长江资本论坛”重大活动平台共同开展联合招商活动。组织九市招商主管部门联合考察黄石（武汉）离岸科创园，在黄冈红安组织召开2022年武汉都市圈政企合作对接交流会，现场达成初步意向投资协议8项，包括生态农业、影视城、生物科技、特种设备检测、应急救援学校等领域，意向总投资额超过30亿元。

【武汉都市圈发展协调机制第一次会议】 2022年9月20日，武汉都市圈发展协调机制第一次会议在武汉召开，武汉都市圈各市以及省直部门负责人参加会议，湖北省人民政府省长王忠林出席会议并讲话。会议提出，建设以武鄂黄黄（即武汉市、鄂州市、黄冈市、黄石市）为核心的武汉都市圈，是加快建设全国构建新发展格局先行区的关键之招，是引领长江中游城市群高质量发展的战略之举，基于武鄂黄黄发展优势提出的务实之策，要按照“一年见成效、三年上台阶、五年大跨越、十年翻一番”要求，不断提升规模能级，奋力在全国都市圈第一方阵中争先进位，构筑长江中游城市群的关键支撑，打造引领湖北发展的龙头引擎；要明确功能定位，着力建设国际综合交通和物流枢纽、国家制造业中心、国家科技创新中心、专业性金融中心、国际交往中心“一枢纽四中心”；要强化分工合作，把

2022 年 9 月 20 日，武汉都市圈发展协调机制第一次会议在武汉召开（摘自《湖北日报》）

武汉当好“主引擎”，加快建设武汉新城，鄂州、黄石、黄冈主动融入、深度融合，其他五市主动找位、竞相出力，形成协同联动、组团发展的格局，在打造交通物流枢纽、促进产业协同发展、建设科技创新高地、实施生态共保共治、推进公共服务共建共享取得实质性突破。会上，解读了武鄂黄黄规划，武汉、鄂州、黄石、黄冈四市签署了共同推进十大重点工程合作协议。

【武汉都市圈发展协调机制第二次会议】2022 年 12 月 29 日，武汉都市圈发展协调机制第二次会议以电视电话形式在汉召开。武汉都市圈各市在各分会场参加。会议提出要谋定快动、统筹发力，加快推动武汉都市圈发展成势见效，打造引领湖北、支撑中部、辐射全国、融入世界的重要增长极。要在交通物流互联互通上取得新成效，着力推进铁水公空硬联通和人物资信软联通，筑牢立体交通网络体系，做强物流运输体系；要在科技产业协同发展上实现新突破，更大力度推动创新协同、产业协作，促进创新链和产业链深度融合；要在改革开放协作联动上展现新作为，建好、用好自贸区、综保区、国际性展会等开放平台，打造市场化、法治化、国际化一流营商环境；要在安全风险联防联控上体现新担当，携手抓好流域综合治理、提高粮食能源安全等保障能力、推进社会治理创新；要在公共服务共建共享上见到新进展，加快教育、医疗等公共服务资源共享、要素互通、制度互联、待遇互认；要聚焦重点、聚势突破，着力打造武汉新城主引擎、花湖机场强枢纽和城市组团硬支撑，全面加快武鄂黄黄核心区建设，引领武汉都市圈发展。湖北省人民政府省长王忠林出席会议并讲话。会议审议了《武汉都市圈发展三年行动方案（2023—2025 年）》《武汉都市圈发展 2023 年工作清单》《武鄂黄黄规划建设纲要大纲》《武汉新城规划》等文件。

（湖北省武汉城市圈研究会）

【武汉城市圈公共交通一体化协同立法】2022 年 8 月 3 日，武汉市第十五届人大常委会第四次会议表决通过《武汉都市圈公共交通一体化促进条例》，就涉及武汉城市圈公共交通一体化的规划编制、设施建设、线路审批、运营管理、执法监督等活动作出相应规定。该条例是武汉都市圈区域协同立法的首部地方性法规，待报请湖北省人大常委会批准后颁布实施。

【武汉城市圈主流媒体联盟成立】2022 年 1 月 14 日，武汉城市圈主流媒体联盟（以下简称“圈媒联盟”）在武汉成立。圈媒联盟由长江日报报业集团联合黄石日报社、鄂州市融媒体中心、孝感日报传媒集团、黄冈日报社、咸宁日报传媒集团、仙桃日报社、天门日报社、潜江日报社组成，通过建立九市媒体间协作机制，加强各主流媒体在新闻采编业务、媒体融合发展等方面的交流合作。6 月 28 日，圈媒联盟发布“2022 行动计划”，开展同题采访，组建九城媒体联合采访团；打造共同平台，合力创办“武汉城市圈新闻周刊”；形成发布矩阵，制作武汉城市圈融媒产品，联动国内主流媒体协同发布，提升武汉城市圈全国影响力。

【2022 年首次武汉城市圈政企合作对接交流会】 2022 年 5 月 17 日，2022 年首次武汉城市圈政企合作对接交流会在红安县召开。该会由湖北省企业国际合作协会、湖北省武汉城市圈研究会、红安县人民政府承办。相关部门和企业共 30 多家单位与会，现场达成生态农业、影视城、生物科技、特种设备检测、应急救援学校等 8 项初步意向投资协议，总投资额超过 30 亿元。

【武汉城市圈工会工作同城化发展联席会】 2022 年 5 月 26 日，武汉城市圈工会工作同城化发展联席会召开。会议讨论研究武汉城市圈工会工作同城化发展相关文件方案，并报告武汉城市圈职工重大疾病医疗互助活动实施成效。九市工会负责人共同签署《武汉城市圈工会工作同城化发展合作框架协议》，推动武汉城市圈工会在职工思想引领联动共进、职工建功立业联动共赛、职工权益维护联动共保、职工帮扶服务联动共享、工会干部队伍联动共建等方面开展合作。

【武汉城市圈女科技工作者交流对接会】 2022 年 5 月 27 日，武汉城市圈女科技工作者交流对接会在中国光谷科技会展中心举行。会议由湖北省妇女联合会、武汉东湖新技术开发区管理委员会、武汉市妇女联合会联合主办，武汉城市圈九市 80 余位来自科技创新不同领域、不同行业、不同学科的女科技工作者代表参加。会议以“科技创新，巾帼逐梦”为主题，来自黄冈市农业科学院、武汉恩倍思科技有限公司和武汉霍立克电气有限公司的 3 位女科技工作者代表作经验交流。会上宣告成立武汉城市圈女科技工作者联盟（以下简称“联盟”）。联盟由武汉产业创新发展研究院提供 5000 万元专项资金，为女科技工作者提供资金扶持。联盟规划定期举办女科技工作者沙龙，组织科技创新主题分享会，开展科学普及服务和女科技工作者精准结对活动，搭建女科技工作者“政产学研金服用”对接平台。

2022 年 5 月 27 日，湖北省武汉城市圈女科技工作者交流对接会在中国光谷科技会展中心举行。图为湖北省武汉城市圈女科技工作者联盟成立仪式（武汉市地方志办　供图）

【《武汉城市圈生态环境合作（黄石）框架协议》签订】 2022 年 8 月 24 日，2022 年武汉城市圈生态环境合作暨流域综合治理联席会议在黄石召开，九市生态环境局共同签订《武汉城市圈生态环境合作（黄石）框架协议》。根据协议，九市生态环境部门建立工作联系网络与信息通报机制，每季度组织一次联合巡河联合执法，每半年开展一次联合执法或交叉互检，每年召开一次协商会议，深入推动跨界流域协同治理、大气污染联防联控工作。

【首届武汉都市圈建设专家座谈会召开】 2022 年 9 月 29 日，首届武汉都市圈建设专家座谈会在汉召开。该会由武汉都市圈发展协调机制办公室主办，湖北省武汉城市圈研究会、武汉市社会科学院承办。武圈办负责人在会上传达了中共湖北省第十二次代表大会决策部署和武汉都市圈发展协调机制第一次会议精神，湖北省武汉城市圈研究会介绍了都市圈城市融合评估指数研究的意义和作用，武汉大学、华中师范大学、中南财经政法大学、湖北师范大学等高等院校的专家分别作专题报告，围绕加快培育武汉都市圈，努力建设全国构建新发展格局先行区，引领长江中游城市群协同发展发表观点、建言献策。座谈会上首次发布《武汉都市圈建设白皮书》。

【2022 中国 5G+ 工业互联网大会在武汉开幕】2022 年 11 月 19—21 日，以“数融万物·智创未来”为主题的 2022 中国 5G+ 工业互联网大会在武汉举行。本届大会由工业和信息化部、湖北省人民政府共同主办。大会按照“1+2+20+N”总体架构，共举办 1 场开幕式、2 场主论坛、20 场分论坛和 N 场特色活动，线上线下参与人次超过 2500 万，17 位“两院”院士、17 名知名企业家在大会上作交流发言。工业和信息化部举行工业互联网标识解析体系全面建成仪式，发布《2022 中国“5G+ 工业互联网”发展成效评估报告》，对“5G+ 工业互联网”512 工程三年成果进行总结。大会签约项目 84 个，总金额 676 亿元。其中，武汉主会场签约项目 9 个，总金额 292 亿元。大会还举办“2022 中国 5G+ 工业互联网创新成果展”，较往年新增先进技术成果展区、工业元宇宙特别展区，展示面积增加到 1 万平方米。

【首届长江大保护司法论坛举行】2022 年 11 月 24—25 日，首届长江大保护司法论坛在武汉举行。论坛由湖北省高级人民法院、长江海商法学会、武汉大学法学院、华中科技大学法学院、中南财经政法大学法学院、人民法院环境资源审判理论研究基地（武汉大学）共同举办。最高人民法院，长江流域沿线法院、检察院负责人，高等院校及科研机构专家学者，通过线上线下相结合方式，围绕长江大保护开展深入探讨。论坛通过《长江司法保护武汉共识》，提出探索构建长江流域一体化司法保护机制，通过审理长江保护相关案件，完善长江流域法院司法协作机制建设，有效发挥信息化手段在立案、审判、执行中的智慧效应，提升跨域环境诉讼服务能力；强化全流域系统保护，完善以流域、湖域等生态功能区为单位的环境资源案件跨行政区划集中管辖制度；加强长江流域内公检法司以及政府法治部门、行政执法机关、流域管理机构之间的协调联动，搭建委托送达、委托取证、委托执行和信息共享平台。

2022 年 11 月 20 日，2022 中国 5G+ 工业互联网大会在武汉开幕（武汉市地方志办　供图）

【武汉都市圈人才发展联盟第一次全体会议召开】2022 年 12 月 13 日，武汉都市圈人才发展联盟召开第一次全体会议。武汉都市圈人才发展联盟由武鄂黄黄四市共同组建，四市组织、科技、人社部门和相关高校、科研机构、科技企业、人才服务机构的有关负责人作为联盟成员。人才联盟主要职责是着眼促进区域人才发展一体化，推动“四个互通”：人才政策互动融通，共同构建科学合理的人才发展格局；人才引育互促联通，最大限度地发挥区域人才资源的整体效能；人才资源互用流通，推进光谷科创大走廊黄石、黄冈、鄂州功能区建设；人才服务互惠畅通，促进一批服务事项“跨城通办”，增强对人才的吸引力、凝聚力。会议通报了人才发展联盟前期工作和人才合作项目情况，审议并通过联盟工作规则和 2023 年联盟重点工作清单。

（武汉市地方志办）

【《光谷科技创新大走廊光电子信息产业战略合作协议》签订】2022 年 3 月 26 日，黄石经济技术开发区·铁山区与武汉光谷光电子信息产业园建设服务中心签署《光谷科技创新大走廊光电子信息产业战略合作协议》，协议明确双方在规划建设专业园区平台、联合编制产业发展规划、加强产业链协同发展、开展产业项目联动招商、设立产业投资基金、强化要素资源共享互通搭建、建立产业交流合作平台 7 个方面开展战略合作，培育壮大黄石千亿级电子信息产业集群，助力光谷科创大走廊“光芯屏端网”万亿级光电子信息产业发展。

（黄石市档案馆）

【《武鄂自然资源和规划同城化高质量发展战略合作协议》签订】 2022 年 1 月 19 日，武汉、鄂州两市自然资源和规划局签订《武鄂自然资源和规划同城化高质量发展战略合作协议》。武鄂方向是武汉都市圈四大功能板块发展先行区之一，也是四条发展轴上最成熟的轴线，是武汉都市圈同城化的核心区域。按照协议，两市自然资源和规划工作部门按照“优势互补、互利共赢”的原则，发挥各自优势，在国土空间规划编制、项目用地保障、信息化建设、生态保护、人员交流和干部人才培养等方面开展合作，共同探索可复制可推广的同城化合作经验，推进武汉都市圈同城化建设。

【《武汉鄂州共建武汉城市圈同城化核心区合作协议》签署】 2022 年 3 月 17 日，武汉与鄂州共同签署《武汉鄂州共建武汉城市圈同城化核心区合作协议》，在规划、交通、科技、产业、民生五个方面开展合作，共建五个同城化“核心区”。协议明确 2022 年武鄂两地 21 项重点对接合作事项。规划方面，编制《武鄂同城化发展规划》《梁子湖旅游发展规划》；交通方面，加快武鄂轨道通勤图建设、加快打通武鄂市政道路梗阻、完善干线公路网建设；科技方面，推进“32232”（组织 3 场创新创业活动，安排武汉市院士专家 20 人、科技副总 20 人、博士服务团 30 人、科技特派员 20 人到城市圈开展技术支持）科技合作工作、建设科技资源共享平台；产业方面，合作共建产业园区、探索共建合作利益分配机制、探索共同设立产业投资基金、共建联合招商引资平台；民生方面，协调开展梁子湖生态保护、新桥收费站区域综合整治、跨市医废协同处置，推动医疗机构医疗技术共建共享，共享武汉优质教育资源，推动社保“一卡通”，推进医疗保障“四个实现”，推动两地旅游景点“一卡通”，加快推进住房公积金数据共享和系统建设，加快推进委托扣划住房公积金偿还异地公积金贷款业务建设。

【《武汉鄂州梁子湖水生态环境保护协议》签订】 2022 年 3 月 17 日，武汉、鄂州两地生态环保部门签订《武汉鄂州梁子湖水生态环境保护协议》。两地按协议严格执行环境准入标准，严格落实“三线一单”（生态保护红线、环境质量底线、资源利用上线和生态环境准入清单）规定，不断改善流域水环境质量；共同推进流域水污染综合整治，对标对表湖泊保护治理新要求、新理念，切实形成上下游合力，同保同治；建立梁子湖流域保护信息共享制度，实现梁子湖流域基础监测数

2022 年 1 月 19 日，武汉市和鄂州市签订自然资源和规划同城化战略合作协议（鄂州市档案馆　供图）

据信息共享；不定期开展联合监测，及时共享数据信息，共同维护梁子湖流域健康生态及良好秩序；完善上下游突发水污染事件协调应急处置机制，探索实践上下游环境应急“一盘棋”的处置思路，提升协调应急处置能力。

【《武鄂黄黄（武汉城市圈核心区）河湖长制一体化发展工作方案》签订】 2022年11月9日，武汉、鄂州、黄石、黄冈四市共同召开武鄂黄黄（武汉城市圈核心区）河湖长制一体化发展工作视频会议，签订《武鄂黄黄（武汉城市圈核心区）河湖长制一体化发展工作方案》（以下简称“《方案》”），共同推动武汉都市圈水环境联保联治。《方案》明确摸清武鄂黄黄都市圈水环境河湖水系底数、建立信息互通协作联络机制、建立河湖长联合巡查机制、建立水域岸线常态化清理处置机制等8项具体工作任务，共同推进跨市河湖治理和管护，促进跨市河湖水生态、水环境的稳步提升，形成河湖长制管水治水的工作合力；加强长江、梁子湖等流域上下游统筹、左右岸协同、干支流互动，依据“一河（湖）一策”，开展截污控污、岸线管理、生态治理、联合执法等方面的合作，共谋、共建、共治武汉都市圈幸福河湖，构建水系互联的现代水网，形成武鄂黄黄都市圈水环境保护共商、共治、共享一体化发展格局。

【鄂州黄石签订《高桥河跨市断面生态保护补偿协议》】 2022年11月16日，鄂州市梁子湖区与大冶市签订《高桥河跨市断面生态保护补偿协议》。双方按照“谁超标、谁赔付，谁受益、谁补偿”的原则，实施高桥河上下游“双向生态补偿”。以高桥河在跨市界处设置的港口桥断面水质自动监测数据为依据，每季度预警1次，根据断面水质监测结果，下季度第一个月底前完成上季度预警；每年核算一次，下一年度3月前完成上一年度全年补偿资金核算、结算、拨付。若断面水质年均值达不到Ⅲ类标准，上游向下游补偿500万元；若断面水质优于Ⅱ类标准（不含Ⅱ类），则下游向上游奖励500万元。同时设置总磷的浓度梯度核算标准，根据不同浓度值设置对应补偿金额。每年合计补偿金额上限为1000万元，生态补偿资金必须专款专用于高桥河流域范围内水污染防治等相关工作，促进高桥河水质改善。

（鄂州市档案馆）

2022年11月9日，武汉、鄂州、黄石、黄冈四市联合召开“武鄂黄黄”河湖长制一体化发展工作视频会议。图为黄石市分会场（黄石市水利和湖泊局供图）

【《汉孝自然资源和规划同城化高质量发展战略合作框架协议》签订】 2022年3月27日，武汉市与孝感市两地自然资源和规划局签订《汉孝自然资源和规划同城化高质量发展战略合作框架协议》。双方明确在规划同编、生态同保、要素共保、信息共享、机制同建、交流合作研讨六方面共同推进武汉城市圈空间规划、汉孝同城化空间规划编制，做好两市国土空间规划、相关专项规划和详细规划的协同对接；切实推动两市生态保护协同，共同推进大别山、汉江、府澴河及汉孝临界等区域生态保护和修复，共同申报跨区域生态修复、全域国土综合整治、废弃矿山修复治理项目，打造跨界山水共保共治示范样本；对交通、能源、水利等跨区域的基础设施，以及合作共建园区建设项目做好要素共保；两市自然资源和规划领域体制机制同向建设，加强系统对接、业务互通，共同探索推动两市不动产确权、抵押登记互认互办，共同实施共建园区土地储备和开发建设等工作。

【孝汉随建立府澴河流域横向生态补偿机制】 2022年10月19日，孝感市与武汉市、随州市共同召开府澴河流域生态补偿视频会议，研究讨论建立府澴河跨市生态补偿机制。三市生态环境局共同签订《关于统筹推进府澴河流域水污染联防联控开启水环境共治共管共享模式的框架协议》，决定建立长期、稳定、有效的跨市流域水环境共治共管共享机制，为实现府澴河流域区域水生态环境保护与经济社会协调发展提供保障。

（孝感市史志研究中心）

【《武汉红安市域（郊）铁路工程建设框架协议书》签订】 2022年1月5日，武汉地铁集团有限公司与红安县人民政府签署《武汉红安市域（郊）铁路工程建设框架协议书》。红安市域铁路是武汉都市圈“双环十二射”市域铁路的重要组成部分。武汉红安市域（郊）铁路工程初步规划从武汉北引出，连接天河空港枢纽、汉阳高铁站两大综合交通枢纽，串联红安经济技术开发区与武汉市黄陂区前川新城、武汉长江新区副城及临空副城，全长约70千米，与武汉轨道交通7号线、14号线和前川线衔接换乘。武汉红安市域（郊）铁路建成后可实现红安1小时到达天河航空港。

【《武汉市黄冈市生态环境保护合作协议》签订】 2022年3月26日，武汉、黄冈两市生态环境局签订《武汉市黄冈市生态环境保护合作协议》，加强两地生态环境保护合作。武汉、黄冈两市联合开展大气污染联防联控、实施水污染防治共治共保、加强固体废物处置利用协助、加强环境行政执法合作、实现生态环境信息共享、探索推进主要污染物排放总量调剂、建立生态环境安全及环境污染事故应急处置联动机制、推进环境政务服务同城化办理。根据协议，黄冈列出推进武汉城市圈同城化发展生态环境工作组重点清单，18个项目总投资207亿元，其中，大别山南麓水资源配置工程总投资170亿元。

【《武汉黄冈住房公积金同城化发展合作协议》签订】 2022年3月26日，武汉、黄冈两地住房公积金管理中心签订《武汉黄冈住房公积金同城化发展合作协议》。协议明确进一步深化住房公积金异地互认互贷，优化住房公积金异地转移接续，互为住房公积金业务办理窗口，建设武汉城市圈住房公积金同城化互联共享平台，开展住房公积金偿还异地贷款委托扣划业务。截至2022年底，武汉、黄冈两地住房公积金初步形成“政策互同、管理互动、系统互联、数据互享、风险互控、服务互鉴”的同城化工作格局。

（黄冈市史志研究中心）

【《建设光谷科技创新大走廊战略合作协议》签订】 2022年2月18日，咸宁市人民政府与武汉东湖新技术开发区管理委员会签订《建设光谷科技创新大走廊战略合作协议》。根据协议双方在平台构建、园区建设、科技金融等方面

2022年2月18日，咸宁市人民政府与武汉东湖新技术开发区管理委员会签订《建设光谷科技创新大走廊战略合作协议》（咸宁市史志研究中心　供图）

2022 年武汉都市圈共建协议一览表（部分）

序号	签约时间	签约方	协议名称
1	1 月 5 日	红安县人民政府、武汉地铁集团	武汉红安市域（郊）铁路工程建设框架协议书
2	1 月 7 日	鄂州市临空经济区、武汉光谷金控集团	共建光谷鄂州光电产业园项目战略合作框架协议
3	1 月 14 日	长江日报报业集团、黄石日报社、鄂州市融媒体中心、孝感日报传媒集团有限公司、黄冈日报社、咸宁日报传媒集团有限公司、仙桃日报社、天门日报社、潜江日报社	武汉主流媒体联盟成立
4	1 月 19 日	武汉、鄂州两市自然资源和规划局	武鄂自然资源和规划同城化高质量发展战略合作协议
5	2 月 18 日	武汉东湖新技术开发区、咸宁市人民政府	咸宁市人民政府 武汉东湖新技术开发区战略合作协议
6	2 月 18 日	咸宁高新技术产业开发区、武汉东湖新技术开发区生物产业园	战略合作协议
7	2 月 18 日	咸宁高新投资集团有限公司、武汉高科国有控股集团有限公司	建设光谷科技创新大走廊战略合作协议
8	3 月 17 日	武汉、鄂州两地生态环保部门	武汉鄂州梁子湖水生态环境保护协议
9	3 月 17 日	武汉市人民政府、鄂州市人民政府	武汉鄂州共建武汉城市圈同城化核心区合作协议
10	3 月 26 日	黄冈市与武汉市两地住房公积金管理中心	武汉黄冈住房公积金同城化发展合作协议
11	3 月 26 日	黄冈市与武汉市	光谷黄冈科技产业园与武汉光电工业技术研究院共建黄冈协同创新中心
12	3 月 27 日	黄石市经济技术开发区铁山区与武汉光谷电子信息产业园建设服务中心	光谷科技创新大走廊光电子信息产业战略合作协议
13	3 月 28 日	孝感市与武汉市	汉孝自然资源和规划同城化高质量发展战略合作框架协议
14	5 月 1 日	黄冈市人民政府、鄂州市人民政府	黄冈市人民政府 鄂州市人民政府 湖北交通投资集团有限公司关于落实鄂黄长江公路大桥惠民政策合作协议
15	5 月 10 日	武汉经济技术开发区管委会与仙桃市人民政府	通顺河流域跨市断面水质考核生态补偿协议
16	5 月 26 日	武汉城市圈九市工会	武汉城市圈工会工作同城化发展合作框架协议
17	8 月 24 日	武汉城市圈九市生态环境局	武汉城市圈生态环境合作（黄石）框架协议
18	9 月 16 日	武汉市新洲区水务和湖泊局、区河湖长制办公室，黄冈市团风县水利和湖泊局、县河湖长制办公室	新洲区、团风县开展跨界河湖联席联巡联防联控方案
19	9 月 20 日	武汉、鄂州、黄石、黄冈四地市人民政府	共同建设十大重点工程合作协议
20	10 月 9 日	武汉市、鄂州市、黄石市、黄冈市四地河湖长制办公室	武鄂黄黄（武汉城市圈核心区）河湖长制一体化发展工作方案
21	11 月 2 日	武汉东湖高新技术开发区、中国信息通信科技集团有限公司	智慧光网和数字经济研发制造产业基地项目签署合作协议
22	11 月 11 日	华工科技产业股份有限公司与长飞光纤光缆股份有限公司	战略合作协议
23	11 月 16 日	鄂州市梁子湖区人民政府与黄石市大冶市人民政府	高桥河跨市断面生态保护补偿协议

开展合作，共同做实科技、做大产业、做好园区、做优环境。同日，咸宁国家高新技术产业开发区与武汉东湖新技术开发区生物产业园签订战略合作协议，咸宁高新投资集团有限公司与武汉高科国有控股集团有限公司签订相关投融资合作协议。双方围绕建设科技创新中心、共建光谷咸宁产业园、组建光谷科技创新大走廊产业发展基金、共建科技创新平台、建立联席会议机制等方向开展合作。

（咸宁市史志研究中心）

【《通顺河流域跨市断面水质考核生态补偿协议》签订】 2022 年 5 月 10 日，武汉经济技术开发区管委会和仙桃市人民政府签订《通顺河流域跨市断面水质考核生态补偿协议》。通顺河起于潜江市，经仙桃市顺流而下，在武汉经开区境内经黄陵矶闸汇入长江，全长195千米。其中，武汉段河道长68千米，汇水面积824平方千米。协议按照“谁超标、谁赔付，谁受益、谁补偿”的原则，实行通顺河流域上下游“双向生态补偿”。上游来水水质达到或优于Ⅲ类水质，下游地区向上游地区给予生态补偿；来水水质劣于目标要求，上游地区向下游地区给予污染补偿。补偿资金专用于通顺河流域水污染防治。

（摘自新华社网站）

2022年7月25日，中国纺织产业集群协作交流大会暨2022年仙桃服装产业发展大会在仙桃市举行（摘自仙桃市人民政府网站）

【中国纺织产业集群协作交流大会暨2022年仙桃服装产业发展大会在仙桃举行】 2022年7月25日，中国纺织产业集群协作交流大会暨2022年仙桃服装产业发展大会在仙桃举行。会议由中国纺织工业联合会产业集群工作委员会、湖北省服装行业协会和仙桃市人民政府共同举办，来自全国10多个省份的相关产业集群代表和各地近100家企业代表参加。会上国内重点纺织产业集群、产业园区以及重点企业代表，共同发出“中国纺织产业集群协作互联工作倡议”，正式启动中国纺织产业集群协作互联工程；仙桃市发布《仙西服装产业集聚区五年发展规划（2022—2026）》，仙桃市人民政府与武汉纺织大学签订市校合作协议，武汉纺织大学服装学院与仙桃市毛嘴镇签订建立江汉服装产业创新发展研究中心协议，毛嘴镇与全国重点裤业产销基地签订战略合作协议；仙西服装产业集聚区18个重点项目集中签约，协议总投资24.24亿元。

（摘自极目新闻）

【2022中伦·首届潜江裁缝节在潜江市举行】 2022年8月4日，潜江市举办2022中伦·首届潜江裁缝节，来自中国纺织规划建设院、中国纺织工业联合会、中国纺织工业企业管理协会、中国服装协会、湖北省纤维检验局、湖北省服装行业协会的行业专家或部门负责人以及省内外纺织服装企业代表参加活动。活动期间，广东骆驼服饰有限公司、浙江森马服饰股份有限公司、茂名佳都服饰科技集团有限公司等服装龙头企业现场签约42个纺织服装项目，协议总投资77.5亿元。截至2022年，潜江市已汇集纺织服装企业400余家，形成年加工生产能力7600万件、加工产值破百亿的产业集群，共有17.92万从业人员，该集群发展成为全国户外用品生产基地、全国羽绒服生产基地、全国童装生产基地。

（摘自新华网）

规划编制与合作对接

【概况】 2022年，《武汉都市圈发展规划》获批，武汉都市圈加紧完善一体化发展的顶层设计和相应的协调机制、工作步骤，相继出台《武汉都市圈发展合作框架协议》《武汉都市圈发展协调机制》《武汉都市圈发展协调机制办公室工作规则》《武鄂黄黄规划建设纲要大纲》等文件，研究编制《武汉都市圈发展三年行动方案（2023—2025年）》《武汉都市圈发展2023年工作清单》《武汉新城规划》，同步推进都市圈规划建设。

推进规划编制对接。武汉都市圈除武汉之外的八个城市同步制定当地融入武汉都市圈同城化发展的实施意见、三年行动方案、任务清单，编制或修订各项专项规划。鄂州市加快编制《武鄂同城化空间规划》《武鄂融合发展示范区城市客厅规划》，积极会同武汉共同编制《武汉－鄂州空港型国家物流枢纽建设方案》，与黄石、黄冈对接《黄鄂黄国家综合交通枢纽城市总体规划》编制工作，全力配合湖北省发展和改革委员会编制《湖北花湖临空经济区发展总体规划》。孝感市持续推进《孝汉同城化发展规划》编制工作。黄冈市协同编制《黄鄂黄全国性综合交通枢纽城市总体规划》《鄂黄黄国家综合货运枢纽补链强链实施方案》《武鄂黄黄都市圈综合交通高质量一体化发展工作方案》等。仙桃市开展融入武汉都市圈同城化发展实施意见和三年行动方案起草，编制完成《仙桃高新区启动区建设规划》。

【《武汉都市圈发展规划》获批实施】 2022年12月7日，《武汉都市圈发展规划》（以下简称“《规划》”）正式获国家发展和改革委员会函复，成为继南京、福州、成都、长株潭、西安、重庆都市圈发展规划后，第七个获批的国家级都市圈发展规划。根据批复，《规划》实施将积极推动武汉辐射带动周边城镇共同发展，加快推进基础设施互联互通、产业专业化分工协作、公共服务共建共享、安全风险联防联控，建立健全同城化发展体制机制，建设现代化都市圈，为长江中游城市群一体化发展提供坚强支撑，更好助推中部地区高质量发展，更好服务长江经济带发展。《规划》提出湖北省要统筹做好规划实施指导工作，健全都市圈发展协调推进机制，推动解决规划实施中的突出问题，适时开展规划实施情况评估，及时总结经验做法；武汉市及都市圈内其他城市是都市圈建设的责任主体，要协同推进规划实施，推动各项目标任务落到实处。

（湖北省武汉城市圈研究会）

【《武汉市创新街区（园区、楼宇）建设规划（2022—2025年）》编制】 2022年9月28日，武汉市正式发布《武汉市创新街区（园区、楼宇）建设规划（2022—2025年）》（简称“《规划》”），《规划》创新街区（园区、楼宇）建设范围包括11个行政区和3个开发区（不含武汉东湖生态旅游风景区、武汉新港、武汉长江新区）。《规划》提出，创新街区（园区、楼宇）建设以“城市更新与科技创新相结合，生产、生活、生态‘三生’融合，政府引导与市场主导相结合，市级统筹与区级实施相协同”为基本原则，以科技赋能城市更新和产业升级，建成一批低成本、便利化、特色化的创新街区，形成若干环大学创新经济带，培育一批创新主体多元、创新环境良好、创新创业创富成效显著的示范创新园区和创新楼宇，营造全市域、全社会支持创新创业的生态环境，至2025年，全市建成创新街区、创新园区、创新楼宇106个，建筑面积达到370万平方米以上。

【《武鄂黄黄规划建设纲要大纲》正式印发】 2022年12月30日，湖北省推进三大都市圈发展工作领导小组办公室印发《武鄂黄黄规划建设纲要大纲》（以下简称《大纲》）。《大纲》提出，以武汉

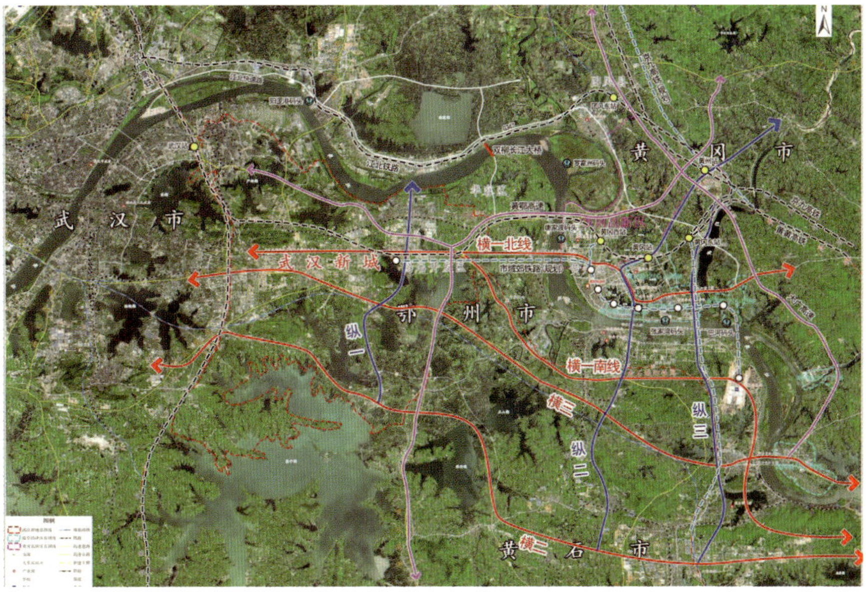

2022年，武汉都市圈“武鄂黄黄”交通联系图（黄冈市史志研究中心　供图）

新城、花湖国际货运枢纽和武鄂黄黄核心区综合交通枢纽建设为突破口，着力推进武鄂黄黄同城一体化发展，加快建设“一枢纽、四中心”（即国际综合交通和物流枢纽，国家制造业中心、国家科技创新中心、专业性金融中心、国际交往中心），构建沿江沿湖八大组团（武汉新城组团、武昌组团、汉口组团、汉阳组团、汤逊湖组团、鄂州主城组团、黄冈主城组团、黄石－大冶组团），定位武汉新城为武鄂黄黄城市中心、武汉都市圈高质量发展主引擎，通过将其打造为世界级科技创新策源高地、国家战略性新兴产业高地、全国科创金融中心、国际交往中心、中国式现代化宜居湿地城市样板，带动武鄂黄黄同城化发展；以花湖机场建设为契机，提升鄂黄黄城市功能，构建轨道交通、快速道路等重要交通系统，着重提升八大组团间的交通一体化发展水平。到2025年，武鄂黄黄同城一体化发展取得积极进展，生态环境共保联治水平大幅提升，“一江两屏、南湖北河、沿江布局、湖城相依”的山水城格局更加稳固，城乡人居环境持续改善；城镇空间结构和功能布局更加协调，武鄂黄黄核心区多中心组团式城镇格局初步形成，空间潜力进一步释放，基础设施互联互通水平不断提升，都市圈“3045”时空联系（邻近组团中心之间30分钟可达，汉口、汉阳和武昌三组团至鄂黄黄组团，武汉新城至天河机场45分钟可达）目标初步实现。到2035年，武鄂黄黄同城一体化发展格局全面形成，在推动长江经济带发展、促进长江中游城市群一体化发展上承担更大使命、发挥更大作用。

【武汉都市圈专项规划编制】 2022年，武汉都市圈各市围绕“便捷、创新、协同、开放、共享、智慧、安澜、绿色、活力”都市圈建设，加快编制都市圈流域综合治理、国土空间、基础设施、产业发展、科技创新、生态环境、公共服务、对外开放等10余个专项规划。《武汉都市圈空间规划》取得阶段性成果。《武汉都市圈要素市场化配置综合改革试点实施方案》于3月报送至国务院，按照国家有关部委意见进行了2轮修改并反馈国家发展和改革委员会，等待正式批复。《光谷科技创新大走廊区域布局规划（2021—2035年）》印发实施。《湖北花湖机场临空经济区总体规划》《武鄂黄黄规划建设纲要大纲》《武汉新城规划》《环梁子湖周边区域空间规划》《环梁子湖周边区域生态环境保护规划》《环梁子湖周边区域城市风貌管控规划》《黄鄂黄全国性综合交通枢纽城市总体规划》《武鄂黄黄综合交通高质量一体化发展工作方案》《黄鄂黄国家综合货运枢纽补链强链三年实施方案》《汉孝同城化发展规划》《湖北省都市圈市域（郊）铁路一期建设规划》正在抓紧编制。武汉都市圈流域综合治理规划、国土空间规划、基础设施发展规划、产业发展规划、科技创新协同规划、生态环境建设规划、公共服务高质量发展规划、对外开放高质量发展规划编制工作启动。

（武汉市地方志办）

【《黄石市“光芯板屏端网”电子信息产业链“十四五”发展规划》出台】 2021年12月31日，黄石市正式发布《黄石市“光芯板屏端网”电子信息产业链“十四五”发展规划》（以下简称“《规划》”）。《规划》重点支持光通信及激光、芯片、PCB（印制电路板）、新型显示、智能终端、5G+工业互联网六大细分领域发展，加快培育“光芯板屏端网”电子信息产业集群。《规划》提出构建“一带多园”产业空间布局。“一带”即“光芯板屏端网”电子信息产业带，参与湖北省“一主引领、两翼驱动、全域协同”的区域发展布局建设，积极对接光谷科创大走廊，全面推进“黄石临空经济区—黄石大冶湖国家高新技术产业开发区—黄石经济技术开发区·铁山区—黄石新港（物流）工业园区—阳新经济开发区（城北工业园）”的黄石电子信息产业带建设，统筹布局“光芯板屏端网”细分产业，实行协同规划、产业联动，积极加强与武汉等地重大创新平台的创新合作、协同攻关，打造全国知名的电子信息基础产业基地和创新高地。“多园”即“光芯板屏端网”电子信息产业园，以黄石经济技术开发区·铁山区、黄石大冶湖国家高新技术产业开发区、黄石临空经济区、黄石新港（物流）工业园区以及阳新经济开发区（城北工业园）当地产业基础为依托，分别规划建设若干“光芯板屏端网”电子信息产业园，打造特色产业集群态势突出、区域功能分工明显的产业专业园区。

【《黄石市国土空间规划》编制】 2022年10月26日，《黄石市国土空间规划》通过黄石市第十五届人大常委会第六次会议审议。规划定位黄石为长江中游城市群区域性中心城市、全国性综合交通枢纽、全国先进制造业基地、山水文化名城，对外主动融入武汉都市圈。划定6个国土空间规划一级分区，构建“北城南田、湖城相依、廊带结合、山水相连”的总体格局和“一主一辅、多点支撑、全域一体”的城镇体系，确定1个中心城市（黄石都市区，180万城镇人口）、1个县级中心城市（阳新城区，40万城镇人口）、7个重点镇和11个特色镇。全面对接武汉新城和鄂州花湖机场；对内积极拓展城市发展空间，打造引领全市跨越发展的黄石都市区。打造光谷科创大走廊黄石功能区，形成支撑产业升级的创新空间布局；加快实施创新驱动战略，主动对接光谷科创大走廊，集聚创新资源和要素，形成支撑创新链与产业链共进的产业空间布局，全面提升融合创新能力。对接武汉新城，在保安湖、三山湖、大冶湖畔规划光谷东科创岛、大冶湖高新区、黄石经济技术开发区等创新产业组团，形成从科教到研发、中试、加速、产业化的链式布局。年内，《黄石市国土空间规划》“三区三线”（“三区”是指城镇空间、农业空间、生态空间三种类型的国土空间；“三线”分别对应在城镇空间、农业空间、生态空间划定的城镇开发边界、永久基本农田、生态保护红线三条控制线）成果通过自然资源部正式批复，明确黄石市永久基本农田895平方千米、生态保护红线748.77平方千米、城镇开发边界按照1.3倍扩展倍数控制。截至2022年底，规划方案进入公示前期准备阶段。

（黄石市档案馆）

【鄂州市《关于加快建成武汉城市圈同城化核心区实施方案》出台】 2022年4月14日，鄂州市正式出台《关于加快建设武汉城市圈同城化核心区实施方案》（以下简称“《方案》”），从总体要求、建设基础设施互联核心区、建设产业同链核心区、建设创新协同核心区、建设开放枢纽核心区、建设民生共享核心区、建设生态同保核心区、建设市场一体核心区、建设全域协调联动核心区、建设同城合作机制创新核心区和保障措施11个方面对鄂州市加快建成武汉城市圈同城化核心区作出具体部署。《方案》提出到2025年，武鄂城市圈同城化核心区建设取得重大进展，带动地区生产总值年增速高于全省平均水平，基本实现武鄂同城化。

【《光谷科技创新大走廊鄂州功能区发展规划（2021—2035年）》出台】 2022年12月28日，鄂州市正式发布《光谷科技创新大走廊鄂州功能区发展规划（2021—2035年）》（以下简称“《规划》”）。《规划》提出依托“一横一纵”2条天然廊道的地形，建设横纵2条创新发展带，以红莲湖—葛店科创组团和鄂州花湖机场临空组团为重点，整体构建“两带两组团多点”全域创新空间格局。

建设横纵2条创新发展带。

光谷科技创新大走廊鄂州功能区生命健康产业集群空间布局规划图（鄂州市档案馆　供图）

自西向东打造“葛店经济技术开发区—华容区—鄂城区—临空经济区”沿江产业科技创新发展带。发挥三江港、花湖机场等交通物流枢纽优势，加强与武汉产业衔接配套，推进“小光谷”光电产业园等重点园区建设，大力发展新一代信息技术、智能制造、新能源新材料、生物医药、智慧物流等战略性新兴产业，适时导入临空偏好型产业，推动传统产业转型升级，打造长江中游高新技术产业集聚带、中部临空经济高地和全国知名的先进制造业基地。自北向南打造“葛店经济技术开发区—红莲湖科技城—梧桐湖生态科学城”生态科技创新发展带。发挥生态资源禀赋和毗邻武汉的地缘优势，布局一批国家级、省级创新平台，推动武鄂重大创新平台共建共享，承接武汉溢出的科技创新资源，加快促进技术创新、产业创新、产城融合创新。构筑“云岛、智岛”双岛引擎，推动“红莲湖大数据云计算中心、梧桐湖科教研发中心”双心联动，加快建设时空精密测量原子干涉科学观测设施，提升企业技术中心、产业技术研究院等现有创新平台能级，链接武汉实现未来产业创新巨变，推动鄂州建设成为创新智能产业资源地。

布局2个特色功能组团。推动红莲湖－葛店和鄂州花湖机场毗邻板块一体化组团发展，聚焦特色产业领域，打造两大功能单元，以面带全，提升功能区科技创新和产业发展能级。其中，红莲湖－葛店科创组团承接东湖科学城科技创新资源外溢，推动葛店经济技术开发区、红莲湖科技城、梧桐湖生态科学城、葛店南部生态科学岛等特色园区建设，打造新型显示配套生产基地、生物医药研发生产基地。探索发展“飞地经济”，将葛店南部生态岛作为东湖科学城远期规划建设用地，布局战略科技平台和产业创新项目。鄂州花湖机场临空组团依托鄂州花湖机场航空物流优势，布局智慧物流技术创新中心，建设智能临空技术研发与产业化基地，重点发展新一代信息技术、智能制造、智慧物流、大健康等战略性新兴产业，不断提升临空经济区的高端资源配置力和全球影响力，促进产业转型升级、引领产业向价值链高端跃升，支撑湖北航空客货门户“双枢纽”建设。

目标是到2035年，鄂州功能区建成光谷科技创新大走廊重要承载区，建成一批高水平创新平台，涌现出一批原创性科技成果，培育出一批具有全国影响力的科技型领军企业，打造若干有区域影响力的创新型产业集群，建成全省重要的区域性产业科技创新中心。

（鄂州市档案馆）

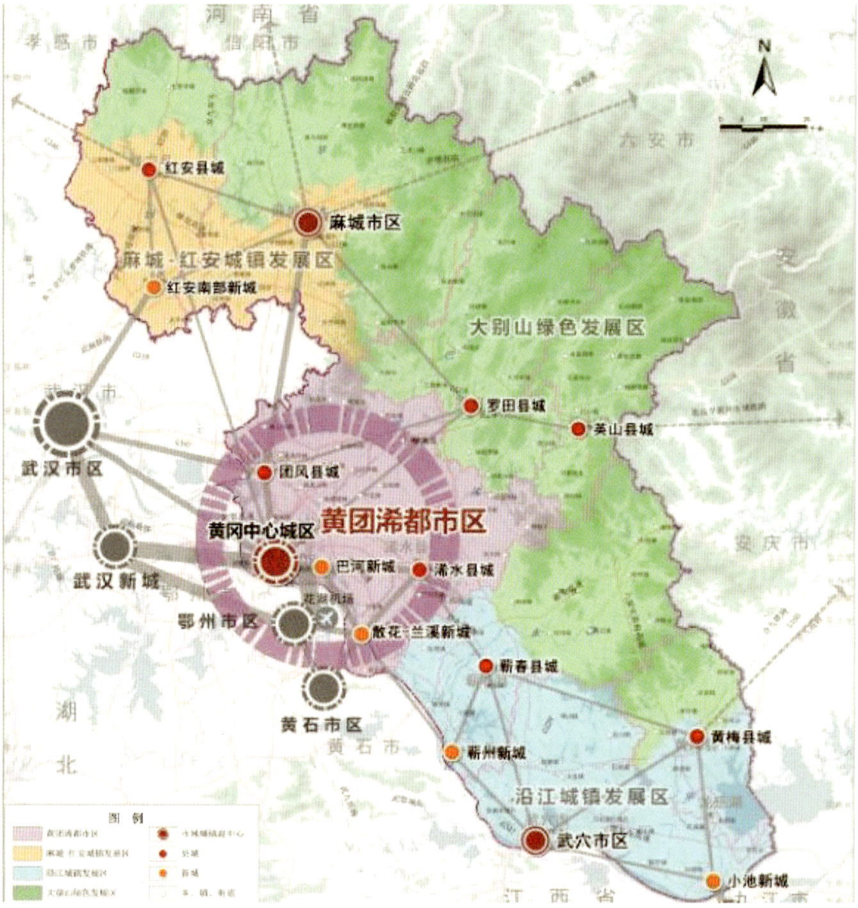

黄冈市城镇空间结构示意图（黄冈市史志研究中心　供图）

【《黄冈市国土空间总体规划》编制】
2022年，黄冈市完成《黄冈市国土空间总体规划（2021—2035）》编制，并上报湖北省主管部门预审。该规划分为市域和中心城区2个空间层次。市域包括黄冈市行政辖区的全部国土空间，面积

2022 年武汉都市圈各类规划编制情况一览表

序号	规划名称	工作进度
1	武汉都市圈空间规划	阶段性成果
2	光谷科技创新大走廊区域布局规划（2021—2035 年）	印发实施
3	武汉新城规划	通过省委审查
4	湖北省都市圈市域（郊）铁路一期建设规划	启动招标
5	武汉都市圈流域综合治理规划	进行中
6	武汉都市圈国土空间规划	进行中
7	武汉都市圈基础设施发展规划	进行中
8	武汉都市圈产业发展规划	进行中
9	武汉都市圈科技创新协同规划	进行中
10	武汉都市圈生态环境建设规划	进行中
11	武汉都市圈公共服务高质量发展规划	进行中
12	武汉都市圈对外开放高质量发展规划	进行中
13	黄石市“光芯板屏端网”电子信息产业链“十四五”发展规划	印发实施
14	黄石市国土空间规划	通过市人大常委会审议
15	湖北花湖机场临空经济区总体规划	进行中
16	光谷科技创新人走廊鄂州功能区发展规划（2021—2035 年）	印发实施
17	梁子湖区“十四五”文化旅游发展规划	进行中
18	梁子湖区全域旅游发展规划（2021—2035）	送审待批
19	环梁子湖周边区域空间规划	进行中
20	环梁子湖周边区域生态环境保护规划	进行中
21	环梁子湖周边区域城市风貌管控规划	进行中
22	梁子岛生态旅游区总体规划	完成初稿
23	汉孝同城化发展规划	进行中
24	黄冈市国土空间总体规划（2021—2035）	送审待批
25	黄鄂黄全国性综合交通枢纽城市总体规划	完成初稿
26	仙桃高新区启动区建设规划	完成

17457.3 平方千米；中心城区与市辖区（黄州区）范围一致，面积 362.4 平方千米。规划目标将黄冈定位为建设成为武汉都市圈重要功能区和全国革命老区绿色发展示范区，黄冈主城区着力打造为鄂东科技新城、商贸强城、文旅名城，黄冈全域建设为全省绿色智造与创新转化基地、特色农产品保障基地、红色文旅与绿色康养基地、商贸物流基地。

（黄冈市史志研究中心）

【《仙桃高新区启动区建设规划》编制】 2022 年 9 月 8 日，《仙桃高新区启动区建设规划》正式公布实施。仙桃高新技术产业开发区规划范围为东至工业三路、东南至沪渝高速公路、西抵杜台大

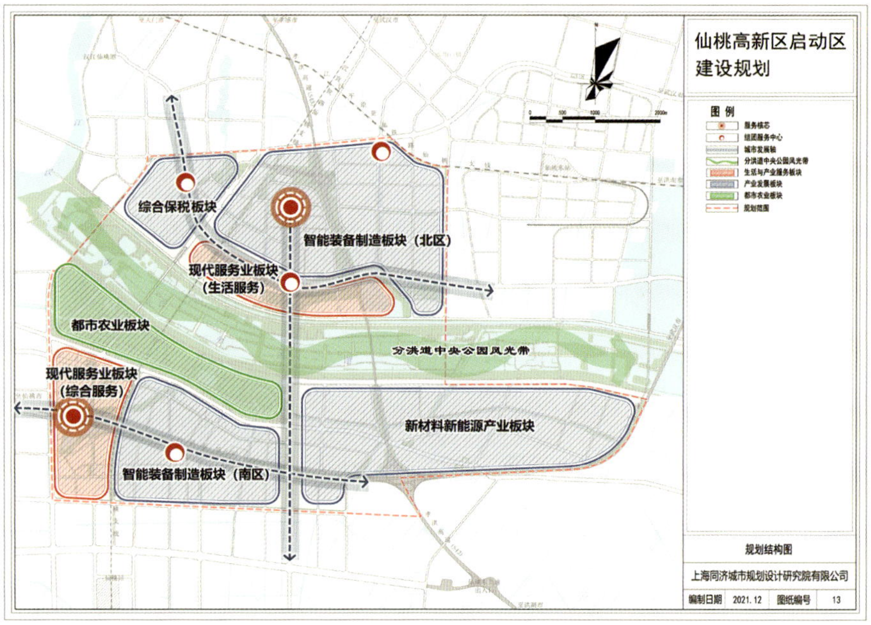

2022 年 9 月 8 日，《仙桃高新区启动区建设规划》发布，图为仙桃高新区启动区规划结构图（摘自仙桃市人民政府网站）

桥（老 318 国道）、和平路、北抵迎宾大道（318 国道）、南至新城大道，占地面积 34.79 平方千米。高新区启动区总体定位为仙桃市区域创新增长极、产业升级新引擎、绿色发展示范区。产业功能定位为重点发展智能装备制造、新材料新能源、现代服务业以及现代保税物流四大核心产业。规划区空间结构为“一带三轴两芯和七大板块”。其中，“一带”为洪道中央公园风光带。“三轴”包括 1 条南北向轴线，2 条东西向轴线。南北向轴线主要作为启动区内部结构性轴线，连接南北 2 大片区；东西向轴线为外向型轴线，串联启动区与高新区其他组团及仙桃中心城区。“两芯”为 2 个服务核芯，围绕城市公园和门户节点，打造 2 个服务核芯，结合城市发展轴线，规划布局形成 4 个组团级服务中心。7 大板块为 2 个现代服务业板块、1 个都市农业板块和 4 个产业板块，现代服务业板块包括城市综合服务和生活服务，产业板块包括现代保税物流板块、智能装备制造板块（北区、南区）和新材料新能源产业板块。人口规模规划期末居住人口约 6.5 万人，用地规模规划期末城市建设用地面积 23.78 平方千米。

（摘自仙桃市人民政府网站）

编辑：刘家连
校对：卢永会

交通同网与基础设施建设

区域高速路网建设

【概况】2022年，武汉都市圈各市全面推进99个年度重点交通项目。武汉至阳新（武汉段）、武汉至大悟、硚口至孝感（二期）、鄂州机场、麻安高速麻城东段等5条高速公路建成，汉南长江大桥开工建设，武汉都市圈环线高速公路北段、南段前期工作稳步推进，双柳长江大桥、武汉至天门高速公路、武汉至松滋高速公路、347国道新洲至团风段等项目加快推进。武黄高速公路免费通行，鄂黄长江大桥实现9座以下客车免费通行。燕矶长江大桥及接线、武汉至红安高速公路建设顺利推进，347国道举水河大桥、346国道红安县二程至上新集段改建工程等"硬联通"项目实现局部开工。鄂黄第三过江通道项目已委托中铁大桥勘探设计院集团有限公司全面开展前期工作研究。107国道武汉至咸宁段改扩建工程咸宁段已完成投资18亿元、完成率86.7%，通山至武宁高速公路湖北段用地资料已报自然资源部待批，已累计完成投资48亿元。仙桃市武松高速公路仙桃段项目启动，沪渝高速公路改扩建工程（仙桃段"四改八"）进行工可报告编制，随岳高速公路到河互通项目已完成临建工程建设，318国道仙桃市高新区至蔡甸改线工程已完成工可编制工作，汉江二桥及接线工程项目已完成桥位、线位的选定和防洪、通航、环评等相关专题招投标工作，武仙城际铁路新开通仙桃至武汉天河机场、黄石、咸宁、孝感等地线路。天门市沿江高铁天门段全面建设，建设进度领先于同期开工地区，武天高速公路天门东段开工建设。247省道客潜线潜江汉江大桥天门段连接线项目完工，潜江汉江大桥主体工程完工。

（湖北省武汉城市圈研究会）

【汉南长江大桥及接线工程北岸接线桥试桩】2022年12月18日，汉南长江大桥及接线工程北岸接线桥试桩开钻，为后续正式施工做准备。该工程属于武汉都市圈环线高速公路组成部分，起点位于武汉市蔡甸区通航产业园（与沪渝高速交叉），经汉南区，越武监高速公路，跨江后经咸宁市嘉鱼县簰洲湾镇潘家湾，上跨武深高速公路，终点至武汉市江夏区山坡街南侧（与京港澳高速公路交叉），全长71千米，按双向八车道高速公路标准建设，设计速度120千米/小时。汉南长江大桥是湖北省第四十一座、武汉市第十三座长江大桥。

【武汉至阳新高速公路建设】2022年，武汉至阳新高速公路（简称"武阳高速"）项目持续施工。武汉至鄂州段基本完工，完成投资7.02亿元，累计完成投资101.1亿元；鄂州段主体工程基本完工；黄石段完成投资34.2亿元，项目重要节点工程沈海湾大桥主桥全幅合龙，富水河特大桥贯通，黄坪山隧道双幅贯通。

该公路是湖北省"十三五"规划的重点项目，北起于武汉东湖新技术开发区凤凰山枢纽，南止于阳新县木港镇北山村鄂赣省界处，与拟建的江西武宁至湖北阳新高速公路对接，路线全长126千米，全程高架，按双向四至六车道标准建设，设计速度100千米/小时。全线分为武汉段、鄂州段和黄石段，其中，武汉段全长16.8千米，设置凤凰山（枢纽、改扩建）和龙泉2处互通式立交，设置管理中心1处、主线收费站1处、匝道收费站1处；鄂州段全长约17.91千米，设置红莲大道互通、长港枢纽互通立交

2022 年底，武汉至阳新高速公路武汉至鄂州段基本建成（武汉市地方志办　供图）

2 处，预留三六互通 1 处，同时设置匝道收费站 1 处、服务区 1 处、养护工区 1 处等沿线设施及交通安全设施；黄石段全长 91.3 千米，总投资 131.72 亿元，设置东风、大冶西、陈贵、大冶南、白沙、阳新、阳新南等互通式立交 9 处，设置管理监控中心 1 处、服务区 2 处、停车区 2 处、养护工区 2 处、主线收费站 1 处。

【武汉至大悟高速公路基本建成】2022 年，武汉至大悟高速公路武汉至河口段完成投资 40.4 亿元，累计完成投资 160.3 亿元，占总工程量的 100%；大悟段（河口至鄂豫界段）于年底建成。12 月 30 日，武汉至大悟高速公路喻家咀枢纽至刘集枢纽通过交工验收。

该项目是湖北省“九纵五横四环”高速公路网重点工程，也是国家高速公路京武高速的重要组成部分。项目起于武汉三环线南湖村互通，对接解放大道延长线，利用机场东线、新十公路走廊带向北，上跨武麻铁路、祁水线、黄孝线后沿 108 省道继续向北，在大悟县河口镇以西跨越 304 省道后，于大悟县刘集镇与在建麻竹高速公路对接，全长 86.5 千米。其中，线路在大悟县境内呈南北走向，途经大悟县河口镇、四姑镇、吕王镇、黄站镇、宣化店镇，全长 48.28 千米，设四姑站、吕王站、黄站站、宣化店站匝道收费站 4 处。

【武汉至天门高速公路（武汉至汉川段）开工】2022 年 4 月 22 日，武汉至天门高速公路（武汉至汉川段）正式开工。年内完成投资 15.02 亿元，占总工程量的 11.3%。该路段是武汉至重庆高速公路的组成部分，起于武汉市蔡甸区玉贤街道杨新村北，止于汉川市田二河镇李集村。路线全长 53.15 千米（蔡甸段 9.38 千米，汉川段 43.77 千米），按双向六车道高速公路标准建设，设计速度 120 千米/小时。全线设桥梁 20 座，共长 4.61 千米（其中汉江特大桥 570 米），桥梁占比 86.7%；设互通式立交 7 处，其中枢纽互通 2 处，主线收费站 1 处，服务区、养护

2022 年 6 月 23 日，中铁十四局集团有限公司承建的武汉至大悟高速公路上跨沪蓉线、麻武线立交桥悬灌梁经过连续两次双幅同步逆时针转体施工后，4 座总重达 72000 吨的悬灌 T 构箱梁在 37 米高空中实现精准对接，完成国内总吨位最重的公路跨高铁桥连续转体（武汉市地方志办　供图）

工区、管理分中心各1处。建设工期42个月。

【107国道武汉市东西湖段快速化改造工程开工】 2022年4月22日，107国道武汉市东西湖段快速化改造工程正式开工；至年底，工程进入墩柱施工阶段。107国道武汉市东西湖段（高桥二头至额头湾）快速化改造提升工程起于107国道高桥二路，止于额头湾立交西侧，为城市快速路兼一级公路，道路全长约10.37千米，其中高架桥全长9.13千米，全线按双向六至八车道标准建设，全程设置5组平行匝道，新建一清路人行天桥和四环线互通立交，采用高架+地面同步施工，投资概算72.24亿元，是东西湖区迄今为止投资最大的单体道路建设项目。计划工期2年，项目建成后，可有效缓解东西湖区与三环线节点交通转换压力，打通城市交通瓶颈。

【107国道武汉至咸宁段改扩建工程】 2022年8月，107国道武汉至咸宁段改扩建工程江夏段新南环（海吉星）至贺站段改扩建工程完成报批手续。该项目为一级公路，道路设计全长3.33千米，其中，改线新建路段长7577米，沿老路扩建路段长2.58千米。路基宽度32米，双向六车道，设计车速80千米/小时。桥梁工程8处，其中小桥7处，中桥1处，涵洞工程81处，渡槽1处。项目投资概算22.79亿元，计划工期36个月。

107国道咸宁段改扩建工程咸安绕城段北起107国道武汉江夏段，南至107国道咸宁赤壁段，路线全长36.84千米，投资概算20.76亿元，按一级公路标准建设，设计速度80千米小时。年内，基本完成路基、桥梁施工，开始路面施工，完成投资18亿元、完成率86.7%。107国道赤壁市改扩建工程（城区外迁段）起于赤壁市中伙铺镇南山村，止于茶庵岭镇八王庙村，路线全长26.93千米，按双向四车道一级公路标准建设，路基宽度24.5米，设计速度100千米/小时，投资概算15.69亿元。年内，全线桥梁工程基本完成，路面工程完成约50%。

（武汉市地方志办）

【大广高速公路黄石东方山互通工程建设】 2022年10月18日，大广高速公路湖北黄石东方山互通的连接线工程正式开工建设。年内，完成箱梁主体结构80%工程量。大广高速新增东方山互通项目，包含大广高速东方山互通和发展大道立交两个子项，是黄石全面对接鄂州花湖机场、融入武汉都市圈最快捷通道。东方山互通连接线工程北起东方山互通匝道，南与黄石市下陆区发展大道、伍家洪大道相交，路线全长1.27千米，道路等级为一级公路兼城市主干路，双向四车道，设计速度60千米/小时，投资概算8.5亿元，建设内容包括桥梁工程、道路工程、箱涵工程，主要解决新增东方山互通与既有城市道路的路网衔接及交通转换问题，增加黄石对外交通出行的高速进出口，满足中心城区对外交通的快速出行需要。

【武阳高速公路黄石段建设】 2022年，武汉至阳新高速公路黄石段项目重要节点工程沈海湾大桥主桥全幅合龙，富水河特大桥贯通，黄坪山隧道双幅贯通，全年完成投资34.2亿元。该项目起于大冶市东风农场南练山以东鄂州、黄石市界附近，与武汉至鄂州段对接；止于省界河山塘附近，与拟建的江西武宁至湖北阳新（赣鄂界）高速公路对接。公路全长91.3千米，总投资131.72亿元，设置东风、大冶西、陈贵、大冶南、白沙、阳新、阳新南等互通式立交9处，管理监控中心1处、服务区2处、停车区2处、养护工区2处、主线收费站1处。设计速度100千米/小时，于2019年1月8日正式开工建设，建设工期4年。

（黄石市档案馆）

【双柳长江大桥及接线工程施工】 2022年9月30日，武汉新港高速公路双柳长江大桥主墩桩基在长江南北两岸同时开工。年内，新港高速双柳长江大桥及接线工程完成投资16.9亿元，占总工程量的10.6%。

双柳长江大桥及接线工程是武汉新港高速公路（新洲至华容）跨越长江的通道，是武汉都市圈环线高速公路的组成部分。项目起于武汉市新洲区111省道汉新线，与武汉都市圈环线高速公路黄陂至新洲段衔接，设置双柳长江大桥，途经鄂州市华容区，终点与S38黄鄂高速公路相接，线路全长34.7千米（武汉段24.07千米，鄂州段8.97千米），设计速度120千米/小时。其中，双柳长江大桥段采用双向八车道高速公路标准建设，桥梁采用“一跨过江”的千米级钢箱梁悬索桥，大桥主跨1430米，宽50.5米，双向八车道，是至今长江上最宽的钢箱梁悬索桥。接线段按照双向六车道高速公路标准建设。

【燕矶长江大桥工程施工】 2022年11月27日，燕矶长江大桥南岸主墩承台完工，进入塔柱施工阶段。截至2022年底，鄂州市累计完成投资11.09亿元。主线便道累计完成标段23%；主塔承台、塔座（鄂州侧）全部浇筑完成；锚碇（鄂州侧）基础浇筑完成78%；引桥及接线工程桩基累计完成278根，占标段总量的20%，下构承台累计完成70个，占标段总量的17%，墩柱完成28根，占标段总量的2%。黄冈市完成北岸锚碇区基坑开挖工作，开始浇筑锚碇混凝土。

该桥为世界首座不同垂度四主缆钢桁梁悬索桥，集高速公路与城市道路功能为一体，采用单孔跨越通航水域和断裂带的主跨1860米双层桥面钢桁梁悬索桥方案。大桥上层为六车道高速公路，宽度33.5米，设计速度100千米/小时，起于黄冈市黄州区陈策楼镇古楼园村，设黄州北枢纽互通与大广高速公路相接，止于鄂州市鄂城区沙窝乡沙窝村，设沙窝枢纽互通与武鄂高速公路相接，路线全长26.391千米。下层为四车道城市快速路，宽度25.5米，设计速度80千米/小时，起于黄冈市黄州区南湖街道原江北一级公路收费管理站处，止于燕矶镇映山村，接鄂州市规划的燕大快速路，路线全长9.379千米，下层道路两侧设过江人行道，宽度3米。大桥主塔为城墙门楼造型门形框架结构的混凝土塔，高195米，划分为35个节段施工，主要采用超级爬模工装+钢筋部品化整体吊装工艺。大桥于2020年10月18日正式动工。

2022年3月7日，燕矶长江大桥开始主体工程施工（摘自湖北交投燕矶长江大桥有限公司官网）

燕矶长江大桥是“十四五”时期湖北省开工建造的第一座长江大桥，是连接鄂州与黄冈的第二条过江通道，位于鄂黄长江公路大桥和鄂东长江公路大桥之间，全长26.34千米，距离鄂州花湖机场约5千米，是花湖机场的综合配套工程。

【鄂州与武汉东湖新技术开发区连通路工程施工】 2022年，鄂州市新开工与武汉东湖新技术开发区连通工程项目4个。两市交通对接项目共10个，开工6个，年底基本贯通4个。其中，红莲湖新区望湖一路路基工程完成85%，污水管铺设完成85%，雨水管铺设完成85%，强弱电完成85%，水稳摊铺完成三层80%，人非通道附属工程完成62%。红莲湖新区高新六路左幅路基完成60%、地下管线完成80%，右幅路基完成85%、地下管线完成85%、水稳摊铺完成85%、人非通道附属工程完成20%。葛店大道建成约4千米道路，剩余A、B段完成2.6千米道路结构施工。短咀里湖桥拓宽项目开始桩基施工。红莲湖新区高新七路水泥搅拌桩完成85%，雨污水管网铺设35%。红莲湖新区未来二路武黄高速北段完成2.04千米路基、排水施工，强弱电工程完成86%，给水管道工程完成75%，石油保护涵完成1座，设计变更段雨污水管道工程完工，人非通道附属工程完成15%。葛店经济技术开发区高新五路1.3千米道路完成机动车道施工。

【鄂州花湖机场高速公路一期工程完工】2022年5月1日，鄂州花湖机场高速公路一期正式通车。一期工程起于鄂州市花马湖西侧黄山北，与在建的鄂州机场预留接口对接，经鄂州黄山后路线折向西，走花马湖北侧刘家湾附近下穿武黄城际铁路，至谷老湾设主线收费站，过贺家湾。上跨武鄂高速公路，设东庙枢纽互通与武鄂高速公路相接，路线继续向西经陈家边、刘伯湾、阮家新屋、陈兴三、华家庄、八字门，止于泽林镇陈桥村韩伏泗北，上跨武黄高速公路，设陈桥枢纽互通与武黄高速公路相接，路线全长13.04千米，投资概算23.6亿元。主线设桥梁12座（含互通区主线桥），长2602米。其中，大桥9座，中桥3座；设互通式立交2处、主线收费站1处、监控管理分中心1处、养护工区1处。主线采用双向六车道高速公路标准建设。起点至主线收费站段设计速度80千米/小时，路基宽度33米；主线收费站至终点5段设计速度120千米/小时，路基宽度34米。项目于2021年1月1日正式开工，2022年4月20日建设项目通过交工验收。

（鄂州市档案馆）

【京港澳高速公路湖北境鄂豫界至军山段改扩建工程施工】2022年，京港澳高速公路湖北境鄂豫界至军山段改扩建工程完成投资45.4亿元，累计完成投资50.0亿元，占总工程量的23.8%。该项目是湖北省工程规模最大、投资金额最高的单一高速公路改扩建项目，全长158千米，总投资210亿元。其中孝感段121千米(途经大悟县、孝昌县、孝感市孝南区)，总投资140亿元，整个项目由现有的双向四车道扩建为双向八车道。

【硚孝高速（二期）建设】2022年武汉硚口至孝感高速公路二期主体工程全部完工。年内完成投资3.4亿元，累计完成投资25.12亿元，占总工程量的93%。孝感段毛陈收费站北移设计变更于11月16日获湖北省交通运输厅批复；东山头互通项目于11月25日通过专家评审会，年底前按要求修改工可报告及收集相关资料；葛南线/林枫线、木泉线/泉孝线、玉孝二回线于12月3日完成迁改任务。

该项目起于武汉市东西湖区东山街道京港澳高速公路灯塔枢纽互通，止于孝感市孝南区毛陈镇焦湖村，与已建成的硚孝联络线相接，横跨府河、沦河等7条河道，路线全长12千米（武汉段4.11千米，孝感段7.9千米），全线按照双向四车道高速公路标准修建，沿线设立毛陈主线收费站和东山匝道收费站，设计速度100千米/小时，总投资29.56亿元，2018年底开工建设。

【武汉至重庆高速公路（汉川至天门段）开工】2022年7月6日，武汉至重庆高速公路汉川至天门段正式开工。该项目起于汉川市田二河镇李集村以南，与武汉城市圈环线高速公路交叉并对接武汉至重庆高速公路武汉至汉川段，止于天门市岳口镇七屋台附近，与随岳高速公路交叉并对接武汉至重庆高速公路天门西段，路线全长37.4千米，投资概算88.98亿元，采用双向六车道高速公路标准建设，计划2025年建成通车。其中，二标项目的桥梁占比约80%，共计6000多片梁。施工单位采用“智能智造”技术，智慧梁场工作人员只需在中控室操作，下料、绑扎、焊接、制模、浇筑、蒸养等工序基本通过电脑操作完成。项目建设后，将结束天门城区不通高速的历史，并缓解沪蓉、沪渝高速公路交通压力。

【孝汉应高速公路建设】2022年，孝汉应高速公路（武汉都市圈环线高速公路福银至武荆段）完成全部临建工程、60%的路基工程、68%的桥涵工程和45%的房建工程；全年完成投资23.79亿元，累计完成投资43.79亿元，占总投资额的58.9%。该项目起于孝感市孝南区肖港以西的幸王湾，途经云梦县，止于汉川市麻河镇东北的肖杨角，全长34.5千米，按双向六车道高速公路标准建设，路基宽34米，设计速度

2022 年，建成后的 316 国道孝感市孝南新铺至云梦伍洛段一角（孝感市史志研究中心　供图）

120 千米 / 小时，总投资约 74.39 亿元。项目于 2020 年 12 月动工，建设工期 36 个月。

【316 国道孝南新铺至云梦伍洛段新建工程通车】 2022 年 12 月 31 日，316 国道孝南新铺至云梦伍洛段新建工程（即原长兴三路延伸工程）正式通车，孝感市外环路网实现闭环，形成全长 62.07 千米的外环路网。该工程起于孝感市孝南区上鲍家湾附近，接 107 国道孝感南段改建工程，止于云梦县伍洛镇熊家台以北，与新 316 国道对接，路线全长 15.46 千米，按一级公路兼城市快速路标准建设，主车道是双向六车道，辅道是双向四车道，路面宽度 60 米，是孝感市建设标准最高、通行条件最好的一条道路。工程于 2019 年 4 月开工。

【107 国道孝感市肖港至张公堤段改建工程通车】 2022 年 12 月，107 国道孝感市孝南区肖港至张公堤段改建工程竣工并通车。项目起于肖港福银高速公路孝感北互通出口处，整体呈南北走向，途经朋兴乡、新铺镇、西河镇、三汊镇、毛陈镇、东山头等六个乡镇和孝感国家高新技术产业开发区，止于张公堤（孝感市与武汉市交界处），顺接 107 国道武汉段。路线全长 37.24 千米，按照双向六车道一级公路标准建设，与 316 国道共线段采用双向六车道，整体式路基宽度 32 米；兼市政道路路段采用双向六车道，整体式路基宽度 27.5 米，桥梁宽度 34.5 米；其他路段采用双向四车道，整体式路基宽度 24.5 米。设计速度 80 千米 / 小时，投资概算 19.35 亿元。项目于 2017 年 11 月开工。

【105 省道至 244 省道市政化升级改造项目完工】 2022 年，孝感市 105 省道至 244 省道市政化升级改造项目全线完工。项目路线途经武汉市和汉川市，全长 8.40 千米，改扩建分为三个标段进行，按一级公路兼城市主干路标准建设。其中，105 省道升级改造标段起于 105 省道与汉川市金马大道交叉口，终至汉川市马口镇与武汉市蔡甸区交界处，路线全长 6.72 千米；244 省道升级改造标段起于 244 省道与 105 省道交叉口处，终至 244 省道与站前路交叉口处，路线全长 1.07 千米；站前路绿化改造起点位于汉川市火车站站前广场，终至与 244 省道交叉口处，路线全长 0.62 千米。

【244 省道马北线农旅融合及路长制示范路完工】 2022 年，244 省道马北线农旅融合及路长制示范路项目全线完工。该项目起于 105 省道与 244 省道交接处，沿线途经汉川市马口镇、南河乡及西江乡，止于 318 国道，路线全长 17.3 千米，主要建设工程包括绿化工程园建工程、土方工程、给排水工程、道路工程、交安设施工程、通信工程、电力工程、自来水管迁移工程及建筑外立面改造工程。

（孝感市史志研究中心）

【武汉至红安高速公路（沪蓉高速红安联络线）建设】 2022 年底，武汉至红安高速公路（沪蓉高速公路红安联络线）启动红安南枢纽互通钢箱梁跨线施工。年内，路基工程完成 34%，桥梁（涵）工程累计完成 50.2%。该项目起于红安县觅儿寺新型产业园西侧陈家田村，与沪蓉高速相接，止于红安县城区云台村，与红安县发展大道相连。线路跨越沪蓉高速、麻安高速、334省道及地方道路，路线全长27.68千米，按双向四车道高速公路标准建设，设计速度100千米/小时，投资概算29.22亿元。全线设互通式立交3处（觅儿西枢纽互通、红安南枢纽互通、高桥互通）、主线收费站1处（红安南）、匝道收费站1处（高桥）、监控分中心与养护工区各1处。项目于2021年1月30日动工，建设工期36个月。

【蕲春至太湖高速公路蕲春东段项目】 2022年，蕲春县至太湖县高速公路蕲春东段项目临建工程和桥涵、隧道工程开始施工，项目建设用地已报自然资源部待批复，工可报告、初设文件、土建工程施工图设计已批复。该项目起于蕲春县株林镇陈应垅村附近，接蕲太高速公路蕲春西段和麻阳高速公路，经蕲春县刘河、狮子、张塝、大同等乡镇，止于檀林镇以东碾下村附近（鄂皖省界），与蕲太高速安徽段相接，路线全长49.57千米，按双向四车道高速公路标准建设，设计速度100千米/小时，投资概算67.94亿元，建设工期36个月。

【鄂黄第三过江通道谋划推进】 2022年5月18日，黄冈市与鄂州市签署共同推进鄂黄第三过江通道前期工作协议。年内，完成工程项目可行性研究报告招标，全线航测外业、管线调查、钻探施工全部完成，加紧推进用地预审、规划选址、用地预审、河工实验、河床分析、通航环境研究、水文分析、洪水影响评价等专题工作。

鄂黄第三过江通道是国家《长江干线过江通道布局规划》和湖北省《武鄂黄黄规划建设纲要大纲》中划定的重点项目，是武汉至黄冈市域（郊）铁路和武汉新城至黄冈主城快速路的公用过江通道。项目完成后，可快速联通武汉新城组团、鄂州主城组团、黄冈主城组团。

（黄冈市史志研究中心）

【咸宁至九江高速公路湖北段建设】 2022年，咸宁至九江高速公路湖北段全面开工。至年底，路基土石方完成68%，防护工程完成38%，涵洞、通道完成84%，桥梁桩基完成82%，隧道洞身开挖及初支完成45%。该项目起于通山县南林桥镇南林桥枢纽互通立交，接已通车的咸通高速公路和杭瑞高速公路，经杨芳林乡、厦铺镇、闯王镇，止于九宫山二号隧道（鄂赣省界），与通山至武宁高速公路江西段相接。按双向四车道高速公路标准建设，设计速度100千米/小时，路基宽度26米，全线长约65千米，其中湖北段长46.2千米，投资概算71.04亿元。

【赤壁长江公路大桥东延段动工建设】 2022年11月4日，赤壁长江公路大桥东延段项目正式动工。该项目起于赤壁市赤壁镇普安村，与赤壁长江公路大桥赤壁侧接线对接，经沧湖旅游区北侧，于上饶家附近上跨武深高速公路，穿金潭水库，止于赤壁市蒲圻街道舒家湾附近，与京港澳高速公路相接。线路全长22.6千米，共设桥梁19座（其中大桥16座），互通式立交3处，分别对接351国道、武深高速公路、京港澳高速公路。按双向六车道高速公路标准建设，路基宽度33.5米，设计速度100千米/小时，总投资36亿元，建设工期36个月。

赤壁长江公路大桥为现今世界最大跨钢混组合梁斜拉桥，是天门、仙桃、洪湖至赤壁的过江通道，与杭瑞高速公路、江北高速公路、岳宜高速公路、宜来高速公路共同构成湖北省南部的沿江高速公路大走廊，于2021年9月25日正式通车运营。

（咸宁市史志研究中心）

【潜江汉江大桥全线贯通】 2022年5月1日，潜江汉江大桥全线贯通。该桥是潜江境内首座汉江桥、首座斜拉桥、首座跨度超过200米的桥，也是首座桩基深度超过100米的桥。该桥起于天门市张港镇狮子桥村，沿东南方向分别跨越汉江北岸、南岸大堤，止于潜江市竹根滩镇王拐村，与247省道顺接。大桥及其连接线全长6.74千米，按双向四车道一级公路标准建设，路基宽度24.5米，设计速度80千米/小时，投资概算5.34亿元。其中，主桥大桥长2.46千米，桥型为双塔单索面预应力混凝土斜拉桥，主塔

2022 年 2 月，建设中的潜江汉江大桥（摘自《长江日报》）

高 33.5 米；跨潜江堤引桥和跨天门堤引桥均为预应力混凝土连续梁桥；堤内堤外引桥均为先简支后连续预应力 T 形梁桥。大桥于 2018 年 10 月正式开工建设。

（潜江市档案馆）

【都市圈市际断头路瓶颈路建设】2022 年，武汉都市圈各地不断打通市际“断头路”和“瓶颈路”。按照“一路一策一方案”，推进 6 条市际“断头路”“瓶颈路”建设。其中，大广高速公路东方山互通已开工建设，鄂州花湖机场高速公路二期启动项目位于鄂州市临空经济区用地范围内的拆迁工作，351 国道阳新县三溪至毛坪段改建工程已在项目起点三溪镇对不涉及基本农田和新增用地的改扩建段提前开工，203 省道黄石城区段（沿江大道）大体工程已完工。《湖北省区域发展布局交通“硬联通”三年行动方案》中涉及武汉项目 20 个，其中 115 省道黄陂区天河至祁家湾段、109 省道蔡孝线柏刘公路至蔡甸城关段等 7 个项目基本建成，105 省道柏林至官桥、115 省道黄陂至孝昌李集互通段等 13 个项目加快推进。武阳高速公路黄石段已完成项目总投资的 69%。孝感市先后打通 6 条“断头路”，改善 5 条“瓶颈路”，实现孝感观音湖、双峰山、刘集铁寨等景区与武汉景区连通。黄冈市都市圈市际“断头路”建设项目 5 个均已开工，分别为 234 省道红安县八里至韩集段改建工程、106 国道团风县竹林岗至方高坪公路项目、347 国道黄冈市黄州区至团风县段改建工程（团风段）、347 国道团风县段举水河大桥新建工程、346 国道红安县二程至上新集段改建工程，共计 56.314 千米，总投资 26.5 亿元，年内完成投资 3.28 亿元。仙桃市汉江二桥及接线工程（天门段）完成项目工可初稿，用地预审和规划选址手续进入报批流程。天门市 247 省道客潜线潜江市汉江大桥天门段连接线工程基本完工，具备通车条件。潜江市启动潜江至荆州机场一级公路、318 国道苏港至丫角、234 国道后湖至熊口段等项目。

2022 年鄂州市跨区公路项目建设一览表

跨区名称	跨区公路名称	备注
鄂州至武汉（15 条）	鄂咸高速、武阳高速鄂州段、红莲湖新区未来三路与东湖高新区未来三路对接项目、红莲湖新区望湖一路与东湖高新区科技五路对接项目、红莲湖新区高新六路与东湖高新区高新六路对接项目、红莲湖新区左庙路与东湖高新区科技五路对接项目；葛店开发区人民西路与东湖高新区科技一路对接项目、葛店大道、短咀里湖桥拓宽项目、葛店开发区高新五路与东湖高新区科技一路对接项目、红莲湖新区未来二路与东湖高新区未来二路对接项目、红莲湖新区高新七路与东湖高新区高新七路对接项目、武汉新港高速鄂州段、沪渝高速武汉至鄂州段改扩建、316 国道鄂州杜山至葛店段改建工程	贯通 12 条
鄂州至黄石（6 条）	203 省道鄂州至黄石段、348 省道汀祖至黄石段、106 国道鄂州至黄石段隧道工程、106 国道鄂州至黄石铁山段改建工程、大广高速新增东方山互通、鄂州花湖机场高速公路二期工程	
鄂州至黄冈（1 条）	燕矶长江大桥及接线工程	

潜江市247省道潜江汉江大桥及连接线工程全部完工，汉宜高速潜江东互通正与汉宜高速潜江段改扩建工程同步实施中。

【城际公交一体化发展】 2022年，武汉市稳定运营武汉至黄冈、孝感等城际公交线路6条，年内新开2条线路，推动孝感、仙桃、天门、黄石、鄂州等5市实现武汉公交卡“一卡通用”。黄石市开通运营8条跨区公交线路，分别为黄石至鄂州花湖4条、至鄂州杨叶1条、至黄冈1条、至大冶2条，推进黄石至浠水等城际公交线路，并谋划将312路由鄂州杨叶镇延伸至鄂州花湖机场。鄂州花湖机场投运后，黄石、黄冈先后开通至花湖机场公交班车，鄂州与武汉、黄石、黄冈开通的城际公交线路超过10条。黄冈市开通运营红安至黄陂、团风至新洲、黄州至花湖机场、浠水至黄石等市际公交。孝感市开通孝昌县丰山至武汉市黄陂区泡桐公交。

（各市地方志机构）

轨道交通建设

【概况】 2022年，武汉都市圈各市推进干线铁路、城际铁路、市域（郊）铁路、城市轨道交通“四网”融合。加快建设高速铁路。安（庆）九（江）高铁、黄（冈）黄（梅）高铁开通运营，沿江高铁启动建设，武汉至红安市域（郊）铁路建设协议签署。谋划武汉至九江（南昌）、杭州、深圳、青岛、贵阳、福州等方向高铁通道建设。推动站城融合发展，高标准建设汉阳站、武汉天河站、长江新区站、孝感南站等高铁站，实施武汉站、大冶北站等改造提升，谋划建设武汉新城高铁枢纽。推进白沙洲公铁两用桥建设，优化提升武汉站、武昌站、汉口站周边交通衔接转换体系。优化城际铁路运营能力，充分利用高铁通道建成后既有铁路适当运输能力，探索开行武汉经鄂州至黄石、武汉至孝感等公交化列车，推动鄂州、黄冈、孝感等开行直达北上广深跨线列车。加快发展市域（郊）铁路。规划武汉至孝感、黄冈等周边地区市域（郊）铁路，武汉至黄冈市域（郊）铁路已纳入《湖北省都市圈市域（郊）铁路线网规划》，推动武黄城际市域化改造，加快构建武鄂黄黄区域“鱼”形轨道骨架网络。加速武汉城市轨道交通第四期建设规划实施进程，开展第五期建设规划研究，续建前川线、11号线、12号线、19号线等项目，打造主城联网、圈域通达的快速通勤网络。建设铁路专用线。加快建设黄石沿江疏港铁路二期、山南铁路适应性改造工程、鄂州三江港集装箱铁路、长荆铁路复线改造、黄冈港武穴港区多式联运项目铁路专用线、咸宁横沟至潘家湾疏港铁路、湖北金盛兰铁路等铁路专用线项目建设，谋划黄石沿江疏港铁路三期、四期等项目建设，优化货运铁路服务功能。

【沪渝蓉（沿江）高速铁路武汉至宜昌项目段建设】 2022年，沪渝蓉高速铁路武汉至宜昌段进入全面架梁阶段，孝天特大桥跨211省道连续梁顺利浇筑；天门段进入线上施工阶段，天门北站路基软基处理全部完成，桩基完成92.8%，承台完成70.4%，墩身完成57.7%；天门汉北河铁路特大桥开始安装钢混连续梁墩身模板；7标罗家村隧道、5标田家隧道贯通。汉口至汉川东段初步设计获批，受制于武汉枢纽直通线接轨方案调整等因素影响，该段开工时间迟于主线。

沪渝蓉高铁武汉至宜昌段起自武汉市，经天门市、荆门市，终至宜昌市，正线全长313千米，设汉口（既有）、汉川东、天门北、京山南、钟祥南、荆门西、当阳西、宜昌北8座车站，桥隧占比近85%，设计时速350千米。沪渝蓉沿江高铁武汉至宜昌段东连沪渝蓉沿江高铁合肥至武汉段，西接沪渝蓉沿江高铁宜昌至涪陵段，在武汉枢纽与合武、武九等高铁衔接，在宜昌通过在建的宜昌至兴山高铁与郑万高铁相连，项目于2021年9月25日开工，建设总工期4年，分为7个标段施工，设有11个制梁场。

（湖北省武汉城市圈研究会）

【黄冈至黄梅高速铁路开通运营】 2022年4月22日，武汉至杭州高速铁路黄冈至黄梅段（简称“黄黄高铁”）正式开通运营。黄黄高铁正线全长126.85千米，设计速度350千米/小时，线路从武汉至黄冈城际铁路黄冈东站引出，接入安九高铁黄梅东站。全线设黄冈东、浠水南、蕲春南、武穴北、黄梅东5座车站，其中浠水南站、蕲春南站、武穴北站为新建车站。黄黄高铁开通运营后，武汉铁路部门根据客流情况，按照日常线、周末线、高峰线安排列车开行，单日开行动车组列车最高12对。黄黄高铁的列控系统除采用国家最先进的CTCS-3级列控系统外，还首次按“等保四级”的要求进行列控系统网络安全防护。

黄黄高铁是东西向武杭客运通道、南北向京港客运通道的重要组成部分，其中京港客运通道是《国家中长期铁路网规划》“八纵八横”中的“一纵”。黄黄高铁与安九高铁连接，黄梅由此成为湖北第一个高铁十字交叉的县。项目于2018年12月开工。新建桥梁78座、隧道15座，投资概算177亿元。

（黄冈市史志研究中心）

【武汉东站开通运营】 2022年8月12日，武汉东站正式开通运营。武汉东站位于武汉东湖新技术开发区，主要承担武九高铁、武冈城际铁路、武咸城际铁路及汉宜铁路部分列车开行任务，是武汉铁路枢纽“五主（武汉站、武昌站、汉口站、汉阳站、武汉天河站）两辅（武汉东站、长江新区站）”客运布局规划中的辅助客运站。武汉东站是集铁路、地铁、快速公交、常规公交于一体的大型综合交通枢纽，作为武汉城市圈综合交通枢纽站，站场规模为5台12线（与武昌站相当）。其中，普速场2台6线，城际场（含高铁、动车）3台6线，开通初期安排开行33趟动车。

武汉东站自2018年3月开工建设，站房总建筑面积约3万平方米，分东、西两个站房。其中，主站房西站房建筑面积1.56万平方米，东站房建筑面积1.17万平方米，车站配套东、西广场，总用地面积约14.4万平方米。武汉东站站房以凭借高新科技腾飞的武汉光谷为主要设计理念，融合地方文化特色。候车大厅一层吊顶造型为不规律的波浪形，象征着武汉境内蜿蜒流淌的长江；二层大厅吊顶为“DNA”抽象表达，展示东湖新技术开发区生物科技特色；门厅吊顶条形灯光，体现东湖新技术开发区的激光技术；候车室分为两层，一层候车室设岛式服务台1处、检票通道10条，二层候车室设检票通道10条。车站候车室设立独立母婴（哺乳）室、儿童游乐区、商务VIP候车室等多元化服务功能区域。出站厅设检票出站通道10条，可通达地下空间，方便旅客换乘多种城市交通方式。

武汉东站由原流芳站改扩建而成。流芳站原名关山车站，始建于1970年8月，1971年6月建成投入使用，为货运四等车站。1980年6月，流芳站改建完成，设铁路货场。2008年升格为货运三等车站。2015年7月，流芳站拆除重建，并对站场进行改造，项目工程名为光谷站。2020年8月，光谷站定名武汉东站。

2022年8月12日，武汉东站正式开通运营（武汉市地方志办　供图）

【湖北首趟中老铁路（武汉—琅勃拉邦）国际货运列车发车】 2022年5月17日，首趟武汉中老铁路国际货运列车——49596次列车从武汉滠口物流基地出发，编组30个车皮，满载1650吨硫酸铵等化肥原料，经由吴家山中心站报关后，驶向老挝琅勃拉邦火车站，这是2021年12月3日中老铁路开通运营后，武汉铁路部门开出的首趟中老国际货运列车，标志着湖北与东南亚之间有了新的贸易通道。中老铁路（武汉—

2022 年 5 月 17 日，湖北省首趟中老铁路（武汉—琅勃拉邦）国际货运列车，在武铁滠口物流基地正式发车（武汉市地方志办　供图）

琅勃拉邦）国际货运列车全程运行 7～10 天，比传统海运方式节约一半以上运输时间。

（武汉市地方志办）

【武汉新港江北铁路建设】 2022 年，武汉新港江北铁路二期工程完成全线架梁与控制性工程贯通，至年底进入初步验收阶段。该铁路是一条国家一级电气化铁路，是湖北省“四纵四横”骨干铁路网规划的一条沿江货运铁路，承担武汉东西向铁路货运，联通京广线与京九线，西起京广铁路武汉市黄陂滠口站，东至京九铁路黄冈市黄州站，正线全长 80.33 千米，全线串联起武汉阳逻港、黄冈唐家渡港区，实现铁路运输和港口运输的无缝对接，设计时速 120 千米，总投资概算 54.15 亿元。项目分两期建设，一期属铁道部与湖北省合资建设项目，由京广线滠口站建设至香炉山站，长 17.6 千米，利用原阳逻电厂专用线并增建第二线，于 2009 年开工，原计划两年半完成一期工程，后因铁道部改革及资金问题停工 5 年，直至 2016 年由湖北铁路集团有限公司接手。此时，江北铁路项目长度由 2009 年时的 76.4 千米增加至 80.33 千米，造价由 39.1 亿元增加至 54.15 亿元。2016 年，湖北成功申报国家多式联运示范工程，阳逻港“一带一路战略、长江经济带战略”集装箱铁水联运示范工程入选。2018 年 4 月 28 日，一期工程贯通；同年，武汉打造长江经济带粮食物流核心枢纽与供应链金融服务平台多式联运示范工程再次入选国家多式联运示范工程。二期由香炉山站往东延伸至京九线黄州站，其中香炉山至林四房站为双线，林四房至黄州站为单线。全线共设滠口、五通口、香炉山、林四房、大埠、团风东、黄州共 7 个车站，其中滠口、黄州站为既有车站，五通口、大埠站为列车会让站。

【京九高铁阜阳至黄冈段建设】 2022 年，京九高铁阜阳至黄冈段建设项目预可研报告编制完成并报中国国家铁路集团有限公司组织审查。该项目起自安徽阜阳市区，途经安徽阜南县，河南淮滨县、固始县、潢川县、光山县、新县，湖北红安县、麻城市、武汉市新洲区、团风县、黄冈市黄州区。全长约 324 千米，估算投资 425.6 亿元，设计速度 350 千米 / 小时。其中黄冈境内约 90 千米，估算投资 138 亿元。该项目是国家高铁网“八纵八横”主通道京港（台）通道京九高铁的重要组成部分，远期规划南延对接鄂州花湖机场。

（湖北省武汉城市圈研究会）

【余花联络线开通】 2022 年，余花联络线全线开通。余花联络线是武汉铁路枢纽内连接京广铁路的余家湾站和武九高速铁路的花山线路所的联络线，线路全长 23 千米，设计行车速度 120 千米 / 小时，是连接武昌火车站至花山及武咸城际、武石城际铁路的重要枢纽工程，武汉东站为中间的重要车站。

余花联络线位于主城区，2009 年开工建设，经逐步克服征地拆迁难、施工点多面广、市区施工环境复杂、场地狭窄和武汉东站站改、线路繁忙等难题后建成。2014 年 9 月，武石城际铁路正线及余花联络线余家湾至南湖段正式建成通车。2020 年 1 月 6 日，余花联络线南环线完成改造开通。2021年10月26日，武石城际铁路民族大道大桥架通，标志着武汉东站通达黄冈、黄石、咸宁、武昌的城际铁路全部联通，汉口站、武汉站、武汉东站、武昌站四大站画线成环。2022年4月10日，动车存车场管道迁改完工。

【都市圈市域铁路建设】 2022年，武鄂市域铁路项目、红莲湖轨道交通（武汉地铁30号线鄂州红莲湖段项目）、梧桐湖轨道交通（武汉地铁13号线未来科技城站向南延伸至鄂州梧桐湖项目）均委托中铁第四勘察设计院集团有限公司开展前期研究。武鄂市域铁路项目纳入《湖北省“十四五”铁路发展规划》，待机场高铁联络线方案确定后，开展前期工作。

（湖北省武汉城市圈研究会）

【武汉轨道交通建设】 2022年，武汉市轨道交通在建项目14个，在建里程约188千米，包括88座车站。新建项目3个，分别为3号线二期工程、6号线三期工程、11号线四期工程。续建项目9个，分别为11号线东段二期、11号线三期武昌首开段、前川线二期，19号线、12号线武昌段、12号线江北段5号线起点调整、12号线联络线新港线一期。建成项目2个，分别为前川线一期、16号线起点调整工程。

前川线一期是武汉地铁首次深入黄陂腹地，串联起盘龙城天河机场、横店、北车基地等武汉国家临空经济示范区创建的核心产业区域。16号线起点调整工程是16号线一期工程的延伸，直达汉南通航产业园，是“中国车谷”百亿新能源汽车大走廊“公共交通主动脉”。两条线路于2022年12月30日通车试运营，武汉地铁线网总规模达到455.1千米，车站总数达291座。加上约49.1千米的有轨电车，全市轨道交通运营总里程突破500千米。

（武汉市地方志办）

长江航运中心建设

【概况】 2022年，武汉都市圈着力打造中部地区枢纽港。构建以武汉港阳逻港区为核心，武汉港白浒山港区、经开港区、江夏港区和黄石港为辅助，鄂州、黄冈、咸宁、仙桃、天门、潜江、孝感港口为补充的“1+4+7”港口体系，推进“江海联运、水铁联运、水水中转、沿江捎带、港城一体”。支持团风临港经济区、黄州唐家渡港与武汉港深度融合发展，共享货运资源。加快“1+4”集装箱港口群基础设施建设，实施阳逻港集装箱水铁联运二期后续工程等，谋划启动阳逻港集装箱水铁联运三期工程，黄石港阳新港区华新绿色建材码头工程，黄石新港四期、五期工程。持续推进黄石港棋盘洲港区三期、鄂州港三江港区综合码头一期、潜江港泽口港区综合码头等工程。推进长江宜昌至武汉段4.5米水深航道整治工程。加快汉江航道治理，实现汉江襄阳至武汉段达到1000吨级（局部2000吨级）通航航道标准。开展汉北河南垸至新沟段、黄冈巴河、阳新富水、赤壁陆水等航道整治工程。

（湖北省武汉城市圈研究会）

【国家多式联运示范工程建设】 2022年，武汉港武湖港区“协调联动、智慧运营、枢纽集聚、网络辐射”集装箱铁水联运示范工

黄石新港远眺（黄石市档案馆　供图）

程入选交通运输部、国家发展和改革委员会第四批多式联运示范工程创建名单。该工程为阳逻国际港集装箱铁水联运示范工程二期项目，由武汉中远海运港口码头有限公司主导，武汉中远海运集装箱运输有限公司、中国铁路武汉局集团有限公司3家公司联合申报，以中远海运水铁联运二期为核心枢纽，建设包括4个集装箱泊位、疏港铁路专用线等设施。该集装箱铁水联运示范工程于2021年8月1日开港通车，开行武汉至四川、河南、贵州、重庆、陕西、云南6条水铁联运线路，实现铁路直接进码头，集装箱下船后不落地。至此，武汉市已有三大项目列入国家级多式联运示范工程，前两项分别是2016年入选第一批的武汉阳逻港国际集装箱铁水联运示范工程（铁水联运一期）、2018年入选第三批的长江经济带粮食物流中心枢纽与供应链金融服务平台多式联运示范工程。

黄石新港固化舟山—黄石江海直达精品航线，推动大宗散货储运基地建设。6月，开通“黄汉欧”国际班列，至此，黄石通道具备散改集、集改散、箱转箱、散货内循环、散货外循环、江海直达、黄汉欧班列7种联运模式，基本能满足各类企业、不同货种的联运需求。10月，黄石新港水铁陆监管一体化完成阶段性验收，至此，黄石多式联运既能完成内贸作业，又能实现外贸作业，推动黄石新港由节点向枢纽转型。

6月24日，鄂州市新型综合交通运输（枢纽经济）示范区——集疏运基地项目开工。该项目作为三江港国家多式联运示范工程重要组成部分，规划岸线11.69千米，港口泊位84个，其中集装箱泊位16个，占地面积14.05万平方米，建筑面积14.45万平方米，主要建设大宗物资交易区、公铁联运区、城市快消品区、物流企业孵化区、辅助生产区及建设相应的堆场、道路等建筑，配备相应的装卸、运输机械设备和消防供水、供电等设施，投资概算13.1亿元。年内，完成5~8号泊位平台建设，开始吊机等设备安装；三江港枢纽集疏运基地一期完成仓库及堆场建设，开始安装和调试设备；鄂州一类水运口岸主体工程基本完工。三江港大宗货物散改集开通阳逻港—三江港—鄂州北站—昆明祥云西站的集装箱（装载石料）水铁联运线路，实现鄂州港集装箱作业和集装箱铁水联运零的突破。钢材线路开通宝武集团鄂城钢铁厂—鄂州北站—鄂钢长航港务码头或三江港综合码头—重庆、华东等地区水铁联运线路。

（各市地方志机构）

【武汉阳逻港建设】2022年，湖北港口集团有限公司收购中国通商集团有限公司控制权，与中国远洋海运集团有限公司签署战略协议，解决多年、多轮、多届未能解决的阳逻港主体多元、无序竞争、“一船多挂”（指船舶进港后需在不同港区装卸货物，影响作业效率）等问题，推进阳逻港一、二、三期“十统一”工作。整合后，阳逻港船舶待港时间平均减少12小时，能耗降低20%，集装箱内转减少50%，重箱箱区翻箱率从36%降低到16%。收购武汉经开港51%股权，完成全省集装箱码头的最后一块“拼图”，武汉市集装箱码头实现“一城一港一主体”。

2022年，阳逻港三期海关监管设施、多式联运示范园分拣区检测区、集装箱港区智能闸口等重

2022年，武汉阳逻港远眺（伍志尊　摄）

点项目建成，以汉欧班列为依托的武汉陆港型国家物流枢纽获批。推进阳逻国际港集装箱铁水联运二期项目（武汉港武湖港区铁水联运集装箱码头工程），主要建设内容为码头及后方堆场改造，新建后方附属作业区、铁路装卸堆场，总投资27.35亿元，年内完成投资17.74亿元。推进阳逻港区15个信息化、智慧化改造项目，改造2台RTG油电混合动力项目，启动港区光伏发电项目，推进电动集卡充换电站项目

（武汉市地方志办）

【武汉新港唐家渡港区一类水运口岸建设】 2022年5月28日，唐家渡一类水运口岸正式开通“黄冈港—湛江港”江海联运业务，装载着黄冈晨鸣浆纸有限公司货物的船舶，从唐家渡港区临港新城综合码头始发，湖北省第三个一类水运口岸在黄冈市建成并投入使用。该口岸核心区位于黄冈市唐家渡港区临港新城综合码头，是以集装箱和杂货运输为主的深水公用港区，项目总投资24亿元，分两期建设。其中，一期项目设计年吞吐量30万标准箱，建设集装箱货运堆场和口岸监管区；二期项目设计年吞吐量360万吨，建成散货堆场。一期项目于2020年10月正式动工。2021年6月，湖北省开展新一轮港口资源整合，唐家渡港区临港新城综合码头及一类水运口岸资产列入资源整合项目。2022年投用时，已建成4个5000吨级的高桩泊位，年吞吐量440万吨（散货360万吨，件杂货80万吨），集装箱吞吐量30万标准箱。唐家渡港区一类水运口岸配套建设海关、边检、海事、外贸堆存、查验等设施。

（黄冈市史志研究中心）

【黄石港棋盘港港区三期工程建设】 2022年，黄石港棋盘洲港区三期工程完成水工通用泊位主体工程和散货泊位的主体工程，4个通用泊位完成竣工验收，港口船舶污染物接收转运码头建成并投入使用。

黄石港棋盘州三期工程于2019年12月开工建设，分为水工工程、道堆工程、装卸设备、智慧调度大楼、智慧港口、货运管廊建设六大板块，主要建设万吨级（水工结构按靠泊2万吨级船舶设计）泊位8个，包括通用泊位4个、散货泊位4个，年设计吞吐量2150万吨；配套建设相应的堆场、道路、仓库等生产、辅助生产建筑，配备相应的装卸、运输机械设备和供水、供电等设施，陆域占地面积40.2万平方米；投资概算18.48亿元，建设工期4年。

【黄石港·浠水园区共建项目】 2022年6月11日，黄石港·浠水园区共建项目在黄石港工业园区举行开工仪式。黄石港·浠水园区共建项目由黄石市黄石港区与浠水县联合共建，计划总投资9亿元，包含兴港大道东延工程、兴北一路南延工程、兴港大道改造工程、五一港综合整治工程、涂邮线道路改造工程、滨江大道东段工程6个子项目。此次实施的共建项目，将实现黄石港工业园区、散花示范区、策湖国家湿地公园道路互联互通。

黄石港工业园的前身为成立于1951年的黄石市江北农场，面积3.27平方千米，人口1.2万。作为黄石深入浠水县散花镇境内的一块“飞地”，黄石港工业园和散花跨江合作示范区在智能制造、电子信息、生物医药、现代物流等产业上协同发展、深度融合。2021年12月，黄石港区和浠水县正式签订跨江战略合作框架协议。

【黄石黄颡口砂石集并中心建设】 2022年，黄石市黄颡口砂石集并中心黄颡口港区工程6个泊位主体结构施工完工，占整个工程量约90%；生态红线外场地平整土石方完成约180万吨。全年完成投资1.52亿元，累计完成投资4.38亿元。

该项目位于阳新县黄颡口镇，规划有火山、菖湖两个作业区，主要建设6个5000吨级散货泊位，其中4个砂石出口泊位、2个黄沙进口泊位，年吞吐量2180万吨，后方陆域堆场占地面积13.47万平方米，投资总额16.88亿元。配置相应装卸机械设备，建设后方陆域库场、供电、照明、通信、给排水、消防、土建、环保等配套设施。项目总投资约8.41亿元，其中环保投资1595万元，占项目总投资的1.9%。该工程于2019年4月开工，受陆域施工出运条件、生态红线批复影响，

进展相对较缓。

【潜江港泽口港区综合码头建设】
2022年9月19日，潜江港泽口港区综合码头一期工程项目开工。至年底，完成办公楼主体工程及堆场基础、引桥下部结构施工。该项目位于汉江黄家场滩段右岸泽口河段，后方陆域位于潜江经济开发区，按照湖北省港口资源整合工作要求，于2021年移交湖北省港口集团有限公司。项目主要建设4个1000吨级泊位，其中，件杂货泊位1个，通用泊位1个，散货泊位2个，年设计通过能力290万吨；同时，配套建设相应的道路、堆场、件杂货仓库等建筑，配备相应的装卸、运输机械设备和供水、供电等设施。项目岸线长度390米，用地约14.58万平方米，总投资4.21亿元，建设工期12个月。项目建成后，潜江将形成两江联运、水陆联运、铁水联运的新格局。

（潜江市档案馆）

【汉江汉川至蔡甸航道整治工程】
2022年8月3日，汉江汉川至蔡甸航道整治工程通过竣工验收。至此，千吨船舶可自流而下，自襄阳抵达武汉。中洪水期还可季节性通航2000吨级船舶。汉江汉川至蔡甸航道整治工程上起汉川市，下至武汉市蔡甸区，全长42千米，总投资1.2亿元。项目竣工后，汉江汉川至蔡甸段航道由Ⅳ级航道提升至Ⅲ（2）级航道，可通航1000吨级船舶组成的一顶四驳双排双列船队，中洪水期可季节性通航2000吨级船舶。同时，通过信息化技术“智慧航道”促进航道管养护工作标准化、规范化，为船舶、船员提供更快速方便的服务。

2017年底，武汉启动汉江蔡甸汉阳闸至南岸嘴段航道整治工程，目标是汉江武汉段可常年通航2000吨级货船。2018年12月，作为汉江中下游最窄的一段，汉江汉川至武汉市蔡甸航道整治工程启动建设。

（武汉市地方志办）

【富水富池至排市段航道工程建设】
2022年1月14日，黄石市富水富池至排市段航道工程正式动工。富水富池至排市段航道工程主要内容包括59.5千米航道建设工程、富池船闸工程和配套工程。其中，富水富池镇至阳新县城关29千米航道按Ⅲ级航道标准建设，阳新县城关至排市镇30.5千米航道按Ⅳ级航道标准建设，总投资14.9亿元，建设工期36个月。该工程兼顾防洪、灌溉、交通、航运、环保等功能，项目建成后，长江沿江大堤富池段改用坝顶公路交通桥通行，富水通航能力提升至1000吨级（千吨船舶），上游地矿资源可通过富水航道直达长江。

（黄石市档案馆）

【汉北河南垸至新沟段航道工程建设】
2022年，汉北河南垸至新沟段航道整治工程1~6标段完成投资2.2亿元，占年度计划2.75亿元的81%。汉北河南垸至新沟段航道工程是湖北省“十三五”补助投资的水运工程重点建设项目，涉及汉北河、大富水两条河流，途经孝感市汉川、应城、云梦、孝南四个县（市、区），全长61.9千米，按Ⅲ级航道标准建设。其中，汉北河南垸至新沟段40.2千米、大富水应城城关至南垸段21.7千米，总投资3.65亿元，建设工期24个月。该项目于2021年12月22日正式动工，建成后孝感市将实现主城区和汉川、应城、云梦干线航道通汉江、达长江，为石膏、盐、化肥、纸制品等大宗货物运输提供水路交通保障。

（孝感市史志研究中心）

【麻城市开通铁海联运班列】
2022年4月26日，黄冈市首个国际铁海联运班列——麻城中韩铁海联运专列开通，驶出麻城车务段宋埠站。该班列编组40车集装箱，装载2200吨石材开往宁波北仑港，集装箱转换轮船运至韩国。该班列为全市发展多式联运，降低物流成本，联通“一带一路”，助推外贸出口，打开新通道。麻城中韩铁海联运专列，由湖北进川物流有限公司承运，中国铁路武汉局集团有限公司麻城车务段点对点铁路运输，与浙江宁波港口联合，实现货物从铁路到海上无缝对接，麻城石材外贸出口进入多式联运新时代。采用铁海联运方式，货运周期由2个月缩短至30天左右，节省运输费用40%。9月26日，麻城市至山东日照市铁海联运列车首次开行，26厢共1430吨石材运抵日照，再转海运发往日本、韩国、泰国、越南等国。越南、印度和泰国进出口总额、进口额、出口额均排名前三。首次开通铁海、江海联运，首次发出中欧班列 1 趟。

国际航空客货双枢纽建设

【概况】2022 年，武汉都市圈加快打造国际航空客货运“双枢纽”。完成武汉天河国际机场第三跑道及滑行道系统、T2 航站楼改扩建、湖北区域高空管制中心工程、保税物流中心（B 型）等项目，开展第四跑道、第二航站区建设前期研究工作。鄂州花湖机场正式投入运营。提升鄂州花湖机场运营管理能力和水平，推进建设“四型机场”，建设国际快件、电商物流、保税仓储等设施，建成大容量、高效率航空快件超级转运中心。推进客货运门户双枢纽协同发展。推动天河机场、花湖机场标准统一、信息互通、安检互认、通关一体，形成资源共享、运行高效的协作模式，实现互为异地货站、互为备降机场。围绕“高速连两场、高铁进两场”，规划建设连接两机场之间的铁路和高速公路，实现客货运快速转运。优化支线机场布局。推动研究咸宁机场前期工作，加快麻城通用机场建设。

（湖北省武汉城市圈研究会）

【武汉天河国际机场】2022 年 1 月 4 日，武汉天河国际机场新建湖北区域高空管制中心项目，项目所需地方前置性要件均已办完，工程可行性研究报告上报中国民用航空局待批。6 月 26 日，武汉天河国际机场第三跑道项目工程正式开工，该项目计划投资 27.42 亿元，全年累计完成投资 10.35 亿元。10 月，武汉天河国际机场新建三跑道配套机坪工程通过行业验收。全年，武汉天河国际机场 T2 航站楼改造工程累计完成投资 10.08 亿元，B 型保税物流中心累计完成投资 1.88 亿元。其他项目，北垂滑西下穿完成投资 0.54 亿元，10 月通过行业验收；邮政快件处理中心 2 月 14 日完成初步设计及施工图编制单位招标，进入初步设计审批程序。

年内，武汉天河国际机场国内外航点总数 144 个，比上年增加 10 个；通达 141 个城市，增加 12 个；定期航线 224 条，增加 12 条。国内通航点 121 个，通达城市 118 个，其中，客运通航点 120 个，货运通航点 4 个，客货运均通达通航点 3 个。国内航线 201 条，其中，客运航线 197 条，货运航线 1 条，客货运均通达航线 3 条。国际及地区通航点 23 个，通达 17 个国家及地区的 23 个城市，其中，客运通航点 5 个，货运通航点 14 个，客货运均通达通航点 4 个。国际及地区航线 23 条，其中，客运航线 5 条，货运航线 13 条，客货运均通达航线 5 条。全年完成旅客吞吐量 1160.64 万人，比上年下降 41.4%，其中，国际及地区航线旅客吞吐量 9.86 万人，增长 72.4%。货邮吞吐量 29.87 万吨，下降 5.5%，其中，国际及地区航线货邮吞吐量 15.47 万吨，增长 6.2%。

【天河机场国际及地区航线拓展】2022 年，武汉天河国际机场新开 3 条国际及地区全货运航线。3 月，泰国亚洲航空公司开通曼谷航班，每周 3 班。4 月，马耳他马勒斯航空公司开通蒂华纳航班，每周 1 班。4 月，顺丰控股股份有限公司开通大阪航班，每周 3 班；国际及地区客改货航班 1 条。5 月，中国南方航空股份有限公司开通武汉—多伦多客改货航线，每周 1 班。

武汉新开通国际及地区航线 5 条。其中，中国南方航空股份有限公司于 6 月 30 日新开伊斯坦布尔—武汉客运航班，每周 1 班；菲律宾航空公司于 8 月 24 日新开马尼拉—武汉客运航班，每周 1 班；新加坡酷虎航空有限公司于 10 月 13 日新开新加坡—武汉客运航班，每周 1 班；中国南方航空股份有限公司于 10 月 27 日新开曼谷—武汉客运航班，每周 1 班；泰国越捷航空股份有限公司于 12 月 19 日新开胡志明—武汉客运航班，每周 1 班。

客运航班恢复。国泰航空有限公司于 7 月 1 日恢复香港航线回程载客，每周 2 班。加密国际及地区航线 3 条。其中，中国南方航空股份有限公司于 7 月 30 日加密伊斯兰堡—武汉客运航班，每周 1 班，加密后每周 2 班；中国南方航空股份有限公司、中国东方航空集团有限公司分别于 8 月 28 日和 12 月 1 日加密香港—武汉客运航班，每周 1 班，加密后每周 4 班；

印度尼西亚狮子航空公司于7月11日加密雅加达—武汉航班，每2周1班，加密后每周1班。

武汉市补齐国内干、支线航网短板。新开至营口、泸沽湖、延吉、安康、菏泽、喀什、伊宁7个支线机场航线。

【天河机场航空运输品质提升】2022年，武汉天河国际机场持续推进航空运输品质提升。武汉天河国际机场旅客吞吐量、货邮吞吐量分别排名全国第十四位、第十一位，均位居中部第二位。国际客运量位居中部第一位，国际货运量创历史新高。新开泸沽湖、延吉、安康等6个国内旅游航点，加密广州、深圳等航线。安全运营伊斯坦布尔、伊斯兰堡等8条国际客运航线，国际通航点位居中部第一；新开曼谷、蒂华纳2条货运航线，国际定期货运航线增至18条。6月27日，民航机场协会公布2021年度服务质量优秀机场获奖名单，武汉天河国际机场获评年旅客吞吐量千万级以上“服务质量优秀机场”。第八届CAPSE（民航旅客服务测评）航空服务奖（满意度测评类）大奖榜单同期公布，武汉天河国际机场获得2021年度“最佳机场奖（千万级）”“机场安检服务提升卓越奖”，全国仅有两家机场同时获得两项荣誉。

【天河机场第三跑道配套机坪及设施工程通过验收】2022年10月13—14日，武汉天河国际机场第三跑道配套机坪及设施工程、北垂滑西下穿隧道预埋段延长线工程通过由中国民用航空中南地区管理局组织的行业验收。两个项目分别于2021年4月和9月开工建设，2022年4月通过竣工验收。配套机坪项目投用后，可缓解天河机场站坪资源紧张，特别是远机位不足的问题，提升机坪运行效率。西下穿隧道项目建成，可优化机场综合交通体系，建立航站楼与北机坪之间快速联系通道。

9月8日，由福州飞来武汉的厦航MF8215航班降落在武汉机场西跑道，由引导车引领滑行至108机位，标志着天河机场新建1号机坪101~110机位正式投用。天河机场新建1号机坪101~110机位属于三跑道配套机坪提前投用的一部分，均为C类机位，可满足空客A319或波音737等同类机型的航空器停放。其中，机坪及其附属设施部分于2021年4月1日开工建设，2022年1月19日完成竣工验收，3月10日通过民航湖北监管局组织的运行前检查；航油工程部分于8月30日通过民航湖北监管局组织的运行前检查。

【天河机场第三跑道工程正式开工】2022年6月26日，武汉天河国际机场第三跑道工程正式开工建设。该工程按照满足年旅客吞吐量6300万人次、货邮吞吐量80万吨目标设计，主要包括机场工程和空管工程，拟新建一条长3200米、宽45米的第三跑道（4E级）及相应滑行道系统，总投资概算30.8亿元，建设工期24个月。武汉天河机场现有两条跑道，分别长3400米（4E级）、3600米（4F级），第三跑道建成后，每年可增加航班吞吐能力6万~8万架次，每天可增加高峰小时容量15~18架次。

【天河机场开展国内首个“中国民航中转旅客服务平台”系统试点】2022年1月1日，武汉天河机场

2022年6月26日，武汉天河国际机场第三跑道工程正式开工（武汉市地方志办　供图）

启用“中国民航中转旅客服务平台”，成为国内首个系统试点单位。该平台由中国民航信息网络股份有限公司研发，拥有为机场提供中转服务保障的“智慧中转”系统和为旅客提供中转服务预约的“中转通”小程序平台。启用后首先以武汉天河国际机场为中转站、以神农架机场及恩施机场为始发站开展试点工作。旅客从恩施、神农架机场始发，在武汉天河国际机场中转可以实现一次值机、一次安检、行李直挂，还可享受中转餐、中转住宿、行李寄存、航站楼内摆渡车、空铁接驳“5免”及行李直挂、免二次安检、头等舱休息室优惠“三优”服务。

【天河机场开展“国内通程航班服务管理平台”首批试点】 2022年，武汉天河国际机场开展中国民用航空局“国内通程航班服务管理平台”试点，成为首批选取53家机场之一。依托平台相关功能，打通行业内各主体信息壁垒，接收通程航班运行保障数据，为航班在始发、中转、到达提供相关地面服务，确保通程航班高效运行，从而满足广大旅客便捷出行需求，为构建“干支通、全网联”航空运输网络和推出国际通程航班服务打下基础。

（武汉市地方志办）

【鄂州花湖机场投入运营】 2022年7月17日，花湖机场正式投运。年内，新开客运航线7条、货运航线2条。客运方面，7月17日，中国南方航空股份有限公司开通鄂州至北京大兴航线，每日1班；9月8日，中国东方航空武汉有限责任公司开通鄂州至上海航线，每日1班；9月16日，厦门航空有限公司开通鄂州至厦门航线，每日1班；10月6日，华夏航空股份有限公司开通鄂州至重庆航线，10月30日增加温州、济南两个新航点，执飞重庆—鄂州—温州/济南航线；12月1日，九元航空有限公司开通广州—鄂州—哈尔滨航线，班期为每周二、四、六；12月11日，九天航空公司开通广州—鄂州—大连航线，班期为每周一、三、五、七。货运方面，11月27日，开通鄂州至深圳货运航线；12月5日，开通鄂州至上海浦东货运航线。

鄂州花湖机场是亚洲第一个、全球第四个专业货运枢纽机场，定位为货运枢纽、客运支线、公共平台、货航基地，从2014年初步谋划。2019年10月主体工程动工，到2022年建成投运，前后历时8年，机场项目总投资308.4亿元，主要由机场工程、转运中心及顺丰航空公司基地工程、供油工程三部分组成。机场航站楼、转运中心等设施按满足2025年旅客吞吐量100万人次、货邮吞吐量245万吨的目标设计，飞行区跑道滑行道系统按满足2030年旅客吞吐量150万人次、货邮吞吐量330万吨的目标设计。

【鄂州花湖机场入选国家多式联运示范工程】 2022年10月8日，鄂州花湖机场（专业性货运枢纽）多式联运示范工程入选全国第四批多式联运示范工程创建项目。花湖机场紧邻长江黄金水道，7个深水港、4条快速路、2条高速公路和6条高铁线环绕周围。鄂州花湖机场多式联运示范工程，投资概算337.43亿元，规划建设覆盖全国、辐射全球的空陆联运

2022年7月17日，湖北机场集团有限公司运营管理的鄂州花湖机场正式投入运营（武汉市地方志办　供图）

快速物流网络体系，以鄂州花湖机场为核心枢纽，推动航空货运和高铁快运实现无缝衔接，形成空空中转、空陆联运协同配合的“天网+地网+信息网”一体化智慧联运标准规范体系。其中，空空中转包括国际—鄂州—国际、国内—鄂州—国内两种方式，空陆联运包括空公联运（卡车航班）、空高联运（探索）两种方式，让货物在不同运输方式无缝衔接中，实现“一次托运、一份合同，一次付费、一次保险，一份联运提单”。

顺丰控股股份有限公司以鄂州花湖机场为枢纽，规划在东西南北4个方向布局北京、深圳、杭州和成都4个区域性机场，建立“1+4”发展模式。此外，鄂州花湖机场多式联运依托顺丰速运（集团）有限公司布局的3条多式联运通道，后期陆续开通包括空铁联运、空公联运、公铁联运、江海铁联运等多条多式联运线路。

（鄂州市档案馆）

【麻城大别山通用机场建设】 2022年，麻城大别山通用机场航站楼完成外部装修。该机场位于鄂豫皖三省交界处的麻城市五脑山，定位为一类通用机场，投资额3.5亿元，建设1条800米×30米跑道，1条与跑道等长的平行滑行道，3条垂直联络道，跑道升降带920米×60米，两端安全区120米×60米，停机坪31240平方米，建设机库5400平方米，航站楼7200平方米；配套空管、供电、供油、给排水、生产辅助等设施。可停放固定翼飞机56架以及直升飞机44架。麻城大别山通用机场建成后，主要用于航空旅游、森林防护、应急救援、飞行培训、公务包机等飞行活动，同时为面向社会的紧急救援等提供保障服务。

（黄冈市史志研究中心）

综合交通枢纽建设

【概况】 2022年，武汉都市圈实施供应链物流体系建设三年行动

武汉都市圈入选国家多式联运示范工程项目名单

批次	公布时间	工程名称	牵头／联合单位	地点
第一批	2016年6月（2019年11月验收通过）	湖北省武汉市推进“一带一路战略、长江经济带战略”集装箱铁水联运示范工程	牵头企业：武汉港航发展集团有限公司 联合企业：武汉铁路局	武汉
第二批	2011年11月（已于2021年11月验收通过）	长江中游黄石新港“打造一体化铁路港前站服务港产协同发展”铁水公联运示范工程	牵头单位： 中国铁路武汉局集团有限公司 黄石新港港口股份有限公司	黄石
第三批	2018年11月	武汉打造长江经济带粮食物流核心枢纽与供应链金融服务平台多式联运示范工程	牵头单位： 武汉金融控股（集团）有限公司 长江航运货运有限公司 中铁武汉局集团有限公司	武汉
第三批	2018年11月	武汉长江中游航运中心鄂州三江港区国际物流铁水公空一体化多式联运示范工程	牵头单位： 湖北长江三江港港口开发有限公司 中国铁路武汉局集团有限公司 湖北鄂钢长航港务有限公司	鄂州
第四批	2022年11月	武汉港武湖港区“协调联动、智慧运营、枢纽集聚、网络辐射”集装箱铁水联运示范工程	牵头单位： 武汉中远海运港口码头有限公司 联合单位： 武汉中远海运集装箱运输有限公司 中国铁路武汉局集团有限公司	武汉
第四批	2022年11月	鄂州花湖机场（专业性货运枢纽）多式联运示范工程	牵头单位： 湖北国际物流机场有限公司 顺丰速运有限公司 联合单位： 中铁快运股份有限公司 中国航空油料有限责任公司 湖北大通互联物流股份有限公司	鄂州

计划，加快建设内外联通、融合联动的现代物流体系。推进“五型”（陆港型、港口型、空港型、生产服务型、商贸服务型）国家物流枢纽建设，实施汉欧国际物流园、京东华中电商产业园、国家粮食现代物流（武汉）基地、武汉工业港、湖北海虹物流园、黄石临空经济区综合物流园、武汉万吨华中冷链港、鄂州长江现代物流园、武汉北公路港红安传化物流园、葛店中部电商示范基地、首衡城华中国际食品产业新城、孝感临空现代物流基地、黄州顺丰冷运物流产业园、咸宁国际陆港物流产业园、嘉鱼沿江综合物流园（保税区）、仙桃港多式联运物流园、天门市域公共综合物流园、潜江现代农业科技示范园冷链物流中心等一批综合物流园区项目，布局建设省级物流枢纽。发展多式联运。推行货物运输“一单制”，推进大宗货物运输“公转铁、公转水”，调整运输结构，降低物流成本。做大做强武汉新港、黄石新港、鄂州三江港、鄂州花湖机场（专业性货运枢纽）等国家多式联运示范工程，推进黄石新港多式联运示范工程、金控粮食物流基地多式联运示范工程、咸宁铁路综合物流园铁水联运、鄂州花湖机场（专业性货运枢纽）多式联运示范工程等项目建设，加快形成连通全球、覆盖全国的多式联运网络。优化提升多元化物流服务能力。做大做强物流企业，引进一批集储运贸一体化、第三方物流、货运平台等优势企业，与公路、港口、机场、铁路等企业深度合作，将资产、资源优势转化为发展优势。加快建设供应链数字化服务平台，加大供应链信息资源开发共享力度，建设统一的数字化物流信息系统。加快进出口贸易服务数字化转型，构筑通关、市场信息、海外仓、金融服务等为一体的跨境电商平台，推进内外贸衔接联通、一体化发展。加快建设大市场平台，打造具有全国影响力的大宗商品战略中转基地、综合性农产品交易平台、综合性商品交易中心。

（湖北省武汉城市圈研究会）

【武汉国家物流枢纽建设】 2022年，武汉市加快建设国家物流枢纽。印发实施《武汉市现代物流业发展“十四五”规划》《武汉市现代物流空间布局专项规划（2021—2035年）》《武汉陆港型国家物流枢纽建设实施方案》等文件，武汉市成功入选国家综合货运枢纽补链强链首批城市和第三批绿色货运配送示范工程创建城市，中远海运铁水联运二期入选国家第四批多式联运示范工程。加快推动远洋冷链新零售供应链产业园、武汉萃元冷链物流有限公司冷链食品物流园、玉湖冷链（武汉）交易中心、金控粮食物流基地冷冻产品加工一期5个重点物流项目建设，助力构建都市圈冷链物流设施体系。强化招商项目抓跟踪、前期项目抓协调、在建项目抓调度、投运项目抓服务等措施，推进京东华中电商产业园、中通快递华中总部基地、世顶临空电商物流产业园等52个物流重点项目建设。全年完成建设投资131.68亿元，比上年增长37.2%，增速增加18.6个百分点。其中，汉口北国际多式联运物流港、京东“亚洲一号”武汉蔡甸物流园等24个项目已基本建成或分期建成并投入运营。

【汉口客运中心建设】 2022年，汉口客运中心持续施工。该项目是华中地区最大的汽车客运站，是武汉“国家公路枢纽”总体规划的重点项目，规划总用地面积4.64万平方米，总建筑面积约28万平方米，主要建设一座客运站、2栋办公塔楼、1栋4层商业配套服务设施。其中，客运站建筑面积12.96万平方米，商业服务设施建筑面积15.04万平方米；1号塔楼44层，总高度193米；2号塔楼15层，总高度64.8米；地下三层主要布置大型客车停车场、社会车辆停车场及配套用房。

汉口客运中心毗邻汉口火车站，其前身为金家墩客运站，1994年建成并投入使用。2017年3月，汉口金家墩客运站全面停业，进行封闭改扩建施工，作为武汉市四大中心客运站之一和汉口火车站的重要配套设施，汉口金家墩客运站更名为汉口客运中心，规模是前期的4倍，设计每天发送旅客2.9万人次，高峰期极值可达8万人次。项目建成后，将与汉口火车站无缝对接，换乘旅客无需出地面。

【汉口北国际多式联运物流港项目完工】 2022年10月，湖北交通投资集团有限公司汉口北国际多式联运物流港项目正式完工。该项目位于武汉市黄陂区汉口北综合物流园区，于2021年4月动工，规划占地面积216万平方米，总建筑面积5.19万平方米，主要建设招商运营中心、大宗物资期货交易交割中心A1～A9号库及配套附属用房，打造集中欧班列多式联运、大宗商品现货期货物流交易基地、餐饮食材供应链产业园、大宗物资仓储转运基地、公铁水空联运基地、保税物流区、生活商务配套等核心功能为一体的现代化综合物流枢纽集群。

【武汉汉欧国际物流园动工建设】2022年8月31日，武汉汉欧国际物流园在东西湖区正式动工。汉欧国际物流园项目是创建中欧班列集结中心核心枢纽，是武汉市打造国家物流商贸中心、“交通强国建设示范城市”的配套工程，是湖北省、武汉市“十四五”重点建设项目。项目由物流仓储区和武汉铁路进境粮食、肉类、水果海关指定查验区两大功能区构成，可提供涉及海关查验、集装箱作业、公铁集运、智能仓配、冷链物流、电商服务等多项功能服务。项目总用地规划面积约14.33万平方米，总投资约8.6亿元。项目建成后，华中地区进出口货物集散将更加便利。

（武汉市地方志办）

【湖北海虹物流园建设】湖北海虹物流园位于大冶市金湖街道，是省级重点项目和省内唯一可装卸乙醇的专用铁路项目，主要为劲牌有限公司提供乙醇运输及仓储服务，同时为周边大冶市新冶特钢有限责任公司、华鑫钢铁有限公司、黄石新兴管业有限公司等企业提供公铁联运服务。该物流园由湖北海虹物流有限公司投资建设，项目占地面积41.27万平方米，分三期建设，总投资15亿元。其中，一期项目占地面积11.53万平方米，于2021年10月投用。2022年，物流园建成集装箱装卸区、原酒罐区、1#仓储区，全年“多式联运”板块收入1968万元，运输量近50万吨，其中原酒运输3.29万吨、煤炭31.32万吨、矿石11.33万吨、钢材8796吨。

（黄石市档案馆）

【鄂州葛店综合交通枢纽建设】2022年，鄂州葛店综合交通枢纽项目持续建设中。该项目是以葛店南站为核心的集高铁、客运、轨道于一体的综合交通枢纽工程，建设内容包括综合交通枢纽主体、站前广场、城市公交换乘枢纽等配套设施，共设置1200个停车位，总用地面积约4.9万平方米，总建筑面积约3.7万平方米，含地下共设置1200个停车位，项目总投资2.7亿元。项目平面为两个环形结构重叠，以莫比乌斯环为设计原型，造型为一条纽带，寓意以城市纽带连接葛店未来。建成后，武汉地铁11号线和武汉、葛店、华容三地的跨区域运营公交301路、101路、205路、206路等日均运力可达2.4万人次。

【鄂州航空物流产业园建设】2022年底，鄂州航空物流产业园区6条新建道路完工，累计完成投资2.5亿元。该园区是鄂州临空产业配套项目，规划占地面积10平方千米，包括基础设施建设、产业发展服务、规划咨询服务、设施运营维护和物业管理等。其中，基础设施建设包括24条市政道路、景观工程、水系治理、民生公共服务设施工程等，建设投资额约38亿元。年内，鄂州航空物流产业园项目公司收到首期服务费5730万元，“瀚棠丰裕天城”项目动工并对外开放，总投资5.5亿元的富春网营物流项目和总投资12亿元的度边精密制造项目已签约。

（鄂州市档案馆）

【首衡城·华中国际食品产业新城建设】2022年，首衡城·华中国际食品产业新城（以下简称“孝感首衡城”）持续紧张施工中。孝感首衡城位于孝感市孝南区毛陈镇107国道、316国道和硚孝高速公路交会处，成立于2020年3月，由首衡集团有限公司投资建设，按照“以产兴城、以城带产、产城旅融合”的发展模式，打造华中地区最大的全业态全产业链商贸物流基地，项目规划占地面积533.33万平方米，总投资300亿元。项目共分三期建设，建设周期5年。其中，一期建筑面积109万平方米，主要建设综合交易、食品加工、商务服务、冷链物流、生活街区、会展贸易六大功能区；二期建筑面积107万平方米，建设

2022 年，建设中的首衡城·华中国际食品产业新城项目（孝感市史志研究中心　供图）

包括业态含智慧冷链、供应链金融、预制菜产业园、会展贸易和电商采购、保税物流中心等，并按照 4A 级景区标准打造“首衡八景”，创新发展沉浸式体验消费，建设宜业宜居宜游的复合型产业新城。

（孝感市史志研究中心）

【黄冈西综合交通枢纽建设】 2022 年底，黄冈西综合交通枢纽工程进入主体施工阶段。该项目是黄黄高铁重要配套工程，由铁路站场和地方配套辅助设施建设两部分组成，与黄黄高铁同步建设、同步投入使用。

黄冈西站改造工程主要分为增加配线工程、站房扩建工程和站区改造工程三部分。其中，增加配线工程主要是新增两条股道，将原有 230 米的站台延长为 450 米标准站台，投资 1.3 亿元。改造后，黄冈西站由原来“两台两线”升级为“两台四线”，提升列车会让能力，保证黄黄高铁开通运营后，黄冈西站办理列车停靠的功能。站台延长后黄冈西站将能停靠 16 节车厢动车组。项目已与黄黄高铁同步投入使用。

站房扩建工程位于原黄冈西站站房西侧，新建站房总建筑面积 1.32 万平方米（既有站房 2461 平方米，新建站房 1.06 万平方米），新增设 8 米宽进站地道一座，既有站房地道仅作出站通道使用，投资 2.13 亿元。年内，完成站房主体工程、进站地道、内墙抹灰、轻钢结构安装；风雨连廊桩板墙干挂石材龙骨埋板安装完成，竖龙骨安装完成 90%；网架马道安装完成 85%，主次檩条安装完成 85%；水平龙骨安装完成 70%；既有站房侧电缆排管基槽开挖完成 60%，消防管线安装完成 60%；通风管线安装完成 50%，水电管线安装 40%；室内外幕墙龙骨安装完成 35%。

站区改造工程建设规模总用地面积 8.05 万平方米。其中，四达路断面改造 1100 平方米，新建道路 6600 平方米，地面车场 1.93 万平方米，地上建构筑物 6200 平方米，绿地 1.58 万平方米，地下空间工程 1.52 万平方米，新建公交首末站、中长途汽车换乘中心、枢纽综合服务楼、出租车地下停车场等设施，投资概算 2.58 亿元。年内，完成公交枢纽综合服务楼一层架体搭设、模板安装，检修库、垃圾转运站完成基础施工和场地土方回填，1~32 轴地下室完成主体结构、二次结构施工及土方回填。

（黄冈市史志研究中心）

【潜江高铁新区综合客运换乘中心建设】 2022 年，潜江高铁新区综合客运换乘中心完成公交枢纽场地硬化、充电桩、维修厂、调度室建设，基本满足全市公交运营需求。该项目位于潜江火车站站前广场东侧，占地面积 6.07 万平方米，主要用于“公铁联运”和“客运零换乘”，规划建设一个一级汽车客运站、7900 平方米地下停车场、公交发车区及充电桩等内容。后因客运市场萎缩，对建设内容进行相应调整，主要建设公交运营的相关配套设施。

【潜江现代农业科技示范园冷链物流中心建设】 2022 年，潜江市现代农业科技示范园冷链物流中心一期完成工可报告、初步设计、施工招标等前期工作。该项目位于潜江市总口管理区，用地面积约 7.07 万平方米，主要建设 6 万吨单体冷库、农产品集散中心和相关配套设施区，项目估算总投资 3.12 亿元，由潜江交投集团拓达物流有限公司投资、建设、运营及管理。

（潜江市档案馆）

能源水利设施建设

【概况】 2022 年，武汉都市圈加快推进华中特高压交流环网建设，全面提升区域电网互济互保能力，推进武汉市建成一流城市电网。加快布局建设清洁能源基地，加强新能源开发利用。发展新能源汽车及配套基础设施，构建新能源汽车公共充电服务体系。建设智慧能源系统。支持条件具备的地区发展“渔光互补”光伏发电及风力发电。谋划建设一批新型储能示范试点项目，推进煤、石油、天然气能源储备能力建设，构建政府储备和企业储备相得益彰的能源储备新格局。推进天然气管网、LNG 接收站、煤炭储配中心等能源基础设施的布点与建设。推进防洪提升工程，巩固供水保障能力建设成果。

2022 年 12 月 22 日，武汉 1000 千伏变电站建成投产（摘自《长江日报》）

【荆门—武汉特高压线路工程建成投产】 2022 年 12 月 22 日，1000 千伏荆门—武汉特高压线路工程建成投产。1000 千伏荆门至武汉特高压交流输变电工程是国家“十三五”重点项目，是国网湖北省电力有限公司落实国家能源发展战略的重大工程，主要建设 234 千米长 1000 千伏输电线路，建设铁塔 458 基，途经湖北境内 11 个县（市、区），两段分别连接新建的武汉 1000 千伏变电站和国家第一座特高压变电站——1000 千伏荆门变电站，总投资 65 亿元。建设历时 20 个月，投产送电后湖北电网完成向送受端并存、交直流混联的大电网转型升级，华中地区将形成“E”字形特高压交流骨干网架，将 ± 800 千伏陕北—湖北特高压直流输电能力提升到 600 万千瓦，将湖北省内西电东送通道输电能力提升至 1355 万千瓦，提升湖北与周边省份的电力互济能力。

【驻马店—武汉特高压工程开工建设】 2022 年 3 月 25 日，驻马店—武汉特高压工程开工建设。该工程起于 1000 千伏特高压豫南（驻马店）换流变电站，止于 1000 千伏特高压武汉换流变电站，途经河南省驻马店市（上蔡县、平舆县、正阳县）、信阳市（息县、罗山县、光山县、新县），湖北黄冈市红安县及武汉市新洲区，新建同塔双回 1000 千伏线路 281 千米，投资概算 38 亿元。其中，河南境内线路长度 209.62 千米，湖北境内线路长度 71.36 千米。该工程采用国家自主研发、国际领先的特高压输电技术，具有“输电容量大、距离远、损耗低、占地省”的优势。

【武汉—南昌特高压交流工程开工建设】 2022 年 10 月 25 日，武汉—南昌 1000 千伏特高压交流线路工程（湖北段）在阳新县 SN2132 塔位正式动工。江西段于 9 月 22 日在瑞昌市南义镇瓦窑塘开建。该工程是华中“日”字形特高压交流环网的重要组成部分，能够在实现鄂赣特高压交流联网的同时，为鄂东江南负荷中心提供电压支撑和潮流转移通道。工程起于武汉市新洲区武汉1000千伏变电站，止于江西省进贤县赣江1000千伏变电站，线路长度2×462.9千米，投资概算90.82亿元。其中，跨越长江的混压四回杆塔是国内跨越长江线束最多的大跨越工程，跨越长度1728米，跨越塔全高325米。

（湖北省武汉城市圈研究会）

【罗田平坦原抽水蓄能电站动工建设】2022年2月14日，湖北能源集团罗田平坦原抽水蓄能有限公司抽水蓄能电站正式动工。罗田平坦原抽水蓄能电站位于罗田县九资河镇和河铺镇境内，是湖北省“十四五”重大能源项目。该项目由上、下水库和输水发电系统等组成，总投资94.08亿元，装机容量1400兆瓦，设计年发电量14.7亿千瓦时，年抽水电量19.6亿千瓦时。年内完成投资10.8亿元，通风兼安全洞掘进989米；厂房交通洞提前5个月开工，挖进深度400米；控制性工程323省道复建道路全线贯通，勘探洞工程全部完工。项目建成后，利用电力负荷低谷时的电能抽水至上水库，在电力负荷高峰期时，再放水至下水库发电，4台装机容量35万千瓦的可逆式发电机组年发电近15亿千瓦时，年抽水电量19亿千瓦时，可发挥调峰、填谷、调频、调相、储能和紧急事故备用等功能。

【黄梅紫云山抽水蓄能电站开工建设】2022年11月4日，黄梅紫云山抽水蓄能电站项目现场举行开工活动。项目由国网新源控股有限公司投资建设，是国家“十四五”重点项目，也是黄梅县单体投资规模最大的工业项目。该项目总投资105.8亿元，总工期69个月，电站总装机容量1400兆瓦，装机4台，单机容量350兆瓦。年内，临时业主营地完成办公楼装修，其他附属设施完成主体工程施工；移民安置区动工建设；先行用地范围内通信及电力改迁、文物保护发掘等工作基本完成。

（黄冈市史志研究中心）

【华润电力仙桃电厂2号机组投产】2022年11月9日，华润电力（仙桃）有限公司一期2×660MW火电项目2号机组一次通过168小时满负荷试运行。试运行期间，机组主辅设备运行安全稳定，自动投入率、保护投入率、仪表投入率均达到100%，脱硫、脱硝、除尘指标全部达到并优于超低排放标准，机组各项技术、经济指标达到国家标准，创同类机组领先水平，实现高标准投产和一期工程全容量并网节点目标，正式进入生产运营阶段。年内，华润电力仙桃有限公司一期火电项目两台机组全部移交生产，转入商业运行，年发电量约60亿千瓦时。

（仙桃市史志研究中心）

【220千伏徐东地下变电站成功投产送电】2022年9月29日，220千伏徐东地下变电站投产送电。该站位于武汉市武昌滨江商务区核心区域绿地国际金融城旁边，是华中地区第一座220千伏地下新一代智能化变电站，采取国家电网公司与政府、绿地控股集团股份有限公司共同投资建设的模式，也是武汉市政企合作模式下建成的第一座220千伏变电站。变电站占地面积3300平方米，整个建筑分为地下三层。地面一层基坑开挖深度20米，建筑地下面积9720平方米，地面

2022年，华润电力仙桃电厂外景（王克荣　供图）

2022 年 9 月 29 日，220 千伏徐东地下变电站投产送电。图为变电站运维人员在查看变电站内二次设备运行状况（摘自《长江日报》）

面积 772 平方米，新建电缆隧道全长 7.6 千米，变电容量 72 万千伏安。整座变电站选用小型化电气设备、主变水冷系统、智能巡检、一键顺控、智能灭火等多项技术，均为国内领先；变电站占地面积仅有普通 220 千伏变电站的二分之一，实现深入城市负荷中心发挥保障作用目标。地面站房类似于“平房”的小型建筑，几乎“淹没”在周边的写字楼和住宅小区中。变电站投运后，供电范围延伸覆盖至北临长江，南至秦园路、友谊路、积玉桥沿线多个片区，可满足武昌滨江商务区核心区域未来 15 年规划发展的供电需求。

（武汉市地方志办）

【油气管网工程】 2022 年，武汉市推动企业投资改造天然气运行 30 年以上老旧管网 77.7 千米、运行 20 年以上老旧管网 269.6 千米，纳入中央预算补贴老旧管网改造项目 910 千米，安装户内自闭阀 213 万户、更换金属连接管 115 万户。投资金额 11 亿元，获批中央预算补贴 4.57 亿元。

黄冈中燃天然气管道项目完成罗田—英山—白莲河段施工。该工程管道沿线经过黄冈市黄州区、团风县、浠水县、蕲春县、武穴市、黄梅县、英山县、罗田县 8 个县（市、区）以及黄冈市龙感湖管理区、黄冈市白莲河生态保护和绿色发展示范区，总长度 268.5 千米。项目于 2021 年 12 月 20 日开工建设，施工工期 48 个月。

【天然气和煤炭储备设施建设工程】 2022 年，武汉都市圈城市持续推进天然气和煤炭储备设施建设。

6 月 7 日，潜江江汉盐穴天然气储气库王储 6 井投产注气。该储气库由中国石油化工股份有限公司天然气分公司依托地下盐穴而建。沿川气东送管线而来的天然气，经过滤去除水分和杂质，再通过管线注入 2000 多米深的地下盐穴中。利用盐穴，可在用气低谷时把富余气量存储，在用气高峰时再放出，补充天然气供应不足。江汉盐穴储气库分二期三个阶段实施，其中一期一阶段项目由江汉油田代建。率先投产注气的王储 6 井，是江汉盐穴储气库一期一阶段项目 4 座试验井之一，库容 2895 万立方米，有效工作气量 1718 万立方米。

9 月 19 日，黄冈 LNG 储气设施项目完成 8 万立方米预应力混凝土全容罐外罐主体结构施工，正式转入内罐安装阶段。项目在黄冈 LNG 工厂原有 2 座 3 万立方米储罐基础上，新建 1 座 8 万立方米储罐，新增储气能力 4800 万立方米。该项目于 2020 年 12 月 29 日正式开工建设，8 万立方米 LNG 预应力混凝土全容罐为该项目核心设备，储罐外径 60 米、内罐直径 58 米，总高度超过 46 米，其中拱顶结构跨度 59.62 米、高 8.04 米。

12 月 31 日，黄冈大别山发电有限责任公司（即大别山电厂）二期扩建工程储煤场扩建项目竣工。该项目于 2022 年 3 月开工建设，对现有储煤场进行扩建，将原有 1 号条形煤场的斗轮机基础向东延长 107 米，拆除原有 1 号条形煤场的尾部小室，在延长后的位置还建一座尾部小室。拆除原有推煤机库，还建一座推煤机库。新增煤场面积 6.2 万平方米，新增储煤量 15 万吨，同时建设相关安全、环保设施。扩建后，全厂煤场总贮量达到 55 × 104 吨，为

2×640 兆瓦 +2×660 兆瓦机组 26 天以上的耗煤量。

【防洪提升工程】 2022 年，武汉市水洪口泵站、盘龙城泵站、挖沟泵站等重点防洪工程完工并投入使用，新增排涝流量每秒 125 立方米。李家墩排水闸、童家咀闸等除险加固工程，鸽子山等 3 个水库除险加固工程完成主体工程建设并投入使用。蔡甸、江夏、黄陂等区小型水库雨水情测报和大坝安全监测设施建设全部开工；梅店水库除险加固工程完成总投资 5400 万元，完成总体形象进度的 56.9%；蔡甸区小奓湖二泵站、江夏区八一泵站开工建设；国家水土保持重点工程江夏区高腊梅港生态清洁小流域项目完工，道观河生态清洁小流域项目完工。

黄石市实施大冶湖、海口湖、保安湖等防洪提升工程，推动长江干堤海口堤段提档升级，推进水利工程达标改造和提质升级。大冶湖泵站更新改造、大冶湖防洪达标（兴隆咀、冷水湖、石家湖段）、富水灌区续建配套一期等续建项目主体工程完工，富池二站新建、富池口泵站更新改造、王英灌区现代化改造、栖儒港重点山洪沟治理等项目开工，全年完成投资 19.7 亿元，

鄂州市实施樊口区域沿江路及江滩环境综合整治工程，总投资 58.39 亿元，年内完成投资 7.8 亿元。实施滨江防洪及江滩综合整治工程，总投资 10.79 亿元，年内完成投资 3.35 亿元。实施湖北国际物流核心枢纽花马湖水系综合治理近期工程，总投资 20.32 亿元，年内完成投资 8872 万元。其中，河道整治工程主要包括新农村港治理整治长度 9.23 千米、鸭畈港治理整治长度 7.91 千米、青山截流港治理整治长度 4.3 千米；闸站工程包括新建燕矶泵站、新建连通港节制闸；水系连通工程包括新建上—中湖连通工程；退垸还湖工程包括曹家坝湖、周家坝湖、黄田湖等圩垸退垸还湖（湿），总面积 3.17 平方千米。实施湖北国际物流核心枢纽花马湖水系综合二期工程（第一标段），退垸还湖面积 9.42 平方千米，改造 8 处二级排涝泵站，新建连通渠 0.47 千米、堤防 2.66 千米，整治牌楼港等 4 条河道和花马湖港。实施水生态修复与滨水景观提升工程、灌溉整治工程和配套设施完善工程。新建机场东片区排水工程，总投资 35.6 亿元，年内完成投资 11.59 亿元。实施梁子湖水系连通工程，总投资 4.94 亿元，年内完成投资 5642 万元。系统治理长港河部分干流以及沿线支流 44.27 千米，总投资 1.28 亿元，年内完成投资 513 万元。

孝感市府澴河流域系统治理工程全面开工，加固府澴河孝南、安陆、云梦、孝昌等地 40.91 千米堤防，新建 8.88 千米护岸和 40.09 千米防汛道路，拆除重建涵闸 15 座，进行工程管护及信息化建设，提升府澴河流域防洪保障能力，修复河道岸线生态功能，保障武汉上游河水稳定畅通。大范围治理孝汉交界河湖，总投资 4.4 亿元，年内基本完成汉江下游堤防除险加固一期工程（汉川段）。实施府澴河流域系统治理工程，总投资 4.3 亿元。开展滠水河综合治理和府河堤防（童家湖段）治理项目建设，总投资 1.7 亿元，构建和修复汉孝水域防洪体系生态圈。

黄冈市实施主要入江支流防洪治理三期工程。其中，举水河流域治理总投资 4.65 亿元，堤防整治 48.99 千米，护坡整治 12.60 千米，护岸整治 21.98 千米，年内完成投资约 2 亿元；巴河流域治理总投资 5.48 亿元，堤防整治 56.88 千米，穿堤建筑物整治 102 座，年内完成投资 1.5 亿元；浠水河流域治理总投资 1.69 亿元，堤防加固 24.61 千米，堤身护坡 15.21 千米，完成投资 4500 万元。实施中小河流系统治理工程。编制《黄冈市中小河流治理总体方案（2023—2035 年）》，规划治理总河长 582.03 千米，总投资 18.35 亿元。推进红安县高桥河和倒水河、浠水县茅山港、武穴市梅川河、蕲春县蕲河、罗田县长河 6 条中小河流系统治理。

咸宁市完成云溪、香山 2 座中型水库除险加固工程，67 座小型水库除险加固主体工程完工。20 座小型病险水库整险加固工程纳入 2023 年计划，其中 1 座年内已开工。

潜江市完成兴隆河泵站新建工程设计—采购—施工总承包模式招标，泵站设计排水流量 50 立方米 / 秒，装机功率 4×1500 千瓦，

2022 年，潜江市兴隆水利枢纽工程远眺（潜江市档案馆　供图）

总投资 2.10 亿元。

【供水保障能力建设工程】 2022 年，武汉市印发《武汉市推进供水高质量发展实施方案》，按照"城乡一体、一网多片、水源优化、整体提质"思路，加快推进供水主体整合、管网互联互通、监管调度统一、设施改造提升，全市供水信息统一监管平台正式投运。实现中心城区向蔡甸区、黄陂区盘龙城区域、新洲区阳逻区域、武汉经济技术开发区沌口区域统筹供水，蔡甸区与武汉市水务集团有限公司供水主体整合。启动新一轮中心城区老旧小区二次供水设施改造，实施农村供水提标升级，全市 39 万居民受益。其中，改造二次供水设施 200 处，老旧小区居民竣工通水 7522 户。新建或改造供水管网 177 处，总长 85.8 千米。提升"双水源"城市应急供水能力，梁子湖应急水厂完成投资 4.5 亿元。持续优化"获得用水"营商环境，武汉连续 3 年获评全国"获得用水"营商环境标杆城市，并成功申报国家公共供水管网漏损治理首批试点城市。

黄石市实施金山大道配水管工程建设，铺设金山大道（圣明路—王叶一路）管径 DN600 管道长约 6.2 千米，总投资 1300 万元。铺设迎宾大道、长乐大道、苏州路西延和广州路西延等输配水管道，汪仁配水厂投入试运行，新建 1 座 5 万吨 / 日配水厂。完成花湖水厂一期改造工程，设计供水能力扩建至 15 万吨 / 日。全年新建 DN300 以上管网 13 千米、改造 DN300 以上管网 14 千米。

鄂州市城东水厂建成投用，供水服务范围包括主城区、鄂城区、临空经济区，工程总投资 3.4 亿元。实施主城区供水管网及老旧小区供水设施改造工程，安装主次道路管道 14.7 千米，改造小区管网 44.1 千米，改造小区二次供水设施 6 个，总投资 3.5 亿元，年内完成投资约 1.2 亿元。实施城乡供水管网工程，管网总长约 70 千米，总投资 3.2 亿元，年内完成投资 2 亿元。实施机场供水工程，临时供水管网 11.27 千米全部实现通水，日供水能力 1 万吨的燕矶临时供水加压站投入运行；铺设 203 省道供水管道 18 千米，按时向机场提供双路供水。实施华容区农村饮水巩固提升工程，总投资 1.6 亿元，改造 41 个村 2.68 万户自来水供水设施，年内完成投资 7950 万元。实施临空经济区将军大道、吴楚大道及燕花路配套供水管道工程，总投资 1.5 亿元，年内完成投资 3300 万元，累计铺设管道 10.8 千米，解决项目建设施工用水问题。实施鄂州市（区）二次供水设施改造工程，年内完成意家福等 16 个小区二次供水设施改造，10 个小区正在施工，6 个小区正在勘测设计，完成投资 900 万元。实施水厂应急取水工程，争取 600 万元专项资金，城东水厂、葛华水厂应急取水工程分别于 9 月 20 日、10 月 3 日完工，雨台山水厂应急取水工程进入施工前准备阶段。

黄冈市全面实施农村饮水提标升级工程。其中，黄州区农村供水提升改造工程投资 1.85 亿元，团风县横河水库水厂项目及付河水库中心水厂管网改造项目投资 1.2 亿元，麻城市杉林河水厂巩固提升工程投资 0.99 亿元，英山县城乡一体化供水项目投资 3.59 亿元，黄冈三水厂与巴河镇管网对接巴河镇供水工程投资 0.3 亿元，蕲春县城乡供水一体化工程投资 2.93 亿元，武穴市农村

2022年，咸宁市铺设38千米DN1400输水管线施工现场（武汉水务集团供图）

供水保障及城市应急备用水源工程（武穴市水厂及管道新建工程）投资4.8亿元，黄梅县城东水厂扩建及管网延伸工程投资0.33亿元，龙感湖管理区自来水提档升级工程投资0.52亿元。年内，黄州区、麻城市、英山县、浠水县、黄梅县、龙感湖管理区项目完工，合计改善供水人口77.3万人，占应改善人口比例的40.9%。团风县横河水厂新建工程、蕲春县城乡供水一体化工程（一期）、武穴市中心水厂及管道新建工程持续施工中。

咸宁市实施城区供水增量提质骨干水源工程，净水厂新增10万立方米/天供水生产能力；新建一条总长约38千米的输水管线，改造和增加取水泵站设备，总投资4.79亿元。项目于8月底开工建设，年内完成净水厂主体结构全部基坑施工和部分输水管线铺设，完成投资1亿元。崇阳县木三李水库骨干水源工程纳入《湖北省水安全保障“十四五”规划》，可行性研究报告和图册报湖北省水利厅、湖北省发展和改革委员会评审，用地预审待湖北省自然资源厅批复。

（各市地方志机构）

编辑：刘家连
校对：卢永会

科技同兴与创新协调发展

区域创新平台建设

【概况】2022年，武汉都市圈共有国家实验室1个、全国重点实验室8个、湖北省重点实验室152个、国家创新中心2个、国家级制造业创新中心2个、湖北省技术创新中心14个。由国家和省发改部门批复的国家产业创新中心、国家（省）工程研究中心（工程实验室）、国家（省）企业技术中心、国家地方联合工程研究中心（工程实验室）等创新平台500余家。共有国家级科技企业孵化器51家，省级产业技术研

2022年度武汉都市圈国家重点实验室一览表

序号	名称	依托单位	批准年份
1	省部共建纺织新材料与先进加工技术国家重点实验室	武汉纺织大学（湖北省科技厅）	2021
2	省部共建精细爆破国家重点实验室	江汉大学	2021
3	省部共建生物催化与酶工程国家重点实验室	湖北大学（湖北省科技厅）	2018
4	武汉光电国家研究中心（武汉光电国家实验室）	华中科技大学、武汉邮电科学研究院、中国科学院武汉物理与数学研究所、中国船舶集团有限公司第七一七研究所	2017（2003）
5	电网环境保护国家重点实验室	中国电力科学研究院武汉分院（湖北省科技厅）	2015
6	桥梁结构健康与安全国家重点实验室	中铁大桥局集团有限公司（湖北省科技厅）	2015
7	特种表面保护材料及应用技术国家重点实验室	中国机械总院集团武汉材料保护研究所有限公司	2015
8	作物育种技术创新与集成国家重点实验室	中国种子集团有限公司、中国种子生命科学技术中心（武汉）	2015
9	省部共建耐火材料与冶金国家重点实验室	武汉科技大学（湖北省科技厅）	2013
10	大地测量与地球动力学国家重点实验室	中国科学院测量与地球物理研究所	2011
11	硅酸盐建筑材料国家重点实验室	武汉理工大学	2011
12	生物地质与环境地质国家重点实验室	中国地质大学（武汉）	2011
13	强电磁工程与新技术国家重点实验室	华中科技大学	2011
14	杂交水稻国家重点实验室	武汉大学、湖南杂交水稻研究中心	2011
15	生物质热化学技术国家重点实验室	阳光凯迪新能源集团有限公司（湖北省科技厅）	2011
16	光纤光缆制备技术国家重点实验室	长飞光纤光缆股份有限公司（湖北省科技厅）	2010
17	岩土力学与工程国家重点实验室	中国科学院武汉岩土力学研究所	2007
18	光纤通信技术和网络国家重点实验室	武汉邮电科学研究院有限公司	2007
19	数字制造装备与技术国家重点实验室	华中科技大学	2005
20	地质过程与矿产资源国家重点实验室	中国地质大学（武汉）	2004
21	病毒学国家重点实验室	武汉大学、中国科学院武汉病毒研究所	2004
22	水资源与水电工程科学国家重点实验室	武汉大学	2003

续表

序号	名称	依托单位	批准年份
23	农业微生物国家重点实验室	华中农业大学	2003
24	作物遗传改良国家重点实验室	华中农业大学	1994
25	材料复合新技术国家重点实验室	武汉理工大学	1990
26	材料成形与模具技术国家重点实验室	华中科技大学	1989
27	测绘遥感信息工程国家重点实验室	武汉大学	1989
28	波谱与原子分子物理国家重点实验室	中国科学院武汉物理与数学研究所	1988
29	煤燃烧国家重点实验室	华中科技大学	1988
30	淡水生态与生物技术国家重点实验室	中国科学院水生生物研究所	1987

究院16家。

【国家重点实验室优化重组】 武汉都市圈内的国家重点实验室均位于武汉市。2022年，武汉市按照“数量不减、位次不降、质效提升”要求，全力服务在汉国家重点实验室优化重组。印发《武汉市进一步加快创新发展的若干政策措施》，明确对新获批或者通过优化重组的全国重点实验室给予1000万元支持。主动对接服务25家需参加优化重组的国家重点实验室，形成《关于在汉国家重点实验室优化重组工作调研情况的报告》，推动解决国家重点实验室提出的请求支持事项。支持新近获批的武汉纺织大学纺织新材料与先进加工技术、江汉大学精细爆破2家国家重点实验室按照科学技术部政策要求，高起点开展各项工作，拨付纺织新材料与先进加工技术国家重点实验室支持经费。5月25日，作物遗传改良全国重点实验室（华中农业大学）、杂交水稻全国重点实验室（武汉大学）获批入列首批20个标杆全国重点实验室。至年底，武汉地区共获批建设全国重点实验室8家。

【国家技术创新中心建设】 2022年，武汉都市圈内2家国家技术创新中心获批建设。1月，依托华中科技大学建设的国家智能设计与数控技术创新中心、国家数字建造技术创新中心正式获批。9月，两家国家技术创新中心的第一次理事会先后在华中科技大学召开。国家智能设计与数控技术创新中心依托武汉智能设计与数控技术创新中心开展实体运行，聚焦智能设计工业软件、智能数控系统、智能制造系统工业软件三大方向，开展工业基础软件和智能数控系统的研究，研发智能系统设计和数控中的引擎、平台和系统。国家数字建造技术创新中心按照“一平台、N园区”建设模式，以华中科技大学为技术创新基地，以武汉数字建造产业技术研究院有限公司作为成果转化实体，开展数字化设计与CIM、智能感知与工程物联网、工程装备智能化与建造机器人、工程大数据平台与智能服务等共性技术等方面研究。

【武汉光电国家研究中心建设】 武汉光电国家研究中心（以下简称“研究中心”）是科学技术部于2017年批准组建的6个国家研究中心之一，依托华中科技大学组建，建设集成光子学、光子辐射与探测、光电信息存储、激光科学与技术、能源光子学、生物医学光子学、多模态分子影像、生命分子网络与谱学8个研究部以及微纳工艺与表征、极端激光与物质交互、生物医学成像三大公共平台。2022年，研究中心科研团队的“基于形态学分级结构设计辐射降温光学超材料织物”“通过发明线照明调制显微术实现高清成像”“在双折射晶体中发现‘幽灵’双曲极化激元”等成果入选“2021中国光学十大进展”。

全年新增科研项目204项，合同经费3.2亿元，实到经费3.37亿元（含7000万元运行费），新增国家自然科学基金项目43项，牵头国家重点研发计划项目4项，“揭榜挂帅”承担FCW(光纤网关)技术装备攻关项目1项，其他部委项目 1 项，国防项目 38 项，省市项目 15 项，企业横向合作 81 项。其中，1000 万元级项目 7 项。申请国内专利 215 项，涉外专利 10 项；授权发明专利 196 项，实用新型专利 17 项，涉外专利 10 项，软件著作权 11 项。

全年引进海内外优秀人才 7 名，进站博士后 12 人，获批国家级基金项目 13 项，博士后项目 12 项，获得湖北省博士后创新研究岗位资助 7 人。入选“海外优青”4 人、2022 年度科睿唯安全球“高被引科学家”4 人、2022 年国家特殊支持计划青年拔尖人才 1 人、

2022 年度武汉都市圈省级以上创新型县市一览表

序号	县市名称	级别	批准年份	所在市州
1	大冶市	国家级	2018	黄石市
2	仙桃市	国家级	2018	仙桃市
3	新洲区	省级	2021	武汉市
4	阳新县	省级	2021	黄石市
5	鄂城区	省级	2021	鄂州市
6	孝南区	省级	2021	孝感市
7	团风县	省级	2021	黄冈市
8	应城市	省级	2020	孝感市
9	云梦县	省级	2020	孝感市
10	汉川市	省级	2020	孝感市
11	武穴市	省级	2020	黄冈市
12	麻城市	省级	2020	黄冈市
13	黄州区	省级	2020	黄冈市
14	赤壁市	省级	2020	咸宁市
15	咸安区	省级	2020	咸宁市
16	天门市	省级	2020	天门市
17	潜江市	省级	2020	潜江市

2022 年度武汉都市圈省级以上高新区一览表

序号	县市名称	级别	批准年份	所在市州
1	黄石大冶湖高新技术产业区	国家级	2018	黄石市
2	潜江高新技术产业开发区	国家级	2018	潜江市
3	咸宁国家高新技术产业开发区	国家级	2017	咸宁市
4	湖北黄冈高新技术产业开发区	国家级	2017	黄冈市
5	仙桃高新技术产业开发区	国家级	2015	仙桃市
6	孝感国家高新技术产业开发区	国家级	2012	孝感市
7	武汉东湖新技术产业开发区	国家级	1991	武汉市
8	湖北麻城高新技术产业园区	省级	2017	黄冈市
9	湖北浠水高新技术产业园区	省级	2016	黄冈市
10	红安高新技术产业园	省级	2015	黄冈市
11	通城高新技术产业园区	省级	2015	咸宁市
12	湖北赤壁高新技术产业园区	省级	2014	咸宁市
13	蕲春高新技术产业园区	省级	2014	黄冈市
14	汉川高新技术产业开发区	省级	2012	孝感市
15	天门高新技术产业园区	省级	2011	天门市
16	武穴高新技术产业园区	省级	1999	黄冈市
17	湖北省葛店高新技术产业开发区	省级	1997	鄂州市
18	黄石高新技术产业园区	省级	1992	黄石市

楚天学子1人，获得王大珩光学奖中青年科技人员奖1人。

全年新入孵企业19家，加速企业2家。培育企业入选高新技术企业14家、光谷瞪羚企业16家、潜在独角兽企业3家、上市后备“金种子”企业3家。推动入选省级专精特新“小巨人”企业4家、省级制造业单项冠军企业（产品）3家、国家级专精特新“小巨人”企业6家。孵化企业总数突破200家，总估值超100亿元。华中科技大学鄂州工业技术研究院国家级科技企业孵化器在科技部火炬中心2021年度评价工作中获评“良好（B类）”，湖北省科技企业孵化器在2021年度绩效评价中获评“优秀”等次，湖北省鄂州生命科学产业技术研究院在2022年度湖北省新型研发机构绩效考核中获评“良好”。鄂州工研院再次入选省级小型微型企业创业创新示范基地，获2022年度市级科技创新奖补项目立项支持。新增培育企业5家，培育企业总数达67家。

全年主办或承办国际会议和研讨会3场，研究中心教师在国际大型学术会议上做大会/特邀报告21次，在大型国内会议上做大会报告或特邀报告24次。举办武汉光电论坛1期，举办神奇光子在线讲坛25期（含3位境外专家），举办光子学公开课44期（含6位境外专家）。

【国家信息光电子创新中心建设】2022年，位于武汉的国家信息光电子创新中心（以下简称“创新中心”）着力打造贯通创新链和产业链的光电子芯片研发平台，攻克关键共性技术难题，形成先进中试熟化能力，完成多款核心光电子芯片及高端器件国内首产，撬动了关键共性技术突破“关键变量”向支撑行业高质量发展“最大增量”转化。

2022年，创新中心完成信息光电子创新中心能力建设项目，实现多款光通信用核心芯片及高端器件国内首产，成为国际上唯一全面掌握Ⅲ-V族、硅光和混合集成光子芯片系列产品研发能力的创新载体。建成国内领先的25Gb/s-1.6Tb/s光电子芯片设计、工艺、封测中试平台，相继实现了25Gb/s和50Gb/s EML激光器芯片、25Gb/s APD芯片、50Gb/s PAM4 DSP芯片、100G-400Gb/s系列硅光芯片等高端光电子芯片国内首产，并在国内三大运营商、腾讯规模商用。

2022年，创新中心实现400Gb/s硅基相干芯片国内首次量产，并在三大运营商、电力网系统中实现规模化国产替代，破解国内400G以上光纤传输芯片“卡脖子”难题，有力地保障“东数西算”等重大工程，产品成果列入“央企科技创新成果推荐名录”。与中国信息通信科技集团有限公司、鹏城实验室联合研制的国内首款1.6Tb/s硅光互连芯片，实现国内光互连芯片向Tb/s级的首次跨越，获评2021年度中国信息通信领域重大科技进展（十大进展之一）。创新中心、鹏城实验室、光纤通信技术和网络国家重点实验室联合完成国内最大容量的3.03Pb/s光纤传输系统实验，再次刷新单模多芯光纤传输容量的世界纪录。基于自主调制器芯片和高顺光电封装技术，在国际上率先研制出3dB带宽高达90GHz铌酸锂薄膜电光调制器产品，并正式交付多家国内研究机构和国产测试仪表厂商，解决了超高速电光转换元器件的“卡脖子”问题。在高速率硅光chiplet芯片方面取得突破，研制出速率达160Gbit/s的硅光互连chiplet，为超宽带数据互连奠定坚实基础。

【国家数字化设计与制造创新中心建设】2022年，位于武汉的国家数字化设计与制造创新中心（以下简称“国创中心”）着力建设数字化设计、数字化成形制造、数字化加工制造三大能力平台，加强中试验证、试制加工、检验检测、设计仿真等创新能力。3月23日，国创中心顺利通过工业和信息化部验收，标志着国创中心能力建设项目达标，正式由建设期向发展期转进。全年完成营业收入5647.07万元，比上年增长32.3%；净利润277.23万元，增长39.5%。新增国家科研项目6项，共承担国家科研项目17项，省市地方项目10项，其中1项国家项目、1项地方项目通过验收，5项国家项目、3项地方项目实施期满，准备验收。全年共参与9项标准研制，其中企业标准1项、团体标准4项、标准草案4项。获颁3项省部级科技成果奖，“大型水动力装备机器人化加工关键技术及其应用”获2021年湖北省科技进步一等奖，“新型显示器件高分辨率喷印制造技术与装备”获2021年湖北省技术发明一等奖，“先进红外光学元件超精密制造关键技术与核心装备”获中国商业联合会科技进步特等奖。自主开发的“三维可解决方案”成功入选工信部“2021年工业互联网App优秀解决方案”,“能场辅助超精密加工技术与关键装备项目”获“2021年度全国颠覆性技术创新大赛优秀项目”，“大型飞行器变曲率皮吸附式移动加工机器人系统”获2022金砖国家工业创新大赛智能制造赛道优秀项目奖。

全年申报知识产权40项（其中发明专利22项，实用新型专利6项，软著12项），共获得授权51项（其中发明专利6项，实用新型8项，外观设计19项，软著18项）。累计申报知识产权208项（其中发明专利87项，实用新型专利20项，外观设计20项，软著81项），获得授权136项（其中发明专利15项，实用新型20项，外观设计20项，软著81项）。签订企业服务合同85项，合同金额约1.17亿元，比上年增长162.9%。国创中心专兼职人员达190人。其中，博士研究生学历（含博士在读）45人，硕士研究生学历（含硕士在读）70人，研究生学历人数比例达60.5%。全年在研横向项目116项（约1.75亿元），累计完成横向项目88项，合同金额8094.66万元;累计服务163家行业重点企业，合同金额2.56亿元。

【国家数字建造技术创新中心建设】2022年1月，位于武汉的国家数字建造技术创新中心（以下简称“创新中心”）获科技部批复。创新中心以华中科技大学作为建设主体,按照“1+N”建设模式运营，围绕智能建造强国目标，开展关键共性技术攻关，重点突破数字建造软件、网络、硬件和平台的技术瓶颈，建成持续开放的研发创新平台，增强数字建造领域核心竞争力，推动中国建造转型升级和高质量发展。

创新中心共有研究人员162人，其中院士1人、教授22人、正高级工程师15人。设有4个共性技术实验室：数字化设计与CIM实验室、智能感知与工程物联网实验室、智能工程机械与建造机器人实验室、工程大数据平台与智能服务。5个专业技术实验室：建筑产业互联网实验室、桥梁智能建造实验室、数字建筑软件实验室、钢结构智能建造实验室、大盾构隧道智能建造实验室。截至2022年底，创新中心共承担国家重点研发计划项目11项，在工程软件、智能装备、工程云等领域已形成“地铁施工安全控制云平台关键技术及应用”“高层建筑施工质量智能化监控关键技术”“智能雪车雪橇赛道与竞技训练关键技术”多个研究成果，部分成果突破国外“卡脖子”技术瓶颈。在医工结合学科交叉领域取得重大研究进展，与相关团队合作在国际著名期刊《柳叶刀－公共卫生》（The Lancet Public Health）发表基于近百万中国人口的多个横断面健康数据的研究论文。“复杂山地条件下冬奥雪场场馆设计建造运维关键技术”获得2022年华夏建设科学技术奖，“面向数字经济的工程管理复合型人才‘非线性学习’培养模式研究与实践”获得2022年高等教育（本科）国家级教学成果二等奖。

（武汉市地方志办）

【武汉都市圈孵化载体建设】2022年，武汉都市圈各市建立跨区域科技成果转化、创业孵化、联合攻关等合作机制，推进科创资源共享、平台共建、项目共谋、活动共办、主体共育，探索“研发在武汉、转化在周边”“孵化在武汉、加速在周边”的科技创新和产业发展模式。

武汉市着力提升各类孵化载体质量。开展全市国家级科技企业孵化器参加科技部火炬中心2021年度国家级科技企业孵化器评价工作，18家孵化器获评优秀，数量比上年增长260%，占湖北省获评优秀孵化器总数的85.7%。组织90家孵化载体参加2021年度省级以上科技企业孵化器（大学科技园）、众创空间绩效评价，34家孵化载体（15家孵化器、19家众创空间）获评优秀，占全省绩效优秀载体总量的75.6%。开展全市孵化器、众创空间、星创天地绩效评价，突出专业化、精细化服务权重，促进科技创业服务提质增效，15家孵化器、14家众创空间、9家星创天地评价为优秀，发放补贴资金1300余万元。年内，武汉市获批国家级孵化器7家、众

2022 年武汉都市圈国家级星创天地一览表

序号	星创天地名称	运营主体	备案时间	所在市州
1	湖北智农优味星创天地	湖北九洲农信科技有限公司	2018 年	武汉市
2	武汉花卉博览园星创天地	武汉花卉博览园有限公司	2018 年	武汉市
3	大冶鹏程星创天地	大冶鹏程企业孵化器管理有限公司	2018 年	黄石市
4	阳新县电子商务产业园	湖北恩源网络科技有限公司	2018 年	黄石市
5	七仙红星创天地	湖北七仙红林果农民专业合作社联合社	2018 年	孝感市
6	悟道茶星创天地	湖北悟道茶业有限公司	2018 年	孝感市
7	湖北瑞禾糯稻星创天地	湖北瑞琪粮食股份有限公司	2018 年	孝感市
8	中国菊花谷星创天地	麻城大别花乡菊业股份有限公司	2018 年	黄冈市
9	英山县电子商务星创天地	湖北中金泰富电子商务产业园有限公司	2018 年	黄冈市
10	英山县汇智农业星创天地	湖北志顺茶业股份有限公司	2018 年	黄冈市
11	黄梅创客家园星创天地	黄梅县高校科研院所合作办公室	2018 年	黄冈市
12	湖北康华智慧物流电商星创天地	湖北康华智慧物流园发展有限公司	2018 年	咸宁市
13	华盛农创星创天地	华盛绿能（仙桃）农业科技有限公司	2018 年	仙桃市
14	简优农创星创天地	湖北简优农业发展有限公司	2018 年	仙桃市
15	湖北领尚生态农业星创天地	湖北领尚生态农业有限公司	2018 年	天门市
16	潜江楠鼎小龙虾产业星创天地	潜江市小龙虾烹饪职业技能培训学校	2018 年	潜江市
17	武汉农业慧谷星创天地	中国农业科学院油料作物研究所	2017 年	武汉市
18	诺沃巢星创天地	湖北省生物农药工程研究中心	2017 年	武汉市
19	阳新通星创天地	阳新新创互联网科技有限公司	2017 年	黄石市
20	云梦农创天下星创天地	云梦县桂花蔬菜专业合作社	2017 年	孝感市
21	麻城市大学生创业孵化基地星创天地	麻城市创业指导中心	2017 年	黄冈市
22	湖北兆至现代农业星创天地	湖北兆至现代农业科技股份有限公司	2017 年	黄冈市
23	大别山众创中心星创天地	湖北团黄贡茶有限公司	2017 年	黄冈市
24	通山县电商星创天地	通山县电子商务服务中心	2017 年	咸宁市
25	武汉生物智造星创天地	武汉生物智造众创空间运营管理有限公司	2016 年	武汉市
26	汇春现代农业星创天地	汇春孵化器管理服务（武汉）有限公司	2016 年	武汉市
27	高农星创天地	武汉国家农业科技园区创业中心有限公司	2016 年	武汉市
28	阳新科泰星创天地	阳新县科泰科技孵化器有限公司	2016 年	黄石市
29	精农星创天地	罗田精农电子商务科技有限公司	2016 年	黄冈市
30	中时农星创天地	湖北农时生态农业股份有限公司	2016 年	仙桃市

2022 年度武汉都市圈国家创新型产业集群一览表

序号	创新型产业集群名称	批准年份	所在市州
1	武汉东湖高新区新型电子元器件及设备制造创新型产业集群	2022	武汉市
2	黄石大冶湖高新区高效节能通用设备制造创新型产业集群	2022	黄石市
3	孝感高新区（应城）生物农业创新型产业集群	2022	孝感市
4	黄石先进电子元器件创新型产业集群	2021	黄石市
5	孝感高新区高端装备制造创新型产业集群	2021	孝感市
6	咸宁高新区先进无机非金属材料创新型产业集群	2021	咸宁市
7	仙桃高新区非织造布创新型产业集群	2021	仙桃市
8	天门生物医药产业集群	2019	天门市
9	咸宁智能机电创新型产业集群	2017	咸宁市
10	武汉东湖高新区国家地球空间信息及应用服务创新型产业集群	2013	武汉市

创空间 9 家，省级孵化器 4 家、众创空间 16 家、星创天地 5 家。

黄石市共建有省级以上孵化器、众创空间、星创天地 35 家，其中国家级 10 家。年内，大冶铜都汇众创空间和湖北贝壳瑞晟生态创新孵化器 2 家列入 2021 年度国家级科技企业孵化器和 2021 年度国家众创空间名单，石田农旅星创天地、黄石市国家科技园区爱媛付柑产业创业园星创天地、原乡佳园·冠林农业星创天地 3 家孵化机构入选 2022 年度湖北省星创天地名单。

鄂州市加大双创孵化载体招引力度，培育科技企业孵化器和众创空间，新增国家级科技企业孵化器 1 个、市级科技企业孵化器 2 个、省级星创天地 4 个、市级星创天地 10 个、省级乡村振兴科技创新示范基地 2 个。葛店光谷联合科技城入选国家级科技孵化器。加快建设华中数控、真福药业等 5 个中试基地。

孝感市新建孵化器 2 家、众创空间 1 家，新申报国家级科技企业孵化器 1 家。全市科技企业孵化器、众创空间总数达到 25 家。其中，国家级科技企业孵化器 1 家，省级科技企业孵化器 8 家，省级众创空间 7 家，市级孵化载体 9 家。全市孵化总面积 11.52 万平方米，在孵企业总数 760 家。编制《国家农业科技园区核心区 2022—2025 年建设规划》，加快推进农业科技园区提能升级。新培育入园创新主体 24 家，新获批省级星创天地 6 家，新建市级星创天地 55 家。

黄冈市光谷黄冈产业园与武汉光电工业技术研究院合作设立黄冈协同创新中心，与武大科技园、华科大科技园开展科技创新异地孵化合作。引进成果转化项目 3 个，初步建立“研发在武汉、转化在黄冈”产业生态发展模式。高新技术孵化器一期选定 1154 平方米场地打造众创空间，推动完善“众创空间—孵化器—加速器—产业园”生态孵化链条。新备案省级星创天地 5 家、省级以上创业平台达 79 家，累计建成国家级孵化器（众创空间）2 家、省级孵化器（众创空间）33 家。

咸宁市培育国家级众创空间 2 个，省级科技企业孵化器、众创空间 22 个；创业孵化平台新增入孵企业 150 家，在孵科技型创业企业总数超过 780 家。获批国家备案众创空间 1 家，省级备案众创空间 2 家。成功创建省级企校联合创新中心 5 家，累计创建 34 家。推荐光谷南·科技城申报国家级科技企业孵化器。建设市级科技创新平台 80 家，累计建成 439 家，规模以上工业企业建立研发机构比例达 52.5%。

【武汉都市圈新型研发机构建设】 2022 年，武汉都市圈组建一批新型研发机构。武汉市加快推进市级新型研发机构建设。支持北京大学武汉人工智能研究院、武汉人工智能研究院落户东湖新技术开发区，引进国际顶尖人工智能专家团队，在智能社会治理、“多模态大模型”等领域发挥作用。作为网络空间安全领域的新型研发机构，依托华中科技大学并联合武汉大学、中国船舶集团有限公司第七〇九研究所共同建设的武汉金银湖实验室落地国家网络空间安全人才培养基地。聚焦“碳达峰、碳中和”重大历史使命。新建武汉光化学技术研究院，利用青山区改造厂房，开展光化学关键核心技术攻关和工程示范应用，以数据智能赋能社会治理和地方经济高质量发展为目标。推动武汉数据智能研究院组建，支持武汉量子技术研究院、武汉中科医疗科技工业技术研究院有限公司、武汉高德微机电与传感工业技术研究院有限公司等新型研发机构加快建设，积极转化科技成果孵化培育企业。支持省级新型研发机构建设，7 家省产业技术创新联合体、2 家综合型技术创新平台、1 家省产业技术研究院获批备案，6 家省产业技术创新联合体全面启动，12 家机构在省级新型研发机构绩效考核中获优秀等次。

黄石市智能输送技术与装备实验室获批省级重点实验室。黄石市与武汉大学电子信息学院共建黄石创新电子信息研究院，整合国际国内科研院所、企业、检验检测等各类创新资源，为黄石电子信息产业和企业提供创新研究、技术难题攻关、生产工艺改良、人才培养、成果转化、检验检测等服务，推动黄石电子信息产业迈向中高端。湖北省智能物流装备产业技术研究院、黄石科创模具技术研究院、电子信息产业研究院均进入省级产业技术研究院名录。

鄂州市加强在汉科研院所科研合作。华中科技大学鄂州工业技术研究院累计引进科技创新项目67个，培育科技型企业62个，高新技术企业17个。武汉工程大学在滨江科技新区建设武汉工程大学青天湖产业技术研究院，中科院沼山科学观测设施项目获国家发展和改革委员会批复立项。

黄冈市联合武汉大学、中国科学院武汉分院、湖北大学、湖北工业大学、武汉纺织大学、湖北中医药大学、湖北省农业科学院等高校和科研院所共建中科、石材、菊花、纺织、心脑同治5个产业技术研究院，围绕产业链开展关键技术攻关和科技成果转化，推动产业转型升级，申请专利21项、制定标准35项、引进高层次人才38名。年内，湖北省蕲艾产业技术研究院、湖北省薯芋产业技术研究院入选省级产业技术研究院。

咸宁市建设咸宁高新区食品饮料产业技术研究院等10家重点研究院。咸宁市食品饮料产业技术研究院、咸宁市光电子信息产业技术研究院、咸宁市新材料科技术研究院、湖北省智能机电产业研究院进入省级产业技术研究院，数量仅次于武汉，居全省第二。全市共有省级重点实验室2个、省级科技创新平台33个。

【武汉都市圈“32232”科技合作工程实施】 2022年，武汉都市圈各市持续推进“32232”（组织3场项目对接及技术指导会，安排武汉市院士专家20人、科技副总20人、博士服务团30人、科技特派员20人到都市圈城市开展技术支持工作）科技合作工程，创建武汉都市圈科技服务品牌。全年共组织开展武汉都市圈项目对接活动36场。武汉市科技局与鄂州市科技局联合举办武汉城市圈投融资项目线上辅导活动，组织鄂州市、仙桃市、潜江市等企业参加2022年武汉市科技成果转化对接活动大健康（城市圈）专场，现场签约项目总金额达8.23亿元，组织鄂州市、黄冈市、黄石市、仙桃市等市企业参加2022年武汉市科技成果转化对接活动人工智能（城市圈）专场，现场签约金额超1亿元。安排院士专家、科技副总、博士服务团、科技特派员708人次到武汉都市圈各城市开展技术支持工作。

2022年10月25日，中国地质大学院士专家团到大冶市北泉湾矿区铜钼钨矿区考察指导（摘自湖北省地质局官网）

黄石市邀请、选派武汉都市圈内院士14名、博士服务团6人、“服务产业专才”100人，服务黄石企业高质量发展，培育省级双创战略团队3个，指导企业成立院士专家工作站5家；组织产学研对接活动30场次，服务企业300余家，帮助企业申报国家、省级项目77项，争取资金3691.37万元；帮助530家科技型企业获得科技贷款119.15亿元；举办“绿色低碳新材料产业发展高峰论坛”，中国工程院院士、华中科技大学党委书记李元元等5位院士出席论坛。

鄂州市深化“研发在武汉，转化在鄂州”发展模式，落地拓材科技等一批科技型企业，持续开展“联百校、转千果”活动，探索建立定向式、定制式、揭榜制的订单式研发和技术转让模式；创新人才加速集聚，累计引进培养各类创新人才超2000人，其中，两院院士、“长江学者”、“杰出青年科学基金获得者”等高层次人才26人，从武汉引入科技副总20人。

孝感市加强与武汉市联动，推动武汉科技资源和成果在孝共享、转化。与武汉新能源研究院对接，双方就离岸科创中心、氢能产业链等形成合作意向。与武汉东湖新技术开发区在科技招商、离岸科创平台建设、人才技术和资本运作等方面建立合作机制。与武汉理工大学、武汉科技大学对接，夯实校地、校企合作工作基础。全年争取湖北省和武汉市16名院士专家、14名科技副总、7名博士挂职，引进和选派省市县三级科技特派员943人（其中省级45人）。黄冈市引进科技副总66人、博士服务团13人深入企业开展产学研合作，解决技术难题。

黄冈市引进科技副总66人、博士服务团13人，深入企业开展产学研合作，解决技术难题。

咸宁市选派42名省级科技特派员，11名湖北省“三区”科技人才到咸宁开展服务；邀请武汉大学、武汉理工大学等专家团队20余人次到咸宁开展技术对接；引进省级31名“科技副总”，为企业解决技术难题；引进88名国内外领军人才、583名高学历专业紧缺人才。推进咸宁高校与武汉企业合作。咸宁职业技术学院与东风汽车集团股份有限公司乘用车公司等47家武汉企业共建校企合作基地，安排639位学生到企业开展课程实训。

（各市地方志机构）

【武汉都市圈科技资源共享平台建设】 2022年，武汉都市圈建立科技信息资源共享机制。武汉市推动科技信息平台武汉都市圈各城市共享，进一步推进都市圈人才、技术、资本等创新要素跨区域有序流动。孝感市湖北省盐产业技术研究院大型科学仪器及设备设施对外开放，年内实现共享26机次。咸宁市与武汉市科技局对接，开通资源共享平台，初步构建起资源平台共享、仪器设备共用的框架。武汉科技成果转化平台、大型仪器设备开放共享平台有序与八市科技部门开放对接。武汉科技成果转化平台向武汉都市圈各城市开放端口，各市科技管理部门均可通过端口实现与武汉市相关资源共享，将各城市符合条件的仪器设备纳入武汉市科学仪器设备开放共享平台管理体系，实现武汉都市圈内企业在线预约购买研究开发、检验检测服务等功能。平台汇集科技成果1.83万项、技术需求2442项，入驻服务机构226家、企业5601家、高校和科研院所156家、技术专家1339人。截至2022年底，都市圈八个城市在平台发布技术需求472项，达成科技成果转化意向257家。

【创新服务平台共建】 2022年，武汉都市圈各城市着力推进创新服务平台共建，打造区域协同创新发展格局。黄石科技城科创中心一期、黄石（上海）离岸科创中心相继开园运营，黄石市西塞山区与华中科技大学共建的黄石科创模具技术研究院、黄石经济技术开发区·铁山区与武汉大学共建电子信息产业研究院建成运行；鄂州市对接东湖科学城，共同培育重大创新平台，沼山时空精密测量原子干涉设施获得国家发展和改革委员会立项；对接武汉光电国家研究中心和光谷实验室，累计引进科技创新项目67个，培育科技型企业62家；与武汉14所高校和科研院所开展产学研合作，新引进武汉高校和科研院所科技成果33项，47家企业与武汉高校和科研院所共建产学研合作平台。黄冈市加快建设黄冈（光谷）离岸科创中心、光谷科技创新大走廊黄冈功能区；引进武汉光电工业技术研究院落户，建立黄冈协同创新中心。孝感市共有20家企业在汉设立研发中心21个，总面积3.85万平方米，吸纳各类人才804人，其中博士21人。仙桃市设立技术招商与成果转化服务中心，开展技术项目招引、人才智力引进，吸引科技资源向仙桃聚集。天门市与武汉市共建中国光谷·天门科技城、天门科创孵化园、天门－华中科技大学政产学研用合作中心等研发平台，全市有58家企业与高等院校、科研院所合作，23家企业分别与高校、科研院所签约23个专利转化项目。潜江市与武汉工程大学共建潜江绿色化工产业技术研究院，与湖北大学共建潜江产业技术研究院，与中国地质大学（武汉）谋划共建湖北地大锂电新能源产业创新研究院。

（湖北省武汉城市圈研究会）

【离岸科创园（中心）建设】 2022年，武汉都市圈离岸科创园（中心）建设取得新进展，截至2022年底已建成开园1个（黄石〔武汉〕离岸科创园），在建4个。黄石（武汉）离岸科创园定位为研

2022 年，咸宁（武汉）离岸科创园（咸宁市史志研究中心　供图）

发试验中心、招商引智中心、科技金融中心、企业孵化中心、成果转化中心，投入运营 1 年半，累计入驻企业和单位 77 家，整体入驻率 55%。先后组织 29 家企业与华中科技大学等 15 所高校签订项目合作协议，围绕 52 项关键技术开展联合攻关，大幅降低企业研发成本，提高协同攻关效能，其中飞地平台实践案例，入选科技部科技体制改革案例库，获批“湖北省飞地科创示范园”。黄冈市在武汉光谷启动建设离岸科创中心，总面积 1 万余平方米，到 2022 年底进入开园前准备阶段。咸宁（武汉）离岸科创园位于武汉东湖新技术开发区光谷芯中心 2 期，采取“政府主导、部门管理、平台投资、专业运营”模式，由咸宁高新投资集团有限公司和 6 个县（市、区）分别出资购置，按照研发试验、资源信息、产业金融、企业孵化、成果转化“五大中心”功能进行建设。总投资 5 亿元，占地面积 4353 万平方米，总建筑面积 3.66 万平方米。相继制定《咸宁（武汉）离岸科创园运营管理办法（试行）》《咸宁（武汉）离岸科创园建设考核评分办法（试行）》。年内，签约入园企业 94 家。其中，入驻正常运行企业（非咸宁本地企业设立）46 家，常驻员工 506 人、研发人员 246 人，并同步在咸宁市建设生产基地 14 家。园区全年专门组织招才引智 7 人次，开展各项活动 23 次，有效服务企业申请科技项目、开展产学研合作、开展融资等 19 项。天门（武汉）离岸科创园落户武汉东湖新技术开发区高新网谷，建设有路演大厅、共享会议中心、公共服务大厅、研发中心等多样化服务中心，集创业孵化、研发攻关、成果转化、招商引资、招才引智、宣传推介等功能于一体，总面积达 1.77 万平方米，计划在 2023 年开园运营。鄂州、仙桃两市启动开展武汉离岸科创园前期准备工作。

（各市地方志机构）

【武汉超算中心建成投用】 2022 年 11 月 23 日，武汉超算中心正式投运。武汉超算中心总建筑面积约 4400 平方米，由湖北省科技投资集团有限公司和武汉产业投资发展集团有限公司联合投资，总投资额 10 亿元，采用预制化模块箱体并行模式建设，共有 61 个预制化模块箱体。该中心是国内最大的集装箱超算中心，整体规划设计的算力为 200P，首期算力达 50P。其中，1P 等于每秒 1000 万亿次的浮点运算，50P 的算力将超过 10 万台高性能计算机算力之和，其技术底座是由数万核鲲鹏处理器内核以及数千张加速卡构成。

武汉超算中心与武汉人工智能计算中心融合 AI（人工智能）与 HPC（高性能计算）两种算力资源，形成全国首个集人工智能和超算的多样化云服务化算力集群、全国首个统筹科研创新与产业发展的超算高质量发展示范高地。

【湖北省智能装备产业技术研究院建设】 2022 年，湖北省智能装备产业技术研究院通过国家高新技术企业、两化融合贯标及 ISO 体系认证资质复评。全年实现营业收入 6834 万元，其中技术服务 6464 万元，年复合增长率超过 40%。该研究院根植于数字化智能化技术领域，实施“数字运营、数字资源、成果转化、团队孵化、营收增长”的“五个一工程”，全年获得授权专利 9 项。其中，发明专利 8 项，实用新型 1 项；新申请专利 7 项，其中发明申请 3 项，实用新型申请4项。探索智慧园区运营模式，主动为高校与企业牵线搭桥，助力科研成果落地转化孵化，打通校企供需链，实现科技成果与社会海量创新资源的精准对接，持续为客户提供从技术委托服务、技术中试服务、知识产权与成果转化服务、科技金融服务到人才培训服务的系统性日常运维保障。年内，新入驻企业22家，事业部29家，引进创新创业团队31家。入驻团队研发领域主要涉及自动化装备、机器人、仪器仪表、软件与设计四大板块。

湖北省智能装备产业技术研究院是武汉市人民政府与华中科技大学共建的华中首家以企业法人运营的新型研发机构，成立于2014年，依托武汉智能装备工业技术研究院有限公司运营，总投资3亿元。研究院定位为建设“产学人才交流碰撞平台、技术成果转化经纪机构、创新产业技术供给基地、创新研发能力服务载体”。自成立以来，共孵化和引进100余家企业和事业部。自建的“光谷·华工智造产业技术研创园”总占地面积7.6万平方米，其中一期开发约5万平方米，建筑面积3.86万平方米，中试车间面积3000平方米，于2019年竣工并全面投入使用。

【武汉产业创新发展研究院建设】 2022年4月13日，武汉产业创新发展研究院（以下简称“武创院”）正式投入运营。武创院是武汉市人民政府举办的新型研发机构，为不纳入机构编制核定范围、不明确机构规格、不核定事业编制的事业单位法人，实行理事会领导下的院长负责制，采取企业化管理、市场化运营。武创院旨在打造科技体制改革创新平台、创业投资平台、技术孵化与成果转化平台、人才吸引与集聚平台以及知识产权与生产性服务平台，构建“研发—熟化—转化—孵化—投资”一体化的多层次、多元化创新生态体系，打通“技术—样品—产品—商品—产业”关键环节，推动科技成果在汉转化为现实生产力。2022年3月，中共武汉市委全面深化改革委员会会议审议通过《武汉产业创新发展研究院建设方案》《关于支持武汉产业创新发展研究院高质量发展的若干措施》，提出一系列支持政策。

年内，武创院在科技创新体系建设方面，推进与企业和高校、科研院所等创新主体合作，建立由专业研究院（所）及其分院（所）、企业创新中心等组成的科技创新体系，新建和加盟成立抗病毒药物研究所、生命科学工具研究所、生物医用材料研究所、光电研究所等5家专业研究所，共建武创院—联影智融高端医疗装备创新中心、武创院—远大医药工艺安全研究创新中心、武创院—北京中创为轨道交通量子保密通信创新中心等8家企业创新中心；在知识产权平台搭建方面，建设武创院产业知识产权运营中心，开展专利分析评议、高价值专利培育、无形资产评估评价、专利许可/转让/作价入股等业务，推进武汉知识产权交易所、武汉股权托管交易中心光谷服务基地等机构入驻武创院本部大楼；在产业创新平台建设方面，搭建公共服务平台，与中国信息通信研究院签约，启动工业互联网检测评估中部中心建设，与武汉爱博泰克生物科技有限公司、武汉天勤生物技术有限公司等合作建设纳米抗体研发中心和创新药物发现与非临床评价公共服务平台，与湖北江城实验室建设集成电路公共服务平台，开展国家级光电子知识产权运营中心建设，与武汉市国有资产监督管理委员会联合发起成立的武汉市国资国企产业创新联盟，构建市域国资国企的“研究+服务+投资”新资源平台；在体制机制创新方面，探索构建“技术+资本”发展模式，与长江产业投资集团有限公司、武汉股权托管交易中心光谷服务基地等建立合作，与中国银行湖北省分行等10多家金融及投资机构签约，合作搭建综合科技金融服务平台，共同打造资本“蓄水池”。

（武汉市地方志办）

【湖北省智能物流装备产业技术研究院建设】 2022年，湖北省智能物流装备产业技术研究院入选湖北省产业技术研究院，是黄石市第三家省级产业技术研究院。该研究院成立于2017年8月25日，由湖北三丰智能输送装备股份公司、湖北师范大学、湖北理工学院三方共建，为黄石市首个产业技术研究院。研究院以项目为载体，主要开展智能物流输送装备及工业机器人产业产学研合作。截至2022年底，研究院已承担多项部、省和市级科技计划项目，在智能控制、EMS输送、重载输送、摩擦输送、滑撬输送、系统集成及空间整体布局等关键技术上取得研发突破，达到国际先进或国内领先或国内先进水平，取得授权专利28项，其中发明专利5项。累计获市级以上科技进步奖10余项。

【黄石创新电子信息研究院建设】2022年11月，黄石创新电子信息研究院正式运营。研究院由黄石市与武汉大学合作共建，结合黄石先进电子元器件国家创新产业集群基础，在武汉大学“地球物理学”“测绘科学与技术”“图书情报与档案管理”3个双一流A+学科人才和科技全力支持下，确立以数字化发展、智力化赋能为创新发展目标，开展技术创新、产业服务、人才培育和企业孵化工作，打造“数智”产业园区。

（黄石市档案馆）

【鄂州市工业技术研究院建设】鄂州工业技术研究院（以下简称“鄂州工研院”）成立于2016年4月29日，以“生态、健康、绿色”为理念，围绕新能源、生物技术、光电信息、医疗器械、国防军工等领域为合作重点，通过建立研发平台，推动科研成果完成小试、中试阶段的设计和开发，孵化高科技企业，打造差异化的、具有引领示范和辐射带动作用的科技创新高地。截至2022年底，鄂州工研院已建成十大公共技术服务平台、八大专业技术服务平台、1.7万平方米科研实验室、3万平方米产业孵化空间。引进包括院士、国家级人才计划入选者、“长江学者”、“杰出青年科学基金获得者”、“优青”等一批高端科研人才，孵化出一批在光电健康领域具有影响力的高新技术企业。鄂州工研院先后获国家级科技企业孵化器（鄂州市首家）、省级产业技术研究院、省级知识产权双创服务基地等平台认定近20项，累计引进教授团队85个，孵化引进科技型企业67个，申请知识产权700余件，培育科研人员1000余人。

（鄂州市档案馆）

【孝感国际科技合作创新园建设】孝感国际科技合作创新园（又称“孝感卓越科技合作创新产业园”）成立于2014年9月，是一家以孵化、加速、全链条产业化服务为要点，以制度创新、组织创新为突破的双创服务机构。2022年，孝感国际科技合作创新园承接企业服务订单312单，实现线上服务响应472次，线下派单服务71次，服务企业20余家（含孵化器外企业），累计开展各类技能培训50多场，培训人次达1500人，完成创业团队转化30余个，为企业输送各类人才100余人。围绕科技型中小企业—高新技术企业—科创“新物种”企业—“专精特新”中小企业培育线路，累计服务孵化类科技型企业52家，加速类企业7家；引进和培育高新技术企业7家、科技型中小企业10家、创新型中小企业11家；培育规上企业3家，配合孝感国家高新技术产业开发区管理委员会引进企业3家（总投资1.8亿元）。

【孝感市创新平台建设】2022年，孝感市重点建设湖北省盐产业技术研究院、孝感产业技术研究院、孝感纸卫产业技术研究院等重大平台，建强高新区高端装备制造、孝南纸卫、应城现代生物农业等一批国家和省级创新型产业集群。筹划建设精密制造、糯稻、钒、水生植物、纺织服装等一批产业技术研究院。包括湖北省盐产业技术研究院聚集各类技术研发人才37名，包括院士1名、高级职称13名、博士14名、国家人才计划学者1名、硕士2名、本科19名。全年为盐产业相关企业提供技术咨询42项次，人员培训57人次，食盐检测等技术服务计62批次，制定行业标准和协助制定企业标准4个。

【孝感市湖北科技特派员工作站挂牌运营】2022年11月15日，孝感市首家湖北科技特派员工作站在云梦县沙河乡湖北梦辰泽生态农业股份有限公司挂牌。该工作站由湖北省级科技特派员牵头，共有湖北省农业科学院、湖北职业技术学院、孝感市农业科学院、云梦农业技术推广中心等高校、科研院所派出的省、市、县三级科技特派员16人进站服务，以所在乡镇特色产业和农企关键技术需求为导向，打造“支部＋科技特派员＋产业＋科技服务”的农业科技服务体系。年内，全市7

2022 年，湖北蕲艾产业技术研究院成立，图为研究人员在实验室工作（摘自“蕲春发布”）

个县（市、区）首批共 25 家湖北科技特派员工作站宣布成立。

（孝感市史志研究中心）

【湖北蕲艾产业技术研究院建设】2022 年 3 月 18 日，湖北蕲艾产业技术研究院（以下简称“研究院”）成立。研究院是黄冈市首个蕲艾行业技术研究院，由蕲春县人民政府和湖北中医药大学共建，按照“政府主导、企业参股、校企融合、企业化管理、市场化运作”模式运作，主要围绕蕲艾全产业链在技术与产品合作开发、科技成果转化、知识产权保护、人才培养等方面进行示范性引领，实现政策链、产业链、创新链、人才链和资金链深度融合，以高科技创新引领蕲艾产业发展。

研究院下设产业发展战略规划与品牌运营研究中心、蕲春艾灸技术研究推广中心、信息化与标准化技术中心、中药材资源与栽培技术中心、机械化与智能化技术中心、食品与药品技术中心、医疗器械与消毒品技术中心、化妆品与消毒品技术中心八大技术研究中心及技术推广、成果转化、企业孵化三大应用推广中心。2022 年 11 月，研究院被评定为黄冈市优秀创新创业平台；12 月，研究院入选省级产业技术研究院，正式成为省级新型科研机构。

【湖北省薯芋产业技术研究院建设】湖北省薯芋产业技术研究院成立于 2021 年 9 月 3 日，由红安县人民政府与湖北省农业科学院合作共建，围绕红安特色地标产品“红安苕”构建薯芋产业持续发展的集技术策源、成果转化、人才支撑、新兴企业孵化为一体的研发平台，主要开展薯芋无公害种植栽培技术、智能化轻简化生产技术、提质增效关键技术等共性关键技术的开发及产业化应用，通过关键性、创新性以及前瞻性的技术开发与推广，向企业转移技术成果，培养输送人才，促进产品更新、产业升级和结构转型。2022 年底，该研究院入选省级产业技术研究院。

（黄冈市史志研究中心）

【湖北省非织造布技术创新中心建设】2022 年，湖北省非织造布技术创新中心（以下简称“中心”）联合武汉纺织大学，研发改性聚酰胺纤维无纺布及其制备方法、高透湿低渗水复合无纺布及其制备方法、多孔聚烯烃薄膜及其制备方法等 7 种创新项目，获得多项国家专利。

中心成立于 2021 年 8 月，按“政府引导、企业主体、高校协同、市场运作”的模式运营，是仙桃市非织造布特色小镇“四基地两中心”重点建设项目之一。中心与武汉纺织大学、东华大学、武汉工程大学等高校建立合作关系，聚集各类科研人员近 30 人。其中，特聘院士 2 人，教授 6 人；签约特聘专家 3 人；有高级职称 4 人，本科以上学历 8 人。中心实行董事会领导下的主任负责制，以研发、测试、中试、培训和孵化等为创收项目。截至 2022 年底，中心已成功搭建“三大体系”。技术创新供给体系，围绕功能性非织造新材料、高端用非织造材料及无纺布制品、前沿非织造新材料等方向，建立非织造实验室、非织造材料及产品中试线。联盟单位协同体系，采用“企业 + 联盟”模式，依托湖北省非织造布技术创新中心有限公司市场化运营，有联盟单位 10 家，并与武汉纺织大学、东华大学等高校、科研院所合作，涵盖国内非织造布完整产业链，覆盖国家级纺织品及纤维检测中心等行业 50% 以上创新平台，为研究开发行业关键共性技术提供资源与服务。研发成果转化体系，以产业链布局创新链，成功研发生物基可降解非织造布类生物医用材料、新型纤维增强防裂材料、军民两用新材料，同时建立绿色纤维制品可信平台再生可追溯体系。

（仙桃市史志研究中心）

【湖北天门现代纺织产业技术研究院建设】 2022 年 6 月，湖北天门现代纺织产业技术研究院成立。研究院由天门市人民政府与武汉纺织大学、天门市卓尔商业运营管理有限公司三方共建，重点围绕纺织服装产业规划、服装设计、材料研发、智能制造等领域开展技术攻关，实现人才、技术和产业的无缝对接，快速形成带动全市纺织服装产业发展的关键技术。年内，该研究院入选省级产业技术研究院。

（天门市文化和旅游局）

【湖北大学潜江产业技术研究院建设】 2022 年，湖北大学潜江产业技术研究院已在光电子材料与信息器件、智慧工厂、固废循环利用和区域资源规划治理 4 个领域建立常驻科研团队。与湖北鼎龙控股股份有限公司、菲布雷格光电科技（湖北）有限公司、湖北小龙虾产业控股集团有限公司、湖北江汉利达石油物资装备有限公司、和远潜江电子特种气体有限公司等 5 家单位签订了校企合作协议，开展产学研技术开发合作。对接光电子材料器件、半导体湿电子化学品、石油化工装备和路桥建筑材料等领域企业 30 余次，在新型敏感光栅传感器件、彩铝加工电解液综合循环利用、钛石膏固废路基综合利用和 AI 石油化工装备焊接机器人系统等方向提出解决方案 5 项。联合熊口镇绿途虾稻工作合作社，申报立项省重点研发计划 1 项。年内，获得市级立项 2 项，立项经费共 375.47 万元。

【武汉工程大学潜江绿色化工产业技术研究院建设】 2022 年 7 月 15 日，武汉工程大学潜江绿色化工产业技术研究院成功召开第一届理事会，审议并通过《武汉工程大学潜江绿色化工产业技术研究院章程（修改案）》。年内，研究院全面对接产、学、研科研项目，组织专家教授 300 余人次，对接企业 50 余家，涵盖化工、材料、医药、能源、路桥、机械、电子化学品等领域，重点解决产业发展中的“卡脖子”技术难题，产出一批高水平科技成果，促成一批高价值成果就地转化。与武汉新硅科技潜江有限公司、潜江市吉冠生态农业有限公司等完成技术成果转化 3 项，金额 55 万元。7 个项目达成合作协议，总签约金额 197.1 万元，

2022 年武汉都市圈省级产业技术研究院一览表

序号	工业技术研究院名称	建设单位	成立年月	所在市州
1	湖北省数字燃气产业技术研究院	湖北数字智能产业发展有限公司	2022 年	武汉市
2	湖北省智能物流装备产业技术研究院	湖北智能物流装备产业技术研究院有限公司	2022 年	黄石市
3	湖北省蕲艾产业技术研究院	湖北蕲艾产业技术研究院有限公司	2022 年	黄冈市
4	湖北省天门现代纺织产业技术研究院	湖北中天现代纺织产业技术研究院有限公司	2022 年	天门市
5	湖北省潜江绿色化工产业技术研究院	武汉工程大学潜江绿色化工产业技术研究院	2022 年	潜江市
6	湖北电子信息材料产业技术研究院	武汉中科先进技术研究院	2020 年 11 月	武汉市
7	湖北省黄石模具产业技术研究院	湖北黄石科创模具技术研究院有限公司	2020 年 11 月	黄石市
8	湖北省中药产业技术研究院	湖北李时珍药物研究有限公司	2019 年 11 月	鄂州市
9	湖北省鄂州生命科学产业技术研究院	华中科技大学鄂州工业技术研究院	2019 年 11 月	鄂州市
10	湖北省盐产业技术研究院	湖北省益欣盐产业技术研究院有限公司	2019 年 11 月	孝感市
11	湖北省中科产业技术研究院	湖北中科产业技术研究院有限公司	2019 年 11 月	黄冈市
12	湖北省鄂南特色农业产业技术研究院	咸宁香城特色农业技术研究院有限公司	2021 年 1 月	咸宁市
13	湖北省赤壁产业技术研究院	湖北赤壁集技产业技术研究院有限公司	2020 年 11 月	咸宁市
14	湖北省仙桃新材料产业技术研究院	湖北聚慧新材料产业技术研究院有限公司	2019 年 11 月	仙桃市

与长飞信越（湖北）光棒有限公司、武汉市沃农肥业有限公司等3家企业共建小试、中试基地。

（潜江市档案馆）

2022年7月19日，位于武汉东湖新技术开发区的武汉超算中心最后一节箱体成功吊装，实现封顶（武汉市地方志办　供图）

光谷科技创新大走廊建设

【概况】光谷科技创新大走廊以东湖科学城为核心，串联鄂州、黄石、黄冈、咸宁等市重点园区和重要创新平台，建设光电子信息、智能产业、大健康三条创新产业带。2022年，光谷科技创新大走廊新开工项目102个，总投资861亿元，建成投产武汉华星光电技术有限公司模组厂房等24个重点项目。招商引资实际到位资金1232亿元，产业到位资金532亿元，承办“2022中国5G+工业互联网大会”，实现国产大硅片基地、蔚能全国总部及动力电池研究院等6个100亿元以上项目签约落地。新增上市公司7家，总数达到60家。发布“新外资十条”，引进合亚医药科技（上海）有限公司武汉研发中心、极狐信息技术（湖北）有限公司中国总部等重点项目，实际利用外资22.7亿美元，其中，外商直接投资7亿美元。推动湖北国际贸易集团有限公司、武汉长江国际贸易集团有限公司等一批外贸企业总部落户光谷，外资企业数量增至近1100家。

【光电子信息创新产业带建设】2022年，光谷科技创新大走廊光电子信息产业集群入选国家先进制造业集群，光电与医疗装备未来产业科技园获批建设国家试点。光电子信息创新产业带共培育出7家100亿元级制造业龙头企业、10家国家级制造业单项冠军、60家国家级专精特新“小巨人”企业，形成3000多个具有行业影响力的自主品牌。光纤光缆生产规模全球第一，国内市场占有率66%，国际市场占有率25%；光电器件国内市场占有率达到40%，国际市场占有率12%。集成电路领域覆盖存储芯片、AI（人工智能）芯片、5G芯片、红外芯片、MCU（微控制单元）芯片等细分赛道。建成5条中小尺寸显示面板生产线，形成较完整的新型显示产业链，低温多晶硅平板面板出货量全球第一，低温多晶硅笔记本面板出货量全球第二。

【大健康创新产业带建设】2022年，光谷科技创新大走廊大健康产业发展成为中部地区影响力最大、创新能力最强、产业体系门类最齐全、人才集聚效应最显著的生命健康产业。光谷生物城在2022年科技部发布的国家生物医药产业园区竞争力排名中居全国第四位。全年认定高新技术企业159家。其中，重新认定企业66家，新增认定企业93家；认定“瞪羚”企业79家。25家企业认定为第四批省级专精特新“小巨人”企业，聚集国家级专精特新“小巨人”企业18家，省级专精特新“小巨人”企业53家。新获批7位国家级高层次人才、8位省级高层次人才。

产业集群规模不断壮大。大健康创新产业带集聚生命健康企业3000余家，包括4家百亿元龙头企业以及一批行业领军企业。建成生物创新园、生物医药园、生物农业园、医疗器械园、智慧健康园、医学健康园6个专业园区，形成“龙头带动、链式集聚”的发展模式和“层次丰富、形态多元”的产业生态。

大健康领域企业创新平台建设持续推进。新增1家国家企业技术中心、10家省级企业技术中心，加快建设华中科技大学国际医学中心高端生物医学成像重大科技基础设施、质子放疗研究中心、医工交叉研究大楼等一批重点项目，推动武汉国家级人类遗传资源库不断加快样本资源拓展、领军团队引进和创新项目转化等工作，谋划组建国家级靶向药物和疫苗技术创新中心。推进组建武汉华大生命科学研究院、楷拓生物质粒CDMO平台等一批企业创新平台。

形成一批重磅创新成果。生物医药领域有8个一类新药获批临床，4个一类新药获得临床受理，一类新药临床获批数量创新高。医疗器械领域新增二类以上医疗器械注册证99个，其中，三类9个，二类90个；5家企业产品进入国家药监局创新医疗器械特别审批通道。

【智能创新产业带建设】 2022年，光谷科技创新大走廊持续推进智能创新产业带建设。工业互联网武汉顶级节点累计标识注册量已突破92亿个。其中长飞光纤光缆股份有限公司建成中国光通信行业首个工业互联网标识解析二级节点。5G基站新增464个，累计建成超过3000个。“星火·链网”武汉超级节点率先在光谷上线，并开始面向全球提供服务。推进智能化改造。引进格创东智总部（TCL战略孵化的工业互联网平台企业），成为湖北省首家双跨工业互联网平台，也是国内唯一一个发端于半导体制造业的国家级双跨平台。开展智能化改造咨询诊断服务300余次，已有1家企业获评全球灯塔工厂，3家企业获评市级标杆智能工厂，17家优秀制造业企业获评武汉市智能化改造示范项目。加快绿色化转型。3家企业、4个设计产品被工信部评定为绿色工厂、绿色设计产品。“光电子+绿色”领域形成帝尔激光、中能天华等一批优质企业。

【东湖科学城建设】 2022年，武汉东湖新技术开发区举行东湖科学城建设攻坚誓师大会，组建攻坚突击队，推进东湖科学城核心区5类78个项目169项重点任务，提速东湖科学城建设。东湖科学城核心区实现“一纵两横一环”（“一纵”是未来一路，“两横”为高新六路、高新七路，“一环”指科学岛环岛路，分为环岛北路、环岛东路、环岛南路、环岛西路）7条骨干道路联网成环，初步建立以湖北实验室、大科学装置、国家创新中心、新型研发机构为基石的战略科技力量矩阵。

九大科学装置按照“优化提升一批、启动建设一批、培育预研一批、谋划部署一批”原则加快建设。脉冲强磁场实验装置优化提升设施启动建设，精密重力测量设施具备国家验收条件，高端生物医学成像设施全面启动器件设备订货研制，作物表型组学研究（神农）设施、深部岩土工程扰动模拟设施、武汉先进光源研究中心加快推进建设，中子源设施项目完成项目建议书。五大实验室中，湖北光谷实验室立项实施超极化脑部磁共振成像等17个创新科研项目；湖北珞珈实验室立项实施高精度动态参考框架的理论和方法研究等63项科研项目；湖北江城实验室建成运营12英寸集成电路中试服务平台建设；湖北东湖实验室完成一期首开区基本建设，启动一期拓展区建设，在一体化深潜器、高速磁浮悬浮导向、推进器水动力等关键核心技术攻关取得重大进展；湖北九峰山实验室首批大型设备已进场。国家数字建造技术创新中心和智能设计与数控技术创新中心2家国家技术创新中心获批建设，国家数字建造技术创新中心与中国建筑第三工程局有限公司一公司合作钢结构智能建造实验室已揭牌，启动智能工厂建模仿真引擎等关键核心技术攻关。武汉产业创新发展研究院成立中部地区首个生命科学工具产业研究所和区块链产业研究所。武汉人工智能计算中心算力性能达200P AI+4P HPC，获批科技部武汉国家新一代人工智能开放创新平台（筹）。武汉超算中心具备运营条件。武汉量子技术研究院已入驻高科医疗器械先进制造园，孵化长江量子科技有限公司。武汉人工智能研究院打造当前规模最大的开源中文多模态数据集江城太素。光谷集成电路创新联盟创立。武汉国家现代农业产业科技创新中心揭牌，获批建设首批国家未来产业科技园。

【湖北实验室建设】 2022年，湖北实验室加快实体化运行，湖北江城实验室、湖北东湖实验室、湖北九峰山实验室、湖北江夏实验室4个实验室建成独立办公和科研空间。7家实验室共集聚各类人才884人。其中，湖北光谷实验室引进科研人才100余人，组建7个技术创新中心，启动首批17项技术创新项目；湖北珞珈实验室年内立项36项，成立可信人工智能联合研究中心，发射“启明星一号”微纳卫星；湖北江城实验室12英寸集成电路中试服务平台开展中试服务12项，合同金额超过1亿元；湖北东湖实验室入驻科研人员150人，并启动一期拓展区建设；湖北九峰山实验室主体结构封顶，设备采购完成进度超过80%，引进海外高层次人才5名，初步形成100余人的科研队伍。湖北光谷、湖北珞珈、湖北洪山、湖北江夏、湖北江城实验室均已使用年度运行经费立项实施开放课题，在研项目累计达到149项。其中，湖北洪山实验室承担武汉市生物育种重大专项攻关任务，湖北江夏实验室加快建设抗病毒疫苗药物研发平台，湖北江城实验室获批武汉市集成电路科技成果转化中心，湖北九峰山实验室成立检测分析中心。

（武汉市地方志办）

【武汉东湖（黄石）光电子信息产业配套园建设】 2022年3月，黄石经济技术开发区·铁山区与武汉市光谷光电子信息产业园建设服务中心签署合作协议，联合建设武汉东湖（黄石）光电子信息产业配套园。园区规划用地面积66.67万平方米，其中一期33.33万平方米用于建设智慧显示产业园。根据协议，双方合作成立园区专业化运营机构，负责对共建园区的全面管理。园区以光谷光电子信息产业园产业为带动，聚集发展印制电路板、激光、集成电路、新型显示、智能终端等产业链，培育壮大黄石千亿级电子信息产业集群，助力光谷科创大走廊“光芯屏端网”万亿级光电子信息产业集群。

2022年，黄石市光电子信息产业企业超过100家，其中，规上企业75家，产值过100亿元企业1家、过10亿元企业10家，产业综合竞争力和科技创新能力显著增强，成为全国第三大PCB产业集聚区和武汉都市圈新型显示产业重要集聚区。

（黄石市档案馆）

2022年5月28日，黄石诺德锂电铜箔产业园、闻泰科技智能终端产业园项目开工。中共湖北省委副书记、省长王忠林出席项目开工仪式并察看样品展示（摘自《湖北日报》）

【光谷科技创新大走廊鄂州功能区建设】 2022年，鄂州市持续聚焦光谷科技创新大走廊高新产业集聚区，深度嵌入武汉东湖新技术开发区产业链，加强延链、补链、强链，做大做强区域主导产业。落地开工20个重点项目，启动建设滨江科技新区，“两带两组团”创新空间初现雏形。主动融入光谷科技创新大走廊产业体系，大力发展光电子信息、生命健康、智能制造产业集群。紧扣本地基础与新能源新材料产业特色，依托花湖机场优势，着力打造新能源新材料、临空经济产业集群，开展重点产业招商引资和招才引智。面向区域战略需求与产业发展需要，以共建东湖科学城为引领，集中布局多类型、多层次科技创新平台，加快建设新型研发机构，健全公共技术服务平台，构建产学研协同合作、“基础研究—小试—中试”梯次衔接的创新平台体系，全市企业自建或与高校、科研院所共建市级以上创新平台达到106个。

（鄂州市档案馆）

【光谷科技创新大走廊咸宁功能区建设】 2022年，咸宁市出台《光谷科技创新大走廊咸宁功能区建设三年行动方案》，统筹推进功能区建设。全年集中开工科技创新和产业发展等项目463个，总投资1734亿元，其中核心区开工项目142个，总投资604亿元。科技创新和产业发展等项目630个，总投资2277亿元，其中核心区198个，总投资723亿元。18个省重点科创项目全部开工或建成。发展国家级智能机电创新型产业集群。建成国家火炬特色产业基地1个、省级创新型产业集群2个。安排5亿元专项资金建设咸宁（武汉）离岸科创园，购置8栋光谷地产用作研发楼宇，总建筑面积达3.66万平方米，完成购置协议签订和实体公司注册。推进高新技术企业和科技型中小企业“倍增工程”，全年入库科技型中小企业1025家，比上年增长251.8%；新增高新技术企业80余家，总数突破430家。深入推进科技成果转化，65个技术开发和科技成果转化项目顺利推进，技术合同成交额达2285万元。

（咸宁市史志研究中心）

【葛店经济技术开发区双创谷产业园建设】 双创谷产业园项目位于鄂州市葛店经济技术开发区中央商务区地铁和城铁葛店南站交会处，距武汉光谷中心城15千米，是光谷科创大走廊节点项目，由中国建筑第三工程局有限公司和长江产业投资集团有限公司联合投资开发，占地约37.33万平方米，规划总建筑面积81万平方米，总投资约50亿元，计划打造集研发办公、特色商业、人才社区、产业配套等多功能于一体的新型产城融合综合体，为入驻企业搭建公共信息、金融服务、公共技术、行政服务、人才交流、会议会展等公共服务平台。2022年12月，葛店经济技术开发区双创谷产业园项目首期一组团13栋建筑交付运营，二组团12栋主体工程完工，三组团15栋进入主体结构施工阶段。

（鄂州市档案馆）

车谷产业创新大走廊建设

【概况】 2022年，作为车谷产业创新大走廊核心区，武汉经济技术开发区（汉南区）完成地区生产总值2008.84亿元，比上年增长5.0%。实现规模以上工业总产值3462.23亿元，增长6.8%；完成固定资产投资超929.53亿元，增长11.6%；完成地方一般公共预算收入141.53亿元，下降4.9%。实际利用外资23.3亿美元，其中，外商直接投资5.02亿美元。新增市场主体1.5万户，增长46.0%。

推进产业转型。以中国车谷为龙头的“武襄十随”汽车产业集群获评工业和信息化部国家级先进制造业集群。3大家电企业（美的集团武汉制冷设备有限公司、格力电器武汉有限公司、武汉海尔电器股份有限公司）升级步伐加快。整合新能源汽车产业链，设立100平方千米智能网联和电动汽车产业园。全区新能源汽车产量突破15万辆，比上年增长230%。完善新能源汽车产业链配套能力，20余个汽车零部件产业项目签约落户，总投资超过500亿元，涵盖新能源整车、动力电池、氢能源、自动驾驶、车联网、汽车芯片、研发设计、核心零部件、汽车销售等领域。集聚9家整车企业、13个整车厂、500多家知名汽车零部件企业，已建、在建新能源汽车产能130万辆，位列全国汽车强区第一方阵。新兴产业突破发展，数字经济持续增长，一批行业龙头企业形成集聚。新能源、新材料产业多点发力。

加强创新平台建设。启动建设华中科技大学军山校区、武汉理工大学“三院”（新能源汽车工业技术研究院、人工智能产业技术研究院、人工智能产教融合示范学院）、武汉商学院马影河校区。新增10家省级工程研究中心与企业技术中心，获批建设湖北智慧交通综合型技术创新平台，省级以上科创平台达到87家。中国电动汽车百人会武汉基地落户，吉利汽车产业学院签约，海创云获评国家级孵化器，湖北青创园（车谷园区）正式运营，新增创谷三期、人工智能科技园等4个创新园区面积达10万平方米，“双创”（大众创业、万众创新）载体数量实现翻番。

培育壮大创新主体。发布《关于促进创新创业创造发展助力打造国家科技创新中心33条措施》，支持企业科技创新、产业自立自强，科技企业总量实现倍增。新增国家级专精特新“小巨人”企业23家，申报高新技术企业644家，增幅创历史新高。新申报“瞪羚”企业199家。

增强创新生态活力。发布《关于加快推进新时代人才强区战略的实施意见（试行）》，在武汉市率先推出人才购房和购车补贴政策，新增高校毕业生就业超2万人，申报“车谷英才”774人，落户院士专家项目7个。举办华中科技大学、中国科学院等科技成果转化专场活动，未来技术创新研究院首条中试生产线运行，武汉中科先进院电池新材料中心获批全市首批科技成果转化中心。武汉经济技术开发区入选国家级知识产权强国试点园区，完成技术合同成交额51.96亿元，每万人发明专利拥有量104.6件，每万人高价值发明专利拥有量27.6件。

2022年3月16日，武汉经济技术开发区车谷大道全线贯通，军山新城到中心城区通行时间缩短至12分钟（李岿　供图）

【军山新城建设】军山新城北接武汉经济技术开发区沌口街道，东望武汉市江夏区金口街道，南通武汉市汉南区纱帽街道，西连武汉市蔡甸区奓山街道，规划面积121平方千米，是车谷副城的战略支点，是区内“一轴串三带”（“一轴”即车谷产业创新发展轴，“三带”即东风大道先进制造发展带、长江左岸产城融合发展带、通顺河绿色生态带）的交会点。2022年，军山新城实现产业到资145亿元，房地产投资113.65亿元，批发额20.45亿元，零售额2.07亿元，工业投资39.59亿元。全年园区水陆运输业产值3.38亿元，比上年增长92.4%；建筑业产值102.02亿元，增长61.2%；房地产销售面积87.21万平方米，新注册企业255个。

产城融合。华中科技大学军山校区、武汉维晨科技有限公司、武汉市碳翁科技有限公司落户，武汉理工大学“三院”（新能源汽车工业技术研究院、人工智能产业技术研究院、人工智能产教融合示范学院）、精智智能制造、理工氢电、派诺科技等项目开工建设，由中国科技开发院与武汉经济技术开发区管委会共同打造的中开院（武汉）创新孵化基地正式投入运营。东风云峰工厂正式投产，引进迈睿达、佑驾科技、中国电动汽车百人会武汉基地、图达通激光雷达，完善“下一代汽车”产业链。武汉爱莎国际学校正式开学，现代·金融湾产业园落户园区，路特斯、湖北工业建筑、中衡设计、天源环保等项目加速建设；鲁迅书店、莫尔空间开业运营，觅予空间开工建设，初步形成环川江池国际文化艺术慢生活带。

“双智”试点（工业和信息化部“国家智能网联汽车测试示范区”、住房和城乡建设部“智慧城市基础设施与智能网联汽车协同发展”试点）。8月，位于军山新城的国家智能网联汽车（武汉）测试示范区封闭测试场竣工。年内，完成第四批67.5千米跨区开放道路开放，武汉市累计开放测试和示范应用路段突破400千米。推动无人驾驶商业化运营，开通武汉首条智能驾驶公交线路，投放30台L4级自主研发无人驾驶小巴进行全天候、全时段短途接驳运营，百度“萝卜快跑”5台ROBTAXI开展纯无人运营。出台《武汉市智能网联汽车道路测试和示范应用管理办法》2.0 版，在异地互认和同批次免检方面取得突破。

基础设施。按照“先规划后建设、先地下后地上、先生态后业态、先生活后生产”理念，完成车谷中心城城市设计，编制车谷中央公园、大军山公园规划和土地成片开发方案，开展“三区三线”（“三区”是指城镇空间、农业空间、生态空间三种类型的国土空间，“三线”分别对应在城镇空间、农业空间、生态空间划定的城镇开发边界、永久基本农田、生态保护红线三条控制线）划定。左岸大道启动段（军山大道）建成通车，军山至主城区再添一条沿江主通道；川江池路二期完工，跨汉洪高速通道官莲湖下穿、军纱大道下穿工程等节点工程开工。汉洪东辅道（军山水厂—殊山路）等5条供水干管、川江池三路等 3 个中压天然气管道建成，大军山开闭所投入使用，檀军公路、通顺大道弱电杆线迁改入地工程开工，军山大道综合管廊主体工程完工。设法山三国历史文化公园开园，汉洪高速路基段及桥梁段全线亮灯、军山新城标识系统（亮化工程）完工。

【国家新能源与智能网联汽车基地建设】 2022 年，国家新能源与智能网联汽车基地聚焦开放道路建设、测试环境建设、智能网联汽车测试及牌照发放，全面构建完善的车路协同智能网联汽车测试体系。年内，国家智能网联汽车（武汉）测试示范区实现多个国内第一：第一个将 CA 系统进行车联网商业化部署的示范区，第一个大规模采用 5G 进行路侧“无光纤”通信的示范区，第一个大规模采用车端 5GOBU 与北斗 RTK 模组融合方案的示范区，第一个大规模采用 5GRSU 和 5GOBU 进行车路协同应用的示范区，第一个将“产学研用”进行深入结合应用的示范区，第一个建成“自动驾驶主题生态公园”。

2022 年武汉市智能网联汽车测试道路情况一览表

单位：千米

区域	第一批	第二批	第三批	第四批	总计
武汉经济技术开发区	28.5	77.56	215	4.64	325.7
汉阳区	—	—	—	63.06	63.06
东湖新技术开发区	13.4	—	—	—	13.4
江汉区	—	5.5	—	—	5.5
合计	41.9	83.06	215	67.7	407.66

开放道路建设。2022 年 9 月，武汉市开放第四批智能网联汽车测试道路，从武汉经济技术开发区延伸到汉阳区，路线全长 70 千米，融合多个武汉特色场景，并首次支持自动驾驶跨区通行。截至 2022 年底，国家智能网联汽车（武汉）测试示范区开放智能网联汽车测试路段总里程 407.66 千米，双向里程 815.32 千米。

测试环境建设。国家智能网联汽车（武汉）测试示范区构建“仿真、封闭、开放”三位一体的智能网联汽车测试体系并提升运营服务能力。建成仿真测试系统，支持车采数据处理清洗、数据标注、模型训练及算力支撑、仿真场景库建设、交通流仿真、测试评价系统等工作，实现从数据库采集到应用的全流程技术能力积累，提供一站式全流程自动驾驶开发平台服务，涵盖自动驾驶开发过程中所需的数据处理、模型训练和仿真评测等环节，使用户聚焦于自身业务场景下的自动驾驶系统迭代，加快汽车走向量产。国家智能网联汽车（武汉）测试示范区于 8 月份全面竣工，测试场占地面积 87.47 万平方米，涵盖十大场景测试区、四大实验室群及国际 F2 赛车场。十大测试区主要包括高速匝道场景测试区、极限竞速测试区、高速及极限性能测试区、极端环境测试区、城市交通场景测试区、乡村交通场景测试区、自动泊车测试区、山路模拟测试区、多功能测试区等。其中，极端环境测试区可以模拟风、雨、雷、电等极端气象条件，让车辆在极端天气条件下接受测试；高速匝道场景测试区包含高架桥、上下匝道、收费站等多个部分。全年开放测试道路 407.66 千米，包括 106 千米基于开放标准的智能道路和相关智能基础设施，部署 1800 多个摄像头、激光雷达、毫米波雷达等路侧智能设备。建成全域 5G 专网覆盖、可支持无人驾驶的通信网，全类型开放道路、可支持多场景测试的道路网，公交线路、城市快速路、城市测试路及路侧设备构成的感知网，高精度地图及三维城市建模支撑的数字空间网，车辆维保网和CA认证平台。智能道路建设长度及车路协同技术居全国领先地位。

智能网联汽车测试及应用牌照发放。2022年6月，武汉成为全国首批发放远程驾驶测试牌照的城市，萝卜运力（武汉）科技有限公司获得武汉市首张远程驾驶测试牌照，武汉自动驾驶应用进入“全无人阶段”。年内，国家智能网联汽车（武汉）测试示范区分16次发放自动驾驶测试及应用牌照256张，涉及东风汽车集团有限公司、萝卜运力（武汉）科技有限公司、小米汽车有限公司等18家智能网联汽车企业。国家智能网联汽车（武汉）测试示范区监管平台常态化运营7个企业130台车辆。示范区自动驾驶车辆测试总里程99.4万千米，其中自动驾驶里程88.2万千米。至年底，远程驾驶车辆达37台，远程驾驶里程（远程驾驶测试、远程驾驶示范应用）达17万千米。

2022年，“春笋号”无人驾驶接驳已在军山新城运营（摘自《湖北日报》）

【智能网联汽车产业培育】 2022年，国内首个24小时服务的车路协同无人驾驶接驳巴士——东风悦享Sharing-VAN“春笋号”，在武汉经济技术开发区军山新城正式开启运营。“春笋号”有4条线路，为沿线15个小区约5万居民提供服务。8月，武汉智能网联汽车测试场竣工，武汉发放首批自动驾驶全无人商业化牌照，在武汉经济技开发区内开展自动驾驶商业化试点运营，逐步形成智能网联汽车产业生态圈。打造多维度的智能网联汽车应用场景，搭建自动驾驶研发创新平台、武汉智能网联汽车产业创新联盟、新能源与智能网联汽车产业创新联盟、中国电动汽车百人会武汉基地等“双智”平台，集合产品研发和转化、中试熟化、孵化服务、人才服务等功能，建立1个院士工作站、23个联合创新实验室和1个国家级智能交通技术创新中心，推动形成6项智能网联相关法律法规和技术标准，发布智能网联道路建设标准。

【湖北省智慧交通综合型技术创新平台建设】 2022年，湖北省智慧交通综合型技术创新平台落户武汉经济技术开发区，该平台是湖北《关于加快推进科技强省建设的意见》重点布局的高水平新型研发机构，由武汉经济技术开发区（汉南区）、上海交通大学人工智能领域人才团队、武汉理工大学智能网联领域人才团队、华砺智行（武汉）科技有限公司等联合共建，以“湖北智能网联技术创新中心有限公司”作为运营主体进行企业化运作。根据建设方案，湖北省智慧交通综合型技术创新平台将重点围绕路车智能融合控制与安全保障技术、自主式交通复杂系统体系架构、道路设施状态智能联网监测预警、车联网环境下的交通态势综合感知与诱导等开展研发活动。平台还将设立产品研发和转化中心、中试熟化中心、孵化服务中心、人才服务中心等，打造成聚集产业龙头、创新项目、产业平台、金融机构、创新服务、人才培养等全功能要素的智慧交通高能级技术创新平台。

（武汉市地方志办）

【东风汽车集团岚图汽车项目】 2022年，岚图汽车科技有限公司销售汽车19409辆，比上年增长

2022 年，岚图汽车科技有限公司海外首家岚图空间在挪威奥斯陆市中心投入运行（陈茜 供图）

185.8%，平均成交价格超 38 万元。截至年底，在册员工 4738 人。

新品研发。先后推出电动豪华旗舰 MPV（多用途汽车）岚图梦想家、极致豪华电动轿车岚图追光，完成“三年三款车、三年三品类”战略布局。坚持自主掌握关键核心技术，包括 ESSA（ESSA 是国内电动汽车首个完全自主模块化架构）原生智能电动架构、中央集中式 SOA 电子电气架构、智驾与云平台、开发者平台、800V 快充、集成热管理模块等技术。全年发明专利公开量在汽车行业排名第 17 位，专利公开量在汽车行业排名第 25 位，专利增长速度处于新能源行业第一。截至 2022 年底，公司在国内累计布局申请专利 1688 件，海外布局申请专利 15 件，其中包括发明专利 1367 件，占比 80.3%。

智能制造。围绕重点制造领域关键环节，开展信息化技术与制造装备、工艺高度融合，紧扣关键工序智能化、生产过程智能化控制、供应链优化等，推进智能化工厂建设。智能制造成熟度获 2.66 分，成熟度等级实现二级水平。完成国家、湖北省关于“生产作业环节－资源动态组织”“工艺设计环节－离散型工艺数字化设计”等 8 个智能制造优秀场景申报和制造领域驾驶舱等建设。完成数字化工厂关键技术研究及应用、智能驾驶和高端底盘关键参数制造偏差仿真分析技术研究与应用两项关键核心技术申报并通过验收。通过数字化工厂关键技术研究及应用，实现研发与工艺一体化设计、关键设备在线监控等功能，提升工厂智能化水平。首创智能驾驶和高端底盘关键参数制造偏差仿真分析技术，通过校核产品结构设计及工艺可行性，实现新项目快速工业化导入，形成技术手册 1 份、发明专利 6 项。

数字化 5G+。数字营销平台开发机制全面敏捷化，实现每 2 周发布一个新版本，H53 车控 App 功能完全自主掌控，并首次在 App 中加入 3D 实时渲染功能，为用户带来更优质的科技体验。生产系统全部实现国产化替代，生产制造执行核心“大脑”MES 系统顺利实现国产化替代，业务零影响，满足“多车型、多品牌、多工厂”生产柔性化需求，系统功能和性能指标全面优于进口软件。探索 5G+ 智能制造，岚图工厂首创行业领先全光 5G 和 5G 专网融合技术解决方案，改善产线柔性、网络可靠性、能耗等指标，获工业和信息化部“5G 全连接工厂典型应用”称号。

投融资工作。2021 年底启动 A 轮融资，2022 年 11 月完成 A 轮引战融资协议签署和交割，引入包括国企混改基金、中银资产等与岚图上下游产业链具有协同效应的 10 家投资人，融资 45.5 亿元，市场估值近 300 亿元。根据东风汽车集团有限公司及投资者要求，推进员工跟投转为持股，解决核心员工长期激励及约束问题，员工跟投转持股实现东风汽车集团有限公司在发展理念上重大突破，成为国资领域首创模式，奠定发展人才基础。

岚图 FREE 出口挪威。9 月 26 日，500 辆岚图 FREE 正式发往欧洲新能源汽车渗透率最高的国家——挪威，运抵后于 11 月正式开启用户交付。作为岚图出海欧洲的首款车型，岚图 FREE 自 2022 年 6 月起在挪威开启预订，搭载 106.7 千瓦时电池包，WLTP

（全球统一轻型汽车测试规程）工况续航里程最高可达 500 千米。

【东风本田新能源工厂落户武汉】2022 年 1 月 5 日，东风本田汽车有限公司与武汉经济技术开发区签署投资协议，东风本田汽车有限公司新能源工厂项目落户武汉。这是东风本田汽车有限公司第四家整车生产工厂，也是本田技研工业株式会社全球首个新能源标杆整车工厂。东风本田汽车有限公司新能源工厂项目计划 2024 年投产，2027 年达产。项目建成后，具备冲压、焊接、涂装、总装和整车检测等电动车生产的完整工序；在焊接、总装等工序导入最新自动化技术，将其打造成具备行业领先自动化水平的高效、数字化智能工厂。新能源工厂项目计划生产全新的 e:N 系列电动化车型，初期产能 12 万辆。

【湖北省车规级芯片产业技术创新联合体启动运行】2022 年 5 月 8 日，湖北省车规级芯片产业技术创新联合体在武汉正式启动运行。联合体由东风汽车集团有限公司牵头，联合武汉飞思灵微电子技术有限公司、武汉菱电汽车电控系统股份有限公司、武汉理工大学、华中科技大学、芯来科技（武汉）有限公司、泰晶科技股份有限公司、中国汽车技术研究中心有限公司、锐杰微科技有限公司 8 家企事业单位共同组成。通过东风汽车集团有限公司百万辆级规模汽车芯片应用需求拉动，研发与应用功能性赶超国际同类的汽车 MCU 与专用芯片，实现关键核心技术自主可控，助推汽车芯片产业发展。

（陈茜）

【华中科技大学国际教育科技创新园区（军山校区）项目启动】2022 年 5 月 18 日，武汉经济技术开发区与华中科技大学签署战略合作协议，共建国际教育科技创新园区（军山校区）。7 月 15 日，华中科技大学国际教育科技创新园区（军山校区）项目正式启动。该项目位于军山新城南部，东临长江、背靠大军山，临近京珠高速、沪渝高速交会处，与车谷新地标“春笋”比邻。项目占地面积 136.67 万平方米，规划建筑面积 120 万平方米，总投资概算 100 亿元。项目按“整体规划、分期建设”原则，实行一次性设计、分段交付，建成后将能满足 2 万名师生教学科研使用。其中，首期总建筑面积 60 万平方米，主要建设满足四大学科集群办学的基本条件和 1 万名学生入驻的基础设施，包括科研用房、教学用房、工程实训用房、宿舍及学生社区活动用房、图书信息综合大楼、文体活动用房、后勤服务保障用房等。截至 2022 年底，武汉车谷城市投资发展有限公司已开展前期策划、土地规划调整、征地拆迁、项目融资、基础设施建设等工作，成立华科军山校区国有土地房屋征收工作专班、制定国有土地房屋征收工作方案，完成校园概念规划设计方案初稿和 A、C 地块校区控规调整及 B 地块生态准入论证成果编制等。

【车谷人才政策“黄金十条”出台】2022 年 5 月 27 日，武汉经济技术开发区推出《加快推进新时代人才强区战略的实施意见》

2022 年 8 月 11 日，中共武汉经济技术开发区工作委员会人才办公室到东风汽车集团股份有限公司专题宣讲人才强区政策“黄金十条”（武汉市地方志办　供图）

（《人才强区战略3.0》，又称车谷人才政策“黄金十条”），加快推进人才强区战略，高质量实施车谷人才“百千万”工程（引育百名“领军人才”、千名“高层次人才”、万名“科技人才”），为推进全区建设人才集聚新高地，打造全国产业创新集聚区提供政策保障。

提升人才政策覆盖面。重点提出“车谷英才计划”。“车谷英才”涵盖战略科技人才、产业领军人才、行业高端人才、杰出高管人才、科技服务人才、青年创业人才、卓越工程人才、“春笋行动”优秀青年人才和著名社会人才等9大类人才，强化对战略科技人才（原“国内外顶尖人才”）、产业领军人才、行业高端人才（原“产业优秀人才”）、青年创业人才的支持力度；新增杰出高管人才、科技服务人才分类，提升人才政策覆盖面；升级原“高技能人才”为卓越工程人才，将工程师人才队伍纳入政策支持范围；把“名师名医名家”升级为“著名社会人才”，把乡村振兴人才纳入政策支持。

推动实施产业教授“双百行动”。对原“人才强区战略2.0”中关于“产业教授”相关政策进行提炼和升级，打造车谷产业教授柔性引才用才机制，支持高校、科研院所与重点企业开展双向科技合作、联合培养人才。支持高校、科研院所选聘100名企业高端人才担任车谷产业教授，支持重点企业、重大创新平台选聘100名高等院校、央属科研院所科研人员担任车谷产业教授，推动开展双向科技合作、联合培养人才。对车谷产业教授给予最高30万元资金支持。

推行“引”“用”“荐”奖励。鼓励市场主体、创新平台、新型研发机构以及社会中介积极引才、用才、荐才。设立车谷人才基金，与投资机构、龙头企业、重点创新平台、新型研发机构等合作，共同设立市场化运作的子基金，鼓励基金加大对人才企业及企业引才的支持力度，推动人才链、资金链、产业链深度融合；创新人才引进机制，支持企业、研发机构采取市场化方式招聘专业“项目经理”，推动创新项目市场化、商业化。设立车谷荐才奖、车谷用才奖，激励市场主体多渠道引才。

实施人才安居政策。专门出台“人才安居”保障实施办法，对来区的人才购房、租房给予补贴，鼓励社会资本参与筹建、运营人才公寓。比如，对符合条件引进、培育的国家、湖北省、武汉市、武汉经开区重大人才工程入选者，如有租住人才公寓的，免三年租金；大学生租住人才公寓，博士研究生按实收租金的100%、100%、70%给予补贴，硕士研究生按实收租金的100%、80%、60%给予补贴，本科毕业生按实收租金的80%、60%、40%给予补贴；高层次人才在区内购房，可获购房补贴。

优化升级人才服务。为人才提供家属随迁、子女入学、配偶就业、租购房、健康医疗、公共文化等方面的优质服务，着力为人才解决后顾之忧。有义务教育阶段的子女，在政策范围内优先安排相应学校就读；就读区内非公办学校的，按照学费30%的标准予以补贴，每名学生每年最高5万元。在公立三甲医院设立人才诊疗中心，提供专家诊疗、健康体检、专人陪诊等服务。推动设立人才“绿色通道”，为人才享受政务服务提供优质体验。

（武汉市地方志办）

航空港经济综合实验区打造

【概况】航空港经济综合实验区分为核心发展区、总体规划发展区和航空港经济辐射发展区三大范围。其中，核心发展区面积1080平方千米，包括武汉空港核心区、鄂州空港核心区。总体规划发展区由武汉、孝感、黄冈、黄石、鄂州5个城市的28个区、县组成，总体规划区面积4080平方千米。辐射发展区由武汉市和孝感市、鄂州市、黄石市、黄冈市18个区、县组成，面积13345平方千米。实验区打破行政区划界限，配置土地、资金、产业等要素，统筹协调各地的临空港产业规划。武汉空港核心区重点发展航空现代物流、航空高科技制造、会展商贸等产业；鄂州空港核心区，重点发展综合保税物流、航空维修及服务保障、跨境电商、时令生鲜集散商贸等产业。鄂州、黄石、黄冈探索“飞地经济”创新模式。2022年，武汉都市圈相关城市依托武汉天河国际机场和鄂州花湖机场两大空港，统筹空港周边发展要素，共同推进武汉都市圈航空港经济综合实验区建设。

武汉临空港经济技术开发区项目建设提速，TCL智能制造产业园一期、京东方扩产等一批项目建成投产，创维Mini Led研发试产线产品下线，海天调味品一期等一批项目开工。引进重大产业项目98个，协议投资总金额596.6亿元。推动总部经济发展，中国南水北调集团江汉水网建设开发有限公司、中蓝湖北公司等总部企业相继落户。新增高新技术企业300多家，比上年增长近60%；新增国家级专精特新"小巨人"企业13家，省级专精特新企业增至77家，市级创新型中小企业达131家。外向型经济更加活跃，武汉新港空港综合保税区东西湖园区一线进出境货值突破100亿元，铁路口岸整车进口口岸通过验收，武汉临空港国际贸易有限公司获批全市首批汽车平行进口试点企业。临空港新城基础设施全面完工。

武汉盘龙城经济开发区完成固定资产投资50亿元，规模以上工业总投资125.04亿元，全年招商引资实际到位资金254.74亿元，产业项目到位资金121.91亿元，实际利用外资5150万美元。空港新城建设提速，首批15个临空经济示范区基础设施项目启动，总投资148.7亿元。武汉国际贸易城提档升级，汉口北保税仓正式运营，城市物流配送中心、跨境商品交易中心、武汉天河国际会展中心、武汉空港体育中心等一批项目开工建设。

汉孝临空经济区依托武汉天河机场地理优势，着力打造临空经济示范工程，承接武汉产业转移，累计签约武汉市企业项目25个，总投资817亿元。黄石临空经济区、鄂州市临空经济区加快城市基础设施建设，两市共签约重大项目49个，投资总额400.31亿元。黄冈临空经济区城市生态基本形成。

【武汉临空港经济技术开发区建设】 2022年，武汉临空港经济技术开发区实现地区生产总值1652.11亿元，比上年增长3.8%；全社会固定资产投资708.1亿元，增长3.5%；一般公共预算总收入238.14亿元，增长7.7%；进出口总额265.78亿元，增长22.4%。

项目建设。TCL智能制造产业园一期、京东方扩产、创想三维产业园、宝龙达电脑及电子产品生产、益海嘉里面粉和米糠榨油生产线、光明乳业新工厂等项目建成投产，创维Mini LED研发试产线产品下线，海天调味品一期、京东华中电商产业园二期、武汉友发二期等项目开工。全年引进重大产业项目98个，协议投资总金额596.6亿元。推动存量企业增资扩产，良品铺子二期等项目落地，菱电电控系统产业化等项目实现当年签约、当年开工。支持传统产业提档升级，益海嘉里中央厨房等项目实现落地。推动总部经济发展，中国南水北调集团江汉水网建设开发有限公司等总部企业相继落户。

科技创新。全年新增高新技术企业超300家，比上年增长近60%。湖北南远电缆科技有限公司、武汉第二电线电缆有限公司等13家企业获评国家级专精特新"小巨人"企业，省级专精特新企业增至77家，市级创新型中小企业达131家。千里马工程机械供应链股份有限公司获批全省首张工业互联网标识注册服务机构许

2022年2月25日，中国南水北调集团江汉水网建设开发有限公司落户及总部项目签约仪式在武汉临空港经济技术开发区举行（武汉市地方志办　供图）

可证。专利授权超过5800件，增长29.3%。中交第二航务工程局有限公司获中国专利优秀奖，武汉回盛生物科技股份有限公司的药物制剂关键技术被纳入湖北省高价值知识产权培育工程，两家企业均入选国家知识产权优势企业。

市场主体建设。服务106家企业实施技术改造提升，技术改造投资占工业投资比重55%。新登记市场主体3.7万户，其中，企业超2万户，总量达18.5万户。新增“四上”企业（指规模以上工业、有资质的建筑业、限额以上批发和零售业、限额以上住宿和餐饮业、有开发经营活动的全部房地产开发经营业、规模以上服务业法人单位）超340家。武汉双键新材料股份有限公司、武汉吴诚锂电科技股份有限公司实现新三板挂牌。

产城融合。划定国土空间总体规划“三区三线”，“中国网谷”战略实施规划取得阶段性成果。明确“北基地、南走廊、东引擎、中主城”的重点板块布局思路。北部网谷聚焦“网络安全和大数据+电子信息”双产业驱动，数字经济加快赋能实体经济；南部围绕打造科创智造大走廊目标，对107国道沿线工业（物流）园开展产业调研分析，绘制“留改拆”一张图，盘整低效土地空间资源；东部加快建设泛金银湖现代服务业集聚区，何家庙、严家渡等区域拆迁收尾，征收李家墩、综合村等区域土地面积40万平方米。临空港新城基础设施全面完工。城市建设完成政府投资165亿元，比上年增长15.8%。推进107国道快速化改造提升主体工程，九通路改造工程主线完工通车。地铁7号线北延线金银湖段通车运营，古田一路接金银湖南街工程开工建设。中部46条道路、2座跨径河桥全部建成通车，新改建市政道路37.6千米；西南部25条园区配套道路新改扩建项目全部完工。东部金银潭泵站投入使用，中部李家墩、白马泾等重点排水泵站改造工程全部完工。长青、黄狮海等五大片区雨污分流改造完成，全面消除重点渍水点。三金潭扩建、舵落口北高压迁改、丰棉村等输变电工程建成送电。新建DN300以上供热管网46千米。新建6座加油站，新增公共停车泊位超过4500个。建成16座集中式充电站、6000余个充电桩。

【武汉盘龙城经济开发区（临空经济区）建设】 2022年，武汉盘龙城经济开发区完成固定资产投资50亿元，规模以上工业总投资125.04亿元。招商引资实际到位资金254.74亿元，产业项目到位资金121.91亿元，实际利用外资5150万美元。实现市场采购贸易出口总额24.95亿美元。全年税收超24亿元。

推进产业发展。落实“工业大翻身行动”，引导武汉中坤商品混凝土有限公司、武汉诚力商品砼有限公司等传统制造业企业选址新建、产业升级。鼓励武汉长盛煤安科技有限公司等38家高新技术企业、湖北显源给排水工程设计院有限公司等16家市级科技“小巨人”企业扩大生产经营，长盛煤安获得省级科技进步奖。支持钓鱼王户外用品、雅虎光电超视距应急通信系统、武汉赛悦三维可视化沙盘系统、湖北精工钢构钢结构产品拼装线与涂装一体化升级改造等企业（项目）投入6.1亿元，实施技术化、智能化、数字化改造。

2022年12月28日，以“智联世界·货通天下”为主题的2022全球数字贸易大会、武汉（汉口北）商品交易会在武汉市黄陂区举行（武汉市地方志办供图）

举办2022全球数字贸易大会、第十三届武汉(汉口北)商品交易会。华中最大花卉市场华中斗南花卉城建成开业。百联奥特莱斯13家店面升级华中最大旗舰店，主题街区创建“湖北旅游名街”“湖北省特色商业街”，辐射武汉市及武汉都市圈各地。

加快基础设施建设。推动空港新城建设提速，首批15个临空经济示范区基础设施项目启动，总投资148.7亿元。地铁7号线前川线（一期）通车运行，汉口北大道下穿通道开工，府河北路工程顺利推进，奥莱西等地块挂牌。以盘龙城（汉口北）为主体的24个2022年政府投资计划项目总投资9.8亿元，年内全部开工。盘龙城四小北边道路、盘龙城一中路、航城东路二期（兴龙路—航城大道）实现通车，霞飞路（航城西路—航城东路）基本建成。航城大道及机场二通道互通工程、府河北路、航城东路、航城西路、盘龙大桥拓宽等5条跨府河通道开工建设。编制低运量轨道交通云巴示范线线网规划，供水量达10万吨/日的宋家岗加压站开工。武汉国际贸易城提档升级，汉口北保税仓正式运营，城市物流配送中心、跨境商品交易中心等6个项目开工建设。中城时代水网完成改造升级，盘龙新天地、龙城天居园管网，武汉盘龙城经济开发区刘店学校等16个渍水点改造完成。中共湖北省委党校新校区开学，长江青年城交付，卓尔青年汇、小游园启用，启动象牙博物馆项目建设。武汉天河国际会展中心、武汉空港体育中心开工建设。完善教育、医疗、供水等服务设施，武汉市黄陂区空港新城第一学校、武汉盘龙外国语小学、武汉市第六医院盘龙城分院区相继投入使用。

（武汉市地方志办）

【黄石临空经济区建设】黄石临空经济区始建于2020年，规划面积约73.52平方千米，先行区含5个片区，面积约20.3平方千米。2022年，黄石临空经济区完成规上工业总产值80.1亿元。实现固定资产投资43.34亿元，比上年增长52.1%。其中，工业投资17.24亿元，增长66%；限额以上商贸业零售额1.2亿元，财政收入3.64亿元。新增入库项目31个，总投资45.28亿元。完成工业进规企业14家、商贸业进限企业7家、建筑业入库企业1家。新签约科太科创产业园项目等17个，总投资152.2亿元。新开工项目（含基建项目）22个，总投资82.4亿元；新投产项目8个，总投资11.8亿元。推进基础设施建设，累计完成征地153.33万平方米，房屋拆迁220栋，整理出标准土地200余万平方米，启动央企“项目包”项目6个，临空医院（一期）项目主体封顶。投资120万元建设生态浮岛，净化生活污水处理厂尾水。投入1.1亿元启动19条农村公路升级改造工程，总长81.5千米。结合“大美大冶·共同缔造”活动，投入3000万元，启动黄岗片区乡村振兴工程。

（黄石市档案馆）

【鄂州市临空经济区建设】2022年，鄂州市临空经济区完成规模以上工业总产值167.2亿元，比上年增长8.3%，规模以上工业增加值增长9.6%；固定资产投资完成128.2亿元，增长51%；财政收入完成11.45亿元，增长17.2%。签约1亿元以上项目32个，增长100%；签约总金额388.51亿元，增长121.4%。中关村智酷·鄂州人才与产业创新基地、中康众盛智慧健康科技产业园、

2022年，鄂州市临空经济区新庙镇池湖新社区新貌（鄂州市档案馆　供图）

明理医疗健康产业园等重大项目相继开工。

全力服务花湖机场建设。提前完成机场南北市政配套工程、黄山超高山体降高、净空障碍物处置等重点工程建设，办理机场土地证、规划验收手续，完成走马湖工程、机场工程、航油工程、供油工程竣工验收，保障花湖机场如期试飞、7月17日投运开航。年末，花湖机场开通7条客运航线，连通9个航点，开通2条国内货运航线。

加快城市基础设施建设。按照“续建一批、新建一批、储备一批”原则，统筹谋划交通基础设施建设。203省道、临空大道、燕沙路、燕花路、三中心配套路网等15条城市主次路网全面建成通车，加速形成环机场集疏运体系。吾悦广场于10月28日正式营业，鄂州市会展中心、市公共卫生临床中心即将投用，市商务中心、市文化中心、市中医特色医院、武汉外校临空分校等重大功能配套项目加速推进。

加快征地拆迁步伐。制定《关于加强全区安置房分配及结算管理工作的实施意见》，进一步规范化、制度化实施征迁工作，维护群众合法权益和诉求。全年实施征收项目38个，征收房屋2300余户，支付征迁资金13.12亿元；安置9331套房屋，7112户完成结算并陆续入住。

推进鄂州航空物流产业园建设。鄂州航空物流产业园是鄂州临空产业配套的重要组成部分，项目规划面积10平方千米，包括基础设施建设、产业发展服务、规划咨询服务、设施运营维护和物业管理等。其中，基础设施建设包括24条市政道路、景观工程、水系治理、民生公共服务设施工程等，投资概算38亿元。年内，完成6条道路建设，盘活193万平方米土地资源；占地面积12.1万平方米的北一住宅用地以7.3亿元出让；出让地块“瀚棠丰裕天城”4月份动工，10月对外开放。总投资5.5亿元的富春网营物流项目和总投资12亿元的度边精密制造项目签约落地。

（鄂州市档案馆）

【黄冈临空经济区建设】 2022年，黄冈临空经济区城市生态已基本形成，建成31条城市主次干道、28座桥梁、160千米供排水管网；2所高校、8所中小学校、3所医疗机构、6个还建小区、11个商品房小区等公共设施建成投用；在建黄冈市民中心、黄冈中医医院、鄂东医疗特检中心、黄冈市进出口服务中心、黄冈师范学院白潭湖校区；实施重点项目58个，总投资287亿元。顺丰三大中心、卓尔大别山国际博览中心、黄冈智慧农博城、鄂东医学科学特检中心等重点项目相继开工；新开发楼盘11个，“城投玲珑家园”、“铁投书香林语”、榨舟街还建小区相继建成；“四上”企业达56家，实现税收3.38亿元，比上年增长49.7%。

（黄冈市史志研究中心）

长江新区建设

【武汉长江新区成立】 武汉长江新区位于武汉东北部的长江之滨，规划范围涉及黄陂、新洲及江岸3个行政区的有关区域，规划总面积约610平方千米，拥有长江岸线26.6千米，区域内有长江和

2022年2月28日，中共湖北省委、省人民政府举行武汉长江新区成立大会（武汉市地方志办　供图）

倒水河、滠水河、府澴河等多条长江一级支流，武湖、柴泊湖等10余个湖泊遍布新区。

2022年2月27日，湖北省人民政府批复设立武汉长江新区。2月28日，中共湖北省委、湖北省人民政府在洪山礼堂举行武汉长江新区成立大会，中共湖北省委、武汉市委主要领导为武汉长江新区揭牌。3月下旬，中央机构编制委员会办公室、中共湖北省委机构编制委员会批复设立中共武汉长江新区工作委员会、武汉长江新区管理委员会，分别作为中共湖北省委派出机关、湖北省人民政府派出机构，规格为正厅级，委托武汉市管理。3月31日，湖北省十三届人大常委会第三十次会议审议通过《湖北省人民代表大会常务委员会关于武汉长江新区行政管理等有关事项的决定》，明确支持长江新区建立经社一体的管理体制，行使一级财政管理权限，为长江新区发展提供法治保障。

武汉长江新区根据工作需要，先期设置18个正处级职能机构，即党政办公室、组织部、宣传部、政法委员会、发展改革局、投资促进局、科技创新与成果转化局、住房和城乡建设局、自然资源和规划局、生态环境和水务湖泊局、城市管理综合执法局、财政和国有资产监管局、社会事业局、教育局、卫生健康局、应急管理局、市场监督管理局、政务服务和大数据管理局;设置2个公益一类事业单位，即新发展研究中心、武汉市土地整理储备中心武汉长江新区分中心;设置6个公益一类市属副局级园区建设服务机构。

【改革创新】2022年，武汉长江新区挂牌成立后，机构运行和改革创新工作全面开展。6月，新区政务服务中心完成装修，政府网站筹建工作基本就绪。10月，新区财政专户通过财政部、湖北省财政厅批复设立。研究制定《武汉长江新区托管工作方案》（以下简称“《方案》”)，先后经市政府常务会、市委常委会审议通过后，于12月13日由市委办公厅、市政府办公厅印发实施。《方案》确定区级政务服务事项共计1016项，街道级事项174项，社区（村）级事项60项。12月28日，长江新区党工委、管委会入驻新址（武汉市汉口北大道208号）办公。新区18个职能部门正式运转，公安、税务等管理机构和疾病预防控制中心正式获批，消防救援大队开展工作。经市委组织部协调，在全市范围内先后抽调三批共199名干部到新区挂职;《武汉长江新区员额制人员管理办法（试行）》及配套文件获批;完成新区首批41名员额制人员专项选聘工作，为新区提供人才支撑。

【起步区建设】2022年，武汉长江新区加快推进起步区建设。基础设施项目全年完成固定资产投资507.93亿元，年度城建交通项目投资完成率居市级单位前列。共拆除违法建筑473处、建筑面积12.59万平方米，航空测绘图斑中发现的违法建筑基本完成整改。全面加快谌家矶片区骨干路网建设，密集实施朱家河变电站、张湾变电站等“一流电网”工程，武湖片区城市更新项目纳入全市试点计划。加快推进综合性医院等项目前期工作。

推进民生和生态项目。谋划重大文化教育医疗设施项目，引

2022年，湖北省在建的首个全埋式地下污水处理厂——长江新区谌家矶再生水厂主体结构封顶。图为项目主体结构施工现场（武汉市地方志办　供图）

进武汉优质基础教育资源和医疗卫生资源，加快推进108个班优质中学（暂名武汉长江新区外国语学校）和长江新区医疗综合体等项目前期工作。建成谌家矶片区99万平方米还建房。完成府澴河出口河段综合整治一期工程，启动二、三期工程。

【规划编制】 2022年，武汉长江新区启动产业规划编制。邀请国家发展和改革委员会宏观研究院、工业和信息部赛迪研究院开展新区战略定位、产业布局、发展方向和发展路径等课题研究，形成核心成果，明确低碳、健康、智造等产业发展方向，加快发展现代服务业和现代农业，构建“3+2”现代产业体系。

基本建立国土空间规划体系。全面开展国土空间规划编制工作。“三区三线”成果正式启用。城镇开发边界面积约160平方千米，规划至2035年，新区形成“一江湾、一绿心、一环带、十字轴、三组团”的空间格局。纵深推进专项规划编制，综合交通、骨干路网、水系及防洪排涝、市政设施、智慧电网等一批专项规划形成核心成果，抓紧编制公共服务设施标准等专项规划。江湾中心城市设计完成国际方案征集，完成谌家矶片区、五通片区控制性详规编制及城市设计成果，江湾、阳逻等重点片区控制性详规形成阶段性成果。启动六指、仓埠街道等乡级国土空间规划编制工作。

【招商引资和产业培育】 2022年，武汉长江新区招商引资和项目落地势头良好。到京津冀、长三角、珠三角、成渝等地“叩门”式招商，深入挖掘潜在合作意向企业180余家，先后与中国铁道建筑集团有限公司、中国电力建设集团有限公司、中国长江三峡集团有限公司、国家能源集团资产管理有限公司、中国建筑第三工程局有限公司等签订战略合作框架协议，推进与中国五矿集团有限公司、中国葛洲坝集团有限公司等协商洽谈，加快推进与国家电网有限公司、深圳科技工业园（集团）有限公司等对接合作项目。中国铁建区域总部、中交华中科创中心、湖北交投长江国际绿创中心等一批标志性重大项目启动建设。各方市场主体关注看好长江新区发展前景，成都万华投资集团有限公司以33.2亿元竞得新区谌家矶相关地块，完成新区正式设立以来的土地“首拍”。

推进产业园建设和科技创新。探索建立支持科技创新和科技成果转化政策体系，推进武汉大学等高校4项科技成果转化项目落户新区。明确产业发展空间布局，初期将新区全域划分为六大产业园区，形成东部以新能源和节能环保、智能制造和现代装备两大产业园为支撑，西部以生命健康、数字经济两大产业园为引领，北部重点发展现代农业，南部沿江重点发展高端服务业的产业空间格局。启动生命健康产业园、新能源和节能环保产业园等特色园区前期工作。武汉新港空港综合保税区年度完成一线外贸进出口总货值251.94亿元，比上年增长66.0%，占全省一线外贸进出口总值的6.8%，货物进出口量在全省6个综保区中占比超80%。

（武汉市地方志办）

编辑：刘家连
校对：卢永会

产业同链与经济共建发展

产业承接与园区合作

【概况】2022年，武汉都市圈积极打造“头部在武汉，链条在城市圈”“主链在武汉，配套在城市圈”的“产业同链”一体化发展格局。武汉市提出“965”现代产业体系，打造9大支柱产业、6大战略性新兴产业和5大未来产业的产业集群发展思路。黄石市深度对接武汉“光芯屏端网”产业，共集聚光电子信息企业171家，拥有全球印制电路板（PCB）50强企业3家、全国电子电路百强企业14家，PCB企业数量占全省三分之二。全市电子信息产业规上企业94家，产值307.94亿元，比上年增长103%，实现翻倍式增长。推进长城汽车、融通高科三期、诺德锂电等重点项目建设，打造五百亿级汽车及零部件产业集群；推进劲牌健康产业园、朗天药业、楚天香妆产业园、毛铺康养综合体、携康医学等重点项目，打造五百亿级生命健康产业集群。鄂州市葛店经济开发区新型显示器件产业集群入选第一批9个省级战略性新兴产业集群名单，三安光电、瑞华光电顺利投产，芯映光电建设、生产同步推进，优炜芯、芯致等一大批光电项目加快建设。葛店大健康产业园高标准建设生物医药产业集聚区已完成投资5亿元。新引进武汉海希生物、武汉圣润医疗、武汉普诺赛生命科技、盛世华康生物医药基地等生物医药类项目6个。孝感市重点建设武汉国家生物基地孝感园区、高新区生物医药产业园、佳兆业生命健康产业园，形成以湖北锐邦光电科技有限公司、湖北楚天电缆实业有限公司为代表的汉川光通信产业，以优尼科液晶显示模组生产基地项目为代表的中小尺寸显示面板产业。恒信楚能新能源锂电池生产项目落户孝感。黄冈市签约总投资115亿元的富乐德·长飞黄冈半导体产业园项目。与武汉都市圈企业签约亿元以上项目57个，协议投资额509.78亿元。其中，10亿元以上项目11个，协议引资383.74亿元。咸宁市全年承接武汉转移项目41个，协议投资总额138.83亿元。仙桃市推动武汉—仙桃装备制造产业轴线，在仙桃高新区将装备制造业作为主打产业，推进与武汉经济技术开发区的汽车装备产业合作。引进湖北全康智能科技有限公司、湖北进成智能科技有限公司等2家小米产业链企业，加强与武汉东湖新技术开发区小米研发基地合作。推进武汉—汉川—仙桃—天门纺织服装产业轴线，完成14.7平方千米非

2022年，黄石（武汉）离岸科创园一隅（张斌　摄）

织造布特色小镇规划。重点推进“四基地两中心”建设，建设完成并申报国家应急防护产业基地。与武汉经济技术开区联合引进新能源头部企业宁波容百新能源科技股份有限公司，总投资300亿元、年产40万吨的高镍锂电池正极材料生产基地正式签约。天门市主动对接武汉“光芯屏端网”产业，实施“强芯亮屏”行动。芯创电子产业园一期、鸿硕精密电工全面投产。沃格光电、彤兴电子宝昂光电、韩国世俊、华彩光电、应友光电等一批京东方配套企业落户天门。武汉京东方配套产业园建设加快推进。围绕武汉国家生物产业基地天门生物产业园建设，引进和储备一批重点项目，有重点生物企业75个、在建重点项目43个。潜江市唐棕、慧智科技项目开始试生产，晶瑞一期、鼎龙一期、达诺尔、孚诺林、北旭等项目即将竣工投产。长飞光纤五期项目正在开展主体工程建设，全市“光芯屏端网”关联企业近30家，规上企业22家。

（湖北省武汉城市圈研究会）

【产业转移示范】 2022年，武汉市发挥“辐射效应”“溢出效应”，与都市圈内各城市共建科技产业园，“飞地经济”正成为实现都市圈“科技同兴”“产业同链”的有效途径。武汉东湖新技术开发区、武汉经济技术开发区、武汉临空港经济技术开发区与都市圈其他城市高新区、经开区等通过合作共建“园外园”“飞地经济”等方式，结对建设28个产业园区，形成总部、营销、注册在武汉，配套、基地、生产和辅助产品在都市圈其他八市的产业双向转移生态格局。

黄石市与武汉高科共建黄石科技城，与湖北高投共建大冶湖高新区自主创新示范园，与在汉高校、科研院所共建11家产业研究院，100多名高层次人才来黄担任企业科技副总、专员。年内，校企联合攻克技术难题623项、转化重大科技成果308项。西塞山区承接特钢新材料产业转移示范区上榜，规划面积29.22平方千米。入选国家火炬特钢特色产业基地。建成省特钢高新技术产业化基地及“中国模具材料谷”。推进华新新材、大冶有色40万吨阴极铜等一批重点项目，打造两千亿级新材料产业集群。

鄂州市按照“武鄂同城、城乡融合”发展思路，培育打造“157”现代产业体系，借助武汉产业优势和科教优势。在“光芯屏端网”方面，利用毗邻武汉光谷的优势，发挥国家存储器基地和天马微电子、华星光电等龙头企业的辐射带动作用，重点支持三安光电Mini/Micro显示芯片产业化、芯映光电、瑞华光电等项目建设。在生物医药方面，推动葛店大健康产业园项目建设，建设生物医药产业集聚区，加强与光谷生物城对接，加快承接光谷生物城生物医药科研成果转化，突破性发展基因药物、生物诊断试剂，形成涵盖产品研发、高端制造、医药流通、生物技术综合服务与人才培养等产业体系。在数字经济方面，5G智慧机场、三江港5G智慧港口、红莲湖大数据云计算产业园、华怡科创物流大数据产业园、医药行业工业互联网平台等一批数字融合赋能项目开工建设。与武汉市尤其是东湖新技术开发区做好对接，成立以鄂州市领导牵头、相关部门协同配合的武鄂产业同链协商小组，建立定期协商机制，在经济运行调度、产

2022年5月19日，咸宁市党政代表团到黄石市考察，召开同城化发展座谈会（咸宁市史志研究中心 供图）

2022年5月5日，鄂州市鄂城区人民政府与武汉激光之家科技有限公司正式签约（鄂州市档案馆　供图）

业转型升级和中小企业培育等核心业务工作中互通有无，打造“光芯屏端网”、生物医药、智能制造等优势产业体系的领航企业，精心培育专精特新“小巨人”企业，拓展产业同链范围。谋划招商引资、产业转移、项目建设、产业链配套等方面重点事项及重点项目，构建武鄂产业协同发展新格局。

黄冈市对照武汉产业地图，主动配套武汉重点产业。东湖高新区推荐的华星光电配套项目TCL环境科技、人福医药等10个高科技产业项目落户黄冈高新区。光谷黄冈科技产业园融入光谷科技创新大走廊，依托光谷政策、产业、资本优势和辐射带动作用，承接武汉东湖高新区“光芯屏端网”万亿产业集群外溢产业，重点聚焦光通信（5G）、智能终端、新能源与环保装备、文化创意等细分产业链，实现园区经济爆发式增长目标。

咸宁市对接武汉市“965”现代产业体系，制定《咸宁市“334产业集群”高质量发展实施意见》，承接武汉产业转移，组建武汉招商专班，选派优秀年轻干部到武汉东湖高新区、武汉市城市建设投资开发集团有限公司挂职交流，重点围绕东湖新技术开发区、武汉经济技术开发区、高校科技园区开展“扫楼”式招商，拜访对接企业100多家，捕捉项目信息500余条，全市承接武汉转移项目41个，协议投资总额138.83亿元。其中，中国光谷咸宁生物医药产业园入驻企业3家，分别是佳弘生物科技（武汉）有限公司、湖北圣康药业有限公司、赛恩福兹（湖北）食品科技有限公司。召开电子信息产业技术创新战略联盟成立暨产业招商推介会，成立电子信息产业联盟，推动湖北三赢兴光电科技股份有限公司、湖北惠祥电子科技有限公司、湖北奕宏精密制造有限公司等企业达成产销合作。建成湖北香城智能机电研究院、通城县电子信息产业技术研究院等产业发展研究院，正在建设咸宁高新区电子玻璃材料产业研究院。推动光谷科创大走廊咸宁段建设，与光谷签订合作协议，围绕建设科技创新中心、共建光谷咸宁产业园、组建光谷科技创新大走廊产业发展基金、共建科技创新平台、建立联席会议机制等6大方向，推进两地合作走深走实。咸宁市商务局与武汉市商务局签订商贸流通合作框架协议，支持咸宁名优农产品及农副产品进入武汉市，丰富武汉市“菜篮子”。开展咸宁、武汉农业产业化重点龙头企业与合作意向摸底调查。建设赤壁青砖茶等咸宁区域公用品牌，“赤壁青砖茶”入选2022年国家地理标志产品保护示范区筹建名单，品牌价值超过38.16亿元，全省茶叶类排名第一位、全国排名第二十四位（黑茶类排名第三位）。

仙桃与武汉经济技术开发区合作，共建武汉经济技术开发区龙华山工业园，重点发展汽车零部件产业，建设武汉车都重要配套生产基地。

天门与武汉共建中国光谷·天门科技城、天门科创孵化园、天门－华中科技大学政产学研用合作中心，依托武汉国家生物产业基地，加快武汉国家生物产业基地天门生物产业园建设，引进培育规模以上生物企业51家，年产值达200亿元。

潜江市谋划都市圈产业承接以及园区协同共建，通过参与武汉“光芯屏端网”配套产业、提升绿色化工优势产业、承接武汉纺织服装产业转移、打造生命大健康产业等四条路径推进武汉都市圈产业协同发展。

（各市地方志机构）

【武汉都市圈产业园区共建】 2022年，武汉都市圈发挥东湖新技术开发区、武汉经济技术开发区、武汉临空港经济技术开发区管理模式、政策制度、产业基础、招商引资等优势，园区合作呈现快速发展态势。截至5月，武汉都市圈启动合作园区10个。其中，明确合作范围园区7个，实际开展合作事项园区4个。武汉市实际投入共建资金园区2个（东湖高新区武汉高科集团投入4亿元、武汉经开区投入4.2亿元）。截至2022年底，武汉都市圈10个合作共建园区大部分都在规划和起步建设中。

武汉东湖（黄石）光电子信息产业园。合作双方为黄石经济技术开发区管理委员会·铁山区人民政府和武汉光电子信息产业园建设服务中心。2021年11月签订战略合作协议，共建园区规划用地面积约66.67万平方米，推进33.33万平方米起步区标准化厂房、人才公寓等设施建设，2022年8月，完成竣工验收。重点发展PCB、新型显示、激光、半导体、智能终端等产业链项目。

鄂州市临空经济区光谷鄂州光电产业园。合作双方为鄂州市临空经济区管理委员会和武汉光谷金融控股集团有限公司。3月，签订投资框架协议书，共建园区用地约13.33万平方米，投资约7亿元，正抓紧推进征地拆迁工作。

武汉经开区汉川经济合作区。合作双方为武汉经济技术开发区管委会和汉川市人民政府。合作协议经双方多轮协商，初步达成合作意向，共建园区一期用地面积约10平方千米。重点发展汽车零部件及配套生产和研发、氢能源、新能源商用车、特种改装车等产业集群。

光谷黄冈科技产业园。合作双方为武汉东湖新技术开发区管委会和黄冈市人民政府。2016年2月、2018年1月，共建双方先后签订和完善合作协议，共建园区规划面积约22平方千米。园区投产项目6个，在建项目4个，拟开工项目12个。截至2022年底，园区累计完成固定资产投资5.25亿元，完成产值（营收）2.29亿元，实现税收收入1765万元。

中国光谷·红安高新技术产业园。合作双方为武汉东湖新技术开发区管委会和红安县人民政府。2015年9月，共建双方签订战略合作协议书，协议签订后双方迄今为止无具体合作事项。

中国光谷咸宁生物医药产业园。合作双方为咸宁高新技术开发区管理委员会和武汉国家生物产业基地建设管理办公室。2022年2月，共建双方签订战略合作协议，正进一步细化落实具体合作事项。

仙桃市人民政府与武汉经济技术开发区管理委员会拟定战略合作框架协议，双方初步商定在仙桃高新区合作共建产业协作先行区，2025年完成22平方千米启动区建设，目标是打造汽车零部件产业基地。

天门市人民政府与武汉东湖新技术开发区管理委员会拟定战略合作框架协议，双方初步商定在天门经济开发区共建天门市生物产业园，协议正进一步细化落实具体合作事项。

潜江市人民政府和武汉东湖新技术开发区管委会拟定战略合

2022年8月12日，武汉中国光谷脑科学产业基地落户东湖新技术开发区（武汉市地方志办　供图）

作框架协议，双方初步商定在江汉盐化工业园共建合作园区，协议正进一步细化落实具体合作事项。

武汉都市圈园区合作开发主要采取市场化模式，包括共投共建共管模式和战略合作模式。共投共建共管园区合作模式是武汉都市圈内园区合作共建较为成熟的运营模式，取得可供借鉴和复制的经验。光谷黄冈科技产业园采取共投共建共管合作模式。黄冈市和武汉东湖新技术开发区双方共同设立光谷黄冈科技产业园管委会，为公益一类正县级事业单位。黄冈市委派书记和2名副主任，东湖高新区委派主任和1名分管招商副主任，成立武汉光谷黄冈科创投资开发有限公司，注册资本金5亿元（双方按照80%：20%比例出资，武汉高科集团出资4亿元、黄冈高投公司出资1亿元），协议约定利益分享机制，明确税收由黄冈市属地征收，园区开发平衡后，财政收入地方留存部分东湖新技术开发区与黄冈市按50%：50%比例分配。武汉经济技术开发区洪湖新滩经济合作区设立武汉经济技术开发区新滩新区管委会，隶属武汉经济技术开发区管理，干部由双方协商选派，管委会负责新区内行政审批、招商引资、项目建设、土地收储、规划建设等经济行政管理事务。管委会下设建设投资公司，按照协议开发区每年投入资金不少于5亿元；下设行政服务中心，行使相对独立的审批权，双方约定财税、统计、利益分享办法。

仙桃市人民政府与武汉经济技术开发区管理委员会、潜江市人民政府和武汉东湖新技术开发区管委会园区开发采取战略合作模式。协议约定合作推动园区共建，合作加强产业发展，合作开展科技攻关，合作推动人才交流，合作组织招商引资等，合作双方不涉及相互投资和财政税收分成等事项。

（湖北省武汉城市圈研究会）

【光谷科技创新大走廊产业发展】 参见“光谷科技创新大走廊建设”分目。

【车谷产业创新大走廊产业发展】 参见“车谷产业创新大走廊建设”分目。

【大健康产业千亿级产业园】 2022年，武汉大健康产业千亿级产业园建设迅猛发展。武汉市生物医药制造业围绕常态化疫情防控和产业稳发展两条主线抢抓机遇，实现产业快速增长。全市生物医药制造业增加值增幅为38.4%，高于全市规模以上工业（指年主营业务收入2000万元及以上）增加值增速33.4个百分点，在全市12个重点行业中排名第一位。全年产值过10亿元企业12户。其中，武汉明德生物科技股份有限公司全年产值突破100亿元，比上年增长248%。武汉联影医疗科技有限公司、武汉生之源生物科技股份有限公司均实现成倍增长。其中，武汉明德生物科技股份有限公司新冠病毒2019-ncov核酸检测试剂盒、新型冠状病毒（2019-ncov）抗原检测试剂盒（胶体金法）等重磅产品销售收入突破10亿元。

武汉东湖新技术开发区光谷生物城聚集生命健康企业3000余家，在2022年医药产业园区发展竞争力排名中位列全国第四位。江夏区光谷南大健康产业园4个子园区建设加快推进。其中，国药光谷南大健康科技城、东湖高新国际健康城基础设施建设基本完成。

2022年，黄冈市大健康产业集群园区一隅（黄冈市史志研究中心　供图）

100余家企业相继落户，武汉临空港经济技术开发区、汉阳区、新洲区等立足自身基础和优势推进高端化学制剂、现代中药和防护用品等特色园区建设。

2022年，武汉国家生物产业基地（即光谷生物城）规模以上工业（指年主营业务收入2000万元及以上）总产值突破302.2亿元，比上年增长51.1%。全年完成限额以上批发业（指年主营业收入2000万元及以上）销售额218.44亿元，增长8.9%。完成限额以上零售业（指年主营业务收入500万元及以上）销售额17.81亿元，增长4.2%。全年园区纳税100万元以上企业187家，实现税收36.07亿元，增长68.7%。全年累计完成招商引资实际到位资金193.64亿元。其中，实际利用外资2.29亿美元。产业项目到资55.66亿元，签约引进1亿元以上项目16个。在2022年科技部发布的国家生物医药产业园区竞争力排名中位居全国第四位，较上年上升一位。

黄石市推动劲牌健康产业园、朗天药业、楚天香妆产业园、毛铺康养综合体、携康医学等重点项目，打造五百亿级生命健康产业集群。

鄂州市推进葛店大健康产业园项目建设。高标准建设生物医药产业集聚区，与光谷生物城联动发展，共同打造大健康产业集群。年内，葛店经开区大健康产业园完成投资5亿元，新引进武汉海希生物、武汉圣润医疗、武汉普诺赛生命科技、盛世华康生物医药基地等生物医药类项目6个。

孝感市重点建设武汉国家生物基地孝感园区、高新区生物医药产业园、佳兆业生命健康产业园。

黄冈市推进大健康产业发展，印发《2022年黄冈市大健康产业发展实施方案》及任务清单、项目清单，制定《2022年黄冈市大健康产业发展考核办法》。推进项目建设，全年全市招商签约大健康项目110个，协议投资额246.43亿元;大健康集中开工项目276个，总投资496.93万元；重点调度推进大健康项目133个，年内完成投资90.2亿元。开展服务行动。组织企业参加第四届世界大健康博览会，“黄冈馆”参展获组委会颁发的“特别贡献奖”。举办全市大健康项目策划与抖音直播带货培训班，助推大健康企业拓展销售渠道。

（湖北省武汉城市圈研究会）

【葛店经济技术开发区】 2022年，葛店经济技术开发区（以下简称“葛店开发区”）与武汉光谷错位布局、联动发展，以三安光电为牵引，依“屏”做“芯”，延伸产业链条。有光电子信息产业项目31个，总投资329亿元。其中投产项目15个。光谷、葛店共建光电子信息产业集群呈现雏形，初步形成以三安光电为上游的LED芯片研发生产，芯映光电、瑞华光电为中游的LED芯片封装，华星光电、天马微电子为下游的LED模组集成的产业链闭环。葛店开发区抢抓光谷科技创新大走廊建设机遇，加快补链、强链、延链，共同促进武汉“光芯屏端网”万亿产业做大做强。年内，葛店开发区187家规上企业，与武汉企业存在产业链上下游关系的占70%以上。全区累计有光电子信息项目31个，总投资329.4亿元。其中，建成投产亿元以上项目15个，在建7个。葛店与光谷加快共建100平方千米光电信息产业

2022年9月7日，葛店经济技术开发区瑞华光电项目无尘车间内技术人员进行封装作业（鄂州市档案馆　供图）

聚集区，正在共同打造国家千亿级光电信息产业基地。加快光电子信息产业园基础设施配套工程。项目总体投资8亿元。其中，罗庄路投资5000万元、创新一路投资4000万元、高新四路投资5800万、高新五路投资4800万元、葛店大道投资6亿元。

【鄂州红莲湖大数据云计算产业园】2022年，鄂州市加快红莲湖大数据云计算产业园建设，同步推进公共基础设施建设与产业导入工作，项目北区15条17.4千米市政道路快速推进，未来三路7月1日正式通车，高新六路贯通，联投·未来荟商业综合体项目正式开工。

产业园于2020年7月27日开工建设，总投资90亿元，占地面积约4平方千米。产业园北临国家存储器基地，西接光谷“科技岛”，居于武汉、鄂州两市交会融合中心，是鄂州对接光谷科技创新大走廊的桥头堡。园区以大数据与云计算、5G通信网络、网络信息安全产品和服务等新一代信息技术产业为核心，延伸带动智能终端、人工智能、数字经济等相关行业细分领域，打造战略性新兴产业集群。项目整体规划主要包括一物联、一底座、三应用、一中心（1个泛感知物联系统、1个数智驱动引擎、3个智慧场景应用、1个园区智慧运营中心）建设，总投资3.4亿元。产业园加快北区K12学校建设，新建初中综合楼、初中部连廊及门房、地下车库及食堂、初中部400米运动场、环校园跑道、篮球场、羽毛球场、雨污水管网、照明、围墙等工程，总投资1.5亿元。产业园市政道路工程（二期）开工，包含高新四路、高新六路、未来三路和智慧二路4个子项目，总投资6.8亿元。产业园融合先进云计算、大数据技术，物联网、数字孪生等技术，以泛感知物联和数字底座为基础，围绕“新城畅行、生态宜居、安全守护”三大场景打造建设智慧运营中心，实现“一屏统览”。

（鄂州市档案馆、鄂州市“同城办”）

【潜江市江汉盐化工业园】2022年，潜江市江汉盐化工业园完成工业总产值76.23亿元，比上年增长5.8%；固定资产投资完成30.42亿元，招商引资到位资金42.2亿元，增长0.3%；限上商贸企业完成4.54亿元，增长27.9%；全年新增规上工业企业8家；入库税收2.47亿元，增长27.3%。年内，湖北省发展改革委认定潜江市江汉盐化工业园承接特种光纤电子原器件产业转移示范区等21个园区为第二批省级承接产业转移示范区。

江汉盐化工业园是潜江市为发挥潜江境内丰富的盐卤资源优势，拉长盐化工产业链，发展特色区域经济而设立的一个循环经济工业园区。园区在空间分布上逐步形成三大产业片区：以盐化工总厂为基础的新化工产业园；紧盯“光芯屏端网”产业配套，布局发展微电子材料产业园；以长飞科技园为依托，发展壮大光信息电子产业园。

（潜江市档案馆）

【光谷黄冈科技产业园】2022年3月，中共黄冈市委、黄冈市政府明确由黄冈高新区与武汉东湖高新区对接，争取东湖高新区将光谷黄冈科技产业园与其他八大园区同部署、同安排、同考核，将产业园作为共建桥头堡，纳入光谷东区科技新城和黄冈高新区西

2022年，潜江市江汉盐化工业园（潜江市档案馆　供图）

片区开发建设范围，做实“光谷第九园”。筹备设立首期30亿元规模产业投资基金，做强武汉（黄冈）离岸科创中心。经由东湖高新区推荐华星光电配套项目TCL环境科技、人福医药等10个高科技产业项目落户黄冈高新区。探索飞地创新、异地孵化、园区共建跨区域合作模式，打造“前后台”一体化平台，推动黄冈与武汉创新链产业链深度融合。主动对接武汉科创资源，打造“集中+分散”相结合企业研发孵化“前台”。在武汉集中建设黄冈（光谷）离岸科创中心，打造综合性离岸科创平台，28家黄冈本土企业入驻建立研发中心、8家企业入驻孵化。鼓励支持广济药业、美天生物等企业通过购买或租赁等形式，在武汉生物城因势利导设立黄冈（光谷）生物城离岸科创分中心，入驻7家企业。引进投资1亿元的武汉启钠钠离子电池正极材料项目落户黄冈高新区，引进投资6亿元的尚赛光电新型光电有机半导体材料项目落户黄冈化工园。科峰传动、兴和电力、宏源药业等部分黄冈企业在武汉注册成立研发公司。建成武汉理工大学、湖北大学成果转化中心黄冈分中心。对接武汉高校、科研院所，引进来黄实习实训大学生约1200人。入驻黄冈（光谷）离岸中心宇洪光电与武汉工程大学共建大学生实习基地。谦益米业与武汉轻工大学共建研究生工作站。黄冈鲁班药业、湖北楚维药业等企业与武汉工程大学共建实习和劳动实践基地，接收实习实训大学生113名。率先组建武汉科技成果转化平台黄冈分平台。

截至2022年底，签订产学研合作协议50项，转化科技成果87项，精准承接“头部在武汉、链条在黄冈”项目16个，“研发在武汉、制造在黄冈”项目19个，“融资在武汉、投资在黄冈”项目14个。园区完成固定资产投资4.31亿元，完成产值（营收）4亿元，实现税收收入2575万元。园区投产项目5个（优星达光电科技、方道环保、博创检测、安泰金融物流园、太迪电子），申报规上企业2家（优星达光电科技、博创检测），认定高新技术企业2家（优星达光电科技、博创检测），发行高新技术孵化器项目地方政府专项债2.09亿元。

光谷黄冈科技产业园围绕武汉都市圈同城化和光谷科创大走廊战略部署，坚持“产城共建、以产为主、以城促产、产城融合”发展思路，重点发展光电子信息、智能制造装备、生物健康3大主导产业。双方依法成立武汉科创开发投资有限公司，注册资本金5亿元（武汉高科集团出资4亿元、黄冈高投公司出资1亿元），用于园区基础设施及商住配套设施建设运营，到位资金3亿元。

（黄冈市史志研究中心、黄冈市“同城办”）

【黄石科技城】2022年，黄石市出台《光谷科技创新大走廊建设三年行动方案（2022—2024年）》，全力打造光谷科创大走廊东部传动轴、武汉国家科技创新中心和湖北东湖综合性国家科学中心分中心。在湖北省首创科创“飞地”模式，设立黄石（武汉）离岸科创园、黄石（上海）离岸科创中心，黄石（北京）离岸科创中心也在加紧谋划。黄石市高新投与武汉高科集团共建科技城三期项目，构建全链条科技服务体系。推动各县（市、区）产业园区合

2022年7月16日，黄石科技城开园，一期项目投入使用（黄石市档案馆供图）

作共建黄石（武汉）离岸科创园，探索在汉异地孵化模式，创建省级飞地科创园和创业孵化平台。7月16日，黄石科技城高质量开园，一期项目投入使用。截至2022年底，签约入驻项目40个，总投资额92亿元。

黄石科技城破解“技术攻关难”。对接外地高校和科研院所，实现“研发在外地、制造在黄石”。入园企业借力武汉高校，攻克“卡脖子”难题。博控自动化等黄石企业在园区设立研发中心，实现年产值超百亿元。破解“企业资金难”。黄石科技城与3家科创飞地融合联动，共设立各类产业基金和创投基金18支，总规模达90亿元，实现“引资在外地、用资在黄石”。破解“人才招引难”。柔性引进教授、博士等高层次人才73名，研发人员400多名。一批院士团队与黄石企业开展常态化科技合作，实现“引才在外地、用才在黄石”。黄石企业远大生科入驻黄石（武汉）离岸科创园后，研发团队由最初4人增加到26人，转化科技成果14项、销售收入增加2.7亿元。破解“产业招商难”。科创飞地共签约入驻企业111家，培育科技型企业82家。其中北京华志信、浙江力石科技等一批省内外优质项目通过科创飞地孵化，在黄石科技城产业化，实现“孵化在外地、转化在黄石”。深圳离岸科创中心揭牌当天签约科技项目21个，总投资51.75亿元，其中14个项目落地黄石科技城。

黄石科技城位于大冶湖生态新区核心区，规划面积1.26平方千米，建筑规模146万平方米，总投资100亿元，分三期建设，按功能分为科技型企业总部、产业技术创新中心、综合性服务创新中心、人才创新配套服务中心和科技金融综合服务中心五大板块。

（黄石市档案馆、黄石市“同城办”）

【中国光谷·红安高新技术产业园】2022年，黄冈市推进中国光谷·红安高新技术产业园建设。截至2022年底，高新技术产业园市场主体608家，投产企业453家（其中，工业企业395家），在建企业42家。新增签约项目38家，新增投产32家，新增开工33家。89家规上工业企业累计完成产值103.68亿元，比上年增长15.2%，占全县比重85.3%。高新技术企业58家，其中，45家规上高新企业完成产值40.22亿元，增长13.9%，占规上工业企业比重38.8%。高新区完成入库税收7.97亿元，增长19.5%；完成固定资产投资70.72亿元，增长14.5%。全年签约产业链项目54个，协议总投资额210.68亿元，引进10亿元以上项目7家。

2015年9月25日，武汉东湖高新区与红安县人民政府签订“中国光谷·红安高新技术产业园”战略合作协议，并授予“中国光谷·红安高新技术产业园”铭牌。

（黄冈市史志研究中心、黄冈市“同城办”）

【汉孝临空产业园】截至2022年底，汉孝临空产业园累计签约武汉市企业项目25个，总投资约817亿元。其中，投产运营项目10个，累计完成投资超30亿元；在建项目8个，累计完成投资约21亿元；正在开展前期工作项目7个。交投智谷产业园一期运营，多家企业入驻；楚能新能源锂电池项目一期工程3栋厂房完成主体建设、4栋员工宿舍楼基本封顶，累计完成投资约10.5亿元。

完善交通设施建设，加强连接互通。4月，陈天大道临空区至

2022年，中国光谷·红安高新技术产业园俯瞰（黄冈市史志研究中心　供图）

黄陂区段正式通车运营，临空区形成一横一纵两条主干道直接连接武汉交通格局。谋划推进野猪湖大道跨府河南延至东西湖区、横6#路跨界河东延至黄陂区等跨区域连接通道。推动公共交通服务同城化，加快开通临空区往返武汉市黄陂区盘龙城公交线路，研究提出2套线路方案；做好武汉市轨道交通20号线延伸至临空区相关工作，争取早日获国家批复。

开展科研教育合作，加强资源共享。由武汉乐群教育集团公司建设的湖北孝感美珈学院，总投资约18亿元，完成投资超过10亿元，一期工程投入使用、二期工程主体基本完工，完成2期招生。武汉轻工大学临空校区建设项目可行性研究报告已批复，开展征地拆迁以及办理土地规划等手续，建设规模为全日制在校生2万人的普通高等院校。

【中国光谷·孝感激光产业园】 2022年，孝感市加快推进光谷·孝感激光产业园建设。截至2022年底，产业园引进苏州领创、武汉万力威、武汉吉事达、苏州力士乐、湖北希欧等6家激光企业入驻，拥有激光雷达、激光5G等领域先进技术，其中三江红阳1.2万瓦激光设备技术国内领先。苏州领创智能深耕激光行业多年，主要生产大功率激光切割机、激光焊接机和多功能激光加工设备，全年生产高功率激光设备500台（套），实现年产值5亿元、年税收2000万元。孝感华工高理第四次扩能基地投产，日生产新能源汽车PTC加热器3万台，产能提升至900多万套，跃居全球第一。市场份额不断扩大，公司生产线从3条增加到14条，日下线350万只温度传感器，占领全球市场70%的份额。其技术标准编入《2022年中国高压快充产业发展白皮书》。正加快建设敏感陶瓷教育部工程研究中心、国家CNAS实验室、国家认定企业技术中心等7大创新平台。

光谷·孝感激光产业园是孝感市最大产业园区，主要包括光电子信息产业园、激光产业园两部分。该园于2020年开工建设，规划面积86.67万平方米，用以建设激光产业孵化、加速和规模化生产承诺平台。规模化平台以国有投资公司为主导，采取“产业基金投资+重资产建设+优惠政策扶持+企业拎包入驻”模式，根据企业需要定制厂房，高标准配套建设员工生活配套区，打造激光企业聚集地。

【武汉经济技术开发区汉川合作示范区】 2022年，武汉经济技术开发区汉川合作示范区完成工业产值523亿元，比上年增长16.5%；有规模以上工业企业155家。累计完成限额以上零售额11.6亿元，增长47.2%。累计完成固定资产投资81亿元，增长37.9%，其中，工业投资71.5亿元，增长36.2%。工业技改投资43.7亿元，增长12.1%。全年纳统项目45个，其中5000万元以上项目40个。培育“四上”达标工业企业25家、批零住餐企业15家、服务业企业9家。2022年，该示范区在湖北省开发区土地集约利用评价中综合排名第一位，在省级高新区创新驱动发展综合评价考核中排名第十位、中部地区综合竞争力百强乡镇排名中居第十二位、全国综合实力千强乡镇排名中居第一百八十四位，在全国448家工业主导型国家级开发区中排名第四十一位。

武汉经济技术开发区汉川合作示范区全年接待客商423人次，外出招商35批次，跟踪有效信息50条；新签约各类项目36个（不含祉星纸业和电厂四期项目），合同引资额206.2亿元。开发区项目库有筹建项目15个、在建项目25个、新投产项目3个，纳入孝感和汉川“五化”管理项目29个。荷沙复线东段、新正大道、电站路、马庙路4条道路开工建设。完成汉正服装城6000多户终端用户“转改直”，确保工业园区“转供电”零加价；推进21条园区道路基础设施建设。

【云梦隔蒲潭工业园】 2022年，云梦隔蒲潭工业园实现规模以上工业产值16.3亿元，年税收4595万元，分别比上年增长54.1%、48%。截至2022年底，园区有企业55家。其中，化工企业42家，非化工企业13家；投产（试生产）32家，在建9家，筹建14家；规上企业18家；高新技术企业14家；专精特新企业11家；纳税过千万企业2家，过百万企业7家。完成固定资产投资21.9亿元，增长21.5%；新注册企业34家，增长47.8%；年出口贸易额完成677.4万美元，与上年基本

云梦隔蒲潭工业园（孝感市史志研究中心　供图）

持平；全区（镇）完成财政收入7130万元，增长4.6%。8月，云梦隔蒲潭工业园被湖北省发展改革委认定为省级承接盐化工新材料产业转移示范区；11月，被湖北省应急管理厅评定为安全生产C+等级园区。

云梦隔蒲潭工业园位于云梦县经济开发区与隔蒲潭镇辖区内，规划面积8.54平方千米，园区基础设施建设累计投入9.74亿元，“五纵五横”路网框架基本形成。园区按照“绿色创新、产业集聚、链式发展、安全规范”发展理念，依托云梦盐卤资源优势，重点发展盐化工、精细化工、医药、化工新材料和资源综合利用5大支柱产业。

（孝感市史志研究中心、孝感市“两型办”）

【黄冈高新技术产业开发区】 2022年，黄冈高新技术产业开发区（以下简称“黄冈高新区”）完成工业总产值377.22亿元，比上年增长17.6%；规模以上工业总产值351.42亿元，增长16.8%，占市区总产值的97.6%；规上工业增加值68.82亿元，增长14.23%；固定资产投资116.65亿元，增长20.2%，占市区总投资的61%。规模以上工业企业18家，实现规上工业总产值85.52亿元，增长7.8%；完成固定资产投资额30.71亿元；完成技改投资2.37亿元。全年增加“四上”企业4家。

项目招引。黄冈高新区新签约产业链亿元以上项目19个，协议总投资额68.8亿元。其中，10亿元以上项目3个（TCL黄冈智能制造产业园、东湖高新黄冈智能科技产业园和高端冷冻饮品智能制造基地示范项目）；新签约项目19个，完成注册17个，新签约项目企业法人注册率89.4%，新签约项目中引进外向型经济市场主体5个。

项目建设与服务。黄冈高新区集中开工项目13个，入库项目10个，入库率78.6%，集中开工项目总投资49.58亿元；入库5000万元以上项目（不含房地产）14个，项目总投资33.85亿元；储备库总投资143.36亿元，储备库转建设库转化率33.3%，建设库转达效库率52.6%。重点推进TCL智能制造产业园项目建设，制定园区详细规划图，编制土地连片开发方案和水系规划，协调融创公司推进园区EPC道路长江一路、二路北段，唐渡二路、唐渡五路、长江二路南

2022年1月12日，小驴机器人（黄冈）有限公司机器人产品在黄冈高新区投产（黄冈市史志研究中心　供图）

段续建工程，投资7000万元。完善配套设施，启动园区4条道路升级改造，完成融创星城项目、黄冈市第三实验学校、万福棚改二期主体项目、园区绿化景观建设，累计投资8亿元。协助骆驼户外、铭普光磁、兴和新材料等12个项目完成规划设计方案审查，办理规划工程许可证、施工许可证等开工手续，完成土地征收53.33万平方米，完成66.67万平方米工业划拨用地挂牌及划拨手续。安排项目代办员，实行“一站式服务”全程代办制度。协调黄冈职业技术学院与星晖汽车、科峰传动打造新能源汽车产业学院和智能传动产业学院。协助企业招工1000余人，引进实习实训学生50余人。兑现扶持企业资金1717.25万元。

【武穴电子信息产业园】 2022年，武穴电子信息产业园有企业38家。其中，规上企业7家，高新技术企业7家。常态化落实帮办代办交办，兑现招商和惠企政策资金2.5亿元。设立1亿元信贷风险补偿金，试行建立2亿元产业引导基金。武穴市职教中心与黄冈职业技术学院合作办学，采取“3+2”中高职衔接办学模式，学校搬进信息产业园区、课堂搬进车间，建设“人才超市”和人才公寓，提供招工稳岗补贴、上下班免费公交，保障园区用工需求。12月2日，武穴市发布《武穴市电子信息产业发展的支持办法》，推进集群电子信息产业。

8月18日，武穴电子信息产业园自建区第一家落户企业湖北谷拓光电科技有限公司开工投产，实现年销售收入2亿元，税收600万元，安排就业300人。湖北谷拓光电科技有限公司项目总投资1亿元，征地3.33万平方米，主要从事光电产品的研发、制造，公司自主研发柔性折叠手机屏玻璃项目。

武穴电子信息产业园位于武穴经济开发区火车站工业园内，园区规划面积3333.33万平方米。建成“三横四纵”7条主干道路、3栋132套高管宿舍楼、39栋生活保障房、职工活动和餐饮服务中心、消防站、凤凰小学及幼儿园等配套基础设施。园区以光电子产业为核心，依托显示屏、触控屏类企业集聚的产业基础和功能布局，聚焦“电子元器件、新型显示、智能终端、配套及服务”等，构建“高大上+链群配”“光芯屏端网”完整产业生态。

（黄冈市史志研究中心、黄冈市“同城办”）

【仙桃高新技术产业开发区】 2022年，仙桃高新技术产业开发区统筹推进招商引资、项目服务、平台建设，成为融入武汉的桥头堡。开发区重点打造智能装备制造产业园、新能源汽车动力系统集成园、B型保税物流园（综保区）和新材料产业园四大园区。高新技术产业开发区招商专班与小米武汉总部保持联系，围绕“小米牌”开展招商引资，重点跟踪金山云仙桃智慧城市项目，围绕小米生态链、大家电和小米汽车开展招商，盘活全康、进成公司，对接小米汽车、纯米科技、智米科技、石头科技等企业。推动现有项目线索进入小米生态链，包括星氛科技、飞象科技、广东恩特伊科斯等；深化与小米产投、小米战投等基金公司合作，收集项目线索，推动天津工匠派、福臻集团等项目落户仙桃。

加强产业协同。按照“研发在武汉、生产在仙桃，孵化在武汉、加速在仙桃”模式，主动对接武汉，重点招引5大主导产业，上门

2022年，仙桃高新技术产业开发区（仙桃市史志研究中心　供图）

拜访武汉高能激光、宝宇激光、鼎欣电器、海默机器人、文道供应链、中制能源、中海庭数据等在汉企业，对接有投资扩产需求企业，争取项目落户。对接武汉经济技术开发区，吸引央企、国企到仙桃高新区建立生产基地或开展实质性合作攻坚，配套服务产业上下游，加快构建更有活力和竞争力的产业生态圈。

加强平台协作。加强与湖北省长投集团、湖北科创等企业协同交流，共同拜访天津工匠派、全康、福臻、飞象、星氖、进成等企业开展招商引资，促成优质产业落户仙桃。立足武汉东湖高新区承接产业转移、产业配套项目，特别是具有引领带动作用的头部企业，提升开发区科技实力。以综保区建设和仓储物流、港口码头扩规提质为重点，对接武汉资源，吸引龙头企业入驻，打造仙桃高新技术产业开发区现代服务业集聚区。

加强规划衔接。坚持规划引领、理念先行，加强与武汉经济技术开发区、蔡甸区规划对接，围绕产业发展布局、科技协同创新、国土空间布局、综合交通等方面核心议题展开对接，探索两地规划协同发展新模式，推动与武汉产业集群深度融合、与武汉科技创新联动互补、与武汉综合交通网络一体化发展。

加强科研开发。抢抓武汉建设国家科创中心“风口”，以高新技术产业开发区核心区为主阵地对接武汉都市圈内高校和科研院所，打造高能级创新平台。支持湖北省仙桃新材料产业技术研究院

2022 年，仙桃市彭场工业园（仙桃市史志研究中心　供图）

建设，完成注册，并明确运营管理团队，正在全速建设。引育武汉高层次创新人才，以技术攻关、项目合作等多种形式引才引智，精准引进一批“周末专家”“假日教授”等为产业发展把脉问诊。联合武汉的高校和科研院所建立完善科研平台，推进湖北省仙桃新材料产业技术研究院建设。谋划引进武汉等知名院校在仙桃高新技术产业开发区设立分校或分院，为未来产业持续发展提供人才和智力支持，引导和推动园区之间、校企之间加强合作交流。建立一批技术创新公共服务平台、科技企业孵化器、产业技术创新联盟、新型研发机构、重点实验室等省级以上创新平台。与高校联合共建仙桃（武汉）离岸创新中心。仙桃（武汉）离岸创新中心位于武汉市江夏区阳光创谷，按照“研发在武汉、生产在仙桃，引才在武汉、用才在仙桃，孵化在武汉、加速在仙桃”总体思路，着力建设集项目孵化、创新研发、人才招引、科技招商于一体的离岸科技创新平台。经过充分考察和论证并结合产业发展实际，与武汉纺织大学联合共建，与省先进纤维材料综合型技术创新平台签约，仙桃（武汉）离岸创新中心将挂牌成立。省先进纤维材料综合型技术创新平台是依托武汉纺织大学打造的“政产学研孵用”一体科技创新载体。

加强融资服务。引进湖北省长江经济带基金管理有限公司、湖北省高新技术产业投资有限公司以及银行金融机构、股权投资和风险投资等机构来仙合作，促成仙桃、小米、长产投组建三方合作基金，为产业发展提供强大资金支持。招引科技中介服务机构入驻服务，打造知识产权交易、科技成果转化、知识产权服务、科技信息咨询等各类平台，为壮大产业龙头企业提供有力支撑。与武汉金融机构加强联系，加大金融扶持力度，以园区内落户企业为重点，建立完善覆盖多个领域的科技基金。其中，仙桃新动能产业基金

完成对绿色家园、武汉创新特等 5 家企业各 2000 万元投资。

加强产业配套。投资 300 亿的容百集团系列项目落户高新区西大沟平台。深圳市俊领新能源科技有限公司在武汉设立湖北海容科技有限公司开展研发活动。在仙桃落户仙桃海容锂电池负极材料项目。推荐仙桃裕通先进材料有限公司与沙嘴签署 13.08 亿元新能源电池负极材料生产项目。浙江网驿产业园运营管理有限公司在武汉组建招商专班，对接武汉智能装备制造、电子信息技术、新能源新材料配套企业。

加强基础设施建设。编制 39.5 平方千米控制性详细规划并经市规划委员会审议，完成核心区电力专项规划初稿，启动核心区规划环评编制。优化完善产业园基础配套设施，摸排辖区水、电、路、气、网等基本状况，推进建设创业西路等 6 条主干道路，拓宽西大沟南线和东大沟水系，疏浚内排河水系，优化道路排水。靓化整体环境，对外托管高新区道路保洁及绿化养护，高标准实施干道绿化、亮化及清洁保障，提升园区整体形象。

【彭场工业园】 2022 年，仙桃市彭场工业园按照“产业向东、对接武汉”发展思路，打造非织造布特色小镇，中共仙桃市委、仙桃市政府投入资金 28 亿元，高标准建设 9.3 平方千米的“四基地两中心”。截至 2022 年底，入园企业 70 个，总投资 163.95 亿元。入园项目建成投产 28 个，基本完成主体厂房建设、正在进行设备安装调试项目 23 个，其余项目均在陆续推进主体厂房建设，至 2022 年底建成投产项目占地 150 万平方米。

（仙桃市史志研究中心）

【天门经济开发区】 2022 年，中共天门市委、天门市政府高度重视开发区建设，相继召开天门经济开发区体制机制改革动员大会、天门经济开发区改革暨国家级高新区创建工作推进会。寻求与武汉对接点，制定出台《关于促进天门经济开发区高质量发展的意见》，配套出台《关于加强科技创新引领高质量发展的实施意见》《关于激励人才创新创业促进高质量发展的实施意见》。不断完善规划体系，全面启动天门经济开发区扩区调区、园区循环化改造、化工园区整改提升等工作。实施创新驱动发展战略，以创建国家高新区、省级创新型县市为引领，建设天门（武汉）离岸科创中心、中小企业创业园、科技孵化器、综合性产业技术研究院。“校、企、地”联合共建湖北天门纺织服装产业技术研究院正式启动运行，同步谋划蔬菜产业技术研究院，徐工环保入选第五批省级服务型制造示范企业，芯创、红日子等 8 家企业被认定为第四批省级专精特新“小巨人”企业。

提升产业布局。抓“规划引领”，联合第三方专业机构，围绕天门市“4+1”重点产业，形成创建国家高新区战略规划、产业规划意见稿，生物医药创新产业集群纳入国家培育计划，省级高端装备（泵阀）制造创新产业集群获湖北省科技厅批准，编制形成产城融合规划初稿，打造天门经济开发区发展规划“四梁八柱”。

推动产业转型。围绕 4 大支柱产业，推进产业转型升级行动计划，以数字化、智能化、网络化、绿色化为重点，组织实施新一轮技术改造，重点支持企业建设智能车间、

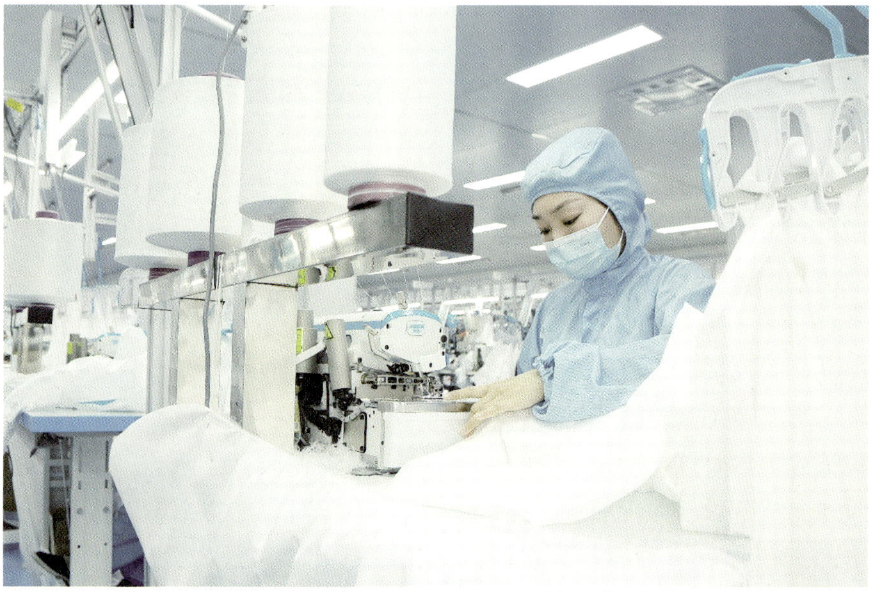

2022 年 3 月 23 日，湖北卓尔天龙医疗纺织科技有限公司成衣生产车间，图为员工在制作加工生产防护服（摘自《天门日报》）

2022年，武汉都市圈协调机制办公室调研组到天门经济开发区鸿硕精密电工园区调研（天门市文化和旅游局　供图）

数字化工厂，帮助益泰药业、天门纺机等争取补贴资金用于购置设备改造生产线，提升生产效率。

培育市场主体。实施市场主体倍增计划，开展“小升规、小升高、规升巨”培育行动，壮大实体经济规模。全区共有规上企业144家，全年培育进规13家企业升规入统；共有高新技术企业59家，新申报高企经专家评审认定29家；新增科技型中小企业150家，小微型工业企业30家。推行优质政务服务，成立经济开发区政务中心，为企业提供全周期便捷服务，提高办事效率；突出要素保障，从土地供给、证照办理、基础配套建设、金融服务、招工用工等方面实现要素保障全覆盖。

实施精准招商。建立招商引资重点项目协调机制，围绕主导产业和龙头企业开展专业招商、以商招商、精准招商，提升招商引资精准度和命中率，引进沃格光电、彤兴电子等项目。2022年，1—8月，天门经开区新签协议项目66个，投资总金额245.55亿元。

拓展发展空间。天门经济开发区采取动工一批、帮扶解困盘活一批、收回一批等方式，分门别类确定处置意见。湖北申安亚明照明科技有限公司（二期）、湖北塔木德科技有限公司、湖北瑞亚特装备制造有限公司等企业通过政府回购盘活，湖北宇电能源科技股份有限公司、湖北步洲智能机械有限公司等企业计划转型升级，湖北星星轮毂有限公司、湖北嘉诚生物有限公司、湖北新月印务科技有限公司等企业计划政府回购，中竟科技园湖北投资有限公司、湖北泰尔生物工程有限公司、盛康置业乐居智能家居（天门）有限公司等企业计划破产清算。创优平台载体，推进园区建设。构建“政企合作”模式，共建“园中园”。芯创电子信息产业园、鸿硕电子产业园、中山门业协会智能家居产业园、中小企业创业园正在承接东部沿海优质企业转移。

（天门市文化和旅游局、天门市“同城办”）

开放合作平台搭建

【概况】2022年，武汉都市圈各市全力搭建开发合作平台。中国（湖北）自由贸易试验区武汉片区（以下简称“武汉自贸片区”）扎实推进特色服务出口基地建设，系统总结国家文化出口基地建设经验，“探索数字文化贸易创新发展模式”入选商务部等三部门联合发布的国家文化出口基地第二批创新实践案例。武汉东湖新技术开发区获批知识产权服务出口基地，武汉大学科技园获批国家特色服务出口基地（地理信息），传神语联网网络科技股份有限公司获批国家特色服务出口基地（语言服务）。2022年11月，武汉东湖高新区获批“国家进口贸易促进创新示范区”。武汉自贸片区打造华中地区首家生物材料及特殊物品综合服务平台，创新全流程监管模式，完成平台建设，开展保税仓储、非保税入区查验、异地清关提货等业务实测，完成花山港口岸基础设施建设，做好验收准备工作。全年花山港完成件杂货117.5万吨，集装箱吞吐量15.7万标箱，其中，外贸集装箱5000标箱。推动鄂州花湖机场与东湖综保区城市货站对接，全力打造外贸新“出海口”。

黄石市加快构筑跨境电商平

台，启动黄石临空跨境电商产业园项目一期核心区建设。鄂州市推进空港综合保税区申建，花湖机场对外开放各项软硬件均按照国家一类航空口岸标准建设。孝感市加快湖北（孝感）日商产业园建设，汇聚世界500强企业日本矢崎、车灯行业全球排名第一的日本小糸、全球汽车零部件百强企业日本提爱思以及希革斯、TDK、西川等知名外资企业。仙桃市全面承接东部发达地区加工贸易产业转移，推动仙桃保税物流中心（B型）转型升级。

（各市地方志机构）

【武汉跨境电子商务综合试验区建设】 2022年，武汉市引进京东（武汉）跨境电子商务运营中心、武汉空港保税区进口商品交易有限公司等企业开展跨境电商业务，完善延伸配套服务，为跨境电商企业提供多元化优质服务，吸引更多跨境电商企业入驻运营。优化政策支持方式，加强对企服务力度，鼓励企业做大做强做优。全年跨境电商规模达6.83亿美元，比上年增长100.3%。其中，东西湖和阳逻园区跨境电商进出口额分别为50亿元、2亿元。全市跨境电商进出口总额约240亿元。中国（湖北）自由贸易试验区武汉片区加快跨境电商综试区建设，推进跨境电商进口医药产品试点，引进湖北国际贸易集团有限公司总部，吸引武汉长江国际贸易集团有限公司总部落户；高质量建设跨境电商产业园区，推进平行车进口工作，探索开展汽车平行进口试点与二手车出口试点“双车双试”，区内4家企业获批平行车进口汽车试点资质，湖北国际经济技术合作有限公司获批二手车出口试点。

（武汉市地方志办）

【黄石跨境电子商务综合试验区建设】 2022年，黄石市加快黄石临空跨境电商产业园建设。7月6日，黄石临空跨境电商产业园项目一期核心区建设正式启动。产业园一期项目规划总投资6.9亿元。作为先行区的跨境电子商务综合实验基地（一期）项目面积16.53万平方米，建设内容主要包括物流仓储区、商业先导区、综合服务大楼及基础配套设施，重点发展智慧物流产业。物流仓储区1、2号仓库交付使用，日均承接单量可达40万单。6月，专项债4.2亿元资金到位。

2019年，黄石市成为继武汉市后湖北省第二个国务院批复同意设立跨境电商综试区的城市；2020年1月，黄石又获批跨境电商零售进口试点城市。

（黄石市档案馆、黄石市“同城办”）

【湖北自由贸易试验区（武汉）建设】 2022年，中国（湖北）自由贸易试验区武汉片区（以下简称“武汉自贸片区”）落实中共中央、国务院关于自贸区建设决策部署，发挥内陆开放新高地体制优势，有效推动开放型经济加快发展。截至2022年末，武汉自贸片区累计新增企业7.5万家，企业总数突破2万家。其中，上市公司总数59家，高新技术企业超5200家，外资企业总数达441家。累计实际利用外资70.4亿美元，进出口总额过亿元以上企业85家，累计实现进出口总额6771.1亿元。

武汉自贸片区聚焦新一代信息技术、生物医药等重点产业，开展全产业链创新发展研究，密集出台“揭榜挂帅”项目实施办法、“创投十条”、“外资十条”3.0版、“光谷制造业二十条”等产业支持政策，培育和打造战略性新兴产业集群。以武汉片区为核心的武汉光电子信息集群入选国家级先进制造业集群，全年新增7家上市（过会）公司。

武汉自贸片区在全国首创进出口企业“保证金单证电子化”，保证金业务工作量减少90%，办理效率提升70%。创新推出“光谷数字人才卡”，该做法被《国务院自由贸易试验区工作部际联席会议简报》2022年第6期刊发。中国（湖北）自由贸易试验区武汉片区进一步完善外国人服务“单一窗口”功能，打造全省首个外国人签证制发区级窗口，将外籍高层次人才办证流程时限缩短至7个工作日内，办结时限居全国前列。加快推进东湖科技保险创新示范区建设，成立武汉东湖科技保险发展促进中心，打造“产、学、研、用、孵”一体化平台。专利合作条约（PCT）国际专利申请累计超6000件，累计集聚434家知识产权服务机构。加快推进光谷知识产权国际合作中心建设，全年新增发明专利授权量1.4万件、比上年增长27.8%。

武汉自贸片区着力解决外贸企业突出问题，推动在武汉天河机场设立危化品专用监管仓库和冷库，协调开通武汉至日本大阪、武汉至印度新德里货运航线，有效解决“光芯屏端网”重点企业光刻胶等关键原材料进口等问题，助力联想（武汉）有限公司与天河机场、航空公司及货代公司对接，打通武汉直飞新德里的货运通路。协调解决武汉杰开科技有限公司等集成电路设计类外贸企业退税问题。全年，区级专项资金共支持自贸区企业1.2亿元，累计帮助企业申请中央、省、市级外贸发展专项资金2.5亿元。

2022年6月24日，中欧班列（武汉）由武汉驶出，经由霍尔果斯口岸出境，跨越里海、黑海，最终抵达德国杜伊斯堡，标志着中欧班列（武汉）西通道跨“两海”线路运行（武汉市商务局　供图）

深入剖析RCEP（《区域全面经济伙伴关系协定》）、AEO（“经认证的经营者”）、CAI（《中欧全面投资协定》）等国际贸易规则，举办25场专题培训活动，累计参培人员7000余人次。通过专业培训，助推长飞光纤光缆股份有限公司获武汉海关认定为武汉首家RCEP项下经核准出口商。区内累计有31家企业获得海关AEO高级认证，约占全省的1/4。助力企业拓展海外市场，发布《武汉片区外贸主体培育行动方案》，实施外贸主体质量提升、外贸人才培育、海外知识产权保护等十大行动。

【中欧班列（武汉）运行】 2022年，中欧班列（武汉）发运610列（折算列）、5.01万标准箱，比上年分别增长34.1%和34%。其中，去程329列、2.70万标准箱，回程281列、2.31万标准箱，辐射欧亚大陆40个国家、107个城市，编列实载率100%。

完善中欧班列物流服务。5月，在海关总署的大力支持下，武汉成为全国两个中欧班列常态化运邮城市之一；通过技术开发中欧班列物流信息采集功能，实现平台查询中欧班列邮件途径站点物流信息，进一步提升湖北中欧班列运邮产品竞争力。全年，武汉邮区中心已通过中欧班列累计发运邮件集装箱19个，总重量138097.7吨，寄达范围覆盖英国、法国和德国等23个欧洲国家及“一带一路”沿线国家。

新开4条国际新线，北向开拓经满洲里直达芬兰赫尔辛基班列，西向开行跨两海（里海、黑海）至德国杜伊斯堡、罗马尼亚康斯坦察线路；南向开行武汉至老挝万象、琅勃拉邦、中老铁路通道及“老挝—武汉—蒙古”双向通道；东向拓展经上海—俄罗斯东方港的多式联运线路。中欧班列（武汉）开行十年以来，已形成由新疆阿拉山口、霍尔果斯，内蒙古二连浩特、满洲里，黑龙江绥芬河5个口岸进出境的格局，拥有37条稳定的跨境运输线路，形成了辐射欧亚大陆40个国家、107个城市的“四向拓展、陆海联动”通道布局。

【中欧班列“长江号”开行】 2022年，中欧班列“长江号”实现统一品牌运作，中欧班列“长江号”陆续在咸宁、黄石、荆州等地首发。3月25日，中欧班列“长江号”咸宁专列首发，装载着汽车配件、生活用品、电器、家具等开往俄罗斯、白俄罗斯等地，这是中欧班列“长江号”改名后发出的第一趟班列。6月10日，中欧班列“长江号”荆州专列装载着荆州美的工厂生产的冰箱、洗衣机首发。

6月14日，黄汉欧“长江号”中欧班列在黄石首发，装载大冶特殊钢钢管共计500吨特种钢材的22个大柜，于6月18日正式

2022 年 3 月 25 日，中欧班列“长江号”在湖北咸宁举行首发仪式（咸宁市史志研究中心　供图）

从黄石发出，7 月 17 日从新疆阿拉山口出境，7 月 25 日到达白俄罗斯，7 月 28 日到达德国杜伊斯堡。全程约 1 万千米，与海运相比节省约一个月时间。黄汉欧第二批班列装载大冶特殊钢钢管共计 125 吨特种钢材的 6 个大柜，于 11 月 24 日正式从武汉发出，11 月 30 日从新疆阿拉山口出境，12 月 6 日到达白俄罗斯，12 月 18 日到达德国杜伊斯堡。黄汉欧第三批班列装载大冶特殊钢钢管共计 117 吨特种钢材的 5 个大柜，于 12 月 8 日正式从武汉发出，12 月 14 日从新疆阿拉山口出境，12 月 20 日到达白俄罗斯，12 月 30 日到达德国杜伊斯堡。

（武汉市地方志办）

【开放口岸建设】2022 年，武汉市有武汉阳逻港水运口岸、武汉天河机场航空口岸、武汉铁路集装箱中心站铁路口岸（2015 年获批临时对外开放等同一类口岸）3 个国家一类口岸，有进境肉类、冰鲜水产品、粮食、水果、食用水生动物、植物种苗、原木等指定监管场地和进口汽车整车、药品等 9 类 13 个指定监管场地和指定口岸。全年完成进出口货运量 938 万吨，比上年增长 0.1%。花山、汉南、金口 3 个港区完成一类口岸验收准备工作。武汉汉欧国际物流有限公司申报铁路口岸进境粮食、肉类等指定监管场地，湖北港口集团有限公司、湖北机场集团有限公司等进一步压缩收费项目，免除港口建设费、查验无问题吊装移位仓储费等费用。武汉海关全面推行“无纸化”通关、自助式通关和一站式通关，在阳逻港推行“两步申报”“抵港直装”“船边直提”等新型监管模式，建立鄂、湘、赣三地海关区域协作机制，在口岸监管等 14 个领域开展合作，自主研发“物流辅助管理系统”，实现企业预约、货物装卸、卡口进出全流程智能化管理，实施空运货物快检快放通关，对货物分类分级管理，查验时间压缩至 30 分钟内。

10 月 26 日，黄石新港水铁陆通关监管一体化项目通过验收。黄石新港货物实现一个代码、一次性通关，有效拓宽多式联运功能，推动黄石新港由节点向枢纽转型。该项目通过构建统一业务监管平台，将闭路电视监控系统、电子卡口、电子闸门及通关监管数据信息整合到统一监控网络中，实现货物自动快速核放，以及通关物流业务延伸，加快货物在园区流动速度，降低通关物流成本。项目建设实施内容包括新建平交道路、物流交通道路、卡口安全岛、围网、监控、Wi-Fi、智能卡口设备，改造车档、排水沟槽、龙门吊走行轨等设施。黄石新港水铁陆监管一体化建成，解决与外围空港、海港、陆运、其他地区乃至境外衔接整合，实现与外界供货商、物流合作伙伴业务流对接，减少重复性操作，提升物流作业效率和服务能力。黄石市推进报关单位备案纳入“多证合一”改革，实施报关单位备案与市场主体登记“一网通办”“一次填写、合并办理”，辖区新增外贸主体 216 家。优化特定资质企业备案流程，依据企业承诺，对出口农产品生产、加工单位申请注册登记采取文件审核方式考核，快审快办，指导 24 家禽蛋、蔬菜、茶叶种植场等出口企业通过备案注册。在“专精特新”、新业态外贸企业中，优选重点培育对象，新增 AEO 高级认证企业 3 家，辖区高级认证企业 17 家，支撑外贸基本盘稳定发展。推进政策协同发力，加强应用“两步申报”“提前申报”“两段准入”“先放后检”“船边直提”“抵港直装”“远程视频”查检等便利化举措，加强政策联动。保供保畅稳链，保障进口铜精矿供应链稳定畅通，对接“白名单”企业，引导应用“两步申报”叠加“汇总征税”政策，采取集团财务公司担保，减少企业资金占用。推进大宗矿产品依申请实施重量鉴定检验改革，实施24小时“预约通关”“预约送检”服务。支持“阳新弘盛铜业年产40万吨高纯阴极铜清洁生产”项目落地投产，全程跟进项目进展，了解掌握企业进口设备申报通关、减免税等需求，指导企业对部分进口设备充分利用内资鼓励项目减免税款。引导企业采取“提前申报”“预约查验”等方式，保障进口生产设备和生产原料及时验放，无缝衔接。指导企业对照出口食品安全要求，建立食品安全管理体系，发展农产品精深加工产业，提升出口附加值，茶萃取精华、酸梅膏、玉米胚片，金银花露等产品首次走出国门。

2022年，鄂州花湖机场建成运营（《长江日报》供图）

鄂州市花湖机场对外开放各项软硬件均按照国家一类航空口岸标准建设，6月30日完成海关监管区域（顺丰国际货站）设备安装调试并取得机场运营许可证。鄂州花湖机场口岸设施建设完成。11月11日，鄂州市人民政府向湖北省人民政府口岸办公室提交申请花湖机场口岸2022年12月31日至2023年6月30日临时开放的函；11月17日，省口岸办正式向国家口岸办报送恳请批准鄂州花湖机场口岸临时开放的请示；12月6日，民航中南局委托湖北监管局对国际机组人员通道和国际货站实施行业验收，出具通过工程行业验收意见；12月7日，省口岸办向国家口岸办报送补充函。推进一类水运口岸规划建设。三江港水运口岸基础设施、主体工程和配套工程完成，硬件软件等设施设备安装调试到位，信息化建设子系统安装调试完成，口岸堆场及码头起重设备安装调试完成，港口运营许可证、消防验收意见书、龙门吊特检报告、建设工程验收证书等已办理完毕。海关、边检、海事等查验机关业务用房及中心监控室、查验平台、大型集装箱检查和辐射探测设备、消毒通道、熏蒸房、药品库、实验室、外贸箱堆场及装卸设备等建设完成，具备查验功能。验收申报资料组卷造册，海事部门开办费落实，向省口岸办提交正式验收申请。10月17日，鄂州市口岸办向省口岸办报送关于武汉港扩大开放鄂州港区申请验收的请示；11月11日，省口岸办将武汉港扩大开放港区整体正式验收的请示报送国家口岸办。

（各市地方志机构）

【综合保税区建设】 2022年，武汉市共有武汉东湖综合保税区、武汉新港空港综合保税区、武汉经开综合保税区3个综合保税区。全年3个综合保税区进出口值达652.3亿元，比上年增长24.7%。武汉东湖综合保税区进出口值315.8亿元，增长9.1%。武汉新港空港综合保税区进出口值251.9亿元，增长66.0%。该保税区由长江新区管理委员会下属武汉新港空港综保区建设服务中心管理。

2022年10月2日，经国务院同意，武汉新港空港综保区核减后规划面积为1.54平方千米。其中，阳逻园区0.72平方千米，东西湖园区0.82平方千米。武汉经开综合保税区进出口值84.6亿元，增长3.6%。该保税区由武汉经济技术开发区管理委员会下属武汉经开综保区管理办公室管理，于2018年11月19日经国务院批准设立，由武汉出口加工区原址转型升级为综合保税区，规划面积为1.26平方千米；2022年1月，海关总署批复通过正式验收。

黄石市强化通江达海优势，打造武汉都市圈东向开放桥头堡。黄石棋盘洲综合保税区位于黄石新港（物流）工业园区，在黄石棋盘洲保税物流中心（B型）基础上拓展升级而成，规划面积0.96平方千米，于2021年8月7日获得国务院批复设立，2022年8月30日完成基本建设并通过省级预验收。2022年10月26日，黄石棋盘洲综合保税区管理办公室正式揭牌。黄石棋盘洲综合保税区已签约项目28个，总投资额超150亿元，年进出口货值近200亿元。争取黄石新港园区纳入湖北自贸区扩容升级范围。加强新港港口码头建设，配套、优化集疏运体系，提升对外开放能级。前三季度，黄石新港继续刷新纪录，完成货物吞吐量超2000万吨，同比上年增长44.23%，9—11月，黄石新港单月吞吐量（含集装箱重量）屡创新高，分别为276万吨、284.3万吨、317万吨，实现“三级跳”。

鄂州市推进空港综合保税区申建，已编制完成《鄂州空港综合保税区口岸作业区修建性详细规划》、海关指定监管场所可研与规划，湖北省政府已正式将鄂州空港综合保税区申报文件上报国务院。综保区总体规划面积5.6平方千米，近期规划0.87平方千米，是全国唯一机场与港口同步规划、同步建设的综合保税区。综保区口岸项目建设内容为国际货站、海关查验中心、综合业务楼、特运库、熏蒸库和前置拦截区、门卫室、海关卡口，规划范围内总建筑面积13.86万平方米，总投资19.4亿元。

仙桃市综合保税区（以下简称“仙桃综保区”）规划面积1.04平方千米（含仙桃保税物流中心〔B型〕建成区0.24平方千米），一期总投资8.5亿元。项目立足仙桃非织造布、电子信息、新材料新能源、农产品加工贸易等现有外向型产业基础，主要发展保税加工，并拓展保税物流、口岸作业、综合服务功能，形成保税物流区、保税加工区、口岸作业区、综合服务区四大组团整体空间格局，全面承接东部发达地区加工贸易产业转移，推动仙桃保税物流中心（B型）转型升级。仙桃综保区区内工程与区外生活配套区同步规划、同步建设。年内，总长5.6千米的横一路、纵一路、巡场道路3条区内道路主体基本完工；一期15.6万平方米厂房全面封顶，正在工程装修；一期9.9万平方米生活配套区正在收尾。卡口围网、信息化建设启动相关基础工程。仙桃综保区项目招商工作正在开展，引进康舒电子一期投资5000万美元，租用厂房8万平方米，新上30条高档电源器生产线，正在工程装修，预计年产值15亿元。

（各市地方志机构）

仙桃保税物流中心（仙桃市史志研究中心　供图）

【武汉中法生态示范城】 2022年，中共湖北省委第十二次代表大会报告和湖北省人民政府工作报告、中共武汉市委第十四次代表大会报告和武汉市人民政府工作报告均明确提出高质量、高标准建设中法武汉生态示范城。《关于进一步支持中法武汉生态示范城高质量发展的若干政策措施》通过中共武汉市委全面深化改革委员会审议。截至2022年末，中法武汉生态示范城完成规模以上工业产值115亿元，固定资产投资142.18亿元，招商引资总额218亿元，实际利用外资2.16亿美元，实现进出口总额5.26亿元。

规划体系。中法武汉生态示范城开展湖北省首批近零碳城镇试点，组织《中法武汉生态示范城近零碳城镇试点实施方案》编制工作，明确碳达峰、碳中和路径图。针对邻里服务用地和住商混合用地，开展邻里服务设施用地规划标准与实施模式研究，编制建设与实施指南，为中法武汉生态示范城新城—社区—小区—邻里四级中心体系落地实施指明路径。在用地规划层面，组织中法半岛小镇核心区和东北片区控制性详细规划调整并落地实施，为生态度假综合体、法式动漫主题乐园、金地体教国际社区三大产业项目落地开工创造条件；在交通市政规划层面，开展中法半岛小镇交通市政控制性规划及无人驾驶公交、共享停车场、集中供冷供热、核心区蓝道生态排水系统等专项规划编制，为中法半岛小镇交通市政基础设施建设和生态保护利用两大基础设施项目落地开工奠定基础；在指标体系层面，开展中法半岛小镇生态智慧示范标准编制，围绕中法合作、生态低碳、智慧数字3大目标12个维度制定57项指标，为中法半岛小镇规划全生命周期管理提供指引。围绕什湖和马鞍山2大生态保育区，根据国家自然资源规划管理新政策新规定，开展什湖生态治理和马鞍山人居环境整治及山体保护修复规划，为生态工程落地开工提供支撑。

交流合作。中法武汉生态示范城保持与法国驻华大使馆、法国驻武汉总领事馆常态化对接，推动中法交流合作密切开展，接待

2022年，中法武汉生态示范城伟巴斯特武汉工厂厂房（左延文　供图）

2022年中法武汉生态示范城项目引进情况一览表

序号	项目（企业）名称	投资方	协议投资额（亿元）
1	万龙商务酒店	武汉万龙房地产开发有限公司	5
2	中法知音汇	湖北知味居餐饮有限公司	1
3	南山·悦时光	武汉山峻建设发展有限公司	40
4	中铁桥梁科技中心	中铁大桥局集团有限公司	50
5	优炫信创园生活配套工程	武汉胜炫置业发展有限公司	15
6	高档织物类仿鹿皮绒技术改造项目	森织汽车内饰（武汉）有限公司	0.5
7	华天总部基地	华天建设集团有限公司	30
8	汇鑫总部基地	湖北汇鑫建设集团有限公司	5
9	法尔街城市广场	中城投第九建设集团有限公司武汉盛远世纪置业有限公司	8
10	杉杉奥特莱斯广场	杉杉商业集团有限公司	30
11	后官湖民宿	武汉楚沔投资有限公司	0.5
12	湖北点客信息技术有限公司商务酒店	湖北点客信息技术有限公司	3
13	蔡甸中法奥特莱斯商业街	武汉龙源集团有限公司奥莱汇溶（浙江）企业管理有限公司	5
14	中交城市综合体	广东中交城市投资发展有限公司	15

法国大使馆专员布迪、新任法国驻武汉总领事胡建谊来访，与法国开发署、法国驻武汉总领事馆合作举办第九届中法环境月系列活动。加快中法半岛小镇规划建设，加强与市自然资源和规划局、市土地整理储备中心沟通对接。3月26日，举行“武汉·中法半岛小镇项目集中开工及签约”活动，生态度假综合体等12个项目举行集中开工仪式，中法航空科学园等9个项目完成签约，30余家中外企业通过线上和线下方式参加活动。推动中法半岛小镇落地项目开工。金地SE中法国际中心开工建设，一期年底部分建筑封顶，二期部分楼栋取得预售许可，网球学校和国际学校准备方案公示并取得工程规划许可证；法式动漫主题乐园完成项目公司设立登记；生态度假综合体项目开工，完成临时项目部、临时办公区、生活区建设和道路硬化，办公区景观工程及硬质铺装等临时建设完成。

招商引资。中法武汉生态示范城签约引进中铁桥梁科技中心、华天总部基地、汇鑫总部基地等14个项目，协议总投资208亿元。围绕数字经济、高端服务、生命健康三大主导产业，开展招商考察和项目洽谈，跟进鑫岳光电研发基地、艺点意创华中总部基地、幸福西饼数智化基地等在谈项目。夯实招商平台基础，依托光控特斯联（武汉）智慧产业园、优炫信创园、中核科创中心、中法之星创意创新孵化中心等产业平台，策划中法集贤汇系列招商推介活动，推进平台招商和以商招商。

项目建设。中法武汉生态示范城建设项目63个。其中，续建38个，新建25个。推进生态治理和基础设施项目。实施什湖周边环境整治工程；琴润大道（除新农集镇段外）达到通车条件，生态城大道全线贯通，启动区及中、东部片区路网部分区间道路形成环路；区能源站具备投入运营使用条件；中法城一小、一初等7个教育基础设施项目建成投用，新增学位5940个；市民文化体育中心主体结构封顶，正在二次构造和精装修施工；知音城、新天、黄陵3个还建小区全年新完成45.2万立方米主体结构施工，其中黄陵还建小区全部建成交付。社会投资项目建设提速。优炫信创园计划2023年入驻研发团队；中法企业中心项目6栋楼结构完工，同步项目招商；光控特斯联（武汉）智慧产业园一期封顶，部分区域正式运行；好利来休闲食品华中基地、中粮武汉小麦加工项目建成投产；蔡甸吾悦广场商业街区完成结构封顶。推进依法征收，完成征地200.07万平方米，签订集体土地上房屋征收协议1020户，坟墓迁移2720座，实现规划建设区在建项目建设地块房屋征收清零；采取多元化方式筹措建设资金，完成融资放款到账11.08亿元。

（张慧）

【湖北（孝感）日商产业园】2022年，湖北（孝感）日商产业园加快建设，汇聚世界500强企业日本矢崎、车灯行业全球排名第一的日本小糸、全球汽车零部件百强企业日本提爱思以及希革斯、TDK、西川等知名外资企业32家，总投资超100亿元，累计完成投资超70亿元。全年孝感市日资汽车零部件企业营业收入约43亿元，在全市汽车产业中占比约26%。

孝感市聘请日本设计团队编制12.5平方千米日商产业园扩展区空间产业规划，建设集产业发展、科技研发、生产服务、生活配套等4大功能为一体综合型第4代产业园区，以满足日资企业落户为主，兼顾其他国别，扩展区获国家开发银行汽车及零部件产业发展专项贷款资金22亿元。

湖北（孝感）日商产业园占地约66.67万平方米，以汽车零部件生产制造为主。园区按照产城景融合发展理念，高标准建设集产业发展、科技研发、生产性服务、生活配套等4大功能为一体的一流园区。日本小糸车灯、希革斯二期、城南汽车玻璃升降器、福雷克斯汽车空调、三桦塑胶、棚泽八光、稻木橡胶、西川密封件等8个项目建成投产。

（孝感市史志研究中心）

营商环境优化

【概况】2022年，武汉都市圈各市加大营商环境优化力度。武汉市制定实施156项优化营商环境改革举措，12个区入选全省优化营商环境先行区。深入推进商事登记制度改革，升级企业开办

“210”标准(企业开办2个环节〔一表申请、一窗发放〕、1天内办结、0费用),最快半天内即可完成。持续强化“一网通办”支撑能力,完成63套国家、省、市级业务系统对接,实现全市四级政务服务事项纳入统一综合受理平台“无差别受理、同标准办理”。深入推进“一事联办”,推出主题服务130余项,平均每个主题可协同办理4.14个事项,办理时限压缩76.7%,办理环节压减71.63%,跑动次数减少94%。建立营商环境问题投诉处理常态化办理机制,迅速分类督办各类营商环境问题线索。全面推开涉案企业合规检察改革,促进涉案企业守法经营。

黄石市持续优化营商环境。以控制成本为核心,突出“高效办成一件事”,持续推动“一窗通办”“先建后验”等审批改革迭代升级,让市民、企业办事少跑腿、不折腾、更省心。落实企业水电气报装零投资等优惠政策,推行“共享用工”“见贷即保”等模式,丰富完善“政策计算器”系统,打通政策落实“最后一公里”。完善“双千”“企业家早餐会”“一把手周末跑工地”等常态化政企沟通渠道,着力构建亲清政商关系。突出公平竞争,实行包容审慎“四张清单”监管。制定支持中小微企业发展“黄金十条”和纾困解难“二十一条”。

鄂州市委、市政府持续打造升级版优化营商环境综合政策举措,推出52条目标举措、154项清单任务。鄂州市在全省营商环境评价中名列第六,为近3年最好成绩;政务诚信度、商务诚信度、获得用气指标居全省第一。“市场准营承诺即入制”“‘三零’举措力推水电气联动报装”等改革经验在全省复制推广,14项入选全省优化营商环境改革先行区事项。“行政执法领域首违不罚”列入全省法治化营商环境经验典型案例。深化惠企政策免申即享和精准推送,做到“政策找企业”直达快享。对符合条件纳税主体采用无申请模式开展退税减税和缓税缓费,累计超31.6亿元。出台《加大政府采购支持中小微企业发展若干措施的通知》,“免申即享”财政资金支持政策从15项扩展至33项,拨付流程进一步压缩。

孝感市推动5个外贸综合服务中心入驻“楚贸通”平台,为全市311家外贸企业提供资质代办、通关物流等一站式服务,咨询1200余次。与宁波港东南扬子江物流、湖北省报关协会、中铁物流、中欧班列加强合作,推动B型保税物流中心落地建设,拓宽跨境电商结算渠道,持续提升跨境贸易便利度。牵头建立全市重点外资企业和项目联合跟踪服务机制,确定全市重点外资企业和项目16个,明确各部门跟踪服务工作联系人。

黄冈市率先在全省落实企业开办智慧办、秒批,率先在全省建立不动产登记网上办事大厅,“破产债权确认收费100”模式、新生儿落户“4+2”联办工作法在全省推广,黄梅县“四简机制”方便老年人办事,市金融工作局“三张牌”缓解中小微企业融资难融资贵经验做法被国家营商环境简报刊发。30个创建事项获得试点资格,试点个数在全省排名第四位。24个事项成功创建省改革先行区。着力控制企业成本。市政府研究出台《黄冈市支持工业企业降本增效若干措施》,着力化解企业诉求。建立营商环境投诉联动处理机制,开发问题投诉平台二维码,全年共受理营商环境投诉问题320件,已办结263件。

咸宁市深化“放管服”改革,政务服务承诺时限比法定时限压缩86.7%,可网办事项100%,网办件占比60%。整合42条政务服务热线,实现“12345”热线一号通。制定实施优化营商环境128条,出台“自然资源10条”“金融助企纾困”等全周期服务配套措施。在全省率先公布包容审慎监管行政处罚“四张清单”635项。发布“免申即享”清单496个,累计拨付资金8.92亿元,惠及企业2766家次,惠及个人130万人次;办理增值税留抵退税25.74亿元,退还比例高于全省平均水平1.29个百分点,惠及企业2234家。

仙桃市持续优化政务服务。推进“减环节、减材料、减时限、减跑动次数”,8个事项办理环节压缩50%,为办事群众减少材料1万余人次。建设湖北政务网上营商环境特色服务专区,已上线123项特色服务。加强“异地办”“指尖办”创新改革,武汉都市圈跨城通办服务事项410项,跨省通办事项56项,“指尖办”225项事项在“鄂汇办”App实现掌上查询和办理。扎实落实惠企政策。加快推动惠企纾困政策“免申即享”，着力激发企业活力，帮助企业渡过难关。累计释放政策红利10.3亿元。定期组织政银企“早餐会”、对接会，促成10家银行与278家企业签订融资协议65.08亿元。深入推进先行试点。坚持“小切口，大改革”，扩大包容审慎监管范围、持续推进“转改直”、探索劳动争议速裁、缩小施工图审查范围、保税物流触发申报新模式等5个先行区试点成功在全省率先出经验、创示范，在全省推广。

天门市推行优质政务服务，着力打造“热带雨林”式的营商环境，成立经济开发区政务中心，为企业提供全周期便捷服务，提高办事效率；突出要素保障，从土地供给、证照办理、基础配套建设、金融服务、招工用工等方面实现要素保障全覆盖。设立“四大主导产业+新兴产业”5个招商分中心开展专班招商、精准招商。

潜江市推进政务服务标准化、规范化、便利化建设。基本实现“进一扇门，办所有事”。2667个政务服务事项材料可通过电子证照调取免于申请人提交。实现193个事项全国通办、328个事项跨省通办、410个高频事项武汉都市圈内通办。上线湖北政务服务网表单式“一事联办”专区事项60项(含一业一证19项)，导引式“一事联办”103项，推行线下“一事联办”14项，实现材料减少22%，即办件占比55%，“最多跑一次”或“零跑腿”达100%，办证效率平均提升2.3倍。上线“鄂汇办·潜江旗舰店”App，实现1152个高频政务服务事项“掌上办”“指尖办”。推行工业项目报建“零收费”制度，全面推行新增工业用地“标准地”出让和“五证同发”审批模式，推进“多验合一”和产业项目建设工程单体竣工提前验收等改革。推广水电气过户一体化，实现“不动产登记+水电气过户”一窗快速办结。建立小微企业贷款授权、授信、受理回告、尽职免责“四张清单”，开展缓解中小微企业融资难融资贵信用培植工程，推广“楚天贷款码”，落实“1351”办贷制度，推广应用智慧金融服务平台。推进诚信建设，加大司法保护和服务力度。创新打造特色法庭，成立“小龙虾”巡回法庭、“中国虾谷”巡回法庭、“裁缝之乡”巡回法庭、“光纤小镇”巡回法庭等，解决涉小龙虾、园区建设、特色养殖等金融纠纷。优化外商投资环境，对所有备案的外资项目实行告知性备案管理。建立重点外资企业联系服务机制，推进外贸综合服务中心建设，为企业办理外贸出口资质、出口清关、物流、出口退税、国际市场推广等提供准确高效的咨询和指导服务，已累计服务外贸企业100余家，推广并完成“楚贸通”平台注册企业89家。

【“一带一路”市场拓展】 2022年，武汉都市圈各市加强与“一带一路”沿线国家（地区）经贸往来，持续扩大双向投资，引导国际产能合作，“一带一路”经贸合作取得初步成效。

武汉市企业对“一带一路”沿线国家（地区）进出口额143.5亿美元，比上年增长13.6%。承接“一带一路”沿线国家（地区）服务外包合同执行额4.7亿美元，增长4.0%。在“一带一路”沿线国家（地区）对外承包工程新签合同额81.75亿美元，完成营业额42.96亿美元，对外投资56个项目，累计合同投资额6.03亿美元。拓展多元外贸市场，围绕“一带一路”重点市场，组织企业参加“荆楚云展”等重点展会，抢抓新增订单，举办2022·武汉制造企业跨境选品大会，加快跨境电商企业转型升级，推动汽车平行进口试点工作，确定湖北国际经济技术合作有限公司等5家单位为试点对象。举办服务外贸企业中欧（中老）班列物流需求对接等活动，助力外贸企业跨境出海，推动武汉汉欧国际物流有限公司与（欧洲邮政联盟）多瑙河物流园公司签约打造湖北海外仓，建设武汉在欧综合物流平台。

黄石市支持重点企业开展“一带一路”合作，华新（柬埔寨）建材产业园被认定为省级境外经济贸易合作区。打造湖北东向开放桥头，利用外事资源提升黄石新港近海国际直航能力，支持棋盘洲国家级综保区建设。紧跟“一带一路”发展战略，持续跟踪进出口企业（有色、冶钢等）多元化金融服务需求，合理运用信用证、保函、协议融资、海外直贷、内保外贷等产品助力黄石企业“走出去”。全年累计为黄石地区128家外贸企业办理国际贸易结算22.4亿美元，办理人民币跨境结算35.3亿元。

鄂州市加速开拓“一带一路”沿线市场，进出口额13.4亿元，比上年增长65.6%。对东盟成员国进出口额6.6亿元，比上年增长120%。花湖机场携手武汉天河机场，共同打造“一带一路”湖北客货双枢纽和内陆对外开放的空中出海口，年内开通国际货运航线8条。

孝感市红贡茶有限公司与俄罗斯硕丰特亚有限公司签订5205吨红茶采购合同，总价值6130万美元。红贡茶远销俄罗斯、白俄罗斯、哈萨克斯坦、马来西亚、新加坡等11个“一带一路”沿线国家。

黄冈市对“一带一路”沿线国家（地区）合计进出口8.55亿美元，增长73.5%，占进出口总额比重43.2%。其中出口6.81亿美元，增长72.9%，占出口总额比重38.6%；进口1.74亿美元，增长319.2%，占进口总额比重81.8%。有经贸往来“一带一路”沿线国家和地区61个。

仙桃市出口“一带一路”市场比重比上年增加35.9个百分点，亚洲市场比重增加42个百分点。支持企业开拓“一带一路”国际市场，全年组织18家企业参加第131届广交会，3批次12家企业参加“荆楚云展”，组织100多家外贸企业参加RCEP线上培训3场次，开展“楚贸通”业务培训，联合省贸促会开展业务培训。对已出台外贸扶持政策进行梳理，截至2022年底，兑现2021年市级外贸绩效奖励资金372万元，兑现2021年中央、省、市各级外贸资金2094万元，兑现集装箱水陆运输专项补贴项目资金811.87万元，帮助健鼎电子争取2022年进口贴息项目资金849.4万元。

天门市打造中国茶城，积极融入“一带一路”建设。加强茶文化对外交流。先后举办纪念陆羽《茶经》问世1250年学术研讨会、全国茶馆业经理年会暨天门茶产业高峰论坛等活动。发展茶文化产业。加强陆羽系列品牌营销，重点支持湖北天门圣羽金茶等企业申请注册“三眼井”等陆羽系列茶产品商标；加快茶产业发展，加大招商引资力度，发展茶叶深加工项目。

潜江市“一带一路”建设提效增速，面向“一带一路”市场共实现进出口贸易额58亿元，同比增长1755.4%，排名前三国家分别为俄罗斯、阿联酋、哈萨克斯坦，分别实现进出口贸易额36.5亿元、12.6亿元、6.4亿元，涉及“一带一路”沿线国家及地区从2021年的32家扩大为41家。

【外贸特色产业打造】 2022年，武汉都市圈各市全力打造外贸产业特色。武汉市对“一带一路”沿线国家（地区）出口108.8亿美元，比上年增长19.0%，主要为机电产品、高新技术产品、纺织服装和食品土畜产品，汽车、钢材、集成电路等重点产品出口额分别增长155.4%、62.8%和9.7%。全市企业签订对外承包工程合同300个，新签合同额164.39亿美元，比上年下降12.9%；完成营业额63.78亿美元（可比口径计），增长0.8%。全市企业对外承包工程完成营业额排名前四位的国家分别为巴基斯坦、印度尼西亚、安哥拉、菲律宾。

黄石市搭建外贸平台，打造外贸特色，推进全市外贸综合服务全覆盖。成功申报纺织服装、电子信息2家新省级外贸转型升级基地，加工贸易梯度转移重点承接地项目。黄石棋盘洲综合保税区保税口岸作业区顺利通过预验收，签约项目26个、总投资额超150亿元，年进出口货值近200亿元。

鄂州市完成外贸进出口总值42.7亿元，比上年增长50.3%。增幅高于全省平均水平35.4个百分点，居全省第3位。其中，出口实现24.5亿元，增长50.2%；进口实现18.2亿元，增长50.5%。对RCEP成员国家出口形势较好。鄂州市对RCEP成员国家进出口额27.1亿元，比上年增长74.9%，占全市外贸进出口总值的63.5%。其中对澳大利亚进口增速达151%，对韩国出口增速达157%。

孝感市打造维达、恒安、金红叶、中顺洁柔等纸制品特色产业基地，小糸车灯、华中马瑞利、矢崎汽车部件、希革斯汽车零部件等外资汽车零部件企业扎堆孝感高新区。组织72家（次）外贸企业参加第131、132届网上广交会，签订意向合同2500万美元。举办跨境电商产业带峰会，组织企业参加中国－中东及北非国际贸易数字展览会、中国－东盟线上展览会等展会，结合孝感产业特色，申请设置孝感婴童用品专场，15家企业参加专场对接洽谈。组织40余家企业参加5批次湖北省商务厅“荆楚云展”，

100余家企业参加进博会、亚欧博览会等重要展会；组织孝感市红贡茶、湖北悟道茶、湖北尖峰茶叶参加湖北茶叶出口俄罗斯专列首发活动，孝感市红贡茶有限公司与俄罗斯签订5205吨茶叶合同。

黄冈市外贸进出口132.5亿元，比上年增长40.1%，其中，出口118.2亿元，增长42.9%。进出口规模首次突破百亿元，进出口实绩企业235家。全市对外经贸合作主要国家和地区185个，麻城石材实现中韩铁海联运。市场采购贸易出口稳步增长，建成茶叶、五金建材、医药化工、专业化工4个省级外贸转型升级基地，英山茶叶中欧班列首发，黄冈跨境电商产业园获湖北省商务厅正式批复。晨鸣纸业、广济药业获批海关AEO高级认证。红安强大包装成功上市香港联交所主板，实现外资企业上市零的突破。对东盟、欧盟和美国前三大贸易伙伴分别进出口16.9亿元、10.2亿元、8.9亿元，分别增长25.2%、15.2%、13.3%。

咸宁市进出口总额122.17亿元，比上年增长32.3%。实施外贸新业态发展工程，发展跨境电商，加快引进和培育服务贸易市场主体。全市新增备案企业130家，新增出口实绩企业55家，累计有进出口实绩企业296家。加强与阿里巴巴国际站咸宁服务中心、汉口北跨境电商等平台合作，线上出口突破400万美元，支持东亚贸易公司中东公共海外仓建设获省级认定。咸宁海关申报设置进展顺利，保税物流中心开工建设，亿博咸宁国际陆港物流公司

2022年，潜江市生态龙虾城（潜江市档案馆　供图）

一期项目（启动区）动工。全市7家外综服务中心累计开展外贸企业服务1646余次，帮助企业解决问题300余个。常态化运行中欧班列“长江号”发班4列，货值近1亿元。

仙桃市着力打造彭场镇特而强外贸产业。全镇非织造布企业增至638家。其中，规上企业92家，年产各类非织造布27万吨，加工各类非织造布制品56万吨，占全国总产量的10.2%、出口总额的31.4%，成为全国非织造布产业链条最完善、出口量最大的生产基地，产品涉及32大类、130多个品种，销往美国、欧盟等全球50多个国家和地区。

潜江市实现进出口总额138亿元，比上年增长56.8%，增幅居全省第二位，超出全省平均水平41.9个百分点。外贸产品出口至全球132个国家和地区，初步形成以欧洲、美国、日韩以及中国港澳台地区为主传统市场和以东盟、拉丁美洲地区为主新兴市场经营格局。全力打造千亿虾稻特色产业集群。组织开展潜江龙虾走进广东深圳、浙江宁波、陕西、香港等活动。全市有1500家纺织服装市场主体，其中，规上工业企业67家，产业集群规模突破300亿元。

【外资外智招引】2022年，武汉都市圈各市拓宽外资外智渠道，强力招商引资引智。武汉市全年实际使用外资增长2.9%。全市新批外商投资企业285家，累计引进企业总部23家，年内新引进3家。实现社会消费品零售总额6936.2亿元，比上年增长2.1%；实现外贸进出口3532.2亿元，增长5.3%；签约入库亿元以上项目840个，增长58.2%；签约金额1.03万亿元，增长9.3%；外商直接投资（FDI）完成21.97亿美元，增长10.5%；对外承包工程完成营业额63.78亿美元，增长15.5%；口岸货运量937.77万吨，与上年度持平。全年，签约入库（省级库）亿元以上项目825个，比上年增

长 55.7%。签约金额 1.03 万亿元，增长 8.9%。

武汉市积极拓宽外资渠道，组织开展 2022 境外驻汉机构及部分外资企业交流沙龙等活动，大力推进微软、阿斯利康等重点外资项目。以对欧招商作为利用外资主攻方向，举办武汉欧资企业合作恳谈会、武汉－德国投资合作交流会等活动。组织赴德国、瑞典等地开展海外招商"早春行动"，武汉德国企业服务中心成功挂牌。加大对欧招商宣传，多渠道、全方位介绍汉欧经贸合作现状、营商环境、发展优势。扩大开放领域，武汉市获批国家服务业扩大开放综合试点城市，推动以制度开放吸引更多外资在汉布局。外资结构进一步优化，全年制造业利用外资占比提升 13.6 个百分点，高技术制造业利用外资比上年增长 98.6%。武汉市建立海外引才目录清单，依托远大医药、精测电子、聚芯微电子等跨国企业，设立 21 个离岸研发中心就地用才、帮助引才，推动引进海外人才 2046 名。组织实施 2022 年度"武汉英才计划"。认真筹划和办好《湿地公约》第十四届缔约方大会。举办 2022 世界大健康博览会，现场签约 24 个大健康产业项目。围绕武汉与杜伊斯堡结为友好城市 40 周年举办系列庆祝活动。配合"中英氢能合作论坛"及中英建立大使级外交关系 50 周年开展相关活动。在"武汉外事"微信公众号上开展"一带一路上的武汉力量"、"家在武汉"十周年国际友人专访、"城市双语"等系列双语报道，用多角度经济社会发展精彩实践讲好武汉故事。举办"纪念中新建交 50 年暨路易·艾黎诞辰 125 周年"系列活动。举办中国与墨西哥建交 50 周年友城亮灯仪式，参加由中共中央对外联络部举办的中国－墨西哥工商界对话会，促进"一带一路"在拉美落地。与武汉市友城俄罗斯萨拉托夫市线上共同出席"2022 金砖国家友好城市暨地方政府合作论坛"。武汉市作为唯一省会城市代表线上出席中国－阿根廷中部省份交流合作推介会，庆祝中国与阿根廷建交 50 周年。参加由中国人民对外友好协会举办的中德建交 50 周年"中德友城论坛"，武汉成为德国"中国节"期间唯一设展的中国城市。在庆祝中国与乌干达建交 60 周年线上研讨会上，武汉作为中方唯一友城代表分享友城交往经验。武汉市 5 所外籍人员子女学校可提供学位达到 2250 个。举办"长江中游城市群国际友城合作论坛"，鄂、湘、赣等省的 17 个城市及 20 个国家近百座友城政府部门代表线上参会，武汉市人民政府赴欧洲代表团访问瑞士、法国、德国，加强对欧招商，拓展招商引资渠道。一批"一带一路"标志性工程相继完工。全市招商引资到位资金和实际利用外资质量进一步提升，招商引资签约项目结构进一步优化。

黄石市深入开展专题调研，完善科技人才体制机制，历时 6 个月形成《黄石市青年科技人才队伍建设研究》。全力为院士后备人选战略科学家提供精准服务，获批省院士后备人选战略科学家人才项目立项。全市新增国家高层次人才计划 1 名，省级"双创"战略团队 3 家。全年新签约科太科创产业园等 17 个项目，总投资 152.2 亿元，新注册项目 10 个。新开工项目（含基本建设项目）22 个，总投资 82.4 亿元；新投产项目 8 个，总投资 11.8 亿元。

鄂州市新增外资企业 17 个，实际利用外资 6164 万美元。年末，全市实有外资企业 213 个，注册资本 13.93 亿美元。组织协调法国驻武汉总领事馆商务领事访问鄂州，参观考察鄂州花湖机场项目，探索中法企业合作机会。利用外事优势资源，主动对接德国萨克森州经济促进会、中英区域协会等涉外机构及美国 UPS、欧洲 DHL 等国际知名物流公司，宣传鄂州花湖机场项目，为外事招商引资做好前期基础性工作。

孝感市新签约亿元以上项目 415 个，比上年增长 1.5%。引进 1 亿元以上项目总投资 3859.14 亿元，增长 45.7%。其中，总投资 10 亿元以上项目 58 个（含 100 亿元以上项目 8 个）。签约 1 亿元以上工业项目 351 个，总投资 3417.14 亿元，分别占总数的 84.6%、88.6%。全市全年引进 10 大重点产业链"强链、补链、延链"项目 314 个；总投资 2607.73 亿元，分别占引进 1 亿元以上项目总数的 75.7% 和 67.6%。

黄冈市有外资企业 169 家，全年实际利用外资（FDI）3293 万美元，比上年增长 73%，总量居全省第七位，增速居全省第四位。

咸宁市新设立外商直接投资企业20家，比上年增加1家，全年实际利用外资7856万美元，比上年增长51.5%。

仙桃市实际利用外资1367万美元。

潜江市招商引资308.21亿元，签约项目160个，合同引资661.45亿元。1其中，招委会审议项目61个，协议引资325.61亿元。亿元以上入库开工项目79个，比上年增长16.2%。

（各市地方志机构）

区域交流协作

【概况】 2022年，《长江中游城市群发展"十四五"实施方案》获国家批复，三大跨省合作区正式出台。12月23日，2022年长江中游三省协同推动高质量发展座谈会线上召开。会上，湖南、湖北、江西三省共签订14项合作协议。前三季度，三省经济总量占长江经济带的23.9%，较上年全年提高0.2个百分点；固定资产投资、规模以上工业增加值、消费、进出口等主要指标增速均高于全国平均水平。

战略协同深化落地。深化落实《长江中游城市群发展"十四五"实施方案》，印发《推进长江中游三省协同发展2022年工作要点》，明确73项工作任务并实施"挂图作战"。湘赣两省于2022年5月召开湘赣边区域合作示范区建设推进大会，进一步凝聚工作合力。湘鄂两省联合编制《新时代洞庭湖生态经济区规划（建议稿）》，已报送国家发展改革委审查。推进"通平修"（湖北通山、湖南平江、江西修水）绿色发展先行区、武陵山龙山来凤经济协作示范区发展规划编制。

基础设施互联互通。交通方面，安九铁路正式开通运营，长赣铁路建设正式启动，襄常铁路前期工作稳步推进，衡阳至吉安高铁纳入国家"十四五"规划，常岳九铁路纳入《长江中游城市群发展"十四五"实施方案》。三省轨道交通网络规划方案研究形成初稿。咸宁至九江高速公路、桂新高速桂阳至新田段、沪昆高速昌傅至醴陵段改扩建工程、357国道汝城至崇义公路开工建设，通城至铜鼓、兴国至桂东、株洲屏山至萍乡金鱼石高速公路和240国道过江通道等一批项目前期工作有序推进。打通"断头路"，三省合力推进20条省际瓶颈路段建设。携手打造长江中游"组合港"，岳阳—武汉—九江直达班轮稳定运行，助力共建中部地区物流大通道，打造中部"出海口"。输电网络方面，南昌—长沙特高压、荆门—长沙特高压投产送电，南昌—武汉特高压开工建设，互济共享特高压环网结构加快构建。水利水电方面，洞庭湖四口水系综合整治工程建议书获水利部批复，淋溪河水电站生态保护红线调整方案即将取得国务院批复。文旅方面，三省成立旅游产业发展联盟，文旅一卡通涵盖签约景区超300家，韶山至井冈山红色旅游专线正式开通，武汉、长沙、南昌周末游专列实现常态化开行。

科技创新加速融合。长株潭、鄱阳湖、武汉东湖国家自主创新示范区协同发展，湘江西岸科技创新走廊、赣江两岸科创大走廊、武汉光谷科创大走廊建设加速推进。依托5G+工业互联网大会、世界计算大会、世界VR产业大会，分享科技创意，深化互动交流。三省成立长江中游城市群科技创新联盟，科技服务机构入驻2200余家，累计促成科技服务交易327笔，交易额达1.21亿元。

产业发展互促共进。重点领域加强合作，株洲中车时代武汉分公司建成投产，黄冈与九江围绕磷石膏综合利用开展产学研合作，湖北华新水泥与湖南大学联合研发出世界首条水泥窑尾气吸碳制砖生产线，上栗－浏阳赣湘产业合作示范园加快建设，烟花、陶瓷等传统产业分工协作和技术研发深度推进。成功举办"湘赣红"品牌推广大会，影响力持续扩大。

生态环境联防共治。聚焦幕阜山、武陵山等重点区域，强化省际国土空间规划协同，推动跨省生态保护红线管控要求和主体功能区政策衔接一致。共同打好污染防治攻坚战，合力推进沿江污水垃圾、化工、尾矿库、农业面源、港口船舶污染治理，强化跨省流域上下游水污染、危险废物、大气环境质量联防联控合作。湘赣两省签订渌水流域生态补偿协议，湘鄂两省签订"十年禁渔"联合执法合作协议，横向生态补偿制度、生态保护制度有效落实。实施“山水林田湖草”生态保护修复工程，举办长江中游城市群碳达峰与碳中和峰会。

社会服务同办共享。签订湘赣边区域、泛珠三角区域等政务服务“跨省通办”合作协议，推进湘赣边医疗及中医药合作，公积金异地转移接续、机动车违法处理等19项交管业务和6类户籍业务实现三省通办，124项政务服务事项实现省会城市“跨市通办”。筹建长江中游城市群高校联盟，推进师资联合培训、职业教育协同发展，举办省会城市教研协作年会、“中三角”区域协同发展网络招聘会。加大跨省犯罪联合打击力度，开展司法协作和跨域诉讼服务，统一省会城市市场监管执法标准和处罚制度。探索建立应急联动合作机制，落实跨区域知识产权行政保护协作协议，共同签署外事合作备忘录，共享国际友城、友好组织等对外资源。

截至2022年底，三省共同打造装备制造、汽车航空、有色冶金、石油化工、生物医药、电子信息等超千亿超万亿产业集群。江西提出重点产业链现代化建设“1269”行动计划；湖北打造“51020”现代产业集群；湖南加力打造国家重要先进制造业高地。长沙高新区、南昌高新区、武汉东湖高新区等8个开发区入围2023年先进制造业百强园区。

【《长江中游城市群发展“十四五”实施方案》批复出台】 2022年2月6日，国务院批复同意《长江中游城市群发展“十四五”实施方案》（以下简称“《方案》”）；15日，国家发展改革委印发《方案》。

《方案》指出，《长江中游城市群发展规划》2015年实施以来，长江中游城市群综合立体交通网基本形成，铁路总里程突破1万千米。内需空间不断拓展，常住人口超过1.3亿，常住人口城镇化率提高8个百分点以上，社会消费品零售总额年均增长10%以上。

《方案》从强化都市圈带动作用，优化城市群空间格局，健全基础设施网络，共同提高内联外达能力，增强科技创新能力，共同促进产业转型升级，深化改革全面开放，共同建设高标准市场体系，推动绿色低碳转型，共同筑牢生态安全屏障，提升公共服务质量，共同增进民生福祉等方面提出长江中游城市群“十四五”发展要求。

《方案》围绕打造长江经济带发展和中部地区崛起的重要支撑、全国高质量发展的重要增长极、具有国际影响力的重要城市群总体定位提出了长江中游城市群“十四五”发展重点、发展方向和发展目标。

【长江中游城市群省会城市经济合作】 2022年，长江中游城市群省会城市加强产业交流合作。推动北斗产业规模应用，长沙成立国家（长沙）北斗特色产业园产教融合示范基地，北斗规模应用高峰论坛永久落户长沙。利用2022中国5G+工业互联网大会、2022世界计算大会、第三届夜间经济城市发展峰会、2022中国（长沙）新消费城市峰会等合作平台相互邀请兄弟城市参会交流，加强信息互通共享。

共建工业互联网。充分发挥武汉国家顶级节点作为中部地区互联枢纽作用，指导标准标识解析体系建设，支持工业互联网标识优秀应用案例推广。截至2022年底，接入武汉国家顶级节点的二级节点中，长沙市接入企业节点40个，标识注册量达到2.98亿；南昌市接入企业节点678个，标识注册量达到7732.33万。

推动金融领域对接。上海证券交易所中部基地（武汉）开园运营，成功举办2021中国（武汉）创投峰会、长江资本大会暨第十二届中国·武汉金融博览会加强金融部门对接交流。武汉市先后组织赴合肥市、长沙市调研学习，就提升存贷款规模、企业上市、产业基金、地方金融组织建设、碳金融和金融对“保交楼”工作的合力作用等方面开展交流。出台武汉市建设全国碳金融中心行动方案，围绕碳达峰、碳中和目标，推动申报国家气候投融资试点，打造武汉碳金融中心。推进长江中游城市群金融机构数字化转型，制定《长江中游城市群省会城市“金融+科技协同创新平台”建设方案》，以武汉金融控股（集团）有限公司、长沙银行和南昌金融控股有限公司等15家金融机构为依托，共建金融+科技协同创新平台。

（武汉市地方志办）

【长江中游城市政务合作】 2022

年，长江中游省会城市联合出台《长江中游省会城市市场监督管理行政处罚裁量权适用规则（试行）》，通过统一区域市场监管领域违法案件的法律适用标准和处罚尺度。促进市场监管一体化。提升跨市通办水平，四省会城市及长江经济带部分城市（宁波、郑州、贵阳）共同签订“跨省通办”合作协议，设立长江中游城市群“跨市通办”综合窗口，“长江经济带通办专区”平台同步接入国家政务服务平台“跨省通办”网上服务专区，跨省通办事项达到254项，涉及户政民政、医保社保、公积金等多个领域。深化公共资源交易合作，持续开展远程异地评标，签署长江中游城市群省会城市公共资源交易一体化高质量发展框架协议，建立长江中游城市群省会城市公共资源交易一体化高质量发展协调会议制度。推动5G+区块链远程异地评标常态化，长沙市公共资源交易中心与长江中游城市群开展跨省5G+区块链远程异地评标32宗。公共资源交易区块链服务平台——“长江链”正式上线，签署《关于共同推进“长江链·标证通”技术合作意向书》，制定公共资源交易共享数据类型和标准，推进公共资源交易数据上链。工程建设电子招标投标系统接入“标证通”移动数字证书应用，积极扩展跨市CA数字证书互认。

7月14日，长江赣鄂皖段突发水污染事件联防联控联席会议在江西九江市召开。三省以“共护长江水，赣鄂皖碧水行动”为主题，共同开展2022年长江赣鄂皖段突发水污染事件联防联控专项行动。江西、安徽、湖北三省的九江市、黄冈市、黄石市、安庆市、池州市共同签订《关于长江流域上下游突发水污染事件联防联控工作协议》，建立长江流域上下游突发水污染事件联席会议制度，以控制、减轻和消除突发水污染事件危害，提高环境风险防范及应急处置能力，建立长期、稳定、可靠的环境事件应急联动机制，保障流域上下游生态环境安全，守护长江“美丽岸线”，共护长江水。

湖北、湖南、江西三省共同开通运营长江中游城市群综合科技服务平台——“共创云”，拓展科技成果转移转化渠道。推进江西省“赣服通”、湖北省“鄂汇办”与湖南省“湘易办”建立跨省App联盟。通过签订湘赣边区域、泛珠三角区域等政务服务“跨省通办”合作协议，公积金异地转移接续、机动车违法处理等19项交管业务和6类户籍业务实现三省通办，124项政务服务事项实现省会城市跨市通办。

湖北黄石、鄂州、黄冈和江西九江建设跨江融合发展示范区。黄石、鄂州、黄冈和九江四个地级市以长江黄金水道和京九高铁、福银高铁为依托，在交通基础设施建设、城镇规划建设和产业规划布局等方面开展合作，推动2省4市交通基础设施互联互通、产业协同发展和社会公共资源互认互通的跨省融合发展新格局。

黄石市加大跨省信用合作力度。11月15日，黄石市发展改革委与杭州、天津、济南、厦门、宁波、郑州、海口、三亚、榆林等9市发展改革委以视频会议形式签署《十市城市信用建设战略合作协议》，明确10城市在信用信息共享、监管共治、规则共建、应用共享、品牌共铸等方面深化沟通合作，此协议在全省首创跨省信用合作。

黄冈市与长江中游城市加强政务合作。11月25日，黄冈市政务服务和大数据管理局携黄梅县政务服务和大数据管理局与九江市行政审批局、浔阳区政务服务管理局签订政务服务“跨省通办”合作协议。鄂城区与黄石港区、黄州区分别推行361项、174项高频事项跨域通办。8月7日，黄冈、九江两地举行“跨江通办”合作备忘录签约仪式，双方携手推进涵盖登记注册、行政许可、信用监管、专利发展保护等4大类业务跨省跨江通办、互认。加强交流对接。2月起，黄冈、九江两地医保部门试点先行城乡居民参保登记、异地转诊人员备案、异地长期居住人员备案等7项高频经办事项“跨市通办”统一标准；两地签订“互联网＋不动产抵押登记”“互联网＋不动产查封登记”合作协议，实现法院、银行授权互认，居民异地办理相关抵押登记、查封登记，只需线上申请即可全程办结相关业务；两地公安部门签订户政业务联勤协作协议，在公安部要求户口迁移“跨省通办”5项服务基础上，增加购房户口迁移、就（创）业户口迁移、子女投靠父母户口迁移3种方式，所辖派出所户政窗口增设“跨江户籍迁移一站式服务”，群众可在两地各县（市、区）公安机关户政窗口办理户口迁移、户籍类证明、身份证异地办理等业务。7月7日，黄冈市政务服务和大数据管理局组织市医保局、市公积金中心等市直部门赴九江对接“跨江通办”工作。

（各市地方志机构）

【2022年长江中游三省协同推动高质量发展座谈会】2022年12月23日，2022年长江中游三省协同推动高质量发展座谈会以视频形式在长沙、南昌、武汉同步举行。会议观看长江中游三省合作专题片，听取三省协同推动高质量发展有关情况介绍。举行线上签约仪式，三省签署《发挥西部陆海新通道及中老铁路作用融入共建“一带一路”新格局的协议》《长江中游三省畅通商品流通合作协议》《长江中游三省畅通产业链供应链合作协议》《长江中游三省省会城市重点合作事项》等14个合作协议。

2021年，湖北、湖南、江西联合印发《长江中游三省协同发展工作机制》，构建上下贯通的推进体系。2021年长江中游三省协同推动高质量发展座谈会在武汉举行。2022年2月，国务院正式批复《长江中游城市群发展“十四五”实施方案》，明确三省“长江经济带发展和中部地区崛起的重要支撑、全国高质量发展的重要增长极”战略定位。

（武汉市地方志办）

【咸宁沿江绿色发展示范带建设】2022年，咸宁市擘画长江经济带发展战略蓝图，下足功夫推动咸宁高质量发展，用绿色行动加大沿江绿色发展示范带建设力度。咸宁有128千米长江岸线，向阳湖国家湿地公园、珍湖国家湿地公园、嘉鱼长江沿岸、赤壁长江干堤、陆水河两岸通过复绿，一条绿色生态廊道正在形成。

2022年12月23日，2022年长江中游三省协同推动高质量发展座谈会在线上召开，会上签订14项合作协议（武汉市发展和改革委员会　供图）

咸宁市开展长江生态环境警示片整改、长江大保护专项整治、长江大保护十大标志性战役等一系列长江突出生态环境问题治理，咸宁城区原每天约1.1万吨生活污水直排淦河、嘉鱼县金色年华生态养生谷侵占蜜泉湖水域6.67余万平方米、赤壁市董塘池内部分渔船装载大量肥料投肥养鱼等问题完成整改并公示后销号。赤壁市赤马港营里村国道沿线10多家塑料加工作坊（点）严重污染环境问题得到彻底解决。取缔拆除长江干线非法场地27家、非法码头35个，腾退长江岸线近4千米、滩地近66.67万平方米，平整复绿码头堆场100万平方米，长江岸线恢复6.6千米。一批化工企业关改搬转。

中共咸宁市委决定加快构建“一城引领、三带协同、三篇文章”区域和产业布局。10月，中共咸宁市委五届七次全体会议决定落实中部地区崛起战略，加快推动咸宁高质量发展，努力在中部地区高质量发展中争先进位、走在前列，主动融入武汉都市圈。启动长江经济带绿色发展“十大战略性举措”，实施28项重大事项和88项重大项目。年内28个重大事项全部启动，88个重大项目中，13个完工，70个开工，5个完成前期工作，完成投资288.56亿元。绿色产业发展势态良好。咸宁市优势5大千亿产业、6大重点产业加快推进，有重点成长型产业集群12个，数量居全省第一。幕阜山绿色产业带旅游公路重点示范段建设完成86.4千米，景观连线串珠效果初现。“一带一路”国际茶产业发展论坛成功举办，“赤壁青砖茶”扬名海内外。梓山湖大健康产业示范园区、江南里、恒大养生谷等康养旅游示范项目落户，着力建设华中康养首选地。

推进交通设施一体化。武广高铁、武咸城际铁路、武深高速咸宁段、蕲嘉高速、咸通高速建成通车，咸黄高速、武咸快速通道正在建设，武汉—咸宁—南昌高铁正积极推进。推进产业布局一体化。实施北部空间计划，规划官埠生态新区、梓山湖大健康城和横沟科学城，构建“武咸同城、拥湖面江、一主多元”都市区空间格局。

创新绿色生活方式和消费模式，垃圾分类+再生资源回收“两网融合”创新模式列入商务部全国14个创新案例并获推广。

咸宁市创造性地提出建设沿江生态文明示范带，包括咸宁128千米长江岸线、1千米腹地，涉及11个乡镇、56个行政村、35万人口，面积590平方千米。严格执行《长江经济带发展负面清单指南（试行）》《湖北长江经济带发展负面清单实施细则（试行）》，制定《咸宁市沿江生态文明示范带发展负面清单（试行）》。完成造林绿化计划666.67余万平方米，嘉鱼县、赤壁市湿地保护率达

2022年，咸宁沿江绿色发展示范带（摘自《咸宁日报》）

61.3%、67.1%，优于国家和湖北省平均水平。

示范带内乡镇生活污水处理项目在9个乡镇、1个城区、1个农村试点投入运行，出水氨氮、总磷等指标均达排放标准。开展农村人居环境综合整治“五线”“五治”3个百日行动，嘉鱼县潘家湾村、四邑村、赤壁市东柳村达省级示范标准。通过EPC模式启动实施嘉鱼滨江生态提升示范工程，采用修复与涵养相结合，综合整治马鞍山矿区、周边城镇区域环境，该项目获批中央预算资金3.5亿元，昔日老旧矿区变身生态游园，为嘉鱼县域经济高质量发展、乡村振兴厚植生态优势。

咸宁市围绕沿江生态文明示范带空间布局、生态产业、生态环境、生态文化，制定4项支撑性关键标准。咸宁与中节能集团签订战略合作协议，建立总投资201.2亿元项目库，并先期启动试点示范项目7个，总投资达41.16亿元，“一对一”包保，以最优质服务保障合作项目顺利推进。嘉鱼长江大桥建成通车，赤壁长江大桥完工在即，咸宁机场、咸宁铁路货场搬迁及通港铁路项目正大力推进，立体绿色交通走廊逐步形成。

（咸宁市史志研究中心、咸宁市“同城办”）

编辑：高金波

校对：卢永会

民生同保与公共服务共享

教育资源统筹

【基础教育合作交流】2022 年，武汉都市圈各城市间基础教育合作交流与办学工作明显增强。武汉市推进武汉中心城区与对口县（市、区）中小学、幼儿园之间结对交流，全市 9 所中小学（幼儿园）和鄂州市 10 所中小学（幼儿园）签订结对帮扶协议，开展教学教研等方面结对交流活动 10 余次。组织华师一附中等 20 所优质高中和黄冈市团风县总路咀高级中学等 16 所、咸宁市通山县第一中学等 4 所高中结对帮扶。建立中小学研学旅行基地（营地）互联互通机制，将武汉都市圈各市优质中小学研学旅行基地（营地）分期分批纳入都市圈研学旅行推荐站点。邀请都市圈其他八市教师参加教育培训活动，安排 226 人次参加武汉市普通高中新课程新教材实施学科教师培训和中小学实践育人学校管理人员专题线上培训。推进教育人才交流，选派 10 名优秀教师到黄冈市团风县开展为期 1 年的支教活动。

黄石市推动 6 所学校与武汉都市圈各学校结对交流，组建黄石市龙凤山中小学校外教育活动中心、黄石矿博园、武汉中小学校外教育活动中心等 4 个武汉都市圈研学课程资源基地。加强考察交流学习，组织各县（市、区）中小学校主要负责人分别到武汉、黄冈等地学校对校园环境、校园管理、教育教学、德育管理等情况进行参观、交流与探讨。签订校际交流协议，建立常态化校际合作交流机制，相互借鉴，取长补短。推进高校托管帮扶，促进优质资源共享。3 月，华中科技大学附属中学名师团到阳新实验高中交流指导，双方就学校发展整体规划、人才队伍培养、师资队伍建设等情况展开交流。4 月，大冶市第四学校中层干部及骨干教师到武汉市东西湖家园学校参观校园环境，学习校园管理，观摩常态课程，开展集中座谈交流。5 月，黄石市有色一中到武汉市洪山高中学习交流。双方就高考工作难题、教育教学开展、德育管理落实及办学亮点等进行深入交流。6 月 14 日，黄石市中学语文陈建工作室主持人受汉川市实验中学邀请，在“汉川市实验中学名著阅读教学培训会”上作专题讲座。10 月，黄石市第三中学与武汉市常青第一中学签订校际合作交流协议，建立常态化校际合作交流机制，双方在干部队伍与管理、教育教学与科研、学生德育与管理等方面开展合作交流。

鄂州市葛店开发区、临空经济区分别与武汉市签订区域协作办学协议，推动两市基础教育实现协同发展、协作办学。与黄冈、黄石开展新高考改革、新课程改革等方面的教改教研协作，持续推进鄂州职业大学与武汉、黄石、黄冈高校交流合作。

孝感市孝南区、高新区 11 所学校持续加强与武汉结对学校对接交流，加强两地之间学习沟通，共享教育资源，确保两地教育发展一盘棋。7 月 12 日，孝感市举办全市第二届槐荫教育校长论坛，邀请湖北省教育科学研究院院长、武汉市粮道街中学校长、武汉市育才小学校长作专题报告。

黄冈市与武汉都市圈城市开展教研合作，共同组织调考，实行统一命题、统一考试、统一分析，联合召开质量分析会。黄冈、孝感、咸宁 3 市主动融合，相互促进，开展中考联合命题工作，试题质量赢得社会好评，为全省统一命题提供经验参考。

咸宁市中小学全年共到武汉市培训交流 582 人次。其中，咸安区 52 人次，嘉鱼县 57 人次，赤壁市 83 人次，通城县 56 人次，崇阳县227人次，通山县93人次，鄂南高级中学8人次，咸宁市交通实验幼儿园6人次。

仙桃市发挥在汉仙桃籍优秀校长、教师资源优势，引导仙桃市学校与武汉市学校在“双减”、教学教研、高考备考等方面开展校际交流与探讨合作。组织10名学生到武汉大学、华中科技大学等学校开展研学旅行。组建考察团队到武汉湖畔小学、官士墩中学、科大讯飞华中总部，参观智慧教育学校建设情况。参与汉阳区虚拟实验教学应用实践共同体项目，引导近9000名教师在湖北教育云上平台开通网络学习空间，提升教师信息化水平。组织750余名教师到武汉参加学校管理团队信息化领导力、跨学科学习专题培训等“国培计划”“省培计划”项目，落实培训专题交流，分享最新学习成果，促进“本土造血”和“内部造血”。

天门市与仙桃、潜江和江汉油田组建“三市一企中考协作体”，建立教育协同发展协作机制，开展教研交流、质量分析、中考改革等方面合作与协作。与黄冈、咸宁、随州、黄石、鄂州、仙桃、潜江七市教科研部门组建“八市教科研协作体”。

潜江市共组织10期“园本课程开发与实施”幼儿教师全员培训，邀请武汉市示范幼儿园园长、高级教师、心理健康咨询师、家庭教育指导师、武汉曼迪教育教研总监等10名教师就幼儿园园本课程设计价值、理解、选择、愿景、架构及管理等深刻剖析，更新园长教育理念和管理经验。举办第二期校长任职资格培训。年底，举办2022年义务段教师新课程标准培训，邀请湖北省特级教师、湖北省教科院教研员等17位专家为全市4100余名义务段教师解读新课标。

【中等职业教育同城化工程】 2022年，武汉都市圈九市教育资源共建共享进一步深入，中等职业教育同城化工程持续巩固。武汉市组建武汉都市圈职业教育联盟。遴选推荐一批中职学校申报省级优质中职学校和优质专业，提升学校办学水平，为武汉都市圈其他八市应届初中毕业生来汉就读中职学校提供学位。2022年秋季，武汉都市圈其他八市5046名学生在武汉市中职学校就读。

黄石市推动组建武鄂黄黄职教联盟，推动都市圈职业教育资源共享共建。组建市域产教联合体，开展中高职衔接、技能大赛、产教融合、校企合作等工作，邀请圈内4所以上高职院校、10家科技型企业加入，创建产业研究院，现场签订人才培养协议，助力产业发展。武汉市高教、职教名师工作室牵手黄石职教开放活动在湖北城市职业学校举行，共组教学团队，共建教学资源，聚焦内涵发展，推进黄石市职业学校高质量发展。与武汉大学联合开展职业教育能力提升培训班，与武汉交通职业技术学院、武汉船舶职业技术学院交流学习高职“双高”（中国特色高水平高等职业学校和专业建设）计划、中职“双优”（优质中等职业学校和专业建设）经验。

孝感市组织全市中职学校申报“3+2”（中高职三二分段制）、五年一贯制高等职业教育招生计划，全市共有来自7所中职学校的960人申报湖北职业技术学院、湖北轻工职业技术学院、黄冈科技职业学院、湖北财税职业学院、三峡旅游职业技术学院等校中高职贯通培养计划。5月中旬，举办全市职业教育技能竞赛，邀请湖北生物科技职业学院、武汉城市职业学院、武汉东西湖职业技术学院等10余名老师担任竞赛评委。6月中旬，举办孝感市中等职业学校教学能力大赛和班主任能力比赛，邀请武汉职业技术学院、湖北生物科技职业学院、武汉第一商业学校、武汉市仪表电子学校等校的10余名职教专家担任评委，促进两地职业教学交流和教育发展。7月下旬，组织全市职业院校教师能力培训，邀请湖北生物科技职业学院信息传媒学院院长、省教师教学能力大赛专家授课。8月，组织全市中职学校教师教学能力培训，邀请武汉等地专家授课，通过教学教研活动，促进两地职业教育交流合作。

湖北生物科技职业学院、武汉市新洲高级职业中学师生到黄冈市参加2022中荷园艺技术交流会暨花艺设计大赛。武昌职业学院到黄冈市调研“双高计划”建设，推荐黄冈市中职毕业生报考武汉高职院校。年内，1000余名毕业生到武汉各中等职业学校就读。其中，红安县职教中心为武汉船舶职业技术学院输送新生36人，麻城职教集团为湖北幼儿师范高等专科学校输送新生91人。

咸宁职业技术学院修订5个相关专业人才培养方案，召开“康养护理专业群”专题会，启动康复治疗实训室改造工程，获批健康管理师职业证书鉴定资质。湖北新产业技师学院组建康养护理教学创新团队，推进国家级（康养）高技能人才培训基地项目建设。全市人社部门定点培训机构开设康养服务业相关专业25个，占定点培训机构总数的31.7%。遴选康养类职业技能培训机构25家，组织参加培训3119人次，享受培训补贴2999人，核发证书2999人次。

仙桃市引导学生就读武汉市办学条件较好的国家级、省级重点职业学校，指导千余名学生填报武汉中职学校。全市中职学生7473人（理工5369人，商贸1700人，创源404人），623人填报武汉中职学校。统筹规划仙桃市职教产业园，引进圈内教育资源，打造地方文化特色、职教培训产业链、校城融合的产教城一体职教产业园。

天门职业学院加强与武汉都市圈职业院校深度合作，依托湖北省天羽现代装备产业技术研究院有限公司与武汉天之逸科技有限公司合作建设智能制造项目，开展特色专业共建，实施订单式培养。与萧氏集团、采花毛尖、赵李桥茶厂、巴山夜雨等企业合作建立茶文化专业实训基地23个。与武汉京东方科技集团、武汉锐科光纤激光技术股份有限公司、湖锦酒楼、湖北省妇幼保健院、武汉大学附属中南医院等企业、医院签订校企合作协议。与湖北天门纺织机械股份有限公司、湖北天瑞电子股份有限公司、芯创（天门）电子科技有限公司、湖北科瑞半导体技术有限公司、徐工湖北环保科技股份有限公司、鸿硕精密电工（湖北）有限公司、湖北凯圣汽车转向系统有限公司、豪德数控（湖北）有限公司、湖北天佳日用品有限公司、天门市金兴达汽车零部件有限公司签订校企合作协议。通过加强校企合作，整体提升办学竞争力，拓展学生实习实训和就业空间，为学院发展注入生机与活力。组织8274人参加“国培”“省培”项目，全面提升教师发展专业能力。

潜江市积极推进武汉都市圈中等职业教育同城化工程，配合武汉都市圈内优质中职学校到潜江开展招生宣传。组织全市中职学校到武汉都市圈内城市招生，为学生提供多样化选择。全市向外输送初中毕业生563人，招录外市初中毕业生426人。组织5个专业686名中职学生到武汉都市圈内12家企业、医院、幼儿园实习实训。

【武汉地区高校向武汉都市圈拓展办学】 2022年，武汉地区高校向武汉都市圈拓展，加快向武汉都市圈城市外迁和功能溢出。

1月，武汉轻工大学正式与孝感市签约，建设武汉轻工大学临空校区。1月25日，武汉高科国有控股集团集团股份有限公司和武汉华夏理工学院签署合作协议，启动武汉华夏理工学院梧桐湖校区建设项目及关山校区城市更新项目。鄂州市吸纳多所武汉高校分校区。华中师范大学鄂州校区用地，被国土部门审批通过；长江职业学院新校区在葛店启用。黄冈、咸宁、黄石、汉川、孝感等地都获得新办高校名额。武汉传媒学院孝感大悟校区加快建设；黄冈市承接武汉地区高校迁移项目，建设红安高新技术产业园大学城。黄冈市麻城市签订湖北城市建设职

2022年，建设中的武汉传媒学院大悟校区（孝感市史志研究中心　供图）

业技术学院（麻城校区）、湖北麻城理工学院、湖北麻城菊花职业技术学院、湖北工业大学(麻城校区)协议；武汉商贸学院红安校区招生运行，在校学生数2300人；武汉城市学院红安校区于9月1日建成并投入使用，在校学生3000多人；文华学院红安校区占地533.47万平方米，已完成土地挂牌收储和部分土地打围；武汉设计工程学院项目通过项目评审；武汉软件工程职业学院、武汉工贸职业学院加紧编制项目可行性研究报告；武汉武昌首义学院确定在咸宁市嘉鱼县设立分校。

（各市地方志机构）

【武汉轻工大学孝感临空校区项目正式签约】 2022年1月13日，武汉轻工大学孝感临空校区项目正式签约，标志着首所国内一流学科建设本科高校落地孝感，孝感教育科研园格局得到极大提升。武汉轻工大学临空校区办学规模为全日制在校生2万人。武汉轻工大学临空校区项目计划总投资约42亿元，总建筑面积约80万平方米，主要建设内容包括教室、实验实习实训用房及场所、图书馆、室内体育用房、校行政办公用房、院系及教师办公用房、师生活动用房、会堂、学生宿舍、食堂、单身教师宿舍、后勤及附属用房共12个必须配置校舍项目。同时计划建设学术交流中心、创新科研实训基地、展览馆、校医院以及教师周转房等设施。武汉轻工大学临空校区项目落地后，将建成临空区首所国内一流学科建设本科高校，进一步壮大临空区教育科研园科研力量。

（孝感市史志研究中心）

【鄂州市与湖北中医药大学签订市校共建框架协议】 2022年7月8日，鄂州市与湖北中医药大学在鄂州市中医医院签订市校共建框架协议，根据框架协议，鄂州市与湖北中医药大学将按照“优势互补、共谋发展、互惠互利、实现共赢”的原则，在科技合作、技术支持、教育与人才培养、医疗服务及重大项目协同5个方面加强全面合作，湖北中医药大学将发挥大学在高端人才聚集、产业化发展聚集、提升区域创新能力、促进区域经济社会发展等作用，践行“健康中国战略”，为鄂州培养高质量中医药人才、搭建科研平台、提升中医药医疗服务质量。湖北中医药大学发挥国家高层次人才“长江学者”引领带动作用和名中医工作室人才团队优势，在鄂州市唯一一家三级甲等中医医院设立“长江学者”吕文亮教授工作室。

（鄂州市档案馆）

医疗资源共享

【城市医联体建设】 2022年，武汉都市圈九市医联体建设进程加快。武汉市优质医疗资源通过托管、医联体形式，输出医疗品牌、人才、技术、管理理念和管理模式，在医疗技术、人才培养、科研、双向转诊等方面与共建医院开展长期合作。武汉市继续推进医疗联合体建设及医联体内优质医疗资源互通共享，医联体内牵头医院有计划地安排医生到医联体内基层医疗卫生机构接诊慢性病、常见病、多发病患者。通过推广应用武汉市分级诊疗双向转诊信息平台开展双向转诊服务，

2022年7月8日，鄂州市与湖北中医药大学签订市校共建框架协议（鄂州市档案馆 供图）

医疗机构间转诊患者诊疗信息互通共享，促进急慢分治，18家紧密型医联体牵头医院下沉专家1447人次，坐诊（巡诊）10721人次，诊疗76849人次，双向转诊平台纳入40家二级以上医疗机构、205家基层医疗卫生机构，下转患者13714人次。

黄石市第二医院与华中科技大学同济医学院附属协和医院（以下简称“武汉协和医院”）、大冶人民医院与华中科技大学同济医学院附属同济医院（以下简称“武汉同济医院”）建立战略伙伴关系。9月23日，武汉同济医院与黄石市中心医院医联体共建战略合作协议签约，同时在黄石市中心医院黄金山院区举行大型义诊活动，黄石市中心医院黄金山院区门急诊及住院病区全面开诊。

鄂州市加强省级重点专科和区域医疗中心创建，全市各医疗机构共创建省级重点专科16个、省级区域医疗中心18个。支持市中医医院脑病科、针灸科申报“鄂东南医疗中心”。谋划公共卫生补短板项目30个，规划总投资39.78亿元。推进市中心医院临空院区、市妇幼保健院（儿童医院）、市紧急医学救援中心、市中心血站建设。推广中医适宜技术延伸护理服务，服务2000余人次。深化科研教学内涵建设。推进洪茂林全国名老中医药专家传承工作室建设。

孝感市推动医疗卫生事业孝汉同城化发展。组建紧密型医联体，湖北航天医院与武汉大学中南医院签约组建紧密型医疗联合体，与武汉同济医院肝胆胰外科陈孝平院士团队、武汉同济医院妇产科马丁院士团队协作，开展常驻帮扶、点选手术、定期坐诊查房等工作；孝感市康复医院与武汉大学人民医院签约建立专科联盟，建立血液调配共享机制。两地成立血液调配联动工作小组，采供血机构签署《武汉－孝感血液供应调配联动工作协议》，联合做好应急血液调配，开展血液检验互认工作，加强输血技术培训，保障用血安全。自2018年签署《武汉－孝感血液供应调配联动工作协议》以来，共计支援武汉红细胞13319.5单位，血浆32908.5单位，血小板1390人份，冷沉淀13587.5单位；武汉支援孝感红细胞646单位，血小板83人份，冷沉淀96.5单位。孝汉实现献血信息互联互通、用血费用跨地市报销。截至年底，平台累计报销武汉市用血人员血费67人次，累计金额10.08万元。搭建孝汉院前急救合作工作平台，实现急救信息互换、急救电话互通，交流网络指挥调度和质量控制经验，建立区域内危重病人抢救协调机制，完善畅通大型医院抢救绿色通道。全年转诊至武汉同济医院、武汉协和医院、武汉儿童医院、湖北省人民医院347人次。孝感市急救中心5家急救站（市中心医院、市妇幼、市一医院、湖北航天医院、市中医院）与湖北省人民医院、湖北省妇幼保健院、武汉大学中南医院、武汉协和医院、湖北省肿瘤医院签订医共体、医联体协议，开通绿色通道，签订急危重症转诊协议。孝感市急救中心和武汉市东西湖区急救中心签订院前急救孝汉同城化发展协作书。武汉市东西湖区、孝感市汉川市和孝南区三地开展查螺805万平方米，查出钉螺354.93万平方米，药物灭螺456万平方米。5月26日，湖北省沦河水系血吸虫病联防联控系列活动在孝南区开展，东西湖区、汉川市和孝南区30多名血

2022年5月31日，湖北中医药大学在黄冈市中医医院设立“长江学者”吕文亮教授专家团队工作站（黄冈市史志研究中心　供图）

2022 年 9 月 29 日，湖北省人民医院（武汉大学人民医院）与仙桃市第一人民医院共同举办协作医院签约揭牌活动（仙桃市史志研究中心　供图）

防专家和技术骨干组成联合工作专班，开展血吸虫病风险监测评估活动。

黄冈市中心医院主动对接武汉医疗资源，不断提升公共卫生应急处置能力。3 月 26—27 日，黄冈市中心医院与武汉市金银潭医院签署战略协议，在公共卫生及传染病防治等方面达成全面合作。8 月，武汉市第三医院与麻城市第五人民医院消化内科组建专科联盟，麻城市第五人民医院进一步制定、完善消化诊疗中心诊疗常规、科室管理，选派业务骨干到武汉市第三医院消化内科进修培训，团队接诊患者 1000 余人次，开展无痛电子胃肠镜检查治疗，服务人群辐射周边区域。

仙桃市加强城市医联体建设。仙桃市妇幼保健院加入湖北省妇幼健康联盟。武汉大学中南医院医联体派驻核磁共振室医生担任仙桃市第一人民医院副院长，对口仙桃帮扶一年，直接参与医院管理和医疗业务。武汉协和医院医联体选派专家建设“心脏大血管外科仙桃基地”。9 月，仙桃市第一人民医院加入武汉大学人民医院医联体，成立 3 个专家团队工作室。仙桃市中医院与湖北省中医院共建紧密型医联体，挂牌“湖北省中医医院仙桃分院”。

【县域医共体覆盖】 2022 年，武汉都市圈各市持续推进县域医共体全覆盖。鄂州市建立以区级人民医院或中心乡镇卫生院为龙头、一般乡镇卫生院（社区卫生服务中心）为枢纽、村卫生室为基础区域医共体，医共体成员单位人、财、物全面整合，功能职责整体纳入，形成管理、服务、利益、责任共同体。全年成立 172 个心脑血管疾病一体化防治工作团队，线上、线下培训各区卫生健康行政部门分管领导、各乡镇卫生院（社区卫生服务中心）分管院长及全科医生 300 余人（次）；委托市中心医院培训基层卒中防治站和胸痛单元医务人员 36 人。长港、汀祖、泽林、葛店 4 个基层心脑血管疾病防治建设单位通过省、市级防治中心认证。

孝感市推进县域医共体覆盖。武汉大学人民医院托管汉川市人民医院，汉川市人民医院加挂武汉大学人民医院（湖北省人民医院）汉川医院牌子。湖北省人民医院派出专家到汉川市人民医院担任院长，安排技术人员在汉川市人民医院坐诊、查房、手术，帮助汉川市人民医院提高诊疗技术水平，汉川市人民医院通过湖北省卫生健康委评审确定为三级甲等综合医院。孝感市第一人民医院、应城市人民医院、云梦县人民医院、安陆市普爱医院、大悟县人民医院、孝昌县第一人民医院等医院分别与华中科技大学同济医学院附属梨园医院（以下简称“梨园医院”）、武汉大学中南医院、武汉大学人民医院、武汉科技大学附属天佑医院、长航总医院、武钢总医院等签署对口支援协作协议书，确立对口支援关系。

黄冈市推进医疗联合体建设，实现县域医共体建设全覆盖。黄州区县域医共体建设经验获中共湖北省委、省政府高度肯定，“黄州经验”成为全省、全市样板，全市其他县（市）积极借鉴“黄州加强经验”快速推进县域医共体建设。

咸宁市在全市 882 个行政村配备大专学历村医 467 人，在全省率先实现“一村一名大学生村医”动态全覆盖。完成全年 79 名定培大学生村医招录工作，实际报到77人，报到率97.5%。

仙桃市改革医共体运行机制。整合全市医疗卫生资源，组建1个医共体和2个专科联盟，由市第一人民医院牵头，其他4家市级医院、19家乡镇卫生院（社区卫生服务中心）和全市所有村卫生室均纳入一个医共体内，形成"1+4+19+N"紧密型医共体。市中医医院和市妇幼保健院分别牵头建设全市中医专科联盟和妇幼专科联盟，提升基层中医和妇幼专科服务能力。完善远程影像诊断中心建设，增加CT诊断。远程心电图延伸到村卫生室，87家村卫生室与中心联通。区域临床检验中心挂牌运行，检验送检108人次。开展在线审方，共开出374730张门诊处方。完善资源下沉帮扶机制。市第一人民医院派出15个临床科室对15家乡镇卫生院开展"一科帮一院"活动，指导基层发展"一院一专科"，推动基层医疗机构服务能力提升。5月，陈场镇卫生院区域生殖妇产中心开始运行并申报"湖北省百强特色科室"。长埫口中心卫生院安宁疗护中心、市第二人民医院康复中心运转顺畅，康复中心作为市第一人民医院康复科第三病区，接诊门诊患者565人次，住院患者198人次。仙桃市中医医院和仙桃市妇幼保健院采用"一院一策"方案帮扶基层中医药服务和妇幼健康管理。落实双向转诊，下转患者646人，其中下转住院患者333人并跟进指导治疗。

潜江市建立3个医共体，23家基层卫生院（社区卫生服务中心）全部纳入医共体建设。市妇幼保健院与基层医疗机构组建妇幼专科联盟。建立紧密型医共体柔性人才流动机制，实施"市进乡用"人才管理模式。落实医共体医院用人自主权，建立能上能下、能进能出的用人机制，确保医共体建设配套工作落实落地。基层医疗机构诊疗人次占比68.85%，较上年同期增加5.41个百分点。

【医疗专科联盟建设】2022年，武汉都市圈各市着力加强医疗专科联盟建设。黄石市中心医院、黄石市妇幼保健院加入以武汉儿童医院为牵头单位的湖北省儿科联盟。

孝感市中心医院与武汉大学人民医院组建5个专科联盟，与武汉协和医院、武汉儿童医院、省远程中心平台、湖北省肿瘤医院签订战略合作协议，融入武汉相关医院医疗集团。建立孝汉妇幼专科联盟。孝感全市妇幼保健机构加入孝汉妇幼专科联盟，畅通孝汉妇幼患者双向转诊绿色通道，推进"323攻坚行动"（解决心脑血管病、癌症、慢性呼吸系统病3类重大疾病，高血压、糖尿病2种基础疾病，出生缺陷、儿童青少年近视、精神卫生3类突出公共卫生问题）中出生缺陷专项防治。建立传染病孝汉专科联盟。孝感市结核病防治所与武汉市肺科医院、武汉市金银潭医院建立专科联盟，开展多方面科研合作，提供专家线上、线下会诊和进修学习机会。

咸宁市23家市级、县级二级及以上公立医院和武汉市三甲医院通过托管、医疗联合体、专科联盟、对口帮扶等形式开展合作，实现县级及以上医疗机构合作全覆盖。开展三级医院对口帮扶，武汉协和医院、梨园医院、武汉儿童医院等6家武汉市医院对口帮扶崇阳县、通城县、通山县人民医院、中医医院、妇幼保健院等7家医院。年内，全市共有101名医生（含医技人员）、41名护理人员到武汉市医院进修学习。

仙桃市第一人民医院与华中科技大学同济医学院附属协和医院、同济医院、武汉大学中南医院、武汉大学人民医院、湖北省肿瘤医院、武汉市儿童医院等共同签订专科联盟协议及技术帮扶协议62个。仙桃市中医医院与武汉大学人民医院、武汉大学中南医院等上级医院共建专科联盟15个。仙桃市妇幼保健院与武汉大学人民医院、湖北省妇幼保健院、湖北省儿童医院建立新生儿科、妇产科等专科联盟。100余名省级专家定期到仙桃帮扶指导，开展手术538台次，开展疑难病例讨论、远程会诊100余次。

【医疗共享机制建设】2022年，武汉都市圈各市医疗服务跨城共享，医疗资源共享机制进一步深化。黄石市第二医院与华中科技大学同济医学院附属协和医院、大冶人民医院与同济医院建立战略伙伴关系。咸宁市30家医疗机构、176家零售药店纳入省级异地就医定点医药机构，实现使用社会保障卡诊疗、检查、查询、住院、结算和异地就医等“一卡通”。全年异地就医备案人数40572人次，其中线上备案4696人次。仙桃市对接武汉优质医疗资源，与武汉大学中南医院、湖北省中医院、华中科技大学同济医学院附属协和医院、同济医院等武汉知名医院签订相关协议，加强医疗技术和人才培养合作，促进医疗业务同质化。

医疗服务共享机制不断完善。黄石市35家医院和10家零售药店可直接为异地参保人员结算普通门诊费用。鄂州市在全省率先实现“五市医保经办服务通办”，全市58家定点医院均开通异地就医直接结算服务，普通门诊和定点零售药店实现异地刷卡购药。

医保参保同城化发展，实现医保关系无障碍转移接续（双向转移）。孝感市新增开通26家异地就医定点医疗机构。仙桃市24家定点医院开通异地就医直接结算业务，参保人员可直接结算住院、普通门诊、门诊慢性病医疗费用。潜江市2家医院纳入都市圈职工医保异地普通门诊费用直接结算定点医疗机构，参保人可凭社保卡或医保电子凭证，在试点医疗机构直接结算异地普通门诊费用，实现异地门诊结算“一卡通”。

截至2022年11月30日，武汉都市圈医保参保人员办理圈内城市异地就医备案26.33万人次，异地就医住院直接结算22.07万人次，医保统筹支付费用185125.73万元，门诊直接结算13.33万人次，医保统筹支付费用9.38万元，医保个人账户支付费用3631.07万元，定点药店购药直接结算25.9万人次，使用医保个人账户支付费用3356.60万元。

【医疗诊疗合作】 2022年，武汉都市圈九市医疗诊疗合作进一步深入。7月8日，鄂州市医学会与武汉医学会签署同城发展合作协议书，双方在组织建设、学术活动、医疗鉴定等方面开展深度合作，推动两地医学会工作同城化高质量发展。根据合作协议，鄂州推荐有一定学术影响力的专家进入武汉医学会专科分会，通过学术交流、医学继续教育等多种方式，促进学科发展，提升医疗服务水平。武汉医学会可派专家到鄂州进行学术讲座、继续教育活动。双方将发挥各自优势，通过线上线下相结合的方式，互派专家开展科学知识普及活动。鄂州市推进湖北省中医院葛店院区、梁子湖区人民医院、鄂州航宇吴都医院等医院实行双协议管理，在双定点医院既可以持鄂州社保卡、医保电子凭证，也可以持武汉（黄石）社保卡、医保电子凭证就医。

年内，湖北省卫生健康委员会与孝感市人民政府签定协议，以孝感市中心医院为主体医院，建设呼吸、内分泌、心血管、肿瘤、妇产、儿科、传染病等专业省级区域医疗中心；以孝感市康复医院为主体医院，建设精神病专业省级区域医疗中心，提高孝感市医疗水平及救治能力。省属大医院在孝设立专家工作室。孝感市中心医院与武汉大学中南医院心脏大血管外科合作项目列入2022年孝感市、武汉市双方共同商讨签署10项合作项目之一。3月27日，孝感市中心医院与武汉大学中南医院正式签订学科建设帮扶协议，“武汉大学中南医院心脏大血管外科刘

2022年，仙桃市中医院举行周郁鸿全国名老中医药专家传承工作室（仙桃站）揭牌仪式（仙桃市史志研究中心　供图）

金平教授工作室”在孝感市中心医院挂牌，帮助孝感市中心医院在心脏微创、瓣膜介入、冠脉搭桥、主动脉夹层和经导管主动脉瓣置入等大手术方面实现技术突破。年内，刘金平教授团队来孝指导心脏手术10台，多次联合教学查房和线下、线上学术活动，有力地促进了孝感市中心医院心脏外科发展。加强与在汉高校合作。继续开展孝感市中心医院与武汉科技大学医学院合作、与武汉轻工大学签订《武汉轻工大学直属附属医院合作协议》，并共同承担护理本科班教学。截至年底，孝感市中心医院与武汉科技大学临床医学专业本科生教育、研究生教育协作，武汉科技大学临床医学专业4个临床医学专业本科班135名学生、专业学位硕士研究生31名在孝感市中心医院学习，并开展联合基金科研项目20项。

仙桃市妇幼保健院邀请湖北省妇幼保健院6名专家指导完成乳腺、子宫手术131人次，邀请武汉协和医院专家开展儿童先天性心脏病筛查。市中医医院由医联体定期派驻2名专家接诊206人次，周郁鸿全国名老中医药专家工作室全年线上线下服务243人次。

（各市地方志办机构）

政务服务“跨市通办”

【武汉市政务服务“跨市通办”】 2022年，武汉市推进武汉都市圈政务服务“跨市通办”合作，提升异地办事便捷度和获得感，加速拓展“跨市通办”事项范围。制定并印发《武汉城市圈政务服务“一圈通办”2022年度工作要点》《武汉城市圈“跨市通办”政务服务事项清单（2022年）》。“一圈通办”事项达到410项，涉及户政民政、医保社保、商事税务、司法教育、交通出行、文化旅游、出入境、不动产、公积金等。截至10月底，武汉都市圈九市办件量合计58万余件，武汉市办件量近44万件。

创新“跨市通办”服务模式，推动资源（机构职能）、服务（服务事项）、平台（应用系统）“三下沉”工作。按照以“政务服务事项找系统”的思路，“横到边，纵到底”推进自建政务系统与一体化政务服务平台全量打通。强化电子证照应用共享，身份证、营业执照等120类高频电子证照对应11万余份申请材料实现“免提交”，累计电子证照共享调用1700余万次。推进数据共享创新应用，通过电子证照等数据应用共享，实现电子营业执照和电子印章开户。上线“区块链+不动产”税收治理系统，打通4部门数据，优化再造业务流程，拓展更多高频服务自助办。健全24小时自助政务服务体系，拓展自助终端可办事项范围，在公共场所部署自助终端609台，实时监控设备运行状况，智能推送离线预警短信，保障自助政务服务畅通好用。全年自助服务事项达600余项。其中，“都市圈”服务事项120项，累计受理办件300万件次，实现政务服务事项“就近可办”。

提质增效“跨市通办”服务能力，优化“圈内通办”服务窗口。线上设立湖北政务服务网“武汉都市圈”服务专区，动态调整上线通办事项，合理划分办理模式、面向主体、实施部门等，方便查询和办理。线下实现市区两级政务服务中心“省内通办”综合窗口全覆盖，并有序向基层便民服务中心（站）延伸。按照规范政务服务窗口设置要求，公示窗口服务主要内容和办理事项，完善收件、办理两地工作人员协同联动，提供异地办事服务，提升“圈内通办”服务质效。会同通办城市，运用“全程网办”“窗口通办”“异地代收代办”“多地联办”等形式，为圈内410项政务服务提供“一窗受理、综合服务”，拓展“圈内通办”服务方式，依托自助政务服务终端，推进实现武汉和黄冈、孝感等城市服务事项“跨市通办”，方便群众“就近办、自助办”。

推进跨市服务合作。增强交易保障合力，落实省内政府投资项目远程异地评标常态化要求，强化软硬件设施配备，提高远程异地评标保障能力，吸引都市圈内城市合作开展评标活动。接入区块链技术保障手机CA服务（标信通App），实现CA证书去介质使用和更大范围互认，在武汉市、鄂州市率先实现公共资源交易移动CA互认可用，提高使用便利度，降低使用成本，为“九城同城”公共资源交易领域发展再进一步。举办2022年武汉都市圈开放数据创新应用大赛，邀请黄石、鄂州、孝感、黄冈、咸宁、仙桃、天门、潜江8个城市政务服务数据管理局和武汉市江汉区人民政府共同参与，组织起草《湖北省武汉都市圈要素市场化配置综合改革试点》，积极向国家申请武汉都市圈要素市场化配置综合改革试点。

【武汉市全面开通生育保险待遇核准支付事项“跨省通办”“全程网办”】 2022年，武汉市全面开通生育保险待遇核准支付事项“跨省通办”“全程网办”。

生育保险待遇核准支付事项“跨省通办”“全程网办”全面开通后，符合武汉市生育医疗费用和生育津贴待遇享受条件参保职工，因急诊抢救在本市非定点医疗机构就医或异地就医发生符合生育保险规定的医疗费用，未直接结算而发生现金医疗费用，可在网上自主申报生育医疗费用报销；全市符合享受生育津贴待遇范围的参保人，可在网上自主申报生育津贴待遇。同时推进“减证便民”工作，武汉市参保人申请办理生育保险相关业务时，居民身份证、居民户口簿和社会保障卡等证件实现免提交，医保电子凭证通过网络核验方式实现材料免提交。符合武汉市相关规定的生育医疗费支付事项受理材料无需“出生证明”。根据全省制定生育保险待遇核准支付经办政务服务事项操作规范，统一经办流程、行使层级、办理渠道、办结时限等关键要素，在服务场所对外公开事项名称、办事指南、办理材料、承诺办理时限等信息。通过优化程序，武汉市参保人异地发生产前检查费、生育医疗费、计划生育医疗费3个事项办理时限由20个工作日压减为15个工作日，28项政务服务事项总体承诺办理时限压减60%以上。年内，生育保险待遇核准支付“跨省通办”事项在湖北医保服务平台个人网厅、湖北政务服务网、鄂汇办App等渠道上线。

【《武汉都市圈“跨市通办”政务服务事项清单（2022年）》对外发布】 2022年8月16日，《武汉城市圈“跨市通办”政务服务事项清单（2022年）》（以下简称《清单》）对外发布。在对前期已公布实施319项事项进行优化调整基础上，《清单》新增百余项“跨市通办”事项，包括“提取公积金归还首套房组合贷款商贷部分”“个体工商户注册、变更、注销登记”“基本医疗保险参保人员享受门诊慢特病病种待遇认定”等100余个事项。“武汉1+8都市圈”事项可在湖北政务服务网“省内通办”专区内，选择“全程网办”“窗口通办”“异地代收代办”3种办理渠道。截至年底，“武汉1+8都市圈”共有410个高频事项可“一圈通办”。

（武汉市地方志办）

【黄石市政务服务“跨市通办”】 2022年，黄石市按照“3+3”模式统筹推进实施“一窗通办”改革，市本级公安、税务、公积金3个“专业窗口”，企业事务服务、不动产交易事务和社会事务3个“通办服务区”实现平稳运行，取得“三减三加”（市民之家实现窗口减少、人员减少、事项减少；实现“服务+”，群众办事渠道、服务质效增加；“党建+”，增强党建元素、党建引领作用增加；“数据+”，推动系统联通数据共享、数据应用场景增加）成效。“一窗通办”改革在全省率先完成，黄石经验被《人民日报》、“学习强国”、《湖北日报》、“长江云”等媒体报道，获中共黄石市委、市政府和省政管办肯定。

扎实推进“高效办成一件事”改革指标落实。黄石市“高效办成一件事”第4季度全省考核排名第3名，顺利实现奋进全省第一方阵。改革实现下放县（市、区）高频事项100个，改革经验被省推进政府职能转变和“放管服”改革协调小组办公室以《简报》形式在全省推广。黄石市4个城（园）区32个“先建后验”项目平均开展联合监管3.8次，11个项目实行“联合（分段）”验收。全市发放“一业一证”行业综合许可证1355张。不动产、社保、医保、公积金、市场监管局等突破地域限制，实现“跨域通办”“跨省通办”。推进政务服务标准化、规范化、便利化建设。8月，市政务服务标准化试点顺利通过国家标准化管理委员会评估，成为全省第3家通过社会管理和公共服务综合标准化试点市州。黄石政务服务改革经验在全省再次推广，黄石市19个部门401个事项可圈内“跨市通

2022年8月9日，鄂州市人力资源和社会保障局与鄂州市住房公积金中心签订“社会保障卡＋公积金”一事联办合作协议（鄂州市档案馆　供图）

办”，截至11月底，接受圈内“跨市通办”咨询43件，办理4307件。

（黄石市档案馆）

【鄂州市政务服务“跨市通办”】

2022年，鄂州市与河南省信阳市、江西省九江市、福建省泉州市南安市签订政务服务“跨省通办”合作框架协议，分别实现295项、59项、18项政务服务事项“跨省通办”。分批承接全省第一批312项事项“省内通办”、武汉都市圈3批共计410项高频事项“圈内通办”。不动产登记、交通公交卡、税务、公积金等相关事项实现市内通办。开设“跨省通办”“武汉都市圈通办”线上专区、线下专窗，统一服务标准、优化服务流程、创新服务方式，提升政务服务标准化、规范化、便利化水平。葛店与武汉政务服务“跨域通办”事项达240项，日常政务事项均可在葛店办理。全年葛店经济开发区办理“跨域通办”业务1965件。其中，武汉政务一体机自助终端办理跨域事项318件，政务大厅各部门窗口办件1647件。

（鄂州市档案馆）

【孝感市政务服务“跨市通办”】

2022年，孝感市以“打造武汉都市圈重要节点城市”为目标，优化营商环境，推进政务服务互联互通，解决企业群众异地办事“多地跑”“折返跑”问题。印发《武汉城市圈政务服务“一圈通办”2022年度工作要点》《政务服务“跨市通办”2022年工作方案》，推进2022年孝汉同城政务服务工作落实。新增一批跨市通办事项。截至年底，孝感市实现涉及公安、公积金、教育等19个部门400项政务服务事项“一圈通办”。实现孝汉自助服务“跨市通办”。孝感市民之家24小时自助设备完成职工基本养老保险参保缴费凭证开具、商品房预售许可证查询等63项武汉市自助服务高频事项加载；在武汉市民之家自助服务设备正式加载孝感市职工个人参保证明查询打印、公积金账户查询等8项自助服务事项。便利异地群众全天候自助办，有效填补8小时外服务盲点。自武汉政务服务事项上线以来，全市共办理武汉自助服务事项702件。全年市、县两级跨市通办受理办件11.09万件，咨询办件2.06万件；汉孝公积金转移业务共1273笔，约2333.45万元；孝汉互贷775笔，约3.67亿元。

（孝感市史志研究中心）

【黄冈市政务服务“跨市通办”】

2022年，黄冈市转出至武汉都市圈其他八市公积金中心资金1794笔，金额4646.08万元；黄冈公积金缴存职工到武汉都市圈其他八市贷款206笔，金额10398.10万元。武汉都市圈其他八市公积金中心累计转入黄冈资金1834笔，金额2516.83万元；武汉都市圈公积金缴存职工到黄冈贷款642笔，金额18565.3万元。省内跨地市网上一站式户口迁移办理迁入2587件，迁出17168件，全程网办率、限时办结率均位居全省前列。全市63家定点医疗机构、399家定点药店开通异地就医住院、普通门诊费用直接结算服务。全市23家景区加入“武汉都市圈旅游年卡”，实现武汉都市圈旅游年卡通用。黄冈90%以上行政审批事项可在异地全程网上直接办理。加快推进以社会保障卡为载体居民服务“一卡通”，与“武汉通”公司、卡商、合作银行签订合作协议，启动全市三代社保卡加载“武汉通”功能，推进黄冈市居民持社保卡在武汉都市圈城市享受交通出行、文化体验、旅游观光等方面“同城待遇”。黄冈市公积金完成武汉都市圈住房公积金同城化业务平台系统对接，在全国首创实现圈内缴存，职工可以使用本地缴存住房公积金，以委托扣划方式直接偿还在都市圈内其他城市住房公积金贷款。

（黄冈市史志研究中心）

【咸宁市政务服务“跨市通办”】

2022年，咸宁市制定出台《武汉城市圈政务服务“一圈通办”2022年度工作要点》。从拓展通办事项覆盖范围、推进政务服务标准化建设、强化通办服务支撑能力、提升通办窗口服务质效等方面落实“跨域通办”。印发《关于公布武汉城市圈“跨市通办”政务服务事项清单（2022年）的通知》，在市民之家办事大厅、咸宁市政务服务和大数据管理局官网予以公示，公布410项跨市通办政务服务事项，包含户口迁移审批、机动车驾驶证核发审验、增值税一般纳税人登记等与办事群众和企业息息相关的事项。全年“跨域通办”窗口共办理事项1.09万件（其中线上1.07万件、线下231件）。

咸宁市深化“放管服”改革，政务服务承诺时限比法定时限压缩86.7%，可网办事项100%，网办件占比60%。整合42条政务服务热线，实现“12345”热线一号通。制定实施优化营商环境128条，出台“自然资源10条”“金融助企纾困”等全周期服务配套措施。在全省率先公布包容审慎监管行政处罚“四张清单”635项。发布“免申即享”清单496个，累计拨付资金8.92亿元，惠及企业2766家次，惠及个人130万人次；办理增值税留抵退税25.74亿元，退还比例高于全省平均水平1.29个百分点，惠及企业2234家，帮助企业纾困解难。咸宁市连续20年获评“湖北省金融信用市”，三赢兴公司通过证监会审核待发行、平安电工公司进入证监会审核。

（咸宁市史志研究中心）

【仙桃市政务服务“跨市通办”】

2022年，仙桃市与“1+8”都市圈签署城市跨城通办合作协议，配合武汉市完成“1+8”都市圈事项清单梳理，包含公积金、医保、交通运输等410项事项，通过湖北政务服务网、政府网站、微信公众号等渠道分批次向社会公开。明确“异地代收代办”和“多地联动”事项“收受分离”职责分工，优化整合业务流程。完善服务标准，编制办事指南、操作流程，推动同一事项在不同地域无差别受理、同标准办理。依托湖北政务服务网“省内通办”特色服务专区对外公布。作为服务总入口，提供“1+8”都市圈事项展示和网上申报、服务搜索、办件查询、咨询投诉建议、“好差评”等功能。加快与“鄂汇办”App旗舰店和自助终端机对接，实现更多“1+8”都市圈事项“掌上办”“指尖办”“就近办”。截至年底，武汉都市圈“跨市通办”窗口仙桃市每月平均办件达1400余件，实现异地代办。市政务服务中心无偿提供帮办代办服务，加紧建设全市“24小时不打烊”自助服务区，持续推进服务前移。

（仙桃市史志研究中心）

【天门市政务服务“跨市通办”】

2022年，天门市探索自助服务“跨域通办”，推进政务数据共享互认。上线武汉都市圈3批“跨市通办”事项清单，涉及住建、公安、公积金、司法、交通运输、民政、人社等18家部门410项事项。7月，再次梳理319项“跨市通办”事项清单。政务服务中心大厅开设“跨省·武汉都市圈通办窗口”，对外公开“跨市通办”事项清单，融合“线上线下”服务方式，采用远程视频会商、本地收件、邮寄异地办理等方式多渠道办理，让群众享受圈内办事便利。全年共产生都市圈“跨市通办”办件5002件，办件咨询3028件。政务服务中心自助服务终端上线不动产、公积金、人社、公安、医保等38项自助服务，并与福建、海南、广西、四川、河南、黑龙江、重庆等地区实现1000余项“跨省通办”服务。截至2022年底，共办件1987件。自助服务终端网络环境完成与武汉公安厅系统对接。全市共梳理事项类政务数据目录2602条，汇集政务数据5.88亿条、28家部门证照数据22.3万本，推动与武汉及全省各市州数据资源共享互认。

（天门市文化和旅游局）

【潜江市政务服务“跨市通办”】

2022年，潜江市政务服务推进3

2022年，潜江市积极推进政务服务事项“圈内通办”。图为潜江市政务服务中心“圈内通办”综合窗口（潜江市档案馆 供图）

批合计410项高频政务服务事项实现“圈内通办”，通办事项涉及住房公积金、民政、医保、人社、户籍、出入境、交通运输等20个高频应用领域。制定《政务服务“跨市通办”综合窗口运行管理机制（试行）》。通办机制建立以来，为异地申请人提供办件服务超过1200余件。强化政务数据资源归集，电子证照库归集49家单位、325个目录、199种证照类型、41万多条数据，证照库对接业务系统5个，接口对外提供服务38余万次。数据共享交换平台汇聚全市24个部门191项数据。企业技术合同认定登记、科技成果登记，个人户口迁移审批、残疾人证办理等事项均不出家门就可“跨城通办”，通办事项涵盖科技、公安、民政、人社、公积金等15个部门中企业、群众经常办理的政务服务事项。实施圈内通办后，企业、群众可以通过“全程网办”“异地代收代办”等方式，跨城完成事项办理，在武汉都市圈9个城市办事享受“同城待遇”。

（潜江市档案馆）

社会保障跨城服务

【跨市异地就医直接结算】 2022年，武汉都市圈九市异地就医实现全程网上办理，完成跨市异地就医直接结算。武汉市率先在全省实现全部定点医疗机构支持使用医保电子凭证结算医保费用。武汉市异地就医直接结算定点医疗机构增至399家，定点零售药店增至1173家，圈内各城市参保人可直接登录“国家医保服务平台”App、湖北政务服务网和“鄂汇办”App，分别申请办理跨省、省内异地就医备案，实现“零跑腿”和“不见面”办理。8月，实现异地就医备案服务下沉全市3400多个街道（乡镇）、社区（村），全面实现异地就医备案服务一窗办、家门口办，“就近办”成效显著。精简备案材料，对“异地就医登记备案表”容缺受理，对异地就医长期备案三个事项实行个人承诺制，可无需提交证明材料，降低申请人办事成本。实现高血压等5个门诊慢特病医疗费用异地直接结算。10月，实现高血压、糖尿病、恶性肿瘤门诊放化疗、尿毒症透析、器官移植术后抗排异治疗5个门诊慢特病医疗费用在武汉都市圈内异地直接结算。截至11月30日，武汉市使用医保电子凭证结算占比31.9%，日均使用医保电子凭证结算5.9万笔，占全省使用量32.2%。武汉都市圈参保人员办理圈内城市异地就医备案26.33万人次，异地就医住院直接结算220679人次，医保统筹支付费用185125.73万元；门诊直接结算13.333万人次，医保统筹支付费用9.38万元，医保个人账户支付费用3631.07万元；定点药店购药直接结算25.9万人次，使用医保个人账户支付费用3356.60万元。

黄石市参保人全年在武汉、鄂州、黄冈3市就医10.07万人次，发生医疗费用7.90亿元，医保基金支付4.22亿元，政策范围内报销比例为74.8%；武汉、鄂州、黄冈3市参保人在黄石市就医11.12万人次，发生医疗费用1.07亿元。

鄂州市在全省率先实现“五市医保经办服务通办”，全市58家定点医院均开通异地就医直接结算服务，普通门诊和定点零售

2022年，武汉都市圈九城实现异地就医医保即时结算（《长江日报》记者刘远航　供图）

药店实现异地刷卡购药，实现医保关系无障碍转移接续（双向转移）。

孝感市新开通26家异地就医定点医疗机构，孝汉两地异地就医直接结算合计18.33万人次，结算金额60451.88万元。其中，孝感参保人到武汉异地就医直接结算8.79万人次，结算金额57634.81万元；武汉参保人到孝感异地就医直接结算9.54万人次，结算金额2817.06万元。依托“国家异地就医备案”App、“国家医保服务平台”App、“鄂汇办”App等大力推进“网上办”，实现异地就医备案“即办秒批”。全年全市异地就医备案办理共有1635个村（社区）网点，共办理异地备案事项8.19万人次。其中，职工1.51万人次、居民6.67万人次。率先在全省双向开通高血压、糖尿病、恶性肿瘤门诊治疗、慢性肾功能衰竭（透析）、器官移植抗排斥5个病种门诊特殊慢性病治疗费用跨省直接结算，扩大异地定点医疗机构范围，实现异地就医定点医疗机构数量和异地就医直接结算覆盖范围“双提升”。2021—2022年，异地就医定点医疗机构数量从33家提升至102家。首次将定点零售药店纳入异地就医，异地就医直接结算覆盖范围从住院结算报销扩大到门诊购药报销。截至年底，孝感市累计开通异地就医定点零售药店390家，实现异地就近购药直接结算。

黄冈市于8月开通慢性病门诊省内及跨省异地直接结算服务。9月，黄冈市发布《关于进一步提高异地就医直接结算便捷性的通知》，拓宽异地就医备案渠道，简化异地就医备案程序，优化异地就医直接结算政策。全年全市异地住院就医14.74万人次，医保基本统筹支出11.24亿元；门诊就医1276人次，医保基本统筹支出17.11万元。

咸宁30家医疗机构、176家零售药店纳入省级异地就医定点医药机构，实现使用社会保障卡诊疗、检查、查询、住院、结算和异地就医等就医全过程“一卡通”。全年异地就医备案人数4.06万人次，其中线上备案4696人次。

潜江市2022年异地就医直接结算3.53万人次，结算医疗费用37253.62万元；武汉都市圈各市到潜江就医直接结算77.67万人次，结算医疗费用18341.25万元。

【药品带量采购议价成果共享】

2022年，武汉都市圈各市大力推进药品和医用耗材集中带量采购，以量换价，降低虚高药品耗材价格。年底，武汉市医保局发布《关于药品医用耗材集中带量采购落地执行情况的通报》，公布武汉市胰岛素国家集采、冠脉支架国家集采和骨科创伤类耗材12省集采落地执行情况，完成率分别为108.4%、135.3%和123.7%。都市圈九市共享药品带量采购成果，15种药品25个品规价格平均下降39.6%。黄石市加入都市圈药品耗材集中带量采购联盟，全市381个品种、831个品规药价平均下降53%，最高下降98.3%。黄冈市加入国家药品集中带量采购试点扩围工作以来，组织全市237家公立医疗机构参与药品医用耗材集中带量采购。全年共计执行国家组织6批219种药品、2批3种医用耗材集采中选结果；执行11个省级联盟组织4批62种药品、7批14种医用耗材集采中选结果。集采中选药品价格平均降幅达到53%，医用耗材价格平均降幅达到82%以上。

【公积金互认互贷】2022年，武汉都市圈住房公积金同城化现场会召开，审议通过《武汉城市圈住房公积金同城化数据互联共享平台技术方案》。都市圈九市公积金中心共同签署同城化发展合作协议，实施5项便民惠民新举措，全面开启武汉都市圈住房公积金互认互贷全合作新格局。

公积金“相互认”。都市圈九市公积金中心初步建立起武汉都市圈住房公积金“缴存互认、贷款互助、核查互通、催收互帮、信用互享”合作机制，圈内职工可享受“同城待遇”，公积金“互认互贷”全面拓展，其中，武汉市与鄂州市合作探索开展异地购房由缴存地中心发放贷款新模式。1—11月，都市圈九市公积金中心共向1898名职工发放公积金异地个人住房贷款7.68亿元。

公积金“自由转”。进一步优化异地转移接续政策，取消缴存职工在转入地公积金中心须缴存满6个月的限制条件。圈内缴存职工发生工作变动，住房公积金可实时转入至新工作地，不因工作调动而影响职工公积金使用权益。1—11月，都市圈九市之间共发生公积金异地转移业务1.6万笔次，金额3.42亿元，做到“账随人走、钱随账走”。

公积金“就地办”。通过建立窗口直联办理机制和共享业务库，开展业务培训，采取“两地联办”“网上通办”等方式，都市圈九市职工可在圈内任意公积金服务大厅办理本人在其他城市公积金业务，实现“互为业务办理窗口”。自4月该项创新举措实施以来，都市圈九市公积金中心互办各项业务621笔，有效避免企业和职工办事“多地跑、折返跑”。

2022年6月9—10日，武汉城市圈住房公积金同城化发展数据互联共享平台技术方案及异地委托数据接口会议在咸宁市召开（咸宁市史志研究中心供图）

公积金“打通用”。都市圈九市公积金中心共同研究制定《武汉都市圈住房公积金委托扣划偿还异地贷款业务操作规程》，签署《委托扣划偿还异地贷款业务合作协议》，确定将建行湖北省分行作为委托扣划偿还异地公积金贷款的结算专户，以业务办理驱动资金结算，并通过住建部结算应用平台实现业务直接驱动资金的实时结算，确保贷款职工跨城市扣划还贷资金实时到账。截至11月底，业务平台上线试运行以来，武汉与八市双向共委托扣划偿还异地还贷共259笔（次），金额39.24万元。

公积金“系统联”。武汉住房公积金管理中心牵头开发建设“武汉都市圈住房公积金同城化业务服务平台”，都市圈九市协同核心业务系统接口程序开发和专线网络联调测试，业务服务平台一期功能于9月17日上线试运行，九市公积金中心之间具备信息查询与核验、数据传输与交互、业务办理与融合等功能，为深化武汉都市圈住房公积金同城化发展提供科技支撑。

鄂州市率先在全国探索试行“购房地申请缴存地发放贷款”异地贷款新模式，武鄂黄黄4市共同实施住房公积金委托扣划偿还异地贷款业务规程，共建共用一套业务信息系统，实行证明材料“信息授权、亮码验真、鉴权存证”，贷款“不见面”审批、视频“云面签”等服务。

孝感市住房公积金中心提升与武汉都市圈住房公积金互贷互认契合度，与武汉住房公积金管理中心沟通，签订《武汉孝感住

2022 年，武汉都市圈 CA 互通互认全面推行（武汉市地方志办　供图）

房公积金同城化发展合作协议》，实现两地互通协作；签订《武汉都市圈住房公积金委托扣划偿还异地贷款业务合作协议》，举办都市圈业务合作专题会，与都市圈住房公积金共同开发搭建武汉都市圈住房公积金同城化业务服务平台，实现圈内公积金委托扣划偿还异地贷款业务。武汉都市圈缴存职工可以使用本地缴存住房公积金，以委托扣划方式直接偿还在武汉都市圈内其他城市住房公积金贷款。年内，武汉、孝感双方互贷 775 笔。其中，武汉职工在孝感贷款 380 人，金额约 1.3 亿元；孝感职工在武汉贷款 395 人，金额约 1.6 亿元；孝感职工在武汉购房提取 2051 笔，金额约 2.5 亿元。截至 12 月底，武汉都市圈其他各市公积金中心累计转入黄冈 1834 笔，金额 2516.83 万元；黄冈转出至武汉都市圈其他公积金中心 1794 笔，金额 4646.08 万元。黄冈公积金缴存职工到武汉都市圈其他八市贷款 206 笔，金额 10398.10 万元；武汉都市圈其他八市公积金缴存职工到黄冈贷款 642 笔，金额 18565.30 万元。天门市公积金贷款实现与武汉互认互贷，开通异地转移接续、委托扣划偿还异地贷款业务，住房公积金委托扣划偿还异地贷款业务平台上线试运行，共办理委托扣划偿还异地还贷 24 笔（次），金额 4.55 万元。

【都市圈社会保障一体化进程提速】 2022 年，武汉都市圈各市共同推进社会保障一体化进程。武汉市加强社保服务合作，推动工伤经办同城化，实现工伤保险“五统一”，最大化数据共享，实现劳动能力鉴定异地委托，提供劳动能力鉴定专家异地服务。推进失业经办同城化，失业人员在省内跨区申领失业保险金，不受地域限制，全程可通过省政务服务网或手机支付宝、微信等申领渠道进行网上办理。

黄石市开展“阳光社保·情暖万家”精准扩面专项行动，其中新增扩面参保 3 万人，全市基本养老、失业、工伤保险参保人数分别达到 92.28 万人、29.98 万人、30.8 万人。在全省率先调整工伤保险浮动费率，工伤保险定期待遇平均增长 9.8%，深化非全日制从业人员参加工伤保险试点，探索实施“社保 + 商保”工伤认定服务新模式。同步调整全市 52.3 万名退休人员待遇，按时足额发放养老金 85.2 亿元，为 4.4 万名困难人员足额代缴养老保险费。争取“一统四补”政策，黄石市企保历年缺口省级补助金全部拨付到位，工伤保险省级调剂金补助额度约占全省一半，社保遗留问题得到历史性解决。

鄂州市加入武汉都市圈劳务协作联盟，签订劳务合作协议，组织武汉、黄石、黄冈等地开展花湖机场用工需求调研，推进武汉都市圈就业一体化发展。缩小与武汉社保政策待遇差距，将城乡居民基本养老保险基础养老金提高 20 元。借鉴武汉市人力资源服务产业园建设经验，出台市级人力资源产业园管理办法，助力企业提质增效。联合武汉人才集团组建鄂州人才公司、设立武鄂同城一体化举报投诉窗口、签订社保卡 + 公积金“一事联办”协议，实现由“率先融入”到“同城共进”转变。与武汉市、黄石市、黄冈市签订医保经办服务事项“跨市通办”战略合作协议，设立“跨市通办”窗口，建立帮办代办微信群，安排专人负责，实现医保相关业务远程帮办代办。全年为参保人员办理武鄂黄黄都市圈内业务 2.6 万件，为异地参保人员办理业务3700件。

孝感市推进人社领域市本级311个政务事项“一网通办”，5个主题服务“一事联办”，17项高频事项“跨省通办”，90个政务事项武汉都市圈“跨市通办”，15个政务事项市、区两级“同城通办”“窗口通办”。咸宁市先后上线湖北省企业职工社会保险综合柜员制系统、国家医保信息平台，社会保障卡实现在湖北省内社保、医保一卡通用。

【社会保障卡无障碍转移接续】2022年，武汉都市圈各市加强圈内社保卡无障碍转移接续工作，一卡通用稳步推进。武汉市与黄石、鄂州、孝感、咸宁等地签订“一卡通”合作协议，推动第三代社保卡加载“武汉通”功能，覆盖黄石、鄂州、孝感等周边12个城市，并可享受当地城市公交折扣。开通省内跨地区受理社保卡首次制卡、补换卡业务及一般卡业务，为都市圈及省内异地参保人员提供办卡服务。黄石市建立圈内工伤认定、劳动能力鉴定异地委托经办和结论互认机制。鄂州市医保关系转移由寄信函模式转变为通知单模式，实现线上即时办理。全年办理医保关系转移1168人次。其中，武汉市835人次、黄石市210人次、黄冈市123人次。推进自由参保。城乡居民、灵活就业人员均不受户籍限制，可自由选择在武鄂黄黄都市圈内4个城市参加城乡居民医保或者城镇职工医保。孝感市加强武汉都市圈内养老保险关系互联互通，3月起，全市普发第三代社保卡，同步签发电子社保卡。实行新发卡和补换卡全部发行第三代社保卡，确保第三代社保卡新增数量不低于当地持卡人数10%，电子社保卡签发人口数量不低于46%。人社领域待遇发放全部进卡，社保卡“一卡通”人社领域95项“一卡通”应用目录全面开通。黄冈市居民可持社保卡（电子社保卡）在武汉都市圈内享受就医购药、乘坐公交、借阅图书、政务服务等公共服务。在社保卡业务经办方面，社保卡挂失、解挂、密码修改、密码重置、密码解锁、补换卡等服务可异地办理，实现都市圈范围内用户社保卡无障碍转移接续。

（各市地方志机构）

人力资源协作

【劳务协作】2022年，武汉都市圈各市进一步加强圈内重点企业用工需求与劳动力有序流动相结合，高质量形成劳务协作同城化。成立武汉都市圈劳务协作联盟，围绕服务“51020”产业（5个万亿级支柱产业、10个五千亿级优势产业、20个千亿级特色产业集群）、“965”产业（9大支柱产业、6大战略性新兴产业、5大未来产业）及光芯屏端网等重点产业企业及各类用工大户促进劳动力转移就业2大目标，建立10大劳务协作基地，实现岗位信息同发、求职信息共享、服务企业用工互补。武汉市与钟祥市、红安县签订就业协作协议、劳务合作协议，建立长期人才交流合作机制。积极与明德生物、高德红外、富士康等大型用工企业与重点机构对接需求，组织到红安开展引进高端技术型人才交流座谈会，了解开展劳务合作的需求和基础。推进就业招聘协作。在武汉、黄石两地同步举办直播招聘

2022年6月24日，武汉城市圈劳务协作联盟举行首场网络招聘暨直播带岗活动（武汉市地方志办　供图）

活动，组织顺丰快递、苏宁易购等10家重点企业参加武汉市直播，提供就业岗位2000余个。在湖北公共招聘网同步举办4场“乐业同城”系列网络招聘会，共组织圈内城市812家中小企业参与，提供岗位4万余个，促进来自武汉都市圈近万名求职者达成就业意向。吸引人才跨区域流动。年底，武汉、鄂州、黄石、黄冈4市人力资源和社会保障局集体签署《武汉都市圈劳务合作协议》，推动岗位信息同发、企业用工互补，探索劳务协作新模式，拓宽劳务协作新渠道，加强都市圈内重点企业用工需求与劳动力有序流动相衔接。

黄石市与圈内城市共签订《黄石港区·蕲春县劳务合作协议》《开发区·铁山区——黄冈市黄梅县劳务对接战略合作协议》等劳务合作协议3份。

鄂州市签订《2022年武鄂劳务交流协作协议》，在武汉智联招聘平台发布鄂州市287个企业招聘信息1.5万条，推进两市用工余缺调剂。开发“及时雨”小程序，邀请武汉市华星光电等30个企业入驻，累计注册零工3.8万余人、企业140个，帮助就业1.7万余人。先后有美的集团、海尔集团等42个武汉企业参加鄂州市“春风行动”等系列招聘会，组织华中数控等50个企业携带1875个就业岗位参加武汉校招会，化解企业用工难、职工求职难问题。

孝感市升级公共招聘网为“湖北省公共招聘网·孝感站”，打通汉孝公共就业招聘信息网，实现汉孝人力资源、就业信息互通共享，推动招聘网信息互联互通。组织武汉专区招聘活动，举办民营企业服务月活动，累计邀请530余家武汉企业到孝感市高校专场招聘，提供岗位约2.2万个，签订就业意向人数约1600人。年内，武汉音乐学院选派320余名高校毕业生到孝感市中小学开展实习实训活动。

黄冈市全年招聘活动中有52场次涉及武汉都市圈“1+8”劳务协作，来自武汉、黄石、鄂州等地129家重点企业提供就业岗位9600余个，达成就业意向758人。

【大学生就业创业工作合作】 2022年，武汉都市圈各市持续推动优质人力资源服务企业向园区集聚发展，进一步加强大学生就业创业工作合作。武汉市聚焦“学子留汉”工程，大力为高校毕业生筹集就业岗位，组织人力资源服务机构积极参与高校毕业生就业服务，全市规上人力资源服务机构举办招聘会474场，提供招聘岗位近20万个，进一步拓宽毕业生就业渠道。

黄石市开展武汉都市圈联合招聘，加强就业招聘合作交流。1月21日，举行2022年黄石市“春风行动”启动式暨武汉城市圈直播招聘会，首次联合武汉都市圈内城市及江西九江开展“1+8+1”都市圈就业联谊，采取“全域联动、全圈协同、全时播招、全网推介、全链条助力”方式，线上线下同步进行。110家线下重点企业进场招聘，提供岗位637个；线上直播带岗企业43家，涉及机械制造、物流仓储、服务业、商贸等多个行业岗位。年内，黄石市与武汉、鄂州、黄冈等圈内城市共开展线下招聘活动4场，累计参会企业350家，提供岗位2000个，吸引求职者1.33万人次。

孝感市开展第五届“中国创翼”创业创新大赛湖北省选拔赛暨2022年度“才聚荆楚·创立方”大赛孝感市选拔赛。联合各县（市、区）人才服务机构、市高新区、湖北工程学院、湖北职业技术学院，加大创翼大赛项目征集力度，支持回孝武汉高校毕业生创新创业，征集到项目30余个，确定10个项目推荐参加省级比赛。

咸宁市印发《关于实施“才聚荆楚·志在咸宁”工程促进高校毕业生就业创业十条措施的通知》《咸宁市直大学生生活补贴发放精简流程实施细则》，自10月25日起，对引进大学生生活补贴发放实行免申即享，向在咸宁就业参保全日制普通高校毕业生（含高职高专）连续发放生活补贴，标准自1500元/人/年到10000元/人/年不等。全年共计审核298人，其中符合条件的20人发放补贴8.6万元。

潜江市组织大学生求职大赛，提升就业能力。9月，“才聚荆楚·勇往职前”湖北省大学生求职大赛初赛在潜江市江汉艺术职业学院举办。组织校园招聘活动。依托“湖北高校就业促巡回招聘会”，9月23日，潜江市13家重点企业进驻湖北大学、武汉工程大学开展“潜江市2022年名企进高校招聘活

2022年2月15日，2022年湖北省人力资源服务机构保用工促就业活动在武汉举行（武汉市地方志办　供图）

动”，提供就业岗位812个，参加招聘活动大学生1500余人，现场发放企业宣传资料520份，接受简历216份。

【人才交流合作】 2022年，武汉都市圈城市全面开展干部人才双向交流。九市互派66名干部挂职和跟班学习。其中，武汉市选派20人到都市圈八市挂职锻炼，八市选派23人到武汉市挂职，23人短期跟班学习。

武汉市出台《武汉市跨区域跨单位流动专业技术人员职称确认或重新评审管理暂行办法》。对因工作调动、军队退役安置或就业创业，从外省（市）、中央或省属企事业单位流动到武汉市所属企事业单位、社会团体、个体经济组织等单位工作的专业技术人员进行职称确认或重新评审。办理职称异地互认手续，拓展专业技术人员就业途径，提升职业发展空间，助力武汉都市圈同城化发展。

黄石市与武汉工程大学签署校地战略合作框架协议，将武汉和全国科教资源导入黄石，实现“研发孵化在武汉、制造加速在黄石”双向互动格局。位于黄石的振华化学等9家企业与武汉工程大学签订技术创新合作项目。开展“在汉院士专家企业行”活动，13名教授专家先后到黄石重点产业链企业开展技术帮扶服务；在黄石（武汉）离岸科创园开展专场人才沙龙服务活动1期，服务高校毕业生和各级各类人才50余人次，打造“黄石爱人才，人才爱黄石”良好环境。

孝感市开展汉孝人才交流活动。实施“澴川创新创业人才计划”和“才聚荆楚·立业澴川”等人才工程，开展人才专项引进。组织孝感市重点企业到武汉大学、华中科技大学、长江大学等高校参加“才聚荆楚·春回校园”校园招聘会，依托人社部“猫头鹰”云人才平台举办“才聚荆楚·大中城市联合招聘”孝感专场网络招聘会，通过举办线上线下招聘会，为企业招才揽才。累计组织参与企业133家，提供就业岗位1.3万个。全年16名院士专家到孝感市企业现场指导，解决企业生产难题，共为全市企业解决各类技术难题24个，达成项目协议10个。

咸宁市培养引进用好专业人

2022年7月20日，黄石市人民政府与武汉工程大学签署校地战略合作框架协议（黄石市档案馆　供图）

才，推进“三个一百”（培育100家高新技术企业成为国内知名、省内有影响力的重点高新技术企业，培育100名骨干专家人才成为推进咸宁产业技术发展的科技领军人物，支持100项重要科技成果转移转化成为支撑经济社会高质量发展的新引擎新动能）建设，打造创新创业人才高地。实施“才聚咸宁”计划，实现引进人才奖励资金无需申报直达个人账户。完成2022年“三个一百”资源库更新工作，并在咸宁科技资源共享和公共服务平台挂网。对香城文创众创空间、光谷南·科技城、启迪之星（咸宁）、优美特孵化器、方片互动孵化器等平台提供指导，举办科技企业孵化器从业人员培训班。举办第十一届中国创新创业大赛（湖北咸宁赛区），3家企业进入湖北省赛区决赛。

潜江市举办“人才服务月”推进会暨人才政策兑现和“人才服务卡”颁发仪式，集中为全市符合人才政策兑现申请的4人发放经费补贴55.2万元；为全市符合“人才服务卡”申请条件的511名人才发放“人才服务卡”。出台《关于申请人才服务卡的通知》和《关于申报“潜江英才”“潜江俊才”“潜江专才”“潜江匠才”有关事项的通知》，共收到人才服务卡申请607人，政策兑现申请28人。与企业对接，共收集10家企业活动需求信息。其中，5家企业成功对接5位意向专家。截至年底，专家帮助企业解决技术难题7个，促成科技成果转移转化4项，为企业培训129人次，为企业引进人才3名，达成项目协议6个，协议成交金额550万元，推动共建平台3个。

【劳动保障监察合作】 2022年，武汉都市圈各市共同推进都市圈劳动保障监察合作。武汉市召开劳动保障监察一体化建设线上推进会。推进诚信等级评价信息共享，实现对武汉市61413户、鄂州市1507户用人单位劳动保障守法诚信档案信息共享，对劳动保障诚信等级评价结果互认、失信企业信息互通。对属于都市圈其他城市管辖的举报投诉，优先受理，及时处理。推进武汉都市圈劳动人事争议调解仲裁协同发展，协同开展跨区域案件处理，协同开展调解仲裁业务研训，协同开展调解仲裁工作交流。

黄石市向都市圈各市（州）劳动保障监察部门发出《关于共同推进武汉城市圈劳动保障权益同城互维的倡议函》。对跨区域欠薪违法案件，建立都市圈协查合作机制，通过线上发送委托协查函、跨区域文书送达、都市圈同步协查等形式，高效处置湖北龙神生活服务公司等7起欠薪案件，为54名劳动者追回劳动报酬83万元。

鄂州市强化劳动保障监察合作。签订《2022年武鄂劳务交流协作协议》，开发“及时雨”小程序，共享劳动力资源。推进农民工工资信息化监管，率先设立武鄂同城一体化举报投诉窗口，实现欠薪投诉异地联办。

孝感市认可武汉都市圈城市劳动能力鉴定结论，武汉都市圈城市劳动能力鉴定异地委托办理和结论互认工作无政策障碍。加强劳动保障监察联动，不定期召开会议交流，达成信息共享，用人单位诚信等级评价结果武汉都市圈内互认，农民工工资支付保证金差异化存储办法圈内企业享受同等减免，劳动保障监察案件圈内形成协查、联办，举报投诉案件圈内一地投诉协同查处，联合执法惩戒，联动响应格局。

（各市地方志机构）

文旅联动发展

【都市圈文化服务一体化建设】 2022年，武汉都市圈各市加强文化艺术和公共服务交流合作，推进都市圈公共文化服务一体化建设。武汉市群众艺术馆（文化馆）、公共图书馆和博物馆，联合武汉都市圈城市文化场馆共同举办多项文化活动。搭建联动工作平台，建立常态化沟通协作机制，推动公共文化服务资源共享、优势互补。1—3月，武汉市群众艺术馆联合都市圈各城市群众艺术馆共同举办“楹联书法作品大赛”和“剪纸作品征集大赛”，并在武汉市群众艺术馆等地举办优秀作品线下展览。3—5月，江汉关博物馆原创展览“中国人的光荣——纪念中国铁路之父詹天佑”送展至黄石市博物馆。4月，武汉图书馆通过“江城读书节”公益阅读品牌，联合八城市公共图书馆共同举办武汉都市圈公共图书馆阅读活动，

2022 年 9 月，鄂州市群众艺术馆选送的现代京剧《红色娘子军》获文化和旅游部主办的第十六届“和平杯”全国大赛集体节目金奖（鄂州市档案馆　供图）

推进文献资源建设、都市圈地方文化研究、阅读推广等领域交流合作。6—8 月，引进黄石市博物馆“天地一洪炉——铜绿山古铜矿遗址展”在汉展出。盘龙城遗址博物院与黄冈市蕲春县博物馆合作，同时联合有关文博单位共同推出全国首个绿松石文化专项展览“色如天相·器传千秋——中国古代绿松石文化展”，推进武汉都市圈博物馆间互联互通互享。11 月，在第十一届琴台音乐节合唱比赛上，武汉都市圈城市以“献礼二十大·奋进新征程”为主题，共同唱响都市圈群众文化，其中咸宁市、黄石市、黄冈市、鄂州市和天门市等地参赛团队分别获得“十佳团队”和“优秀团队”称号。

黄石市加强馆际合作力度，形成资源共享、互惠互通良好态势。充分开展图书馆、群艺馆等馆际交流和信息互通。利用图书馆平台资源，参与“长江读书节”“艺衢童功”绿色艺术行动等 5 大主题活动。加强周边艺术品鉴交流，促进文化资源跨区域融合。黄石市图书馆与鄂州市图书馆就“书香黄石讲书堂”成立、发展和后续服务等经验进行分享交流；黄咸两地联合主办“诗画黄石·山水咸宁——黄石·咸宁两地美术作品邀请展”。

鄂州市全年开展“送戏下乡”“戏曲进校园”“文艺进景区”活动 146 场，荆楚“红色文艺轻骑兵”“送文化下乡”等群众文化活动 27 场。打造群众文化“天天学”“周周乐”“月月讲”三大文化服务品牌，举办公益培训、展览展示、“乡村村晚”、“我们的节日”系列活动超 100 期（场）。

孝感市体育艺术学校探索孝汉艺术人才联合培养机制，主动与武汉楚剧院对接，聘请 2 名楚剧专家来校任教，充实楚剧班教师力量；承办多场孝感市与武汉音乐学院战略合作专题文艺演出活动。

黄冈市全年参加武汉都市圈文化交流活动 10 场。2 月，孝感市群艺馆到黄冈考察学习公共文化云和数字文化馆建设成效。4 月，组织全市图书馆开展武汉都市圈“九城接力阅读”活动，加入武汉都市圈图书馆联盟。7—10 月，开展“灵秀湖北欢迎您——首届万名司机讲家乡故事大赛”武汉都市圈片区赛活动。

咸宁市美术馆启动公益美术培训项目，开展少儿书画美术公益培训，举办“山水咸宁”美术作品邀请展、“李邕杯”青少年书画作品展。咸宁市图书馆实施智慧图书馆体系建设和馆藏地方图书数字化工程。咸宁市群艺馆启动公共文化云建设项目，采集报送场馆及其活动信息 167 条，开展线上培训课堂 20 期，举办中小学生线上书画展 6 期。

【文化旅游产业融合发展】 2022 年，武汉都市圈文化和旅游发展融合进程提速。武汉市推动文化旅游产业融合发展，组织文艺演出、群文活动、文博展览、非遗展示等文旅活动进农村、进社区、进企业、进学校、进景区。节假日期间，全市 10 个重点景区（街区）开展“武汉有戏·文艺演出进景区”等活动 500 余场。组织汉剧、楚剧上游船，创新打造“戏水长流·长江剧场”夜游长江新名片。

黄石市坚持文旅融合发展。建成华新水泥文化遗址公园、东方山东昌阁、华侨城恐龙水世界等一批文旅项目。黄石市与咸宁

2022 年 4 月 23 日，世界读书日武汉“2022 江城读书节”暨武汉都市圈九城共读活动在武汉图书馆正式启动（武汉市文化和旅游局　供图）

市共同推出鄂东南红色旅游线路、幕阜山乡村旅游线路等特色旅游线路。启动“惠游黄石·乐享生活”活动。推进黄石·咸宁同城化旅游互惠活动。开展“樱”为有你——磁湖赏樱游园暨文明旅游主题日、2022 年“中国旅游日”黄石主题活动启动式、华新文创非遗展等文旅活动。

鄂州市加强武汉都市圈群艺馆之间交流和信息互通，实现武鄂黄黄四地群艺馆之间群文咨询互通、线上活动互享。武鄂两地图书馆签订馆际同盟协议，开展馆际间联合编目和馆际间图书互借及传递。鄂州与黄冈、黄石图书馆共享讲座资源，联合举办家庭教育讲座；开展图书馆馆际间学术交流活动和博物馆馆藏文物交流展示活动。区级“三馆一场”建设持续推进，华容区建成开放集影院、文化馆、博物馆（非遗馆）多功能文体广场为一体的文化中心；梁子湖区图书馆、文化馆主体工程完工。争取省级专项补助资金 40 万元，提档升级文化广场 4 个；合理安排公共文化服务体系建设补助 282.2 万元，推进市级基层文化广场、乡镇综合文化站提档升级。

咸宁市与黄冈、洪湖、武汉等地共同打造武汉都市圈多条精品旅游线路，与武汉市文化和旅游局对接，推进咸宁、黄石同城化旅游区域合作互惠活动。活动期间，两地 49 家旅游景区景点推出免票、折扣等优惠措施，黄石来咸游客量明显增长，共接待黄石游客 19.6 万人次，同比增长 80% 以上。5 月，在黄石举办“诗画黄石·山水咸宁——黄石·咸宁两地美术作品邀请展”。全年武汉都市圈来咸 3506.16 万人次。

潜江市依托都市圈旅游一卡通，合作推动一批跨区域联动主题旅游线路，共同发布“武汉都市圈乡村走亲游”旅游线路。生态龙虾城、兴隆国家级水利风景区、返湾湖国家湿地公园、龙湾考古遗址公园、拖船埠红色旅游景区成功入选 3 条跨区域主题精品游线。高规格筹备参与第三届乡村文化旅游节和 2022 年湖北“村晚”“村游”，搭建特色展位，推介地方文化、旅游特色产品，开展区域联动宣传。

【旅游资源整合开发】 2022 年，武汉都市圈各市大力整合旅游资源。武汉市结合“引客入汉”“引客入鄂”奖励政策，研发以武汉都市圈、鄂东区域文旅一体化为主题的观光、红色、研学、城市旅游线路等“个性化、多样化、定制化”新产品，全年共有 16 条红色旅游线路产品入选湖北省 50 个品质旅游线路产品。发布 15 条“武汉都市圈乡村走亲游”精品线路，“武汉缤纷夜”夜游品牌入围中国旅游产业影响力典型案例，江汉路步行街 5G+ 智慧商街创新应用项目获评文旅部创新实践优秀案例。深化黄陂区国家全域旅游示范区建设，江岸、武昌、汉阳、东西湖、新洲、蔡甸、江夏等区入选第二批省级全域旅游示范区创建单位。九真山旅游度假区获评省级旅游度假区。汉口里商业街、茅庙集旅游休闲街区获评第二批省级旅游休闲街区。

黄石市加大旅游资源整合开发。4 月 15 日，“咸宁·黄石文旅系统同城化发展座谈会”在黄石召开，两地协商签订文旅合作协议，推进“诗画黄石”与“山水咸宁”、最美工业城与华中康养地互动共建，推动文旅资源共享、信

2022 年 3 月 25 日，2022 年第三届湖北（天门）陆羽茶文化节茶圣拜谒仪式在天门市陆羽故园举行（天门市文化和旅游局　供图）

息互推、客源互送。5 月 10 日，黄石、咸宁两地同城化旅游区域合作互惠活动正式启动。黄石市旅游协会和咸宁市地接旅游促进会签订框架协议，建立合作共赢模式。8 月 25 日，举行“黄石、鄂州文旅系统对接鄂州花湖机场座谈会”，达成合作共识，加速资源共享、信息互推、客源互送，推进武汉都市圈融合发展。12 月 28 日，“黄石、黄冈区域协作线上座谈视频会”召开，两地确立联合打造精品旅游线路和优惠旅游产品，推动资源共享、市场互通、游客互送，协商开创区域协作新局面。鄂州市启动“惠游黄石·乐享生活”活动。孝感市推出“春日暖阳笑看花开”金卉庄园至武汉云雾山汉孝 2 日游精品线路。

天门市以创建国家 A 级旅游景区为抓手，挖掘全市旅游资源，打造一批精品旅游景区。杨林方舟生态庄园景区创成国家 3A 级旅游景区，天门乾坤旅行社成功创成湖北省 3A 级旅行社。海龙岛景区已接受省文旅厅验收评定。指导长寿山原村和知青农场对标创建国家 3A 级旅游景区，推进黄潭镇七屋岭村对标创建湖北省旅游名村，打造全省文旅助力美好环境与幸福生活共同缔造试点村。茶圣故里园、胡家花园 2 家国家 A 级旅游景区顺利通过复核。印发《天门市深化“互联网＋旅游”推动旅游业高质量发展实施方案》，互联网和旅游深度融合进一步推进，旅游景区等文旅场所互联网应用水平不断提高。

【文旅招商引资】2022 年，武汉都市圈九市共同开发文旅市场。7 月，武汉市举办“2022 武汉乡村旅游节”，邀请武汉都市圈各城市共同参加，整合武汉都市圈乡村旅游资源。7—9 月，借助抖音和携程等网络平台直播促销，开展“惠游武汉·打卡一夏”——2022 武汉文旅消费季系列活动，实现武汉都市圈文旅市场互动、特色资源互享、线路产品互推、优质客源互送。

黄石市推进“黄石·咸宁同城化旅游互惠活动”。黄石文旅局联合市总工会发行“湖北职工惠游年票”。采取赴合肥开展文化和旅游专场推介、发放文旅惠民消费券、发行惠游黄石旅游年卡、发布

2022 年 6 月 5 日上午，2022 年黄石市首届端午龙舟嘉年华活动在黄石奥体中心举行（周巍　供图）

"引客入黄"奖励政策等具体措施助企纾困。

孝感市以"三资一促"（招商引资、立项增资、筑台融资，促有效投资）为突破口，引进在汉文化旅游企业来孝投资。组织孝感景区与部分来孝武汉媒体、景区、旅行社签订引客入孝合作合约。1月，孝感市政府与湖北文化旅游集团签订战略合作协议，湖北文化旅游集团将在孝感投资不少于50亿元开发建设文化旅游项目。3月，副市长带领文化和旅游、招商等部门及双峰山旅游度假区负责人到湖北文化旅游集团、湖北长江电影集团对接，邀请来孝投资文化产业、考察投资文旅项目。湖北文化旅游集团、湖北长江电影集团多次组织专班来孝考察。

咸宁市做好6批次2022"惠游湖北"活动湖北消费券相关工作，市财政资金共计投放1400万元。

【都市圈旅游联动监管】 2022年，武汉都市圈九市联合开展旅游联动监管。武汉市文化旅游部门筹备设立"武汉市旅游投诉纠纷仲裁中心"，与武汉市仲裁委员会先后组织召开2次专题座谈会，共同制定《武汉市旅游投诉纠纷仲裁中心创建工作事项清单》《武汉仲裁委员会旅游纠纷调解仲裁规则》，完善旅游行业调解与仲裁对接流程。全年共受理处理旅游投诉179件。开展打击无资质经营旅行社业务、不合理低价游等整治行动，办理旅游行政处罚案件4件，督促湖北绿洲国际旅行社有限公司等5家旅行社完善网站主体信息。

黄石市文旅执法支队以"不合理低价游"专项整治行动为契机，联合公安、交通、市场监管等部门对重点区域开展专项检查和常态化监管，集中力量加大旅游市场执法检查，重点整治旅行社旅游包车行为、未经许可经营旅行社业务的违法行为。全年旅游市场办理案件8起，罚没金额7.1万元。

鄂州市贯彻落实行政许可和行政处罚信息"双公示"，加强信用监管、落实信用修复机制，全面推动"双随机、一公开"监管全覆盖，加强事中事后监管，履行法定监管职责。1个旅行社、1条旅游线路分别被评为全省30个优质旅行社、50条品质旅游线路。统筹文旅行业安全监管和疫情防控，建立全市文化、旅游、体育、广电行业安全生产责任台账，重点开展文旅场所安全隐患专项排查整治行动。推进文旅市场秩序整治行动，严厉打击未经许可经营旅行社业务、"不合理低价游"等违法违规行为，开展安全生产和疫情防控督导检查162次，全市共检查文旅企事业单位2450个次，下达整改通报9次，排查整改各类安全隐患1087处。

潜江市文化旅游市场深化"放管服"改革，创新资质、行为、信用监管手段。对市内网吧、KTV、游戏游艺场所、A级景区、星级酒店、旅行社开展常态化巡查检查，开展安全生产大排查大整治等专项行动11次，出动执法人员4000余人次，检查各类文旅场所2000余家次，发现整改隐患问题30余处。开展"暑期专项整治""未保专项执法""版权保护"等专项执法行动16次，查办各类违法违规案件68件，移送公安机关侦办2件。

【都市圈旅游卡景区通用】 2022年，武汉都市圈九市共同推动文化和旅游一体化发展。3月24日，武汉都市圈城市签订文化旅游一体化发展战略协议，成立武汉都市圈文化旅游合作联盟。4月23日，在武汉市开展"九城同心"——武汉都市圈文旅推介会，推介武汉都市圈7大主题旅游线路。积极在国内文旅推介活动上，推介武汉都市圈特色景点和文旅资源，集中展示武汉都市圈文旅风貌。发布年卡相关优惠政策、购买渠道，通过多种途径扩大武汉都市圈旅游年卡知晓率。推动旅游年卡项目建设，发挥武汉都市圈一卡畅游、便民惠民作用。截至12月6日，共有117家武汉都市圈景区和文旅场馆纳入年卡使用范围。其中，A级景区77家，票面总价值6127元，累计销售近万张，2.5万余名市民游客凭卡出行游览，推进武汉都市圈客源互送、市场共享。

黄石市动员A级旅游景区纳入武汉都市圈旅游一卡通，15家A级旅游景区已全部加入省文旅厅发行涵盖全省A级旅游景区的凤鸣楚天卡。5月1日起，"湖北职工惠游年票（黄石）"免费升级为湖北职工惠游年票（武汉"1+8"都市圈），定价100元不变且原版本保留，新版本可全年不限次数进入覆盖“1+8”都市圈等地区78家签约景区。

孝感市将孝感旅游年票免费升级为“1+8城市圈区域版”，覆盖武汉都市圈内A级景区73家。其中，武汉34家，孝感10家，总面值5052元。孝感市A级收费景区全部纳入旅游年票景区名单。

黄冈市推动景区续约。2月，全市23家景区全部续签武汉都市圈年卡合同。23家景区中7家4A级景区，13家3A级景区，2家漂流景区，1家温泉景区。7月9日，在西安文旅推介活动上，黄冈文旅推介官代表武汉都市圈现场推介都市圈特色景点和文旅资源，现场发布年卡相关优惠政策、购买渠道。

咸宁市有5个景区加入武汉都市圈旅游一卡通，其中A级景区4个，分别为三国赤壁古战场（5A）、通城药姑山古瑶村景区（4A）、陆水湖（4A）、赤壁玄素洞（3A）以及太阳系森林亲子漂流。

潜江市3个文旅项目整合进入九城优质文旅资源库，116家武汉都市圈旅游景区（其中A级景区77家）和文旅场馆并入“武汉都市圈旅游年卡”范围，实现一卡畅游九城100多家优质景点、场馆、游玩项目。

（各市地方志机构）

2022年，武汉市知音小学师生联手制作十米剪纸长卷（樊沛英　供图）

【“云上年味　剪约荆楚”第二届武汉都市圈剪纸作品征集大赛】 2022年，“云上年味　剪约荆楚”第二届武汉城市圈剪纸作品征集大赛由武汉市群众艺术馆、武汉市非物质文化遗产保护中心及武汉都市圈各市群众艺术馆共同主办。大赛主要面向剪纸艺术推广和培训教学的武汉都市圈各级非遗项目代表性传承人、剪纸达人、校园剪纸培训班师生及社团学生开展参赛作品征集，并邀请文旅部在中南民族大学举办的剪纸传承人群、研修班师生、往届大赛部分省外作者参加。共收到近40个参赛团队的424件参赛作品，评选出获奖作品115件。其中，“金剪刀奖”8件，“银剪刀奖”21件，“铜剪刀奖”56件，“实力团队”3个，“最佳团队”20个，“优秀团队”15个，“优秀组织奖”11个。鄂州市共选送6支团队参赛，2件作品获“金剪刀奖”，5件作品获“银剪刀奖”，6件作品获“铜剪刀奖”，8件作品获“优秀奖”。孝感市共报送参赛团队4个，参赛作品27件，最终获奖作品15件。其中，“金剪刀奖”3件，“银剪刀奖”3件，“铜剪刀奖”3件，“团队奖”4个。潜江市获“优秀团队奖”2个，“银剪刀奖”1件、“铜剪刀奖”3件、“优秀奖”6件。

（武汉市地方志办）

编辑：高金波
校对：卢永会

生态环境共治

生态空间保护

【概况】 2022年，武汉都市圈各市合力推进生态共保、环境共治。武汉市将推进武汉都市圈生态环境一体化保护纳入《武汉市生态环境保护“十四五”规划》总体目标，明确一系列重点任务和重大举措，启动武汉都市圈生态环境专项规划编制工作，召开武汉都市圈生态环境合作暨流域综合治理联席会议。武汉都市圈九市签订《武汉都市圈生态环境合作（黄石）框架协议》，成立由各市生态环境局主要负责人任组长、分管负责人为副组长的武汉市推进武汉都市圈发展工作领导小组，明确协同推进跨界流域协同治理、大气污染联防联控等重点工作。健全工作机制，印发《武汉都市圈同城化发展生态环境协同合作工作规则》及《2022年武汉都市圈同城化发展生态环境合作工作要点》，建立联席会议、专题会议、宣传报道、工作保障等4个专项制度，明确开展大气污染联防联控、水污染防治共治共保，推进“无废都市圈”建设，实现生态环境信息共享等8项年度重点任务。

持续推进跨市流域生态修复工作，统筹生态资源保护利用。高标准推进百里长江生态廊道规划建设，履行废弃露天矿山生态修复责任，强化水土流失治理，筑牢城市圈生态屏障，建设城区绿色生态廊道和长江岸线绿色生态廊道。

2022年8月24日，武汉城市圈生态环境合作暨流域综合治理联席会议在黄石市召开，九市生态环境局签订框架协议（武汉市发展和改革委员会　供图）

【长江干线生态廊道建设】 2022年，武汉都市圈沿江各市加强长江干线生态廊道建设。武汉市贯彻落实“共抓长江大保护”战略，以市第十五届人大一次会议2号议案（《关于加快百里长江生态廊道建设，助推长江大保护案》）办理为契机，高标准推进百里长江生态廊道规划建设，廊道规划涵盖长江岸线284千米，汉江岸线112千米，打造集防洪、生态、景观为一体滨水风景线，融合开埠先驱、万里茶道等等具有“武汉味道”的历史文化，完善汉口历史风貌区、长江新区谌家矶片区、二七滨江商务区、武昌滨江商务区等交通循环系统，建成总长约80千米、总面积约830万平方米的生态滨水空间。完成6个重点示范项目，汉江汉阳江滩三期、武昌八铺街江滩、洪山江滩等建成开放。

黄石市入选生态环境部“十四五”时期“无废城市”建设名单。长江黄石段生态环境导向开发（EOD）项目入选国家第二批生态环境导向开发（EOD）模式试点。年内，开展黄石长江岸线生态修复，项目包括黄石大道拓宽改造工程、黄石城区长江岸线综合整治、郊野生态港工程、城市生活港工程、历史记忆港工程等。完成新一轮黄石长江堤防绿化养护项目招标，全年累计堤内坡机械除杂10次。完成长江护堤护岸林种植更新任务，种植长度10.01千米，面积35.57万平方米，株数22699株。

鄂州市实施长江岸线生态环境综合整治与景观提升工程。完成樊口区域沿江路及江滩环境综合整治护坡整体施工、水下抛石。水系综合整治工程完成抔湖清淤及抔湖闸施工，水系整治进度完成82%。生态景观工程一、二级保护区，G区生态景观建设完成；C区、D区形象进度完成98%。市政及其配套工程樊口路、武昌鱼路、樊口二号路、三号路、雷山南路、长堤路完成；民信东路推进前期勘察设计工作。项目总投资58.39亿元，全年完成投资7.8亿元。葛店长江岸线生态治理与景观提升项目包括江滩生态环境治理工程和沐鹅湖水环境综合治理及景观提升工程两部分，总投资3.38亿元。

黄冈市申报大别山区水土保持与生态修复项目获批复，项目由举水倒水上游水土保持与生态修复、浠水巴水上游水土保持与生态修复两个子项目构成，建设区域涵盖红安、麻城、罗田、英山四县市，总投资7.9亿元（中央投资6.3亿元，地方投资1.6亿元），该项目营造林总任务81600万平方米，包括人工造林1000万平方米、封山育林25066.67万平方米、退化林修复55533.33万平方米，涉及67个乡镇、林场，991个行政村，年底完成项目初步设计编制并获上级部门批复。

【长江支流生态廊道建设】2022年，武汉都市圈各市推进长江支流水环境、水生态同修共护，构建城市圈绿色生态水网。推动重要河湖库流域系统治理、统筹布局河湖生态廊道、共同构建河湖生态水网。推进重点湖泊水环境治理。武汉市与咸宁市、孝感市、天门市签订跨市流域突发水污染事件联防联控协议，与鄂州市签订梁子湖水生态环境保护联防联控共治共管共享协议，与孝感市、随州市签订统筹推进府澴河流域水污染联防联控开启水环境共治共管共享模式的框架协议，与黄冈市、黄石市签订生态环境保护合作协议，通过加强应急协同处置、联合监测执法、信息互通共享等措施，促进武汉都市圈跨市河流流域生态环境持续向好。武汉市新洲区与黄冈市团风县率先在全省建立跨市、县、区界江河采砂管理联动机制及跨市、县、区界河湖上下游生态补偿机制，有效解决矿砂清洗、畜禽养殖排废对道观河水库水质污染问题。印发《新洲区、团风县开展跨界河湖联席联巡联防联控方案》，联合巡查沙河交界河段团风王家坊河段、新洲辛冲河段，察看沙河南湖泵站工程、橡胶坝工程，巡查三庙河、孔子河跨界河段。

黄冈市2017年至2022年实施江河湖水系连通项目三个，分别为巴河至白潭湖水系连通项目、长河水系连通项目和武穴市江河湖库连通工程。巴河至白潭湖水系连通项目、长河水系连通项目完工。武穴市江河湖库连通工程总投资2.56亿元，有效缓解武山湖区3400万平方米农田灌溉用水不足和流域水生态环境恶化等问题。

咸宁市“智慧长江”生态环境监管体系项目全部建设完成并分项验收，嘉鱼合同建设内容完成95%；斧头湖流域治理一期工程项目（斧头湖生态保护带建设项目）全部完工。淦河流域水环境综合整治及水生态修复工程一期项目和斧头湖湖体生态修复一期工程项目完成基本项目建设，正在植物养护。

【湖库生态廊道建设】2022年，武汉都市圈各市加强湖库生态廊道建设，武汉都市圈沿江流域及湖库生态环境持续向好。武汉市按季度对全市166个湖泊开展不间断执法抽查检查，同时对涉湖举报情况进行检查。市级出动湖泊季度抽查检查人员328人次、车辆161车次，对全市中心城区40个禁养湖泊“三网”（拦网、围网、网箱）设施开展季度抽查检查，利用无人机对18个面积较大的禁养湖泊水面进行季度飞检。对在建涉湖许可工程开展许可检查50次，开展涉湖许可工程实地测量24次。对9个大中型水库开展每季度一次执法检查，对部分重点小型水库开展抽查。

黄石市编制磁湖、保安湖等重点湖泊水质调查分析报告，压紧压实市、县、乡、村河湖长责任，推动河湖长制从“有名有责”向“有能有效”转变。建立完善监测预警机制，设置预警监测点位59个，全年开展预警监测320次，实施预警监测情况通报9次。以长江黄石段、大冶湖流域、富河流域为重点，全面落实安全管控负面清单，滚动实施富河流域综合治理、大冶湖六湖联通工程等一批重大水利补短板项目，守牢水安全、水环境安全、粮食安全和生态安全底线。强化市域内长江流域、河湖干支流、湿地系统整体保护，维护生态功能及生物多样性，保障生态安全。

鄂州市投实施梁子湖区梁子湖流域农业面源污染治理。主要内容包括农田面源污染防治工程、水产养殖污染治理工程、区域农业废弃物资源化利用中心、畜禽养殖污染防治工程、秸秆收储运系统、在线监测工程及附属工程等7大工程。以“山水乡愁地，梦里梁子湖”为主题，实施梁子湖文旅项目。梁子岛片区点将台及东北角景观工程、公山遗址公园及七星山革命英雄纪念园、环岛生态廊道二期以及长岭片区长岭岸线、中部停车场等工程建设完工。七星湖生态修复工程、体育公园、环岛生态廊道三期等进入收尾阶段。完成东洋澜湖沿湖景观工程（湿地公园二期）。

孝感市加强湖库水生态环境保护与修复，与武汉同调共管河湖，促进河湖水质生态管理更加优化。7月，召开汉孝两地河湖长制会商会议，利用汉孝跨地协商机制，由两地河长办牵头，两地市、区水利和湖泊局、水政支队、堤防处（所）、闸管处、街道办事处等10余家单位现场办公，解决存在20多年位于两地交界东沦河河道三河木材厂的历史遗留问题。汉孝随三地联合开展两轮府澴河流域巡河活动，对流域中污染、“四乱”等问题巡查处理，河湖共管工作迈上新台阶。

2022年，候鸟在沉湖国际重要湿地越冬（武汉市园林和林业局　供图）

咸宁市以梁子湖、斧头湖流域为重点，推进跨市河流、湖泊流域水环境治理。实施斧头湖湖体生态修复一期工程、淦河流域水环境综合整治及水生态修复工程一期及高桥河流域农业生态治理。与武汉市同步启动斧头湖底泥清淤及综合治理工程。

【城市圈生态屏障建设】 2022年，武汉都市圈九市持续推进跨市流域生态修复工作，共同实施都市圈生态屏障建设。11月5至13日，武汉市成功承办《湿地公约》第十四届缔约方大会。建成《湿地公约》中国履约30周年成就展示馆及绿化工程，完成300余名志愿者的招募、培训。实现湿地大会在官网、App上线运行。武汉接受“国际湿地城市”授牌，正式通过《武汉宣言》。落实湿地及自然保护地保护修复。累计投入9.8亿元实施沉湖、杜公湖专项湿地修复以及“智慧湿地”建设。完成杜公湖国家湿地公园二期湿地修复项目，建成“智慧湿地”可视化平台。累计实施退渔还湿6333.333万平方米，退耕还湿666.67万平方米，修复退化湿地1500万平方米。累计完成修复小微湿地24处，含市级示范点3处，局部生态功能显现。完成2017—2019年“绿盾”系列专项行动162个问题整改销号。接受国家林草局驻武汉办专员对东湖、安山、杜公湖、后官湖等国家湿地公园疑似违建点进行核查整改情况专项检查。成功举办世界湿地日、世界野生动植物日、共建美好家园等多场主题宣传活动。完成全市植树造林1326.67万平方米。完成青山长江森林项目一、二期133.33万平方米建设任务。对两江四岸造林、四环线生态带和2021年度“村增万树”等新造林开展未成林和幼林抚育、补植补造工作，确保林木成活、成林、成材。启动武汉破损山体生态修复，印发《武汉市破损山体生态修复攻坚行动实施方案》。启动国土绿化和湿地保护攻坚提升行动。依托府河、滠水、倒水、举水、通顺河，打造省域滨水绿道体系，重点强化武汉城区绿地与城外非建设区域的生态联系。谋划建设东西湖连接孝感的府河郊野绿道，补充完善城际区域绿道联接。开展森林防火联防联控。新洲、黄陂等地与周边毗邻区县联合开展森林防灭火工作，建立健全相互配合、相互支援、信息共享、联防联控的协作机制。10月25日，新洲区与红安县开展森林防灭火联防联控应急演练活动，加强跨市防灭火协同能力。

黄石市联合鄂州、咸宁市生态环境局以“共护长江水，碧水行动”为主题，开展跨界河流高桥河环境安全隐患联合检查及水质监测，实现流域共治，与鄂州市签订《高桥河跨市断面生态保护补偿协议》，建立跨市流域生态保护补偿改革试点。与黄冈、九江、安庆、池州签订《“三省五市”长江流域上下游突发水污染事件联防联控工作协议》，并组织开展联合检查。完善生态补偿监测通报机制，设置大冶湖流域生态补偿监测断面24个，建设水质监测微站7座，推进铁金港治理、栗子湖养殖取缔整治等一批重点整改项目，生态环境治理成效明显。

孝感市生态共治初见成效。建立孝汉森林病虫害防治、汉江生态环境防控、府河流域生态环境联合执法等3项合作机制，签订《汉北河及河汉湖跨流域上下游突发水环境污染事件联防联控协议》《府河跨流域上下游突发水环境污染事件联防联控协议》，共同打造孝汉绿色生态水廊和武汉北部生态屏障。

黄冈市推进省级森林城市创建。截至年底，黄州（市区）、团风、红安、麻城、罗田、英山、黄梅、蕲春、武穴、浠水10县市《创建省级森林城市总体规划》全部通过省级专家评审。黄州（市区）100%完成森林城市生产建设任务，团风、红安、麻城、罗田、英山5县市完成创建森林城市生产建设任务70%以上，计划2023年开展省级检查验收；浠水、蕲春、武穴、黄梅4县市完成创建森林城市生产建设任务50%以上，计划2024年开展省级检查验收。市区创建森林城市以黄州城区为主体，新增绿量1537.06万平方米，林木覆盖率达16.8%、活立木总蓄积量12.7万立方米、绿化覆盖率38.9%、树冠覆盖率30.4%、城区人均公园绿地面积达14.5平方米、乡镇道路绿化率达100%、村庄林木绿化率达34.2%、水岸绿化率达90%，超计划完成总任务。32项指标基本达到或超过省级森林城市评价标准。9月，黄州区的省级森林城市建设工作顺利通过第一轮省级技术组检查验收。12月，再次顺利通过省级专家组森林城市建设考核验收。全年下达全市营造林总任务25680万平方米，完成2573.33万平方米，超额完成省局下达年度任务。参加义务植树干部群众达296.5万人次，种植各类苗木达1560.5万株。

咸宁市科学开展全域国土绿化。全市各级林长巡林8.1万人次，解决重点、难点问题600多个。对69株古树实施复壮修复措施，对297株一级古树开展“回头看”专项行动。完成营造林18940.33万平方米。其中，人工造林2013.33万平方米、退化林修复11467万平方米、封山育林5460万平方米。加快推进生态修复治理。申报大气、水、土壤和农村环境治理类项目40个。其中，进入中央生态环保项目储备库15个，到位生态环保项目资金1.89亿元，排名全省第七位。

【废弃矿山生态修复】 2022年，武汉都市圈各市积极推进废弃矿山生态修复工作。5月，武汉市矿山地质环境治理示范工程二期、三期项目通过湖北省自然资源厅、湖北省财政厅联合竣工验收。蔡甸区侏儒山街道横山矿区东段矿区、东山矿区完成治理施工，通过初步验收，总治理面积7.1万平方米。江夏区开展将军山矿区工矿废弃地复垦利用综合整治，治理面积约40万平方米。

武汉市积极实施矿山地质环境治理。按照“集中连片、有利复垦”原则，将江夏区纳入湖北省历史遗留工矿废弃地复垦利用试点（县）区。形成以江夏灵山废弃矿山生态修复为典型经验做法。灵山矿区位于武汉市南部江夏区，西临长江，北靠丘陵，东延梁子湖。通过综合治理和生态修复，现已完成危岩清除、山体锚固、削坡整形、主动防护、格宾围挡等工程，消除地质灾害49.33万平方米；完成土地平整、客土重构、路网分布、灌溉供排等工程，复垦农用地46.53万平方米；完成挂网喷播、乔灌移种等工程，恢复生态植被42.67万平方米。修复后矿区地质生态环境彻底改变，土地质量达标，配套设施齐全，生态作物和四季花卉植物丰沛，矿山生态公园景观形成。治愈“工业创伤”，重现绿水青山，增强生态产品供给能力。推动绿色生态、矿山文化与产业结合，打通生态产品价值实现渠道。将奇山、潭水、森林、花海、矿洞、村湾联合打造成“生态农业、文化旅游、乡村振兴”示范区，成为武汉市践行“绿水青山就是金山银山”理念、推进长江大保护的优质典型案例。

鄂州市将废弃矿山生态修复与山水林田湖草生态保护修复工程、地质灾害治理、乡村振兴战略实施、城乡建设用地增减挂钩，与工矿废弃地复垦利用等有机结合，推进废弃露天矿山生态修复与保护。截至年末，鄂州市废弃露天矿山面积53.87万平方米，实际完成治理面积53.75万平方米，完成率99.78%。巩固长江干流11座废弃露天矿山修复成果，督促治理主体开展生态补植。推进矿山备用金退还到户，公示未履行修复义务矿山企业。全市41座矿山累计缴纳备用金2928.11万元。

孝感市编制《孝感市矿山地质环境恢复治理和生态修复规划（2021—2025年）》及《年度实施方案》，开展历史遗留矿山生态修复。全市完成历史遗留废弃矿山工程治理82个，修复面积503.62万平方米；自然恢复33个，恢复面积166.92万平方米。印发《关于开展尾矿库闭库后土地复垦方案审查和验收督办工作的通知》，监督指导矿山企业履行矿山地质环境恢复治理责任，孝昌县鑫龙铜业有限责任公司尾矿库、湖北省黄麦岭磷化工有限责任公司磷酸磷铵厂磷石膏库、大悟县白云金矿尾矿库等5家尾矿库启动土地复垦工作。开展矿山地质环境恢复治理备用金返还工作，共退还备用金50户，金额4843.26万元。开展“绿色矿山”创建，积极配合省生态环境厅开展绿色矿山“回头看”矿山实地核查工作，全面掌握辖区内47家矿山的绿色矿山建设基本情况，完成6家全国库级和省库级绿色矿山实地核查。

黄冈市开展长江大保护“雷霆行动”矿山地质环境恢复治理。累计完成全市“三区两线”范围内废弃矿山恢复治理80个、复绿面积449.85万平方米。退还省级矿山地质环境治理恢复备用金355.2万元、市级矿山地质环境治理恢复备用金1850万元。开展长江干支流10千米范围内废弃露天矿山生态修复工作。编制国土空间生态修复专项规划。完成《黄冈市国土空间生态修复问题清单及风险研判报告》等5个专题研究。蕲春县完成国土空间生态修复省级试点，团风县、黄梅县、武穴市、浠水县、麻城县完成国土空间生态修复专家评审。开展全市历史遗留矿山核查。省自然资源厅下达黄冈市历史遗留矿山核查图斑1981个。黄冈市自然资源和规划局组织开展历史遗留矿山核查，11月，对航遥中心反馈的历史遗留矿山10类未治理图斑矢量数据中的个数、面积进行复核，明确全市未治理图斑情况。争取省生态环境厅经费支持。2020年以来，全市共争取省级财政治理资金2164万元，用于全市6处矿山生态修复。2022年，1981个历史遗留矿山图斑核查全部完成，36家饰面用石材矿山完成注销；争取地质环境治理恢复和废弃矿山修复资金26354万元。

咸宁市完成废弃和关闭矿山生态修复47个。其中，工程治理40个，纳入新设矿区范围7个，修复面积约400万平方米。

【水土流失综合治理】 2022年，武汉都市圈各市加大水土流失综合治理。武汉市主动对接“武鄂同城”涉水工作，共同商议严家湖水环境治理项目内容、工作目标、实施次序和时间等，11月中旬，组织相关部门对《严家湖流域（鄂州部分）水环境综合治理规划》开展专题会商并提出工作建议；协同完善斧头湖综合治理规划，推进斧头湖清淤及综合治理工程；对接“武孝同城”涉水工作，推进童家湖湖堤治理。在省生态环境厅组织下，武汉市、孝感市、天门市等共同推进“一江三河”水系综合治理工程项目前期工作。7—8月，武汉市生态环境部门赴随州市、孝感市调研府澴河水环境治理工作。与随州市建立府澴河流域项目协作机制，与孝感市建立府澴河上下游、左右岸河湖长制协作机制以及府澴河、汉北河清漂拦漂管理机制。与鄂州、黄石、黄冈三市签订《武鄂黄黄（武汉都市圈核心区）河湖长制一体化发展工作方案》。

鄂州市全口径统计各项工程共完成水土流失治理面积471.67万平方米。其中，水土保持林196.67万平方米，经济林86万平方米，封禁治理189万平方米。

黄冈市共争取中央财政水利发展水土保持治理资金3342万元，涉及9个县市10个小流域综合治理项目，共治理水土流失面积276.24平方千米；协调发改、财政、自然资源、林业、生态环保、农业农村等部门抓年度新增水土流失治理任务落实，及时将省下达新增水土流失治理任务分解至各县市区。截至2022年底，全市完成新增水土流失治理面积233.08平方千米。利用“中国水周”“世界水日”开展水土保持国策宣传，制作宣传展板、发放宣传手册，在宣传现场播放“水土保持这些事”宣传视频，科普水土流失成因及其危害。

咸宁市实施幕阜山区重点片区水土流失防治工程。全年争取上级补助资金1000万元，实施通城县云溪河、崇阳县龙凤港、通山县泉港等3个清洁小流域水土流失治理项目，治理水土流失面积31.46平方千米。

（各市地方志机构）

污染防治攻坚

【概况】2022年，武汉都市圈各市推进生态环境联保联治，持续深入打好污染防治攻坚战。围绕水污染防治共治共保，都市圈固体废物处置利用、“无废都市圈”建设，都市圈生态环境信息共享，都市圈生态环境监管联合执法，都市圈生态环境安全及污染事故应急处置联动机制建立，环境政务服务同城化办理，生态环境规划研究和协同立法、环保督察反馈问题整改，科研、评估、环保产业技术合作和学术交流及合作保障机制完善等9大方面开展工作。

共同推进生态补偿。按照“谁超标、谁赔付，谁受益、谁补偿”原则，推动武汉经开区管委会、仙桃市政府签署全省首例跨市河流横向生态补偿协议《通顺河流域跨市断面水质考核生态补偿协议》，约定跨界断面水质目标（IV类），明确主要污染物因子，按照每月考核、年底结算方式实施生态补偿，补偿金专款专用。

共同强化流域治理。聚焦水污染防治联防联控联治，武汉市与黄石市、鄂州市、孝感市、黄冈市、咸宁市、天门市、随州市签订跨市流域生态环境保护联防联控共治共管共享协议。共同加强大气污染联防联控。制定《武汉都市圈大气污染联防联治工作方案》《武汉都市圈大气污染联防联控框架协议》，全力打好都市圈重污染天气消除、臭氧污染防治、柴油货车污染治理3大攻坚战。《湿地公约》第十四届缔约方大会期间，武汉

府澴河出口河段综合整治工程一期（武汉市水务局　供图）

市会同武汉都市圈相关城市开展大气污染联防联控，实现湿地大会期间全市连续 10 天空气质量优良。7 月 1 日起，武汉市行政区划内全面禁止燃放烟花爆竹。其他都市圈城市进一步加强燃放烟花爆竹管控工作。

【生态环境保护一体化合作】 2022 年，武汉都市圈各市加强生态环境保护一体化合作，强化流域生态环境治理。武汉市与孝感市、咸宁市、天门市签订跨市流域突发水污染事件联防联控协议；与鄂州市签订梁子湖水生态环境保护联防联控共治共管共享协议；与孝感市、随州市统筹推进府澴河流域水污染联防联控，签订水环境共治共管共享框架协议；与黄石市、黄冈市签订生态环境保护合作协议。黄冈市团风县与武汉市新洲区建立道观河流域生态补偿机制，实施道观河水源地环境问题共保共建。麻城、红安、新洲“两市三地”联合开展打击非法机制砂生产加工行动。出台《深入打好污染防治攻坚战具体举措》，印发《武汉市深入打好污染防治攻坚战 2022 年重点工作清单》，明确 193 项具体工作任务。加强夏季臭氧污染治理、秋冬季颗粒物污染管控、高污染燃料禁燃区管理，开展蓝天保卫战“百日攻坚”行动。完成《湿地公约》第十四届缔约方大会空气质量保障任务。持续推进钢铁行业超低排放改造。组织重点工业企业完成挥发性有机物治理等治气项目 100 个。实施三环线及以内区域老旧柴油货车禁行，对机动车环检机构实施记分制管理，加强工地道路扬尘污染整治，查扣违法渣土车 3200 余台。开展美丽河湖优秀案例评选并公布 15 个优秀案例，东湖（汤菱湖）通过首批省级健康河湖试点验收。推进省级以上工业园区水污染整治。对 6 个省控断面实施水质提升攻坚行动。推进流域河湖长制，新增非临水区域河湖长 1469 名。加快污水收集处理提质增效。新建、改建污水收集管网 200 余千米。新增城镇生活污水处理能力 20 万吨 / 日。发布建设用地土壤污染状况调查工作指南。推进农用地土壤污染防治和安全利用，入选全国“无废城市”建设名单。发布《武汉市“无废城市”建设实施方案》，以清单形式明确 170 项工任务。开展小微企业危险废物收集试点，处理、处置生活垃圾 441.83 万吨。其中，焚烧处理占 80% 以上。千子山生活垃圾焚烧发电项目（一期）建成投产。

黄石市出台《黄石市生态环境保护“十四五”规划》，印发《黄石市关于加强长江大保护的实施意见》《黄石市长江高水平攻坚提升行动方案》，制定黄石长江经济带生态保护与绿色发展规划、黄石港总体规划、基本生态控制线规划等，进一步健全长江大保护规划体系，整体推进、系统治理，统筹推进长江流域生态环境保护和修复。以大冶湖、富河、保安湖流域为主流域水网，以工程措施为基础，加快推进湖北长江干流堤防（黄石段）提档升级项目、阳新县富水大型灌区新建项目、大冶市“六湖”连通项目等重大水利项目谋划。联合鄂州市生态环境局、咸宁市生态环境局以“共护长江水，碧水行动”为主题，开展跨界河流高桥河环境安全隐患联合检查及水质监测，实现流域共治；与鄂州市签订《高桥河跨市断面生态保护补偿协议》，建

2022 年 9 月 30 日，鄂州市水利和湖泊局牵头开展市际交界水域联合执法行动（鄂州市档案馆　供图）

立跨市流域生态保护补偿改革试点。与黄冈、九江、安庆、池州签订《长江流域上下游突发水污染事件联防联控工作协议》,并组织开展联合检查。7月14日，2022年长江赣鄂皖段突发水污染事件联防联控联席会议在江西九江市召开。三省以“共护长江水，赣鄂皖碧水行动”为主题，共同开展2022年长江赣鄂皖段突发水污染事件联防联控专项行动。会议期间，九江市、黄冈市、黄石市、安庆市、池州市共同签订《关于长江流域上下游突发水污染事件联防联控工作协议》,会议建立长江流域上下游突发水污染事件联席会议制度，以控制、减轻和消除突发水污染事件危害，提高环境风险防范及应急处置能力，建立长期、稳定、可靠的环境事件应急联动机制，保障流域上下游生态环境安全，守护长江“美丽岸线”,共护长江水。

黄冈市加强与都市圈合作交流。与武汉市生态环境局签订《武汉市黄冈市生态环境保护合作协议》,根据合作协议制定工作任务清单，定期汇报工作进展情况。对接推进武汉城市圈生态环境保护合作工作。参加2022年武汉城市圈生态环境合作暨流域综合治理联席会议，签订《武汉城市圈生态环境合作（黄石）框架协议》。与黄石、鄂州市就当前臭氧污染防治存在的难点交换意见，会商开展臭氧污染协同管控。

咸宁市强化防汛抗旱协同调度，建立信息共享机制。5月11至13日，由咸宁市牵头组织开展长江干流河道（湖北省中游段）采砂管理综合整治联合行动，行动代号“2022-联动1号”。集合武汉、宜昌、荆州、咸宁4市采砂管理执法力量，采取沿江4市13县多地接力、逐段巡查方式开展，对长江干流河道宜昌枝江至武汉江夏段开展全水域巡查。行动历时三天两夜，共巡查500余千米，出动执法艇15艘次、出动人员167人次。国庆节期间，加大日常巡查监管力度，先后联合长江沿线地区水政部门、长航公安及长江海事部门共同开展“2022猎杀”联合清江行动，共出动人员47人次、执法艇5艘次、车辆13台次，巡查总里程560余千米。

潜江市积极加强与武汉都市圈城市合作交流，多次参加生态环境合作暨流域综合治理联席会议，并签署生态环境合作框架协议，会签《武汉都市圈大气污染联防联控工作方案》和《武汉都市圈大气污染联防联控框架协议》。

【水污染治理】2022年，武汉都市圈九市共同推进加大水污染治理力度，积极推进流域横向生态保护补偿。武汉市印发《武汉市“十四五”省控重点水体专项攻坚方案》，包括东湖、豹澥湖、后官湖、武湖、鲁湖、涨渡湖水质提升攻坚方案。制定《武汉市2022年水污染防治“红黄旗”考核评价办法》，每双月通报水污染防治“红黄旗”考核评价情况，每月通报水环境质量状况、河湖长制主要河流湖泊水环境质量状况。印发《武汉市总磷污染控制工作方案》，明确总体要求、主要任务、实施方法和步骤、保障措施，以及“十四五”市级及各区总磷重点工程减排任务；实施武汉长江经济带工业园区水污染整治专项行动，制定“一园一策”整治方

2022年7月28日、29日，黄石、鄂州、咸宁三市生态环境局以“共护长江水，碧水行动”为主题，组织相关县（市、区）生态环境部门对三地跨界河流高桥河环境安全隐患进行联合检查（黄石市生态环境局　供图）

案并开展整治。武汉经济技术开发区管委会与仙桃市人民政府签订《通顺河流域跨市断面水质考核生态补偿协议》，当上游来水水质达到或优于目标要求，下游地区向上游地区提供资金奖励，当来水水质劣于目标要求，上游地区向下游地区提供污染补偿，每年合计补偿金额上限为1000万元。武汉市生态环境局与孝感市生态环境局、随州市生态环境局共同签订《关于统筹推进府澴河流域水污染联防联控开启水环境共治共管共享模式的框架协议》。开展2022年武汉市“美丽河湖”评选活动，评定鲩子湖等15个河湖为2022年武汉市“美丽河湖”优秀案例。启动53个河湖健康河湖评价，东湖（汤菱湖）作为首批省级健康河湖试点通过省级验收。确定20个市控湖泊、14个市控河流和5个市控水库名单及水质管理目标，报湖北省生态环境厅备案，设置四级河湖长5051名。新增非临水区域河湖长1469名，巡查8.9余万次，解决问题1.3余万个，选聘民间河湖长764个、河湖管理保护志愿团队59个。制定《武汉市深入推进流域河湖长制深化水环境系统治理行动方案》，实施四大类20项治理行动。制定《武汉市污水收集与处理专项规划（2021—2035年）》《武汉市城市污泥处理处置专项规划（2021—2035年）》等文件，持续推进汤逊湖、东沙湖、黄孝河、机场河、巡司河等重点流域水环境治理。完成污水处理厂新建、改建、扩建项目7项，新增城镇生活污水处理能力20万吨/日，全市城镇污水处理能力达到491万吨/日。新建、改建污水收集管网200余千米。完成污水管网缺陷修复3239处、混错接改造1893处，新增污水处理厂污泥处置能力600吨/日，污泥实现100%无害化处理和资源化利用。印发《2022年全市农村生活污水治理工作方案》。新增设施300台（套）、分散处理设施（三格化粪池）15000套。全市农村生活污水处理设施覆盖率提升至75%以上，设施正常运行率超过80%。

黄石市推进流域横向生态保护补偿。与鄂州签订《高桥河跨市断面生态保护补偿协议》，建立跨市流域生态保护补偿改革试点；完善大冶湖生态补偿监测通报机制，设置大冶湖流域生态补偿监测断面24个，建设水质监测微站7座；推进铁金港治理、栗子湖养殖取缔整治等一批重点整改项目，生态环境治理成效明显。5个国控考核断面优良水体（达到或好于Ⅲ类）比例100%；11个省控及以上考核断面优良水体比例为81.8%，达到省定考核目标。

鄂州市成立由市党政主要负责人任双组长的梁子湖水质改善领导小组，每周通报落实情况。强化长江干流鄂州段、梁子湖、洋澜湖等水质监测，及时分析研判上报水质专报。推动梁子湖区与大冶市签订鄂东南首个跨市流域（高桥河）生态补偿协议。在东洋澜湖试点区域，通过生态浮岛和喷泉式曝气机加强水体供氧，投放鲢、鳙鱼卵，种植铜钱草、再力花、黄菖蒲等水生植物，增强湖泊自净能力，改善区域水质。持续开展饮用水源地日常巡查，累计出动300余人次，制止违法行为20余起。全市集中式饮用水源地水质达标率100%。

孝感市深化水污染联防联控，推进水环境共治共管，推动流域综合治理合作。与武汉都市圈九市生态环境局签署《武汉城市圈生态环境合作（黄石）框架协议》，推动跨界流域协同治理。与武汉、随州两市生态环境局签订《关于统筹推进府澴河流域水污染联防联控开启水环境共治共管共享模式的框架协议》，共同推进流域水污染综合整治。强化流域应急能力建设。与武汉、荆门和天门三市生态环境局签订《汉北河及河汉湖跨流域上下游突发水环境污染事件联防联控协议》，与武汉、随州两市生态环境局签订《府河跨流域上下游突发水环境污染事件联防联控协议》，建立联席会议制度，通报交流突发环境事件应急处置工作，建立完善跨区域环境应急专家库，组织跨区域突发水污染事件应急演练，不定期组成联合检查组，共同对水污染防治情况开展抽查检查，预防跨界水污染事故的发生。与河南省信阳市生态环境局签订《大悟河、竹杆河突发水污染事件联防联控协议》，共同开展隐患排查与联合监测，及时通报信息，加强污染控制。建立孝汉森林病虫害防治、汉江生态环境防控、府河流域生态环境联合执法等3项合作机制，签订

《汉北河及汈汊湖跨流域上下游突发水环境污染事件联防联控协议》《府河跨流域上下游突发水环境污染事件联防联控协议》，共同打造孝汉绿色生态水廊和武汉北部生态屏障。

黄冈市建成黄冈水生态环境综合管理大数据平台，在"三湖"地区建立针对15个入湖支流断面水环境自动监测体系。推进长江高水平保护十大攻坚提升行动，推进生活垃圾焚烧发电项目建设；启动4座城市污水处理厂扩建工程，新建污水管网171.61千米，改造老旧污水管网23.19千米，雨污合流管网改造25.9千米；完成长江干支流10千米范围内矿山生态修复治理22个、复绿面积241.47万平方米，完成县级黑臭水体整治项目15处。完成1168个长江入河排污口的溯源、命名、分类编码、系统信息录入和579个排污口的监测，整治排污口914个。完成全市600余艘船舶生活污水收集或处置设施设备改造，推广应用"船e行"App，系统内船舶污染物闭环率达到95%以上；完成受电设施改造船舶66艘，全市港口岸电用电量同比增长249.7%。启动龙感湖入湖河流污染源排查，策划申报治湖项目40个，总投资39.6亿元。加快推进遗爱湖水环境整治，管线调蓄及智能分流工程建成通水，生态清淤工程基本完成。

咸宁市召开全市长江入河排污口溯源整治推进会，在市生态环境局门户网站开设长江入河排污口排查整治工作专栏，每月公布长江入河排污口整治工作进展和典型案例。全市329个长江入河排污口完成整治274个，整治率83.28%，超额完成年度目标任务。自主完成斧头湖、西凉湖、黄盖湖等省控湖泊入湖排污口溯源，制定"一口一策"整治方案，启动陆水流域入河排污口调查、监测和溯源工作。

2022年5月11—13日，咸宁市牵头组织开展长江干流河道（湖北省中游段）采砂管理综合整治联合行动（咸宁市史志研究中心　供图）

天门市在孝感汉川参加跨流域上下游突发水环境污染事件联防联控协议签订活动，集中签订《汉北河及汈汊湖跨流域上下游突发水环境污染事件联防联控协议》和《府河跨流域上下游突发水环境污染事件联防联控协议》。

潜江市推进重点流域综合治理。持续抓好东荆河、四湖总干渠、通顺河潜江段等重点流域水环境综合整治，定期开展巡查，实时通报水质数据，及时协调处理影响水质问题。与荆州、仙桃等市分别签订总干渠通顺河跨流域水污染事件联防联控协议，共同应对突发水环境事件，保障流域水环境安全。建立健全涵闸管控机制。制订并推动实施《潜江市涵闸泵站管控协调工作方案》，实现水资源合理调度。持续开展市域内区镇跨界断面考核。强化汉江、东荆河等重点流域水华预警，开展化工园区水污染治理专项整治。加强饮用水水源地环境隐患排查整治。全年6个国控地表水断面、9个省控地表水断面水质优良率均100%。强化长江入河排污口"查、测、溯、治"，高效管控入河污染物排放，按照"取缔一批、整治一批、规范一批"原则，聚焦"位置关系、手续合法、达标排放"等3个关键要素，实行拉条挂账和清单式、销号式管理，推进长江入河排污口规范化整治。截至年末，共完成113个长江入河排污口的溯源、分类、命名及编码等工作，并开展清理整治。全市河流水质总体状况良好，水体功能区水质年均值达标率为100%，14个监测断面年均值达标率为100%。

【水环境污染联合监管】 2022年，武汉都市圈各市加大水环境污染联合监管，流域生态环境持续向好。武汉市加强采砂联合执法，形成常态化联动机制。会同长江水利委员会、省水利厅先后6次参加全省长江、汉江采砂管理督导检查，出动执法艇17艘次、执法人员165人次。督导长江上、下游相关辖区与团风、嘉鱼、汉川县等水政机构负责人召开专题工作会3次。按照管住源头、区域联合原则，将全市沿长江、汉江14个辖区（功能区）划分为长江上游、长江下游、汉江三个采砂联管“战区”，分别由经开（汉南）区、新洲区、蔡甸区牵头组织落实战区相关工作，各区（功能区）打破管辖界域，开展战区联动32次，开展部门执法联动335次，市际边界联合执法12次，联合查获涉砂船只2艘。武汉与黄石、鄂州、咸宁三市共推梁子湖生态环境保护，联合制定梁子湖生态保护规划，共同推进农村环境连片综合整治。武汉会同鄂州、孝感、黄冈等城市开展联合执法，加强市际边界江段的执法管控。推行排污许可证武汉都市圈“跨市通办”，提高企业群众办事便捷度。将武汉都市圈大气环境监测数据、重点大气污染源信息、跨界水体水质信息共享，提升管理效能。联合咸宁市生态环境执法人员对某公司异地倾倒工业废水进行联合调查。

黄石市联合鄂州市、咸宁市以“共护长江水，碧水行动”为主题，组织相关县（市、区）生态环境部门开展三地跨界河流高桥河环境安全隐患联合检查，联合监测跨界河流水质，实现流域共治，共同促进区域水环境质量改善。年内，江西、安徽、湖北三省共同开展2022年长江赣鄂皖段突发水污染事件联防联控专项行动，九江市、黄冈市、黄石市、安庆市、池州市共同签订《关于长江流域上下游突发水污染事件联防联控工作协议》，建立长江流域上下游突发水污染事件联席会议制度。

孝感市与武汉市建立府河流域生态环境联合执法机制，两地轮流牵头开展府河流域交界断面生态环境联合执法，重点检查府河八一大桥至谌家矶岸线15千米范围内重点工业企业，强化对企业的现场帮扶指导，有效防范化解环境安全隐患。年内，孝感市13个国控断面达标率和优良率均为100%，太平沙、北门岗、新沟闸、小河四个入武汉断面水质常年保持在Ⅲ类及以上。

咸宁市推动水环境污染监管执法共查共管。7月28至29日，与黄石、鄂州两市生态环境局以“共护长江水，碧水行动”为主题，首次组织相关县（市、区）生态环境部门对三地跨界河流高桥河开展联防联控检查，对水质开展联合监测，共同开展跨界河流环境安全隐患排查。

潜江市强化工业源污染治理与监管，督促全市涉水排放企业及工业集聚区建设污水处理收集处理设施，提高厂区、园区内雨污分流建设水平及标准，常态化加密督促企业和园区正常运行治污设施，确保废水达标排放。持续开展化工园区水污染治理系统调度，按时通过信息直报系统向部、省报送监管信息。积极推进潜江

2022年9月13日，黄石市生态环境局对大冶市保安湖入湖港渠水质情况进行现场调研（黄石市生态环境局　供图）

2022 年 5 月 31 日，湖北省政协人口资源环境委员会调研组到梁子镇就“加强长江汉江生态系统性治理”进行专项民主监督调研（鄂州市档案馆供图）

经济开发区、江汉盐化工业园开展化工园区污水收集处理问题整改。对园区及区内企业在初期雨水收集处理、企业台账建立、园区污水处理厂应急能力等方面问题下达整改通知。实施重点流域支渠水系调度，制发《潜江市涵闸泵站管控协调工作方案》。制定汉南河涵闸泵站管控操作细则，7 至 8 月，在高温干旱情况下，汉南河保持地表水Ⅱ类、总干渠提升至地表水Ⅲ类水质。

【饮用水源地共保共建】 2022 年，武汉都市圈各市水源地规范化建设，加大饮用水水源地共保共建力度。10 月，水利部发布长江流域重要饮用水水源地名录，武汉都市圈有 19 个水源地入选。其中，武汉市 4 个，分别为武汉市长江水源地（含武昌余家头水厂，洪山区白沙洲水厂，江夏区金口水厂，黄陂区新武湖水厂，汉南区沌口水厂，汉南区鲁控汉南水厂，江岸区、青山区等 8 个长江水源），武汉市汉江水源地（含东西湖白鹤嘴水厂，硚口区、汉阳区汉江水源），武汉市滠水水源地，武汉市新洲区举水水源地；黄石市 2 个，分别是黄石港区长江水源地、王英水库水源地；鄂州市 1 个，为鄂城区雨台山水厂长江水源地；黄冈市 7 个，分别为白莲河水库水源地、凤凰关水库水源地、黄冈市蕲水水源地、城坪水库水源地、黄州区长江水源地（含黄冈市二、三水厂水源）、麻城市浮桥河水库水源地、武穴市长江水源地；咸宁市 2 个，分别为咸宁市长江潘家湾水源地、赤壁陆水水库水源地；仙桃市 1 个，为仙桃市汉江水源地（新一水厂、二水厂、三水厂水源）；天门市 1 个，为天门市汉江水源地；潜江市 1 个，为潜江市汉江水源地（含泽口、红旗码头水源）。

武汉市将水源保护区红线纳入规划控制，完善饮用水水源地保护标志，建设视频监视监控系统，建设防护栏、护岸林、水源涵养林、生态围栏等水源地一级保护区物理隔离防护设施，禁止无关人员、车辆、船舶进入，禁止种植、养殖、垂钓和游泳等行为，确保饮用水水源地水质达标。全市集中式饮用水水源达标率稳定在 100%。

黄石市落实取水许可水资源论证制度，全市共批复取水许可 10 个，共计论证批复取水许可量 1111.75 万立方米；强化用水过程监管，全市 74 个取水口监测点共监测水量 8.01 亿立方米，用水情况保持正常。坚持水源地监管和“测管联动”每月调度制度，严格水源地管理，确保水源水质达标；联合相关部门开展饮用水水源地现场检查，查看水源地规范化建设情况；开展专项执法检查全覆盖工作，建立高效联动工作机制，协力做好完善水源保护、强化水质监测、加强应急处置、打击违法行为等方面工作，全年长江黄石段集中式饮用水水源地（长江凉亭山水厂水源地）水质达标率为 100%。

鄂州市完成梁子湖入湖排污口排查、溯源及整治方案制定，共排查排污口 227 个、监测排污口水质 53 处、溯源排污口 52 个、命名编码 46 个。推进生态修复，完成梁子湖区水生态修复一期工程，15 条入湖支流得到有效治理，梁子湖农业面源污染治理项目有序推进，主要农作物测土配方施肥技术覆盖率达 95.1%，化肥、农药总用量减少2.3%；月山湖、东井外围和七星湖等水生态修复工程即将竣工。加强大梁子湖联保共治，在梁子湖区人民法院设立大梁子湖生态法庭，统一管辖破坏梁子湖生态案件。创新"河湖长+检察长"机制，与环梁子湖4个基层检察院建立跨地域检察协作机制，办理生态环境领域各类案件38件。梁子湖区与大冶市签订《高桥河生态补偿协议》，启动鄂东南首个跨市流域生态保护补偿改革试点。

黄冈市与武汉市、孝感市签订滠水河、举水河和倒水河跨流域联防联控协议，黄冈市各地签订《黄冈市流域上下游突发水污染事件联防联控协议》。黄冈、黄石、九江、安庆、池州5市共同签订《关于长江流域上下游突发水污染事件联防联控工作协议》，针对三省五市长江沿线化工园区和水源地开展环境安全隐患排查并形成问题清单，督促企业限期完成整改。探索和推进水环境生态补偿机制，谋划建立上下游水质考核生态补偿机制。团风县与武汉市新洲区签订年度协议，10月13日，与新洲区就协议内容进行第二次磋商，形成流域治理整改清单，推进道观河饮用水水源地共保共建。加快麻城市举水流域、红安县倒水流域水生态修复工程和水污染防治专项治理，争取举水、倒水流域中央水污染防治资金0.92亿元，谋划推进倒水河流域（红安段）水质提升与生态修复项目，开展举水入河排污口排查整治。

咸宁市组织对县级以上集中式饮用水水源环境状况进行常规性监测，开展3轮次乡镇及以上集中式水源地现场核查，及时交办整改问题，保证群众饮水安全。统筹水环境、水生态、水资源，强化重点河湖生态流量（水位）调度和监管，合理安排闸坝下泄水量和泄流时段，保障河湖基本流量和生态水位稳定。全市22个国、省控水质断面中，水质优良（达到或优于Ⅲ类）断面19个，优良率86.4%，无劣Ⅴ类水体；9个县级以上城市集中式饮用水水源地水质达标率100%。

仙桃市进一步优化饮用水水源地保护制度和饮用水水源地突发环境事件应急预案，落实"水源地保护区巡查记录表"台账，严格按制度监督并执行相关规定。开展饮用水水源地环境综合整治，制定2022年度集中式饮用水水源地环境保护巡查工作方案，持续开展县级及以上和7个"千吨万人"集中式饮用水水源地环境问题清理整治行动。根据国家生活饮用卫生标准及城市供水水质标准，每日对水源地水质情况进行分析，向各供水厂制水生产提供相关水质数据，并向上级主管部门上报相关数据。截至年底，仙桃市县级以上集中式饮用水水源水质达到或优于Ⅲ类比例为100%。

潜江市巩固2个县级饮用水水源地保护区规范化建设成果，建立水源地保护巡查机制。组建工作专班，常态化开展水源地保护区环境保护巡查。每年安排专项资金，用于水源地保护区护栏基础修复、损毁隔离围网更换、补设标志标牌、保护区植物补种及非法垦荒种地铲除等工作。针对持续高温干旱天气，加强全市饮用水水源地水质保障工作调度，确保人民群众饮水安全。全市河流水质总体状况良好，水体功能区水质年均值达标率100%，14个监测断面水质年均值达标率100%。

【土壤污染防治】 2022年，武汉都市圈各市聚焦土壤源头防控、修复治理及风险管控，加强土壤污染防治工作。武汉市制定《武汉市建设用地土壤污染状况调查工作指南（试行）》，发布《武汉市2021年度污染地块名录》《武汉市建设用地污染地块开发利用负面清单（2022年度）》和《武汉市2022年土壤污染重点监管单位名录》，推进土壤污染隐患排查整改，定期对周边土壤进行监测，实施2022年涉镉等重金属重点行业企业排查方案，开展关闭矿区历史遗留固体废物排查工作，完成黄陂区8个关闭矿山历史遗留固体废物现场排查，170个地块被纳入全国污染地块土壤环境管理系统，数量约占全省四分之一，4个逾期未调查地块全部完成系统销号。全面排查重点建设用地基础信息，完成重点建设用地安全利用率试算，重点建设用地安全利用率100%。完成4个地块修复效果评估，完成40个地块土壤污染状况调查报告专家评审，公开武汉市2021年度建设用地土壤污染状况调查报告评审情况，完成武汉化学工业区地下水环境状况调查评估项目，制定《武汉市农业农村污染治理攻坚战实施方案（2022—2025 年）》《武汉市农业面源污染治理与监督指导实施方案》。完成 69 个行政村农村环境整治任务，超额完成湖北省下达的年度整治任务。完成 7 条国家监管农村黑臭水体治理任务，累计完成 11 条国家监管黑臭水体、2 条省级黑臭水体治理任务。开展高标准农田建设项目建设，全面指导渔业水域保护和管理，加强水生野生动物保护，成立“武汉长江中华鲟保护中心”“武汉长江江豚繁育保种技术研究中心”，新建高标准农田 9046.67 万平方米，总投资规模 4.83 亿元，改良土壤面积 206.67 万平方米，平整土地面 1813.33 万平方米，安排 5 个绿色农田示范项目，示范面积 1360 万平方米。

黄石市加强土壤、农村、地下水项目申报储备管理，全年新增土壤防治申报项目 8 个，首次实现土壤、农村、地下水三大门类项目全覆盖，新增争取中央土壤防治专项资金 6600 余万元。《黄石市土壤修复推进情况、面临的困难问题及对策建议》被湖北省生态环境厅专版刊发。黄石东钢土壤修复治理项目（二期）工程完工，完成 13.9 万立方米污染土壤修复工作。该项目作为全省唯一建设用地土壤污染风险管控与修复案例，入选生态环境部《土壤污染风险管控与修复技术手册》。

鄂州市完成 20 个新增建制村农村环境整治。7 条纳入国家和省级监管清单的黑臭水体整治完成 4 条。完成 33 座关闭矿山历史遗留固体废物排查。开展 14 宗农用地转“一住两公”用地土壤污染状况调查，受污染耕地安全利用率稳定在 90% 以上。全市 171 个规模养殖场粪污资源化利用率达 97.66%，规模养殖场设施装备配套率达 100%。

咸宁市制定全市受污染耕地安全利用工作方案，指导全市 2728.67 万平方米受污染耕地通过水肥调节、叶面阻隔、低积累品种替代等方式落实安全利用措施。完成咸安区星升工业废水有限公司等 3 宗关闭搬迁重点企业疑似污染地块土壤调查，将 7 宗污染地块纳入供地负面清单，禁止非法开发利用。截至 2022 年底，全市有机肥施用面积 5920 万平方米，占总播面积 18.7%；推广粪肥还田面积 2666.67 万平方米，测土配方施肥技术覆盖率 90%，主要农作物绿色防控覆盖率 48%，主要粮食作物统防统治覆盖率 44% 以上。市级审核通过 1128 个畜禽养殖场，粪污资源化综合利用率 95.9%、规模养殖场粪污处理设施配套率 100%、大型规模养殖场粪污处理设施配套率 100%。

潜江市全面推动土壤污染防治。加强疑似污染地块环境监管，加强对用途变更为住宅、公共用地和公共服务地块的管理，全年共开展 9 个地块的土壤污染状况调查并进行专家评审。加强土壤污染重点企业环境监管，定期更新 2022 年土壤污染重点监管单位名录，督促土壤污染重点监管单位开展土壤污染隐患排查和自行监测等工作，开展土壤环境重点监管单位和重点工业园区外土壤和地下水监测。

【危险废物环境管理】 2022 年，武汉都市圈各市不断加强固体废物污染防治，强化环境风险防范管理。武汉市组织开展废矿物油、废铅蓄电池专项整治行动，加强武汉市实验室危险废物环境管理。组织专家对部分重点涉危单位环境管理情况和危险废物污染防治措施进行现场复核。武汉市工业危险废物产生量 40.998 万吨，利用处置量 40.44 万吨（含往年贮存量 0.34 万吨），贮存量 0.56 万吨。截至年底，武汉市持有危险废物经营许可证企业共 36 家。其中，持有收集、贮存、处置或利用危险废物综合经营许可证企业 13 家（包括医疗废物处置企业 2 家）；持有收集、贮存危险废物收集许可证企业 23 家。全市医疗废物（含涉疫垃圾）产生量 4.9 万吨，处置量 4.9 万吨，集中处置率 100%。截至年底，武汉市具备医疗废物处置能力 110 吨 / 日，具备后备应急协同处置能力 235 吨 / 日，满足“平战结合”要求。持续开展危险废物专项整治行动，实施危险废物规范化管理工作，完成 36 家危险废物经营单位环境风险排查整治和整改，现场检查 2488 家危险废物产废单位。开展重点行业领域危险废物专项排查整治，完成 50 余家化工行业企业、8 家废铅蓄电池收集试点单位、10 余家修造船企业和 5 家在港口码头接收船舶废矿物油单位的排查整治。印发《武汉市小微企业危险废物收集试点实施方案》，进一步推进小微企业危险废物收集试点工作。推动危险废物综合利用，探索危险废物利用环节豁免管理途径和方式，完成利用平煤武钢公司产生的废煤焦油豁免管理事项。健全动物诊疗废弃物收集处置体系，构建“动物诊疗机构、无害化处理机构”联动的无害化处理机制，科学设置集中转运点，由专业公司定期进行统一无害化处理。推进各区有害垃圾暂存库建设，建成江汉区、洪山区、蔡甸区、新洲区、东湖高新区、东湖风景区等区有害垃圾暂存库。

黄石市全面摸查17家危险废物经营单位和112家危险废物产生单位危险废物规范化环境管理情况，共发现问题544个，督促企业完成全部问题整改。集中排查全市51家涉及化工行业企业危险废物环境风险，并建立危险废物监管源清单。

鄂州市不断强化固体废物污染防治，大力开展综合利用，努力发展循环经济，全市固体废物环境污染防控水平不断提升。一般工业固废产生量约757.43万吨，处置利用量699.14万吨，处置利用率92.3%。危险废物产生量约2.88万吨，全年利用处置量2.86万吨，贮存0.02万吨，无外排放，综合利用及安全处置率100%。全市共产生医疗废物1769.21吨，安全处置量为1769.21吨，无害化处置率为100%。全市建筑垃圾产生量105.09万吨。其中，主城区工程弃土约101.31万吨全部调配使用，其他建筑垃圾资源化利用量3.78万吨。

黄冈市推进黄州火车站经济开发区危废医废综合处置中心项目建成并投入运行，提高武汉都市圈危废医废处置利用率。全市规划建设7个生活垃圾焚烧发电项目。红安、麻城垃圾焚烧发电项目建成投产以来，协同处置武汉市黄陂区、新洲区生活垃圾25万余吨。加强石材固体废弃物综合利用，麻城市石材厂开采的近300万吨尾灰晾干后运送至武汉作为商砼搅拌站和加气块原材料，强化都市圈固体废物协助利用。

咸宁市督促659家企业在湖北省危险废物监管物联网系统完成危险废物产生经营单位申报登记和管理计划备案，备案率97.12%。完成110家企业排污许可证核发固体废物内容审核，反馈并督促企业整改危险废物漏报、错报等问题170个。受理危废产生单位危险废物转移联单42718条，规范转移处置危险废物38548.39吨。组建8个工作专班深入全市祭祀用品售卖店和公墓开展不可降解祭祀用品禁用宣传，换购并集中销毁不可降解塑料花近10万支，县级以上公墓、陵园基本实现“无塑”祭祀。

仙桃市督促全市2021年原在册178家产废单位在湖北省危险废物监管物联网系统完成2022年危废管理计划、2021年危废年报和一般固废年报申报登记工作。组织将违法炼铅所在地胡场镇蔡滩村猪场遗留113.15吨铅渣安全转运至湖北省天银危险废物集中处置有限公司贮存，消除二次污染隐患。会同市商务局等部门及长埫口镇政府开展长埫口镇废旧机动车拆解专项整治“回头看”工作。开展全市港口、码头废矿油及含矿物油废物收集、贮存及转运情况排查整治行动，全市共4家修造船企业及汉江保洁船落实危险废物申报登记及电子转移联单制度。组织开展医药行业危险废物环境管理规范整治，将2家医药企业纳入全省危险废物监管物联网系统，实现医药行业全覆盖。组织开展机修行业危险废物环境管理专项排查整治行动。

（各市地方志机构）

长江大保护

【概况】 2022年，武汉都市圈九市坚持把修复长江生态摆在压倒性位置，接续开展长江大保护十大标志性战役、长江高水平保护十大攻坚提升行动，破解“化工围江”难题，长江生态环境实现转折性变化，各市长江干流出境水质均保持在Ⅱ类。

武汉市启动实施“新双十”（长江高水平保护十大攻坚提升行动、长江经济带降碳减污扩绿增长十大行动）行动。武汉市人民政府印发《武汉长江高水平保护十大攻坚提升行动实施方案》《武汉长江经济带降碳减污扩绿增长十大行动实施方案》。武汉市政协开展长江高水平保护十大攻坚提升行动民主监督。制定十大攻坚提升行动年度重点工作清单和降碳减污扩绿增长十大行动年度重点工作清单、项目计划等。武汉市2022年度长江大保护十大标志性战役省级评估结果为优秀，连续四年（2018—2021年）位列全省第一方阵。年内，编制《武汉市流域综合治理和统筹发展规划》，编制完成《武汉市污水收集与处理专项规划(2021—2035年)》《武汉市排水防涝专项规划（2021—2035年）》；编制实施《黄孝河机场河流域水环境综合治理规划》《巡司河流域水环境综合治理规划》《汤逊湖流域水环境综合治理规划》。截至年底，完成498个长江入河排污口溯源整治。巩固黑臭水体整治成果，印发《武汉市深入推进流域河湖长制、深化水环境系统治理行动方案》《武汉市四水共治三年行动实施方案(2022—2024年)》，全市连续两年无劣V类水质湖泊。推进汤逊湖、东沙湖、黄孝河、机场河、巡司河等重点流域水环境治理，开展重点领域专项执法行动，加大河道采砂、排水许可、污水处理、水资源保护、水土保持执法力度。推进百里长江生态廊道建设，建成总长约80千米、总面积约830万平方米的生态滨水空间。

黄石市以长江大保护为契机，全面启动长江沿线82座重点区域矿山生态修复治理，累计投资近6.73亿元，修复治理矿山面积838.28万平方米，给黄石长江岸线镶上绿丝带。

鄂州市推进沿江化工企业“关改搬转”绿色转型，纳入全省沿江化工“关改搬转”任务清单的14家企业全部完成整改销号，提前3年完成省政府下达目标任务。印发《鄂州市长江入河排污口“一口一策”整治方案》，持续巩固长江入河排污口溯源整治成果，完成390个排污口整治工作。

2022年11月22日，武昌区八铺街堤（鹦鹉洲长江大桥至杨泗港长江大桥段）防洪及环境综合整治工程通过竣工验收，这是“百里长江生态廊道”武昌江滩的收官之作（武汉市水务局　供图）

2022年武汉市主要河流基本情况一览表

河流名称	境内河长（千米）	境内流域面积（平方千米）	堤防长度（千米）	监测断面	功能类别	2022年水质现状	水质变化	备注
长江武汉段	145	8569.15	307.71	杨泗港	Ⅲ	Ⅱ	稳定	国考断面
				白浒山	Ⅲ	Ⅱ	稳定	国考断面
汉江武汉段	62	265.96	112.13	宗关	Ⅲ	Ⅱ	稳定	国考断面
金水河	43	204	47	金水闸	Ⅲ	Ⅲ	稳定	国考断面
滠水	105	1500	40.126	滠口	Ⅲ	Ⅲ	变差	国考断面
倒水	42	888	52.55	龙口	Ⅲ	Ⅲ	稳定	国考断面
举水	51	763	69.473	沐家泾	Ⅲ	Ⅱ	好转	国考断面
通顺河	75	615	100.453	黄陵大桥	Ⅲ	Ⅲ	稳定	国考断面
府澴河	48	1093.9	93.8	朱家河口	V	Ⅳ	稳定	国考断面
沙河	37	487	81.4	四合庄	Ⅲ	Ⅲ	变差	

（资料来源：武汉市水务局）

黄冈市全力打好碧水保卫战，严格管控重点流域水质，全力呵护一江百湖清水永续东流。

咸宁市坚持系统修复，源头管控，在全省率先建成“智慧长江”生态环境监管体系，组织对长江咸宁段入河排污口进行全方位排查整治。

仙桃市大力开展碧水保卫战“迎春行动”“清流行动”“攻坚行动”，突击开展河湖整治“雷霆行动”，累计投入人力17万余人次、机械2670台套，拆除违章建筑1165处，河湖岸线清障除杂4800千米。

潜江市推进长江高水平保护十大攻坚提升行动和流域综合治理统筹落实，持续推进完成排污口整治任务，按照“一口一策”整治方案推进排污口整治。

【长江生态修复】 2022年，武汉都市圈沿江各市推进长江高水平保护十大攻坚提升行动和流域综合治理统筹落实，加大长江生态修复。武汉市组织实施长江高水平保护，严格落实长江武汉段跨区断面水质考核奖惩和生态补偿机制。成立1个市指挥部、10个专项行动指挥部、15个区指挥部，制定2022年重点工作清单。持续推进长江入河排污口溯源整治攻坚提升行动，完成498个长江入河排污口整治任务，超额完成年度目标任务；累计完成1686个长江入河排污口的整治，占排污口总量的91.5%。8月，华中地区首座全地下花园式大型净化水厂——铁路桥地下净化水厂正式投入运营。该项目建成之后，来自暗涵的污水经深度处理后，达到地表水准Ⅳ类，就近作为黄孝河明渠的生态补水，惠及沿线超80万居民。全国首创跨区断面水质考核，加强排水许可执法监管，水土保持全链条全过程监管，推进十大湖泊退垸（田、渔）还湖。改扩建污水处理厂，新建、改建污水管网，推进混错接改造，努力实现源头截污。助力湿地城市建设，积极推进青山湿地建设和外沙湖、杨春湖等水环境综合整治及生态修复。高标准推进百里长江生态廊道规划建设，打造集防洪、生态、景观于一体的滨水风景线，助力提升城市功能品质和核心竞争力。推进长江十年禁渔，禁养区1.28万家养殖场全部关停搬迁，3.2万名渔民全部转产安置。沿江1千米内化工企业实现“清零”，腾退岸线近150千米，长江岸线生态复绿856万平方米。

黄石市加快推进生态项目建设。围绕竣工一批、开工一批、储备一批、谋划一批“四个一批”要求，开展生态保护和绿色发展重大项目建设，推进总投资1740亿元的长江经济带生态保护和绿色发展项目加快实施。强化资金保障。夏浴湖流域生态修复综合治理一期等27个生态修复治理项目获中央、省预算6.6亿元专项资金支持。黄石水污染综合治理、大冶市矿山与通江湖泊山水林田湖草生态保护修复工程分别获得亚洲银行1亿美元、法开署1亿欧元贷款支持。总投资72.96亿元的长江黄石段生态环境导向项目入选全国第二批EOD模式试点，9个子项开工7个。组建市级环保投资公司，出台政策措施，引导社会资本投入，形成多元化、市场化生态投入机制。出台《黄石市绿色信贷担保基金管理办法》，出资1亿元设立绿色担保基金，黄石市政府、阳新县政府分别

2022年3月15日，位于白沙洲大桥至杨泗港大桥之间，全长3.12千米的洪山江滩开放试运营（武汉市水务局　供图）

与长江三峡环保集团签订战略合作协议，制定出台《黄石市饮用水水源地保护条例》《黄石市生态控制线管理条例》等地方法规，构建全方位法治屏障。强化规划、法规执行，对违法违规行为坚持一案双查，对7种情形实行“一票否决”。全年立案办理生态环境和资源保护领域公益诉讼案件153件，提出诉前检察建议和发布公告97件，提起公益诉讼起诉案件10件，实现市、县（区）两级办案全覆盖。开展“十年禁渔”联合执法行动96次，清理违规网具487张，查办电鱼等非法捕捞案件33起，形成强大震慑。

鄂州市推进沿江化工企业“关改搬转”绿色转型，落实省政府关于“沿江1千米内禁止新建化工项目和重化工园区，沿江15千米范围内一律禁止在园区外新建化工项目”的工作要求。纳入全省沿江“关改搬转”任务清单14个化工企业全部完成整改销号，提前3年完成省政府下达目标任务。持续巩固长江入河排污口溯源整治成果。印发《鄂州市长江入河排污口“一口一策”整治方案》，全面系统开展入河排污口整治，完成390个排污口整治。实地核查全市历史遗留问题，完成核查档案表和成果数据库任务。巩固长江干流11座废弃露天矿山修复成果，督促治理主体开展生态补植工作。推进矿山备用金退还到户，公示未履行修复义务矿山企业。全市41座矿山累计缴纳备用金2928.11万元。

黄冈市完成国土绿化8200万平方米，森林质量提升8600万平方米，栖息地保护修复3.28万平方米。省级森林城市创建工作通过省级专家组的考核验收，完成4个森林城镇、22个森林乡村创建工作。编制完成《黄冈市国土空间生态修复规划（2021—2035）》《鄂东大别山山水林田湖草沙生态保护修复实施方案》《黄冈市矿产资源总体规划（2021—2025年）》，长江干支流10千米范围内废弃矿山恢复治理通过省级核验。全市新增35家公共机构成为省级节水型单位，共创建节水型公共机构195家。

潜江市推进长江高水平保护十大攻坚提升行动和流域综合治理统筹落实，制定《潜江市长江高水平保护十大攻坚提升行动实施方案》《潜江市长江高水平保护十大攻坚提升行动市各专项2022年重点工作清单》，实行任务分解，明确攻坚行动年度工作要求和重点，严格对标管理，确保任务落实。加快推进长江入河排污口溯源整治，制发《潜江市长江入河排污口“一口一策”整治方案》《2022年潜江市长江入河排污口溯源整治攻坚提升专项行动工作方案》。持续推进完成排污口整治任务，按照“一口一策”整治方案推进排污口整治，每月定期调度，全面掌握溯源整治工作推进情况。全市113个长江入河排污口溯源、分类、命名及编码工作全部完成，树标志牌88个，监测排污口77个，序时推进排污口整治工作。

【生态补偿】2022年，武汉都市圈各市健全完善生态补偿机制，助力长江水域生态环境保护修复。武汉市强化综合治理、系统治理、源头治理，因地制宜采取水体治理、土地整治、植被恢复、动物保护等措施，组织实施水系连通等生态修复项目，让城市湿地恢复原貌。5月，武汉经开区管委会、仙桃市政府签署全省首例跨市河流横向生态补偿协议《通顺河流域跨市断面水质考核生态补偿协议》，两市探索建立跨市河流流域生态补偿机制。7月，武汉市会同随州市、孝感市共同签署《府澴河流域横向生态保护补偿协议》，共同创新流域横向生态补偿机制，共同推进府澴河流域水生态环境改善和水环境质量提升。三市共同签订《关于统筹推进府澴河流域水污染联防联控开启水环境共治共管共享模式的框架协议》，决定建立跨市流域水环境共治共管共享机制，为实现府澴河流域区域水生态环境保护与经济社会协调发展提供保障。武汉市新洲区与黄冈市团风县建立道观河流域生态补偿机制，实施道观河水源地环境问题共保共建。完成88家沿江化工企业“关改搬转”；长江、汉江沿线码头由原来的580余个缩减为188个，364个沿江堆砂场全部取缔，腾退岸线47千米，复绿岸线856万余平方米，“两江四岸”造林1606.67万平方米。落实生态公益林、湿地保护等补偿政策，安排资金27.2亿元，推进湿地花城建设，建成岱山文化公园等各类公园380个、绿道1210千米，2022年底，建成小微湿地32处，人均公园绿地面积14.04平方米。

黄石市制定《黄石大冶湖流域生态保护补偿实施方案》和《大冶湖流域生态保护补偿水环境质量监测考核方案》，按照水环境质量、森林生态和用水总量控制三类因素，开展数据通报和核算，督导各辖区建立流域协同生态保护机制；与鄂州市签订《高桥河跨市断面生态保护补偿协议》，按照“谁超标、谁赔付，谁受益、谁补偿”原则划定补偿，提升大冶湖生态保护水平;与黄冈、九江、安庆、池州签订《关于长江流域上下游突发水污染事件联防联控工作协议》，建立跨市流域生态保护补偿改革机制。建立生态补偿监测通报机制，设置大冶湖流域生态补偿监测断面24个，建设水质监测微站7座，推进铁金港治理、栗子湖养殖取缔整治等一批重点整改项目。

孝感市推动建立跨市流域横向补偿机制。10月19日，孝感市与武汉市、随州市就流域生态补偿召开视频会议，研究讨论建立府澴河跨市生态补偿机制，3地就生态补偿达成初步共识，完善市内府澴河生态补偿机制，推动建立跨市流域横向补偿机制。与都市圈相关城市签订《武汉城市圈生态环境合作（黄石）框架协议》《府河跨流域上下游突发水环境污染事件联防联控协议》《汉北河及汈汊湖跨流域上下游突发水环境污染事件联防联控协议》《大悟河、竹竿河突发水污染事件联防联控协议》《关于统筹推进府澴河流域水污染联防联控开启水环境共治共管共享模式的框架协议》等5份协议，通过建立联席会议、开展联合监测及执法等方式，共同推进都市圈生态环境综合治理。积极推动实现都市圈跨地区环境信用信息互联互通，孝汉两地开展府河流域交界断面水环境联合执法行动，重点检查府河八一大桥至谌家矶岸线15千米范围内工业企业。全市13个国控断面达标率和优良率均为100%，太平沙、北门岗、新沟闸、小河4个入武汉断面水质常年保持在Ⅲ类及以上，确保“四河（府澴河、滠水、汉北河、汉江）清水送武汉”。

《咸宁市陆水河流域横向生态保护补偿机制实施方案》和《西凉湖水生态环境保护补偿机制实施方案（试行）》正在修订。截至12月底，斧头湖流域和西凉湖流域按照方案完成监测，陆水流域和斧头湖流域完成生态补偿初步核算。

黄冈市建立“三湖”（龙感湖、太白湖、武山湖）水生态补偿模式。完善巴水流域横向生态补偿机制，建立“三湖”地区水生态补偿机制。4月，市政府印发《黄冈市“三湖”地区生态补偿实施方案》，明确水质考核目标，选取高锰酸盐指数、氨氮、总磷等三项指标作为水环境质量考核指标，以入湖支流考核断面达到《地表水环境质量标准》Ⅳ类标准限值作为考核目标;明确考核结果运用，对考核断面水质不达标的县（市、区），督促属地政府对未达标断面所在河港开展现场调研，分析未达标原因，制定水质达标方案，并报市领导小组办公室备案;明确年度补偿资金计算方式，以水质改善考核公式来考核各重点断面的水质达标情况和水质改善情况，并以此为依据计算各地年度生态补偿资金。市政府和华阳河沿线3个县（市、区）政府筹集2400万元生态补偿保证金。其中，市政府每年安排600万元作为“三湖”地区生态补偿资金。黄梅县、武穴市政府和龙感湖管理区每年分别向市政府缴纳1000万元、600万元、200万元作为生态补偿保证金。创新白莲河库区生态补偿模式。4月，市政府印发《黄冈市白莲河库区生态补偿实施方案》，要求白莲河示范区分别与上游英山县、罗田县、浠水县签订生态保护补偿协议，以入库河流水质达标情况和水质改善情况为依据，采取对赌方式落实生态补偿。白莲河示范区与库区三县政府筹集生态补偿资金1400万元。其中，白莲河示范区每年专项列支700万元作为白莲河库区水质提升考核生态补偿保证金。罗田县、英山县、浠水县每年分别落实200万元、400万元、100万元，作为生态补偿保证金。

潜江市严格落实现有通顺河流域横向生态保护补偿机制，与仙桃市、武汉市（蔡甸区、汉南区）人民政府共同签订《通顺河流域跨界断面水质生态补偿协议》。建立总干渠流域横向生态保护补偿机制，为确保总干渠潜江段出境考核断面按国家和省明确的“十四五”水质考核目标，全市以持续改善总干渠流域生态环境质量为核心，加强与上游荆州市沟通联系，就考核断面、水质目标、计算方法、补偿方式等进行多轮磋商，与荆州市签订《总干渠流域跨界断面水质生态补偿协议》。探索建立汉江流域（荆门—潜江—天门段）横向生态保护补充机制，积极与荆门市沙洋县、天门市就建立健全汉江流域（汉江荆门—潜江—天门段）横向生态保护补偿机制开展磋商。

2022年，武汉市生态环境监测人员在汤逊湖进行水质采样监测（张珂供图）

【长江经济带生态问题整改】 2022年，武汉都市圈各市持续开展长江经济带生态环境警示片及中央生态环境保护督察披露问题整改工作。武汉市扎实推进警示片涉汉问题整改工作，持续推动水环境质量改善。以重点流域综合治理为突破口，谋划“三湖三河”（南湖、汤逊湖、北湖，黄孝河、机场河、巡司河）治理。通过“开门治水”，引入大型央企、国企等优质社会资本方，共同参与“三湖三河”水环境治理，逐流域编制流域规划，按照规划确定近远期项目库，先后启动南湖水环境综合治理等项目建设。南湖水环境提升工程、黄孝河机场河水环境综合治理二期工程、汤逊湖流域治理一期工程、北湖污水处理厂等工程完工；南湖生态活水项目，巡司河流域治理一期、二期和三期先导工程推进施工；汤逊湖流域治理二期工程启动前期工作。

黄石市加大国家长江经济带生态环境警示片反馈问题整改力度。2018至2022年，国家长江经济带生态环境警示片共反馈涉及黄石问题8个，全部完成整改并通过省生态环境厅验收。南坦湖湖泊侵占、夏浴湖湖泊侵占等问题整改工作，连续两年在国家长江经济带发展领导小组全体会议上作为整改成效突出典型案例进行宣讲，国家长江办与生态环境部调研组对相关工作也给予充分肯定。第二轮中央生态环保督察整改任务共28项，截至年底，完成整改21项，序时推进7项。

鄂州市开展行业准入政策宣传，加大《长江保护法》等法律政策宣传力度，持续抓好政策落实。按照《长江经济带发展负面清单指南（试行）》等政策要求，沿江1千米范围内严禁新建、扩建化工园区和化工项目，严控污染性较重的化工项目准入。全市共有14个企业纳入《湖北省沿江化工企业关改搬转任务清单》。截至年末，14个企业全部完成整改，通过验收且销号公示，提前3年全面完成省政府下达的沿江化工企业关改搬转任务。制定印发《鄂州市“三线一单”生态环境分区管控方案》，将“禁止新建重化工园区”列入鄂州市禁止建设开发利用要求。沿江1千米范围内无规划新建和扩建化工项目，无新增核准备案化工项目。持续推进日常执法工作，依法严厉打击突出环境违法行为，全年立案查处40余起环境违法案件。

黄冈市加强长江经济带生态问题整治，集中整治麻城石材产业园生态环境问题。加大矿山生态修复力度。修订矿山开采和生态修复系列规划方案，督导责任企业对开矿区复绿，推进废石废渣规范处理，强化矿山污水管控，降低粉尘污染；取缔无证矿山13家，关闭不规范采石场8家，修建5条矿山主干道和15.4千米矿山支路，实现湿法作业全覆盖，累计完成矿山复绿213.33万平方米。推进流域水系综合治理。制定整体水

2022 年，仙桃市渔政部门开展“渔政亮剑 2022”执法行动（仙桃市史志研究中心　供图）

系治理方案，开展大坳水库、麻溪河流域水系综合治理工作，新建、改建 17 座矿山污水处理站，完成麻溪河水质提升中心扩容升级改造，新建成 11 万立方米地表污水应急池，完成麻溪河 29 个排水口“一口一策”整治，修建沿线道路污水拦截沟，基本实现园区生产用水循环利用。开展石材园区综合治理工作。新建、改扩建 11 条道路，整治运输扬尘，推进企业清洁生产，安装生活污水无害化处理设施 173 台套，生产“清水切割”完成率 100%，栽种树木约 86.2 万棵，建设绿色生态工业园。经过整治，麻城石材产业园区生态环境质量持续改善，大坳水库水质达到地表水Ⅲ类标准。为降低江边老库环境风险，组织专家评估制定老库治理方案，累计铺水泥毯 5440 米，加强环境隐患监管。

潜江市制定生态环保督察整改任务清单，细化整改措施，开展两轮市级环保督查，推进突出环境问题整改。第一轮中央环保督察反馈 39 个问题全部完成整改销号、第一轮中央生态环保督察“回头看”及湖泊专项督察反馈 15 个问题完成整改销号 9 个、中央第二轮生态环保督察反馈 18 个问题完成整改销号 6 个、第一轮省级生态环保督察指出 36 个问题完成整改销号 27 个、第一轮省级生态环保督察“回头看”指出 26 个问题完成整改销号 13 个。

【长江禁捕联合执法】 2022 年，武汉都市圈各市水务、公安、渔业等部门开展协作，进一步打击和整治非法捕捞、非法采砂、非法排污等违法犯罪行为。武汉市渔业渔政部门以“禁捕退捕工作走在沿江城市前列”为目标，进一步巩固禁捕退捕成果，开展常态化联巡联查联打，联合市场监管、公安等部门开展“渔政亮剑 2022”“清风行动”以及通江支流禁渔期联合执法行动，开展执法“五大练兵”，全面提升执法队伍执法能力，升级“天网工程”系统，实时分析非法捕捞、违规垂钓等行为，实现水上执法管理全天候、全覆盖。组织“暖心行动”“春风行动”等活动，走访慰问退捕渔民。年内，武汉市长江禁捕退捕工作获中央和省、市主流媒体报道 400 余次（不含转载）。武汉农业综合执法支队被评为全国“2021 年度长江禁渔执法监管先进集体”。

黄石市各级禁捕执法部门，共印发宣传资料 1692 份次，出动执法人员 9995 人次，出动执法车辆 1145 辆次，出动执法船艇 1929 艘次，检查水产经营店和渔具生产、销售点 1051 次，检查水生动物保护区 155 次，开展联合行动 96 次。查办各类违法违规案件 33 件，查获涉案人员 26 人，移送司法机关 10 人，查获渔获物 7934.82 公斤，行政处罚金额 2.7 万元。

鄂州市与武汉、黄冈、黄石建立长江禁捕跨界水域协同执法机制，与长航公安、长江海事、水政等部门联合建立定期清江机制；签订《武汉城市圈农业综合执法联动合作框架协议》。联合梁子湖管理局、梁子湖区农业农村局、梁子湖区公安分局在梁子湖水域开展“百日攻坚”联合执法行动；联合鄂城区水政渔政执法部门在花马湖开展巡查 3 次，强化保护区全面禁捕后的执法监管。与公安部门开展联合执法 7 次，向公安机关移交案件线索 4 件，公安部门立案 3 件，抓捕 4 人。全年共出动执法船艇 132 艘次、执法车辆 189 台次、执法人员756人次，水上巡查里程3000余千米。共清理取缔“三无”渔船21艘，没收网具244条（包括地笼），电鱼器1台（套），各种钓具42根，行政处罚12人，处以罚款1.67万元。

黄冈市开展联合执法行动382次，参与执法人员5434人次，巡江巡湖735次，水上巡查里程16488千米。跨界协同，与黄石、咸宁、九江、安庆等市跨水域开展5次联合执法巡查，出动执法人员145人，出动执法船艇18艘次，形成打击破坏渔业资源违法犯罪的合力，打击长江流域非法捕捞的违法行为。部门协作，联合公安、交通运输、水利、市场监管等部门，针对非法捕捞多发频发水域，开展“四清四无”大排查、垂钓锚鱼专项整治等“渔政亮剑2022”系列执法行动，持续保持打击长江流域非法捕捞行为的高压态势。市县联动，发挥市级农业综合执法机构统筹协调作用，定期组织跨县水域开展联合执法、交叉执法检查，确保长江水域无盲点、禁捕监管无边界、执法打击无死角。

潜江市全年开展渔政执法行动186次（汉江99次、内河87次），出动执法人员1071人次（汉江574人次、内河497次），执法车辆311辆次（汉江156辆次、内河155次），执法艇127艘次（汉江65艘次、内河62艘次）；张贴发放各种宣传资料880份；处理市长热线19件；教育警告92人，行政立案58起，罚款29.02万元，刑事移交4起5人；组织护渔员培训3次；报送工作信息11篇，其中4篇在潜江新闻和湖北农业信息网刊登。

【城镇生活污水治理】 2022年，武汉都市圈各市加大长江入河排污口整治，持续推进城镇生活污水治理。武汉市污水处理提速增效。截至年底，武汉市23座污水处理厂总设计处理能力达441万吨/日。城镇生活污水处理量139374万吨，城镇生活污水处理率约为97.4%。共产生污泥62.97万吨，全部无害化处置。完成铁路桥地下净化水厂、龙王嘴污水处理厂扩建工程（四期）建设，共计新增污水处理能力20万吨/日。全市共计新建、改建污水收集管网270余千米。武汉市成立市水务局主要负责人任指挥长的市城镇污水处理提质增效及黑臭水体治理攻坚提升行动指挥部。印发《城镇污水处理提质增效及黑臭水体治理攻坚提升行动方案》，推进污水处理设施建设。完善污水收集系统，完成混错接改造及缺陷改造年度目标任务。新扩建管网187.7千米。加强城镇生活污水处理厂运营监督、考核和管理，督促污水处理厂规范运行，加强污水源头管控，调查排水户3087家，新增办证544家，实施证后监管945次，水质检测287家。推进城市黑臭水体治理，完成新增黑臭水体排查且无新增黑臭水体，组织第三方机构对重点黑臭水体进行无人机飞检及水质抽检，未发现返黑返臭水体，公示无新增黑臭水体、无返黑返臭水体工作情况，所有参评水体公众满意度均达90%以上。

黄石市完成市政公共污水管网缺陷修复、混错接改造2414处，建设改造污水管网100千米，全市城区生活污水集中收集率达60.5%。加强污水源头管控，严格执行排水许可审批机制，确保新建项目雨污分流率100%；办理正式排水许可29件，临时排水许可16件，对4家单位违法排水户申请执法处罚。

鄂州市推进长江入河排污口整治，全市558个长江入河排污口整治完成314个；建成污水处理厂17座，污水处理规模达21.6万吨/天，基本实现集镇建成区生活污水收集处理全覆盖；临空经济区再生水厂一期一阶段工程（2.5万吨/日）基本完工，葛华污水处理厂三期扩建工程（4万吨/日）投入试运行，全市生活污水处理能力将达到28.1万吨/日，全市200人以上村塆建设农村污水处理站点491座，污水处理规模达7880吨/天；启动实施武汉东区域问题管网整治工程。

孝感市聚焦“雨污分流改造、老旧排水管网更新、老旧城区污水管网改造、消除排水管网空白区”等领域，印发《孝感市“十四五”城镇生活污水处理及资源化利用发展规划项目库》，谋划实施污水收集处理设施建设项目72个，总投资69.4亿元。围绕城市管网排查、黑臭水体整治、短板设施建设、污水收集处理设施运行管理、污水源头管控等重点工作任务，各地编制完成地区城市污水处理提质增效与黑臭水体治理攻坚提升行动实施方案、制定年度任务清单。定期召开推进会，常态化落实月调度、季督办、年考核工作机制，有效推动整改工作。全市累计新建市政污水收集管网77.7千米，改造污水管网113.4千米，改造管网混错接85处，各地污水收集率同比平均增长6%。

黄冈市推进城市黑臭水体治理。城市黑臭水体整治连续三年列入长江大保护“雷霆行动”专项整治行动，对全市排查出的19个城市黑臭水体编制“一水一策”，年内，完成15个城市黑臭水体整治。补齐城市生活污水收集处理短板。全市共投资8.57亿元，新建污水管网152.2千米，改造老旧污水管网24.94千米、雨污合流管网26.4千米。启动4个市（县）城市污水处理厂扩建工程建设。其中，市区遗爱湖污水处理厂三期扩建项目（2.5万吨/日）、浠水县城南污水处理厂（2.5万吨/日）建成投产；武穴市污水处理厂三期扩建项目（1.5万吨/日）建成试运行；黄梅县污水处理厂3万吨/日扩建项目建设正在全面实施，预计2023年5月建成。科学谋划污水处理厂新建项目，武穴市城西污水处理厂新建项目完成可研批复和选址，红安县城区第二污水处理厂新建项目完成可研批复。结合中央第二轮环保督察反馈问题，制定《城镇污水处理提质增效及黑臭水体治理攻坚提升行动重点任务清单》，加大污水收集管网更新改造力度，实行城镇排水许可管理，建立城镇污水私搭乱接溯源执法工作制度。

咸宁市巩固城市黑臭水体治理成效。先后出台14项黑臭水体管理长效机制，安排专班人员对5条河道开展不定期巡查，委托第三方检测公司每月对5条河道开展3次水质抽检，并及时公布抽检结果。全面排查咸宁城市建成区范围内237处水体，均不存在黑臭现象，排查结果公示。

【船舶港口污染防治】2022年，武汉都市圈各沿江城市加强港口船舶源头污染控制，船舶港口污染防治工作取得新进展。武汉市成立市交通运输局主要负责人任指挥长的市船舶和港口污染防治攻坚提升行动指挥部，印发《船舶和港口污染防治攻坚提升行动方案》，加强港口船舶源头控制，严把船舶检验环节关。新建15艘船舶均严格按要求配备防污染设施，安装受电设施，严把港口建设运营关。林四方港区娲石水泥码头改扩建工程、永安堂港区龙欣物流码头改建工程、武汉港核心区趸船提升项目（中华路客运码头）配置环保设施并同步建设岸电设施，完成船舶设施改造。全市822处船舶生活污水储存设施设备完成改造。生产经营性码头均配备生活垃圾接收装置，并免费接收靠泊船舶提交的生活垃圾。武汉化学品洗舱站开展船舶洗舱作业16艘次，接收油品洗舱水255.7立方米、化学品洗舱水333.85立方米，接收生活污水10109.68立方米、含油污水228.6立方米。推动港口船舶岸电改造，完成长江经济带运输船舶岸电改造项目8个，涉及37家企业176艘600总吨以上船舶，完成47套低压岸电接插件改造，武汉港累计建设岸电设施泊位117套，出动检查人员6023人次，检查港口码头企业1422家次、渡口1014处次、船舶982艘次，办理船舶防污染案行政处罚案件8件，累计罚没2.4万元，取样送检17艘运输船舶燃油，结果均符合要求。

黄石市全面推进船舶水污染物“零排放”，推动船舶污水“船上储存，转岸交付”，引导947艘船舶主动实施水污染物“零排放”，对2264艘船舶实施电子防伪铅封；深入运行“网格治污智能交付”船舶港口污染防治模式，对靠泊船舶和码头实施“一对一”的监管和服务，督促到港船舶交付垃圾89.2吨、生活污水7262.1立方米、含油污水32.3立方米。重点强化船载危险货物风险管控，持续推进货主选船机制，对C级危险品船实施严管措施，加强高温季节、枯洪水期等重点时段的船载危险货物作业安全检查；持续强化船舶防污染监管，开展船舶防污染专项检查3849艘次，查处各类船舶污染违法行为64件。其中，船舶生活污水直排32件、污染物虚假交付2件。推动船舶绿色低碳发展，强化船舶大气污染物排放监管，督促船舶优先使用岸电，开展船舶岸电使用情况检查166艘次；检测到港船舶使用的燃油质量，开展快速检测204

艘次。

鄂州市全年完成新建船舶建造检验35艘，均满足船舶污染防治要求，并安装受电设施；三和管桩有限公司、港鑫物流公司、金航物流公司3个港口企业7个泊位的岸电设施通过国网鄂州供电公司验收，8艘船舶受电设施完成改造任务并通过检验。完成鄂州港船舶污染物接收能力与污染物产生量匹配情况第一次评估；梁子湖3艘新能源客船建成下水，3条航道配布58座太阳能LED一体化发光浮标。开展港口防污染整治行动，坚持每日对辖区港口码头开展港口船舶污染防治联合检查，对检查出的问题立查立改。督促港口码头完善港口污染防治设施设备并确保正常运转，重点做好港口船舶污染物接收转运、码头周边环境、作业扬尘管控等工作；落实长江砂石运输管理，保证合法合规装卸砂石。加强与武汉、黄石、黄冈等地长江海事部门沟通协调，建立协调联动机制，推进长江沿线港口船舶污染防治。

黄冈市各县市区对船舶污染物均执行免费接收政策。1至7月，全市船舶生活垃圾接收量79.4吨、船舶生活污水接收量7412.5吨、含油污水接收量10.5吨，船舶垃圾和生活污水处置闭环率达95%以上。船舶港口岸电使用规范。2021年、2022年累计完成船舶受电设施改造106艘。截至7月底，黄冈市有具备港口岸电设施50个泊位，覆盖率75.7%（除临时砂石集并中心和危货码头外），累计使用港口岸电设施2583次，用电量50466.11千瓦时，同比快速增长。

咸宁市全年检查港口码头30余次，船舶200余艘次，共回收联单400份。收集转运处置港口船舶生活垃圾23.73吨、生活污水1762.74吨、油污水2.3吨。全市岸电7—10月（7月开始使用并统计）使用次数共188次，接收时间2074.2小时，用电量1878.32千瓦/小时。

【水资源节约利用和保护】 2022年，武汉都市圈各市全面推进节约用水，开展水资源保障攻坚提升行动，巩固水资源节约利用和保护工作成果。武汉市持续开展高效节水减排、节水单元载体建设和节水示范项目建设，城市整体节水水平稳中有升。6月，印发《武汉市节水行动实施方案》，修改《武汉市城市节约用水条例》，共出台18部涉水法规规章、规范性文件，形成全闭环的涉水法律法规体系。8月，武汉国家节水型城市建设接受第三次现场复查，考评组对武汉节水型城市建设的“武汉模式”予以肯定。12月，《武汉市民用建筑节水技术设计规程（修订）》《水平衡测试技术规程》颁布实施。武汉不断以顶层设计巩固城市节水成果，节水指标继续保持全国先进水平。全市227家公共机构申报省级节水型单位，武汉市市直、区直机关单位基本实现节水型单位全覆盖，节水型高校覆盖率达40%，新增节水型小区20个，节水型小区覆盖率提升到19%。一批重点产业龙头企业——中韩化工、雪花啤酒、京东方、长江存储和华星光电等高耗水企业广泛采用节水工艺。京东方充分考虑水的高效利用，反渗透浓水回用、工艺水循环、冷凝水回收、雨水利用等节水系统与工厂同步建成；长江存储投入2亿元资金，持续开展节水改造，工艺水回用量达2.7亿立方米；华星光电用水效率不断提升，单位产品耗水量仅为行业平均值的60%。中韩（武汉）石油化工有限公司和华润雪花啤酒（武汉）有限公司被省经信厅、水利厅、发展改革委和市场监管局联合命名为省级节水标杆企业。岚图汽车科技有限公司等5家企业申报2022年度省级节水型企业，节水型企业覆盖率为40%左右。预计武汉市工业用水重复利用率达91.7%，继续稳居全国同等城市前列。高校节水以高标准继续推进，武汉理工大学等16所高校完成节水型高校创建，向省级主管机关申报节水型高校。中国地质大学（武汉）创建湖北省节水型标杆高校取得成果，学校年人均用水量由90立方米降至44立方米，非常规水利用能力由每年5万立方米提升至每年13万立方米。武汉纺织大学、中国地质大学（武汉）、华中农业大学、武汉理工大学4家高校签订合同节水管理项目合同。武汉职业技术学院合同节水管理项目被列为武汉市节水示范项目。湖北工业大学等2所高校节水成果成功入选“全国节水型高校典型案例”。

黄石市编制节水规划，批复

8个水资源论证报告，认定湖北西塞山发电有限公司、黄石沪士电子有限公司等5家高耗水企业成功创建市级节水型工业企业，湖北理工学院节水项目成功获评省级节水型示范项目，市水利和湖泊局机关成功创建节水型机关，西塞山区县域节水型社会达标创建通过省水利厅初评；向省水利厅推荐下陆区开展再生水利用配置试点获得认可，省水利厅发文支持下陆区开展省级再生水利用配置试点工作。

鄂州市全面推进节约用水，开展水资源保障攻坚提升行动，加强涉水工程生态泄放，58处水工程纳入生态基流重点监管名录，确定梁子湖最低生态水位，完成长港河生态流量确定和保障方案编制。实行最严格水资源管理制度，严格取用水监督管理，执行水资源消耗总量和强度双控；清理、解决农业取水办证不规范问题5个，完成2个违规取水和5个无证取水问题整改。落实国家节水行动方案，创建国家节水型城市通过省级初审。26个单位创建成为市级公共机构节水型单位，8家企业创建成为市级节水型企业。

孝感市启动孝汉两地生态调度对接机制，利用新沟闸、东山头闸等向武汉地区放水，保障水量合理分配。武汉、孝感、天门、荆门共同会商研究推进“一江三河”水系综合治理工程。该项目是都市圈区域水资源配置重点项目，位于国家战略中的长江经济带和汉江经济带交会区，以汉江为骨干水源，以三河（汉北河、天门河、府澴河）为纽带，以沿线湖泊为节点，构建“五线连通，七片循环”水系连通格局,实现水网互通、水量互济，缓解缺水矛盾，改善水环境。

黄冈市强化水资源刚性约束，印发市“十四五”用水总量和强度双控目标，将用水总量、万元GDP用水量下降率、万元工业增加值用水量下降率等指标逐年分解到各县。年度用水总量30.03亿立方米，万元GDP用水量109立方米，较2020年下降21.4%；万元工业增加值用水量37立方米，较2020年下降32.7%，水资源集约节约能力显著提高。

（各市地方志机构）

编辑：高金波
校对：卢永会

统一市场建设

金融市场一体化推进

【概况】 2022年，武汉都市圈各市抢抓武汉新城建设机遇，运用财政金融政策做好战略对接，强化金融要素供给，致力构建全方位金融服务体系，合力打造武汉都市圈高质量发展引擎。中国人民银行武汉分行在武汉都市圈推广融资对接平台模式，实现武汉都市圈金融机构与企业多层面、多方位对接，促进都市圈内投融资政策共享、投融资服务对接、投融资结果反馈、线上首贷服务中心等一体化线上服务。截至2022年9月末，武汉都市圈中小企业融资服务平台合计促成融资12.49万笔，总金额达3096.57亿元。引导武汉都市圈各类金融机构运用货币政策工具支持实体经济发展，加大对重点核心产业链上下游的民营企业、小微企业、涉农企业票据贴现支持力度，累计办理再贴现业务156.7亿元。

武汉市围绕建设区域金融中心战略目标，推进金融服务实体经济、防控金融风险、深化金融改革三大任务，为全市经济社会高质量发展提供支撑，出台《武汉市金融工作三年行动方案(2022—2024年)》，明确中期发展目标和各项举措，推动武汉金融高质量发展。截至年末，全市本外币存贷款余额80137.84亿元，比上年增长7.4%。其中贷款余额44383.8亿元，增长8.7%；存款余额35754亿元，增长5.9%。金融组织体系不断完备，覆盖主要金融业态。全市拥有持牌金融机构超过260家，数量居中部城市第一。其中，内外资银行38家，证券、期货89家，保险公司87家，总部在汉法人金融机构37家。金融改革持续深化，申报创建科创金融改革试验区取得实质性进展。

黄石市鼓励银行业金融机构研发“圈内同城”金融产品，在风险可控前提下，对圈域分支机构适当下放授信管理权限，简化贷款手续，对优质客户和重点支持产业建立快速审批通道。截至年末，全市银行存款2465.29亿元，城镇居民人均可支配收入44417元，农村居民人均可支配收入20127元。全市贷款余额突破2000亿元大关，达到2058亿元，比上年增加280亿元，增长15.8%，居全省第二位，贷款增量、增速均创历史新高。全市实现保费收入63.9亿元，增长6.4%，居全省第四位。全市4家政府性融资担保机构在保户数961户，在保余额41.8亿元，全年累计新增担保总额40.76亿元。

鄂州市出台《2022年鄂州市金融服务实体经济工作要点》《鄂州市金融助企纾困发展的若干措施》《鄂州市中小企业续贷周转金管理办法》等金融支持政策。截至年末，全市本外币各项贷款余额945.17亿元，比上年增长15.93%；各项存款余额1080.77亿元，增长9.9%；贷存比87.5%；全市金融机构不良贷款率1.0%。全年全市金融业增加值74.26亿元，增长6.4%，对GDP增长的贡献率为7.4%。落实中央稳经济一揽子政策及接续政策，为317个(次)中小微企业办理担保融资12.03亿元。

孝感市全面落实稳经济一揽子政策，全市金融运行稳中向好。全市共有金融市场主体125家。截至2022年末，全市银行业各项贷款余额为2090.53亿元，居全省第六位，比年初增长12.97%，增速居全省第六。全市县域贷款余额1529.04亿元，比年初增加212.89亿元，增幅16.18%；全市涉农贷款余额1181.01亿元，较年初增加160.56亿元，增长15.73%；全市银行业小微企贷款余额943.91亿元，比年初增加137.77亿元，增长17.09%。全市银行业各项存款余额 3483.79 亿元，居全省第五位，比年初增加 397.06 亿元，增量居全省第五位。

黄冈市主动、深入对接武汉都市圈发展规划，提升间接融资服务效率、拓宽直接融资渠道、增强黄冈金融市场的协同活力和综合服务能力。截至年底，全市银行机构 34 家，网点 691 个；保险机构 44 家，网点 430 个。政府性融资担保机构 11 家，实现县市全覆盖。金融业增加值占 GDP 比重 5.9%，居全省第二位。各项贷款余额 2952 亿元，较年初增加 401 亿元，比上年增长 15.7%，增量、增速均位居全省第三位。

咸宁市推动通城县、嘉鱼县建设金融服务乡村振兴创新示范区，全市提前实现“整村授信”建档评级全覆盖。全市银行业、保险业稳健运行。截至年末，各项贷款余额 1663.11 亿元，比上年增长 12.78%；各项存款余额 2112.54 亿元，增长 12.54%。总量存贷比 78.73%，全省排名第六；增量存贷比 80.02%，全省排名第七。全市保险公司保费收入 53.27 亿元，较上年上升 3.5%；赔款支出 18.55 亿元，上升 5.46%，赔付率 36.74%，全省排名第一。政银企金融服务平台归集 15 个部门 100 多项涉企信用信息，入驻金融机构 27 家。全市银行机构累计发放创业担保贷款 1.67 万笔、金额 35.11 亿元；保险机构为 25 家外贸企业提供出口信用保证保险，累计保额 1.07 亿元。

仙桃市制发《仙桃市银行机构 2022 年优化营商环境指导意见》，完善小微企业贷款授权、授信、受理回告、尽职免责“四张清单”金融服务机制，提高贷款办理效率，开展小微信贷保供给稳增长行动，全力支持“专精特新”中小微企业以及新一轮“百行进万企”活动。截至年底，全市共有银行机构 10 家，营业网点 135 个；保险机构 24 家，营业网点 59 个，其中，财产保险公司 16 家，寿险公司 8 家；担保公司 3 家；典当行 2 家；证券营业部 4 家；上市公司 1 家。全市金融机构各项存款余额 1145.97 亿元，比上年增长 13.7%，比年初增加 138.23 亿元。各项贷款余额 582.35 亿元，增长 18.6%，比年初增加 91.25 亿元。

天门市印发全市银行业金融机构信贷投放考核办法，稳步推动信贷投放。截至年末，全市各项存贷款余额 1385.06 亿元，比上年增长 16.82%，增幅排名全省第一；各项存款余额 950.24 亿元，较年初增加 127.34 亿元，增长 15.47%；各项贷款余额 434.82 亿元，比年初增加 72.07 亿元，增长 19.87%；余额贷存比 45.76%。全市保险业全年实现保费收入 14.81 亿元．增长 6.7%；支付各类赔款和给付 5.95 亿元，增长 5.7%。全市有银行业金融机构 10 家；保险机构 26 家，其中，寿险公司 10 家、财产险公司 16 家；证券营业部 3 家；地方金融组织 13 家。

潜江市扎实推进各项金融体制机制创新，服务实体经济发展。截至年末，全市金融业实现增加值 42.89 亿元，比上年增长 11.8%，占地区生产总值的 4.84%。各项存款余额 960.60 亿元，比年初增加 107.37 亿元、增长 12.58%；各项贷款余额 508.69 亿元，比年初增加 97.95 亿元，增长 23.85%，贷款增速位居全省第一。全年实现保费收入 25.62 亿元，比上年同期增长 11.3%。

【金融平台发展与应用】 2022 年，中国人民银行武汉分行积极推动武汉都市圈内有关金融平台集群发展与应用。加强同武汉市有关部门和武汉都市圈内人民银行分支机构、征信机构、银行机构等联系，推动“汉融通”平台、武汉金融信息服务平台在都市圈推广应用。开展“汉融通”平台应用和金融机构外部数据使用情况的专题调研，了解金融机构对征信信息和征信产品服务的需求。与孝感、咸宁等地市加强沟通联系，做好向都市圈各地市推介武汉金融信息服务平台的运行及应用情况的准备工作。对严重失信主体信息共享平台进行升级，依托与市场监管局、发展改革委、生态环境局、科技局、信用办、大数据局等部门共享的信用信息，汇集以绿色金融为主，普惠金融、涉农金融、科创金融和专精特新为辅的五大特色数据，为下步建立健全都市圈金融信息共享、实现跨区域的场景应用做好准备。开发上线武汉市重大项目融资服务与管理系统，解决重大项目融资信息不对称问题，打造重大项目政银企对接“高速公路”。截至年末，“汉融通”服务平台有入驻企业 10.9 万户、银行机构 27 家，累计促成银企合作12.3万笔，融资总额达3058亿元。

【金融交流合作】2022年，武汉市都市圈各市进一步深化金融交流合作。武汉市在武汉都市圈科技金融改革创新试点经验的基础上，积极谋划以东湖高新区为核心承载区，在武汉市全域实施科技金融改革。积极推动武汉都市圈金融信贷市场、票据市场、支付清算和金融信息服务一体化。支持金融IC卡在武汉都市圈公共交通、小额支付等领域应用，“武汉通”实现在省内10个城市互通使用。推动都市圈金融同城化向纵深发展。与黄石市签署《武黄金融同城化战略合作协议》，通过联合开展政银企对接活动，加强企业融资平台资源共享，协同打击非法集资，加强地方金融监管协调。黄石市主动融圈入群共进，到武汉、鄂州、黄冈、襄阳、咸宁等地金融局学习先进经验做法，积极促进金融要素互融互通。孝感市强化与都市圈城市的沟通对接，争取银行保险机构到孝感设立分支机构，丰富金融市场主体，与中信银行武汉分行、国开行湖北省分行、湖北银行签订战略合作协议。

【金融创新发展】2022年，武汉市积极申报以碳金融为核心特色的国家绿色金融改革创新试验区。5月，《武汉市绿色金融改革创新试验区总体方案》上报湖北省人民政府；6月印发《武汉市建设全国碳金融中心行动方案》。成立武汉市建设全国碳金融中心工作领导小组，有序推进相关工作。2月17日，全国首批“绿保贷”（绿色企业保证保险贷款）项目在武汉市江汉区签约，其中1笔贷款用于潜江市污水处理项目。运用2000万元财政风险补偿资金，推动知识产权质押贷款快速增长。创新“市场化+政策性”政银企合作贴息新模式，推动建立科技贷款财政激励机制。开展供应链票据和科创企业票据融资的专项行动，推动科创金融与产业链金融链长制相结合。支持科创重点企业和产业链上下游企业融资。10月，中国人民银行总行通过相关可行性研究报告专家评审，湖北省人民政府组织制定《武汉科创金融改革试验区建设总体方案》并上报争取尽快获批。年末，全市科技贷款余额超3950亿元，比上年增长25.3%。

黄石市实施科技金融服务“滴灌行动”，探索构建全生命周期金融培育机制。截至年底，黄石市科技金融入库企业1679家。聚焦打通科技人才创新创业最后“一公里”，组建1亿元市产业人才创新创业基金，争取与湖北省科技厅共建900万元创新发展联合基金，率先在全省推出“再担科创贷”科技金融产品。全年新增科技信贷贷款金额1.05亿元，689家科技型企业获得科技贷款余额123.46亿元，比上年增长12.5%。

鄂州市持续提升科技金融服务质效，以科技金融支持科技攻关和战略性新兴产业成长。根据不同类型科创企业特点和不同成长阶段企业需求，提供适配产品与服务。对于整体生产规模和销售规模较小，销售收入有限的小微科创企业，推出“科担联合贷”“知惠贷”“科创贷”等产品；对于相对成熟、技术稳定的科创企业，加强银企“总对总”服务，围绕产业链核心企业开展供应链融资，并为企业在园区建设、运营方面提供融资服务。

孝感市制定《关于金融支持“专精特新”中小企业创新发展的指导意见》，向银行机构推送“孝感市专精特新企业名单”。与市知识产权局联合发布首批知识产权质押融资授信企业白名单200家，推广知识产权融资质押贷款，破解部分企业抵质押物不足瓶颈。全年发放专利权、商标权质押贷款17笔、1.5亿元。制发《孝感市推进“普惠金融工作站”建设助力乡村振兴工作方案》，深化“整村授信”等金融服务。全市1949个行政村和社区开展“整村建档评级授信”工作，授信金额116.25亿元。全市不良贷款实现“双降”，余额较年初下降0.53亿元；不良率下降0.27个百分点，近20年来首次降至2%以下。引导银行机构主动对接“十四五”规划重点领域和重大项目，重大项目贷款增长25.9%。

黄冈市创新出台《黄冈市企业融资纾困白名单管理办法》，配套制定优惠利率、担保增信、贷款贴息等十大支持举措，白名单授信支持5批343家企业共14.3亿元。实施信贷风险补偿金政策，为重点产业企业融资定向提供风险补偿支持，向401家企业授信16.36亿元，实现财政资金6.8倍放大。发展普惠金融、科技金融、绿色金融，定制“蕲艾贷”“板栗贷”等产业链金融产品、“知惠贷”“科保贷”等知识产权融资产品，推动首笔排污权质押贷款落地。推进“互联网+政务服务”，实现市场准入一网通办、全程网办。推行不动产电子证照应用，开发“生态修复贷”“生态资源权益抵押+项目贷”等融资模式和信贷产品，推动金融服务绿色转型发展。

咸宁市积极创新融资担保方式，湖北银行等金融机构办理排污权抵质押集中登记和交易冻结。推动发放“青创贷”3286笔，贷款总金额7.0亿元。出台《咸宁市政府性融资担保机构小微企业和“三农”融资担保业务尽职免责管理办法》《咸宁市“再担园区贷”实施方案》，10月，通城隽兴融资担保公司正式加入湖北省再担保集团新型政银担合作体系，全市新型政银担分险合作体系全面建立。防范化解金融风险工作位列全省第一档。

仙桃市实施普惠金融创新行动，积极指导银行机构、相关镇办及村支“两委”对有产业发展能力和贷款需求的农户、产业大户开展评级授信，农行仙桃分行、市农商行、市邮储银行对全市624个行政村授信41.33亿元，贷款金额12.88亿元，全市“整村授信”覆盖率100%。出台《仙桃市1+4重点农业产业链金融链长制工作方案》，建立金融链长制，支持重点产业链高质量发展，年内，为3053户重点农业产业链心企业及上下游中小微企业发放贷款6.86亿元。大力推进金融产品创新，建设银行仙桃分行推出“随心贷－黄鳝贷”线上产品；市农商行探索实施“银行+专业合作社+公司+农户”模式，大力创新推广“荆楚小康贷”“农易贷”等信贷产品，全市企业新增信用贷款18.52亿元。

天门市金融改革工作持续推进，鼓励金融机构不断探索创新信贷产品和模式，开展“楚农贷”等涉农担保业务，推广“纯信用+线上”产品，发展供应链金融，推动“天融通”平台建设。截至年末，涉农担保业务累计放款2036笔，金额15.58亿元；在保笔数895笔，金额6.16亿元。银行业金融机构提供“信用+线上”产品40个，累计放款4.68万笔，金额48.86亿元。建设银行天门分行供应链产品“裕农快贷”累计放款106笔，金额1698.76万元。“天融通”平台入驻金融机构13家，发布金融产品63款，通过平台放款达33.37亿元。

潜江市推进金融体制机制创新，引导金融机构降低小微企业融资成本，全年发放支农支小再贷款4亿元，引导银行机构以数字化经营手段促进面拓量增。截至年末，全市普惠型小微企业贷款余额73亿元，比年初增加24.55亿元，增长50.67%，督导各银行机构持续做好乡村振兴金融服务工作。持续推进普惠金融工作站建设，全市建立普惠金融服务工作站331个，选派“驻村客户经理”747人，开通乡村振兴金融服务热线和主办行专线电话30部，发放“乡村振兴银行卡”21165张。全市实现“整村建档评级授信”的行政村332个，“整村授信”建档评级覆盖率达100%。

【资本市场建设】 2022年，武汉都市圈各市深入推进多层次资本市场建设，积极推动企业上市。武汉市支持武汉股权托管交易中心建立“四板”与“新三板”企业联通培育机制，加强与“新三板”，沪、深、北交易所对接，探索武汉股权托管交易中心挂牌企业向“新三板”，沪、深、北交易所转板衔接机制。协调武汉股权托管交易中心对接全国股转公司，参与“新三板”湖北服务基地设立相关工作，开展系列宣传走访活动，推进企业转板升级服务。5月27日，在湖北省金融局组织召开的2022—2023年度上市后备“金种子”企业发布会上，武汉股权托管交易中心为全国中小企业股份转让系统湖北基地和北京证券交易所（以下简称“北交所”）湖北服务基地揭牌，武汉股权托管交易中心成为全国股转公司和北交所湖北基地共建单位与运营维护机构。武汉市共有证券法人机构2家，证券分公司61家，证券营业部194家；证券投资咨询公司1家，分公司6家。全年新增境内外上市及过审公司9家，其中，上交所科创板4家（信科移动、长盈通、逸飞激光、达梦数），深交所主板1家（里得电科），深交所创业板2家（华康医疗、联特科技），北交所1家（恒立钻具)，美国纳斯达克1家(亿咖通科技)。全市A股上市公司达76家，其中，上交所主板25家、科创板9家，深交所主板18家、创业板22家，北交所1家。上市公司总市值6879.24亿元，较上年减少1696.87亿元。

黄石市加强企业上市培育，对全洋光电、晶芯半导体、玖恩科技、联新显示等初创企业累计投资1.26亿元；加快推动融通高科、上达电子、广合科技等被投企业上市进程。新组建基金规模19.61亿元，推动设立总规模达30亿元的东楚产业基金，配合完成基金设立部分前期工作。成立总规模达2.5亿的科汇基金，填补黄石三类医疗器械领域空白。新增省级上市后备“金种子”“银种子”企业18家。与湖北省长江产业投资集团合作出资的诺德锂电铜箔项目落地。

鄂州市重点培育“专精特新”及高新技术企业登陆资本市场，组织中介机构专业人员，对全市53个专精特新“小巨人”企业进行摸排筛选，将符合条件的企业纳入上市后备企业名单。支持企业发行直接债务融资工具，全年全市直接融资105.54亿元，其中企业债券融资25.5亿元。组织3场上市培训会。全市新增“四板”(“新三板”和区域性股权市场)挂牌企业10个；杜肯新材料公司成功报辅，落实市重点上市后备企业贷款贴息奖励资金69.81万元。

孝感市有证券业机构12家(市本级5家，县、市、区7家)，A股上市公司5家(汉川市2家、应城市2家、云梦县1家)，“新三板”挂牌企业2家，区域性股权市场挂牌企业389家。年内，湖北中一科技股份有限公司登陆创业板，孝感市连续两年实现企业上市有新增。在武汉股权托管交易中心新增挂牌企业30家，新增数量位列全省第二。开展上市后备企业摸排，协调长江证券、天风证券等专业机构对全市重点上市后备企业进行调研和上市规划，全市新增13家企业入选省级上市后备“金种子”，挖掘24家企业进入全市北交所上市后备企业种子库。

黄冈市修订完善《黄冈市企业上市工作绿色通道制度》，推动中小企业借助资本市场的力量做大做强。全市有证券营业部7家，私募基金管理人5家，境内外上市公司3家，“新三板”企业15家，“四板”挂牌597家。年内，湖北强大包装实业有限公司(伟立控股)在香港联合交易所主板上市，是黄冈市继1999年广济药业在深交所上市后诞生的第二家本土上市公司。

咸宁市出台《进一步加快推进企业上市若干措施的通知》，采取分阶段“免申即享”提前奖励方式助力企业早上市、快上市，省市县三级财政奖励资金最高达1400万元，全年兑现平安电工报辅报会奖励200万元。印发《咸宁市2022年企业上市工作方案》《2022年咸宁市资本市场建设工作目标考核评比细则》。湖北三赢兴智能光电科技有限公司首发申请获通过，进入证监会核发批文程序；湖北平安电工科技股份有限公司向证监会提交第一轮问询反馈答复。年内，新增“四板”挂牌企业21家，16家企业获评省级“金种子”企业、29家企业获评省级“银种子”企业。

仙桃市26家企业与中介辅导机构签订“四板”挂牌辅导协议，

2022年7月14日，武汉股权托管交易中心联合中国银河证券股份有限公司湖北分公司，实地走访仙桃市三家拟登陆全国股转公司的企业开展并提供“一对一”服务(武汉股权托管交易中心 供图)

其中3家企业已挂牌，15家企业已完成资料报送（其中10家已过审），湖北绿色家园材料技术股份有限公司已被列入年内重点上市推进目标。

天门市以培育上市后备企业“金种子”“银种子”为抓手，建立健全分行业、分类别、分层次、分阶段培育机制，充分挖掘和提升上市后备种子企业价值，激活企业上市内生动力。年内，3家后备企业被纳入省级“金种子”企业名单。对已“报辅”企业（天瑞电子）贴身联系、靠前服务，对上市进展情况实行周跟踪、月报告，及时协调解决遇到的困难和问题。

潜江市审议通过《潜江市企业上市挂牌奖励实施办法》，加大政策支持力度，持续推动企业上市挂牌。向8家武汉股交中心挂牌企业共奖励资金240万元。方圆铁白、心辉粮油、虾乡食品、江汉利达、新柳伍5家企业入选省级上市后备“金种子”企业名单。截至年末，全市处于有效期内省“金种子”企业6家、省“银种子”企业3家。全面筛选出符合盈利能力强、成长性好等条件的企业充实全市企业上市后备资源库，全市“四板”挂牌企业累计达55家。

（各市地方志机构）

技术市场一体化建设

【概况】 2022年，武汉都市圈各市合力打造科技资源共享服务平台，实现知识产权信息共享互动、技术成果交易及金融服务转移转化无缝对接。武汉都市圈九市签署知识产权保护合作协议，正式建立武汉“1+8”都市圈跨区域知识产权保护协作机制。着力加强科技成果转化中试基地建设，发挥中试平台在科技成果转化中支撑作用。加快科技企业孵化器、众创空间、大学科技园等创业孵化载体共建。建立武汉都市圈技术交易市场联盟，探索建立企业需求联合发布机制和财政支持科技成果转化共享机制。构建多层次知识产权交易体系，加强政府数据开放共享，大力培育数据要素市场。共同促进技术市场一体化建设。

推进以东湖科学城为核心区域的光谷科技创新大走廊协同创新发展。光谷科技创新大走廊以武汉东湖高新区为重要承载区，辐射带动黄石、鄂州、黄冈、咸宁等地。各市围绕武汉“光芯屏端网”、汽车制造与服务、大健康和生物技术等重点产业主动发力，延链补链强链，通过产业配套、协同，优势互补、抱团发展。鄂州葛店与武汉光谷加快共建100平方千米的光电信息产业聚集区。年内，东湖科学城建设全面提速。东湖科学城前线指挥部成立，梳理推进6类共计169项重点任务。1家实验室获批国家实验室，7家湖北实验室实体运行，光谷实验室创建国家实验室形成初步方案并上报科技部。作物遗传改良、杂交水稻等2家实验室获批进入第一批全国重点实验室名单。重大科技基础设施加快推进，精密重力测量设施筹备验收，深部岩土扰动、作物表型组学、脉冲强磁场优化提升等3个项目通过国家发展改革委预审。数字建造、智能设计与数控等2个国家技术创新中心正式获批。武汉产业创新发展研究院、武汉量子技术研究院等新型研发机构组建运行。武汉超算中心接入全国算力网络。

【武汉都市圈科技成果转移转化对接】 2022年，武汉都市圈各市推进企业主导的产学研深度融合，共建共享都市圈科技成果转化平台，加强科技成果转移转化无缝对接。4月20日，武汉都市圈九市知识产权局负责人签署知识产权保护合作协议，正式建立武汉“1+8”都市圈跨区域知识产权保护协作机制。武汉“1+8”都市圈知识产权保护将从建立会商研讨、联合行政执法、执法证据调用互通、信息交换及资源共享、海外维权协作及交流、高价值专利培育、知识产权公共服务协作、知识产权人才队伍、知识产权文化建设协作9个方面进行合作。9月28日，“2022年武汉科技成果转化对接活动·人工智能（城市圈）专场”举办，20个2022年度武汉市人工智能示范应用场景对外发布，22个成果转化项目集中签约。政府、高校、科研院所、企业等机构多方联动，汇聚创新资源、精准对接需求，推动科技成果高效落地转化。武汉都市圈鄂州、黄石、黄冈等市共带来9个签约项目。武汉科技成果转化平台、大型仪器设备开放共享平台有序与八市科技部门开放对接。武汉科技成果转化平台向武汉都市圈各城市开放端口，各市科技管理部门均可通过端口实现资源共享。截至年底，平台发布技术需求 472 项，达成科技成果转化意向 257 家。各城市符合条件的仪器设备纳入武汉市科学仪器设备开放共享平台管理体系，实现武汉都市圈内企业在线预约购买研究开发、检验检测服务等功能。

黄石市加强企业主导的产学研深度融合，构建政、产、学、研、金、服用“北斗七星”协同创新体系，提升成果转化水平和协同技术攻关能力。支持高校大学科技园建设，推进校区、园区、社区“三区”融合创新发展。湖北师范大学科技园、湖北理工学院大学科技园进入省级大学科技园行列，入驻创新创业团队 72 家，累计转化科技成果 23 项。深化与科技部高技术研究发展中心、武汉工程大学战略合作，探索渠道畅通、转化高效、支撑有力的科技成果转移转化工作机制。分别与武汉大学、华中科技大学共建电子信息产业技术研究院、先进成形技术与装备联合创新中心，共同推进科技成果转移转化和技术攻关。进一步完善湖北技术交易大市场（黄石）功能，开发线上技术交易平台并上线运营，打造线上、线下一体化的技术交易平台。完成技术合同登记 3185 项，合同成交额 132.2 亿元，比上年增长 57.5%。通过技术交易市场等平台常态化开展产学研对接活动，全年开展“鄂来拍”“专家企业行”“企业高校行”等产学研专场对接活动 26 场次。

鄂州市与武汉高校、科研院所对接合作，探索建立校地合作新模式，支持华科大鄂州工研院创新发展，谋划推进武汉离岸科创中心建设，承办省“联百校、转千果”科惠行动，全年引进武汉高校技术创新成果 48 项，合同金额 3940.9 万元。全市登记技术成交额 48.86 亿元，较上年增长 74.2%。培育新兴产业集群，围绕主导产业，推动上下游产业链协同创新，配套光谷“屏”，做强葛店“芯”。三安光电、芯映光电、瑞华光电建成投产，与天马微电子、华星光电等企业固链强链；葛店新型显示器件产业集群入选首批省级战略性新兴产业集群。“研发在武汉，转化在鄂州”模式成势见效。

孝感市完善成果转化机制，共建共享都市圈科技成果转化平台，推动科技成果转化对接，催生发展新动能，助推汉孝科技同兴。孝感市科技局加强与武汉市科技局联动，协同推进“32232”科技合作专项行动，推动武汉科技资源和成果在孝共享、转化。市政府与武汉新能源研究院对接，双方就离岸科创中心、氢能产业链等形成合作意向。与东湖高新区对接，在科技招商、离岸科创平台建设、人才技术和资本运作等方面建立合作机制。与武汉理工大学、武汉科技大学对接，就深化校地、校企合作等夯实工作基础。全年争取湖北省和武汉市 16 名院士专家、14 名科技副总、7 名博士挂职，引进和选派省市县三级科技特派员 943 人（其中省级 45 人）。全市征集企业技术合作需求 85 项，转化重大科技成果 96 项，技术合同交易额 92 亿元。湖北工程学院与香润生态农业公司合作开发特色农作物种质资源创新利用项目取得实质突破；中国科学院长春应用化学研究所与湖北航天长征装备有限公司、孝感市易生新材料有限公司等企业技术合作深入推进；组织湖北省亨德利医疗器械有限公司与江汉大学成功签订产学研

湖北中一科技股份有限公司三期扩能车间（《长江日报》 供图）

2022 年 5 月 25 日，2022 年武汉科技成果转化对接活动·大健康（城市圈）专场（仙桃市史志研究中心　供图）

科技合作协议；推动湖北大学与孝感国家高新技术产业开发区签订产学研合作共建协议，校地、校企合作取得新进展。发挥武汉科技成果转化平台共建共享作用，发布揭榜制等技术需求 20 余项，达成武汉科技成果转化意向 60 余项。开展干部互派交流 15 人次。市政府与中信银行武汉分行、国开行湖北省分行、湖北银行签订战略合作协议，进一步深化政银合作，提供金融支撑。

咸宁市推动成果跨区域转移转化。支持赤壁市 20 项重要科技成果转移转化，持续加大科惠网、湖北技术交易大市场咸宁分市场对赤壁市倾斜力度，加强线上线下科技成果对接，推动赤壁市科技成果在省内流动、共享和应用。在光芯屏端网、大健康、智能制造等重点领域布局建设科技成果转化中试研究基地，加快先进适用科技成果在省内转化和产业化应用。完成登记科技成果 125 项，转化科技成果 75 项，交易额 2835 万元，登记技术合同 1967 项，合同总成交额 103 亿。

仙桃市加强科技成果转移转化对接。5 月 25 日，在中部知光技术转移有限公司承办“2022 年武汉科技成果转化对接活动·大健康（城市圈）专场”，仙桃市湖北拓盈新材料有限公司与武汉纺织大学王栋教授签订先进防护材料研究院联合共建协议。设立技术招商与成果转化服务中心，开展技术项目招引、人才智力引进，形成招才引智与招商引资相结合“双招双引”模式，实现优势产业扩量升级的“仙桃路径”，吸引科技资源向仙桃聚集。年内，仙桃市引进高技术含量科技项目 12 个。积极做好武汉都市圈科技成果库、企业技术需求库以及专家库等工作。

天门市大力开展“院士专家企业行”活动和专利技术供需对接活动，8 名专家人才与天门市 8 家企业开展对接服务，为天门企业解决技术难题 15 项。与武汉市共建中国光谷（天门）科技城、天门科创孵化园、天门－华中科技大学政产学研用合作中心等研发平台，全市有 58 家企业与高校、科研院所合作，23 家企业分别与高校、科研院所签约 23 个专利转化项目。

潜江市加强科技成果转移转化对接。依托湖北省科技成果转化与技术转移公共服务平台优势资源，将企业技术需求在湖北省科惠网公开发布，征集解决方案，为企业与高校架起沟通桥梁，为企业解决实际困难。推进企业与高校院所合作，全年共组织 60 多家企业参加武汉理工大学、华中科技大学、武汉大学、湖北工业大学、中国地质大学、中国科学院水生生物研究所等多场武汉都市圈科技成果转化对接活动，促成菲利华、永安药业、华山科技、潜半夏等 20 余家企业与专家教授签订委托开发、合作开发、技术服务等合作协议。进一步加大科技创新平台建设，推进市校合作。成立潜江市高质量发展研究院，作为全市招才引智的平台。与武汉工程大学签署共建绿色化工产业技术研究院协议、与湖北大学签署共建湖北大学潜江产业技术研究院协议。

【科技成果转化中试基地建设】 2022 年，武汉都市圈各市布局产业型中试平台，加速创新平台培育，大力推进科技成果转化中试基地建设。武汉市全力打造科技成果转化中试平台（基地），发挥中试平台在科技成果转化中支撑作用。组织编制《武汉市科技成果转化中试平台建设规划(2022—2025)》，按照“备案一批促开放、培育一批提功能、新建一批强支撑、认定一批优服务”总体思路，推进中试平台建设。提高科技成果中间试验科研开发能力，促进产业链与创新链深度融合，加快科技成果向现实生产力转化步伐，加速科技创新资源整合，提升创新体系整体效能，支撑产业高质量发展。出台《武汉市科技成果转化中试平台（基地）备案管理办法》，明确纳入市级备案管理中试平台应具备的硬性条件，培育支持政策和动态管理办法，打造科技成果转化中试生态，规范中试平台（基地）建设，推动其向社会开放。年内，武汉经济技术开发区与华中科技大学合作建设的未来技术创新研究院成立，布局产业型中试平台，助力优质科技成果开展中试放大工作，研究院与13个中试项目团队签订入驻协议，提供相应资源，支持项目团队建设中试产线开展中试熟化工作。中试项目主要致力于开展先进材料制备、智能制造、生物医药、高精度加工等方面的研究。截至年底，全市建成中试平台198家。其中，省级成果转化中试基地50家。“桥梁智能建造中试基地”“数字环保传感器中试平台”“市政给水排水技术中试平台”等94家中试平台对外开放服务。12家中试平台服务功能得到提升，5家重点中试平台加快建设，新认定“环境综合治理”等10家科技成果转化中心。

鄂州市加速创新平台培育，鼓励企业争取中试基地绩效奖。武汉爱民制药股份有限公司获中央引导地方科技发展中试基地绩效奖补资金100万元，武汉中有药业有限公司获中央引导地方科技发展中试基地绩效奖补资金60万元。加速创新平台培育，新增省级企业技术中心2个、市级技术创新中心13个、市级企校联合创新中心23个。华中数控、真福药业等5个中试基地加快建设。

孝感市共有省科技成果转化中试基地5家。其中，湖北益盐堂（应城）健康制盐有限公司“湖北省盐产品研发检测共享平台”获批盐产业成果转化中试基地，湖北诺克特药业股份有限公司“特色植物活性成分提取湖北省中试基地”、湖北回盛生物科技有限公司“兽用发酵原料药湖北省中试研究基地”、湖北美林药业有限公司“心血管类应急药物湖北省中试基地”获批为生物医药类基地，湖北神丹健康食品有限公司“蛋品高值化加工技术和装备湖北省中试基地”获批为现代农业类基地。5家成果转化中试基地为企业规模生产提供成熟、适用、成套技术开展中间试验，打通科技成果转化途中“肠梗阻”，促进科技型企业出成果、出人才、出效益。

咸宁市赤壁中试谷项目智能无人系统测试基地、重点项目研究中心、中试工程放大中心、综合服务中心完成项目建议书、可研批复、初步设计批复、环评报告办理等手续。智能无人系统测试基地道路A段完工，指挥大楼内装完成90%，启动道路入口门牌、基地道路B段设计和建设工作，专家楼土地报批和实训大楼选址同步推进。

潜江市推进科技成果转化中试基地建设。按照湖北省科技厅相关要求，结合潜江市中试基地建设和运行情况，通过多轮筛选和实地考察，组织具备中试条件、多年开展中试活动的8家企业申报2022年湖北省科技成果转化中试研究基地，分别是潜江市潜半夏药业股份有限公司“半夏育种栽培与中药饮片炮制湖北省中试基地”、湖北尝香思食品有限公司“大豆新品种新技术湖北省中试基地”、潜江市江汉钻具有限公司“高性能凿岩钻具先进制造湖北省中试基地”、湖北永绍科技股份有限公司申报“废酸处理与资源化湖北省中试基地”、质每（湖北）健康科技有限公司“植物功效成份开发利用湖北省中试基地”、湖北硒诺唯新功能化硅胶材料有限公司“功能化硅胶产品研发应用湖北省中试基地”、湖北虾乡食品股份有限公司“富硒虾稻与多模式种养湖北省中试基地”、湖北江盐天祥化工有限公司“氢化工艺湖北省中试基地”。推进技术市场共建，打造“一站式”人才创新创业与科技成果转移转化综合示范服务平台，实现人才链、创新链、政策链、资金链、产业链五链融合发展。全年组织开展项目路演、重点需求招标会、金融对接会等各类技术交易活动 10 余场，展示发布重点科技成果 200 项以上、重点技术需求约 20 项，服务 200 家科技型企业快速成长。全年技术合同成交额突破 30 亿元。

【创业孵化载体共建】 2022 年，武汉都市圈各市加大创业孵化载体共建，聚焦科技创新创业孵化载体建设。武汉市积极支持建设大学科技园、科技企业孵化器、众创空间等各类创业孵化载体，对 2021 年新获批的 7 家国家创业孵化载体兑现补贴资金 1050 万元。开展 2021 年度市级科技企业孵化器和众创空间认定工作，新认定 59 家市级孵化器和众创空间。年内，全市建设各类创业孵化载体 435 家。其中，孵化器 144 家（国家级 65 家、省级 34 家），众创空间 231 家（国家级 74 家、省级 83 家），星创天地 55 家（国家级 7 家、省级 21 家），为种子期、初创期、成长期中的小微科技企业提供低成本场地空间、共享设施和专业化服务，有力支撑小微科技型创业发展。武汉经开区主要科创指标实现"三个翻番"，高新技术企业倍增至 1000 多家，"双创"孵化载体倍增至 25 家，技术合同成交额倍增至 51.6 亿元。"独角兽"企业占全市三成。

黄石市加大创业孵化载体共建，以武汉为主战场，依托省科技信息研究院、长江资本股权投资基金、前行科创等机构，建立光谷科创大走廊黄石功能区科创资源项目库，拓宽人才项目信息获取渠道。围绕新兴产业在飞地园区开展近 50 个项目路演推介活动，推动项目在黄石落地或入驻离岸科创平台。

鄂州市加快开发临空经济区产业孵化基地（一期）项目。项目一期总建筑面积 7.6 万平方米，总投资约 7.48 亿元，包含 1 栋产业总部大楼和产业展示中心、产

2022 年光谷科技创新大走廊创业孵化平台建设情况表（部分）

地区	序号	平台名称	依托单位	建设情况
武汉	1	光通信国家专业化众创空间	武汉烽火科技集团有限公司	已建成
	2	光电显示国家专业众创空间	武汉光电工业技术研究院有限公司	已建成
	3	激光技术国家专业化众创空间	武汉华工科技企业孵化器有限责任公司	已建成
	4	生物技术国家专业化众创空间	武汉光谷生物技术创新沙龙管理有限公司	已建成
	5	新能源国家专业化众创空间	武汉新能源研究院有限公司	已建成
	6	智能装备国家专业化众创空间	武汉智能装备工业技术研究院	已建成
	7	导航技术国家专业化众创空间	武汉导航与定位服务工业技术研究院	已建成
	8	武汉大学国家大学科技园	武汉武大科技园有限公司	已建成
	9	华中科技大学国家大学科技园	武汉华工大学科技园发展有限公司	已建成
	10	东湖高新区国家大学科技园	武汉东湖高新区大学科技园有限公司	已建成
	11	武汉光谷新药创业孵化器	武汉光谷新药孵化公共服务平台有限公司	已建成
鄂州	12	梧桐湖科技企业孵化器	华中科技大学鄂州工业技术研究院	已建成
	13	湖北科技企业加速器	湖北科技企业加速器有限公司	已建成
黄石	14	黄石高新技术创业服务中心	黄石高新技术创业服务中心	已建成
	15	大冶高新技术产业园区科技创业服务中心	大冶高新技术产业园区科技创业服务中心	已建成
	16	黄石磁湖汇众创空间	黄石磁湖汇众创空间股份有限公司	已建成
	17	黄石科瑞智能装备产业园	黄石科瑞智能装备产业园有限公司	已建成
黄冈	18	光谷黄冈科技产业园高新技术孵化器	光谷黄冈科技产业园	建设中
	19	香城文创空间	湖北香城文创空间科技服务有限公司	已建成
咸宁	20	智能机电创新工场	湖北香城智能机电产业技术研究院有限公司	已建成

业服务中心等4栋多层公共建筑。葛店光谷联合科技城入选国家级科技孵化器。该孵化器专注于光电信息、高端智能装备制造、新材料等领域项目的孵化，具备“前孵化—孵化—加速—产业园”全产业链孵化能力，可为不同阶段创业者提供服务。截至年末，拥有可自主支配孵化场地1.15万平方米，孵化两地科创企业100余个。

孝感市与武汉市合作建设科技企业孵化器、众创空间16家。其中，省级科技企业孵化器5家，省级众创空间4家，市级孵化载体7家。孵化总面积69000平方米，在孵企业总数470家。年内，新建云梦智慧云谷科技企业孵化器、蒲城众创空间。卓越科技企业孵化器申报国家级科技企业孵化器。

咸宁市创建省级企校联合创新中心5家，共有企校联合创新中心34家。建设市级科技创新平台80家，共有科技创新平台439家。其中，规模以上工业企业建立的研发机构占比52.5%。年内，香城文创空间获批国家备案众创空间，启迪之星创客空间、隽秀众创空间获批省级备案众创空间。光谷南·科技城申报国家级科技企业孵化器。全市10家产业技术研究院全部挂牌运营。崇阳县钒产业技术研究院、咸宁市药物产业技术研究院、通城县电子信息产业技术研究院申报省级产业技术研究院。

【都市圈技术交易市场联盟建设】2022年，武汉都市圈各市积极搭建技术交易市场平台，加强技术交易市场联盟建设，着力发挥市场在创新资源优化配置、高质量科技成果供给、高水平科技成果转化中的决定性作用。武汉市技术合同成交额逐年攀升，市场配置科技创新资源作用不断显现。全年全市技术合同成交额突破1300亿元。其中，技术输出合同成交额1105.33亿元，技术吸纳合同成交额704.24亿元，二项指标均位居全国副省级城市第四、中部城市群第一。年内，开展“2022年知识产权服务万里行暨知识产权园区行”活动，探索通过交易、许可、技术入股等多种方式挖掘科技成果潜在价值；与鄂州市联合举办武汉城市圈投融资项目线上辅导活动；举办“2022年武汉市科技成果转化对接活动大健康（城市圈）专场”活动，鄂州市、仙桃市、潜江市等地企业参加，现场签约总金额达8.23亿元；举办“2022年武汉市科技成果转化对接活动人工智能（城市圈）专场”，黄石市、鄂州市、黄冈市、仙桃市等地企业参加，现场签约金额超1亿元。组织科技攻关，安排院士专家、科技副总、博士服务团、科技特派员共708人次到武汉都市圈八城市开展技术支持。

黄石市加大技术交易市场平台建设。8月5日，2022年“鄂来拍”湖北省重点科技成果拍卖交易会黄石专场暨黄石技术交易市场线上平台发布活动举行。黄石技术交易市场线上平台以高校、地方和企业深度融合为切入点，汇集全国科创资源，打通高校院所与企业之间技术转移供给和需求通道，为实现科技成果供需双方精准对接提供“一站式”服务。黄石市建成湖北技术交易大市场黄石分市场，与湖北大学、湖北工业大学共建科技成果转化中心。共拥有省级以上创新平台207家，主导产业研究院、规上制造业企业研发机构实现“两个全覆盖”。依托8家省级科技成果转化中试研究基

2022年4月15日，湖北省科技厅调研组到湖北省非织造布技术创新中心调研仙桃市非织造布产业科技创新发展情况（仙桃市史志研究中心　供图）

地、技术转移示范机构平台，黄石累计完成技术合同登记 1220 项，合同成交总额 53.97 亿元，比上年增长 6.6%。

鄂州市葛店经济技术开发区聚焦光谷科创大走廊建设，把创新驱动作为推进区域发展重要支撑。全年完成技术合同认定登记 261 项，合同总金额达 10.37 亿元，首次突破 10 亿元，完成市任务指标的 144%。

孝感市通过引进和选派科技特派员助力乡村振兴。华中农业大学王树才等 45 名省级科技特派员与孝感市湖北神丹公司等 45 家农企签订技术服务协议，推行农业科技到企业“创新引领 + 成果转化 + 项目支撑”、进农村“政策引导 + 产业扶持 + 信息支撑”、入农户“小微产业带动 + 职业培训 + 技术指导”等服务模式。

黄冈市引进武汉光电工业技术研究院落户，建立黄冈协同创新中心。黄冈（光谷）离岸科创中心、光谷科技创新大走廊黄冈功能区加快建设。全年引进科技副总 66 人、博士服务团 13 人，深入企业开展产学研合作。

咸宁市召开“电子信息产业技术创新战略联盟成立暨产业招商推介会”，成立电子信息产业联盟，推动三赢兴科技、惠祥电子、奕宏精密等企业与黄石市华中铜业、瑞视光电等企业达成产销合作。建成香城智能机电、通城电子信息等产业发展研究院，加快建设咸宁高新区电子玻璃材料产业研究院。

（各市地方志机构）

要素市场平台共建

【概况】 2022 年，武汉都市圈各市深化要素市场化配置改革，加快建设高标准要素市场体系。积极推动武汉光谷联合产权交易所、湖北区域性股权交易市场、湖北环境资源交易中心、武汉农村综合产权交易所、武汉知识产权交易所、湖北碳排放交易中心、湖北环境资源交易中心等要素市场平台建设，促进技术、资本、劳动力等各类资源要素在武汉都市圈内有序自由流动。充分发挥市场配置资源决定性作用，优化资源配置，鼓励市场主体通过正规数据交易中心进行数据要素交易，创新数据要素交易监管模式，拓展交易因子，优化交易流程，升级交易系统，提升交易服务，与市场各类参与主体共同搭建更加规范、高效、便捷的存量资产流通市场，为国有闲置、低效、废旧资产合理流动和优化配置提供绿色通道，助力国有企业提升经营效率和核心竞争力，赋能经济稳增长。2022 年 3 月，《武汉城市圈要素市场化配置综合改革试点实施方案》报送国务院，按照国家有关部委意见完成 2 轮修改并反馈国家发展和改革委员会，等待正式批复。

【湖北区域性股权交易市场建设】 2022 年，武汉股权托管交易中心发挥区域性股权交易市场服务省内中小微企业功能，持续为小微企业提供挂牌融资服务，有针对性地解决企业融资难、融资贵等问题。全年共为 82 家托管挂牌企业完成股权融资 340 笔，实现融资总额 67.43 亿元，其中，股权直接融资 7.47 亿元，股权质押融资 59.96 亿元。通过与湖北省融资再担保集团合作，为 6 家挂牌企业获得再担保融资累计超过 2260 万元。积极争取中国证监会

2022 年，武汉股权托管交易中心交易大厅（武汉股权托管交易中心　供图）

制度和业务创新试点资格，制度和业务创新试点建议方案已报送省人民政府。加紧筹划设立“专精特新”专板，聚焦于服务省内“专精特新”企业的发展。

截至年末，武汉股权托管交易中心作为湖北唯一指定的区域性股权市场运营机构，共托管登记企业 7144 家，托管总股本 2093.72 亿股，挂牌企业总数 6339 家，挂牌项目 8 个。其中，“种子企业板”36 家，“股份公司板”3381 家，“科技板”2749 家，“青创板”133 家、项目 8 个，“海创板”40 家。全年为企业办理 2599 笔股权转让过户手续，转让总股本 36.73 亿股，转让总金额 40.58 亿元。主要业务指标位居全国前列，获相关监管部门、行业协会和合作单位肯定，平台影响力逐步提升。全年全市新增托管登记企业 13 家，新增托管股本 10.21 亿股；新增挂牌企业 4 家，新增交易 24.41 亿股，新增成交金额 22.54 亿元。共为 34 家企业完成股权融资 190 笔，实现融资 52.72 亿元。

2022 年 8 月 25 日，中国人民银行武汉分行营业管理部组织开展武汉市个人碳账户·绿色信用卡试点工作启动仪式（杨弘　供图）

【武汉光谷联合产权交易所建设】

2022 年，武汉光谷联合产权交易所（以下简称“光谷联交所”）再次获评中国企业国有产权交易机构最高信用等级“AAA 级信用企业”。光谷联交所充分发挥产权市场价格发现和资源配置功能，为国有企业和行政事业单位有效盘活存量资产扩大有效投资，助力区域经济高质量发展。近三年，交易总额达 1985.86 亿元。全年累计完成国有产权资产转让项目 917 宗，成交金额近 20 亿元。

光谷联交所建成“光谷联交所 + 覆盖全省 17 个市州的法人机构”“光谷联交所 +12 个专业交易平台”两个“1+N”市场体系，其交易品种、交易规模、市场体系等主要指标均居国内前列。作为省级产权交易机构，光谷联交所以法人型控股公司覆盖全省所有市州、以“五统一”（即统一监管机构、统一交易规则、统一信息发布、统一审核鉴证、统一收费标准）标准整合全省产权市场。控、参股设立了武汉股权托管交易中心、湖北碳排放权交易中心、湖北华中文化产权交易所、武汉知识产权交易所、湖北环境资源交易中心、武汉国际矿业权交易中心、恩施硒资源国际交易中心、湖北电力交易中心、武汉长江大数据交易中心等 12 个专业交易平台，涵盖资本、技术、数据、资源环境等多种要素市场化配置，区域性要素市场体系日趋完备。

【湖北碳排放权交易中心建设】

2022 年，湖北碳排放权交易中心联合湖北电力交易中心推出全国首批电、碳市场双认证的绿电交易凭证，建立了电力市场与碳市场协同联动机制；上线碳监测云平台，利用金融科技推进网点绿色转型。推进建设“鄂绿通”平台，助推绿色企业和绿色项目融资发展，发挥专业优势，协助多家银行完成项目减排总量审定工作；新组建的碳达峰基金规模达 20 亿元，撬动更多社会资本助推湖北打造低碳产业集群；开展“碳关税”专项研究，为相关进出口企业的业务需求做好技术储备。与武昌区碳产业平台共同成立碳普惠管理公司，该公司将建立并运营集个人碳普惠、企业碳核算、碳账户登记于一体的统一碳普惠平台，支撑武汉市碳普惠体系建设。在碳中和服务方面，与吉林大学、中国能源建设集团、中国饭店协会、中传互动、吉利数科等达成战略合作，为会议活动、建筑、赛事、企业运营等打造碳中和服务体系；在林业碳汇方面，与十堰市、恩施州、来凤县、英山县等地方政府签署林业碳汇开发协议，将碳汇资源转化为资产、生态产品转化为资本。

截至年底，湖北碳市场配额累计成交3.75亿吨，占全国份额44.6%；累计成交总额达90.71亿元，占全国交易总额46.9%。湖北碳市场覆盖企业数量从最初138家扩大到339家，涉及钢铁、水泥、石化、化工等16个行业，均为年耗能1万吨标煤以上工业企业。落户武汉的中国碳排放权注册登记系统，有序推动全国碳市场第二个履约周期新增重点排放单位登记账户注册、配额预分配等有关工作，进一步完善系统功能，深化市场服务，助力形成全国“一盘棋”的“双碳”发展格局。

【湖北环境资源交易中心建设】2022年，湖北环境资源交易中心致力打造超一流的排污权有偿使用和交易市场平台，协助企业以最低成本优化产能，减少污染物排放，提高经济效益，为排污权交易市场利益相关方提供有关排污权交易的高质量信息、交易、培训和绿色金融服务。8月10日，中国人民银行武汉分行、湖北省生态环境厅、中国银行保险监督管理委员会湖北监管局联合主办湖北省排污权抵质押集中登记（冻结）启动仪式。湖北环境资源交易中心现场为5家企业集中办理湖北省排污权抵质押登记（冻结）手续，发放首批“湖北省排污权抵质押登记（冻结）确认书”，4家银行业机构共为企业授信融资2800万元。6月21日，中国人民银行武汉分行、湖北省生态环境厅、中国银行保险监督管理委员会湖北监管局联合印发《湖北省排污权抵质押贷款操作指引（暂行）》，规范排污权抵质押贷款业务申请与办理程序、价值评估、抵质押备案与管理、风险处置等操作流程，明确借贷双方在湖北环境资源交易中心办理排污权抵质押登记和交易冻结手续，实现银行业金融机构、生态环境部门及交易中心多方全流程闭环管理，促进全省排污权交易试点工作稳步推进。湖北省已建立全省统一排污权交易市场，形成一套较为规范完整的市场交易规则以及成熟的交易价格形成机制，覆盖全省17个地市州各行业各领域。湖北环境资源交易中心负责组织全省排污权交易，交易过程实现从申请转让至成交鉴证相关信息全程网上公开，持续创新绿色金融模式，支持企业绿色低碳转型。

2022年8月15日，湖北省排污权抵质押集中登记（冻结）启动仪式现场（湖北环境资源交易中心　供图）

【武汉农村综合产权交易所建设】2022年，武汉农村综合产权交易所发挥农村产权交易工作在乡村振兴中的保障和支撑作用，以交易推动各类农村产权确权赋能，促进农民增收和集体资产保值增值，探索“以交易促融资，以融资促交易”，持续为广大农户、新型经营主体和农业企业开辟新的融资渠。农村综合产权抵押融资品种增加至7个，分别为农村土地经营权、水域滩涂养殖权、林权（森林资源资产）、农业设施、农户承包土地的经营权、农民住房财产权、农村集体经济组织股权。截至2022年6月，累计联合金融机构为农业企业、合作社、

2022 年 11 月 6 日，鄂东煤产品交易国际贸易中心（湖北）有限公司举行揭牌启动仪式（鄂州市档案馆　供图）

家庭农场、种植养殖大户发放农村产权抵押贷款 65.56 亿元；参与农村产权抵押融资的金融机构共 12 家。

【武鄂一体化公共资源交易平台上线】 2022 年 9 月，武鄂一体化公共资源电子交易平台正式上线。该平台主要用于公共资源交易招投标，上线后，鄂州和武汉可实现远程异地评标常态化和专家资源同步共享。平台以《中华人民共和国招标投标法》《中华人民共和国电子签名法》《电子招标投标办法》为依据，结合两地实际，优化交易流程，实现“一地注册，两地通用”，减轻市场主体负担，实现交易过程零门槛、零负担。电子交易平台上线后实现招投标全流程电子化，规范招标代理、投标人交易行为，加强招标人主体责任。新系统上线运行后，武汉、鄂州两地政府采购电子化交易进入一体化发展新阶段，通过构建武鄂政府采购“区域一张网”，有效促进两地间“用户通、数据通、诚信通、交易通、CA 通”，实现武鄂两地政府采购交易资源共享、数据互通和业务协同。新的全流程电子化交易平台运行，实现从计划录入、场地预约、公告信息发布、招标文件获取、专家抽取、中标通知书发放到合同在线签订全流程电子化，将电子化手段运用到交易流程中，为交易工作提速增质，为市场主体减负增效，实现交易相关主体“零跑腿”，电子招投标率达到 100%。

【鄂东煤产品交易国际贸易中心揭牌】 2022 年 11 月 6 日，鄂东煤产品交易国际贸易中心正式揭牌。该中心由鄂州市城市发展投资控股集团有限公司、共青城中邦华耀私募基金管理合伙企业、八亿科技有限公司、重庆皓石金科技有限公司合资设立，位于湖北省鄂州市华容区三江港。以浩吉铁路上游内蒙古、陕北榆林的煤炭资源为基础，以鄂州市华容区三江港煤储基地为资源储备，以“两湖一江”的煤炭市场为依托，以信息科技为手段，建设集能源监管信息中心、能源交易中心、智慧物流服务中心、供应链金融服务中心、能源大数据中心于一体的一站式智慧能源交易平台，为能源行业的生产、贸易、运输、存储提供方便、快捷、可靠的综合性交易服务，降低企业经营成本和能源消耗水平，促进能源行业交易模式的转型升级。

（各市地方志机构）

编辑：高金波

校对：卢永会

都市圈各城市年度发展概况

武汉市发展概况

武汉市，简称“汉”，俗称“江城”，位于中国腹地中心、湖北省东部、长江与汉江交汇处，是国家历史文化名城，中部地区的中心城市，全国重要的工业基地、科教基地和综合交通枢纽，湖北省省会。武汉市域东西最大横距132.66千米，南北最大纵距154.23千米。武汉市辖江岸、江汉、硚口、汉阳、武昌、青山、洪山、蔡甸、江夏、黄陂、新洲、东西湖（武汉临空港经济技术开发区）、汉南（武汉经济技术开发区）13个行政区和武汉东湖新技术开发区、武汉东湖生态旅游风景区。全市土地面积8569.15平方千米。2022年末常住人口1373.90万人，比上年末增加9.01万人，其中城镇常住人口1163.14万人，占总人口的比重（常住人口城镇化率）为84.7%。户籍人口944.42万人。

2022年，武汉市实现地区生产总值（GDP）18866.43亿元，按可比价格计算，比上年增长4.0%。其中，第一产业增加值475.79亿元，增长3.2%；第二产业增加值6716.65亿元，增长7.3%；第三产业增加值11673.99亿元，增长2.3%。三次产业结构比由2021年的2.5∶34.7∶62.8调整为2.5∶35.6∶61.9。按常住人口计算，全市人均地区生产总值137772元，下降0.5%。

全年城镇新增就业29.97万人。年末城镇登记失业率2.61%，比上年下降0.3个百分点。全市居民消费价格上涨2.3%。从分类看，交通通信、教育文化娱乐、食品烟酒、其他用品及服务、居住、生活用品及服务、衣着、医疗保健类价格分别上涨4.8%、2.7%、2.6%、2.3%、1.8%、1.4%、0.7%和0.2%。12月，武汉新建商品住宅价格同比下降5.6%。

全市市场主体178.50万户，

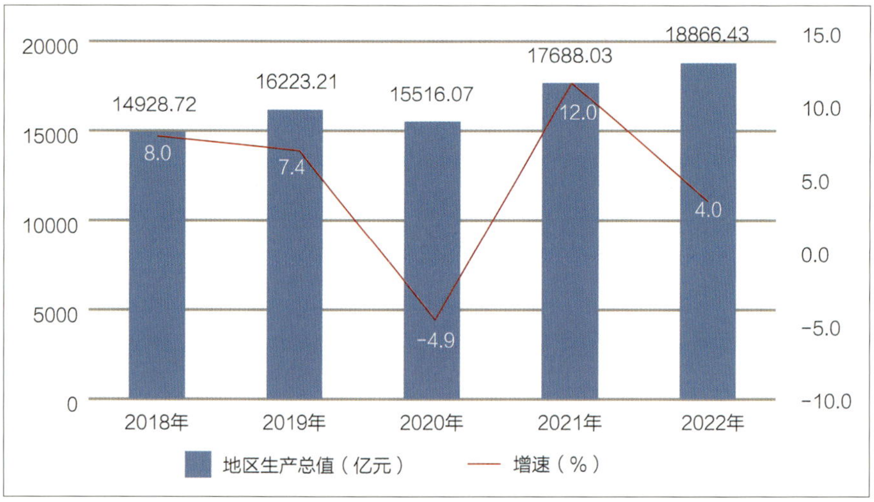

2018—2022年武汉市地区生产总值及其增长速度示意图

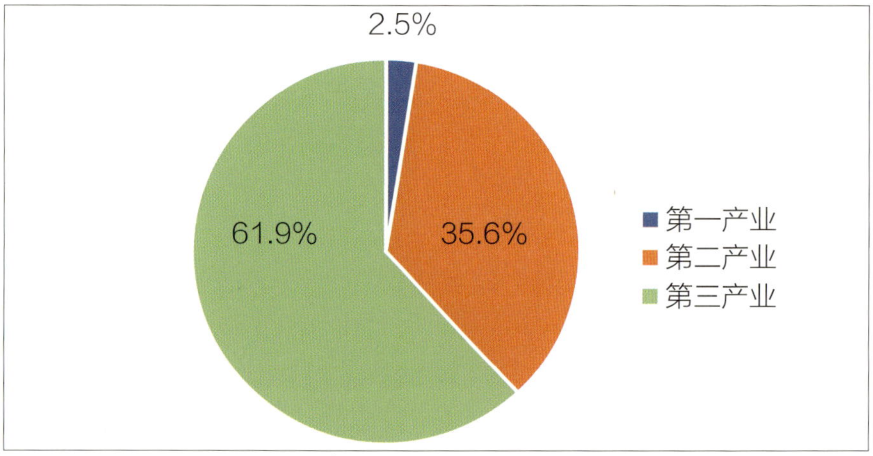

2022年武汉市三次产业结构示意图

比上年增长13.5%。其中，企业78.31万户，增长13.8%；个体工商户99.59万户，增长13.3%。全年新登记市场主体35.33万户，增长31.0%。其中，新登记企业16.00万户，增长21.4%；新登记个体工商户19.25万户，增长40.3%。

全年农林牧渔业增加值509.18亿元，比上年增长3.8%。主要农产品中，粮食产量89.88万吨，下降1.0%；蔬菜产量841.29万吨，增长2.5%；水产品产量45.32万吨，增长3.7%；禽蛋产量11.47万吨，增长5.9%；生猪出栏194.97万头，增长4.4%；家禽出笼3737.47万只，增长1.7%。全市各类新型农业经营主体8602家，增长9.3%。农产品网络零售额314亿元。

全年规模以上工业增加值增长5.0%。其中，医药制造业增长38.4%，电气机械和器材制造业增长9.6%，计算机、通信和其他电子设备制造业增长8.3%，农副食品加工业增长7.1%，金属制品业增长6.6%。规模以上工业企业营业收入1.64万亿元，增长7.4%；利润总额694.43亿元，下降29.3%。规模以上工业中，高技术制造业增加值增长16.3%，增速高于规模以上工业11.3个百分点。

全年具有总承包和专业承包资质等级的建筑业企业完成建筑业总产值1.37万亿元，比上年增长11.3%。

全年完成固定资产投资（不含农户）比上年增长10.8%。按产业分，第一产业投资增长20.9%；第二产业投资增长19.3%，其中工业投资增长19.3%；第三产业投资增长8.2%，其中基础设施投资增长10.8%。民间投资增长1.0%，占固定资产投资的比重为45.0%。

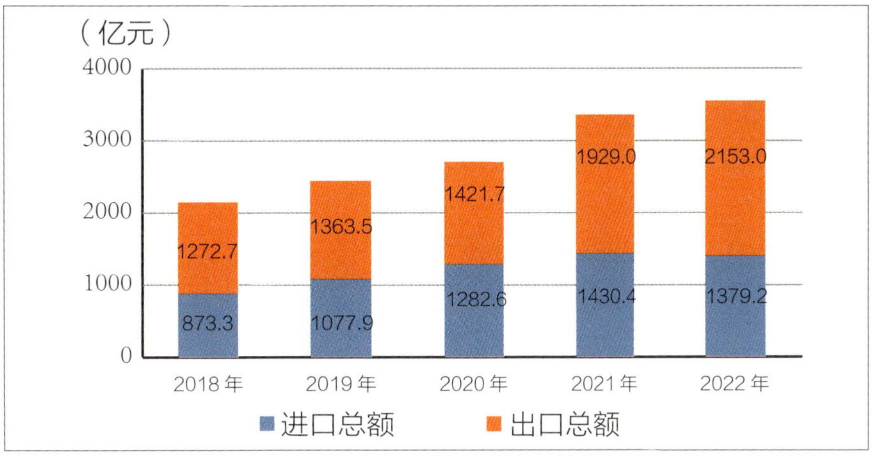

2018—2022年武汉市货物进出口总额示意图

全年社会消费品零售总额6936.20亿元，比上年增长2.1%。按商品形态分，商品零售额6601.09亿元，增长2.2%；餐饮收入335.11亿元，增长0.1%。按销售类值分，限额以上单位15大类商品零售额中，建筑及装潢材料、饮料、中西药品、石油及制品、汽车类分别增长22.8%、18.9%、15.7%、11.9%和11.3%。全年限额以上企业网上实物商品零售额增长4.6%，占限额以上社会消费品零售总额的比重为30.0%，比上年提高0.2个百分点。

全年进出口总额3532.2亿元，比上年增长5.3%。其中，出口2153.0亿元，增长11.6%；进口1379.2亿元，下降3.3%。跨境电商交易额12.57亿美元，增长99.2%。对外承包工程完成营业额63.78亿美元，增长15.5%。

全年实际使用外资增长2.9%。新批外商投资企业285家。新引进企业总部3家，累计引进企业总部23家。全市共有外国驻汉领事馆4个，国际友好城市28个，国际友好交流城市90个，比上年新增2个；境外驻汉代表机构23家，新增1家。外国留学生3041人，增加714人。

全年完成一般公共预算总收入2690.23亿元，比上年增长4.4%。其中，地方一般公共预算收入1504.74亿元，增长3.7%。在地方一般公共预算收入中，税收收入1239.56亿元，增长1.7%。年末全市金融机构（含外资）本外币存款余额35754.03亿元，增长5.9%；本外币贷款余额44383.81亿元，增长8.7%。其中，消费贷款9919.10亿元，下降2.1%；金融机构本外币企业贷款28055.24亿元，增长11.4%。总部设在武汉的金融机构31家，在汉设立或筹建后台服务中心的金融机构33家。上市公司97家，增加6家。其中，境外上市公司21家，境内上市公司76家。实现保险保费收入864.95亿元，增长3.1%。其中，财产险保费收入187.77亿元，增长13.5%；人身险保费收入677.18亿元，增长0.5%。各类保险赔付支出250.24亿元，增长0.4%。其中，财产险赔付113.82亿元，增长5.1%；人身险赔付136.42亿元，下降3.2%。

全年社会物流总额4.62万亿元，比上年增长7.9%。完成货运量61524.656万吨，下降3.2%；货物周转量2686.38亿吨千米，增长16.2%。民用航空航线223条，增加11条。其中，国际航线23条，增加4条；国内航线201条，增加8条。中欧（武汉）国际班列到达国家27个，增加10个；到达城市64个，增加29个。民用小汽车拥有量422万辆，增加30万辆。其中私人小汽车361.87万辆，增加9.24万辆。轨道交通线路长510.6千米，增长5.2%。地铁运营总里程460.4千米，增长5.8%。轨道交通客运量89423.6万人次，下降11.7%，占公共交通客运量比重60.3%。完成邮政业务收入213.35亿元，增长25.0%。邮政业完成快递业务量18.5亿件，增长15.1%；快递业务收入159.10亿元，增长10.3%。电信业务收入185.10亿元，增长7.6%；固定互联网宽带接入用户567.4万户，增长9.6%；固定电话用户146.4万户，移动电话用户1650.7万户，其中5G用户567.4万户。

全市在校研究生19.76万人，比上年增长8.2%；本专科在校生113.54万人，增长2.7%；中等职业教育在校生7.85万人，下降2.0%；普通中学在校生41.66万人，增长7.2%；小学在校生74.76万人，增长7.2%；幼儿园在园幼儿38.79万人，增长1.8%。武汉地区共有科技研究机构97个，国家重点实验室30个，国家级工程技术研究中心19个，拥有中国科学院院士30人，中国工程院院士40人。全年技术合同认定登记32466项，增长1.5%；技术合同登记成交额1355.25亿元，增长20.2%。新增高新技术企业3249家，累计达12400家。高新技术产业增加值5321.90亿元，占GDP比重28.2%，提高0.8个百分点。专利授权量89461件，增长3.6%；发明专利授权量23658件，增长27.5%。每万人发明专利拥有量69.19件。PCT国际专利申请量1070件。

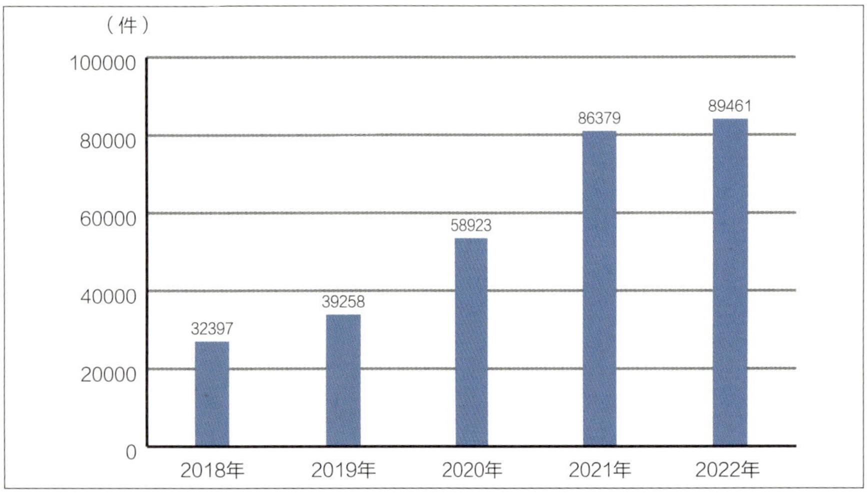

2018—2022年武汉市专利授权量增长示意图

全市共有市直博物馆10个，接待观众282万人次；市直群众艺术馆1个，演出77场次；市直艺术表演团体机构8个，新排上演剧目15台；市直专业剧团获国家奖励17个。全市有电影院154家，电影放映场次152.90万场，比上年下降23.1%；观影人数1568.40万人次，下降40.3%。A级旅游景区52个，增加1个，接待游客人数2.05亿人次。旅游总收入2223.88亿元，下降23.9%；乡村休闲游综合收入160.64亿元，增长8.2%。卫生事业机构6818个，其中三甲医院29家，床位9.86万张，每千人拥有医院病床6.20张。卫生技术人员12.96万人，比上年增长1.7%。其中，医生4.77万人，护师、护士6.34万人，每千人拥有医生3.47人。体育场馆160个，等级运动员发展555人，优秀运动员49人。举办国际国内赛事活动15场。

全市城镇居民人均可支配收入58449元，比上年增长5.7%；农村居民人均可支配收入29304元，增长7.7%。城镇居民人均消费支出37418元，增长2.0%；农村居民人均消费支出23196元，增长7.6%。参加城镇职工基本养老、基本医疗、失业、工伤和生育保险人数分别为648.65万人、568.80万人、327.42万人、430.66万人和352.80万人，分别增长13.6%、3.7%、8.7%、8.0%和5.7%。社会保险新增扩面50.32万人，基本社会保障覆盖率99.36%。社会福利机构281个，床位49081张。

新改扩建社区养老服务设施3075个，增长8.5%。

全年液化石油气供气总量14.47万吨，天然气供气总量23.97亿立方米。供水总量17.15亿吨，比上年增长6.6%。用电总量737.79亿千瓦时，增长7.8%。完成海绵城市建设63.49平方千米。环境空气细颗粒物年均浓度值35微克/立方米。空气质量优良天数294天，空气质量优良率80.5%。城市生活垃圾无害化处理率100%。水质优良（达到或好于Ⅲ类水体）比例达到90.9%。人均公园绿地面积14.84平方米，建成区绿化覆盖率43.09%。新增绿地1000.02万平方米，新建绿道100.34千米。公园总数188个，公园游人量8500万人次。

（武汉市地方志办）

黄石市发展概况

黄石市位于湖北省东南部、长江中游南岸，西接武汉市江夏区。黄石市辖黄石港区、西塞山区、下陆区、铁山区4个区，阳新县1个县，代管大冶市1个县级市，设有1个国家级经济技术开发区、1个国家级高新技术产业开发区、1个国家级农业科技示范园区。全市土地面积4583平方千米。全市常住人口244.4万人，城镇人口163.85万人，城镇化率67.04%。

全年实现地区生产总值2041.51亿元，按不变价格计算，比上年增长5.6%。按产业分，第一产业增加值140.82亿元，增长4.1%；第二产业增加值970.43亿元，增长8.5%；第三产业增加值930.26亿元，增长3.2%。三次产业结构占比为6.9∶47.5∶45.6。

2021—2022年黄石市地区生产总值及构成一览表

名称 年份 数据	2022年			2021年		
	总量（亿元）	比上年（±%）	结构（%）	总量（亿元）	比上年（±%）	结构（%）
生产总值	2041.51	5.6	100	1873.86	13.0	100
第一产业	140.82	4.1	6.9	126.90	8.4	6.8
第二产业	970.43	8.5	47.5	863.86	12.1	46.1
第三产业	930.26	3.2	45.6	883.10	14.6	47.1

全市居民消费价格比上年增长1.8%。八大类商品和服务价格均上涨：食品烟酒增长0.6%，衣着增长4.7%，居住增长1.3%，生活用品及服务增长2.3%，交通和通信增长3.8%，教育文化和娱乐增长2.4%，医疗保健增长0.4%，其他用品和服务价格增长3.3%。

城镇新增就业人员5.16万人，新增扩面参保3万人；城镇登记失业率3.73%。新入库规上工业企业93家、规上服务业企业56家、限上批零住餐业242家、有资质的建筑业企业42家、有开发经营活动的房地产业11家。市场主体327465户，比上年增长18.6%；新登记市场主体97570户，增长116.2%。

全市实现农林牧渔业增加值147.42亿元，比上年增长4.6%；农林牧渔服务业增加值6.61亿元，增长15.6%；农林牧渔业总产值245.46亿元，增长4.7%。各种农作物总播种面积18.17万公顷，增长1.9%。粮食总产量53.79万吨，下降1.1%；水果产量23.26万吨，增长7.4%；水产品产量24.54万吨，增长3.6%；肉类产量10.78万吨，增长2.2%。化肥施用量（折纯）4.28万吨，减少3.7%。

全市规模以上工业总产值比上年增长8.9%。按主要行业分，金属制品业产值下降28.7%，农产品加工业增长1.9%，非金属矿物制品业下降1.2%，有色金属冶炼及压延加工业下降12.4%，黑色金属冶炼及压延加工业增长3.8%。规模以上工业增加值增长11.3%，高技术制造业增加值增长56.4%，装备制造业增加值增长16.9%。规模以上工业企业799家，其中产值过1亿元的企业248家，增加17家，产值占规模以上工业总产值的92.6%；产值过10亿元的企业37家，产值占规模以上工业总产值的77.1%；产值100亿元以上的企业4家，产值占规模以上工业产值的31.3%。规模以上工业营业收入2639.03亿元，增长5.2%；利润137.48亿元，增长17.8%；利税193.51亿元，增长13%。工业品出口交货值101.68亿元，增长10.7%。

全市固定资产投资比上年增长18.3%。在固定资产投资中，国有及国有控股投资增长25.9%；外商及港澳台投资下降2.3%；民间投资增长16.8%；个体私营投资增长24.6%。民间投资占固定资产投资的比重为63.6%，下降0.9个百分点。在固定资产投资中，第一产业投资增长73.3%，第二产业投资增长24.4%，第三产业投资增长13.8%。工业投资增长24.5%。在建1亿元以上项目540个，增加88个。房地产开发投资199.50亿元，下降7.6%。商品房施工面积1232.24万平方米，下降16.7%；商品房销售面积326.62万平方米，下降10.6%。

全年社会消费品零售总额984.66亿元，比上年增长1.8%。按行业分，批发业、零售业、住宿业、餐饮业分别完成185.24亿元、667.04亿元、8.31亿元、124.07亿元，分别下降27.5%、增长12.4%、增长7.1%和增长12.6%。按销售额消费类型分，限额以上法人企业日用品类销售额增长26.3%，服装鞋帽类销售额增长27.6%，汽车类销售额下降0.6%，烟酒类销售额增长0.4%。金银珠宝类销售额增长112.6%，中西药品类销售额增长5.0%，石油及制品类销售额增长25.5%，粮油食品类销售额增长20.9%，家电类销售额下降2%。

全年完成公路旅客运输量1438.19万人次，比上年下降10.4%。完成公路货物运输量5381.14万吨，下降10.5%；完成水运货物运输量2040.26万吨，增长13.9%；完成港口货物吞吐量6855.20万吨，增长37.3%。民用汽车保有量318853辆，增长10.4%。其中，私人汽车保有量288717辆，增长11.1%。民用客车保有量291360辆，增长11.3%；民用货车25378辆，增长0.6%。公路通车总里程8419.548千米，增长0.6%。邮政业务总量12.50亿元，增长19.2%。运输物流、信息、租赁和商务服务等达到国家标准的各类规模以上服务业企业275家，营业收入160.23亿元，增长17.3%。

全市地方财政总收入210.68亿元，比上年增长14.8%。其中，地方公共财政预算收入136.75亿元，剔除增值税留抵退税因素，增长17.8%；地方税收收入88.87亿元，增长9.5%，地方税收收入占地方公共财政预算收入的比重达65.0%；财政支出514.81亿元，增长19.3%。年末金融机构本外币各项存款余额2465.29亿元，增长11.6%。其中，住户存款余额1609.23亿元，增长17.6%；金融机构本外币各项贷款余额2057.95亿元，增长15.8%。保费收入64.01亿元，增长6.6%。其中，财险收入16.44亿元，增长9.4%；寿险收入47.57亿元，增长5.6%；保险赔付支出19.13亿元，增长10.3%。

全市有普通小学348所，在校学生229810人；普通初中109所，在校学生109240人；普通高中25所，在校学生53681人；中职学校8所，在校学生17002人。幼儿园515所，在园幼儿86752人。纳入高新统计的规模以上企业459家，比上年增加28家。高新技术产业增加值464.1亿元，占GDP的比重为22.7%。获得专利授权5377件，商标申请4267件，每万人有效发明专利拥有量6.16件。年内获得第二十三届中国专利优秀奖1项。有国有文艺院团3个，群艺（文化）馆6个，公共图书馆7个，登记备案的博物馆、纪念馆9个。广播电台3座，电视台3座，有线电视用户26.39万户。有各类卫生机构1390个，其中医院50家。医疗机构实有床位19384张。卫生技术人员21079人。其中，执业医师和执业助理医师7275人，注册护士10065人。

全年城镇居民人均可支配收入44417元，比上年增长6.8%；农村常住居民人均可支配收入20127元，增长8.3%。城镇居民人均消费支出28725元，增长3.0%；农村居民人均消费支出17879元，增长7.1%。城镇居民恩格尔系数为31.77%，农村居民恩格尔系数为30.38%。

全市万元GDP能耗比上年下

2022年黄石市能源消费情况一览表

名称	总量	单位	比上年（±%）
万元GDP能耗下降率	—	—	1.7
全社会用电量	173.83	亿千瓦时	7.4
规上工业综合能源消费量	980.27	万吨标准煤	3.8
煤炭消费量	997.97	万吨	4.9
焦炭消费量	270.17	万吨	13.0
天然气消费量	4.72	亿立方米	8.6

降1.7%。全社会用电量173.83亿千瓦时，增长7.4%。规模以上工业综合能源消费量980.27万吨标准煤，增长3.8%。黄石城区空气质量优良天数287天，累计优良天数比例78.6%，比上年减少24天，比例下降6.6%。

（黄石市档案馆）

鄂州市发展概况

鄂州市位于湖北省东部，长江中游南岸，西与武汉市江夏区、洪山区接壤。鄂州市辖鄂城区、华容区、梁子湖区3个县级行政区，设有葛店经济技术开发区、鄂州市临空经济区2个功能区。全市土地面积1596平方千米。2022年末全市常住人口107.12万人，其中，城镇71.90万人，乡村35.22万人。城镇化率67.1%。

全年实现地区生产总值1264.55亿元，按不变价格计算，比上年增长5.1%。按产业分，第一产业增加值123.14亿元，增长3.9%；第二产业增加值575.18亿元，增长8.5%；第三产业增加值566.23亿元，增长2.2%。三次产业结构比由上年的9.8：44.2：46.0调整为9.7：45.5：44.8。在第三产业中，交通运输仓储和邮政业、批发和零售业、住宿和餐饮业、金融业、房地产业、其他服务业增加值分别增长6.3%、0.5%、-0.2%、6.4%、-1.7%、2.2%。人均地区生产总值118133元，增长5.7%。

全市居民消费价格比上年上涨2.1%。八大类商品和服务价格中，医疗保健类持平，生活用品及服务类下降0.2%，食品烟酒类上涨3.0%，衣着类上涨1.8%，居住类上涨1.2%，交通和通信类上涨5.3%，教育文化和娱乐类上涨1.2%，其他用品和服务类上涨1.8%。

全市累计登记市场主体146090户，比上年增长13.7%。新登记市场主体26606户，增长67.9%。城镇登记失业率2.75%，低于目标控制数。

全市农林牧渔业增加值128.35亿元，比上年增长4.2%。粮食总产量25.17万吨，下降0.4%；棉花产量0.31万吨，下降8.1%；油料产量4.29万吨，下降3.1%；蔬菜总产量106.56万吨，增长0.6%；生猪出栏76.31万头，增长6.1%；水产品产量28.76万吨，增长2.9%。

全市有规模以上工业企业480家。规模以上工业增加值比上年增长11.3%。其中，私营企业增长8.7%，轻工业下降5.7%，重工业增长16.4%。规模以上高新技术产业增加值增长11.9%，增幅高于规模以上工业增加值0.6个百分点。规模以上工业销售产值增长12.8%，产品销售率96.4%；实现利润51.92亿元，下降16.2%。具有资质建筑企业完成总产值116.09亿元，增长0.5%。

全市完成固定资产投资（不含农户）比上年增长15.0%，其中，房地产开发投资增长4.7%。商品房销售面积147.14万平方米，下降15.8%；实现商品房销售额98.04亿元，下降27.3%。

全年社会消费品零售总额359.57亿元，比上年增长1.9%。其中限额以上消费品零售额178.30亿元，增长5.7%。城镇实现零售额327.75亿元，增长1.9%；乡村实现零售额31.82亿元，增长1.8%。限额以上单位网上商品零售额139.12亿元，增长1.9%，占限额以上企业零售额的比重为78.0%。

全市完成外贸进出口总额42.7亿元，比上年增长50.3%。其中，进口18.2亿元，增长50.5%。出口24.5亿元，增长50.2%。

全年完成公路货物周转量15.98亿吨千米，比上年增长6.3%；水路货物周转量69.64亿吨千米，增长72.0%；公路旅客周转量2.04亿人千米，下降15.5%。公路运营总里程3759.85千米，下降1.6%；高速公路总里程189.29千米，增长7.4%。完成邮政业务总量16.11亿元，增长17.8%。长

2022年鄂州市主要农产品产量一览表

产品名称	产量	单位	比上年 ±%
粮食	25.17	万吨	-0.4
棉花	0.31	万吨	-8.1
油料	4.29	万吨	-3.1
蔬菜	106.56	万吨	0.6
生猪	76.31	万头	6.1
水产品	28.76	万吨	2.9

途光缆线路总长度1129千米，固定电话用户8.13万户，移动电话用户116.48万户，计算机宽带互联网用户52.78万户。接待国内外旅游者699.1万人次，下降4.1%;实现旅游总收入50.21亿元，下降4.1%。

全市完成财政总收入101.43亿元，剔除增值税留抵退税因素，比上年增长6.7%。其中地方公共财政预算收入73.84亿元，增长15.3%。在地方公共财政预算收入中，税收收入48.31亿元，下降4.9%。财政支出118.35亿元，下降4.0%。年末金融机构本外币各项贷款余额945.17亿元，增长15.9%；各项存款余额1080.77亿元，增长9.9%。各类保费收入22.15亿元，增长1.2%。其中，财产险保费收入4.77亿元，增长8.8%;人身险保费收入17.38亿元，下降0.7%。支付各类赔款及给付6.65亿元，增长6.3%。其中，财产险赔付支出2.97亿元，增长2.6%;人身险赔付支出3.69亿元，增长9.4%。

全市高等教育招生5894人，在校生17224人，毕业生5965人；普通高中招生6453人，在校生18207人，毕业生5338人；普通初中在校生34578人；小学在校生77726人；幼儿园在园幼儿34747人。新认定高新技术企业67家，高新技术统计单位总数260家。新增授权发明专利182件，每万人发明专利拥有量10.07件。有国有艺术表演团体1个，群艺馆、文化馆4个，公共图书馆3个，博物馆3个。广播电台1座，电视台1座。有各类医疗卫生机构554家,其中医院26家。卫生计生人员9619人，其中，执业（助理）医师3072人，注册护士3473人；医疗卫生机构实际开放床位7021张，其中医院床位4743张。

全年城镇常住居民人均可支配收入40654元，比上年增长6.1%;农村常住居民人均可支配收入23111元，增长7.6%。参加城镇职工基本养老保险35.33万人，其中，在职职工25.19万人，离退休人员10.14万人；参加城乡居民基本养老保险46.0万人；参加工伤保险14.17万人；参加失业保险9.11万人。有各类收养性单位床位数7776张。

全市城市生活污水处理率99.8%，生活垃圾无害化处理率100%。建成区人均公园绿地面积16.29平方米，建成区绿化覆盖率43.2%。中心城区空气质量优良天数299天，优良率81.9%，比上年下降3.6%。臭氧日最大8小时第90百分位年均浓度为159微克/立方米，增长3.2%；PM2.5年平均浓度33.7微克/立方米，下降7.4%。

（鄂州市档案馆）

孝感市发展概况

孝感市位于湖北省东北部，长江以北、汉江以东，东接武汉市黄陂区，南邻武汉市东西湖区。孝感市辖孝南区和云梦、大悟、孝昌3个县，代管汉川、应城、安陆3个县级市，设有孝感国家高新技术产业开发区、孝感临空经济区、双峰山旅游度假区3个功能区，土地面积8904.41平方千米。2022年全市常住人口418.58万人，其中城镇人口259.23万人，城镇化率61.9%。户籍人口500.30万人。

全年实现地区生产总值2776.97亿元，比上年增长5.2%。其中，第一产业增加值398.00亿元，增长3.5%；第二产业增加值1151.82亿元，增长9.0%；第三产业增加值1227.16亿元，增长2.4%。三次产业结构比由上年的14.9∶39.4∶45.7调整为14.3∶41.5∶44.2。人均地区生产总值66299元，增长6.2%。

全市居民消费价格指数上涨1.6%。其中，交通和通信、食品烟酒、教育文化和娱乐、其他用品和

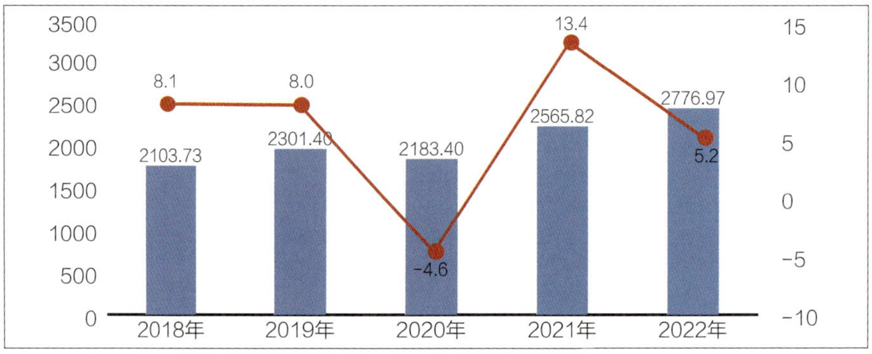

2018—2022年孝感市地区生产总值增长示意图

服务、生活用品及服务类商品价格分别上涨4.3%、3.1%、1.4%、1.3%、1.0%；医疗保健、居住、衣着类商品价格分别下降0.3%、0.2%、0.1%。新登记市场主体9.11万户，其中，新登记私营企业1.21万户，新登记个体工商户7.78万户。各类市场主体41.77万户。城镇新增就业5.18万人，城镇登记失业率为3.07%。

全市实现农林牧渔业增加值428.67亿元，比上年增长4.1%。粮食总产量234.80万吨，下降0.6%；棉花产量0.78万吨，下降2.0%；油料产量30.97万吨，增长8.8%；蔬菜产量471.68万吨，增长2.4%；水果产量51.85万吨，增长0.1%。生猪出栏299.45万头，增长4.2%；家禽出笼8573.60万只，增长2.3%；禽蛋产量28.97万吨，增长6.3%。水产品产量44.82万吨，增长3.6%。

全年实现工业增加值1055.33亿元，比上年增长8.7%。全市1292家规模以上工业企业增加值增长11.9%。其中，国有企业下降5.1%，股份制企业增长12.7%，外商及港澳台投资企业增长5.0%，其他经济类型企业增长4.9%。高技术制造业增加值增长25.9%，占规模以上工业增加值的比重为5.5%。规模以上工业销售产值增长16.1%，产品销售率96.1%，出口交货值下降17.5%。食品饮料、纺织服装、盐磷化工、纸塑包装、建材、高端装备制造、新能源汽车及零部件、光电子信息、大健康、新材料十大重点产业增加值增长6.8%，占规模以上工业增加值的比重80.1%。规模以上工业企业实现营业收入3591.05亿元，增长19.4%；实现利润150.33亿元，增长20.3%。营业收入过10亿元企业81家，过20亿元企业29家，过50亿元企业2家。具有总承包和专业承包资质建筑企业完成总产值453.06亿元，增长13.1%；签订合同额708.20亿元，增长7.7%。

全市固定资产投资（不含农户）比上年增长18.3%。按产业划分，全市一、二、三次产业投资分别增长-7.7%、26.6%和13.6%。工业技术改造投资增长14.5%，高技术制造业投资增长44.1%。商品房销售面积301.44万平方米，下降33.8%；商品房销售额156.97亿元，下降36.6%。

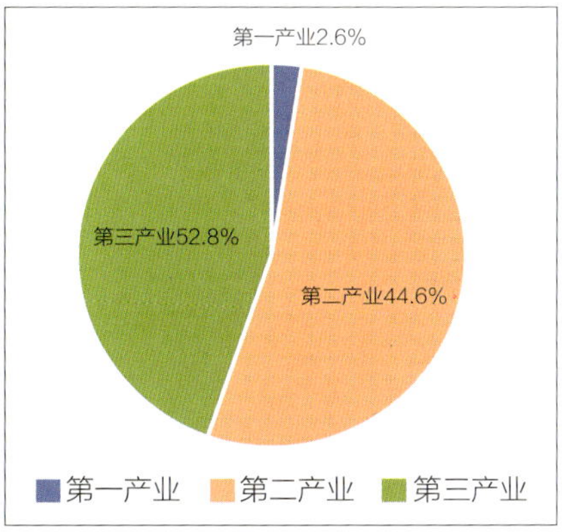

2022年孝感市三次产业投资占固定资产投资（不含农户）比重示意图

500万元以上在库投资项目1838个，其中，新开工项目1127个。

全年社会消费品零售总额1241.05亿元，比上年增长3.6%。按经营地分，城镇消费品零售额943.82亿元，增长3.5%；乡村消费品零售额297.23亿元，增长4.1%。按消费类型分，商品零售1097.24亿元，增长3.7%；餐饮收入143.81亿元，增长3.1%。外贸进出口总额173.8亿元，增长28.7%。其中，出口总额148.5亿元，增长29.1%；进口总额25.3亿元，增长26.5%。外商直接投资（FDI）16359万美元。

全市公路总里程18357千米，比上年增长1.6%。新（改）建等级公路283千米。邮政行业业务收入（不包括邮政储蓄银行直接营业收入）累计完成26.24亿元，增长13.0%。其中，快递业务量2.31亿件，快递业务收入14.26亿元。电信业营业收入30.38亿元，增长6.5%。

全年实现财政总收入227.37亿元，比上年增长2.5%；地方一般公共预算收入137.21亿元，增长11.3%。其中，税收收入112.23亿元，增长17.4%；地方一般公共预

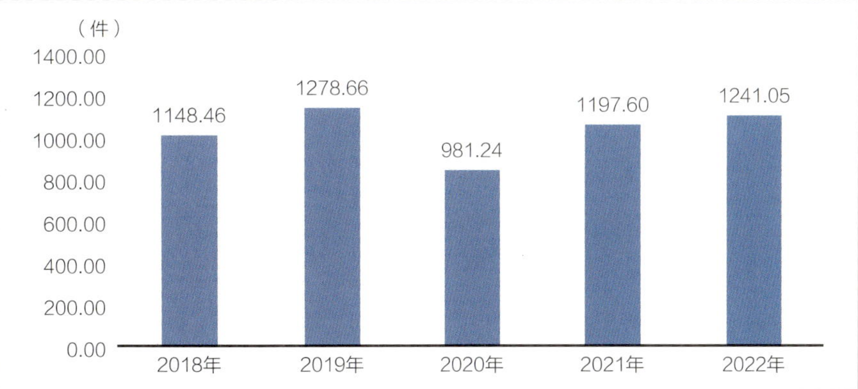

2018—2022年孝感市社会消费品零售总额示意图

算支出428.37亿元，增长5.7%。年末全市金融机构本外币各项存款余额3506.16亿元，增加389.15亿元；金融机构本外币各项贷款余额2090.53亿元，增加240.03亿元。保险行业实现保费收入84.39亿元，增长1.12%。其中，财产险保费收入20.95亿元，增长2.43%；人身险保费收入63.44亿元，增长0.7%。支付各类赔款及给付26.10亿元，增长5.59%。其中，财产险赔款支出14.32亿元，增长1.32%；人身险赔付支出11.78亿元，增长11.28%。

全市有普通小学438所，在校学生28.02万人；初中在校学生13.69万人；普通高中在校学生7.34万人；中等职业学校在校学生3.04万人。九年义务教育巩固率99.2%，高中阶段毛入学率98.3%。有幼儿园713所，在园幼儿11.82万人。有“两心一室”（企业技术中心、工程研究中心，工程实验室）省级以上创新平台51个。其中，省级以上工程研究中心（工程实验室）11家，含国家级工程研究中心（工程实验室）2家；省级以上企业技术中心34家，含国家级企业技术（分）中心4家。检验检测机构78个，其中省级以上质检中心2个。高新技术产业实现增加值491.56亿元，登记科技成果55项。共签订技术合同2609项，技术合同成交金额97.37亿元，合同金额比上年增长176.3%。新认定高新技术企业267家，高新技术企业总数达到603家，科技型中小企业评价入库1505家。有公共图书馆8个、文化馆（群艺馆）8个、博物馆14个。累计建成开放城市书房29座，建成省级新全民健身工程18个，新增（改造）健身场地10万余平方米。接待游客2925.27万人次，增长1.8%；旅游综合收入181.05亿元，增长1.6%。有医疗卫生机构（不含村卫生室）494个，其中医院78所。卫生机构人员3.58万人，其中，卫生技术人员2.82万人，执业（助理）医师0.99万人，注册护士1.24万人。卫生机构床位2.97万张，其中医院床位2.02万张。有公共体育场6个、公共体育馆7个。社会体育指导员14867人，其中国家级122人。运动员获得全国各类比赛冠军4项次、亚军8项次、季军12项次，获得湖北省各类比赛冠军41项次、亚军53项次、季军50项次。

全年城镇常住居民人均可支配收入41596元，比上年增长6.9%；农村常住居民人均可支配收入20913元，增长8.1%。参加城镇职工基本养老保险92.97万人，其中，参加城乡居民养老保险265.99万人，参加职工基本医疗保险43.88万人，参加城乡居民基本医疗保险383.55万人，参加工伤保险35.09万人，参加生育保险28.36万人，参加失业保险人数26.28万人，年末领取失业保险金人数0.19万人。有养老机构143家（不含军休所），城乡社区养老服务设施覆盖率分别达到94.3%和83.3%。

全市万元地区生产总值用水量88.1立方米，比上年下降9.8%。万元工业增加值用水量31立方米，比上年下降23.8%。完成造林面积1.48万公顷，森林抚育面积4560万平方米。中心城区可吸入颗粒物年均浓度67微克/立方米，细颗粒物年均浓度41微克/立方米，空气质量优良率80.8%。全市纳入国家和省“十四五”考核的13个地表水断面全部达标，水质优良比例100%。

（孝感市史志研究中心）

黄冈市发展概况

黄冈市地处湖北省东部，大别山南麓，长江中游北岸，西邻武汉市黄陂区、新洲区。黄冈市辖红安、罗田、英山、浠水、蕲春、黄梅、团风7个县，以及黄州区、龙感湖管理区等行政区，代管武穴、麻城2个县级市，设有湖北黄冈高新技术产业开发区、黄冈临空经济区、白莲河示范区等功能区，土地面积1.74万平方千米。2022年末全市常住人口579.02万人。其中，城镇人口286.21万人，乡村人口292.81万人。城镇化率49.4%。

全市实现地区生产总值2747.90亿元，按可比价格计算，比上年增长4.9%。其中，第一产业增加值545.60亿元，增长4.2%；第二产业增加值946.07亿元，增长8.6%，第二产业中，全部工业增加值740.69亿元，增长8.5%；第三产业增加值1256.22亿元，增长2.6%。第三产业中，批发和零售业、交通运输仓储和邮政业、住宿和餐饮业、金融业、房地

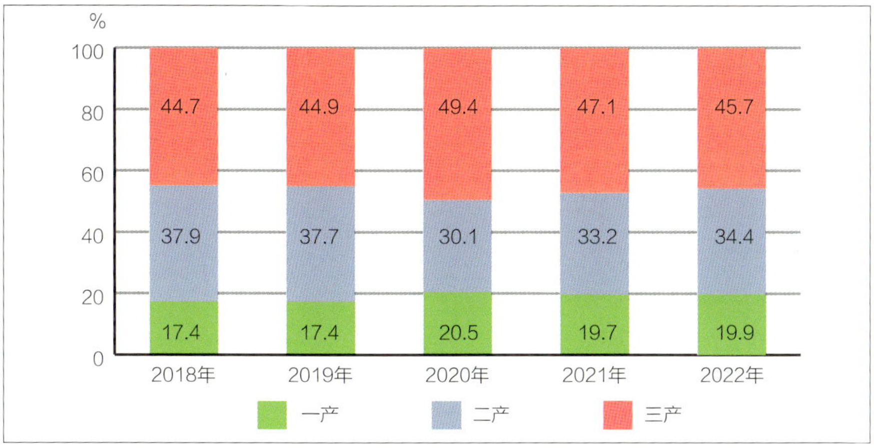

2018—2022 年黄冈市三次产业增加值占地区生产总值比重示意图

产业、其他服务业增加值分别增长 1.4%、-2.0%、0.3%、7.3%、1.0%、2.6%。三次产业结构比由上年的 19.7∶33.2∶47.1 调整为 19.9∶34.4∶45.7。

居民消费价格比上年上涨 1.5%，其中，食品烟酒价格上涨 1.1%，衣着价格上涨 7.1%，居住价格上涨 0.1%，生活用品及服务价格下降 0.6%，交通和通信价格上涨 5.3%，教育文化娱乐价格上涨 1.0%，医疗保健价格下降 0.3%，其他用品及服务价格上涨 2.4%。新发展五类（含内资、私营、外资、个体、农民专业合作社）市场主体 106708 户。其中，私营企业 17239 户，个体工商户 88489 户。五类市场主体总量达 703158 户，增长 12.57%。

全市农林牧渔业实现总产值 980.73 亿元，比上年增长 5.0%。粮食总产量 271.70 万吨，减少 0.5%；棉花产量 2.18 万吨，增长 9.2%；油料产量 59.34 万吨，增长 7.0%；蔬菜产量 369.77 万吨，增长 2.8%；水果产量 32.18 万吨，增长 8.3%。畜牧业总产值 260.39 亿元，增长 4.9%。禽蛋产量 34.6 万吨，增长 6.4%；生猪出栏 456.16 万头，增长 4.73%；牛出栏 23.99 万头，增长 2.44%；羊出栏 63.63 万只，增长 12.54%；家禽出笼 6790.25 万只，增长 2.3%。注册农民专业合作社 13119 家，增加 1496 家；注册家庭农场 13472 家，增加 283 家。

全年新增规模以上工业企业 229 家，规模以上工业企业发展到 1451 家，规模以上工业增加值比上年增长 12.6%。按门类分，采矿业增加值增长 8.1%，制造业增加值增长 12.1%，电力、热力、燃气及水生产和供应业增加值增长 19.4%。规模以上工业企业产销率 94.2%，实现营业收入 1965.99 亿元，增长 13.1%；利润总额 97.40 亿元，增长 24.4%；税金总额 58.23 亿元，增长 33.7%；资产总计 1915.31 亿元，增长 10.2%。新增建筑业企业 189 家，建筑业单位发展到 754 家，总产值 1164.98 亿元，增长 5.9%；实现增加值 205.93 亿元，增长 9.1%。建筑单位房屋施工面积 7656.26 万平方米，增长 4.4%。

全市固定资产投资比上年增长 17.4%。按经济类型划分，国有经济投资增长 0.8%，集体经济投资增长 17.8%，私营经济投资增长 25.9%，其他经济投资增长 25.4%。全年投资项目 2692 个，项目计划总投资 3998.81 亿元。在建项目 2642 个，增长 42.2%。其中，年内新开工项目 1403 个，增长 62.0%；亿元以上项目 854 个，增长 14.2%。在全部入库投资项目中，工业投资项目 1177 个，增加 380 个；工业新开工项目 657 个，增加 257 个。房地产开发投资完成额 288.21 亿元，下降 5.4%。房屋施工面积 1882.24 万平方米，下降 8.7%。其中新开工面积 364.20 万平方米，下降 38.3%；竣工面积 200.73 万平方米，下降 16.8%；商品房销售面积 460.58 万平方米，下降 9.2%；商品房销售额 234.20 亿元，下降 11.4%。待售面积 182.32 万平方米，下降 3.6%。

全年社会消费品零售总额 1451.29 亿元，比上年增长 3.4%。按城乡分，城镇社会消费品零售总额 1208.06 亿元，增长 3.3%；农村社会消费品零售总额 243.23 亿元，增长 3.8%。按行业分，批发业销售额 562.89 亿元，增长 12.2%；零售业销售额 1021.40 亿元，增长 4.2%；住宿业营业额 21.91 亿元，增长 5.2%；餐饮业营业额 172.14 亿元，增长 5.0%。外贸进出口总额 132.5 亿元，增长 40.1%。其中，出口 118.2 亿元，增长 42.9%；进口 14.3 亿元，增长 20.9%。新批外资企业 18 家，增长 63.64%。合同外资金额 9377 万美元，下降 61.30%；实际利用外资 3293 万美元，增长 72.95%。

全市交通运输、仓储和邮政

业实现增加值82.11亿元。公路总里程达34391万千米。行政村通畅率100%，通客车率100%。全年实现货运量16564万吨，货物周转量407.1327亿吨千米；客运量1828万人次，旅客周转量9.46亿人千米。邮电业务总量54.55亿元，邮政邮路总长度39957.7千米，农村投递路线总长度32502.8千米。接待国内游客4149.78万人次，旅游综合收入303.16亿元。创建旅游强县4个、旅游名镇6个、旅游名村19个，4A级景区达21家，3A级景区发展到62家，A级景区总数达到87家。星级宾馆（饭店）32家，其中三星级18家、四星级7家。

全市完成一般公共预算收入（剔除增值税留抵退税）157.41亿元，比上年增长8.7%。地方税收完成116.06亿元，增长9.1%，占一般公共预算收入比重为73.7%。财政支出880.29亿元，增长2.7%。其中一般公共预算支出559.67亿元，增长10.7%。年末银行业金融机构本外币各项存款余额4946.89亿元，增长13.1%；本外币各项贷款余额2954.36亿元，增长15.7%。商业保险机构实现保费收入118.39亿元，增长0.12%；各项赔付和给付支出39.08亿元，增长5.65%。全市“新三板”“四板”挂牌企业分别达到15家、597家，挂牌企业总数达到612家。

全市共有小学693所（建成义务教育标准化学校310所），在校学生45.13万人；普通中学310所，在校学生34.26万人；中等专业学校21所，在校学生5.53万人；大学4所，在校大学生5.37万人。幼儿园1089所，在园幼儿19.89万人。全年实现高新技术产业增加值327.9亿元，占GDP的比重为11.9%。新认定高新技术企业290家。有文化馆12个，群众艺术馆1个，公共图书馆12个，文博单位21个。有电影发行放映公司6家，电影院28家。广播电视覆盖率99.7%。有医疗卫生机构4180个，其中医院99所。卫生人员48272人，其中，卫生技术人员38482人，执业（助理）医师14971人，注册护士17198人。医疗卫生机构床位46880张。

全年城镇常住居民人均可支配收入36312元，比上年增长6.7%；农村常住居民人均可支配收入17855元，增长8.5%。城镇居民恩格尔系数37.4%，农村居民恩格尔系数37.5%。城镇居民人均住房面积40.53平方米，增加0.26平方米；农村居民人均住房面积48.55平方米，增加0.49平方米。城镇新增就业人数7.13万人。参加城镇职工基本养老保险113.60万人，参加工伤保险37.88万人，失业保险参保29.79万人，参加城乡居民医疗保险552.25万人。

全年化学需氧量减排4619.25吨，氨氮减排522.30吨，氮氧化物减排3008.05吨，挥发性有机物减排1219.32吨，均完成湖北省政府下达的年度目标任务。全市县级以上饮用水水源地水质达标率100%，市区细颗粒物浓度32.6微克/立方米，达到空气质量二级标准。完成人工造林8933万平方米，封山育林8200万平方米。建成省级以上自然保护区4个，全市森林覆盖率达43.6%。

（黄冈市史志研究中心）

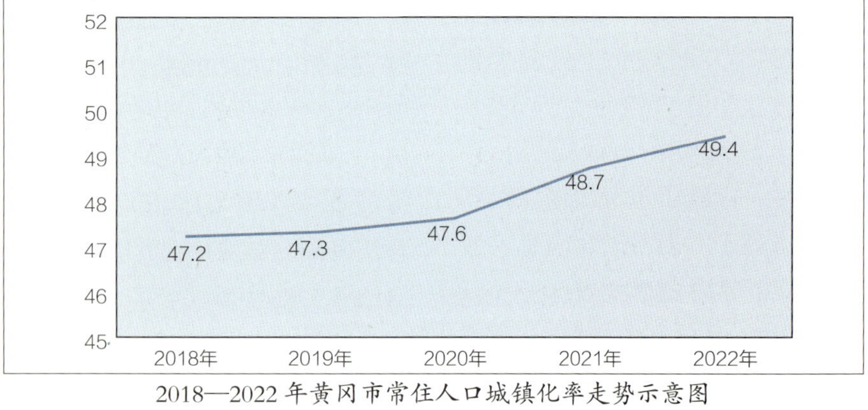

2018—2022年黄冈市常住人口城镇化率走势示意图

咸宁市发展概况

咸宁市位于湖北省东南部，长江中游南岸，湘鄂赣三省交界处，北靠武汉市江夏区、汉南区。咸宁市辖嘉鱼、崇阳、通山、通城4个县，1个市辖区（咸安区），代管1个县级市（赤壁市），设有咸宁国家高新技术产业开发区1个功能区，土地面积10033平方千米。2022年末全市常住人口261.67万人。其中，城镇人口151.90万人，常住人口城镇化率

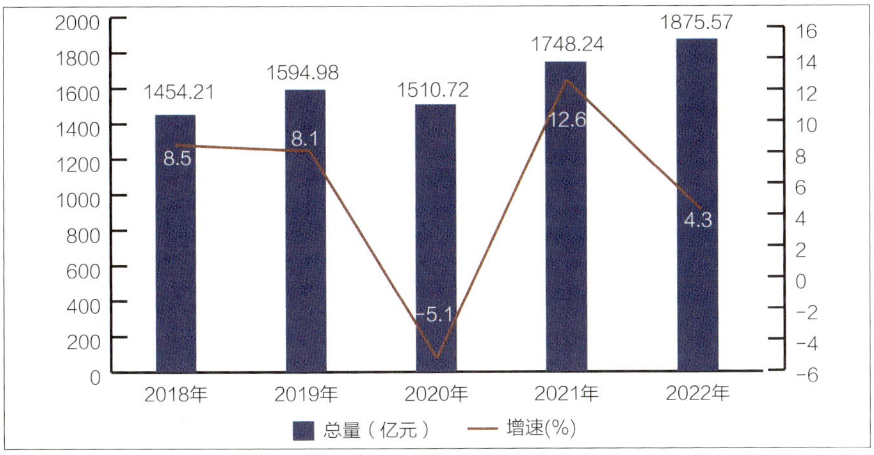

2018—2022 年咸宁市地区生产总值及增速示意图

58.05%；户籍人口 303.61 万人。

全市实现地区生产总值 1875.57 亿元，按不变价计算，比上年增长 4.3%。其中，第一产业 249.46 亿元，增长 4.3%；第二产业 739.23 亿元，增长 5.7%；第三产业 886.87 亿元，增长 3.1%。三次产业结构比为 13.3∶39.4∶47.3。人均地区生产总值 71732 元，比上年增长 5.5%。境内幕阜山绿色产业带（通城县、崇阳县、通山县）地区生产总值 534.48 亿元，增长 3.1%；境内长江经济带地区（咸安区、嘉鱼县、赤壁市）生产总值 1341.09 亿元，增长 4.7%。

全市居民消费价格比上年上涨 1.6%，涨幅提高 1.2 个百分点。其中，交通和通信价格上涨 5.5%，涨幅最高。居住价格、食品烟酒价格、生活用品及服务价格、其他用品和服务价格、教育文化和娱乐价格分别上涨 0.9%、1.2%、1.2%、1.7% 和 3.5%，衣着价格、医疗保健价格分别下降 0.7%、0.9%。新登记各类市场主体 7.95 万户，增长 13.1%。各类市场主体发展到 33.97 万户，增长 10.8%。城镇新增就业人员 4.26 万人，减少 0.64 万人；城镇登记失业率 2.87%，提高 0.32 个百分点。

全市实现农林牧渔业增加值 266.67 亿元，比上年增长 4.7%。全年农作物播种面积 450.38 千万平方米，增长 2.3%。粮食产量 118.70 万吨，下降 0.7%；油料产量 21.11 万吨，增长 9.2%；茶叶产量 8.96 万吨，增长 14.6%；油茶籽产量 8.60 万吨，增长 10.5%；竹材采伐量 1771.64 万根，增长 8.2%；蔬菜及食用菌产量 257.54 万吨，增长 2.4%。肉类总产量 23.66 万吨，增长 3.4%。其中，猪肉产量 18.50 万吨，增长 3.4%；牛肉产量 0.24 万吨，增长 4.4%；羊肉产量 0.34 万吨，增长 13.3%；禽肉产量 4.57 万吨，增长 2.5%。禽蛋产量 6.03 万吨，增长 6.0%。生猪出栏 239.05 万头，增长 4.6%；家禽出笼 3427.27 万只，增长 2.4%。水产品产量 24.25 万吨，增长 3.6%。

全市规模以上工业增加值比上年增长 6.3%。按经济类型分，国有企业增长 12.7%，集体企业增长 16.8%，股份制企业增长 4.3%，外商及港澳台投资企业增长 19.5%，其他企业增长 7.4%。按分行业分，采掘业增长 15.8%，制造业增长 4.5%，电力、燃气及水的生产和供应业增长 22.8%。规模以上工业企业新增 24 家，总数达 1023 家。规模以上工业企业产销率 97.0%，实现营业收入 2315.99 亿元，增长 5.8%；利润总额 116.41 亿元，下降 16.7%。高新技术产业增加值 318.20 亿元，占 GDP 比重为 17.0%，其中，规模以上高新技术产业增加值 317.20 亿元，增长 8.4%。全市资质以内建筑业企业增加 19 家，共发展到 262 家，完成建筑业总产值 259.59 亿元，增长 10.8%；建筑业增加值 103.70 亿元，增长 7.2%。房屋竣工面积 722.55 万平方米，增长 24.8%。

全市固定资产投资（不含农户）比上年增长 17.2%，一、二、三次产业投资分别增长 15.4%、19.6% 和 15.5%。其中，基础设施投资、房地产开发投资和制造业投资分别增长 13.7%、8.1% 和 6.0%。商品房施工面积 1584.53 万平方米，增长 1.4%；商品房销售面积 373.78 万平方米，下降 25.8%；商品房销售额 165.14 亿元，下降 26.6%。全市施工项目个数 1663 个，增长 13.4%。其中，新开工项目 1095 个，增长 51.5%。

全年社会消费品零售总额 812.34 亿元，比上年增长 3.9%。其中，城镇消费品零售额 544.51 亿元，增长 4.0%；乡村消费品零售额 267.83 亿元，增长 3.6%。按消费类型分，批发业 87.17 亿元，增长 3.4%；零售业 565.91 亿元，增长 3.8%；住宿业 50.28 亿元，增长 3.7%；餐饮业 109.00 亿元，增

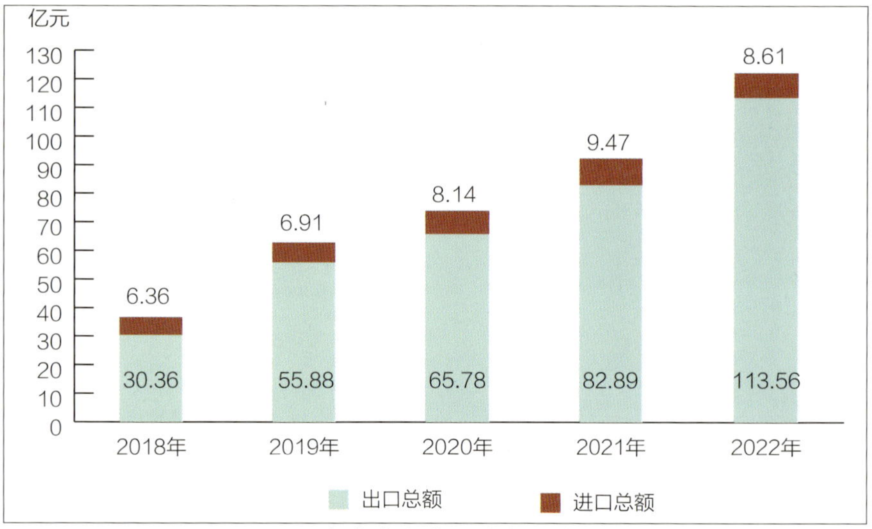

2018—2022年咸宁市货物进出口总额示意图

长4.8%。限额以上商品零售额173.61亿元，增长12.8%。其中，汽车类、粮油食品类、石油及制品类、中西药品类、家用电器和音像器材类、烟酒类分别增长1.6%、27.3%、24.5%、8.7%、5.0%和17.4%。限额以上单位网上商品零售额7.72亿元，增长26.4%。进出口总额122.17亿元，增长32.3%。其中，进口8.61亿元，下降9.1%；出口113.56亿元，增长37.0%。新设立外商直接投资企业20家，增加1家；全年实际利用外资7856万美元，增长51.5%。

全市公路通车里程16909.74千米，比上年下降2.2%。实现货运量0.96亿吨，货物周转量52.48亿吨千米；客运量715.72万人，客运周转量4.51亿人千米。民用汽车保有量32.67万辆，增长4.2%。其中，私人汽车保有量30.48万辆，增长4.8%。邮政行业完成业务总量（含快递服务企业）10.67亿元，增长8.5%；快递业务量4630.37万件，下降14.9%。电信业务总量21.93亿元，增长16.7%。固定电话用户26.70万户，增长3.4%；移动电话用户255.63万户，增长5.2%。互联网宽带接入用户111.54万户，增长10.6%；移动互联网用户接入流量1.79亿GB，增长21.5%。

全市完成地方财政总收入152.50亿元，比上年增长1.1%。其中，一般公共预算收入96.03亿元，增长12.1%。在一般公共预算收入中，税收收入69.12亿元，增长8.2%；税收收入占一般公共预算收入的比重72.0%，下降5.2个百分点。地方一般公共预算支出307.05亿元，增长10.3%。年末全市金融机构各项存款余额2129.38亿元，增加228.32亿元；各项贷款余额1663.09亿元，增加186.90亿元。实现保费收入53.13亿元，增长3.5%。其中，财产保险实现保费收入15.42亿元，增长9.2%；人寿保险实现保费收入37.71亿元，增长1.3%。各项赔款和给付金额19.33亿元，赔付率36.4%。其中，财产保险10.32亿元，赔付率66.9%；人寿保险9.01亿元，赔付率23.9%。保险深度达2.8%。

全年城镇常住居民人均可支配收入38366元，比上年增长6.6%；农村常住居民人均可支配收入20017元，增长8.0%。城乡居民收入比为1.92。全市参加城镇职工基本养老保险51.87万人，其中，在职职工32.66万人，离退休人员19.21万人；参加城乡居民基本养老保险135.19万人；职工基本医疗保险人数共32.83万人；城乡居民基本医疗保险人数230.79万人；工伤保险22.62万人；生育保险22.37万人；失业保险19.88万人。

全市有高等院校6所，在校学生5.37万人；中等职业教育（不含技校）13所，在校学生3.01万人；普通高中在校生6.26万人；普通初中在校生11.77万人；小学在校学生23.63万人；幼儿园在园幼儿9.79万人。申报登记省、部级以上科技成果120项，比上年增加10项。获得专利授权量4172项，其中，发明专利授权233项，增加114项。签订技术合同2208项，增加1008项；技术合同成交额115.00亿元，增长70.4%。有群艺馆、文化馆（站）78个，博物馆8个，公共图书馆7个，公共图书馆藏书156.48万册。有广播电视台6座，广播节目综合人口覆盖率100%，电视节目综合人口覆盖率为99.9%。有档案馆7个，馆藏档案卷宗1235个。规模以上文化及相关产业企业营业收入166.72亿元，增长7.2%。A级以上旅游景区45个，全年接待旅游人数6718.60万人次，增长3.5%。实现旅游总收入333.90亿元，增长4.6%。有卫生机构1414

个，其中医院58家。卫生机构人员数24734人，其中，执业（助理）医师7845人，注册护士9087人。卫生机构床位1.88万张，其中医院床位数1.34万张。有体育场地9152个，参加全国比赛获得冠军1项次、亚军2项次、季军4项次。

全年完成造林面积1.70万公顷（含人工造林、封山育林、退化林修复），自然保护区发展到19个（含省级林业自然保护区），其中国家级自然生态保护区1个。全市生态环境状况指数为76.06，生态环境质量等级为“优”。城区环境空气质量优良率86.0%，比上年上升1.4个百分点。全市22个国控、省控水质断面中，水质优良（达到或优于Ⅲ类）断面19个，优良率86.4%，无劣Ⅴ类水体；9个县级以上城市集中式饮用水水源地水质达标率100%。

（咸宁市史志研究中心）

仙桃市发展概况

仙桃市位于湖北省中部，江汉平原南部，汉江下游南岸，东邻武汉市蔡甸区，1994年被列为省直管市。仙桃市辖15个建制镇、4个街道、2个原种场，设有仙桃高新技术产业开发区、排湖旅游度假区2个功能区。土地面积2538平方千米。2022年末常住人口110.60万人，其中，城镇人口67.06万人，乡村人口43.54万人，城镇化率60.6%。户籍人口150.96万人。

全市实现地区生产总值1013.14亿元，按不变价格计算，比上年增长5.3%。其中，第一产业增加值122.6亿元，增长3.3%；第二产业增加值461.64亿元，增长8.3%；第三产业增加值428.9亿元，增长3.0%。三次产业结构比由上年的12.8∶42.7∶44.5调整为12.1∶45.6∶42.3。人均地区生产总值91641元，增长6.7%。

全年新发展各类市场主体2.47万户，比上年增长32.2%。各类工商登记市场主体发展到13.93万户，增长12.5%。新增“四上”企业121家，其中，规模以上工业企业18个，占全市14.9%；资质以上建筑业企业9个，占全市7.4%；规模以上服务业企业4个，占全市3.3%；限额以上批发和零售业企业42个，占全市34.7%；住宿和餐饮业企业44个，占全市36.4%；房地产业企业4个，占全市3.3%。

全年完成农林牧渔业总产值212.69亿元，比上年增长3.9%。粮食总产量70.33万吨，下降0.7%。其中，谷物产量68.29万吨，减产0.8%。棉花产量0.94万吨，下降0.1%；蔬菜及食用菌产量60.75万吨，增长3.6%；油菜籽产量12.93万吨，增长5.2%。猪肉产量4.12万吨，下降9.5%；禽蛋产量1.94万吨，增长6.0%；水产品产量30.03万吨，增长3.3%。

全市规模以上工业增加值比上年增长11.0%。按经济类型分，股份制企业增长8.7%，外商及港澳台投资企业增长21.4%。全市30个行业大类中，有21个行业实现增加值同比增长。前十大行业有7个实现增长，其中，橡胶和塑料制品业、电气机械和器材制造业、纺织业分别增长15.7%、11.7%、10.7%。规模以上工业完成总产值1140.14亿元，增长8.3%。其中，非织造布产业完成329.31亿元，增长5.4%；电子电气产业完成81.68亿元，增长14.9%；纺织服装产业128.38亿元，增长10.5%；机械及汽车零部件产业完成76.76亿元，增长3.7%。规模以上工业销售产值增长7.7%，产品销售率97.42%，出口交货值增长0.9%；实现利润74.82亿元，增长2.5%。工业用电量25.0亿千瓦时，增长11.4%，高于全省平均水平9.7个百分点。资质以内建筑企业新增9家，总数发展到60家，完成总产值153亿元，增长13.6%。全年签订合同额193.11亿元，增长22.6%。

全市完成固定资产投资比上年增长19.5%。一、二、三次产业投资分别增长25.2%、24.5%和

2022年仙桃市农林牧渔业总产值一览表

指标名称	总产值（亿元）	可比价增幅（±%）
农林牧渔业	212.69	3.9
农业	67.27	1.9
林业	2.24	3.9
牧业	41.94	1.5
渔业	87.38	5.0
专业及辅助性活动	13.86	13.3

15.0%。按领域分，工业投资、民间投资分别增长24%、32.6%。按行业分，高技术制造业投资增长5.9%，高技术服务业投资增长763.4%。集中签约项目371个，签约金额1099.12亿元。其中，亿元以上招商引资项目94个，增长28.8%。全市施工项目594个，增长14.2%。年内新开工项目396个，增长31.6%；年内投产项目372个，增长5.9%。房地产开发投资下降8.8%，占全部投资的比重为9.7%。商品房销售面积下降14.6%，商品房销售额下降19.4%。

全年社会消费品零售总额498.32亿元，比上年增长3.4%。其中，城镇实现零售额304.64亿元，增长3.4%；乡村实现零售额193.67亿元，增长3.3%。按行业分，批发业实现销售额64.35亿元，增长11.5%；零售业实现销售额232.99亿元，增长12.1%；住宿业实现营业额1.58亿元，增长14.5%；餐饮业实现营业额6.98亿元，增长13.1%。进出口额95.7亿元，增长7.9%。其中，出口额86.8亿元，增长17.8%；进口额8.9亿元，下降40.7%。实际利用外资1367万美元。

全市公路通车里程4700千米，其中，等级公路4164千米，高速公路里程153千米。全年完成货运量1240万吨，比上年下降8.6%；客运量186.79万人，下降23.9%。民用汽车拥有量14.17万辆，增长7.3%。完成邮电业务收入12.17亿元，增长14.4%。邮政快递业务量1356.06万件，增长33.0%；快递业务收入3823.03万元，增长20.6%。固定电话用户9.33万户，下降3.9%；移动电话用户109.73万户，增长3.4%。固定互联网宽带接入用户57.08万户，增长7.1%。全年共接待游客545.62万人次，下降2.1%；旅游总收入32.24亿元，增长0.3%。

全年财政总收入完成59.48亿元，比上年下降8.0%。地方一般公共财政预算收入完成34.51亿元，下降7.0%。税收收入28.72亿元，下降16.2%，占地方一般公共预算收入的比重为83.2%。财政总支出101.42亿元，下降0.8%。年末金融机构各项存款余额1145.97亿元，增长13.7%；各项贷款余额582.35亿元，增长18.6%。

全市有各类学校113所。其中，普通中学41所，小学68所。在校学生16.23万人，专任教师10308人。幼儿园166所，在园幼儿3.28万人。高新技术产业增加值完成131.8亿元，比上年增长13.9%，高新技术产业增加值占GDP比重为13.0%。新增专利授权量1093件，其中，授权发明专利68件，增长13.3%。每万人发明专利拥有量为3.69件，增长20.7%。其中，每万人高价值发明专利拥有量1.30件，增长37.2%。经认定的省级研发机构24家，市级创新平台128家。年均转化科技成果20项以上，年内列入全国首批52家创新型县（市）建设名单。有公共图书馆1个，文化站22个，民间剧团20个，电影院9个。广播、电视覆盖率100%。有医院27所，基层医疗卫生机构844个，专业公共卫生机构5个。卫生机构人员8484人，其中，执业（助理）医师2438人，注册护师、护士2816人。医疗卫生机构床位8172张，其中医院床位6195张。

全年城镇常住居民人均可支配收入41080元，比上年增长6.2%；农村常住居民人均可支配收入24620元，增长8.9%。城镇居民人均消费支出24867元，增长3.4%；农村居民人均消费支出15321元，增长7.1%。

全市参加养老保险95.62万人，其中，参加城镇职工基本养老保险19.69万人、城镇离退休人员养老保险7.98万人、城乡居民养老保险人数63.98万人、机关事业

2022年仙桃市居民人均消费支出及增速一览表

指标名称	城镇居民人均消费支出（元）	增速（±%）	农村居民人均消费支出（元）	增速（±%）
消费支出	24867	3.4	15321	7.1
食品烟酒	7671	3.4	4753	7.0
衣着	1437	-1.5	792	7.2
居住	4852	5.2	3112	6.6
生活用品及服务	1117	1.2	837	7.5
交通和通信	3702	5.0	1139	8.9
教育文化娱乐	3044	3.3	1788	9.2
医疗保健	2505	1.6	2484	5.3
其他用品和服务	539	4.4	415	8.1

单位人数3.97万人；职工基本医疗保险12.84万人、城乡居民基本医疗保险117.28万人；生育保险9.42万人。城镇新增就业人员12016人，城镇登记失业率3.92%。社会福利收养性单位28个，收养性单位床位3220张。

全年造林绿化面积2133.33万平方米。建成区绿化覆盖面积2761.6万平方米，比上年增长10.4%，建成区绿化覆盖率41.2%。地表水达到或好于Ⅲ类水体比例为100%，地表水质量改善指数为1.25。城区空气质量优良率77.5%，细颗粒物平均浓度为40.5微克/立方米。

（仙桃市史志研究中心）

天门市发展概况

天门市位于湖北省中部、江汉平原北部，汉江下游北岸，因境内天门山而得名。1994年被列为省直管市。天门市辖3个街道、21镇、1个乡和蒋湖农场、天门经济开发区，土地面积2612平方千米。2022年末户籍总人口156.44万人，常住人口110.74万人。

2022年，实现地区生产总值730.05亿元。其中，第一产业增加值102.30亿元，第二产业增加值301.18亿元，第三产业增加值326.57亿元。第一产业、第三产业拉动GDP正增长；第二产业受工业下行影响，导致GDP负增长。三次产业比为14.0∶41.3∶44.7。在第三产业中，交通运输仓储和邮政业、批发和零售业、住宿和餐饮业、房地产业、金融业、营利性服务业、非营利性服务业增加值分别比上年增长3.0%、1.3%、0.8%、-0.3%、11.7%、6.3%和1.2%。人均地区生产总值65972元，增长0.4%。

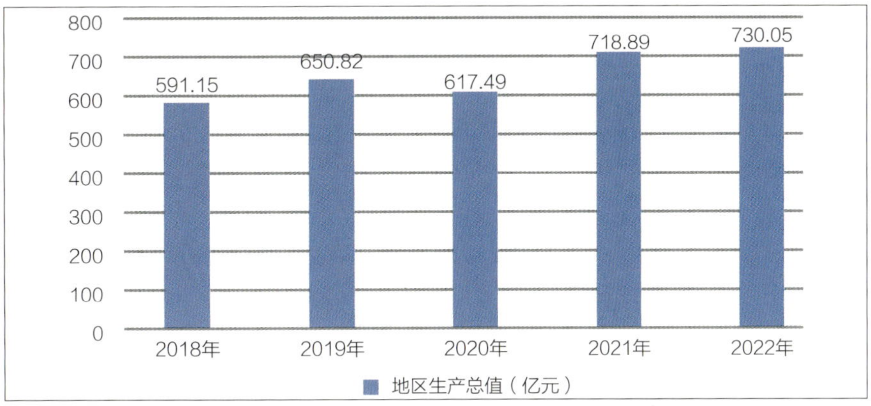

2018—2022年天门市地区生产总值一览表

全年居民消费价格水平上涨1.7%。八大类消费项目中，食品烟酒类价格上涨1.1%，衣着类价格上涨0.9%，居住类价格上涨0.9%，生活用品及服务类价格上涨2.0%，交通和通信类价格上涨4.0%，教育文化和娱乐类价格上涨2.3%，医疗保健类价格上涨0.8%，其他用品和服务类价格上涨1.5%。

全市新登记市场主体22325户，比上年增长36.8%。其中，新登记私营企业5090户，新登记个体工商户16885户。全年新增城镇就业人员1.19万人，年末城镇登记失业率4.1%。

全年完成农林牧渔业增加值111.03亿元，按可比价格计算，比上年增长2.4%。粮食总产量80.33万吨，减少0.46万吨；棉花总产量0.61万吨，与上年持平；油料总产量13.48万吨，增加0.23万吨。生猪出栏63.65万头，下降8.2%；家禽出笼840.17万只，增长2.83%；禽蛋产量3.02万吨，下降14.7%；水产品产量11.64万吨，增长2.1%。全年园林水果产量2.24万吨，增长7.2%。年末农业机械总动力181万千瓦。农业产业化龙头企业132家，其中国家级3家、省级22家。

全市规模以上工业企业367家，规模以上工业增加值比上年下降41.3%。按经济类型分，国有控股企业增长49.5%，股份制企业下降45.6%，私营企业下降49.4%。规模以上工业销售产值下降42.8%，产品销售率为97.1%，出口交货值下降53.3%。规模以上工业企业实现利润29.52亿元，下降40.5%。资质以上建筑业企业71家，与上年持平。建筑业总产值150.03亿元，下降9.6%。房屋施工面积249.04万平方米，下降27.1%；竣工面积0.78万平方米，下降99.2%。

全年完成固定资产投资（不含农户）比上年下降12.7%。一、二、三产业投资分别增长43.4%、-22.6%、6.3%。其中，工业投资下降22.6%，房地产开发投资下降

21.8%。全年各类商品房销售面积达到55.78万平米，下降33.0%。

全年社会消费品零售总额374.24亿元，比上年增长1.7%。批发、零售、住宿和餐饮四大消费业态销售额（营业额）分别增长8.7%、3.6%、4.7%和3.9%。货物进出口额15.7亿元，增长25.8%。其中，出口额15.6亿元，增长25.8%。

全市通车公路总里程5307.34千米，其中等级公路5301.07千米。民用汽车拥有量129072辆，比上年增加8825辆；私人汽车拥有量122093辆，增加8199辆。完成客运周转量13376.70万人千米，减少33.7%；公路货运周转量300156.2万吨千米，减少4.2%；水路货运周转量20888.62万吨千米，减少38.1%。全年社会用电量22.97亿千瓦时，比上年增长17.5%。其中，居民生活用电9.04亿千瓦时，增长23.8%；工业用电量8.34亿千瓦时，增长11.7%。

全年共完成财政总收入32.17亿元，比上年增长0.1%。其中，地方一般公共预算收入21.82亿元，增长2.1%。在地方一般公共预算收入中，地方税收收入16.06亿元，下降2.5%。地方一般公共预算支出73.40亿元，下降15.4%。年末全市金融机构存款余额950.24亿元，增加127.34亿元。各项贷款余额434.82亿元，增加72.07亿元。

全市有各类中小学校182所，在校中小学生143277人，专任教师9928人。幼儿园217所，在园幼儿30741人。全年获得各类专利授权1382件，发明专利累计拥有量115件。全市高新技术产业单位增至151家，实现增加值93.90亿元，增加值比上年下降20.4%。共有卫生机构1031个，其中医院17家。有床位8438张，其中医院床位4929张。有卫生技术人员6586人，其中执业（助理）医师2703人。全年接待旅游者人数380.52万人，国内旅游收入24.03亿元。星级酒店个数1个，客房总数104间。

全年城镇常住居民人均可支配收入36404元，比上年增长5.8%；农村常住居民人均可支配收入22099元，增长7.4%。城镇居民人均消费支出21611元，增长1.6%；农村居民人均消费支出13908元，增长5.7%。参加城乡居民基本医疗保险124.14万人、城乡居民社会养老保险84.58万人。全年结婚登记4743件，减少677件；离婚登记1652件，增加83件。各类社会福利收养单位38个，床位5403张。社区服务机构621个。

中心城区面积61.22平方千米，绿化率40.5%，污水处理率97.0%。细颗粒物达标天数占全年总天数的92.0%，空气质量优良率78.5%。水功能区断面地表水质达标率100%，农村自来水（安全饮水）普及率100%。森林覆盖率2.76%。建立自然保护区3个，占地面积2200万平方米。全年能耗总量比上年下降3.36万吨标准煤，单位GDP能耗比上升0.23%。

（天门市文化和旅游局）

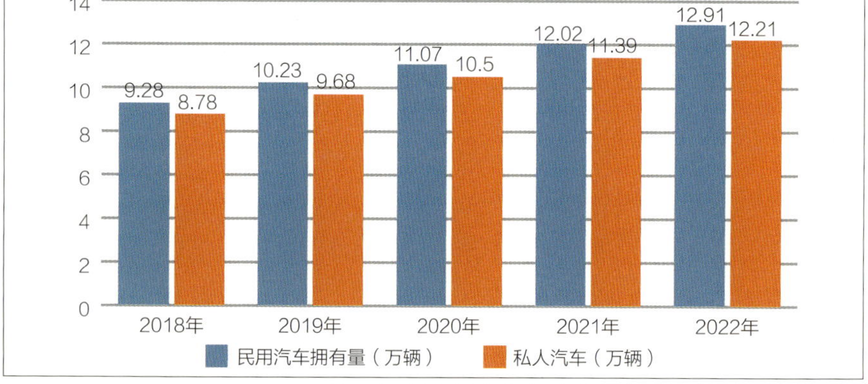

2018—2022年天门市民用汽车拥有量一览表

潜江市发展概况

潜江市位于湖北省中南部、江汉平原腹地，是江汉油田所在地，1994年被列为省直管市。潜江市辖10个乡镇、7个街道、6个国有农场，设有潜江高新技术产业开发区，土地面积2004平方千米。2022年末全市常住人口85.57万人，城镇化率56.8%。

全市实现地区生产总值886.65亿元，按可比价格计算，比上年增长2.6%。其中，第一产业增加值100.08亿元，增长2.8%；第二产业增加值379.93亿元，增长2.6%；第三产业增加值406.64亿元，增长2.6%。三次产业结构比由上年的11.6∶42.5∶45.9调

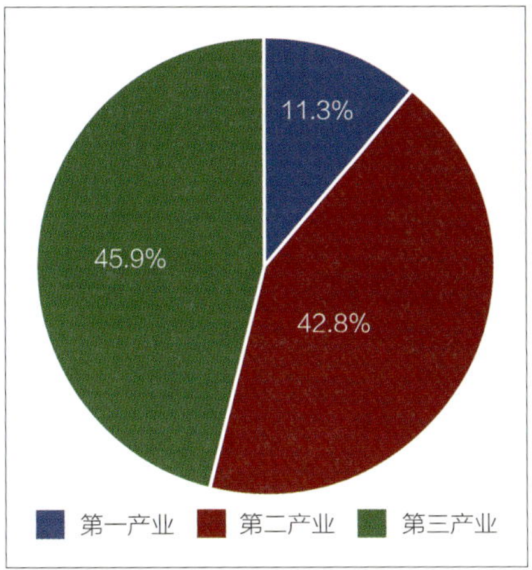

2022 年潜江市三次产业结构示意图

整为 11.3∶42.8∶45.9。在第三产业中，交通运输仓储和邮政业、批发和零售业、住宿和餐饮业、金融业、房地产业、其他服务业增加值分别增长 -1.4%、3.4%、1.5%、11.8%、3.8% 和 6.2%。人均地区生产总值 104842 元。

全年新登记各类市场主体 24299 户，比上年增长 56.31%。市场主体发展到 101502 户，增长 20.9%。城镇新增就业 0.91 万人，城镇登记失业率为 2.5%。

全年实现农林牧渔业增加值 106.94 亿元，比上年增长 3.4%。粮食总产量 59.29 万吨，减少 0.6%；油料产量 4.87 万吨，增长 6.9%；园林水果产量 5.95 万吨，增长 2.8%；蔬菜及食用菌产量 93.29 万吨，增长 0.2%。生猪出栏 59 万头，增长 1.8%；牛出栏 1.46 万头，增长 1.7%；羊出栏 1.23 万只，减少 5.8%；家禽出笼 1023.2 万只，增长 0.8%；禽蛋产量 2.59 万吨，减少 2.1%。水产品产量 16.16 万吨，增长 3.6%。

全市规模以上工业企业发展到 280 家。规模以上工业增加值比上年下降 3.3%。按经济类型分，国有控股企业与上年持平，股份制企业下降 2.0%，外商及港澳台投资企业下降 25.1%，民营企业下降 2.7%。高技术制造业增加值增长 7.5%，增速快于规模以上工业 10.8 个百分点，占规模以上工业增加值比重的 6.3%。其中，计算机、通信和其他电子设备制造业增长 502.4%。规模以上工业销售产值增长 6.1%，产品销售率 98.4%，出口交货值下降 12.1%。具有总承包和专业承包资质建筑企业完成产值 169.53 亿元，增长 10.5%。

全年完成固定资产投资（不含农户）比上年增长 4.6%。其中，一、二、三次产业投资分别增长 4.1%、1.1%、8.9%。按领域分，基础设施投资、工业投资和房地产开发投资分别增长 11.7%、2.7% 和 7.2%，高技术制造业投资下降 26.8%。商品房销售面积 53.82 万平方米，下降 4.5%；商品房销售额 30.24 亿元，下降 8.4%。亿元以上新开工项目 88 个（不含房地产项目），增长 10.0%，完成投资额增长 24.3%。

全年社会消费品零售总额 315.46 亿元，比上年增长 3.0%。其中，城镇限额以上单位零售额增长 17.7%，乡村限额以上单位零售额增长 34.4%。按消费类型分，限额以上单位商品零售额增长 19.1%，餐饮收入增长 11.6%。限额以上单位网上商品零售额增长 73.7%，比上年提高 0.9 个百分点。

全市货物进出口总额 138 亿元，比上年增长 56.8%。其中，进口 119.6 亿元，增长 67.8%；出口 18.4 亿元，增长 10.2%。对非洲、俄罗斯、巴西进出口额分别为 46.8 亿元、36.5 亿元和 15.7 亿元，共实现进出口额 99 亿元，增长 40.6%。对 RCEP 成员国进出口额 6.1 亿元，增长 23.7%，占比为 4.4%；对“一带一路”沿线国家进出口额 58 亿元，增长 1775.4%，占比 42%。全年新设立外商投资项目 2 个。实际利用外资（FDI）1106 万美元，增长 124.3%。

全市公路总里程 3945 千米，比上年末增长 3.9%。完成货物周转量 298215.2 万吨千米，下降 5.8%；旅客运输周转量 1083.55 万人千米，下降 68.4%；港口货物吞

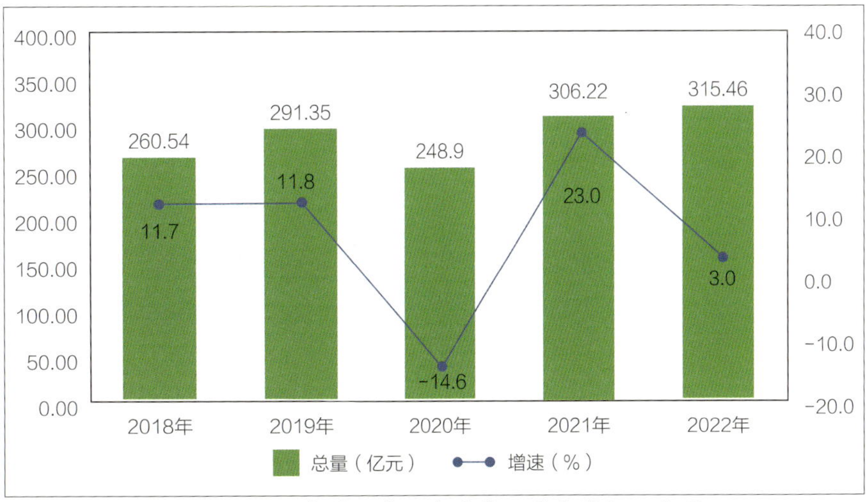

2018—2022 年潜江市社会消费品零售总额示意图

吐量111.78万吨，增长63.6%。社会物流总额2021亿元，增长6.5%；物流总费用125亿元，增长4%；物流业总收入93.08亿元，增长6%。邮政行业业务总量4.64亿元，增长12.4%。其中，快递业务量2339.11万件，增长24.6%。电信业务总量7.06亿元，增长26.1%。长途光缆线路总长度878千米，固定电话用户3.9万户，移动电话用户91.7万户，移动电话普及率为109.8部/百人。固定互联网宽带接入用户32.8万户，增长10.1%；移动互联网用户接入流量1.09亿GB，增长17.6%。

全年完成财政总收入47.44亿元，比上年增长15.3%。其中，地方一般公共预算收入27.32亿元，剔除增值税留抵退税因素，增长10.1%；税收收入20.41亿元，增长10.4%。地方一般公共预算支出80.57亿元，增长20.5%。年末金融机构本外币各项存款余额960.62亿元，比年初增加107.35亿元。金融机构本外币各项贷款余额508.69亿元，增加97.95亿元。各类保费收入25.62亿元，增长11.3%。其中，财产险保费收入6.95亿元，增长15.2%；人身险保费收入18.67亿元，增长9.9%。支付各类赔款及给付8.53亿元，增长0.8%。其中，财产险赔付支出4.34亿元，增长20.0%；人身险赔付支出4.19亿元，下降13.5%。

全市普通初中在校学生27271人、小学在校学生50756人，幼儿园在园幼儿22586人。全年登记重大科技成果7项，签订技术合同689项，技术合同成交总金额30.05亿元。共建有1家省级工程研究中心、8家省级企业技术中心。有国有艺术表演团体1个、群艺馆1个、公共图书馆1个、博物馆4个。有医疗卫生机构678家，其中医院12家。卫生技术人员6652人。其中，执业（助理）医师2686人，注册护士2891人。医疗卫生机构床位5712张，其中医院床位3888张。

全年城镇常住居民人均可支配收入39167元，比上年增长5.9%；农村常住居民人均可支配收入22922元，增长8.4%。城镇人均消费支出23548元，增长2.5%；农村人均消费支出17861元，增长8.1%。参加企业职工基本养老保险20.05万人。其中，参加城乡居民养老保险31.69万人、职工基本医疗保险9.45万人、城乡居民基本医疗保险71.67万人、生育保险5.68万人、参加失业保险人数4.7万人。

全年完成造林面积1114.07万平方米。森林抚育面积5453.47万平方米。纳入国家考核的6个地表水断面考核达标率100%，纳入省考核的9个地表水断面考核达标率100%。城区环境空气质量优良天数比例82.7%。细颗粒物年均浓度37微克/立方米，比上年上升15.6%。

（潜江市档案馆）

编辑：刘家连

校对：卢永会

附　录

重要文献选编

武汉都市圈发展协调机制

第一章　总则

第一条　武汉都市圈由武汉市、黄石市、鄂州市、孝感市、黄冈市、咸宁市、仙桃市、天门市、潜江市九个城市（以下简称“九市”）组成。为贯彻落实省第十二次党代会精神，加快推进以武鄂黄黄为核心的武汉都市圈建设，理顺各市各部门职责分工、机构设置、运行模式、相互关系，凝聚工作合力，提升工作效能，制定本机制。

第二条　武汉都市圈发展协调机制采用两级运行机制，由决策层和协调执行层组成。决策层即武汉都市圈发展协调机制会议（以下简称“协调机制会议”），协调执行层包括武汉都市圈发展协调机制办公室（以下简称“武圈办”）和武汉都市圈发展协调机制专题工作组（以下简称“专题工作组”）。

第三条　基本原则：统分结合，各司其职；轮值协商，平等合作。

第二章　协调机制会议

第四条　协调机制会议由湖北省省长担任召集人，成员包括省直有关部门、九市党委和政府主要负责人等。会议原则上由召集人组织召开，也可由召集人委托武汉市委、市政府主要领导组织召开。会议原则上每半年召开一次，可根据工作需要适时召开。

第五条　协调机制会议主要职责：

（一）贯彻落实省推进三大都市圈发展工作领导小组部署的工作任务。

（二）负责审议和决策武汉都市圈中长期发展规划、三年行动方案和年度工作清单等。

（三）负责审议和决策武汉都市圈发展的重大事项、重大工程、重大项目。

（四）负责审议和决策武圈办、专题工作组提请的其他事项。

第六条　协调机制会议由九市轮值承办。轮值市负责会议方案策划、会议组织保障和会议成果发布。武圈办、专题工作组、协调机制成员单位研究提出提请协调机制会议审议的事项。

第三章　武圈办

第七条　九市联合组建武圈办。武圈办主任由武汉市常务副市长兼任，副主任由黄石市、鄂州市、孝感市、黄冈市、咸宁市、仙桃市、天门市、潜江市（以下简称“八市”）常务副市长兼任，执行副主任由武汉市发展改革委主任兼任，成员由其他八市发展改革委主任组成。下设秘书处，由武汉市发展改革委分管副主任担任专职负责人，工作人员由九市统一选派，在武汉市集中办公。

第八条　武圈办主要职责：

（一）对口衔接省推进三大都市圈发展工作领导小组办公室。

（二）落实协调机制会议重大决策部署，协调推进武汉都市圈发展重大事项。

（三）组织编制中长期发展规划、三年行动方案和年度工作清单。

（四）指导协调轮值市举办协调机制会议，提出会议方案（议题）报召集人审定实施。

（五）统筹协调专题工作组推进本领域有关工作。

（六）承担武汉都市圈发展工作日常联络协调和协调机制会议交办的其他事项。

第九条　武圈办会议原则上由武圈办主任组织召开，九市轮值承办。会议原则上每季度召开一次，也可根据工作需要适时召开。

第四章　专题工作组

第十条　专题工作组主要包括科技创新、交通发展、工业经济、政务服务和生态环境等五个领域，可根据实际情况和工作需要动态调整。

第十一条 各专题工作组组长由武汉市分管副市长兼任，副组长由其他八市分管副市长兼任，执行副组长由武汉市有关市直部门主要负责人兼任，成员由其他八市有关市直部门单位主要负责人组成，设联络员一名。

第十二条 专题工作组主要职责：

（一）落实协调机制会议重大决策部署，协调推进武汉都市圈发展重大事项。

（二）科学编制本领域专项规划，制定本领域三年行动方案、年度工作清单，报武圈办备案。

（三）定期召开专题工作组会议，研究协调本领域相关事项，推进工作落实，加强监督检查，开展总结评估。

（四）加强与省直部门沟通汇报，争取支持。

（五）研究提出提请协调机制会议审议事项，配合武圈办筹办协调机制会议。

（六）向武圈办报送有关工作简报、工作总结、评估报告等材料。

第十三条 专题工作组会议原则上由专题工作组组长组织召开，九市轮值承办。会议原则上每季度召开一次，也可根据工作需要适时召开。

第十四条 专题工作组协调解决年度工作清单执行过程中遇到的具体问题，相关重点难点问题及时报请协调机制会议审议。

第五章 其他事项

第十五条 本机制将根据武汉都市圈发展的新形势、新变化和新要求，按规定程序动态优化完善。

第十六条 本机制自印发之日起实施，由武圈办负责解释。

武汉都市圈发展协调机制办公室工作规则

为推进以武鄂黄黄为核心的武汉都市圈发展，贯彻落实协调机制会议重大决策部署，制定武汉都市圈发展协调机制办公室（以下简称“武圈办”）工作规则。

第一章 总则

第一条 武圈办是武汉都市圈发展协调机制会议（以下简称“协调机制会议”）的综合协调机构，由武汉市、黄石市、鄂州市、孝感市、黄冈市、咸宁市、仙桃市、天门市、潜江市九个城市（以下简称“九市”）联合组建。

第二条 基本原则：实体运行、集中办公，民主协商、平等合作，开放团结、互助互补。

第三条 主要职责：对口衔接省推进三大都市圈发展工作领导小组办公室（以下简称“省三圈办”）；落实协调机制会议重大决策部署，协调推进武汉都市圈发展重大事项；组织编制中长期发展规划、三年行动方案和年度工作清单；指导协调轮值市举办协调机制会议，提出会议方案（议题）报召集人审定实施；统筹协调专题工作组推进本领域有关工作；承担武汉都市圈发展工作日常联络协调和协调机制会议交办的其他事项等。

第二章 组织机构

第四条 武圈办主任由武汉市人民政府常务副市长兼任，副主任由黄石市、鄂州市、孝感市、黄冈市、咸宁市、仙桃市、天门市、潜江市（以下简称“八市”）人民政府常务副市长兼任，执行副主任由武汉市发展改革委主任兼任，成员由其他八市发展改革委主任组成。可根据实际情况，增设观察员城市成员。

第五条 武圈办下设秘书处，由综合协调专班、规划指导专班、项目建设专班组成，武汉市发展改革委分管副主任分别担任负责人，可根据实际情况和工作需要动态调整。

第六条 综合协调专班工作人员由九市共同选派，选派时间原则上至少为一年，选派期间不再承担派出单位工作任务，选派人员相关服务和保障工作由武汉市负责。规划指导专班、项目建设专班实行联络员制度，原则上不集中办公。

第三章 内设机构分工

第七条 综合协调专班由武汉市发展改革委分管区域工作的副主任负责，武汉市发展改革委区域经济处主要负责人牵头，成员包括九市选派人员和武汉市发展改革委农村经济处相关同志。

主要职责：对口衔接省三圈办综合协调组，落实其交办的工作任务；制订三年行动方案、年度工作清单，起草相关工作简报、工作总结等；指导协调轮值市举办武汉都市圈发展协调机制会议、武圈办会议；协调落实武汉都市圈发展协调机制、武圈办交办的工作任务；

统筹协调和督导检查专题工作组推进各专项领域有关工作;领导交办的其他工作。

第八条 规划指导专班由武汉市发展改革委分管规划工作的副主任负责,武汉市发展改革委发展战略和规划处主要负责人牵头,成员包括武汉市水务局、市自然资源和规划局、市交通运输局、市经信局、市科技局、市生态环境局、市商务局有关处室和市发展改革委发展战略和规划处、农村经济处、基础设施发展处、长江经济带发展处、工业发展处、服务业发展处、高技术发展处、数字经济(创新发展)处、社会发展处、资源节约与综合利用处、财贸外经与信用建设处相关同志。

主要职责:对口衔接省三圈办规划指导组,落实其交办的工作任务;领导交办的其他工作。

第九条 项目建设专班由武汉市发展改革委分管基础设施工作的副主任负责,武汉市发展改革委基础设施发展处主要负责人牵头,成员包括武汉市财政局、市自然资源和规划局、市生态环境局、市城建局、市交通运输局、市水务局、武汉地铁集团有关处室和市发展改革委固定资产投资处、基础设施发展处、资源节约与综合利用处、财贸外经与信用建设处相关同志。

主要职责:对口衔接省三圈办项目建设组,落实其交办的工作任务;领导交办的其他工作。

第四章 会议制度

第十条 武圈办会议原则上由武圈办主任组织召开,九市轮值承办,会议原则上每季度召开一次或根据工作需要适时召开,武圈办全体成员、武圈办秘书处全体成员参加,可根据会议议题内容邀请省直有关部门、专题工作组有关部门、观察员城市有关负责人参会。会议名称:武汉都市圈发展协调机制办公室第××次会议。

第十一条 武圈办秘书处会议由武圈办秘书处负责人召集,原则上每月召开一次或根据工作需要适时召开,武圈办秘书处全体成员参加,可根据会议议题内容邀请专题工作组、观察员城市有关负责人参加。会议名称:武汉都市圈发展协调机制办公室秘书处第××次会议。

第五章 督促检查制度

第十二条 武圈办秘书处根据工作需要组织开展武汉都市圈发展情况的督促检查。

第十三条 督促检查内容包括:

(一)国家、省有关武汉都市圈发展重大决策部署落实情况。

(二)协调机制会议、武圈办有关会议议定事项落实情况。

(三)其他武汉都市圈发展重要工作落实情况。

第十四条 督促检查方式包括:听取有关部门单位汇报,开展现场调研检查,组织座谈、统计、评估等。

第十五条 督促检查情况定期通报。

第十六条 督促检查通报作为各成员单位年终工作考评的重要依据,并报省三圈办。

第六章 观察员城市

第十七条 观察员城市加入条件及程序。

(一)在湖北省行政区划内地级市。

(二)拟加入城市书面向武圈办秘书处提交加入申请,经武圈办秘书处初审,报经九市同意后提交协调机制会议决定。

(三)洪湖、广水、京山三个原武汉城市圈观察员城市视同武汉都市圈观察员城市。

第十八条 观察员城市退出条件及程序。

(一)观察员城市无正当理由,一年内连续两次未安排参加有关会议,或不履行其他相应义务,视其为自行放弃观察员资格。

(二)观察员城市自愿退出的,可书面向武圈办秘书处提交申请,由武圈办全体会议讨论后宣布退出。

(三)观察员城市退出后,不再享有相应权利和义务。

第十九条 观察员城市权利和义务:

(一)应邀参加协调机制会议、武汉都市圈发展协调机制办公室有关会议。

(二)贯彻落实协调机制会议、武圈办有关会议等决定事项。

(三)遵守武汉都市圈发展相关工作规则。

(四)对武汉都市圈发展提出建议和倡议。

第七章 附则

第二十条 本工作规则未尽事宜,由武汉都市圈九市协商解决。

第二十一条 本工作规则自印发之日起实施,由武圈办秘书处负责解释。

统计资料

2018—2022 年武汉都市圈主要指标一览表

指标名称	计量单位	2018 年	2019 年	2020 年	2021 年	2022 年
土地面积	平方千米	58051.90	58051.90	58051.90	58051.90	58051.90
常住人口	万人	3222.52	3231.46	3186.63	3280.17	3291.60
生产总值	亿元	24885.50	27681.50	26361.01	30101.41	32202.77
第一产业增加值	亿元	1644.55	1750.45	1886.28	2131.24	2257.79
第二产业增加值	亿元	10883.32	11115.83	10029.19	11140.82	12242.13
第三产业增加值	亿元	11887.32	14755.55	14445.51	16829.36	17702.84
地方一般预算收入	亿元	2171.5	1969.28	1709.59	2229.49	3375.12
社会消费品零售总额	亿元	11865.72	13206.99	10891.22	12654.36	12973.13
海关进出口总额	亿美元	2666.86	2798.90	3023.28	4247.4	4664.77
#出口	亿美元	1561.68	1812.70	1849.84	2511.6	2879.86

2018—2022 年武汉都市圈各地地区生产总值及增速一览表

地区 \ 时间	2018 年		2019 年		2020 年		2021 年		2022 年	
指标	地区生产总值（亿元）	比上年增长（±%）	地区生产总值（亿元）	比上年增长（±%）	地区生产总值（亿元）	比上年增长（±%）	地区生产总值（亿元）	比上年增长（±%）	地区生产总值（亿元）	比上年增长（±%）
武汉市	14847.29	8.0%	16223.21	7.4%	15616.06	-4.7%	17716.96	12.2%	18866.43	4.0
黄石市	1587.33	7.8%	1767.19	8.2%	1641.32	-5.9%	1865.68	14.0%	2041.51	5.6
鄂州市	1005.3	8.2%	1140.07	7.8%	1005.23	-9.8%	1162.30	17.0%	1264.55	5.1
孝感市	1912.9	8.1%	2301.4	8.0%	2193.55	-4.5%	2562.01	16.7%	2776.97	5.2
黄冈市	2035.2	7.2%	2322.73	6.8%	2169.55	-6.6%	2541.31	13.8%	2747.90	4.9
咸宁市	1362.42	8.5%	1594.98	8.1%	1524.67	-4.9%	1751.82	15.0%	1875.57	4.3
仙桃市	800.13	7.6%	868.47	7.7%	827.91	-4.3%	929.90	12.3%	1013.14	5.3
天门市	591.15	8.2%	650.82	7.7%	617.49	-5.6%	718.89	7.3%	730.05	1.6
潜江市	755.78	8.3%	812.63	7.9%	765.23	-4.6%	852.74	12.3%	886.65	2.6
总计	24897.5	—	27681.5	—	26361.01	—	30101.61	—	32202.77	—

注：增速值为按可比口径计算。

2022年武汉都市圈各地主要经济指标一览表

类别 / 指标 \ 地区	武汉市 本年（亿元）	武汉市 比上年增长（±%）	黄石市 本年（亿元）	黄石市 比上年增长（±%）	鄂州市 本年（亿元）	鄂州市 比上年增长（±%）	孝感市 本年（亿元）	孝感市 比上年增长（±%）	黄冈市 本年（亿元）	黄冈市 比上年增长（±%）	咸宁市 本年（亿元）	咸宁市 比上年增长（±%）	仙桃市 本年（亿元）	仙桃市 比上年增长（±%）	天门市 本年（亿元）	天门市 比上年增长（±%）	潜江市 本年（亿元）	潜江市 比上年增长（±%）
生产总值	18866.43	4.0	2041.51	5.6	1264.55	5.1	2776.97	5.2	2747.90	4.9	1875.57	4.3	1013.14	5.3	730.05	1.6	886.65	2.6
第一产业	475.79	3.2	140.82	4.1	123.14	3.9	398.00	3.5	545.60	4.2	249.46	4.3	122.60	3.3	102.30	—	100.08	2.8
第二产业	6716.65	7.3	970.43	8.5	575.18	8.5	1151.82	9.0	946.07	8.5	739.23	5.7	461.64	8.3	301.18	—	379.93	2.6
第三产业	11673.99	2.3	930.26	3.2	566.23	2.2	1227.16	2.4	1256.22	2.6	886.87	3.1	428.90	3.0	326.57	—	406.64	2.6
规模以上工业增加值	—	5.0	—	8.9	—	11..3	—	8.7	—	12.6	—	6.3	—	11.0	—	-41.3	—	-3.3
固定资产投资	—	10.8	—	18.3	—	15.0	—	18.3	—	17.4	—	17.2	—	19.5	—	-12.7	—	4.6
地方一般公共预算收入	2690.23	4.4	136.75	17.8	73.84	15.3	137.21	11.3	157.41	8.7	96.03	12.1	34.51	-7.0	21.82	2.1	27.32	10.1
海关进出口总额	3532.2	5.3	412.0	25.6	42.7	50.3	173.8	28.7	132.5	40.1	122.2	32.3	95.7	7.9	15.7	25.8	138.0	56.8
实际利用外资	20.45	2.9	0.32	-31.3	0.62	35.1	1.64	16.4	0.33	73.0	0.61	57.9	0.14	—	0.002	-94.1	0.11	—
社会消费品零售总额	6936.20	2.1	984.66	1.8	359.57	1.9	1241.05	3.6	1451.29	3.4	812.34	3.9	498.32	3.4	374.24	1.7	315.46	3.0
城镇居民人均可支配收入	58449	5.7	44417	6.8	40654	6.1	41596	6.9	36312	6.7	38366	6.6	41080	6.2	36404	5.8	39167	5.9
农村居民人均可支配收入	29304	7.7	20127	8.3	23111	7.6	20913	8.1	17855	8.5	20017	8.0	24620	8.9	22099	7.4	22099	7.4

注：各城市数据为快报数，实际利用外资计量单位为亿美元，2022年最终数据以各城市年鉴为准。

2022 年武汉都市圈各地农产业产量一览表

类别	计量单位	武汉市		黄石市		鄂州市		孝感市		黄冈市		咸宁市		仙桃市		天门市		潜江市	
		本年	比上年（±%）	本年	比上年（±%）	本年	比上年（±%）	本年	比上年（±%）	本年	比上年（±%）	本年	比上年（±%）	本年	比上年（±%）	本年	比上年（±%）	本年	比上年（±%）
粮食	万吨	89.88	−1.0	53.79	−1.1	25.17	−0.4	234.80	−0.6	271.70	−0.5	118.70	−0.7	70.33	−0.7	80.33	−0.5	59.29	−0.6
棉花	万吨	0.58	−26.5	0.28	3.0	0.31	−8.1	0.78	−2.0	2.18	9.2	—	—	0.94	−0.1	0.61	0.0	—	—
油料	万吨	15.09	5.7	12.75	4.2	4.29	−3.1	30.97	8.8	59.34	7.0	21.11	9.2	12.93	5.2	13.48	1.7	4.87	6.9
麻类	吨	—	—	3642.00	−7.0	—	—	—	—	—	—	—	—	—	—	—	—	—	—
蔬菜	万吨	838.78*	2.2	—	—	106.56	0.6	471.68	2.4	369.77	2.8	257.54	2.4	60.75	3.6	—	—	93.29	0.2
茶叶	吨	2949	6.1	1872.00	33.9	—	—	—	—	—	—	8.96	14.6	—	—	—	—	—	—
水果**	万吨	15.90	6.7	23.26	7.4	—	—	51.85	0.1	32.18	8.3	—	—	—	—	2.24	7.2	5.95	2.8
生猪出栏	万头	194.97	4.4	103.66	5.7	76.31	6.1	299.45	4.2	456.16	4.7	239.05	4.6	63.65	−8.2	63.65	−8.2	59.0	1.8
家禽出笼	万只	3737.47	1.7	1896.72	−6.0	—	—	8573.60	2.3	6790.25	2.3	3427.27	2.4	—	—	840.17	2.8	1023.2	0.8
禽蛋	万吨	11.47	5.9	—	—	—	—	28.97	6.3	34.6	6.4	6.03	6.0	1.94	6.0	3.02	−14.7	2.59	−2.1
水产品	万吨	45.32	3.7	24.54	3.6	28.76	2.9	44.82	3.6	—	—	24.25	3.6	30.03	3.3	11.64	2.1	16.16	3.6

注：* 武汉市蔬菜产量含食用菌；** 水果产量指园林水果。

2022 年武汉市主要工业产品产量一览表

产品名称	计量单位	产量	比上年增长 / ± %
生铁	万吨	1356.53	3.2
钢材	万吨	1566.49	–2.3
汽车	万辆	134.58	–3.4
# 轿车	万辆	81.02	3.7
卷烟	万箱	272.12	0.8
原油加工量	万吨	771.40	–7.0
发电量	亿千瓦时	274.91	6.1
机制纸及纸板（外购原纸加工除外）	万吨	61.67	–14.4
房间空气调节器	万台	1934.95	–3.4
布	万米	4187.43	–0.5
服装	万件	9310.84	24.3
饮料	万吨	365.25	10.2
显示器	万台	2221.17	35.8
乙烯	万吨	93.71	–11.9
光纤	万千米	13118.80	16.5
光缆	万芯千米	5769.08	9.2
水泥	万吨	915.24	–9.2
手机	万台	5253.87	2.4
电子计算机整机	万台	1369.50	–34.3

2022 年黄石市主要工业产品产量一览表

产品名称	计量单位	产量	比上年增长 / ± %
铁矿石（原矿）	万吨	620.63	22.7
钢	万吨	604.01	–0.3
成品钢材	万吨	760.28	–1.3
锻压设备	台	258.00	–26.3
无缝钢管	万吨	140.01	10.2
精炼钢	万吨	48.25	0.4
铝材	万吨	5693.00	–2.5
水泥	万吨	1448.45	–11.0
纱	万吨	6.08	264.1

续表

产品名称	计量单位	产量	比上年增长 / ± %
服装	万套	2934.46	−143.0
饮料酒	万千升	24.87	−3.6
印制电路板	万平方米	606.26	10.8
制冷压缩机	万台	606.26	−21.5

2022 年鄂州市主要工业产品产量一览表

产品名称	计量单位	产量	比上年增长 / ± %
粗钢	万吨	635.86	−0.1
钢材	万吨	687.72	7.2
铸钢材	万吨	13.86	4.4
硅酸盐水泥熟料	万吨	252.45	13.0
水泥	万吨	1236.56	18.1
商品混凝土	万立方米	498.13	3.8
预应力混凝土桩	万吨	489.01	−5.6
民用钢质船舶	万载重吨	9.18	10.0
自来水生产量	万立方米	4816.40	−7.6
塑料制品	万吨	18.90	−26.8
纱	万吨	2.38	3.1
服装	万件	801.75	−10.8
中成药	万吨	0.67	91.1
光电子器件	万只	6166.11	2.3

2022 年孝感市主要工业产品产量一览表

产品名称	计量单位	产量	比上年增长 / ± %
原盐	万吨	566.4	3.9
饮料	万吨	76.7	2.0
纱	万吨	109.5	29.1
服装	万件	13392.3	16.9
纸制品	万吨	293.3	17.5
纯碱	万吨	174.3	−0.1
大米	万吨	178.3	−1.8
化肥	万吨	115.4	−2.3

续表

产品名称	计量单位	产量	比上年增长 / ± %
塑料制品	万吨	60.8	0.5
中成药	万吨	6.3	-17.1
水泥	万吨	251.9	-11.1
钢丝	万吨	14.0	22.8
粗钢	万吨	41.9	-24.6
钢材	万吨	12.8	-49.6
商品混凝土	万立方米	734.0	10.3
灯具及照明装置	万套（台）	1387.1	21.1
发电量	亿千瓦时	230.0	9.7

2022 年仙桃市主要工业产品产量一览表

产品名称	计量单位	产量	比上年增长 / ± %
小麦粉	万吨	5.8	-20.5
大米	万吨	79.1	9.4
饲料	万吨	12.7	9.5
精制食用植物油	万吨	0.9	12.5
冻肉	万吨	0.2	-50.0
冷冻水产品	万吨	1.0	25.0
膨化食品	万吨	2.7	17.4
焙烤松脆食品	万吨	3.1	10.7
糖果	万吨	2.0	11.1
速冻食品	万吨	0.1	0.0
方便面	万吨	1.7	6.3
冷冻饮品	万吨	3.7	5.7
食品添加剂	万吨	0.8	14.3
饮料酒	万千升	0.7	-82.9
饮料	万吨	7.9	41.1
纱	万吨	10.8	-0.9
毛机织物（呢绒）	万米	63.0	0.0
非织造布（无纺布）	万吨	25.6	8.9

续表

产品名称	计量单位	产量	比上年增长 / ± %
口罩	万个（只）	1327037.4	28.4
服装	万件	6211.9	16.4
人造板	万立方米	13.3	15.7
家具	万件	0.9	-86.6
机制纸及纸板（外购原纸加工除外）	万吨	26.3	-5.1
纸制品	万吨	34.1	7.9
初级形态塑料	万吨	3.7	23.3
化学试剂	万吨	14.2	-2.7
表面活性剂	吨	1635.0	-5.7
中成药	万吨	0.6	20.0
塑料制品	万吨	11.2	10.9
水泥	万吨	8.4	-13.4
石灰	万吨	6.2	-13.9
商品混凝土	万立方米	146.5	3.6
预应力混凝土桩	万米	40.5	-7.5
沥青和改性沥青防水卷材	万平方米	357.1	-54.2
隔热、隔音人造矿物材料及其制品	万吨	0.3	-40.0
耐火材料制品	万吨	0.4	33.3
钢结构	万吨	18.4	17.2
金属切削工具	万件	506.4	0.5
金属压力容器	吨	18954.0	27.9
铸铁件	万吨	8.8	-5.4
铸钢件	万吨	3.2	18.5
工商用制冷、空调设备	万台（套）	9.7	-68.1
通信及电子网络用电缆	万对千米	5.1	21.4
电力电缆	万千米	0.8	14.3
光电子器件	亿只	15.9	-18.5
印制电路板	万平方米	412.7	7.5
表	万只	97.4	-0.6
自来水生产量	亿立方米	0.9	0.0

2022 年潜江市主要工业产品产量一览表

产品名称	单位	产量	比上年增长 / ± %
原油	万吨	53.7	0.9
天然气	万立方米	13836	7.5
液化石油气	万吨	15.2	7.9
原油加工量	万吨	245.7	8.4
汽油	万吨	38.6	−9.5
柴油	万吨	121.7	12.6
口罩	万个（只）	330282.2	1323.1
绝缘制品	吨	13371.4	−2.6
服装	万件	3722.8	−16.0
光纤	万千米	3305.5	1.9
石油钻井设备	台（套）	666	6.2
环境污染防治专用设备	台（套）	456	−60.4
商品混凝土	万立方米	164.9	−26.9
天然大理石建筑板材	万立方米	155.6	3.3
大米	万吨	58.0	17.9
精甲醇	万吨	54.4	−30.2
合成氨（无水氨）	万吨	47.5	−4.6
表	万只	98.4	1.6
金属切削工具	万件	64.3	0.3
农用氮、磷、钾化学肥料（折纯）	万吨	25.4	9.5
冷冻水产品	万吨	25.3	87.4
烧碱（折 100%）	万吨	25.1	−2.3
水泥	万吨	17.6	2.3

都市圈论坛

五大城市群中心城市高质量发展水平测度研究

——兼议武汉都市圈的高质量发展

中共湖北省委党校　王海英

原文刊于《湖北社会科学》2022 年第 11 期，注释从略。

一、引言

湖北省第十二次党代会提出，湖北省要立足新发展阶段，完整准确全面贯彻新发展理念，努力建设全国构建新发展格局先行区，强调必须以中心城市引领城市群发展，以城市群带动区域发展，大力发展三大都市圈，加快推进长江中游城市群协同发展。要以中心城市引领城市群发展、以城市群带动区域发展关键在于提升城市群中心城市的高质量发展水平，提高城市群中心城市的竞争力和辐射带动力。武汉是湖北的主中心城市，是长江中游城市群的中心城市，提升高质量发展水平，做大做强武汉对湖北加快建设全国构建新发展格局先行区意义重大，对湖北打造以武鄂黄黄为核心的武汉都市圈，加快推进长江中游城市群协同发展意义重大。如果仅限于湖北省内或长江中游城市群内研究有很大的局限性，而选取与长江中游城市群中心城市同级别的中心城市进行比较研究无疑具有很强的现实价值。京津冀、长三角、珠三角、成渝、长江中游五大城市群是我国“十四五”规划提出要重点打造的第一方阵的城市群，五大城市群面积占我国国土面积的 10%，人口占比 40% 左右，经济总量占比超过全国经济总量的 50%，这五大城市群是我国经济和人口的高度集聚地，是带动中国经济发展的五个重要动力源。京津冀城市群的中心城市是北京和天津，长三角城市群的中心城市是上海，珠三角城市群的中心城市是广州和深圳，成渝城市群的中心城市是成都和重庆，长江中游城市群的中心城市是武汉。本文选取京津冀、长三角、珠三角、成渝、长江中游五大城市群的中心城市作为研究对象，基于新发展理念探索构建五大城市群中心城市高质量发展水平测度指标体系，并运用熵权 TOPSIS 法对五大城市群中心城市高质量发展水平进行实证测度，分析影响各中心城市高质量发展水平的有利因素和不利因素，提出各中心城市特别是武汉市发挥优势补齐短板提升对城市群辐射力和高质量发展水平的具体对策建议。

我国现有关于高质量发展的实证研究多以全国、省域层面或单个城市为研究对象，涉及城市群中心城市层面的研究比较少。何伟从协调性、创新性、持续性、分享性和稳定性角度构建指标体系对我国 31 个省份的高质量发展水平进行了分析。魏敏和李书昊构建了包括经济结构优化、创新驱动发展、资源配置高效、市场机制完善、经济增长稳定、区域协调共享、产品服务优质、基础设施完善、生态文明建设和经济成果惠民 10 个子系统 53 个测度指标的经济高质量发展水平测度体系，测度了新时代中国经济高质量发展水平及其空间分布特征。李梦欣和任保平基于新发展理念，构建了中国高质量发展评价指标体系。师博和张冰瑶从发展的基本面、社会成果和生态成果三个维度测算了全国地级以上城市经济高质量发展水平。朱佳、张前物和王津津构建了包括创新发展、协调发展等五个维度 37 个测度指标的经济高质量发展水平指标体系，测度了 9 大国家级中心城市高质量发展水平。欧进锋、许抄军、刘雨琪从“五大发展理念”把握高质量发展内涵，构建了经济高质量发展 20 个测度指标评价体系，运用熵权 TOPSIS 法测度了广东 21 个地级市经济高质量发展水平。韩君、杜文豪、吴俊珺在准确理解黄河流域高质量发展的科学内涵基础上，构建起黄河流域高质量发展评价指标体系，利用熵权 TOPSIS 法测算了 2017 年黄河流域高质量发展总体水平及其在绿色发展、经济发展、社会民生、文化建设、生态安全子系统的表现，并分析了空间分布规律。以上研究可为城市群中心城市高质量发展水平测度研究提供宝贵的参考价值。本论文将基于新发展理念，以五大城市群的中心城市北京、天津、上海、广州、深圳、成都、重庆、武汉作为研究对象，在参考已有研究成果基础上，并注重测度中心城市与城市群的关联性进行指标体系构建，通过构建一套比较科学合理的城市群中心城市高质量发展水平测度指标体系，以期合理反映五大城市群中心城市高质量发展状况，找出制约中心城市高质量发展的突出短板并提出提升城市群中心城市高质量发展水平和带动城市群高质量发展的相应对策。

二、五大城市群中心城市高质量发展测度指标体系与测度方法

（一）测度指标体系

习近平总书记指出：“高质量发展就是体现新发展理念的发展，是经济发展从‘有没有’转向‘好不好’。”高质量发展是创新成为第一动力、协调成为内生特点、绿色成为普遍形态、开放成为必由之路、共享成为根本目的的发展。本文立足于新发展阶段对高质量发展的要求和城市群中心城市的战略地位，坚持以新发展理念为核心，选取影响高质量发展的重要因素和数据可得性的原则，构建了包括创新发展、协调发展，绿色发展、开放发展、共享发展 5 个维度 35 个具体测度指标的五大城市群中心城市高质量发展测度指标体系，如表 1 所示。

1. 创新发展水平测度指标选取。本文选取创新投入、创新成果和创新环境三个方向来测度城市群中心城市创新发展水平。其中创新投入选取了某市规模以上企业每万人中从事 R&D 的人员（人）、R&D 经费内部支出占 GDP 比重（%）这 2 个重要指标。规模以上企业是一个统计术语，一般指年商品销售额在 2000 万元及以上的批发业企业（单位）和年商品销售额在 500 万元及以上的零售业企业（单位）。创新成果采用某市每万人专利授权数量（件）、技术合同成交额占 GDP 的比重这两个关键指标进行测度。创新环

表 1　五大城市群中心城市高质量发展测度指标体系

维度	准则层	测度指标	单位	指标属性
创新	创新投入	每万人中 R&D 人质数	人	+
		R&D 经费支出 /GDP	%	+
	创新成果	每万人专利授权数	件	+
		技本合同成交额 /GDP	%	+
	创新环境	高等院校数	所	+
		每万人中普通高校毕业生数	人	+
		有 R&D 活动的企业数	个	+
协调	区城协调	中心城市城镇化率占城市群城镇化率比重	%	–
		中心城市人均 GDP 占城市群人均 GDP 比重	%	–
	产业协调	第三产业增加值 / 第二产业增加值	倍	+
	城乡协调	城乡人均可支配收入比	%	–
		城乡人均消费支出比	%	–
绿色	城市绿化	人均公园绿地面积	平方米	+
		建成区绿化覆盖率	%	+
	污染排放	单位 GDP 工业固体废物产生量	吨 / 亿元	–
		单位 GDP 工业废水排放量	万吨 / 亿元	–
		单位 GDP 工业二氧化碳排放量	吨 / 亿元	–
	环境保护	工业固体废物综合利用率	%	+
		污水处理能力	万平方米 / 日	+
		万元 GDP 能耗降低率	%	+
开放	对外开放	外贸依存度	%	+
		外资依存度	%	+
	对内开放	劳动力流动率	次 / 年・人	+
		市场活跃度	%	+
共享	生活水平	居民人均可支配收入	元	+
		居民人均消费支出	元	+
	教育共享	每万人拥有中小学数量	所	+
		每万人拥有中小学专任教师	人	+
	就业水平	城镇登记失业率	%	–
	社会保障	职工养老保险参保人数占常住人口比例	%	+
		职工医疗保险参保人数占常住人口比例	%	+
	医疗共享	每万人拥有医疗卫生机构数	个	+
		每万人拥有卫生工作人员数	人	+
	基础设施	城市道路网密度	千米 / 平方千米	+
		每万人公交运营车辆拥有量	辆	+

境选取某市的高等院校数（所）、每万人中普通高校毕业生数（人）和有 R&D 活动的企业数（个）3 个指标进行测度。

2. 协调发展水平测度指标选取。本文选取中心城市与城市群其他城市协调、产业协调和城乡协调三个方向来测度城市群中心城市协调发展水平。其中中心城市与城市群其他城市协调发展水平选取了 2 个测度指标，即中心城市城镇化率占城市群城镇化率比重和中心城市人均 GDP 占城市群人均 GDP 比重，二者可以反映中心城市对城市群其他城市发展差距。第三产业增加值对于第二产业增加值的倍数是衡量产业结构高度化的重要指标，倍数越大一般来说表明产业结构高度化水平和一、二、三产业协调发展水平越高。城乡协调发展水平选取了两个测度指标即城市常住居民年人均可支配收入与农村常住居民年人均可支配收入的比值、城市常住居民年人均消费支出与农村常住居民年人均消费支出的比值，两者都是负向指标，比值越大说明城乡差距越大。其中深圳在2004年将户籍人口全部改为城市居民，原集体所有土地收归国有，因此深圳不存在城乡差距问题。

3.绿色发展水平测度指标选取。本文选取城市绿化、污染排放和环境保护三个方向来测度城市群中心城市绿色发展水平。城市绿化包括人均公园绿地面积（平方米）和建成区绿化覆盖率（%）2个测度指标。人均公园绿地面积指的是市区公园绿地面积和市区户籍人口的比值；建成区绿化覆盖率是指城市建成区绿化覆盖面积占城市建成区面积的比重。污染排放包括单位GDP工业固体废物产生量（吨/亿元）、单位GDP工业废水排放量（万吨/亿元）、单位GDP工业二氧化硫排放量（吨/亿元）三个测度指标。单位GDP工业固体废物产生量是指城市工业固体废物总量与GDP（亿元）之比。单位GDP工业废水排放量是指城市工业废水排放总量与CDP（亿元）之比，其中工业废水排放总量是指报告期内经过企业厂区所有排放口排到企业外部的工业废水量，包括生产废水、外排的直接冷却水、超标排放的矿井地下水和与工业废水混排的厂区生活污水。单位GDP工业二氧化硫排放量是指城市工业二氧化硫排放总量与GDP（亿元）之比。环境保护包括工业固体废物综合利用率（%）、污水处理能力（万立方米/日）和万元GDP能耗降低率（%）三个测度指标。

4.开放发展水平测度指标选取。一个城市的开放包括对外国际开放和对内区际开放两个方面。因此本文选取城市对外开放和对内开放两个方向来测度城市群中心城市开放发展水平。选取城市对外开放选取外贸依存度（%）和外资依存度（%）2个测度指标。外贸依存度是城市进出口总值和国内生产总值之比；外资依存度是城市外商直接投资和国内生产总值之比。对（国）内开放水平可以通过中心城市与国内其他区域人和物的流动流通程度来衡量。因此本文选取该城市劳动力流动率（次/年·人）和市场活跃度2个指标来测度城市对内开放水平。劳动力流动率选取城市客运量与城市常住人口之比来测度；市场活跃度选取社会消费品零售总额占GDP的比重来测度。

5.共享发展水平测度指标选取。本文选取城市居民生活水平、教育资源水平、就业水平、社会保障水平、医疗资源水平和基础设施完善度六个方向来测度城市群中心城市共享发展水平。共享发展体现在居民对城市改革发展成果的共享，包括伴随城市经济发展城市居民生活水平、教育水平、医疗水平、就业水平、社会保障水平和城市基础设施完善度的提高。居民人均可支配收入（元）和人均消费支出（元）是反映城市居民生活水平的最直接指标。教育是百年大计，中小学属于基础性义务教育，每万人拥有中小学数量（所）和每万人享有中小学专任教师数量（人）最能反映一个城市的教育共享水平。城市就业水平选取城镇登记失业率（%）来测度。城市社会保障水平选取职工基本养老和职工基本医保参保人数占常住人口比例（%）这两个重要指标来测度。城市的医疗水平选取城市每万人拥有医疗卫生机构数（个）和卫生工作人员数（人）两个指标来测度。城市的基础设施完善程度选取城市道路网密度（千米/平方千米）和每万人公交运营车辆拥有量（辆）这两个代表性指标来测度。

研究城市经济高质量发展是一项复杂的系统性工程，指标体系交织复杂，数据搜寻难度大，因此数据可获得性和完整性问题便成为实证测度的一个重要制约因素。因此本文在构建指标体系时，只选取了重要的和可获得完整数据的35个测度指标，故而该指标体系在未来研究中可进一步完善。

（二）测度方法

本文采用熵权TOPSIS法对五大城市群中心城市高质量发展水平进行测度分析。熵权TOPSIS法将熵权法和TOPSIS法两种方法的优点相结合，使得对各中心城市高质量发展水平的测度结果具有客观性和合理性。首先，利用极差法对原始数据进行标准化处理，以消除指标之间量纲和数量级不一致的问题；其次，运用权法赋予各测度指标权重值，熵权法的指标权重值基于各测度指标数据变异程度所反映的信息量得到，减少了指标赋权时的主观性；最后，利用TOPSIS法通过比较各测度对象与最优方案及最劣方案的相对距离对各中心城市的高质量发展水平进行量化排序（相关计算办法与公式内容略）。

（三）数据来源

本文原始数据来自《北京统计年鉴2020》《天津统计年鉴2020》《2020上海统计年鉴》《2020广州统计年鉴》《深圳统计年鉴2020》《成都统计年鉴2020》《重庆统计年鉴2020》和《武汉统计年鉴2020》。其中中心城市占城市群城镇化率比重和中心城市人均GDP占城市群人均GDP比重由河北省、安徽省、浙江省、江苏省、湖北省、湖南省、江西省和四川省2020年统计年鉴整理而得。新冠肺炎疫情对本文研究的8个城市都有影响，对某些城市发展冲击还比较大，因此2020年的数据可能不能反映一些城市的真实发展水平，考虑到疫情因素和数据的完整性，本文全部采用了2019年的数据。

三、五大城市群中心城市高质量发展实证测度结果分析

（一）五大维度发展水平分析

1. 创新发展水平分析

创新在我国现代化建设全局中居于核心地位，坚持创新驱动发展是高质量发展的首要要求。根据本文建立的五大城市群中心城市高质量发展测度指标体系，测度了五大城市群中心城市的创新发展水平，如表2所示。创新发展水平得分排名最高的是深圳，其后依次是北京、武汉、成都、广州、上海、重庆和天津。深圳无论是每万人中R&D人员数量、R&D经费支出占国内生产总值的比重、每万人专利授权数还是有R&D活动的企业数等诸多创新要素都保持绝对领先地位，创新发展水平得分达到0.491。但就本地拥有的高校数量和每万人中普通高校毕业生数而言，深圳在8个中心城市中是最少的，一方面反映出深圳依靠良好的创新发展势头和氛围吸引了大量的创新人才，另一方面也表明深圳未来需加大创新人才培养力度。深圳创新驱动发展走在全国前列，北京、武汉创新发展水平也比较高，将有力引领京津冀城市群、长江中游城市群创新发展，全面塑造发展新优势。近年来，成都创新发展水平提升迅猛，主要得益于当地加大了在创新资金和人员上的投入力度，带来创新能力的迅速提高。从整体来看，重庆和天津排名靠后，创新发展得分均低于0.33。重庆排名靠后的主要原因在于创新能力不强，每万人专利授权数和技术合同成交额占GDP的比重这两个指标重庆均排名垫底；天津面临的主要问题在于亟待进一步优化创新环境。

2. 协调发展水平分析

根据本文建立的五大城市群中心城市高质量发展测度指标体系，测度了五大城市群中心城市的协调发展水平。如表3所示。协调发展水平得分排名最高的是广州，其后依次是天津、上海、重庆、北京、深圳、成都和武汉。2019年广州城镇化率是城市群城镇化率的1.05倍，最高的成都是1.45倍；广州人均GDP仅为城市群人均GDP的1.15倍，而最高的北京是2.26倍。这表明广州对珠三角城市群其他城市辐射带动效应强，珠三角城市群整体发展水平和城镇化率比较高，大、中、小城市发展比较协调。2019年上海人均GDP仅为城市群人均GDP的1.17倍，在8个中心城市中仅高于广州的1.15倍，说明长三角城市群整体发展水平比较高，上海辐射带动效应比较明显。成都和武汉协调发展排名靠后主要是由于"一城独大"问题比较突出，中心城市对城市群其他城市发展辐射带动效应发挥不足，成渝和长江中游两大城市群整体城镇化率和一体化发展水平还比较低。除深圳外，其他7个城市的城乡差距问题仍然比较突出，北京、重庆、广州、上海、武汉城市居民人均可支配收入均超过农村居民的2倍；北京、上海、广州城市居民人均消费支出均超过农村居民的2倍。

3. 绿色发展水平分析

根据本文建立的五大城市群中心城市高质量发展测度指标体系，测度了五大城市群中心城市的绿色发展水平，如表4所示。绿色发展水平得分排名最高的是广

表 2　创新发展水平

维度	准则层	测度指标	单位	指标属性	北京	天津	上海	广州	深圳	成都	重庆	武汉
创新	创新投入	每万人中 R&D 人员数	人	+	30	42	47	65	225	68	31	37
		R&D 经费支出 /GDP	%	+	0.81	1.51	1.55	1.21	3.9	2.45	1.27	1.17
	创新成果	每万人专利授权数	件	+	61	37	41	34	124	60	26	35
		技术合同成交额 /GDP	%	+	16.1	6.54	3.99	5.39	2.62	4.88	0.88	5.19
	创新环境	高等院校数	所	+	93	56	64	81	13	57	65	83
		每万人中普通高校毕业生数	人	+	67	88	54	99	19	131	64	225
		有 R&D 活动的企业数	个	+	1127	1298	2349	2349	4987	2221	2781	659
创新发展水平得分					0.48	0.319	0.338	0.415	0.491	0.433	0.327	0.455

表 3　协调发展水平

维度	准则层	测度指标	单位	指标属性	北京	天津	上海	广州	深圳	成都	重庆	武汉
协调	区域协调	中心城市城镇化率占城市群城镇化率比重	%	–	115	111	129	105	121	145	130	133
		中心城市人均 GDP 占城市群人均 GDP 比重	%	–	226	1224	117	115	149	163	120	201
	产业协调	第三产业增加值 / 第二产业增加值	倍	+	5.173	1.8	2.69	2.58	1.56	2.13	1.32	1.65
	城乡协调	城乡人均可支配收入比	%	–	255	186	222	225	100	188	251	209
		城乡人均消费支出比	%	–	212	195	215	200	100	169	197	178
协调发展水平得分					0.487	0.646	0.563	0.706	0.476	0.379	0.49	0.29

州，其后依次是深圳、北京、成都、上海、武汉、重庆和天津。广州和深圳的绿色发展水平较高，得分超过了 0.7，而重庆和天津得分在 0.4 以下，绿色发展水平较低。广州和深圳的城市绿化水平较高，工业污染排放较少，同时环境治理能力也较强，因此得分排前两位。上海的公园绿地面积最大，但由于上海人口密度高导致人均公园绿地面积反而最少，上海建成区绿化覆盖率排名倒数第二，表明上海还需要在城市绿化方面持续改进。天津和重庆排名倒数一、二位，主要问题在于工业绿色发展水平较低，工业污染排放较大，能耗较高，污染处理能力不足。

4. 开放发展水平分析

如表 5 所示，开放发展水平得分排名最高的是广州，其后依次是成都、上海、武汉、北京、深圳、天津和重庆。在对外开放上，沿海的广州、上海、深圳、北京和天津相比内陆的成都、重庆和武汉占有显著优势，对外开放水平更高。从外贸依存度看，深圳、上海和北京位居前三，从利用外资来看，广州和上海排名前二，表明这些城市发展前景和营商环境对外资有着巨大吸引力。在对国内其他区域开放方面，成都和武汉最为突出，在 8 个城市群中心城市中成都的区际劳动力流动率最高，武汉市场活跃度最高，较高的区际开放水平使得成都和武汉整体开放水平排名靠前。天津和重庆开放发展水平得分在 0.4 以下，表明这两个城市开放制约发展的问题依然突出。

5. 共享发展水平分析

如表 6 所示，共享发展水平得分排名最高的是北京，其后依次是深圳、广州、成都、上海、武汉、重庆和天津。北京共享发展水平得分超过了 0.6，深圳和广州得分超过了 0.5，排名垫底的天津得分不足 0.3。北京、上海、广州、深圳 4 市人民共享发展成果的收入和

表 4　绿色发展水平

维度	准则层	测度指标	单位	指标属性	北京	天津	上海	广州	深圳	成都	重庆	武汉
绿色	城市绿化	人均公园绿地面积	平方米	+	16.4	9.2	8.4	17.96	14.9	14.58	16.16	10.19
		建成区绿化覆盖率	%	+	48.5	37.5	39.7	45.5	43	43	41.74	40.02
	污染排放	单位 GDP 工业固体废物产生量	吨 / 亿元	–	169.2	1079.8	478.6	263.7	85	46	1096.8	636
		单位 GDP 工业废水排放量	万吨 / 亿元	–	0.24	1.26	0.76	0.59	0.29	191.3	0.88	0.93
		单位 GDP 工业二氧化碳排放量	吨 / 亿元	–	0.032	3.19	0.2	0.17	0.045	0.47	4.88	0.78
	环境保护	工业固体废物综合利用率	%	+	63.9	99	91.6	95.6	87.8	0.36	74.6	97.6
		污水处理能力	万立方米 / 日	+	679.2	315.5	834	572	620	92.4	356.2	336
		万元 GDP 能耗降低率	%	+	4.530	1.33	3.61	3.86	3.54	314	2.16	3.31
绿色发展水平得分					0.688	0.321	0.562	0.779	0.734	1.21	0.332	0.497

表 5　开放发展水平

维度	准则层	测度指标	单位	指标属性	北京	天津	上海	广州	深圳	成都	重庆	武汉
开放	对外开放	外贸依存度	%	+	81.14	52.13	89.23	42.32	110.48	34.2	24.52	15.01
		外资依存度	%	+	2.8	2.3	9.1	11.5	5.3	5.3	3	5.2
	对内开放	劳动力流动率	次 / 年・人	+	34	13	9	33	16	99	20	23
		市场活跃度	%	+	34.69	39.96	35.37	42.23	24.45	43.96	36.73	45.92
开放发展水平得分					0.424	0.398	0.535	0.591	0.413	0.572	0.308	0.465

表 6　共享发展水平

维度	准则层	测度指标	单位	指标属性	北京	天津	上海	广州	深圳	成都	重庆	武汉
共享	生活水平	居民人均可支配收入	元	+	67756	42404	69442	65052	62522	40371	28920	46010
		居民人均消费支出	元	+	43038	31854	45605	45049	43113	26611	20774	30863
	教育	每万人拥有中小学数量	所	+	0.79	0.9	0.63	0.99	0.56	0.74	1.28	0.89
		每万人拥有中小学专任教师	人	+	63	59	50	68	72	68	80	59
	就业	城镇登记失业率	%	–	1.3	3.5	3.6	2.15	4.47	3.31	2.6	2.02
	社会保障	职工养老保险参保人数占常住人口比例	%	+	76.69	44.54	65.46	50.24	90.31	53.52	36.09	52.83
		职工医疗保险参保人数占常住人口比例	%	+	78.13	38.1	63.45	52.47	92.24	55.7	23.07	42.9
	医疗	每万人拥有医疗卫生机构数	个	+	5.27	3.82	2.31	3.33	3.32	7.31	6.74	5.79
		每万人拥有卫生工作人员数	人	+	138	70	88	110	93	143	72	126
	基础设施	城市道路网密度	千米 / 平方千米	+	5.7	6.2	7.2	7.1	9.5	8.3	6.7	6
		每万人公交运营车辆拥有量	辆	+	13.68	8.16	9.87	9.87	12.73	9.62	4.57	8.67
共享发展水平得分					0.628	0.288	0.543	0.543	0.569	0.492	0.407	0.44

消费水平显著高于天津和中西部的成都、重庆和武汉。教育、医疗、就业和社会保障是人民群众最关注的问题，是使全体人民在共建共享发展中有更多获得感、安全感和幸福感的制度保障。

中小学教育作为基础性义务教育，是城市教育共享的重要标志，八个中心城市中，重庆的中小学学校数量和专任教师数量最多；而深圳作为改革开放的排头兵，在基础教育方面却略逊一筹。深圳每万人拥有中小学学校数量在8个城市中最少，只有0.56所，深圳人口特征以流入型为主，消费高、压力大使得孩子的教育成为难题。北京和深圳的社会保障水平比较高，其职工养老保险参保人数和职工医疗保险参保人数占常住人口比例显著高于其他几个城市。成都在8个中心城市中居民享有的医疗卫生资源水平最高，成都每万人享有医疗卫生机构数和卫生工作人员数均最多。在城市基础设施完善程度方面，深圳城市道路网密度最高，上海每万人公交运营车辆拥有量远高于其他城市。从整体上来看，五大城市群8个中心城市，北京共享发展水平普遍领先于其他城市，天津排名垫底与北京差距很大，说明天津在推进改革发展过程中还需大力改善民生保障，不断提升城市公共设施和公共服务水平。

（二）综合水平分析

按照本文采用的高质量发展测度指标体系和测度方法，经综合计算可得出五大城市群中心城市高质量发展水平综合得分，如表7所示。从表7可看出五大城市群中心城市高质量发展综合水平得分在0.373～0.607之间，其中，得分最高的城市是广州（0.607），第二是北京，其后分别是深圳、上海、成都、武汉、天津、重庆，得分最低的城市是重庆（0.373）。五大城市群8个中心城市高质量发展综合水平得分均值为0.48，表明五大城市群中心城市高质量发展综合水平还有待大力提升。根据综合得分情况，本文将八个中心城市按高质量发展水平分为三个方阵：广州、北京和深圳属于第一方阵（综合得分在0.5以上），上海、成都、武汉属于第二方阵（综合得分在0.4～0.5之间），天津和重庆属于第三方阵（综合得分在0.4以下）。

位于第一方阵的广州、北京和深圳在高质量发展上处于领先地位。广州绿色发展、协调发展、开放发展得分第一；北京共享发展得分第一，优势突出；深圳创新发展得分第一。位于第一方阵的这三个城市除了有自身突出的优势外，其他各项得分总体也排名靠前，使得城市发展的创新、协调、绿色、开放和共享都比较好。位于第二方阵的上海、成都和武汉在高质量发展上处于中间地位。这三个城市在推进高质量发展上既有突出优势，也有明显短板：如上海开放和协调发展水平较高，但创新发展排名靠后是其短板；如成都创新和开放发展水平提升很快，是其亮点，但在发展的协调性上有待提高；如武汉科教实力雄厚，消费市场活跃，创新发展和开放发展排名靠前，但绿色发展、共享发展和协调发展是其明显短板。位于第三方阵的天津和重庆在高质量发展上处于追赶地位，在五个维度发展水平上都需大力提升。

四、结论与建议

本文以创新、协调、绿色、开放、共享新发展理念为基础维度，构建了包括创新投入、创新成果、创新环境、城市群协调、产业协调、城乡协调、城市绿化、污染排放、环境保护、对外开放、对内开放、居民生活水平、教育共享、就业、社会保障、医疗共享、基础设施在内的17个方向、35个测度指标的五大城市群中心城市高质量发展测度指标体系，采用熵权TOPSIS法计算出五大城市群8个中心城市的高质量发展各维度水平得分和综合水平得分，并对实证测度结果进行了深入分析，主要研究结论如下。

研究发现，高质量发展五维度水平在不同的中心城市有不同的分布特征，具体表现为深圳在8个城市中的创新发展水平最高，其后依次是北京、武汉、成都、广州、上海、重庆和天津；协调发展水平最高的是广州，其后依次是天津、上海、重庆、北京、深圳、成都和武汉；绿色发展水平最高的是广州，其后依次是深圳、北京、成都、上海、武汉、重庆和天津；开放发展水平最高的是广州，其后依次是成都、上海、武汉、北京、深圳、天津和重庆；共享发展水平最高的是北京，其后依次是深圳、广州、成都、上海、武汉、重庆和天津。五大城市群

表 7 五大城市群中心城市高质量发展综合水平

维度 / 城市	北京	天津	上海	广州	深圳	成都	重庆	武汉
创新	0.48	0.319	0.338	0.415	0.491	0.433	0.327	0.455
协调	0.487	0.646	0.563	0.706	0.476	0.379	0.49	0.29
绿色	0.688	0.321	0.562	0.779	0.734	0.583	0.332	0.497
开放	0.424	0.398	0.535	0.591	0.413	0.572	0.308	0.465
共享	0.628	0.288	0.49	0.543	0.569	0.492	0.407	0.44
加权总分	0.541	0.394	0.498	0.607	0.536	0.492	0.373	0.43

中心城市高质量发展综合得分均值仅为0.48，说明整体水平还需大力提升。综合得分最高的城市是广州，其后分别是北京、深圳、上海、成都、武汉、天津和重庆。根据综合得分情况，将8个中心城市按高质量发展水平划分为三个方阵，位于第一方阵的广州、北京和深圳在高质量发展上处于领先地位；位于第二方阵的上海、成都、武汉在高质量发展上处于中间地位，这三个城市在推进高质量发展上既有突出优势，也有明显短板；位于第三方阵的重庆和天津在高质量发展上处于追赶地位，高质量发展水平与一、二方阵城市特别是第一方阵城市差距比较大。

基于以上研究结论，为促进五大城市群中心城市高质量发展各维度和综合水平的全面提升，提出以下政策建议。

（一）完整、准确、全面贯彻新发展理念，提升城市群中心城市高质量发展水平

习近平总书记指出："理念是行动的先导，一定的发展实践都是由一定的发展理念来引领的。发展理念是否对头，从根本上决定着发展成效乃至成败。"本文测度结果显示五大城市群中心城市高质量发展综合水平得分均值仅为0.48，说明8个中心城市高质量发展水平整体还亟待提升，也有很大的提升空间和潜力。要大力提升五大城市群中心城市高质量发展水平，最为关键的就是要完整、准确、全面贯彻新发展理念，把发展的理念转化为推进各中心城市高质量发展的实践和发展的成效。为此，可以以五大城市群中心城市高质量发展测度指标体系为参考，从新发展理念的五个维度出发，制定全方位提升中心城市高质量发展水平的发展战略、发展规划和政策体系。

（二）以问题为导向，加快补齐城市发展短板

位于第一方阵的广州、北京和深圳目前在高质量发展上处于领先地位，但现在领先不等于永远领先，要有忧患意识，要针对问题弱项提前采取有针对性的举措。为此，广州应致力于提升研发经费投入力度和创新能力，加大创新驱动发展，提升创新发展水平；深圳需补足其在高等教育和基础教育上的短板，促进更高水平和更高质量的区际开放；北京应强化共享、创新和绿色发展优势，大力提升开放、协调发展水平，特别是加强对京津冀城市群一体化发展的带动作用和促进城乡协调发展。

位于第二方阵的上海、成都、武汉在促进高质量发展上要强化优势、补齐短板。上海应充分发挥开放发展优势，以高质量的开放促进创新发展、绿色发展，在发展中提升共享发展水平，如居民享有的医疗、教育和社保水平。成都是中西部地区发展较好的城市，应坚持以创新和开放发展塑造发展新优势，补齐成都对成渝城市群发展辐射带动性不够，对外开放不足、产业结构水平不高等短板。武汉要强化其科教重镇、消费市场活跃、区位居中等突出优势，解决好武汉"一城独大"、对外开放水平不高、绿色发展不够等弱项，以创新发展为引领，全方位提升武汉高质量发展水平。

位于第三方阵的重庆和天津要强化危机意识、学习意识，敢闯敢干，要学习借鉴深圳的创新发展，广州的开放发展、绿色发展、协调发展，北京的共享发展，成都和武汉快速提升高质量发展水平的一些好的做法，以突破性的举措打破发展的僵局，突破发展的瓶颈，全面追赶和提升创新、协调、绿色、开放、共享发展水平。

（三）充分发挥中心城市在带动城市群高质量发展上的示范效应和核心引擎作用

每个城市群的中心城市在城市群发展中起着至关重要的作用，中心城市集聚人才、资源、资金、信息、产业等各类要素，可通过技术转让、产业转移、资本输出、信息传播等方式辐射带动周边中小

城市发展，其辐射带动效应大小主要取决于中心城市的实力和功能、城市群基础设施的便捷性、城市群城市之间关联性和相应的体制机制。应大力提升城市群中心城市高质量发展水平，促进城市群中心城市不断做强做优，建立健全城市群一体化协调发展机制和成本共担、利益共享机制，统筹推进城市群基础设施协调布局、产业分工协作、公共服务共享、生态环境共建共治，以城市群中心城市为核心推动城市群高质量发展和一体化发展。应以促进五大城市群8个中心城市高质量发展为抓手，全面提升京津冀、长三角、珠三角、长江中游、成渝五大城市群高质量发展和一体化发展水平，以五大城市群高质量发展示范带动全国经济发展质量和效率的提升。

（四）立足大武汉优势，着力打造武汉都市圈，加快推进长江中游城市群协同发展

武汉要强化其在构建新发展格局中的比较优势，致力于把这些优势转化为发展的实效。如发挥好武汉科教重镇的优势，补齐长期以来创新投入力度不足的短板，提高科技成果转化率；发挥好武汉区位居中、消费市场活跃、消费能力强的优势，全力打造全国消费中心城市，增强武汉对全国市场的辐射力，在湖北加快建设全国构建新发展格局先行区中凸显武汉力量；发挥好武汉的政策优势，抓住中部地区崛起和长江经济带发展的战略机遇，加大武汉长江新区投入和建设力度，打造引领高质量发展新的发展平台，增强长江新区对创新型企业产业及国内外资金的吸引力，形成壮大长江新区新兴产业集群，强化科技创新驱动绿色发展，促进绿色产业发展和体制机制的形成，致力于把长江新区打造成长江经济带绿色发展示范区；支持在对外开放方面长江新区比照执行国家自由贸易试验区的相关政策，探索建立自由贸易港，以长江新区建设为抓手做大做强武汉，打造武汉高质量发展新亮点。总之，要发挥好大武汉的突出优势，以武汉更快速度、更高质量发展辐射带动周边中小城市发展，大力发展以武鄂黄黄为核心的武汉都市圈，以武汉都市圈为中心，推进长江中游城市群联动发展，打造长江经济带发展和中部地区崛起的重要支撑、全国高质量发展的重要增长极、具有国际影响力的重要城市群。

经济区与行政区适度分离视角下武汉都市圈的协同治理

中共武汉市委党校　柳青

原文刊于《社会科学动态》2022年第12期，注释从略。

区域经济一体化的发展和产业功能布局的调整，使以超大城市和特大城市为核心的都市圈成为城市发展的主要空间形态。都市圈的蓬勃发展为区域竞争优势的形成和地方经济高质量发展提供了重要支撑。湖北省第十二次党代会报告提出，“大力发展以武鄂黄黄为核心的武汉都市圈”，“将武汉都市圈打造成为引领湖北、支撑中部、辐射全国、融入世界的重要增长极，到2035年建设成为人口规模超3000万、GDP超6万亿元的世界城市和都市圈”。从本质上讲，都市圈是一种跨行政区的“虚体性治理单元”，是适应市场经济发展需要和统一大市场要求的复合空间治理形式。从特征上看，武汉都市圈属于省域内不同行政层级间城市的联合体，必须突破“行政区经济”的壁垒和限制，逐渐向经济区转型，才能实现真正意义上武汉都市圈一体化协同治理。

一、“经济区与行政区适度分离改革”的提出

当前，我国经济已迈入高质量发展的新阶段，资本、技术、劳动力、数据等生产要素加速流动的趋势不断增强，跨行政区的区域性公共问题不断涌现，这对区域协同治理提出了新的要求。2021年10月，中共中央、国务院印发《成渝地区双城经济圈建设规划纲要》，明确提出：探索经济区与行政区适度分离改革。由此，经济区与行政区适度分离改革拉开序幕，各地纷纷开始探索其实施进路。

（一）经济区与行政区的界定

经济区与行政区的界定与划分并非全新的话题，早在20世纪末学者们就对此展开了大量的讨论。虽然学术界对行政区的界定并不完全一致，甚至在称谓上也存在些许差异，但其内涵是基本一致的。大多数学者认为，行政

区是国家政权出于行政管理的需要，为实现分级管理而进行的空间区域划分。也有学者认为行政区是“行政区划的空间表现形式”，其边界具有稳定性。经济区是市场经济活动的产物，通常是基于紧密的经济产业联系和地域分工协作而自发形成的地域经济单元。经济区的产生和演变以各级城市为依托，伴随着生产要素的自由流动和市场驱动的空间集聚扩散，其边界具有模糊性。

从理论上看，经济区这种无形的经济产业空间联系是不会受到行政区影响的。要素流动却往往受到行政区的掣肘和制约，造成了经济区的实际割裂，不利于统一大市场的形成和新发展格局的构建。因此，如何协调好经济区与行政区的关系，进而开展有效的协同治理是推动区域合作、促进区域协调发展的关键之举。

（二）经济区与行政区的适度分离

经济区与行政区因其功能差异而呈现出不同的特征，也表现出很多的矛盾与冲突，但二者之间并不是截然对立的。2014年，习近平总书记在部署推进京津冀协同发展战略时就曾指出：行政区划并不必然就是区域合作和协同发展的障碍和壁垒，行政区划本身也是一种重要资源，用得好就是推动区域协同发展的更大优势。此后，更多的学者逐渐认识到，“行政区与经济区的关系并非一种非此即彼的关系，它更多的是表现为一种相互作用和相互磨合的过程”。

范恒山认为，行政区是组织开展经济活动的基本载体与支撑，而经济区则是行政区高水平、快进度和可持续发展的重要条件。行政区的发展有赖于经济区的发展，而经济区的发展又取决于行政区的合理作为；经济区的发展需要倚重行政区这个基础，但又必须突破行政区的限制。因而，经济区与行政区之间只有形成一体化的互动关系，才能更好地促进区域协调发展。

经济区与行政区的适度分离是新时代协调发展必须解决好的重要问题。尽管我国改革开放初期曾经做过一些初步的探索，如成立跨行政区的横向经济协作区等，但经济区的协作范围始终难以突破行政区固化的利益格局。因此，在区域经济一体化的趋势下，如何实现经济区与行政区的适度分离是破解协同发展难题的一把“钥匙”。所谓经济区与行政区适度分离，是指经济区与行政区依据自身功能特点，既相互关联又不完全重合的“一种不同于一般行政区域的具有特色的管理体制”。适度分离既要体现“分”，行政区要让渡部分经济管理权限，赋予经济区更多的市场自主权；又要体现“合”，经济区要在保持行政区相对稳定的前提下，实现中心城市及其辐射腹地的经济联动和有机融合。

二、武汉都市圈协同治理的现状分析

武汉作为我国中部地区唯一的超大城市和长江经济带核心城市，具备了引领武汉都市圈发展的核心动力。武汉都市圈的协同发展对于发挥武汉作为核心城市的枢纽和辐射作用，带动湖北全域的高质量发展有十分重要的作用。

（一）武汉都市圈的发展历程

在区域经济一体化的推动下，我国中部以武汉为核心的都市圈建设从“十一五”开始布局到“十四五”成效初显，历经了十多年的发展历程。2007年12月，武汉城市圈（又称武汉“1+8城市圈”）获批全国“资源节约型和环境友好型社会建设综合配套改革试验区”（简称“两型社会”试验区），以武汉为核心，涵盖半径约100千米范围内的黄石、鄂州、孝感、黄冈、咸宁、仙桃、天门、潜江8个周边城市的区域经济联合体正式形成。武汉“1+8城市圈”以不到全省三分之一的地域面积，集中了全省约二分之一的人口，创造了全省三分之二的经济总量，是湖北经济社会发展的核心和枢纽，更是中部崛起的重要战略支点。

2010年3月，武汉城市圈被列为国家“十二五”重点发展区域，武汉更被明确为全国区域性中心城市，武汉城市圈成为中部城市群的“领头羊”。2014年，《武汉城市圈区域发展规划（2013—2020）》获批，成为武汉城市圈一体化建设的行动指南。“十三五”时期，在长江经济带和长江中游城市群等国家战略的推动下，武汉在2017年提出了建设武汉大都市区的构想，这是区域一体化功能扩展和近汉空间统筹的必然要求。2021年，武汉城市圈同城化发展迈开新步伐，通过“规划同编、交通同网、科技同兴、产业同链、民生同保”打造省域核心城市圈。2022年湖北省第十二次党代会提出要大力发展以武鄂黄黄为核心的武汉都市圈，这是贯彻国家培育发展现代化都市圈发展战略的重要举措，也是建设全国构建新发展格局先行区的坚实支撑。

从“1+8武汉城市圈”到范围更小功能更聚集的“武汉都市圈”，体现了区域产业发展、功能整合、治理融通的拓展与深化，是从宏观到微观的“战略承继”。经过十几年的发展，武汉城市圈协同治理取得了初步成效，从基础设施、产业规划到合作平台、协同机制等方面都有较大突破。尤其是2021年武汉城市圈同城化发展办公室的成立，标志着同城化发展取得实质性进展。

（二）武汉都市圈协同治理的现实困境

作为省域内跨不同行政层级行政区的空间治理单元，武汉都市圈协同发展存在要素市场分割、发展不均衡、行政壁垒难打破、治理碎片化等问题，直接制约了统一大市场的形成和协同治理的有效性。

1. 都市圈圈层断裂导致协同动力机制匮乏

以武鄂黄黄为核心的武汉都市圈，其成立的动力表面上源于省域内三大都市圈的战略布局，但其根本原因在于武汉东向轴线上的空间产业布局契合了长江经济带和长江中游城市群等国家战略的发展趋势。核心区武汉、鄂州、黄冈、黄石四地在资源禀赋、产业结构等方面既存在天然的联系又存在较大差异，这为区域发展和跨域协同既带来了很大的机遇，又带来了很大的挑战。

从现实来看，武汉都市圈内“一城独大”的空间结构布局与“一强众弱”的区域经济格局较为明显。武汉市区尤其是中心城区的人口、GDP规模已经达到相当高的水平，中心城区平均人口密度超过10000人平方千米，人均GDP超过20000美元。而核心区的其他三市在城市能级和经济体量上都远低于武汉，人口、资本、产业基础存在一个明显的断层，未形成一个梯度有序的经济结构，圈层断裂的特征十分明显。与此同时，处于武汉都市圈功能辐射区的周边城市发展不均衡现象也十分明显，实力普遍不强，县域经济偏弱。这就导致武汉作为都市圈核心城市的资源和要素虹吸效应明显，短期内各行政区发展不平衡的现象十分突出。

“区域经济联系的深化，源于产业、市场、要素等联系的深化，在这些联系没有达到一定强度前，由于‘经济利益引力’明显小于‘行政利益阻力’，相关城市对经济区与行政区分离的诉求不强烈。”由于发展不平衡导致的圈层断裂特征，武汉都市圈中心极化效应依然明显，圈内其他行政区的资本、产业、人才等发展要素都未达到与武汉经济结构相匹配的强度和水平，行政区与经济区分离的要求和趋势并不明显，合作的动力机制缺乏。另外，武汉都市圈内各个行政区受政绩考核的压力，横向协同的意愿和动力并不强烈。

2. 行政区割裂导致碎片化治理

武汉都市圈是省域内不同层级行政区的联合体，受传统行政区条块分割体制的影响，经济活动和公共事务的行政壁垒依然存在。资源要素的流动往往只限于单一行政区内，碎片化倾向明显，这与都市圈要求的一体化协同的精神是相悖的。

随着经济协作程度的加强，武汉都市圈内各市的经济联系已经突破了原有的行政区范围，跨区域的经济联系日益紧密。但从现实考察，制约产业和市场一体化的隐形行政约束依然存在，地方政府很难突破“一亩三分地”的思维局限，具体表现为地方保护主义和市场分割。行政区割裂导致的要素流动障碍已成为新时期产业协作的核心困境，这一方面是由于各行政区政府为实现经济考核指标，用投资、税收等优惠政策增强自身的比较优势，从而导致要素争夺、重复建设、无序竞争等现象。另一方面，地方官员不仅注重本地区的经济发展，更关心与其他地区相比的相对业绩，宁愿保持与竞争对手相似的经济结构，也不愿意承担政治晋升博弈中相对位次下降的风险。

3. 缺乏可持续的协同治理模式和机制

各行政区间碎片化的治理结构，导致与经济区一体化发展相适应的领域，如协同立法、产业布局、财税分成、生态补偿、联合考核等方面机制建设严重滞后，都市圈内各行政区之间竞争有余而合作不足的局面很难扭转。从根本上讲，这是由于武汉都市圈还没有形成系统可持续的协同治理模式和机制，纵向上缺乏规范的合作机制框架，横向上缺乏有力的统筹协调，各层次孤立的合作和各领域单一的协同很难形成治理合力，影响了协同发展的有效性和可持续性。一方面，武汉都市圈没有基于整体经济区的考虑来进行系统布局。既然是经济区，就要求围绕要素流动和产业协作等重点领域来逐步推动，而现有的武汉都市圈发展规划较为宏观，对圈域内的政府间横向合作缺乏切实的指导作用，各地出于地方本位主义的考虑，难免出现产业雷同、无序竞争、公共服务失衡等问题。另一方面，武汉都市圈一体化发展在相关的法律体系和制度的对接上存在障碍，各地在基本公共服务提供、基础设施建设、人员流动、社会保障、就业等方面的政策存在差异，很难整合，这就导致了都市圈内资源配置的扭曲。由于武汉都市圈内跨城合作的软性约束，导致了很多的合作项目都是急于求成心理下的短期行为，限制了协同治理效能的发挥，很难起到实效。

三、武汉都市圈协同治理体系的构建

都市圈已经成为经济发展的重要增长极，未来城市之间的竞争也必将是以核心城市为中心的城市集团的竞争。武汉都市圈要想在新一轮的城市竞争中赢得战略主动，形成区域竞争新优势，必须突破省域内行政区的限制，实现经济区与行政区的适度分离，进而搭建系统化可持续的协同治理框架。

（一）宏观层面：培育同呼吸共命运的武汉都市圈共同体意识

其一，实现行政区与经济区的适度分离，必须打破传统行政区的思维定势，培育都市圈共同体意识，这对打破地方保护主义和区域市场分割具有基础性作用。都市圈本质上是功能区和经济区，不是简单的“中心市＋外围市”的结构，要强调同城化发展和一体化思维，培育都市圈共同体。

其二，可以考虑设立省级层面的行政协调机构——都市圈协调委员会，来协调省内三大都市圈内部及之间的跨区域合作问题，对总体规划、重大决策、重大项目及监督考核等事项进行统筹协调。武汉都市圈各市的行政层级各不相同，既有副省级城市，又有一般的地级市。由于行政层级不对等、法律法规衔接不畅，武汉都市圈现有的合作和协调机制主要是依托武汉市发展和改革委员会采取联席会议的方式进行，力度较弱且缺乏普遍的约束力，需要在更高的行政层级上来进行统筹。设立高位的协调机构不仅可以推动区域协同机制的组织化和制度化，还可以协商解决区域内一些重大问题。

其三，加快完善区域合作的法律基础。协同立法是都市圈高质量可持续发展的刚性激励和约束条件。如果没有完善的区域合作法律法规体系，各行政主体参与圈内协同更多的只是行政激励下的短期行为，缺乏持续性和有效性。因此，必须明确各协同主体的法律权利和义务，逐步建立都市圈内税收、道路交通、劳动力市场、生态环境保护等方面的法规政策体系，建立执法、司法协作体系来保障区域协同治理的实现。

（二）中观层面：建立多层次多领域的武汉城市圈协同发展机制

在政府协同方面，要在探索经济区与行政区适度分离的前提下，创新武汉都市圈行政管理体制机制。要进一步将制约经济联系深化的行政管理职权从各行政区政府中分离出来，委托给都市圈协调委员会来行使。在发展原则上，各行政区政府应坚持“经济活动一体化、社会事务属地化、共同事务协同化”。努力建设“不破行政隶属、打破行政壁垒”的跨行政区一体化发展机制，通过政务服务同城化来促进各类生产要素自由流动、高效集聚。要探索圈域内官员绩效考核一体化，将推进同城化和解决跨区域性公共事务的工作作为加分项目纳入政府年度绩效考核目标体系，从而推动同城化取得实效。

在市场和产业协同方面，构建与经济区相适应的一体化区域合作和协同发展机制。一是按照“权责对等、成本分担、收益共享”的原则，支持武汉与周边地区共建“飞地园区”和“离岸园区”，共同探索和磋商“飞地园区”“离岸园区”等共建园区的管理模式、成本分担机制和收益共享机制。可以借鉴外地“存量收益由原行政辖区各自分享、增量收益五五分成”的办法，实现共赢共享。二是以"全球、国家、区域"相结合的视野优化区域分工和产业布局，以资源要素空间统筹为主线，发挥中心城市和外围城市的资源禀赋和区位优势，通过分工协作实现协同发展。打破行政壁垒，建立符合产业特色的金融、产权、消费一体化机制，推进圈内人才、资金、技术、信息等生产要素实现自由、高效流动，实现区域市场共享、功能互补和协同发展。三是以打造江南光谷科创大走廊和江北双循环流通大走廊为契机，围绕光电子元器件、智能装备制造等核心技术和重要产业节点，强化武汉都市圈内产业空间的点—轴—带联系，促进产业空间的加速递进，构建网络状的区域产业发展格局。

在社会协同方面，要加强民间组织和社会团体的交流与合作。一是充分利用武汉在科教、人才、产业方面的优势，借助民间团体、社会组织等参与渠道和机制，推进武汉与其他核心城市之间的信息交流与良性互动，为都市圈协同治理夯实基础。二是成立高层次的专家咨询委员会，吸纳高等院校、科研院所的专家学者作为智力支持，形成专家智囊团为都市圈发展建言献策。专家们通过提供重大决策咨询、重要合作项目论证、政策研究等服务，来促进武汉都市圈协同发展。三是发动企业联合会和行业协会搭建沟通与交流的平台，推进武汉都市圈在社会领域的合作交流。

（三）微观层面：出台一系列可操作的武汉都市圈协同治理政策

武汉都市圈协同发展要取得实质性成效，还需要一系列相关配套政策的出台与落实。经济区与行政区适度分离改革已经由理念倡导转化为现实行动，需要一系列的政策创新来"破局"，以点带面地推动武汉都市圈协同治理走实走深。

第一，要积极向上争取，努力推动武汉都市圈进入国家级都市圈行列。目前，全国已有五家国家级都市圈——西安、福州、成都、南京及长株潭都市圈。国家级都市圈的政策和资源倾斜力度较大，有利于区域协同的加速发展。因此，建议湖北集中强化武汉都市圈的极核功能，通过政策叠加、资源要素集聚等手段提升武汉的辐射带动能力，使武汉都市圈成为省域内都市圈的样板，争取早日获批国家级都市圈。

第二，开展经济区与行政区适度分离的改革试点。在局部有条件的地区探索管理体制改革创新，赋予共建园区更多的管理权限和财政自主权，解决因管理人员身份归属不同而造成的发展理念、运营方式的差异和分歧。建议赋予试点地区和园区更高的行政管理权限，在政策范围内可以下放的经济管理权限一律下放。

第三，在省级层面统筹协调机构的领导下，成立都市圈合作发展的市长联席会议制度，作为推动都市圈一体化发展的制度保障。对于武汉都市圈内的一些普遍性问题，如基础设施硬联通、产业协作、政务融通等，可以通过定期的市长联席会议来协商解决；而对于一些争议较大、难以协调的问题，如财税金融制度、利益分成等，可以交由省都市圈协调委员会来调解和仲裁，并且可以在协调委员会下设多个执行委员会来解决区域发展中的具体事务性问题，定期或不定期研究区域发展中规划、交通、产业、生态、市场监督、政务服务等领域的合作进展，反映在这些领域遇到的问题，提出解决方案。

第四，各行政区可共同出资成立武汉都市圈合作发展基金。建议湖北省政府每年划拨一定经费，圈内各行政区按照年财政收入 1%~3% 的比例拨付资金，吸纳企业、行业协会、社会组织等其他社会主体的捐赠，共同构成武汉都市圈合作发展基金。基金主要用于跨行政区的基础设施建设、生态环境保护、产业专项合作等事项，通过基金的有效运作，促进武汉都市圈一体化发展，带动湖北全域的联动协调发展。

武汉城市圈、成都都市圈、重庆市、长株潭城市群比较研究

湖北省武汉城市圈研究会

李春洋　罗颖　刘琴

原文刊于《武汉社会科学》2022 年第 1 辑，注释从略。

京津冀、长三角和粤港澳大湾区是习近平总书记亲自谋划、亲自部署、亲自推动的重大国家战略，已经成为我国经济发展的三大强劲活跃增长极。第四增长极将在以武汉城市圈为核心的长江中

游城市群和以成都都市圈、重庆市为核心的成渝地区双城经济圈中产生。“十三五”以来,武汉城市圈、成都都市圈、重庆市、长株潭城市群四大经济区发挥各自优势,跑出经济加速度,在城市和区域排名中竞争态势十分明显。武汉城市圈在省委、省政府的大力推动下,武汉国家中心城市实力进一步增强,城市圈主要总量指标、质量指标和发展速度在四大区域中表现出强劲的发展优势,有望在中国经济第四增长极竞争中脱颖而出,到2030年,实现从全国重要增长极到中国第四增长极的完美跨越。

一、主要总量指标排在首位

与成都都市圈、重庆市、长株潭城市群相比,武汉城市圈在主要总量指标方面优势明显,特别是GDP、第二产业增加值、规模以上工业企业数量、地方一般公共预算收入、全社会用电量、实际利用外资、普通高等学校数量、普通高等学校专任教师、城市道路长度、城市轨道交通线路等总量优势显著。

从经济总量来看,2020年,武汉城市圈、成都都市圈、重庆市、长株潭城市群分别为2.64万亿元、2.23万亿元、2.5万亿元、1.76万亿元,武汉城市圈稳居首位,是中部地区经济增长的第一引擎,区域影响力持续增强。从第二产业增加值来看,2020年,武汉城市圈、成都都市圈、重庆市、长株潭城市群分别为10029.19亿元、7303.44亿元、9992.21亿元、7351.55亿元,武汉城市圈排在第一位,制造业竞争优势十分明显。

从规模以上工业企业数量来看,2020年,武汉城市圈、成都都市圈、重庆市、长株潭城市群分别为7596、6694、5797、5648个,武汉城市圈全力推进新型工业化,大抓工业企业发展,通过引育,促进工业产业规模化、高端化、集群化发展,规模以上工业企业数量优势明显,规上工业企业作为工业经济的核心,是城市圈经济的主引擎,是实现区域经济高质量发展的重要载体。

从地方一般公共预算收入看,2020年,武汉城市圈、成都都市圈、重庆市、长株潭城市群分别为1841.29亿元、1176.46亿元、1207.88亿元、931.89亿元,相比经济总量优势,武汉城市圈地方一般公共预算收入呈现大幅度领先态势,表明财政收入质量较高,营商环境优良,政府用于保障和改善民生、推动经济社会发展的财力比较雄厚。

从全社会用电量来看,2019年,武汉城市圈、成都都市圈、重庆市、长株潭城市群分别为1220.53亿千瓦时、1160.19亿千瓦时、973.15亿千瓦时、636.12亿千瓦时,武汉城市圈排在第一位,电力指标作为经济运行的“晴雨表”“风向标”,用电需求旺盛,表明武汉城市圈市场活力强,经济发展好,总体规模大。

从实际利用外资来看,2020年,武汉城市圈、成都都市圈、重庆市、长株潭城市群分别为157.63亿美元、145.06亿美元、103.10亿美元、94.54亿美元,体现了武汉城市圈自贸试验区建设成效明显,外商投资环境在同类区域中表现优良,外资利用水平较高。

从普通高等学校数量来看,2020年,武汉城市圈、成都都市圈、重庆市、长株潭城市群分别为100、75、65、70所,武汉城市圈普通高等学校数量优势明显,特别是武汉市坐拥2所“985工程”大学和7所“211工程”大学,高等学校发展质量竞争力仅次于京沪,位居全国第三。从普通高等学校专任教师人数来看,2020年,武汉城市圈、成都都市圈、重庆市、长株潭城市群分别为72599、56136、45537、49182人,大学教师是实现高等教育人才培养和科学研究职能的决定性因素,高校专任教师数量优势明显,说明武汉城市圈高等学校综合实力较强。

从城市道路长度来看,2020年,武汉城市圈、成都都市圈、重庆市、长株潭城市群分别为11084.19、10872.67、9490.25、5428.64千米,武汉城市圈排在第1名,说明城市交通基础设施建设和道路网系统承载能力较强,武汉城市圈同城化发展的物理基础比较坚实。从城市轨道交通线路长度来看,2020年,武汉城市圈、成都都市圈、重庆市、长株潭城市群分别为388.01、334.08、601.97、161.19千米;从城市轨道交通车站数来看,2020年,武汉城市圈、成都都市圈、重庆市、长株潭城市群分别为291、217、381、114个;从城市轨道交通线路长度(在建)来看,2020年,武汉城市圈、成都都市圈、重庆市、长株潭城市群分别为228.14、202.51、178.22、96.36千米;从城市轨道交通车站数(在建)来看,2020年,武汉城市圈、成都都市圈、重庆市、长株潭城市群分别为119、117、117、62个。城市轨道交通是城市公共交通的骨干，是城市综合交通体系的重要组成部分，武汉城市圈轨道交通的规模和发展速度在四个区域中均排在前列，显示了武汉城市圈城市交通建设发展基础好，城市化建设水平较高。

二、发展质量指标居于前列

与成都都市圈、重庆市、长株潭城市群相比，武汉城市圈在主要发展质量指标方面居于前列，特别是人均GDP、高新技术企业数量、专利申请数、建成区路网密度、绿化覆盖面积等方面充分体现高质量城市圈建设取得较好的成效。

从人均GDP来看，2020年，武汉城市圈、成都都市圈、重庆市、长株潭城市群分别为8.27万元、7.54万元、7.80万元、10.55万元，反映武汉城市圈整体经济发展水平处在前列，居民富裕程度较高。

从高新技术企业数量来看，2020年，武汉城市圈、成都都市圈、重庆市、长株潭城市群核心城市武汉市、成都市、重庆市、长沙市分别为6259、6125、4222、4142家，武汉市稳居首位。在2021年全国高新技术企业数量榜前10名中，有9个城市都来自东部地区，仅有一个城市来自中西部地区的城市武汉市。近年来武汉东湖高新区发展十分快速，已经集聚了几十家上市公司。

从专利申请数来看，2019年，武汉城市圈、成都都市圈、重庆市、长株潭城市群分别为10.09万件、8.93万件、6.73万件、5.57万件，专利技术已经成为社会进步发展的重要项目，武汉城市圈专利申请数量排在第1位，说明武汉城市圈技术创新活动十分活跃，能够为企业或社会创造更大的经济效益。

从建成区路网密度来看，2020年，武汉城市圈、成都都市圈、重庆市、长株潭城市群分别为8.09千米/平方千米、7.44千米/平方千米、6.56千米/平方千米、7.58千米/平方千米，说明武汉城市圈建成区路网密度处于较高水平，已经达到全国先进城市8千米/平方千米的路网密度指标，跻身全国高水平路网密度城市行列。

从绿化覆盖面积来看，2020年，武汉城市圈、成都都市圈、重庆市、长株潭城市群分别为59875.38万平方米、79619.93万平方米、51996.18万平方米、29925.55万平方米，武汉城市圈绿化面积较高，说明城市环境比较优美，环境友好型社会建设成效明显，特别是武汉市既是全国文明城市，同时也是国家环保模范城市、国家卫生城市、国家园林城市。

三、发展速度指标总体领先

与成都都市圈、重庆市、长株潭城市群相比，武汉城市圈在主要发展速度指标方面居于前列，特别是GDP年均增长速度、地方一般公共预算收入年均增长速度、固定资产投资年均增长速度、进出口总额年均增长速度和社会消费品零售总额年均增长速度等主要指标，反映了武汉城市圈在区域经济发展速度方面总体领先于其他三个区域。

从GDP年均增长速度来看，2015年到2019年，武汉城市圈、成都都市圈、重庆市、长株潭城市群分别为10.85%、10.51%、10.77%、7.79%，武汉城市圈GDP年均增长速度领先。

从地方一般公共预算收入年均增长速度来看，2015年到2019年，武汉城市圈地方一般公共预算收入年均增长速度为5.54%，快于重庆市（-0.15%），与成都都市圈基本持平（6.30%），长株潭城市群在较低的基数上增速较快（7.71%）。

从固定资产投资年均增长速度来看，2017年到2019年，武汉城市圈、成都都市圈、重庆市、长株潭城市群分别为11.07%、7.4%、9.54%、11.42%，固定资产投资增速较快，有效支撑了武汉城市圈经济的飞速发展，推动武汉城市圈成为中部地区经济发展的领头羊。

从社会消费品零售总额年均增长速度来看，2017年到2019年，武汉城市圈、成都都市圈、重庆市、长株潭城市群分别为10.71%、10.05%、11.22%、8.32%，武汉城市圈社会消费品零售总额年均增长速度较快，表明中部地区国际国内两个市场充分互联互通，商贸服务业保持快速发展的良好势头，中心城市贸易辐射能力较强，国家贸易枢纽建设成效显著。

四、打造中国经济第四增长极的几点建议

目前看，武汉城市圈初步具备打造中国经济第四增长极的良好基础，然而，与京津冀、长三角和粤港澳相比，其区域战略地位偏低，总体发展实力偏弱，外向度、创新

转化能力、航空客货运水平长期低位，尤其是除武汉市外，其他八市竞争力不强。城市圈需要进一步着力推进增强实力，补足短板，聚集资源，全面实现同城化发展。

1. 争取国家政策层面提升武汉城市圈战略地位

积极争取国家支持武汉城市圈加快建成中部地区崛起的重要增长极。请求国家支持提升武汉城市圈战略层级。比照国家出台《成渝地区双城经济圈建设规划纲要》，推动武汉城市圈建设成为长江中游城市群重要的组成部分，进一步提升武汉城市圈发展能级，积极与环长株潭城市群、环鄱阳湖城市群一起，争取国家将长江中游城市群或中三角一体化发展进一步上升为国家战略。请求国家支持武汉城市圈重大项目建设。比照由国家发展改革委、科技部等联合印发《长三角 G60 科创走廊建设方案》，建议国家支持将光谷科技创新大走廊建设上升到国家层面，支持武汉建设综合性国家科学中心和国家科技创新中心，支持各城市间异地设立产业创新协同中心，鼓励九市建设产业合作示范园区、产业联盟、科技成果转移转化示范基地等创新联合体。请求国家支持武汉建设国家级新区，设立武汉临空经济示范区等，健全武汉城市圈交通基础设施，规划建设城际铁路和市域（郊）铁路，推进武汉市轨道交通向周边合理延伸。

2. 积极支持武汉城市圈打造升级版

一是加大金融支持武汉城市圈建设力度。设立武汉城市圈产业投资基金或政策性发展基金，支持产业和重大基础设施项目建设。发挥省级股权引导基金政策导向作用，引导撬动更多社会资本向武汉城市圈集中，积极争取国家相关基金支持，探索“国家、省、地市”引导基金多级联动机制，提高引导基金服务效率，全力推进 QFLP（合格境外有限合伙人）试点基金落地，吸引海外资本参与武汉城市圈重点产业投资。

二是提升武汉城市圈协调机制协调能力。武汉城市圈同城化建设不仅仅是九市之间的合作共赢，更需要省级层面各相关部门的积极参与，目前的推进武汉城市圈同城化发展机构既不是常设机构，又设在了武汉市，在直接协调省级支持方面不够有力，建议明确推进机构在规划同编、交通同网、科技同兴、产业同链、民生同保等方面协调和督办方面的行政法律地位，特别是跨市域重大产业规划、空间规划、城镇规划、区域规划需要在武圈办框架下批复或者发布等。

三是加大对武汉城市圈同城化工作的支持。武汉城市圈的发展离不开省委、省政府的大力支持，特别是加强在重大改革方面的统筹力度，协调好各方利益关系，如重大项目库支持、武汉城市圈区号统一、高速公路试点月票制、政务大数据平台统一、公交卡通用、横向生态补偿机制建立、制定统一的公共服务标准和协调城市圈统计工作等。

四是加快武汉城市圈副中心城市建设。加快完善武汉城市圈城镇体系规模结构，实现大中小城市协调发展，大力建设黄石、黄冈、孝感副中心城市。黄石工业基础雄厚，依托资源优势，加快实现传统产业转型，大力发展战略性新兴产业。黄冈市人力资源丰富，积极承接国内外产业转移，加快新型工业化和新型城镇化进程，用好用足国家大别山革命老区支持政策，加快实现从农业大市向工业富市转变。孝感市交通区位条件优良，与武汉市接壤边界约 242 千米，三次产业发展基础好，力争实现与武汉全方位同频发展，打造武汉城市圈同城化发展先行区和示范区。

3. 推动武汉城市圈补短板工程

谋划和推动武汉城市圈建设中国经济第四增长极，必须要实施武汉城市圈经济社会发展补短板工程，做足优势，补足短板，一个全面发展、健康发展的武汉城市圈才能具备成长为第四极的资格，可以说，武汉城市圈短板补足之日，就是武汉城市圈第四增长极起飞之时。

一是大力提升武汉城市圈外向度。武汉城市圈作为内陆发展增长极，外向度低是长期以来没有得到很好解决的问题，与成都都市圈、重庆市比较，甚至都不在一个层级。建议加快自贸区改革开放力度，鼓励自由贸易试验区大胆试、大胆闯，打造开放新高地，充分发挥武汉中部地区国家中心城市的优势，用最好的资源吸引最好的投资，尤其是来自境外的投资，大力推进与世界各国特别是“一带一路”沿线国家和地区的深化合作，加快建设飞行经济圈，积极引进世界500强企业和国际四大会计师事务所入驻。

二是大力提升武汉城市圈科技创新转化能力。支持武汉城市圈九市聚焦创新策源能力提升，转移转化能力提效，创新生态环境提质，推动科创产业融合发展，打造区域科技创新共同体建设步伐不断加快。提升武汉城市圈科技资源共享服务平台的能级，加快构建国家战略科技力量，持续推进重大科技基础设施建设，加快打造开放共享的区域创新网络。进一步发挥多层次资本市场配置创新要素作用，依托武汉资本市场服务基地，支持更多的科技企业在科创板上市，利用多样化金融工具融资和发展，更好地配置资源。依托包括中国－东盟数字经济发展合作论坛、海峡两岸青年东湖论坛、数字文化创意产业创新与发展高峰论坛等一些国际性活动和国际性组织，进一步提升影响力和溢出效应，联动全球资源服务区域科技创新，持续推进武汉产业创新发展研究院等一些新型研发机构建设，持续发挥东湖科创走廊作用，加快把科技创新原动力转化为经济发展的现实生产力。强化人才第一资源优势，在武汉城市圈建设高水平国际人才高地，吸引、集聚、培育各类人才，进一步赋能和服务武汉城市圈创新共同体建设。

三是大力推进武汉城市圈空港建设。打造武汉－鄂州航空客货"双枢纽"，建设武汉城市圈品质领先的世界级航空枢纽，合力推进跨区域的多机场体系建设，不断提高民用航空客运量。加快组建本土航空公司，带动航空市场发展，构建完善的航线网络。实施天河机场扩容工程，建设第三跑道、谋划第四跑道，推动湖北高空管制中心项目建设，争取支持天河机场容量提升。加快推进天河机场保税物流中心建设。推动高铁进机场，谋划天河机场与中心城区之间快速联通方式。加快完善天河机场周边快速路网等配套交通设施。协同共建空港型物流枢纽。推进天河机场与花湖机场运营合作对接，拓展至国内主要城市群的航空快线，加密通达全球区域经济中心、国际航空枢纽、世界主要旅游目的地的国际客货运航线，巩固天河机场中部地区国际门户枢纽地位，推动花湖机场建成一流航空货运枢纽。加速构建国际航空大通道，申报建设武汉－鄂州空港型国家物流枢纽，协同构建国内全货机航线网络，构建通达全球、覆盖全国的航空网络体系。

附表：

表1　武汉城市圈（都市圈）、成都都市圈、重庆市、长株潭城市群主要指标（2020年）

城市名称	国土面积（万平方千米）	总人口（万人）	GDP（万亿元）	建成区面积（平方千米）	市区人口（万人）	城区人口（万人）	人口密度（人/平方千米）
武汉城市圈	5.8	3186.63	2.64	1339.98	1704.51	947.38	2906.18
武汉都市圈	2.71	2363	2.32	—	—	—	—
成都都市圈	3.3	2965.78	2.23	1192.87	1216.93	888.76	4479.07
重庆市	8.2	3205.42	2.5	1565.61	2602.32	1213.56	2069.87
长株潭城市群	2.8	1667.68	1.76	655.91	646.37	589.93	2597.47

表2　武汉城市圈、成都都市圈、重庆市、长株潭城市群城市建设指标（2020年）

指标	武汉城市圈	成都都市圈	重庆市	长株潭城市群
市政公用设施建设固定资产投资（万元）	7686102	10657495	9735406	5833856
建成区面积（平方千米）	1339.98	1565.61	1192.87	655.91
人均道路面积（平方米）	17.47	14.65	19.11	22.29

续表

指标	武汉城市圈	成都都市圈	重庆市	长株潭城市群
城市道路长度（千米）	11084.19	9490.25	10872.67	5428.64
建成区路网密度（千米 / 平方千米）	8.09	6.56	7.44	7.58
建成区道路面积率（%）	16.45	14.22	16.65	19.72
建成区排水管道密度（千米 / 平方千米）	11.16	13.94	10.55	10.31
城市轨道交通线路长度（千米）	388.01	601.97	334.08	161.19
城市轨道交通车站数（个）	291	381	217	114
城市轨道交通（在建）线路长度（千米）	228.14	178.22	202.51	96.36
城市轨道交通（在建）车站数（个）	119	117	117	62
人均公园绿地面积（平方米）	14.17	16.5	14.18	12.21
建成区绿化覆盖率（%）	41.36	43.05	43.37	45.62
绿化覆盖面积（万平方米）	59875.38	51996.18	79619.93	29925.55

表 3 武汉城市圈、成都都市圈、重庆市、长株潭城市群城市经济发展指标（2020 年）

指标	武汉城市圈	成都都市圈	重庆市	长株潭城市群
GDP（亿元）	26361.01	22352.04	25002.79	17591.42
人均 GDP（万元）	8.27	7.54	7.8	10.55
地均 GDP（亿元）	0.45	0.67	0.3	0.63
第一产业增加值（亿元）	1886.28	1319.25	1803.33	848.34
第二产业增加值（亿元）	10029.19	7303.44	9992.21	7351.55
第三产业增加值（亿元）	14445.51	13729.35	13207.25	7151.1
社会消费品零售总额（亿元）	10891.22	10156.79	11787.2	7192.21
地方一般公共预算收入（亿元）	1841.29	1176.46	1207.88	931.89
年末金融机构人民币各项存款余额（亿元）	40891.37	45297	37953.11	26272.46
年末金融机构人民币各项贷款余额（亿元）	37967.64	38856.29	36233.2	25251.83
规模以上工业企业数（个）	7596	6694	5797	5648
全社会用电量（亿千瓦时）	1220.53	1160.19	973.15	636.12

表 4 武汉城市圈、成都都市圈、重庆市、长株潭城市群创新能力指标（2019 年）

城市名称	R&D 内部经费支出（万元）	专利申请数（件）	专利授权数（件）	高新技术企业数量（中心城市）	普通高等学校（所）	普通高等学校专任教师（人）
武汉城市圈	4410192	100913	50846	6259	100	72599
成都都市圈	5351044	89306	56516	6125	75	56136
重庆市	4696000	67271	43870	4222	65	45537
长株潭城市群	4416208	55718	28834	4142	70	49182

表 5 武汉城市圈、成都都市圈、重庆市、长株潭城市群交通通达能力指标（2019 年）

城市名称	公路客运量（万人）	民用航空客运量（万人）	邮政业务收入（万元）	互联网宽带接入用户数（万户）
武汉城市圈	27690	1680	1838550	1001
成都都市圈	17375	6386	1856289	1092
重庆市	50990	3405	1291000	1372
长株潭城市群	11596	1285	922023	609

表 6 武汉城市圈、成都都市圈、重庆市、长株潭城市群对外开放水平指标（2020 年）

城市名称	进出口总额（亿元）	出口总额（亿元）	外商直接投资合同项目（个）	实际利用外资（亿美元）
武汉城市圈	3023.28	1849.84	347	157.63
成都都市圈	6014.59	3445.47	604	145.06
重庆市	5792.78	3712.92	223	103.10
长株潭城市群	2442.94	1717.37	300	94.54

表 7 武汉城市圈、成都都市圈、重庆市、长株潭城市群 2015—2019 年年均增长速度

城市名称	GDP 年均增长速度（%）	地方一般公共预算收入年均增长速度（%）
武汉城市圈	10.85	5.54
成都都市圈	10.51	6.30
重庆市	10.77	–0.15
长株潭城市群	7.79	7.71

表 8 武汉城市圈、成都都市圈、重庆市、长株潭城市群 2016—2019 年年均增长速度

城市名称	固定资产投资年均增长速度（%）	社会消费品零售总额年均增长速度（%）
武汉城市圈	11.07	10.71
成都都市圈	7.4	10.05
重庆市	9.54	11.22
长株潭城市群	11.42	8.32

2022 年武汉都市圈城市融合指数评估报告

湖北省武汉城市圈研究会

李春洋 罗颖 刘琴 郭子钰

周边八市融入武汉发展指数是依据都市圈相关理论与方法，通过构建周边区域融入中心城市发展指数指标体系，运用 YAAHP 软件计算而来，旨在揭示周边城市融入武汉发展情况，指导和促进武汉都市圈八市加快融入武汉市。对 2022 年武汉都市圈八市进行数据分析得出排名结果，综合排名顺序为孝感、鄂州、黄石、黄冈、仙桃、咸宁、潜江、天门。与 2021 年相比，前三甲城市依旧，只是位次发生了变化，孝感进 2 位，排名第一，鄂州退 1 位，排名第二，黄石退 1 位，排名第三；第四名至第八名，保持了 2021 年的排名顺序。排名总体呈现孝鄂黄（黄石）前三竞争激烈，黄（冈）仙咸潜天后五名排名次序保持不变的状态。城市群是城市发展到成熟阶段的空间组织形式，是在特定地域范围内，一般以 1 个以上超特大城市为中心，由至

少3个以上周边大城市为构成单元，依托发达的交通通信等基础设施网络所形成的空间组织紧凑、经济联系紧密，并最终实现高度同城化和高度一体化的城市群体，是在地域上集中分布的若干超特大城市和大城市集聚而成的庞大、多核心、多层次城市集团。城市群最核心的是周边城市与中心城市的融合关系，周边城市融入城市群中心城市的程度（城市融合指数）是城市群一体化发展水平的重要衡量标准，融合度越高表明周边城市与中心城市有着越强的经济社会联系。城市融合指数既可以用来评价城市群内周边城市与中心城市之间的融合态势空间分布，也可以评估特定城市群的成熟阶段和发育水平，确定城市群的空间范围。

本研究在2021年城市群城市融合指数评价指标体系的基础上，进一步完善指标体系，优化权重结构。新的指标体系中二级指标包含8个方面：规划同编指数、交通互联互通指数、产业协同发展指数、开放合作指数、公共服务共建共享指数、生态环境共保联治指数、市场一体化指数、体制机制保障指数。同时依托八市先行填报指标数据，课题组再加以调整和校正。在此基础上，对2022年度武汉都市圈周边八市与武汉市的融合度进行了评价。

研究发现，八市融入都市圈城市融合指数综合排名为孝感、鄂州、黄石、黄冈、仙桃、咸宁、潜江、天门。规划同编指数排名为鄂州、孝感、黄石、黄冈、咸宁、仙桃、潜江、天门。交通互联互通指数排名为孝感、鄂州、黄冈、黄石、咸宁、仙桃、潜江、天门。产业协同发展指数排名为孝感、鄂州、黄石、黄冈、咸宁、潜江、仙桃、天门。开放合作指数排名为黄石、仙桃、鄂州、潜江、黄冈、孝感、咸宁、天门。公共服务共建共享指数排名为孝感、黄石、鄂州、黄冈、咸宁、仙桃、潜江、天门。生态环境共保联治指数排名为鄂州、咸宁、黄冈、黄石、孝感、仙桃、潜江、天门。市场一体化指数排名为孝感、黄石、咸宁、黄冈、鄂州、仙桃、天门、潜江。体制机制保障指数排名为孝感、黄石、仙桃、潜江、鄂州、黄冈、天门、咸宁。

一、都市圈城市融合指数综合排名“孝鄂黄（石）稳占三甲”，“黄（冈）仙咸潜天位次不变”，孝感夺得首位

2022年八市融入都市圈城市融合指数综合排名为孝感、鄂州、黄石、黄冈、仙桃、咸宁、潜江、天门。2021年八市融入都市圈城市融合指数综合排名为鄂州、黄石、孝感、黄冈、仙桃、咸宁、潜江、天门。与2021年相比，前三甲发生了变化，孝感进2位，排名第一；鄂州退1位，排名第二，黄石退1位，排名第三。第四名至第八名，保持了去年的排名顺序。排名总体呈现孝鄂黄（石）前三竞争激烈，黄（冈）仙

表1　2022年武汉都市圈城市融合指数综合排名表

排名	城市	评价值
一	孝感	0.05477
二	鄂州	0.04344
三	黄石	0.04288
四	黄冈	0.04131
五	仙桃	0.03377
六	咸宁	0.03331
七	潜江	0.01862
八	天门	0.00831

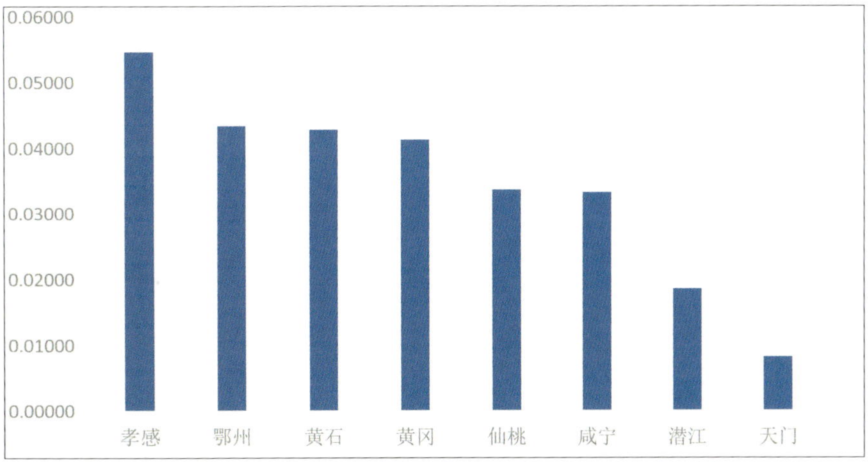

图1　武汉都市圈城市融合指数综合排名图

咸潜天四至八名维持不变的状态。主要原因有三个方面：

一是2021年融合指数指标侧重于人均和地均，2022年指标侧重于规模和总量，相比较之下，鄂州市在资源要素、人口流动、交通总里程、与武汉对接次数等方面，不及具有地级市规模的孝感市。二是2022年评价体系提升了交通互联互通指数的权重，导致离武汉越近、通达线路越多、交通融合度越高的城市，融合指数越高，因此，孝感市最终也超过了黄石市。2022年，武黄高速免费通行、鄂黄长江大桥实现9座以下客车免费通行，均较大提升了鄂州、黄石、黄冈交通互联互通指数。三是产业协同方面，2022年武汉企业到孝感投资达到315家，投资额846.07亿元，远远超过排名第二的黄石市，为孝感市赢得排名第一贡献了指数。四是在体制机制保障方面，孝感市市级层面和各县（市、区）都成立了融入武汉都市圈机构，2022年市、县（市、区）领导，市直部门等与武汉对接频繁。相比较，黄石和黄冈失分多。

研究发现，八个城市之间城市融合指数差异较大，与武汉地域空间上直接交界的城市城市融合指数显著较强。八市总体城市融合指数均值为0.035，在8个城市样本中有4个城市的城市融合指数值高于均值，占总体样本的50%，有50%的样本城市综合融合指数值低于均值。从城市融合指数的组成角度来看，城市融合指数的总体排名和布局情况与各分项指标的排名及布局情况存在差异。

二、分项指标排名分析

（一）规划同编指数：鄂州第一

规划同编是都市圈同城化的引领和指南，圈内城市实现规划同编是一体化的基础。2022年是武汉都市圈的规划编制年，《武汉都市圈发展规划》获得国家批复，武汉都市圈替代了推进20年的武汉城市圈。同年，《武汉都市圈发展三年行动方案（2023—2025年）》发布，出台了《武鄂黄黄规划建设纲要大纲》《武汉新城规划》《武汉都市圈发展2023年工作清单》等文件。报告选取了当年所有共编规划数量（出台或正在编制均计算）、《武汉都市圈发展三年行动方案（2023—2025年）》提及次数作为规划同编指数的三级指标，以此评价周边城市在规划方面与武汉的融入情况。

研究表明，从规划同编指数来看，鄂州、孝感、黄石、黄冈四市处于第一层级，规划同编指数评价值高于均值0.002，占样本总体的50%；咸宁、仙桃、潜江、天门四市处于第二层级，规划同编指数评价值低于均值，占样本总体的50%，层级内部之间评价值无显著差异。潜江、天门在规划同编方面与武汉协同发展水平较低。

研究表明，《武汉都市圈发展三年行动方案（2023—2025年）》纳入水平排名情况为孝感、

表2　规划同编指数排名表

排名	城市	评价值
一	鄂州	0.00043
二	孝感	0.00042
三	黄石	0.00036
四	黄冈	0.00028
五	咸宁	0.00008
六	仙桃	0.00003
七	潜江	0.00002
八	天门	0.00001

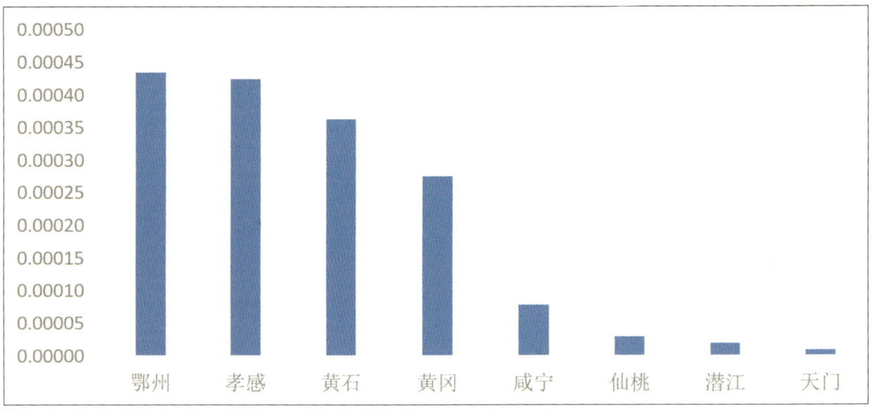

图2　规划同编指数排名

表 3 规划同编分项指标排名表

《武汉都市圈发展三年行动方案（2023—2025 年）》纳入水平			共编规划数量		
排名	城市	评价值	排名	城市	评价值
一	孝感	0.00220	一	鄂州	0.01960
二	黄石	0.00168	二	孝感	0.01729
三	黄冈	0.00112	三	黄石	0.01499
四	鄂州	0.00035	四	黄冈	0.01153
五	咸宁	0.00014	五	咸宁	0.00346
六	仙桃	0.00010	六	仙桃	0.00001
七	潜江	0.00003	六	潜江	0.00001
八	天门	0.00001	六	天门	0.00001

黄石、黄冈、鄂州、咸宁、仙桃、潜江、天门。其中孝感、黄石、黄冈 3 市评价值高于均值 0.0007，占总体样本的 37.5%，鄂州、咸宁、仙桃、潜江、天门 5 市评价值低于均值，占总体样本的 62.5%，其中天门评估值远低于均值，方案中涉及的项目和事项最少。

共编规划数量水平排名情况为鄂州、孝感、黄石、黄冈、咸宁、仙桃、潜江、天门。其中鄂州、孝感、黄石、黄冈四市评价值高于均值 0.008，占总体样本的 50%，咸宁、仙桃、潜江、天门四市评价值低于均值，占总体样本的 50%，其中仙桃、潜江、天门共编规划数量相等，相对偏低，与省委、省政府将都市圈建设的重点放在武鄂黄黄有关。

（二）交通互联互通指数：孝感第一

交通互联互通指数是衡量城市群城市融合指数的关键性指标，城市融合程度的高低很大程度上取决于该城市与中心城市交通基础设施互联互通的水平。交通基础设施作为联结和贯通不同区域的物理媒介和通道，较高的交通互联互通水平，可以降低物流成本，缩短区域通达时间，促进区域间相互开放和合作，推动资源配置更加合理、商品要素流动更加自由以及区域发展更加协调。报告选取公路可达性、铁路可达性、港口发展水平、航空通达水平以及轨道交通通达水平作为衡量交通互联互通指数的三级指标，以此分析周边城市在交通互联互通方面融入中心城市的指数。

研究表明，从交通互联互通评价值来看，孝感、鄂州、黄冈、黄石、咸宁、仙桃处于第一层级，交通互联互通评价值高于均值 0.264；潜江、天门处于第二层级，评价值远低于平均值，交通互联互通程度较差。在 8 个样本城市中，6 个样本城市交通互联互通评价值高于均值，占总体样本的 75%，分别是孝感、鄂州、黄冈、黄石、咸宁、仙桃，说明武汉都市圈交通可达性相对均衡。2 个样本城市交通互联互通评价值低于平均值，占总体样本的 25%，分别是潜江、天门，与排名靠前城市存在明显差距，亟待加强。

交通基础设施建设能够促进都市圈各要素的流通，推动地区经济增长。公路、铁路、港口、航空以及轨道交通作为基础设施建设中的重要组成部分，是联系流通各部门的纽带，能够提升整个都市圈的融合程度。报告分别对 8 个城市在公路、铁路、港口、航空、轨道交通的发展、通达水平进行了客观评价，以此作为衡量周边城市在交通互联互通方面融入武汉市的程度。公路可达性评价值主要是基于各城市高速公路路网密度、高速路口数量、建成区路网密度、两地政府间驾车出行距离、两地政府间驾车出行耗时、两地政府间驾车出行的高速过路费、已开通城际公交数量数据加权得出，铁路可达性评价值主要是基于两地政府间有无城际铁路、两地政府间铁路出行最短耗时、两地政府间铁路出行最低票价、两地间一日内列车班次数量数据加权得出，港口发展水平评价值主要是基于各城市的港口货物吞吐量、内河里程数据加权得出，航空通达水平评价值主要基于地方政府到机场最短耗时数据加权得出，轨道交通通达水平主要基于各城市到核心城市地铁站最短耗时数据加权得出。

研究表明，公路可达性排名情况为孝感、鄂州、黄冈、黄石、仙桃、咸宁、潜江、天门。其中孝感、鄂州、黄冈、黄石、仙桃五市评价值高于均值 0.164，占总体样本的 62.5%，而咸宁、潜江、天门三市评价值低于均值，占总体样本的 37.5%，其中潜江、天门可达性评价值远低于均值，公路交通通达水平低。总体来看，与武汉市距离越近，交通的通达性越强。

铁路可达性排名情况为鄂州、孝感、咸宁、黄冈、黄石、天门、仙桃、潜江。其中鄂州、孝感、咸宁、黄冈四市评价值高于均值 0.0059，处于第一层级，占总体样本的 50%，而黄石、天门、仙桃、潜江四市评价值低于均值，处于第二层级，占总体样本的 50%。处于第一层级的城市，基本都能实现地铁、城际铁路甚至高铁直达。

港口发展水平排名情况为黄冈、孝感、黄石、鄂州、咸宁、天门、潜江、仙桃。其中黄冈、孝感、黄石三市评价值高于均值 0.00003，处于第一层级，占总体样本的 37.5%。鄂州、咸宁、天门、潜江、仙桃五市评价值略低于均值，处于第二层级，占总体样本的 62.5%。由于港口发展水平统计的是货物吞吐量和内河通航里程，部分城市如鄂州市、仙桃市港口发展水平被低估。

航空通达水平排名情况为鄂州、黄石、孝感、黄冈、仙桃、咸宁、天门、潜江。其中鄂州、黄石、孝感、黄冈、仙桃五市评价值高于均值 0.011，处于第一层级，占总体样本的 62.5%。而咸宁、天门、潜江三市评价值低于均值，处于第二层级，占总体样本的 27.5%，其中潜江航空通达水平较低。鄂州、黄石由于花湖机场开航，排名从 2021 年的第三和第七名一跃为第一和第二名。

轨道交通通达水平排名情况为孝感、黄冈、咸宁、黄石、鄂州、仙桃、潜江、天门。其中孝感、黄

表 4　交通互联互通指数排名表

排名	城市	评价值
一	孝感	0.03927
二	鄂州	0.03407
三	黄冈	0.03391
四	黄石	0.03202
五	咸宁	0.02810
六	仙桃	0.02694
七	潜江	0.01321
八	天门	0.00411

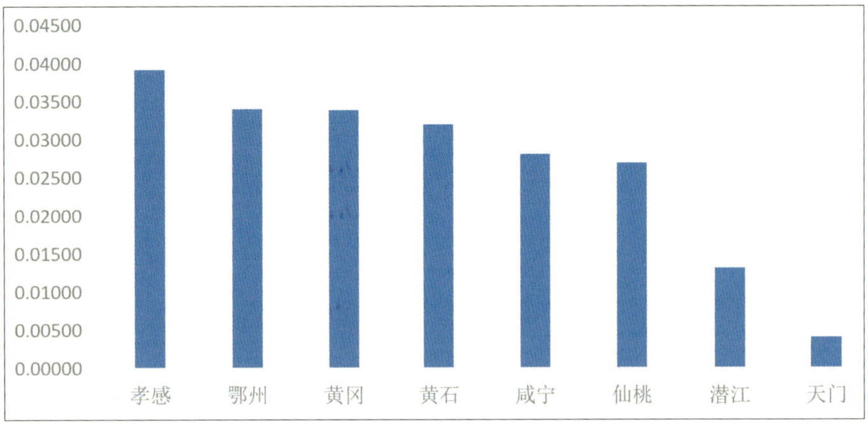

图 3　交通互联互通指数排名图

表 5　交通互联互通分项指标排名表

公路可达性			铁路可达性			港口发展水平			航空通达水平			轨道交通通达水平		
排名	地区	评价值	排名	地区	评价值	排名	地区	评价值	排名	地区	评价值	排名	地区	评价值
一	孝感	0.0269	一	鄂州	0.0093	一	黄冈	0.000108	一	鄂州	0.0188	一	孝感	0.0541
二	鄂州	0.0257	二	孝感	0.0080	二	孝感	0.000064	二	黄石	0.0186	二	黄冈	0.0483
三	黄冈	0.0233	三	咸宁	0.0075	三	黄石	0.000053	三	孝感	0.0176	三	咸宁	0.0483
四	黄石	0.0181	四	黄冈	0.0061	四	鄂州	0.000019	四	黄冈	0.0143	四	黄石	0.0444
五	仙桃	0.0180	五	黄石	0.0058	五	咸宁	0.000017	五	仙桃	0.0124	五	鄂州	0.0386
六	咸宁	0.0147	六	天门	0.0050	六	天门	0.000006	六	咸宁	0.0058	六	仙桃	0.0386
七	潜江	0.0026	七	仙桃	0.0041	七	潜江	0.000005	七	天门	0.0041	七	潜江	0.0316
八	天门	0.0020	八	潜江	0.0017	八	仙桃	0.000004	八	潜江	0.0001	八	天门	0.0001

冈、咸宁、黄石、鄂州、仙桃六市评价值高于均值0.038，处于第一层级，占总体样本数量的75%。潜江、天门二市评价值低于均值，处于第二层级，占总体样本25%，其中天门轨道交通通达水平较低。

（三）产业协同发展指数：孝感第一

产业协同发展是推动武汉都市圈一体化发展的重要内容和核心动力，各市产业协同发展指数的高低影响着该市融入中心城市程度的高低，报告选取产业基础水平、产业协同水平、创新合作水平作为衡量产业协同发展指数的具体性指标，以此分析周边城市在产业协同发展方面融入中心城市的情况。

表6 产业协同发展指数排名表

排名	城市	评价值
一	孝感	0.00613
二	鄂州	0.00320
三	黄石	0.00229
四	黄冈	0.00164
五	咸宁	0.00115
六	潜江	0.00051
七	仙桃	0.00040
八	天门	0.00030

表7 产业协同发展指数分项指标排名表

产业基础水平			产业协同水平			创新合作水平		
排名	地区	得分	排名	地区	得分	排名	地区	得分
一	孝感	0.00052	一	孝感	0.0223	一	黄石	0.0034
二	黄石	0.00047	二	鄂州	0.0109	二	孝感	0.0033
三	黄冈	0.00041	三	黄石	0.0059	三	咸宁	0.0028
四	咸宁	0.00033	四	黄冈	0.0052	四	鄂州	0.0025
五	鄂州	0.00024	五	咸宁	0.0018	五	黄冈	0.0013
六	仙桃	0.00015	六	仙桃	0.0014	六	天门	0.0010
七	潜江	0.00014	七	潜江	0.0011	七	潜江	0.0009
八	天门	0.00007	八	天门	0.0002	八	仙桃	0.0001

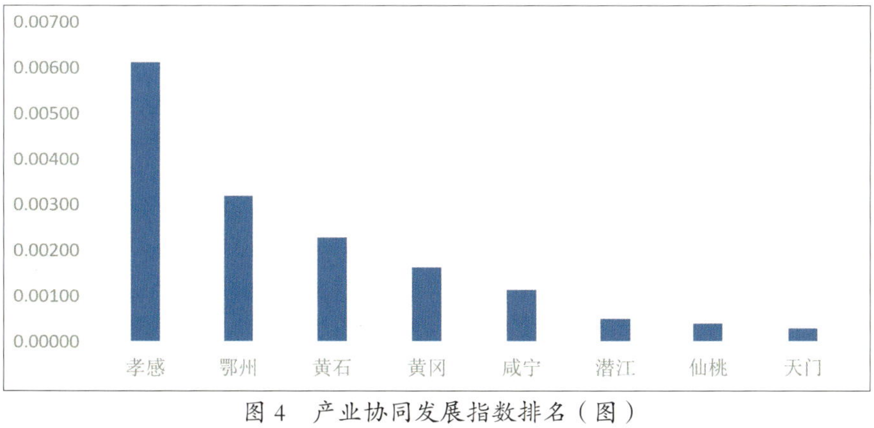

图4 产业协同发展指数排名（图）

研究表明，从产业协同发展指数评价值来看，孝感、鄂州、黄石三市处于第一层级，产业协同发展评价值高于均值0.119，占样本总体的37.5%；黄冈、咸宁、潜江、仙桃、天门五市处于第二层级，产业协同发展评价值低于均值，占样本总体的62.5%。仙桃、天门在融入武汉都市圈中产业协同发展水平较低。

产业协同发展对于促进区域经济一体化有着重要的作用，有利于提升区域分工合作，加快周边城市融入中心城市的步伐。产业基础水平、产业协同水平以及创新合作水平是衡量产业协同发展指数的重要参考指标，因此报告选取这三项具体性指标的评价值加权得出八市产业协同发展指数的评价值。其中产业基础水平评价值主要是基于各市GDP，第二产业规模，第三产业规模，第二、第三产业占GDP比重数据加权得出；产业协同水平评价值主要是基于规模以上工业企业营业利润、产业园共建数量、武汉企业投资数量、武汉企业投资总额数据加权得出；创新合作水平评价值主要是基于各城市高新技术企业数量，高新技术产业增加值，高新技术产业占GDP的比重，科技园、研究院共建数量数据加权得出。

研究表明，产业基础水平排名情况为孝感、黄石、黄冈、咸宁、鄂州、仙桃、潜江、天门。其中孝感、黄石、黄冈、咸宁四市评价值高于均值0.00029，占总体样本的50%；而鄂州、仙桃、潜江、天门四市评价值低于均值，占总体样本的

50%，主要因为经济总量偏小，其中潜江、天门评估值远低于均值，产业基础水平较低。

产业协同水平排名情况为孝感、鄂州、黄石、黄冈、咸宁、仙桃、潜江、天门。其中孝感、鄂州二市评价值高于均值 0.0061，占总体样本的 25%；而黄石、黄冈、咸宁、仙桃、潜江、天门六市评价值低于均值，占总体样本的 75%，黄石评价值略低于均值，天门产业协同水平较低。

创新合作水平排名情况为：黄石、孝感、咸宁、鄂州、黄冈、天门、潜江、仙桃。其中黄石、孝感、咸宁、鄂州四市评价值高于均值 0.0019，占总体样本的 50%；而黄冈、天门、潜江、仙桃四市评价值低于均值，占总体样本的 50%，其中天门、潜江、仙桃创新合作水平较低。

（四）开放合作指数：黄石第 1

开放合作是都市圈协同发展的基础和前提，开放合作有利于克服地区禀赋限制，实现资源要素的取长补短、优化配置，并有效延展地域发展空间；有利于实现错位发展、做强做大地区比较优势；有利于整合优质资源，以区域最高水平形成创新创造力；有利于实现先进带后进，加快缩小地区差距，并有效提升区域整体素质；有利于应对各种风险，和衷共济渡过难关。报告选取贸易开放水平、资本开放水平、开放平台作为衡量开放合作指数的具体性指标，以此分析周边城市在开放合作发展方面融入中心城市的情况。

研究表明，从开放合作发展评价值来看，黄石、仙桃、鄂州三市处于第一层级，贸易开放水平评价值高于均值 0.00018，占样本总体的 37.5%；潜江、黄冈、孝感、咸宁、天门五市处于第二层级，贸易开放水平评价值低于均值，占样本总体的 62.5%。层级内部评价值无显著差异，但层级之间评价值存在较大差异，尤其表现在黄石与天门之间。

贸易开放水平、资本开放水平以及开放平台是衡量地区开放指数的重要参考指标，因此报告选取其三项指标的评价值加权得出八市开放合作指数的评价值。其中贸易开放水平评价值主要基于进出口贸易额、贸易总额占地方政

表 8　开放合作指数排名表

排名	城市	评价值
一	黄石	0.00057
二	仙桃	0.00027
三	鄂州	0.00019
四	潜江	0.00015
五	黄冈	0.00015
六	孝感	0.00009
七	咸宁	0.00004
八	天门	0.00001

表 9　开放合作指数分项指标排名表

贸易开放水平			资本开放水平			开放平台		
排名	地区	评价值	排名	地区	评价值	排名	地区	评价值
一	黄石	0.00073	一	孝感	0.00103	一	黄石	0.0076
二	潜江	0.00037	二	鄂州	0.00084	二	仙桃	0.0038
三	孝感	0.00030	三	咸宁	0.00036	三	鄂州	0.0019
四	咸宁	0.00026	四	黄石	0.00020	三	黄冈	0.0019
五	仙桃	0.00021	四	黄冈	0.00020	三	潜江	0.0019
六	黄冈	0.00011	五	仙桃	0.00002	四	孝感	0.0001
七	鄂州	0.00004	六	天门	0.00001	四	咸宁	0.0001
八	天门	0.00001	六	潜江	0.00001	四	天门	0.0001

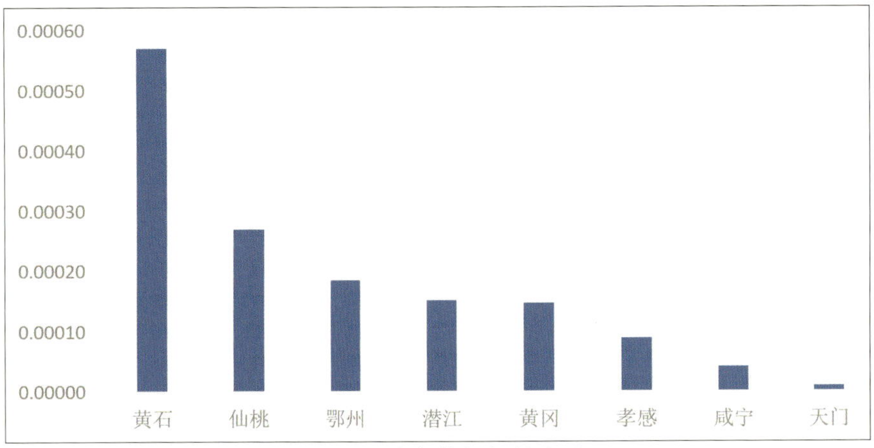

图 5　开放合作指数排名图

府生产总值的比重、武汉中欧班列运量数据加权得出，资本开放水平评价值主要基于实际利用外资总额、资本依存度数据加权得出，开放平台评价值主要基于海关口岸、自贸区、综保区、保税区、跨境电商试验区数量数据加权得出。

研究表明，贸易开放水平排名情况为黄石、潜江、孝感、咸宁、仙桃、黄冈、鄂州、天门。其中黄石、潜江、孝感、咸宁四市评价值高于均值 0.00025，占总体样本的 50%；而咸宁、仙桃、黄冈、鄂州、天门四市评价值低于均值，占总体样本的 50%，天门贸易开放水平最低。

资本开放水平排名情况为孝感、鄂州、咸宁、黄石、黄冈、仙桃、天门、潜江。其中孝感、鄂州、咸宁三市评价值高于均值 0.00033，占总体样本的 37.5%；而黄石、黄冈、仙桃、天门、潜江五市评价值低于均值，占总体的 62.5%，其中天门、潜江在资本开放水平方面表现较差。

开放平台建设排名情况为黄石、仙桃、鄂州、黄冈、潜江、孝感、咸宁、天门。其中黄石、仙桃二市评价值高于均值 0.0022，占总体样本的 25%；而鄂州、黄冈、潜江、孝感、咸宁、天门六市评价值低于均值，占总体样本的 75%，特别是孝感、咸宁、天门三市在开放平台建设方面表现不佳。

（五）公共服务共建共享指数：孝感第一

公共服务共建共享指数是加快落实武汉都市圈协同化发展的重点，区域经济一体化的实现需要依托人才的优化，而均等的公共服务是吸引人才流动的关键。报告选取公共服务共享水平、政务服务共通水平作为衡量公共服务共建共享指数的具体性指标，以此分析周边城市在公共服务共建共享方面融入中心城市的情况。

研究表明，在公共服务共建共享指数方面对 8 个样本数据进行评价的排名情况为孝感、黄石、鄂州、黄冈、咸宁、仙桃、潜江、天门。从公共服务共建共享指数的评价值来看，孝感、黄石、鄂州、黄冈、咸宁五市处于第一层级，公共服务共建共享评价值高于均值 0.00313，占样本总体的 62.5%；仙

表 10　公共服务共建共享指数排名表

排名	城市	评价值
一	孝感	0.00317
二	黄石	0.00316
三	鄂州	0.00314
四	黄冈	0.00314
五	咸宁	0.00313
六	仙桃	0.00312
七	潜江	0.00312
八	天门	0.00311

表 11　公共服务共建共享指数分项指标排名表

公共服务共享水平			政务服务共通水平		
排名	地区	评价值	排名	地区	评价值
一	孝感	0.0011	一	黄石	0.0393
二	黄石	0.0010	一	鄂州	0.0393
三	鄂州	0.0008	一	孝感	0.0393
四	黄冈	0.0007	一	黄冈	0.0393
五	咸宁	0.0005	一	咸宁	0.0393
五	潜江	0.0005	一	仙桃	0.0393
六	仙桃	0.0004	一	潜江	0.0393
七	天门	0.0003	一	天门	0.0393

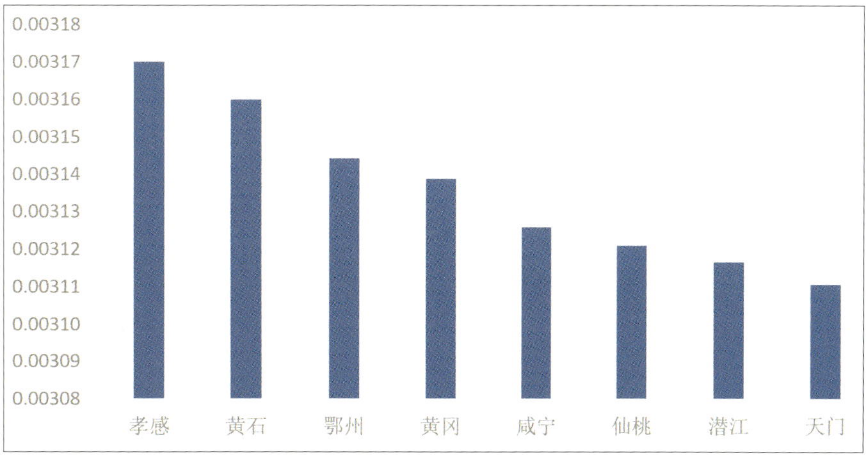

图 6　公共服务共建共享指数排名图

桃、潜江、天门处于第二层级，公共服务共建共享指数的评价值低于均值，占样本总体的37.5%，各城市之间无显著差异。

公共服务共享水平、政务服务共通水平是衡量公共服务共建共享指数高低的参考标准，因此报告选取两项指标的评价值加权得出8市公共服务共建共享指数的评价值。其中公共服务共享水平评价值主要基于城镇登记失业率、人均教育经费支出、国内人均旅游收入、纳入旅游一卡通的景区数量、周边城市职工在中心城市住院费用报销起付金额、中心城市医院托管数量、中心城市最低社保缴费标准差距、公积金互认互贷金额数据加权得出，政务服务共通水平评价值主要基于跨市通办政务数量数据加权得出。

研究表明，公共服务共享水平排名情况为孝感、黄石、鄂州、黄冈、咸宁、潜江、仙桃、天门。其中孝感、黄石、鄂州、黄冈四市评价值高于均值0.0006，占总体样本的50%；而咸宁、潜江、仙桃、天门四市评价值低于均值，占总体样本的50%。在公共服务共享水平方面，孝感表现突出，仙桃、天门有待加强。

在政务服务共通水平方面，由于各市跨市通办政务工作进度基本一致，数量基本相当，评价值相等。

（六）生态环境共保联治指数：咸宁第一

生态环境共保联治是推动武汉都市圈协同化可持续发展的基础，推动都市圈生态环境协同共治、源头防治是强化生态环境共保共治的重点工作，也是在一体化发展中实现生态环境质量提升、共建美丽都市圈的重点内容。因此报告选取生态环境共保联治指数作为衡量周边城市融入中心城市的程度的参考指标之一。

研究表明，在生态环境共保联治指数方面对8个样本数据进行评价的排名情况为咸宁、鄂州、黄冈、黄石、孝感、仙桃、潜江、天门。其中，咸宁、鄂州、黄冈、黄石四市评价值高于均值0.0002，处于第一层级，占总体样本的50%。而孝感、

表12 生态环境共保联治指数排名表

排名	城市	评价值
一	咸宁	0.00040
二	鄂州	0.00036
三	黄冈	0.00032
四	黄石	0.00032
五	孝感	0.00019
六	仙桃	0.00014
七	潜江	0.00010
八	天门	0.00004

表13 生态环境共保联治指数分项指标排名表

生态共保水平			生态休憩互联水平		
排名	地区	评价值	排名	地区	评价值
一	咸宁	0.00150	一	鄂州	0.00770
二	孝感	0.00090	二	咸宁	0.00618
三	潜江	0.00085	三	黄石	0.00615
三	黄冈	0.00085	四	黄冈	0.00602
四	天门	0.00082	五	孝感	0.00325
五	鄂州	0.00080	六	仙桃	0.00216
六	仙桃	0.00077	七	潜江	0.00134
七	黄石	0.00072	八	天门	0.00001

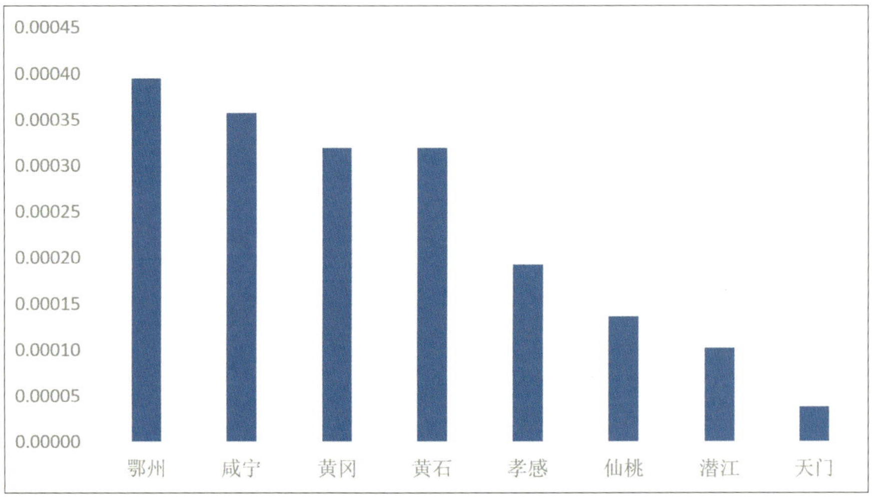

图7 生态环境共保联治指数排名图

仙桃、潜江、天门四市评价值低于均值处于第二层级，占总体样本的50%。在生态环境共保联治方面，咸宁表现突出。

生态共保水平、生态休憩互联水平是衡量生态环境共保联治指数高低的参考标准，因此报告选取两项指标的评价值加权得出八市生态环境共保联治指数的评价值。其中生态共保水平评价值主要基于跨市主要河流水质、SO_2平均浓度、PM2.5年平均浓度、城市环境空气质量良好率数据加权得出，生态休憩互联水平评价值主要基于人均公园绿地面积数据加权得出。

研究表明，生态共保水平排名情况为咸宁、孝感、潜江、黄冈、天门、鄂州、仙桃、黄石。其中咸宁、孝感二市评价值高于均值0.0009，占总体样本的25%；而潜江、黄冈、天门、鄂州、仙桃、黄石六市评价值低于均值，占总体样本的75%。在生态共保水平方面，咸宁表现突出，仙桃、黄石有待加强。

生态休憩互联水平排名情况为鄂州、咸宁、黄石、黄冈、孝感、仙桃、潜江、天门。其中鄂州、咸宁、黄石、黄冈四市评价值高于均值0.0004，占总体样本的50%；而黄孝感、仙桃、潜江、天门四市评价值低于均值，占总体样本的50%。在生态休憩互联水平方面，鄂州表现突出，潜江、天门亟待加强。

（七）市场一体化指数：孝感第一

与市场分割化相对应，市场一体化是现代城市群一体化发展的主要表征，市场一体化有利于

表14　市场一体化指数排名表

排名	城市	评价值
一	孝感	0.00183
二	黄石	0.00163
三	咸宁	0.00089
四	黄冈	0.00087
五	鄂州	0.00067
六	仙桃	0.00041
七	天门	0.00009
八	潜江	0.00006

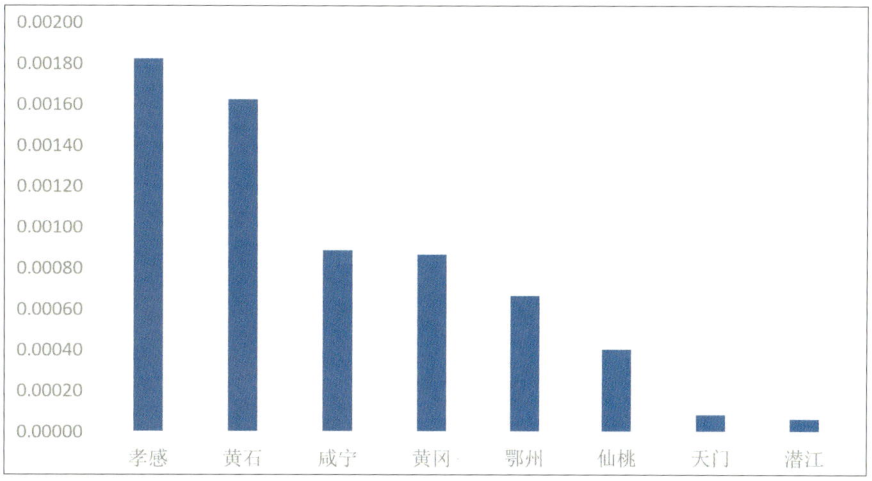

图8　市场一体化指数排名图

突破地区界限，打破地区间存在的贸易、行政等壁垒，使地区间的商品、要素得以自由流动，提升区域经济水平。因此报告选取市场一体化指数作为衡量周边城市融入中心城市的程度的参考指标之一。

研究表明，从市场一体化评价值来看，孝感、黄石、咸宁、黄冈处于第一层级，市场一体化评价值高于均值0.0008，其中孝感、黄石远高于均值，市场一体化表现突出；鄂州、仙桃、天门、潜江处于第二层级，低于平均值，其中潜江的市场一体化评价值仅0.00006，远低于平均值，市场一体化的发展水平亟待提升。在8个样本城市中，4个样本城市市场一体化评价值高于均值，占总体样本的50%。4个样本城市市场一体化评价值低于平均值，占总体样本的50%，层级之间评价值存在较大差异。

市场一体化建设对于打破市场分割、促进经济一体化，构建商品和要素无障碍流动、公平竞争的现代经济体系有着重要的作用。而资本要素市场、劳动力要素市场、技术要素市场、数据要素市场、消费品市场作为市场一体化的重要组成部分，成为衡量其评价值高低的参考标准，因此报告选取此六项作为具体性指标来评估各市市场一体化建设的评价值。其中资本要素评价值主要是基于各城市

表 15　市场一体化指数分项指标排名表

资本要素市场			劳动力要素市场			技术要素市场			数据要素市场			消费品市场			工业品市场		
排名	地区	评价值	排名	地区	评价值	排名	地区	评价值	排名	地区	评价值	排名	地区	评价值	排名	地区	评价值
一	黄石	0.00019	一	黄石	0.0129	一	仙桃	0.0010	一	咸宁	0.000048	一	黄冈	0.0052	一	孝感	0.0035
二	仙桃	0.00013	二	孝感	0.0123	二	孝感	0.0009	二	孝感	0.000035	二	孝感	0.0042	二	黄石	0.0021
三	孝感	0.00009	三	鄂州	0.0059	三	天门	0.0007	三	黄石	0.000030	三	黄石	0.0031	三	咸宁	0.0020
四	黄冈	0.00007	四	咸宁	0.0053	四	咸宁	0.0006	四	天门	0.000008	四	咸宁	0.0023	四	黄冈	0.0017
五	咸宁	0.00002	五	黄冈	0.0030	五	黄石	0.0005	五	鄂州	0.000001	五	仙桃	0.0008	五	鄂州	0.0015
六	鄂州	0.00001	六	仙桃	0.0022	六	潜江	0.0003	五	黄冈	0.000001	六	天门	0.0003	六	仙桃	0.0006
六	潜江	0.00001	七	潜江	0.0001	七	鄂州	0.0002	五	仙桃	0.000001	七	鄂州	0.0002	七	潜江	0.0003
六	天门	0.00001	七	天门	0.0001	八	黄冈	0.0001	五	潜江	0.000001	八	潜江	0.0001	八	天门	0.0001

存贷款总额、当年上市企业个数数据加权得出，劳动力要素市场主要是基于各城市人力资源企业数量数据得出，技术要素市场主要是基于各城市当年非公经济职称评审人数、高科技人才引进数量、承担国家重大科技项目数量、技术转移咨询机构数量数据加权得出，数据要素市场主要是基于各城市数字经济产业产值、出台数据要素的管理制度数量数据加权得出，消费品市场评价主要是基于各城市社会消费品零售总额数据加权得出，工业品市场评价值主要是基于各城市规上工业地区产值数据加权得出。

研究表明，资本要素市场一体化排名情况为黄石、仙桃、孝感、黄冈、咸宁、鄂州、潜江、天门。其中黄石、仙桃、孝感、黄冈四市评价值高于均值，占总体样本的50%；而咸宁、鄂州、潜江、天门四市评价值低于均值，占总体样本的50%。在资本要素市场一体化方面，黄石表现突出，潜江、天门有待加强。

劳动力要素市场一体化排名情况为黄石、孝感、鄂州、咸宁、黄冈、仙桃、潜江、天门。其中黄石、孝感、鄂州、咸宁四市评价值高于均值0.005，占总体样本的50%；而黄冈、仙桃、潜江、天门四市评价值低于均值，占总体样本的50%。在劳动力要素市场一体化方面，黄石表现突出，潜江、天门亟待加强。

技术要素市场一体化排名情况为仙桃、孝感、天门、咸宁、黄石、潜江、鄂州、黄冈。其中，仙桃、孝感、天门、咸宁四市评价值高于均值，占总体样本的50%；而黄石、潜江、鄂州、黄冈四市评价值低于均值，占总体样本的50%。在技术要素市场一体化方面，仙桃表现突出，即在高科技人才引进、承担国家重大科技项目、技术转移咨询机构数量等方面均表现突出，黄冈在技术要素市场一体化方面亟待加强。

数据要素市场一体化排名情况为咸宁、孝感、黄石、天门、鄂州、黄冈、仙桃、潜江。其中，咸宁、孝感、黄石、天门四市评价值高于均值，占总体样本的50%；而鄂州、黄冈、仙桃、潜江四市评价值低于均值，占总体样本的50%。在数据要素市场一体化方面，咸宁表现突出。数据要素市场由于数字经济产业产值缺乏统计标准，结果与具体实际会有一定差异。

消费品市场一体化排名情况为黄冈、孝感、黄石、咸宁、仙桃、天门、鄂州、潜江。其中黄冈、孝感、黄石、咸宁四市评价值高于均值0.002，占总体样本的50%；而仙桃、天门、鄂州、潜江四市评价值低于均值，占总体样本的50%。在消费品市场一体化方面黄冈表现突出，仙桃、天门、鄂州、潜江由于规模小于地级市，得分靠后。

工业品市场一体化排名情况为孝感、黄石、咸宁、黄冈、鄂州、仙桃、潜江、天门。其中孝感、黄石、咸宁、黄冈、鄂州五市评价值高于均值0.015，占总体样本的62.5%；而仙桃、潜江、天门三市评价值低于均值，占总体样本的37.5%。在工业品市场一体化方面，孝感、黄石突出，仙桃、潜江、天门亟待加强。

（八）体制机制保障指数：孝感第一

一体化是都市圈发展的基本品质所在，也是其旺盛的持续发展潜力所在，一体化的本质和核心则是资源要素的无障碍自由流动和地区间全方位开放合作，而建立健全各种支撑协调机制是都市圈一体化可持续稳定发展的基本保障。体制机制创新是推动城市群、都市圈一体化发展的重点内容，因此报告选取体制机制保障指数作为衡量周边城市融入中心城市的程度的参考指标之一。

研究表明，从体制机制保障评价值来看，孝感、黄石、仙桃处于第一层级，体制机制保障评价值高于均值0.0016，其中孝感远高于均值，体制机制保障表现突出，仙桃市作为省直管市，在合作建设力度方面表现突出；潜江、鄂州、黄冈、天门、咸宁处于第二层级，低于平均值，其中黄冈、天门、咸宁体制机制保障水平亟待提升。在8个样本城市中，3个样本城市体制机制保障评价值高于均值，占总体样本的37.5%。5个样本城市体制机制保障评价值低于平均值，占总体样本的62.5%，体制机制保障水平相比2021年有较大提高。

表16 体制机制保障指数排名表

排名	城市	评价值
一	孝感	0.00367
二	黄石	0.00252
三	仙桃	0.00204
四	潜江	0.00146
五	鄂州	0.00134
六	黄冈	0.00102
七	天门	0.00066
八	咸宁	0.00004

表17 体制机制保障指数分项指标排名表

合作机制建设			政府合作的积极性			专门推进工作机构及工作力度		
排名	地区	评价值	排名	地区	评价值	排名	地区	评价值
一	孝感	0.0070	一	孝感	0.00395	一	孝感	0.0270
二	黄石	0.0057	二	仙桃	0.00049	二	黄石	0.0203
三	黄冈	0.0035	三	黄冈	0.00023	二	仙桃	0.0203
四	潜江	0.0015	四	鄂州	0.00015	三	鄂州	0.0135
五	咸宁	0.0004	五	黄石	0.00008	三	潜江	0.0135
五	仙桃	0.0004	五	天门	0.00008	四	黄冈	0.0068
六	鄂州	0.0002	六	潜江	0.00006	四	天门	0.0068
七	天门	0.0001	七	咸宁	0.00001	五	咸宁	0.0001

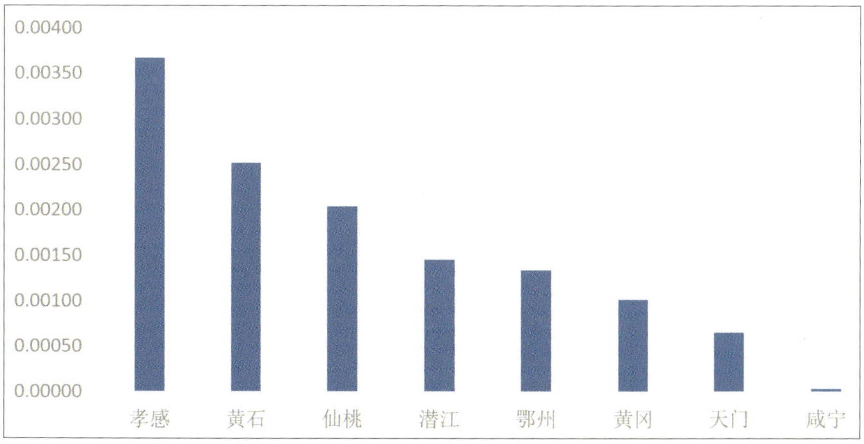

图9 体制机制保障指数排名图

创新体制机制不仅有利于打破阻碍城市发展的行政壁垒，还能够为都市圈高质量发展提供强大动力。而合作机制建设、政府合作的积极性、专门推进工作机构及工作力度是推动体制机制创新、加快各市融入中心城市的重点工作，因此报告选取此三项作为具体性指标来评估各市体制机制保障的评价值。其中合作机制建设评价值主要是基于各城市签订合作协议数量数据加权得出，政府合作的积极性评价值主要是依据领导互访次数和工作人员访问武圈办次数，专门推进工作机构及工作力度评价值主要是基于各城市同城化专门机构建设评估得出。

研究表明，合作机制建设排名情况为孝感、黄石、黄冈、潜江、咸宁、仙桃、鄂州、天门。其中，孝感、黄石、黄冈三市评价值高于均值0.00235，占总体样本的37.5%；

而潜江、咸宁、仙桃、鄂州、天门五市评价值低于均值，占总体样本的 62.5%。在合作机制建设方面，孝感表现突出，仙桃、鄂州、天门亟待加强。

政府合作的积极性排名情况为孝感、仙桃、黄冈、鄂州、黄石、天门、潜江。其中，孝感、仙桃二市评价值高于均值 0.0006，占总体样本的 25%；而黄冈、鄂州、黄石、天门、潜江六市评价值低于均值，占总体样本的 75%。由于孝感市政府合作的积极性评价值比较突出，提高了评价均值。

专门推进工作机构及工作力度排名情况为孝感、黄石、仙桃、鄂州、潜江、黄冈、天门、咸宁。孝感表现突出，其余各市还要进一步加强与武汉市的沟通交流，设立专门的交流平台，提升工作力度，才能为各市融入武汉提供更大支撑。

2022 年武汉都市圈城市融合指数结果表明，从规模、数量和质量上来看，排名靠前的城市，与武汉市有着更多的要素和信息交流，对武汉经济社会发展影响更深。排名既有客观因素，也有各市的主观因素，如城市规模大小、与武汉距离远近、资源禀赋的丰欠程度、武汉城市经济空间布局、融圈推动力度大小和省政府阶段性工作重点等都会影响排名顺序。各市可以对照综合排名和单项排名情况，进行具体分析，查漏补缺，力争大幅提升与武汉市的交通、产业、开放、公共服务、生态、市场融合水平，共同推动武汉都市圈加快建成全国经济发展的重要增长极。

2022 年七大都市圈综合发展能力评估报告

湖北省武汉城市圈研究会
李春洋　罗颖　刘琴　郭子钰

一、都市圈综合发展能力评估指标体系构建

一般认为，综合发展能力是指个体全方位发展水平和潜力的表征。报告从中心城市经济竞争力、资源要素集聚能力、社会福利保障能力这 3 个层面对都市圈的综合发展能力进行分析评估。其中，中心城市经济竞争力为核心层，资源要素集聚能力为基础层，社会福利保障能力为结果层。三项能力层层递进，相互耦合。中心城市经济竞争力是以中心城市为核心的圈域经济通过中心城市的经济组织功能，在其经济辐射和吸引的地域范围内建立一种稳定的空间经济网络体系的能力。中心城市之所以始终处于核心和关键的地位，是由它自身的经济聚集和经济辐射作用决定的。因此，中心城市经济竞争力对圈域产生的影响是广泛和巨大的，也是综合发展能力评价体系的核心层。资源要素集聚指的是资源、要素和经济活动在地理空间中呈集中分布的状态，中心城市资源要素集聚能力即中心城市对都市圈对各要素的吸引能力。同时，经济活动也都趋向于集聚在资源和要素相对集中的区域。因此，资源要素集聚能力是综合发展能力评价体系的基础层。社会福利保障能力主要为解决一切有关“福利”问题提供的各种社会措施和政策的保障能力，可以衡量圈域居民的社会福利保障水平。都市圈发展的最终目的是在政策范围内为所有对象在一定生活水平上尽可能提高生活质量，针对弱势群体的福利保障是都市圈发展水平的结果和体现，因此，社会福利保障能力是综合发展能力评价体系的结果层。

本评价体系共包含 3 个一级指标、13 个二级指标和 53 个三级指标。在中心城市经济竞争力层面，选取了中心城市经济实力、中心城市经济发展潜力、中心城市经济引领能力、中心城市与外围城市联系能力 4 个指标作为它的二级指标；在资源要素集聚能力层面，选取了综合发展潜力、产业发展能力、人口集聚能力、科技创新能力、资本承载能力和生态支撑能力 6 个指标作为它的二级指标；在社会福利保障能力层面，选取了社会保障能力、公共服务能力、社会福利能力 3 个指标作为它的二级指标。每个级别的指标权重利用 AHP 软件采取层次分析法进行确定，核心是将总目标分解为若干层次，通过定性指标模糊量化方法计算层次单排序和总排序，确定不同层次的各项指标权重。在明确三级指标数据后，对各个指标进行 min-max 标准化处理，使其成为可比的指标后再进行分析，具体评价指标体系如表 1 所示。

二、评估对象选取

国家发展和改革委员会发布《国家发展改革委关于培育发展现

代化都市圈的指导意见》，提出都市圈是城市群内部以超大特大城市或辐射带动功能强的大城市为中心、以1小时通勤圈为基本范围的城镇化空间形态。各地提出建设的都市圈超过30个，主要有上海大都市圈、深圳都市圈、杭州都市圈、广州都市圈、武汉都市圈、成都都市圈、南京都市圈、长株潭都市圈、重庆都市圈、西安都市圈、合肥都市圈等。2019年以来，国家先后批复了福州都市圈、武汉都市圈、成都都市圈、南京都市圈、西安都市圈、长株潭都市圈、重庆都市圈，报告选取与武汉都市圈发展能级相当的成都都市圈、南京都市圈、西安都市圈、长株潭都市圈、重庆都市圈、杭州都市圈进行比较，以期为武汉都市圈发展提供可参考、可借鉴的经验。由于国家批复的部分都市圈涉及范

表1　都市圈综合发展能力评价指标体系表

目标层	一级指标	二级指标	三级指标
都市圈综合发展能力评价指标体系	中心城市经济竞争力	中心城市	面积（万平方千米）
		经济实力	地区生产总值（亿元）
			人均GDP（万元）
			社会消费品零售总额（亿元）
			规模以上工业企业数量（个）
			休闲娱乐门店人均拥有量（个/万人）
			第三产业规模（亿元）
			人口规模（万人）
			人口密度（人/平方千米）
			高新技术企业数量（个）
			独角兽企业数量（个）
			国家级科技企业孵化器数量（个）
			国家级实验室数量（个）
			发明专利授权数（件）
		中心城市经济发展潜力	地区生产总值增速（%）
			规上工业增加值增速（%）
			固定资产投资增速（%）
			社会消费品零售总额增速（%）
			人口增长速度（%）
		中心城市经济引领能力	市地区生产总值占全省地区生产总值比重（%）
			经济首位度
		中心城市与外围城市联系能力	高铁平均班次（次）
			时空距离指数
	资源要素集聚能力	综合发展潜力	地区生产总值增速（%）
			规上工业增加值增速（%）
			固定资产投资增速（%）
			社会消费品零售总额增速（%）
			经济密度（亿/平方千米）
			地区生产总值占全省地区生产总值比重（%）
		产业发展能力	面积（万平方千米）
			GDP（万亿）
			人均GDP（万元）
			规模以上工业企业数量（个）
			休闲娱乐门店人均拥有量（个/万人）
			第三产业规模（亿元）

续表

目标层	一级指标	二级指标	三级指标
都市圈综合发展能力评价指标体系	资源要素集聚能力	人口聚集能力	人口规模（万人）
			人口增长速度（%）
			人口密度（人/平方千米）
		科技创新能力	高新技术企业数量（个）
			独角兽企业数量（个）
			国家级科技企业孵化器数量（个）
			国家级实验室数量（个）
			发明专利授权数（件）
		资本承载能力	上市企业数量（个）
			金融开放程度（家）
		生态支撑能力	人均水资源占有量（立方米/人）
			城市建成区绿化覆盖率（%）
	社会福利保障能力	社会保障能力	失业保险参保人数比例（%）
			养老保险参保人数比例（%）
			医疗保险参保人数比例（%）
		公共服务能力	教育服务能力（所）
			医疗服务能力（家）
		社会服务能力	医院床位合成指数

围和统计上的不便，报告将七大都市圈的范围扩展到所包含区域内地级市全域范围。其中，武汉都市圈包括武汉、黄石、鄂州、黄冈、孝感、咸宁、仙桃、天门、潜江九市，成都都市圈包括成都、德阳、眉山、资阳四市，杭州都市圈包括杭州、湖州、嘉兴、绍兴、衢州、黄山六市，南京都市圈包括南京、镇江、扬州、淮安、芜湖、马鞍山、滁州、宣城、常州、溧阳十市，西安都市圈包括西安、咸阳、铜川、渭南四市，长株潭都市圈包括长沙、株洲、湘潭三市，重庆都市圈包括重庆市主城区都市区（渝中区、大渡口区、江北区、沙坪坝区、九龙坡区、南岸区、北碚区、渝北区、巴南区、涪陵区、长寿区、江津区、合川区、永川区、南川区、綦江区、大足区、璧山区、铜梁区、潼南区和荣昌区）和广安市。

三、评估结果分析

（一）综合发展能力：武汉都市圈排名第一

综合发展能力指数排名依次为武汉都市圈、杭州都市圈、成都都市圈、南京都市圈、长株潭都市圈、西安都市圈、重庆都市圈。样本均值为0.0448，武汉都市圈、杭州都市圈和成都都市圈综合发展能力指数评价值高于所取样本均值，其他都市圈的综合发展能力低于均值水平。从排名来看，都市圈综合发展能力在地理位置上存在东部较强，中、西部较弱的地域特征。排名靠前的4个都市圈中有2个处于我国东部，经济发展基础较好，特别是中心城市经济、资源要素聚集，社会福利保障等领域均存在明显优势。排名靠后的长株潭都市圈、西安都市圈、重庆都市圈在综合发展能力方面有较大差距，这三个都市圈基本处在中西部，发展水平相对滞后。都市圈发展一般分为雏形发育阶段、快速发育阶段、趋于成熟阶段和成熟发育阶段四个层次，其中，武汉都市圈、杭州都市圈、成都都市圈和南京都市圈处在快速发育阶段，长株潭都市圈、西安都市圈、重庆都市圈发展处于雏形发育阶段。

（二）一级指标排名分析

1. 中心城市经济竞争力：武汉都市圈排名第一

七大都市圈中心城市经济竞争力指数排名依次为武汉都市圈、成都都市圈、杭州都市圈、长株潭都市圈、西安都市圈、南京都市圈、重庆都市圈。样本均值为0.0423，排名前三的武汉都市圈、成都都市圈和杭州都市圈评估值高于样本均值，其余四大都市圈评估值均低于整体平均值，且与均值水平差距

表 2 2022 年七大都市圈综合发展能力指数排名表

排名	都市圈名称	评价值
一	武汉都市圈	0.0577
二	杭州都市圈	0.0522
三	成都都市圈	0.0516
四	南京都市圈	0.0403
五	长株潭都市圈	0.0388
六	西安都市圈	0.0386
七	重庆都市圈	0.0345

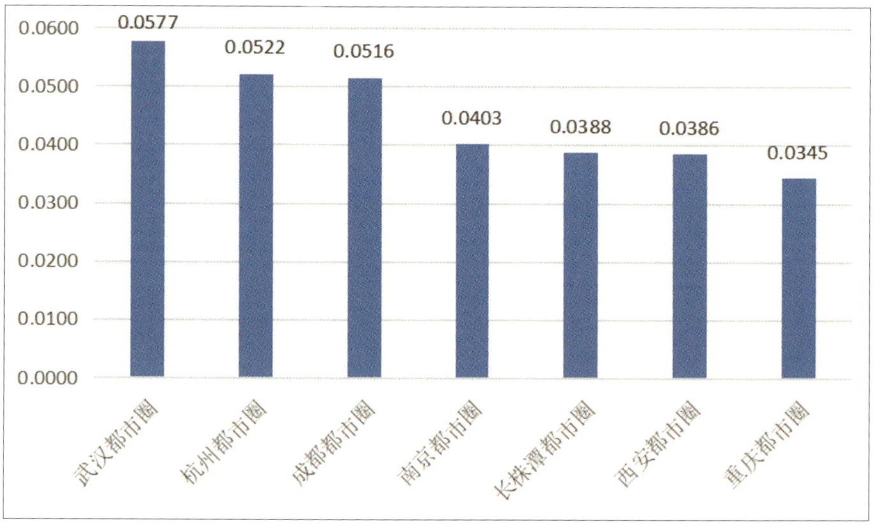

图 1 2022 年七大都市圈发展指数综合排名图

较大，说明长沙市、西安市、南京市、重庆市（主城区都市区）实力偏低，对其外围城市影响力较小。

2. 资源要素聚集能力：南京都市圈排名第一

资源要素聚集能力指数排名依次为南京都市圈、杭州都市圈、武汉都市圈、西安都市圈、成都都市圈、长株潭都市圈、重庆都市圈。样本均值为 0.0025，排名前三的都市圈高于均值。总体而言，七大都市圈资源要素聚集能力指数水平呈现显著差异，整体出现由东向西衰减的梯度格局。

都市圈是一个多城市的集合体，是由圈内城市共同构成的具有密切功能联系的经济实体和社会实体，各种要素和经济活动在空间上集聚与扩散是其发展的主要动力，而影响一个都市圈资源要素集聚能力的主要因素有：（1）都市圈

表 3 2022 年七大都市圈主要指标表

指标	武汉都市圈	成都都市圈	杭州都市圈	南京都市圈	西安都市圈	长株潭都市圈	重庆都市圈
地区生产总值增速（%）	6.95	4.82	5.20	5.36	7.69	5.41	4.24
规上工业增加值增速（%）	5.2	6	3	6.5	8	8.2	3
固定资产投资增速（%）	11	6	7	4	10	5	0.8
社会消费品零售总额增速（%）	2.76	–1.23	5.4	0.22	–1.07	2.76	–0.52
经济密度（亿 / 平方千米）	0.55	0.74	0.74	0.83	0.46	0.72	0.34
地区生产总值占全省地区生产总值比重（%）	59.91	46.2	51.08	46.62	51.91	41.67	78.03
面积（万平方千米）	5.81	3.54	5.38	6.88	3.74	2.81	3.50
GDP（万亿）	3.22	2.62	3.97	5.73	1.70	2.03	3.06
人均 GDP（万元）	9.79	8.75	13.10	14.15	7.59	12.05	8.64
规模以上工业企业数量（个）	8537	5849	22377	21680	3163	5909	7544
休闲娱乐门店人均拥有量（个 / 万人）	3.51	2.67	3.46	4.81	3.61	4.33	4.06
第三产业规模（亿元）	17702	16189	22499	29459	9331	10684	16156
人口规模（万人）	3289.2	2997	3030	4048	2242	1683	3538
人口增长速度（%）	5.37	22.15	20.8	5.14	18.13	22.17	10.16

续表

指标	武汉都市圈	成都都市圈	杭州都市圈	南京都市圈	西安都市圈	长株潭都市圈	重庆都市圈
人口密度（人/平方千米）	566.53	846	562	588	600	599	398
高新技术企业数量（个）	8421	8298	10990	16708	7604	5329	5119
独角兽企业数量（个）	7	3	21	12	5	5	3
国家级科技企业孵化器数量（个）	50	23	84	73	44	19	23
国家级实验室数量（个）	30	13	14	30	23	19	10
发明专利授权数（件）	79008	73039	188757	215008	50822	41812	56924
上市企业数量（个）	93	120	421	200	50	98	69
金融开放程度（家）	11	20	13	13	6	6	15
人均水资源占有量（立方米/人）	1691	804	2054	907	406	1426	2149
城市建成区绿化覆盖率（%）	43.57	43.6	41.44	44.66	42.46	44.15	42.62
失业保险参保人数比例（%）	11.41	24.82	33.32	20.72	14.68	17.11	17.39
养老保险参保人数比例（%）	41.96	19.81	47.13	32.61	47.03	34.00	36.83
医疗保险参保人数比例（%）	64.37	52.93	54.97	52.31	65.73	59.91	79.86
教育服务能力（所）	4144	1666	2627	4391	1553	1576	864
医疗服务能力（家）	2566	1760	1849	2696	1476	964	998
医院床位合成指数	87612	86461	85452	102082	60029	53124	98239

表 4　2022 年七大都市圈中心城市经济竞争力指数排名表

排名	都市圈名称	评价值
一	武汉都市圈	0.0547
二	成都都市圈	0.0502
三	杭州都市圈	0.0479
四	长株潭都市圈	0.0375
五	西安都市圈	0.0365
六	南京都市圈	0.0350
七	重庆都市圈	0.0339

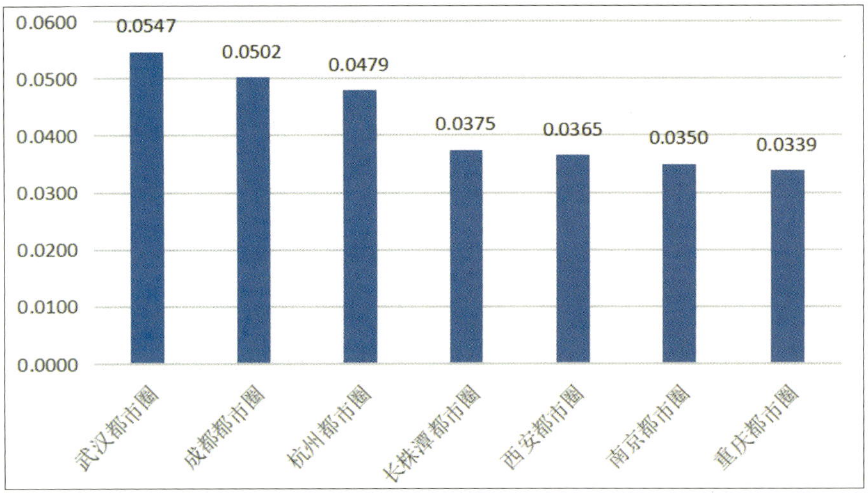

图 2　2022 年七大都市圈中心城市经济竞争力指数排名图

区位条件，它在很大程度上决定了都市圈的发展定位和主要功能，从排名表可以看出，排名靠前的都市圈都是地处我国东部、中部地区，这些区域得益于率先开发开放政策，因此都市圈发展得好；相反，排名较后的长株潭都市圈、重庆都市圈在区位条件方面，处在中西部地区，极大影响了各种资源要素的集聚能力。（2）都市圈发展的“固定投入”——基础设施，在很大程度上影响着企业的区位选择，包括城市内部的基础设施和城市之间的多样化沟通联系，基础设施越完善，城际联系越紧密，对都市圈内外部资源的吸引力越高，排名靠前的都市圈一般在基础设施建设方面更为完善。（3）都市圈的人文因素（指影响人口、资本、技术等要素流入的人文环境），对都市圈

表 5　2022 年七大都市圈中心城市主要指标表

指标	武汉	成都	杭州	南京	西安	长沙	重庆
面积（万平方千米）	0.86	1.43	1.69	0.66	1.01	1.18	2.87
地区生产总值（亿元）	18866	20817	18753	16907	11486	13966	21455
人均 GDP（万元）	13.73	9.81	15.26	17.88	8.88	13.64	10.13
社会消费品零售总额（亿元）	6936.2	9096	7294	7832	4642	5235	101350
规模以上工业企业数量（个）	2958	3664	5992	3231	1667	2912	6938
休闲娱乐门店人均拥有量（个 / 万人）	5.18	6.55	7.25	4.85	3.96	6.68	4.47
第三产业规模（亿元）	11673.99	13825	12787	10522	7091	7925	15423
人口规模（万人）	1373.9	2126	1237.6	949.1	1287.3	1023.9	2118.6
人口密度（人 / 平方千米）	1617.49	1483	734	1440	1273	866	389
高新技术企业数量（个）	6259	7821	7707	7800	7140	4100	5108
独角兽企业数量（个）	7	3	18	10	4	5	3
国家级科技企业孵化器数量（个）	41	21	57	31	30	15	22
国家级实验室数量（个）	30	12	14	29	23	10	10
发明专利授权数（件）	23658	19560	53000	28291	17136	12365	12200

的资源要素集聚能力都有着较大的提升作用。排名领先的都市圈在一些开放性的落户政策、经济政策、产业政策等方面显然力度更大。

3. 社会福利保障能力：南京都市圈排名第一

都市圈的发展离不开对社会福利的关心和重视，社会福利水平越高，居民的消费意愿越强，劳动力素质也越高，进而越有利于释放内需、提高技术创新、增强经济发展的活力。结合中国都市圈发展现状和相关研究基础，报告从社会保障能力、公共服务能力和社会福利能力三个领域共同构建评价体系。

社会福利保障能力指数排名依次为南京都市圈、武汉都市圈、杭州都市圈、重庆都市圈、成都都市圈、西安都市圈、长株潭都市圈。样本均值为 0.000027。七大都市圈中，一半以上的都市圈社会福利

表 6　2022 年七大都市圈资源要素聚集能力指数排名表

排名	都市圈名称	评价值
一	南京都市圈	0.0053
二	杭州都市圈	0.0043
三	武汉都市圈	0.0030
四	西安都市圈	0.0020
五	成都都市圈	0.0013
六	长株潭都市圈	0.0013
七	重庆都市圈	0.0006

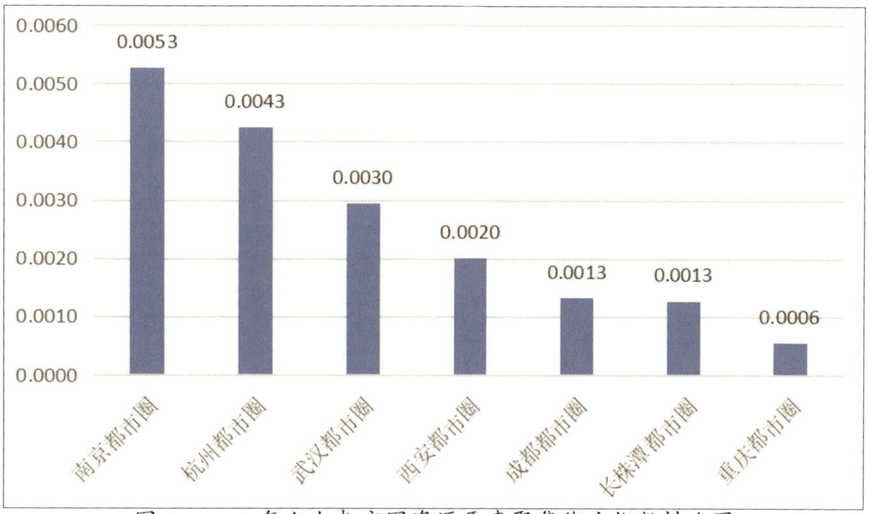

图 3　2022 年七大都市圈资源要素聚集能力指数排名图

表 7　2022 年七大都市圈社会福利保障能力指数排名表

排名	都市圈名称	评价值
一	南京都市圈	0.000042
二	武汉都市圈	0.000038
三	杭州都市圈	0.000034
四	重庆都市圈	0.000029
五	成都都市圈	0.000023
六	西安都市圈	0.000017
七	长株潭都市圈	0.000008

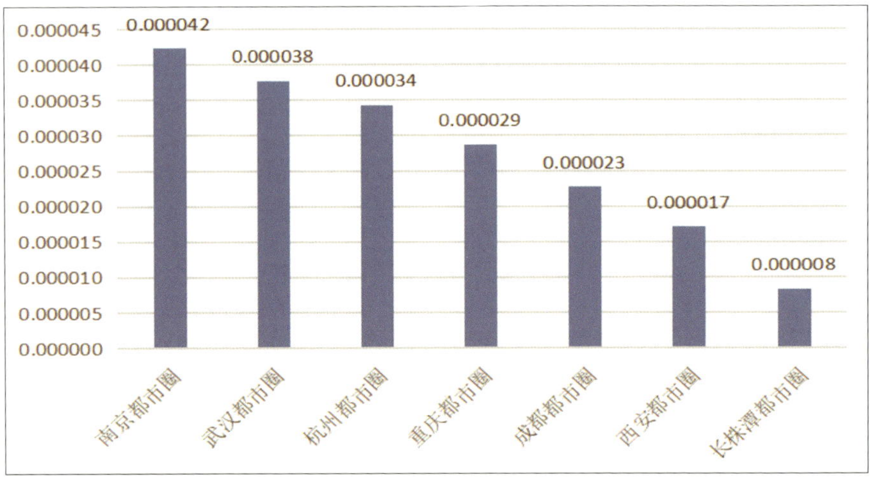

图 4　2022 年七大都市圈社会福利保障能力指数排名图

保障能力都高于均值。研究表明，都市圈社会福利保障能力呈现明显的等级化特征，南京都市圈、武汉都市圈、杭州都市圈处在第一个等级，重庆都市圈和成都都市圈处于第二个等级，西安都市圈和长株潭都市圈处于第三个等级。

（三）二级指标排名分析

本次评估报告中，二级指标共有 13 个，分别是中心城市经济实力、中心城市经济发展能力、中心城市经济引领能力、中心城市与外围城市联系能力、综合发展能力、产业发展能力、人口聚集能力、科技创新能力、资本承载能力、生态支撑能力、社会保障能力、公共服务能力、社会福利能力。相对于一般型城市，中心城市具有较强的聚集、辐射功能和指挥、调节及综合服务的功能，对区域经济的发展具有重要的作用，极大程度带动都市圈实现跨越式增长，故二级指标中有 4 项指标都是针对都市圈的中心城市。

1. 中心城市经济实力：杭州都市圈排名第一

中心城市经济实力指数排名依次为杭州都市圈、南京都市圈、武汉都市圈、成都都市圈、重庆都市圈、西安都市圈、长株潭都市圈。样本均值为 0.017，其中，杭州都市圈、南京都市圈、武汉都市圈位于均值之上，西安都市圈、长株潭都市圈离均值较远，说明西安市和长沙市城市经济实力较弱。

2. 中心城市经济发展潜力：西安都市圈排名第一

中心城市经济发展潜力指数排名依次为西安都市圈、长株潭都市圈、武汉都市圈、成都都市圈、南京都市圈、重庆都市圈、杭州都市圈。样本均值为 0.0022，只有前三名达到均值，反映出经济发展潜力差异较大。

报告主要从地区生产总值增速、规上工业增加值增速、固定资产投资增速、社会消费品零售总额增速、经济密度、地区生产总值占全省地区生产总值比重 6 个方面考察都市圈的中心城市经济发展潜力。从统计数据看，排名前三的西安都市圈、长株潭都市圈、武汉都市圈主要由于地区生产总值增速和规上工业增加值增速优势明显，从而排名靠前。相反排名落后的杭州都市圈，因为其中心城市本身体量较大，经济发展较好，要

表 8　2022 年七大都市圈中心城市经济实力指数排名表

排名	都市圈名称	评价值
一	杭州都市圈	0.0279
二	南京都市圈	0.0231
三	武汉都市圈	0.0207
四	成都都市圈	0.0153
五	重庆都市圈	0.0141
六	西安都市圈	0.0096
七	长株潭都市圈	0.0065

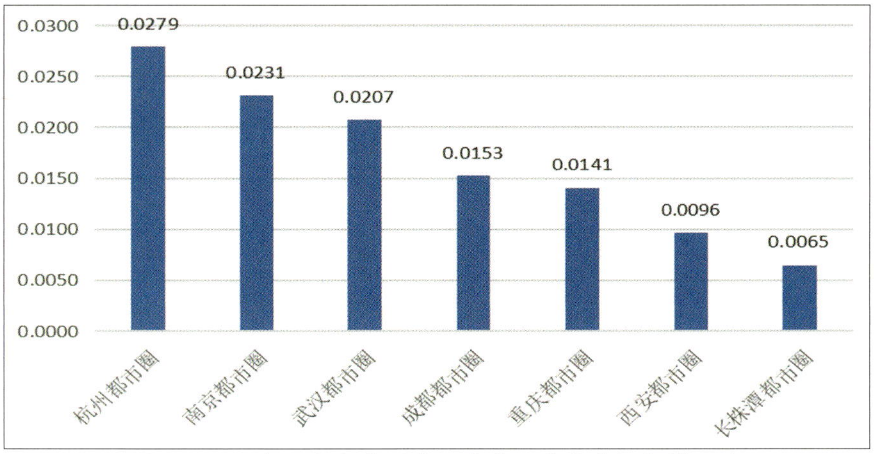

图 5　2022 年七大都市圈中心城市经济实力指数排名图

表 9　2022 年七大都市圈中心城市经济发展潜力指数排名表

排名	都市圈名称	评价值
一	西安都市圈	0.0038
二	长株潭都市圈	0.0032
三	武汉都市圈	0.0032
四	成都都市圈	0.0018
五	南京都市圈	0.0012
六	重庆都市圈	0.0011
七	杭州都市圈	0.0010

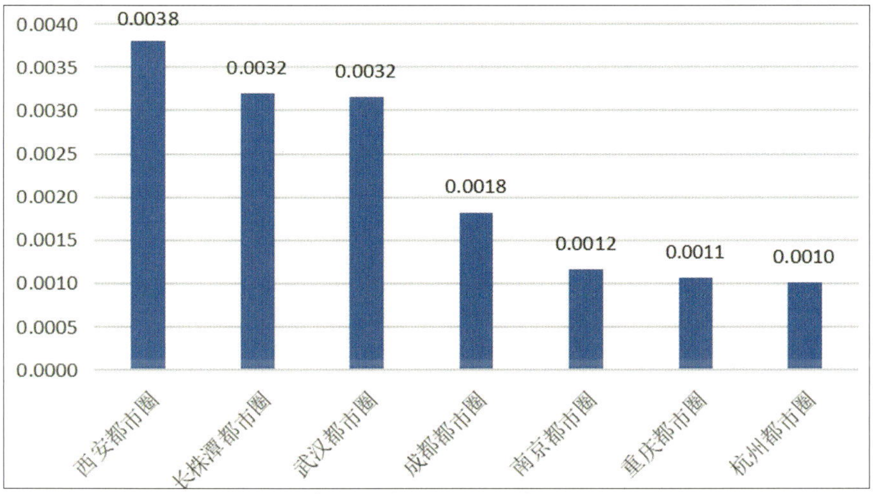

图 6　2022 年七大都市圈中心城市经济发展潜力指数排名图

实现较大幅度增速相较于其他都市圈难度偏大。

3. 中心城市经济引领能力：成都都市圈排名第一

中心城市经济引领能力指数排名依次为成都都市圈、武汉都市圈、重庆都市圈、西安都市圈、长株潭都市圈、杭州都市圈、南京都市圈。样本均值为 0.0217，七大都市圈中，半数以上的都市圈在中心城市经济引领能力方面高于整体均值，说明七大都市圈在中心城市经济引领能力方面偏向均衡。

中心城市因其经济发达、功能完善，从而能够渗透、带动、组织周边区域共同实现经济协同发展，其经济引领能力主要体现在地区生产总值占全省地区生产总值比重和经济首位度两方面。

4. 中心城市与外围城市联系能力：杭州都市圈排名第一

中心城市与外围城市联系能力指数排名依次为杭州都市圈、南京都市圈、长株潭都市圈、武汉都市圈、成都都市圈、西安都市圈、重庆都市圈。样本均值为 0.0239，七大都市圈中，成都都市圈、西安都市圈、重庆都市圈在该项指标未达到平均水平。

中心城市与外围城市联系能力指标反映了都市圈中心城市与外围城市之间双向的联系能力与联系强度，它能够较好地衡量都市圈内部的资源优化配置能力，并成为都市圈综合发展能力的重要组成部分。基于上述对中心城市与外围城市联系能力指标内涵的阐释，以及综合考虑本研究涉及的 7 个都市圈的实际情况，并且结合数据的可获得性与可操作性，本次研究主要从高铁平均班次、时空距离指数两个层面来反映中心城市与外围城市联系能力。

高铁平均班次反映了高铁在都市圈中心城市与外围城市之间的交通互联互通中实际发挥的作用及其便捷程度。铁路部门对高铁班次的安排是随客流的变化而动态调整的，中心城市与外围城市之间的联系越密切、客运需求越旺盛，高铁班次也必然随之增长。排名第一的杭州都市圈中心城市与外围城市每天的平均高铁班次

表 10　2022 年七大都市圈中心城市经济引领能力指数排名表

排名	都市圈名称	评价值
一	成都都市圈	0.0368
二	武汉都市圈	0.0335
三	重庆都市圈	0.0283
四	西安都市圈	0.0241
五	长株潭都市圈	0.0185
六	杭州都市圈	0.0106
七	南京都市圈	0.0001

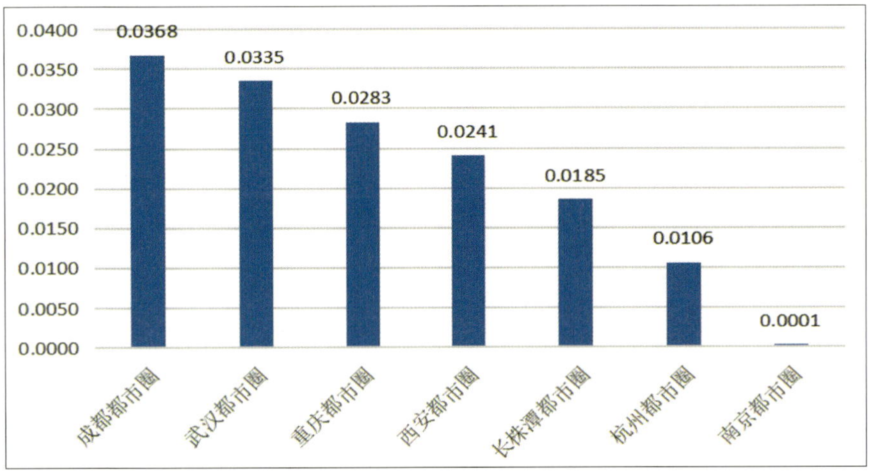

图 7　2022 年七大都市圈中心城市经济引领能力指数排名图

表 11　2022 年七大都市圈中心城市与外围城市联系能力指数排名表

排名	都市圈名称	评价值
一	杭州都市圈	0.0337
二	南京都市圈	0.0291
三	长株潭都市圈	0.0290
四	武汉都市圈	0.0261
五	成都都市圈	0.0228
六	西安都市圈	0.0182
七	重庆都市圈	0.0083

达到 79 次之多，而排名最后的重庆都市圈则只有 13 次，仅为前者的六分之一，这也从侧面反映出中心城市与外围城市间的互联互通水平对中心城市与外围城市联系能力指标的影响之大，联通水平越高，则在各方面的联系成本越低，联系能力越强。

时空距离指数是对各都市圈中心城市与外围城市之间交通基础设施水平的综合评价指标，能够衡量各都市圈克服中心城市与外围城市间空间阻力的能力高低。由数据可看出，除西安都市圈和重庆都市圈表现欠佳外，其余五大都市圈在该指数上均处于中上水平，差异相对较小。

5. 综合发展潜力：西安都市圈排名第一

七大都市圈综合发展潜力指数排名依次为西安都市圈、武汉都市圈、长株潭都市圈、杭州都市圈、南京都市圈、成都都市圈、重庆都市圈。样本均值为 0.0012，仅有西安都市圈、武汉都市圈、长株潭都市圈综合发展潜力值高于均值。

6. 产业发展能力：南京都市圈排名第一

七大都市圈产业发展能力指数排名依次为南京都市圈、杭州都市圈、武汉都市圈、长株潭都市圈、重庆都市圈、成都都市圈、西安都市圈、西安都市圈。样本均值为 0.00104，达到均值水平的都市圈不足 30%，说明七大都市圈产业发展能力差异显著。

都市圈产业发展的内涵是指以都市圈为空间尺度，实现区域产业结构协调和空间协同，扩大产业规模，革新产业技术，不断自我扩张升级的基础，它不但是产业当前发展水平的体现，同时还蕴含着对产业发展前景和潜力的考察，报告从面积、GDP、人均 GDP、规模以上工业企业数量、休闲娱乐门店人均拥有量、第三产业规模等 6 个维度评价都市圈的产业发展能力，其中尤以人均 GDP 和规模以上工业企业数量考察比重最大。

数据显示，排名靠前的均为相对体量较大的都市圈，排名第一的南京都市圈在除规模以上工业企业数量外，其余 5 项数据均处于领先地位。排名第二的杭州都市圈在规模以上工业企业数量上明显高于其他都市圈，也从侧面显现出它的第二产业发展情况很好，从而产业发展实力也较为强大。排名第三的武汉都市圈在

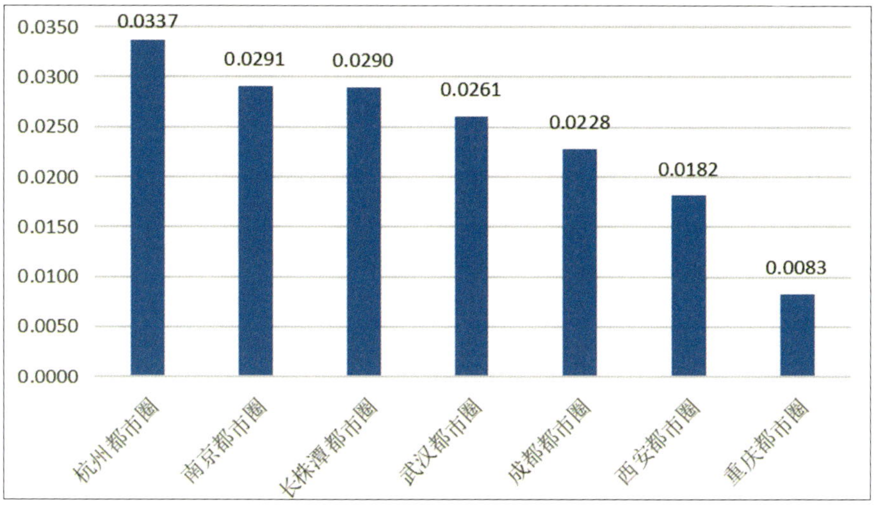

图 8　2022 年七大都市圈中心城市与外围城市联系能力指数排名图

表 12　2022 年七大都市圈综合发展潜力指数排名表

排名	都市圈名称	评价值
一	西安都市圈	0.0021
二	武汉都市圈	0.0019
三	长株潭都市圈	0.0013
四	杭州都市圈	0.0011
五	南京都市圈	0.0011
六	成都都市圈	0.0009
七	重庆都市圈	0.0004

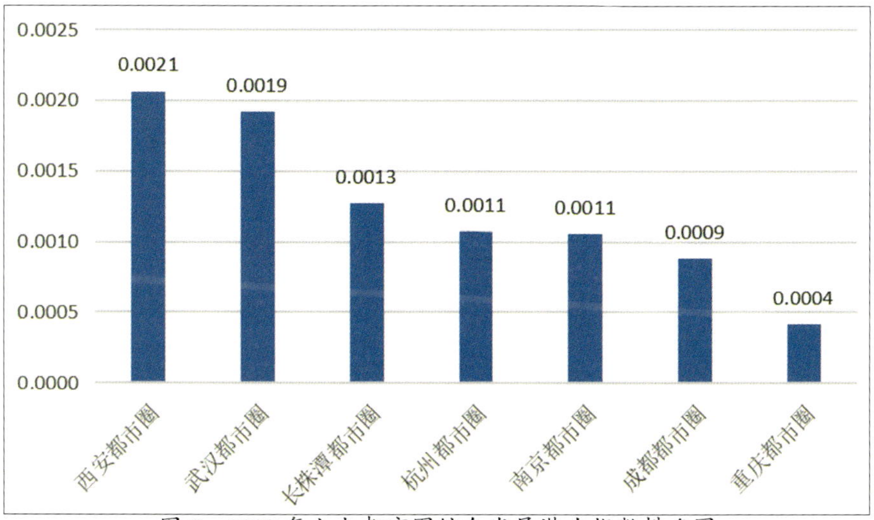

图 9　2022 年七大都市圈综合发展潜力指数排名图

人均 GDP 和第三产业规模上表现为中等水平，这在一定程度上也反映了它的产业发展实力。相反，排名较后的成都都市圈和西安都市圈，一方面由于 GDP 较低，而人口相对较多，从而拉低人均 GDP；另一方面两个都市圈在规模以上工业企业数量、休闲娱乐门店人均拥有量上与其他都市圈存在较大差距。西安都市圈在第三产业规模上也远远不如其他都市圈。

7. 人口聚集能力：成都都市圈排名第一

七大都市圈人口聚集能力指数排名依次为成都都市圈、长株潭都市圈、杭州都市圈、西安都市圈、重庆都市圈、南京都市圈、武汉都市圈。样本均值为 0.000097，半数以上的都市圈高于平均水平，说明七大都市圈人口聚集能力比较均衡。

人口是都市圈发展的基础，与都市圈的经济产业发展、基础设施和公共服务、资源利用和环境保护等存在密切关系，是都市圈综合发展能力的重要组成部分。本次研究的人口聚集能力从人口规模、人口增长速度、人口密度 3 个方面进行测度，其中人口增长速度所占权重最大，其次是人口密度和人口规模。

总体来看，我国都市圈的人口聚集能力处于中等水平，还有较大的提升空间，但各都市圈也出现了一定程度的两极分化现象。就人口规模而言，处于第一梯队的是南京都市圈，人口规模突破 4000 万，这得益于其自然环境优越、资源相对丰富、经济发展较快，对人口吸引力大；处于第二梯队的是重庆都市圈、武汉都市圈、杭州都市圈、成都都市圈；处于第三梯队的是西安都市圈和长株潭都市圈。

8. 科技创新能力：南京都市圈排名第一

七大都市圈科技创新能力指数排名依次为南京都市圈、杭州都市圈、武汉都市圈、西安都市圈、成都都市圈、长株潭都市圈、重庆

表 13　2022 年七大都市圈产业发展能力指数排名表

排名	都市圈名称	评价值
一	南京都市圈	0.0024
二	杭州都市圈	0.0018
三	武汉都市圈	0.0009
四	长株潭都市圈	0.0009
五	重庆都市圈	0.0007
六	成都都市圈	0.0005
七	西安都市圈	0.0001

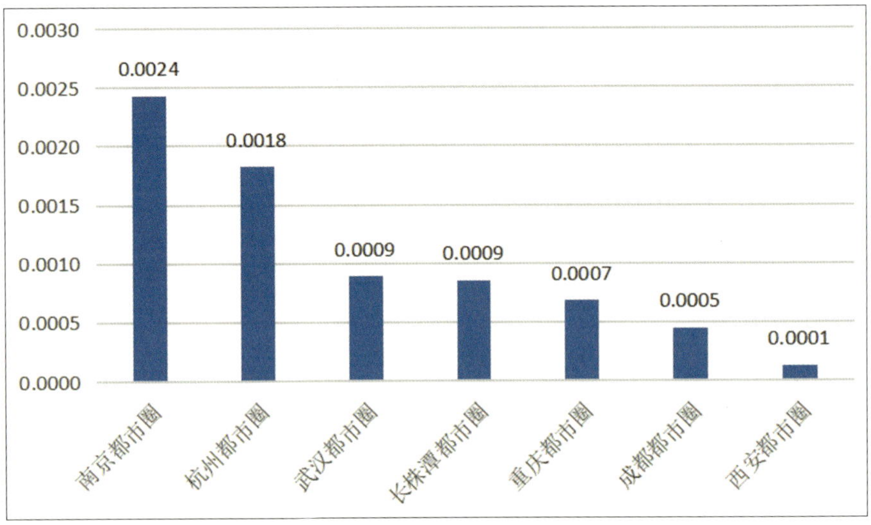

图 10　2022 年七大都市圈产业发展能力指数排名图

表 14　2022 年七大都市圈人口聚集能力指数排名表

排名	都市圈名称	评价值
一	成都都市圈	0.00017
二	长株潭都市圈	0.00014
三	杭州都市圈	0.00013
四	西安都市圈	0.00011
五	重庆都市圈	0.00005
六	南京都市圈	0.00004
七	武汉都市圈	0.00003

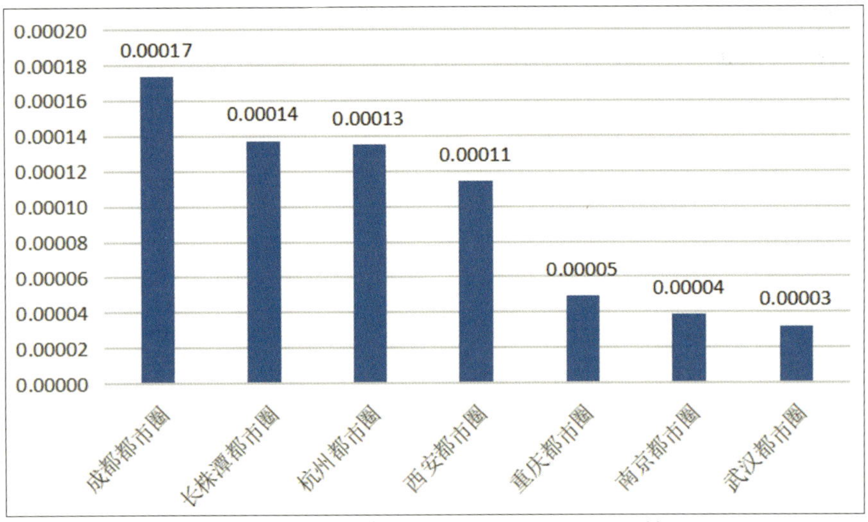

图 11　2022 年七大都市圈人口聚集能力指数排名图

都市圈。样本均值为 0.0058，七大都市圈中，科技创新能力评估值高于均值水平的不足 50%，且排名靠后的都市圈科技创新能力水平远低于整体均值。

报告分别从高新技术企业数量、独角兽企业数量、国家级科技企业孵化器数量、国家级实验室数量、发明专利授权数这 5 个层面来衡量都市圈的科技创新能力。其中排名前三的都市圈南京都市圈、杭州都市圈、武汉都市圈在高新技术企业数量、发明专利授权数这 2 个方面遥遥领先于其他都市圈，这在极大程度上提高了都市圈的科技创新能力评估值。排名第一的南京都市圈在高新技术企业数量和发明专利授权数量上是排名最后的重庆都市圈的 4 倍，差距显著。

9. 资本承载能力：杭州都市圈排名第一

七大都市圈资本承载能力指数排名依次为杭州都市圈、成都都市圈、南京都市圈、重庆都市圈、武汉都市圈、长株潭都市圈、西安都市圈。样本均值为 0.00027，排名前四的都市圈资本承载能力水平高于均值。

资本承载能力主要包括都市圈现有上市企业数量和金融开放程度两个指标。都市圈的资本承载能力较大程度上受到行政管制的影响，正确健康的监管能够帮助都市圈营造出良好的营商环境，进而承载更多的资本活动。

企业既是资本供给者投资的主体，也是参与金融市场融资的主体，因而我们选择上市企业数量，

表 15　2022 年七大都市圈科技创新能力指数排名表

排名	都市圈名称	评价值
一	南京都市圈	0.01411
二	杭州都市圈	0.01091
三	武汉都市圈	0.00691
四	西安都市圈	0.00458
五	成都都市圈	0.00245
六	长株潭都市圈	0.00186
七	重庆都市圈	0.00028

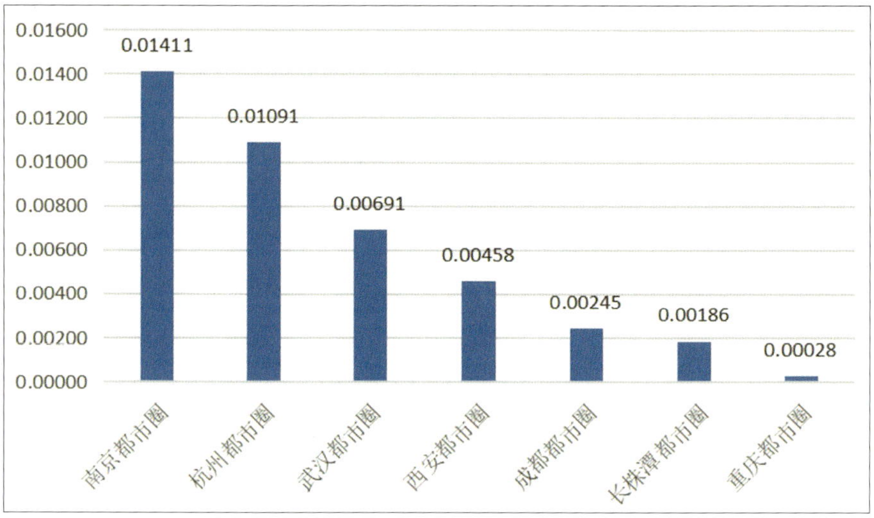

图 12　2022 年七大都市圈科技创新能力指数排名图

作为考察都市圈资本承载能力的指标之一。通过对七大都市圈该指标数据对比，可发现差异较大，排名第一的杭州都市圈上市企业数量为 421 个，排名最后的西安都市圈仅有 50 个，这在一定程度也反映出西安都市圈投融资活跃度较低。

都市圈在金融市场的对外开放程度能够反映都市圈对外国资本流入的管制情况和对本地资本市场的保护情况，只有开放性的外资准入政策，才能培育有竞争性的本地市场进而提升都市圈的资本承载能力。研究采用现有的外资银行数作为评估依据。处于第一梯队的是成都都市圈，处于第二梯队的是重庆都市圈、杭州都市圈、南京都市圈、武汉都市圈，处于第三梯队的是长株潭都市圈和西安都市圈。

10. 生态支撑能力：长株潭都市圈排名第一

七大都市圈生态支撑能力指数排名依次为长株潭都市圈、武汉都市圈、重庆都市圈、南京都市圈、杭州都市圈、成都都市圈、西安都市圈。样本均值为 0.00018，七大都市圈中，超过 50% 的都市圈生态支撑能力水平超过均值。

生态支撑能力是指在特定时间与单位空间下，区域生态系统承受外部扰动的能力，是社会系统和自然系统的综合表征，其强弱取决于空间结构下的自然要素禀赋。研究通过人均水资源占有量与城市建成区绿化覆盖率两个维度，评估都市圈的生态支撑能力水平。

人均水资源占有量可体现都市圈自身水资源丰富程度，从而综合衡量都市圈的水资源支撑能力。统计数据显示，七大都市圈在人均水资源占有量方面差异显著，重庆都市圈、杭州都市圈、武汉都市圈、长株潭都市圈由于年降水量在 800 毫米以上，属于湿润气候型都市圈，人均水资源占有量较高。西安都市圈地处西北地带，整体生态功能水平相对较低，且资源过度开发利用，区域水土流失较为严重，水系资源匮乏，导致人均水资源占有量处于较低水平。

城市绿地系统是城市中所有园林植物的种植用地，在城市碳氧平衡中具有不可替代的作用，研究通过城市建成区绿化覆盖率，来评价都市圈城市绿地系统规模程度，进而评估都市圈的生态支撑能力。七大都市圈城市建成区绿化覆盖

表 16　2022 年七大都市圈资本承载能力指数排名表

排名	都市圈名称	评价值
一	杭州都市圈	0.00059
二	成都都市圈	0.00047
三	南京都市圈	0.00035
四	重庆都市圈	0.00027
五	武汉都市圈	0.00019
六	长株潭都市圈	0.00005
七	西安都市圈	0.00001

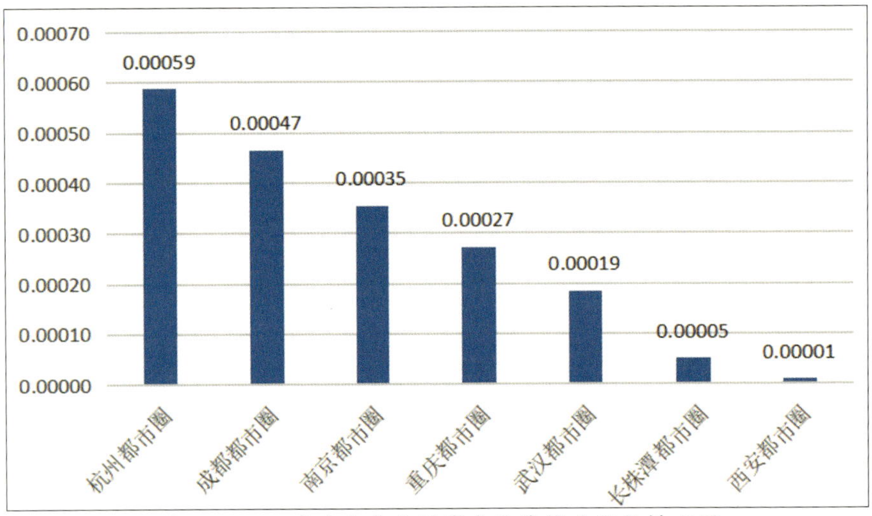

图 13　2022 年七大都市圈资本承载能力指数排名图

表 17　2022 年七大都市圈生态支撑能力指数排名表

排名	都市圈名称	评价值
一	长株潭都市圈	0.00024
二	武汉都市圈	0.00024
三	重庆都市圈	0.00023
四	南京都市圈	0.00022
五	杭州都市圈	0.00016
六	成都都市圈	0.00015
七	西安都市圈	0.00005

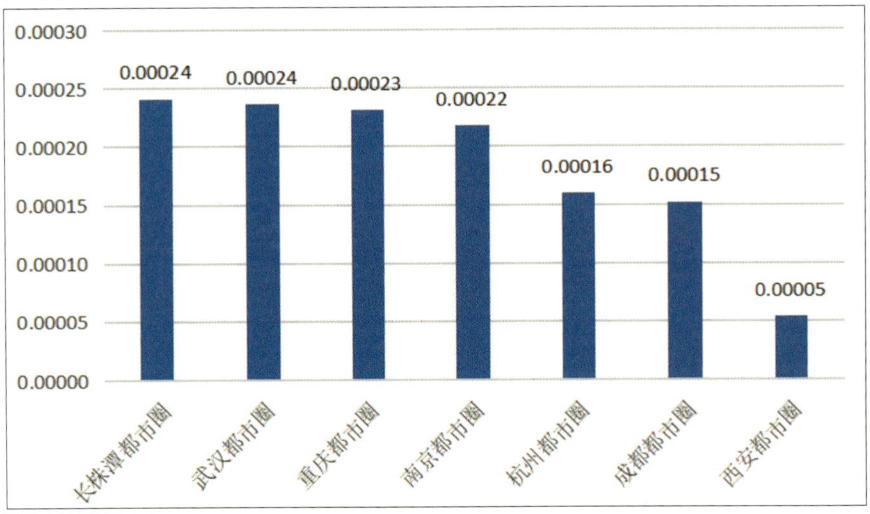

图 14　2022 年七大都市圈生态支撑能力指数排名图

率都在 41.4% 以上，其中南京都市圈达到 44.6%，城市建成区绿化覆盖率最高。

11. 社会保障能力：杭州都市圈排名第一

社会保障能力指数排名依次为杭州都市圈、重庆都市圈、西安都市圈、武汉都市圈、长株潭都市圈、南京都市圈、成都都市圈。样本均值为 0.00015，社会保障能力水平高于均值的都市圈不足一半，说明在社会保障能力方面，各大都市圈还有较大提升空间。

社会保障是保障人民生活、调节社会分配的一项基本制度。报告选取各项社会保险制度的覆盖率作为衡量都市圈社会保障能力的指标，具体包含失业保险参保人数比例、养老保险参保人数比例、医疗保险参保人数比例，三个指标合成得到的都市圈社会保障能力测度能够有效反映都市圈社会保障制度的完善程度。其中医疗保险参保人数比例和养老保险参保人数比例明显高于失业保险参保人数比例。

在失业保险参保人数比例方面，处于第一层级的杭州都市圈有超过三分之一的人口购买失业保险，处于第二层级的成都都市圈和南京都市圈的参保比例高于 20%，但不足 25%，处于第三层级的长株潭都市圈、重庆都市圈参保比例在 17% 左右，而处于第四层级的西安都市圈和武汉都市圈失业保险参保比例不足 15%。

在养老保险参保人数比例方面，参保比例最高的为杭州都市圈和西安都市圈，比例达到 47%，其次是武汉都市圈、重庆都市圈、长株潭都市圈、南京都市圈，参保比例最低的为成都都市圈，仅有 19.81%。

在医疗保险参保人数比例方面，参保比例最高的是重庆都市圈，达到了 79.86%，而一半以上的都市圈参保率低于 60%。

12. 公共服务能力：南京都市圈排名第一

公共服务能力指数排名依次为南京都市圈、武汉都市圈、杭州

表 18　2022 年七大都市圈社会保障能力指数排名表

排名	都市圈名称	评价值
一	杭州都市圈	0.00023
二	重庆都市圈	0.00021
三	西安都市圈	0.00018
四	武汉都市圈	0.00014
五	长株潭都市圈	0.00012
六	南京都市圈	0.00010
七	成都都市圈	0.00007

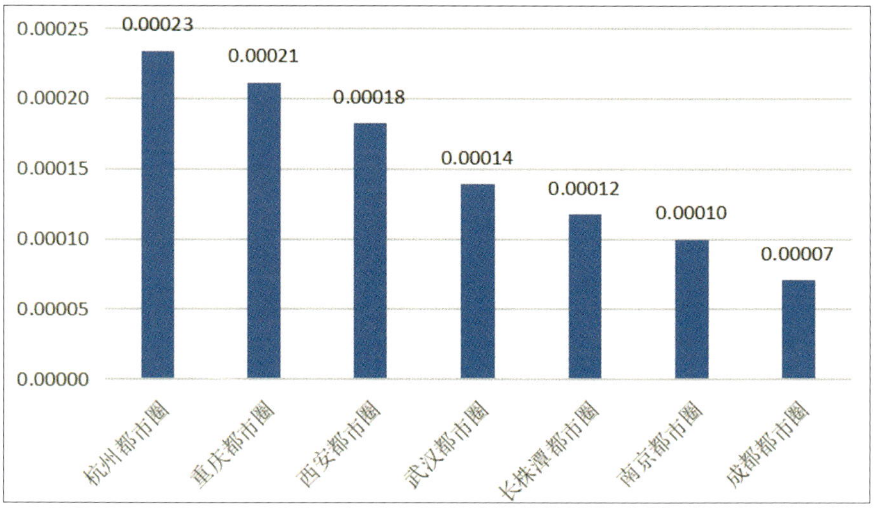

图 15　2022 年七大都市圈社会保障能力指数排名图

表 19　2022 年七大都市圈公共服务能力指数排名表

排名	都市圈名称	评价值
一	南京都市圈	0.000337
二	武汉都市圈	0.000312
三	杭州都市圈	0.000170
四	成都都市圈	0.000116
五	西安都市圈	0.000083
六	长株潭都市圈	0.000034
七	重庆都市圈	0.000003

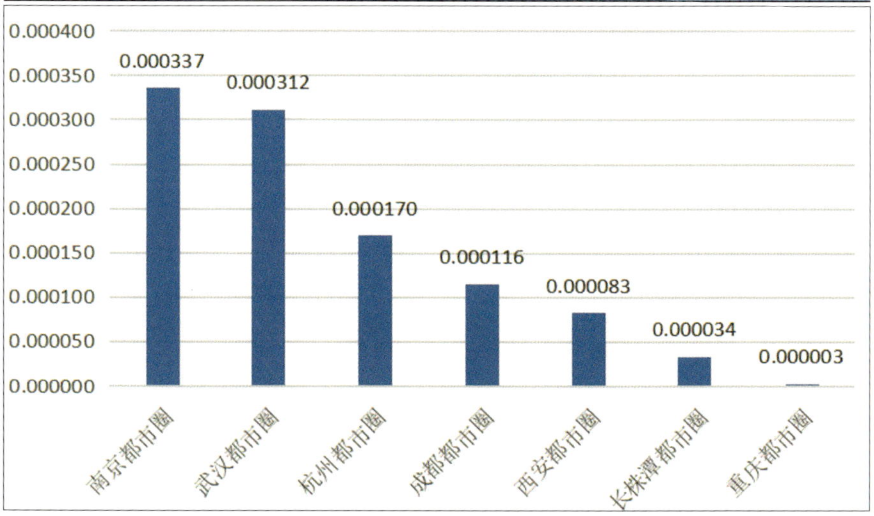

图 16　2022 年七大都市圈公共服务能力指数排名图

都市圈、成都都市圈、西安都市圈、长株潭都市圈、重庆都市圈。样本均值为 0.00015，仅排名前三的都市圈公共服务能力水平高于均值。

公共服务能力是都市圈社会福利保障能力中最直观的体现，公共服务能力水平越高，代表都市圈有着越高的公共服务设施覆盖率，从而具备更为充分的满足居民现实需求的能力。报告从教育服务能力和医疗服务能力两个方面来综合评估都市圈的公共服务能力水平。

教育服务能力主要由都市圈教育服务设施个数体现，选定对象为都市圈幼儿园、小学、中学数量。数据显示，南京都市圈和武汉都市圈在教育服务设施个数上，明显多于其他五个都市圈。

医疗服务能力主要由都市圈医疗服务设施个数体现，包括综合医院、诊所个数。南京都市圈和武汉都市圈属于第一层级，医疗服务设施个数均超过 2500 家；杭州都市圈、成都都市圈和西安都市圈属于第二层级；长株潭都市圈与重庆都市圈则属于第三层级，医疗服务设施个数均不足 1000 家。

13. 社会福利能力：南京都市圈排名第一

社会福利能力指数排名依次为南京都市圈、重庆都市圈、武汉都市圈、成都都市圈、杭州都市圈、西安都市圈、长株潭都市圈。样本均值为 0.0002，仅西安都市圈和长株潭都市圈社会福利能力水平低于均值。

社会福利能力是都市圈社会

福利保障能力中的进阶性能力，代表着都市圈社会整体的幸福状态。由都市圈医院床位合成指数（合成指数 =0.5× 都市圈医院床位总数的标准化值 +0.5× 都市圈人均医院床位数的标准化值）构成。处于第一梯队的是南京都市圈和重庆都市圈，处于第二梯队的是武汉都市圈、成都都市圈和杭州都市圈，处于第三梯队的西安都市圈和长株潭都市圈。

表 20　2022 年七大都市圈社会福利能力指数排名表

排名	都市圈名称	评价值
一	南京都市圈	0.00033
二	重庆都市圈	0.00031
三	武汉都市圈	0.00024
四	成都都市圈	0.00023
五	杭州都市圈	0.00022
六	西安都市圈	0.00005
七	长株潭都市圈	0.00001

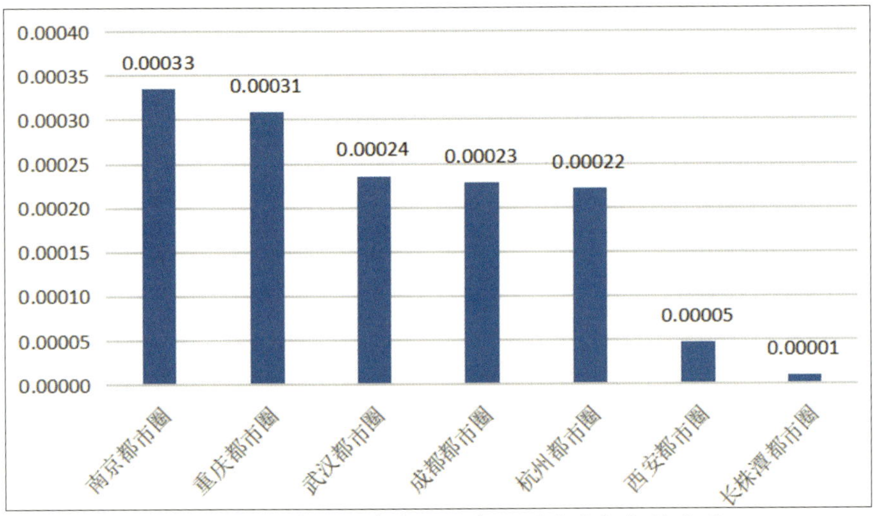

图 17　2022 年七大都市圈社会福利能力指数排名图

四、政策建议

都市圈建设方兴未艾，但是都市圈的发展水平参差不齐，特别是在中心城市实力和都市圈发育阶段方面差异显著。为此建议：

（一）更加强调都市圈核心城市作用

都市圈已经成为区域竞争的重要平台，单个城市独立发展的时代已经过去，但是都市圈最核心的是必须要有带动能力强的核心城市，部分都市圈核心城市实力不强，在所有评价指标上都不具有优势。对武汉都市圈的启示是，要进一步增强核心城市武汉的城市竞争力，在提升武汉实力的同时，发挥其一主引领作用。

（二）更加注重都市圈均衡发展

武汉都市圈一级指标只有中心城市经济竞争力排名第一，二级指标没有一项排名第一，但是综合发展能力排名第一，得益于武汉都市圈在各项指标的排名上非常平衡，除人口聚集能力较弱以外，没有特别的弱项。反观南京都市圈，二级指标排名第一的数量最多，由于部分指标相对落后，导致在综合排名中屈居第四。

编辑：刘家连
校对：卢永会

索　引

说　明

1. 本索引采用主题分析法，按主题词首字汉语拼音字母顺序排列。部类和分目全称用红色字表明。

2. 主题词后面的阿拉伯数字表示内容所在页码，a、b、c 表示栏（从左往右）。

3. "大事记""附录"等类目未纳入索引之中。

数字首

J

K

L

M

N

P

Q

X

Y

Z